von Heinz 98

Eva-Maria Hagen

EVA UND DER WOLF

Eva-Maria Hagen

EVA UND DER WOLF

Econ

Die deutsche Bibliothek – CIP-Einheitsaufnahme

Hagen, Eva-Maria:
Eva und der Wolf / Eva-Maria Hagen. – Düsseldorf ; München :
Econ, 1998
ISBN 3-430-13757-8

Zeichensetzung und Orthographie unterliegen der
schriftstellerischen Freiheit.

Der Econ Verlag
ist ein Unternehmen der Econ & List Verlagsgesellschaft

2. Auflage 1998

Lektorat: Krista Maria Schädlich
Layout: Leonore Wienstrath
Herstellung: Hans Winkens
Satz: DTB – QuarkXpress
Reproduktion: LHF Satzstudio GmbH, Düsseldorf
Papier: Papierfabrik Schleipen GmbH, Bad Dürkheim
Druck und Bindearbeiten:
Bercker, Graphischer Betrieb GmbH, Kevelaer
Printed in Germany
ISBN 3-430-13757-8

VORWORT

Ich bin froh darüber, daß meine Freundin Eva-Maria Hagen nun allerhand Tagebuchaufzeichnungen und Briefe und Dokumente aus DDR-Zeiten zusammengebündelt hat und auf diese Weise ihre Lebensgeschichte erzählt. Ich ahne dunkel beim Titel »Eva und der Wolf«, daß auch von mir einiges im Spiele sein wird, peinlich Politisches, peinlich Privates. Ich bin einigermaßen sicher, daß Eva nur wenig geglättet und im nachhinein nichts umgelogen hat.

Freilich wissen wir alle, daß man sich über niemanden gründlicher irrt als über sich selbst. Wer nichts als lauter objektive Wahrheiten von einem Menschen verlangt, ist ein Trottel. Aber radikale Wahrhaftigkeit, die wollen wir schon. Wer die nicht liefert, ist in meinen Augen ein lumpiger Langweiler. Ich hielt es für wichtig, daß Eva ohne falsche Scheu, aber auch ohne liebevolle Rücksichten das Ihre authentisch vorzeigt. Schon deswegen habe ich mich weder direkt noch indirekt an diesem Projekt beteiligt. Also warte ich auf das Buch mit Interesse, mit Neugier wie manch anderer auch und lasse mich überraschen.

Bei alldem kenne ich nicht einmal meine eigenen alten Briefe, die hier zum Abdruck kommen sollen. Auch meine dichterischen Versuche von damals, irgendwelche Liederfetzen, die hier womöglich vorgeführt werden, kenne ich nicht. Ich wollte auch da keine Auswahl treffen, geschweige denn fürsorgliche Zensur üben. Hier geht es ja nicht in erster Linie um ausgelesene Dichtung, sondern um ungewaschene Wahrheit. Das Buch könnte ganz nebenbei das Wichtigste liefern: ein buntes Breughelsches Sittenbild aus DDR-Zeiten und ein Beispiel für die Lebenslust und Lebenskunst einer Frau in finsteren – nein, will sagen: in schön bewegten Zeiten.

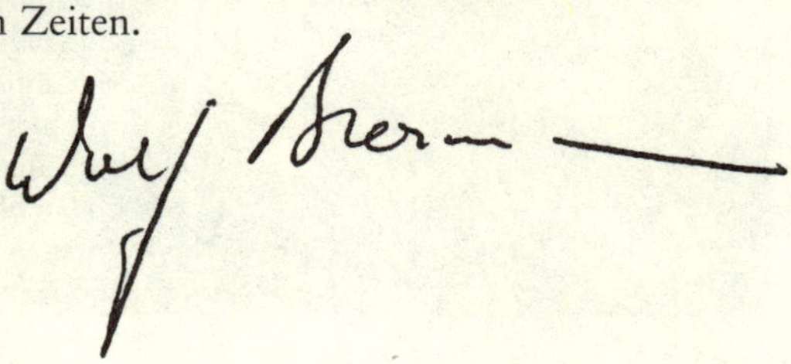

DER BISS IN DEN APFEL

1965 – 1966

Ostsee, Juni 1965

Na, Du Wolf! Du müßtest mal sehn, wie ich daliege! Mitten auf einer Wiese. Das erinnert mich an das Still-Leben auf freier Wildbahn, Strecke Halle-Berlin, die Rast nach unserm tollkühnen Auto-Rennen ... Im Radio sang eine: Wenn sie sich was wünschen dürfte, käm sie in Verlegenheit. Ich nicht. Wir könnten die Gegend auskundschaften, rausschwimmen zu den Geisterschiffen und um die Wette zurück, weil Patrouilleboote der Küstenwacht auftauchen zwecks Kontrolle der Hoheitsgewässer. Du im Schmetterlingsstil, ich als Lichtpfeil in den Wellen. Versteinerte Muscheln suchen, Glücksklee finden, im Strandcafé auseinander tanzen, ineinander versunken versinken ... Du klärst mich über die Systeme und deren Unvereinbarkeit auf, ich hänge gottgläubig an Deinen Lippen und warte ab was sich ergibt, wenn die Nachtschleier fallen. Ist das schön, den Tag vergehen – und Dich darin aufkreuzen lassen an allen Ecken und Enden.

Wir wohnen, gemessen an den üblichen Heimen, in einem Palast. Dir wäre das vielleicht peinlich unter so hochherrschaftlichem Dach. Mir nicht. Ich genieße die Kulisse wie ein Bühnenbild, in dem Figuren aus dem Randgebiet oberer Positionen auf und ab gehen, bildungsmäßig goldner Mittelstand, ein Film mit Überlänge. Doch wozu gibt's die Schere, den Schnitt. Wenn es sich zu sehr hinzieht mit den Gängen: paar Großaufnahmen eingeblendet, innere Monologe mit Musik unterlegt – schon ist es ein interessantes Zeitdokument, Anschauungsunterricht, was Rangordnung in klassenloser Gesellschaft anbelangt.

Eva im Schatten hoher Bäume. Tausendschönchen zwischen Gänse-

blümchen. Am Strand ist es zu heiß. Nina spielt Lehrerin, bringt einem indischen Minister Deutsch bei: Stiefmütterchen, Pionierabzeichen. Sag mal ... Lämmerschäfchenwolke, Solidaritätsbriefmarke, Fingerspitze – in die hat sie sich den Stachel von einer Distelrose reingepiekt, deshalb. Drollig, wenn ein Erwachsener einem Kind alles nachplappert.
Nebenan im Wäldchen, besser gesagt: gepflegter Parkanlage, ruht sich die Staatssicherheit aus von ihrer Schwerarbeit untertage, dem Schichtbetrieb rund um die Uhr, hat mir der gute Geist des Hauses, die Küchenfee, geflüstert. Man sieht aber nichts, zu dichter Baumbestand, widerborstig in-sich-verkrallte Hecken. Dornröschen schläft da aber bestimmt nicht, um wachgeküßt zu werden.
Das Anwesen, wo ich mich befinde, ist das Gästehaus für Spitzenfunktionäre der Gewerkschaft. Um drei Ecken herum wurde dem ›Kind aus dem Volke‹, das mir oft als Titel angehängt wird, gestattet, hier kurz Urlaub zu machen: Lisa Warnke ist eine herzerfrischende Frau. Das betagte Herbertchen an ihrer Seite, ein naturbedingt bröckelnder Fels in der Brandung, der Boß vons Ganze (sie war einst seine Sekretärin) scheint auch in Ordnung. Nina spielt manchmal mit deren Kindern in Wandlitz, tummelt sich auf einer fürs Fußvolk unzugänglichen, in der Schorfheide befindenden Halbinsel, wo Warnkes ihren Stammsitz haben, samt Umkleidekabine, Gesellschaftsraum, Klo und Gemeinschaftsküche mit Walterchen ... von der Vogelweide. Durch Verbindung von Ninas Vater zur Fernseh-Chef-Familie Adameck kam das ›Arrangement‹ zustande. Beziehungen muß man haben!
Regentropfen – immer mehr – verwischen die Schrift.
Manchmal denk ich ganz schön oft an Dich und bin ein Weidenstumpf im Moor. Na ja, weil eben nichts vollkommen ist. Das soll Dich aber nicht ins Nachsinnen versetzen: Die Frau in unserer Gesellschaft ist von Staats wegen eine Frohnatur und tröstet sich im Handumdrehn – mit einer Singerei zum Beispiel. Außerdem ist es ganz erholsam, mal weg zu sein aus angreifbarer Nähe. Das heilt so schön schmerzhaft die Wunden und reißt sie auf bei der kleinsten Unachtsamkeit.
Dieses weltumfassende Geständnis hat mich total erschöpft, so daß mich wild abmildernder Schlaf überfällt. Ich umarme Dich mit flirrenden Gefühlen. Schick bitte paar von Deinen Liedern in die Zelterstraße zu Eva-Maria H.

Berlin, Sommeranfang 65

Liebe Eva, danke für den Brief, den ich nur zur Hälfte entziffern konnte, aber doch fast ganz verstehen. Du bist also beschienen von der Sonne und beschattet von der Staatssicherheit; da kannst Du also sicher sein vor Sonnenbrand.

Jonas Biermann Soubeyran heißt mein Sohn. Nach dem reaktionären Familiengesetz ›darf‹ er nicht meinen Nachnamen tragen, also werde ich ihn mit Vornamen Jonas B i e r m a n n nennen. Und wenn die Behörde behauptet, ›Biermann‹ sei kein Vorname, werde ich behaupten, BIERMANN sei ein althebräischer Name, und wenn sie den ablehnen, klage ich sie wegen Anti-Semitismus an ... Die ganzen Schikanen kommen nur, weil man die Leute zur Ehe zwingen will, denn die FAMILIE ist die Keimzelle des Staates. Das sagte schon Hegel in der RECHTSPHILOSOPHIE und die Nazis auch, wobei Familie nicht als natürliche Interessengemeinschaft von einander unabhängigen Individuen begriffen wird, sondern als Rechtskorsett, das die Menschen zu handlichen Bündeln bündelt, wie man Spargel verkauft.

Ich bin gern bei Dir, nicht nur, weil ich Dich mag, sondern auch, weil ich die Freiheit habe, Dich nicht zu mögen – und weil Du in keiner Weise von mir abhängig bist – außer in selbstgewollten Gefühlen und Interessen. Heitere Liebe ist nur zwischen emanzipierten Persönlichkeiten möglich. – Ich bin in Eile, grüß Nina, strapaziere Deinen Körper, schone Deine Nerven.

Schreib mir noch mal und bleib nicht zu lange da. Dein Biermann

Wolf Biermann in seiner Wohnung in der Chausseestraße in Ost-Berlin

Im Norden, am 25. 6. 65

Grußbotschaft an Herrn Karl, Beschreibung der Lage für einen Wolf! Das nennt sich nun Sonntag: Trübe liegt das Barackenlager im Fensterkreuz und nichts rührt sich von der Stelle. Für den Film brauchen wir Sonne, gibt aber keine, immer nur Regen. Im Überseehafen, bei Rostock, Warnemünde, Wismar, die ganze Ostseeküste runter, wo die abzulichtenden Motive verstreut sind – überall hängt dieses tropfnasse Tuch vor der Optik. Es ist zum Auswringen!

Mein Kopf ist ein flammender Dornbusch. Huch! Grad rumpelt die Feuerwehr – oder ist es das Überfallkommando – übers Gelände. Die Maskenbildnerin hat es gut gemeint, mein Chemiehaushalt auf Launen der Natur entsprechend launig reagiert; jedenfalls erinnerte Marie-Luises Haarpracht gestern noch an ein warmglänzendes Kupferstück, zum Rotgold eines Dukaten hin tendierend und heute: Aurora, die Morgenröte. Der Kameramann wird begeistert sein! Aber ich spiel ja eine, die kann sich das leisten: Barsängerin in mitternachtsblauem Samt, sozialistisch angehauchte Sexbombe, aus auf Männerfang:

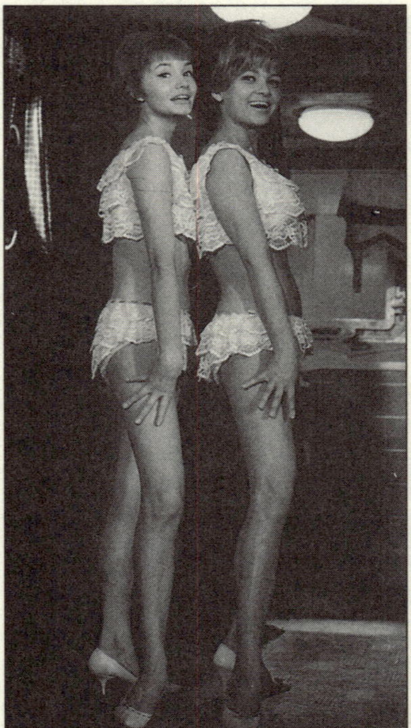

Ausgerechnet dem Body-building-Typ Jurichs (welcher bereits im ›Glas Wasser‹ was mit mir hatte, vielmehr mit ›Abigal‹) hab ich als ›blinder Passagier‹ aufs Schiff zu folgen. Da ist das altbewährte Muster, der sogenannte Dreieckskonflikt. Und zwar in der Besetzung meiner Konkurrentin Anna Prucnal, einer supersensiblen Polin mit atemberaubenden Allüren, die immer sagt: ›Anna miede, total kaput sein Anna‹, sich dabei mitleidsvoll im Spiegel betrachtend. Wenn der Aufnahmeleiter sich nicht auf Filzsohlen nähert und sie wie eine Königliche Hoheit bittet, in der Dekoration zu erscheinen, weil alles auf Hab-Acht steht, kriegt sie einen Weinkrampf und läßt ihr Gesicht derart anschwellen, daß der Drehtag abgebrochen werden muß und der Bote davonschleicht wie ein geprügelter Hund. Er bekommt Hautjucken in ihrer Nähe, an den Fußsohlen oder in Gegenden, wo er sich nicht kratzen kann vor Leuten. Das kommt, weil er den Atem anhält in ihrer Nähe. Sie schmeißt auch mal demonstrativ 'ne Handvoll Kügelchen ins aufgerissene Scheunentor: Beruhigungspillen in den Mund, der sich wie eine offene Wunde von einem Ohr zum andern zieht. Sie kann das un-

Eva als Abigail mit Inge Keller und Christine Gloger (von links) in ›Ein Glas Wasser‹

Eva mit Claus Jurichs in ›Ein Glas Wasser‹

Linke Seite: Szenen aus dem DEFA-Film ›Reise ins Ehebett‹ mit Anna Prucnal (links), Werner Lierck (oben rechts)

nachahmlich, den Ausdruck verändern: Große Tragödin und Backfischschnute. Du wärst hingerissen, Wolf! Die Arme lebt in Scheidung und das macht sie fix und fertig, sagt sie. Er ist ein Genie und so was findet sich nicht alle Tage, lebt in Warschau, liebt eine andere, weil ›Anna nur weinen seit Hochzeit‹. Sie hat sich aber inzwischen getröstet, einen kapitalen Hecht an Land gezogen im Sperrgebiet am Griebnitzsee. Da steht das Defa-Gästehaus. Ein schriftstellernder Franzose ist der Glückliche. Sie gluckst wie eine Lachtaube, lamentiert wie ein Chor Klageweiber. Dies steile Talent also spielt die Unschuld in der Filmgeschichte und spannt mir den Paradehengst bzw. Steuermann aus – unter Absingen neckischer Doppeldeutigkeiten, die in gefällige Arrangements gesetzt wurden von NPT* Gert Natschinski, wie z. B. ›Nichts geht übers Schlafengehn‹, im Duett mit paar Tanzschritten in der engen Kombüse, wo sie, zu dritt kampieren! Der süße Smutje alias Frank Schöbel, das beliebte Schlager-As, serviert das Dinner. Aber welch Glück für meine Figur, die kriegt was Handfestes zu fassen, den Kapitän des Kahns nämlich, welchen unser Papi Thälmann mimt, vielmehr Genosse Günther Simon erwischt Madame Rothaar hinter Tauballen, indem sie sich in Seemannsgarn verheddert. Der Brummbär nimmt mich also in Gewahrsam – und nach noch paar Verwicklungen während der Kreuzfahrt schreibt das Drehbuch die Ent-Wicklung vor: Ich segle mit fettem Fang im Schleppnetz in die Heimat zurück und in' Ehehafen ein. Titel des Films: ›Reise ins Ehebett‹ – ein DDR-Musical. Wo dies Genre jetzt weltweit Konjunktur hat, wollen wir vom Schaum auf der Welle mitnaschen. Let-Kiss ist ein Tanz mit Ran und Weg, Kuß, Kehrtwendung und Po-Zusammenstoßen. Aufsichtsordner der Kultur nimmt man auf die Schippe, weil sie tun, als wär ein Sittenverfall im östlichen Lager ausgebrochen wie bei Sodom und Gomorrha.

Wir durften mit aufs Schiff rauf, das ins kapitalistische Ausland fährt Im Offiziers-Casino empfing man uns wie Musenkinder. Ich bekam einen Antrag von einem gestandenen Mann; der hätte mich unter Umständen mit auf Große Fahrt genommen. Die Abenteurerin in mir hat ihre Fühler ausgefahren, Fäden spinnen lassen vom Fleißigen Lieschen bis Zapfenstreich – und schließlich das Gespinst von einer herben Ostbrise wegfetzen lassen. Es hat mich kaum berührt, denn ich sehne mich nach Deinen Liedern, Deiner Seele mit den Blauschatten und Sonnenflecken, dem Unkrautduft in Deiner Aura, den Kristallspiegeln Deines Geistes. Ich könnt Dir noch sonstwas erzählen und alles entspräche der reinen Wahrheit, uferloser Phantasie, himmlischer Unvernunft; als wär ich einem Zauber verfallen, ›Marylu‹ – vielmehr Evamarie.

*) Nationalpreisträger

Berlin, 26./27. Juni 65

Meine liebe Eva. Ich faule hier bei lebendigem Leibe in den Straßenschluchten dieser grauen Stadt. Wolfgang Neuss war auf meine Kosten mutig und hat einen privaten Brief von mir einfach in seinem satirischen Käseblättchen abgedruckt. Der Brief ist weitaus frecher als alles, was ich bisher gedruckt habe, und ich weiß nicht, wie bei uns der nächste offizielle Wutschrei ausfällt. Obgleich ich vollständig hinter dem Brief stehe, ist es doch eine politische Gewissenlosigkeit, unappetitlich. Mein Sohn Jonas frißt und schläft. Alle sind freundlich zu mir und sie finden, daß er mir sehr ähnlich sei. Ach, dieser ganze Familienmuff ist für mich unbrauchbar. Ich kann auf die Dauer nur Menschen aushalten, die ich nicht gezwungen bin, auf die Dauer auszuhalten.
Komm bloß bald mal wieder! Scheiß Ostsee, wo ich selbst nicht grad da bin und Du bist braun, riechst gut nach Sonne und nach Dir.
Wie soll ich meine Nase in Deine Angelegenheiten stecken.
Vielleicht sollte ich einfach paar Tage zu Niemeyer-Holstein kommen. Mir ist die ganze Dichterei verleidet. Wenn alles erlaubt wäre für den Preis, daß die Kunst verboten wäre, ich würds gern mitmachen. Das Dichten war in Deutschland seit je eine onanische Seuche, man muß

Wolf Biermann
1965

sich ... wie schämen als Poet. Ich könnte mir besseres vorstellen und wenn der Rimbaud in Afrika zehnmal verfault wäre.
Wenn da ein weißer Stadtkloß über den Strand stampft, dann weißt Du schon gleich: es ist der alte Biermann.

Rostock-Warnemünde, Mittsommer 65

Hej Wolf! Als ich plötzlich nach Berlin mußte, wünschte ich mir, Dich zu sehen. Schade! Immer hübsch aneinander vorbei. Am Telefon warst Du dann fremd und weit weg und die Welt gleich irgendwie engherziger und ohne das sonst verheißungsvolle Wispern und Rascheln im Vergehen der Zeit, ohne die freudige Erwartung auf das Neu-auf-dich-zu-kommende hinter der nächsten Biege. Die Fahrt hierher verlief deshalb nicht weiter erwähnenswert.
Am Nachmittag war die Beerdigung von Günter Haack gewesen, mein Partner in der von Kuba verfaßten Komödie ›Vergeßt mir meine

Eva-Maria Hagen mit Günther Haack in ›Vergeßt mir meine Traudel nicht‹

Traudel nicht‹. Die Erfindung des Autos wurde für ihn schicksalhaft, sein Verhängnis sozusagen. Vor Jahren hatte er einen Radfahrer überfahren in alkoholisiertem Zustand, Fahrerflucht begangen und war zu sieben Jahren Gefängnis verurteilt worden. (Wovon er einiges geschenkt bekam bei einer Amnestie.) Nun mußte er selbst dran glauben bei einem Verkehrsunfall. Das Zeremoniell hatte mich ziemlich mitgenommen. Beerdigungen sind nicht meine Stärke. Dieses Endgültige ist es wohl, was ich schwer erfassen kann, obwohl der Tod das Natürlichste von der Welt ist. Aber unten der Sarg, die polternden Erdklumpen, mein Strauß Zwergrosen hinterher als letzten Gruß – und zum Glück endlich wohltuende Tränen.
Heut ist ein schöner Tag – was das Wetter anbelangt. Sonst weiß ich noch nichts weiter mit mir anzufangen. Nachher fahren wir raus mit dem Kutter. Wind, Wellen und Weite werden mir die melancholischen Flausen schon austreiben. Eva.

Berlin, 13. Juli 65

Liebe Eva – Danke für Deinen Brief. Ich hatte Dich völlig verloren.
Der Familienmuff, die Probleme der Produktion und der Politik und der Sommer in dieser verfluchten Stadt dörren mich aus. Gestern erhielt ich einen Scheck über 1500 Mark Gage dafür, daß ich bei den Arbeiterfestspielen nicht aufgetreten bin. Reaktionäre Regierungen geben immer viel Geld für die Verhinderung von Kunst aus.
Es wäre gut, Dich bald zu sehen. Übermorgen fahre ich nach Usedom. Ich muß mit meinem Wintermärchen fertig werden; ich muß mit meinem Leben fertig werden.
Machs gut, meine liebe Liebe und inflationiere Dich nicht an irgendwelche nervtötenden Männer. Ich weiß nicht, wie lange ich bleib, vielleicht 3 Tage, vielleicht 6 Wochen. Wenn das Wintermärchen fertig ist, bin ich ein andrer Mensch, ein lebender oder ein toter, jetzt bin ich beides nicht.
Die ›Sängerin‹ bei mir nebenan übt schon wieder mit Leidenschaft die Stelle ›Sag ist es Liebe, was hier so brennt?‹ Das geht schon 7 Jahre so und sie ist mit Jesus Christus verlobt und sie geht allmählich in ein Alter, wo nichts mehr brennt.
Draußen bricht ein Gewitter auf die Stadt – es ist Nacht am Tag. Der Brief kommt erst morgen weg.
Ich umarme Dich, genauer: Ich möchte es. Dein Biermann

21. 10. 65

Mein Liebster! Die meiste Zeit verbringe ich damit, an Dich zu denken, denn meine Sehnsucht nach Deiner Nähe ist sehr groß, obwohl es amüsant hier ist und interessant. Schon mal Weimar. Und dann das Schloß, in dem ich wohne, mit den bunten Bäumen vor der Tür. Reinhardsbrunn heißt es und liegt bei Friedrichsroda.

Gestern war eine Art Fest im ›Elephanten‹, da habe ich paar kesse Lieder gesungen im heiteren Teil und was fürs Herz. Im ersten Teil war ernste Kunst. Eine dicke Dame von der Oper sang mit dramatischer Gebärde eine Arie und strengte sich sehr an dabei, so daß man nicht verstand, worum es ging. Dann waren paar Knödelheinis an der Reihe; aber selbst das hättest Du besser gekonnt und man hätte was zum Lachen gehabt. Aber so ...

Da waren die Herren Chefs der Militäreinheiten sämtlicher Bruderstaaten erschienen, auch Kuba war vertreten. Man war ganz extraordinär freundschaftlich zum Verbindungsmann aus der Karibik, zu Fidels Bruder Raul Castro nämlich, indem er von hinten und vorn hofiert wurde. Am liebsten hätten sie ihm noch Zucker in den A...llerwertesten geblasen, aber davon hat er selbst genug.

Dann die Zivildienstleistenden: Matern, Stoph, Paul Verner, aus Halle Genosse Sindermann, einer von der Landwirtschaft, Wirtschaftsboß Sowieso und zwischen den Fronten dieser Mielke von der Staatssicherheit, den ich doch dummerweise nur für den Adjutanten von Hoffmann hielt (letzterer muß heut einen steifen Hals haben, weil er ihn nach mir verrenkte aus dem Abseits heraus, weiter weg vom Parkett, hinter Stützpfeiler und Bögen plaziert, vor Fleischeslust und Eifersucht aus allen Nähten platzend, der mich zu gern ins Fürstengemach ein Stockwerk höher kommandiert hätte, nötigenfalls vom Servierer als Betthupferl aufs Paradekissen drapieren lassen) und das kränkte den kleingerateneren Erich, glaub ich, daß ich ihn nicht einzuordnen wußte, denn der tanzte ganz bewußt nicht mit mir, während die andern nur so an mir rumzerrten. Vor allem der rumänische Armeeminister kugelte mir fast die Arme aus beim Reigen, wollte mir dauernd Kognak einflößen. Sogar als sich die alten Spanien-Kämpfer sammelten, mit Herz, Stimme und feuchten Auges der großen Zeit gedachten, schunkelte er mit seiner Buddel im Arm sinnenfreudig übers Parkett, wobei sich ein diskret torkelnder Veteran und gestandener Zecher ermannte, den aus der Reihe tanzenden Ausländer auf die Seite zog

Der Minister für Nationale Verteidigung, Heinz Hoffmann (rechts), und sein Stellvertreter, Admiral Verner (zweiter von rechts), bei einer Truppeninspektion

und ihm was ins Ohr reindröhnte. Admiral Waldemar hielt sich bedeckt, vielleicht ist er Antialkoholiker der hohen Verantwortung wegen, die ihm sein Amt abverlangt, oder seiner Leber zuliebe, im Gegensatz zu den Draufgängern in der Zuschauerloge, den Beobachtern der Kampfspiele.

Der ›Elephant‹ war außerdem dicht bevölkert von kräftigen, sonst nicht weiter auffälligen, in mäßig elegante Anzüge gesteckten Herren: nüchtern bis zum Stehkragen und stechenden Blicks, dem nichts entgeht. Einen der ›Schränke‹ fragte ich, ob er zur Artistengruppe gehöre, ein Kaskadeur wäre. Er lief rot an vor Freude, darüber, daß ich ihm solche Körperbeherrschtheit zutraute und man ihm seinen Job nicht ansah: Er schüttelte bedauernd den Kopf.

Der Sindermann ist doch nett. Er hatte mich nach den offiziellen Darbietungen den Krallen der militärischen Einheitsfront entrissen und den andern Hohen von der politischen Elite vorgestellt. Die wollten dann, daß ich noch mal singe für sie ganz allein, an ihrem Tisch, in greifbarer Nähe. Also gut. Ich sang erst dies und das, dann ... ›Genosse Sindermann, Ihr Steckenpferd ist die Kultur. Sie haben ein offenes Herz für die Kunst. Passen Sie auf! Ich bring was von einem Dichter unserer Zeit, den ich schätze und verehre. Mal sehn, ob Sie rauskriegen, wer gemeint ist.‹ Ich sagte ›Kunststück‹ und fing an mit: ›Wenn ich mal heiß bin ...‹

Schon am Nachmittag hatte ich damit geliebäugelt, den Genehmiger gefragt, ob was gegen einzuwenden wär. Der hat sich den Text nervenzuckend angesehn, dachte, bei der Lieben-Gott-Strophe ist das Lied zu Ende und gestattete es gönnerhaft. Dann blätterte er um, erbleichte: Nein, lieber nicht. Er blätterte noch eine Weile selbstverloren in meinem Liederbuch, rotfleckig hin- und hergerissen, wie Halbwüchsige

sich Nacktfotos ansehn, konnte sich kaum losreißen. Mit einem weniger ›tendenziösen‹ Song wär er einverstanden gewesen, aber da hatte ich Bedenken wegen meiner Gitarrenbegleitung. So mußte ich auf seine Anordnung: ›Den Biermann nicht, klar?!‹ leider resignieren.
Aber nun im engsten Kreis der Regierung ... Ich sang gut, frech und unerschrocken, in mir war Mut von tausend Mann. Die Herren waren sehr sehr aufmerksam. Sie meinten wohl, es wär ein Test auf ihre Allgemeinbildung. Bei der Stelle ›Und spendier Stalin ein Bier‹ hatte sich der Raum hörbar elektrisch aufgeladen, es knisterte vor Hochspannung zwischen mir und dem Pulk und ich stellte ziemlich unterschiedliche Reaktionen fest. Sindermann sagte spontan und wie aus der Pistole geschossen: ›Biermann.‹ Und gradezu versöhnlich, vertraulich familiär: ›Natürlich unser Wölfchen, wer denn sonst.‹
Verner stampfte auf wie Rumpelstilzchen, drehte sich um die eigene Achse, giftete zähneknirschend: ›Nicht zu fassen!‹, war ein beleidigter Wurz, weil man seine Scharfmacherstimme ignorierte und ihn als positiven Verfechter der Sache nicht so ernst nahm wie er sich selbst. Und als wollte er all die aufmüpfigen Liedfetzen einfangen lassen von den Rumstehern, sah er befehlshaberisch in die Runde und schluckte schließlich verbissen die Kröte, als keines der Mitglieder der Regierung Anstalten machte, seine Gedanken in die Tat umsetzen zu lassen.

Stoph lächelte gelassen, doch seine Augen waren kaltwach und beobachtend. Einer sagte jovial, ich glaube der, welchem die Wirtschaft untersteht: ›Wir sind doch keine Stalinisten.‹ Er meinte damit wohl, daß man so was ruhig laut sagen darf, ohne fürchten zu müssen, deswegen auf die Schwarze Liste zu kommen.
Alle waren angegangen, hatten Schwitznacken, eine feuchte Aussprache, redeten durcheinander und aufeinander ein, wie das in vorgerückter Stunde Männervereine zu tun pflegen, taten, als wollten sie die Welt aus'n Angeln heben; bis auf Seine Graue Eminenz und paar hager wirkende Beobachtungsposten, die blieben zugeknöpft. Die Namen konnte ich mir nicht alle merken. Es waren zu viele auf einem Haufen. Sie gaben sich tolerant, humorig, selbstgefällig. Zur letzten Strophe war ich nicht mehr gekommen, da wär ihnen auch das Lachen vergangen, wenn ich auf sächsisch gelispelt hätte: Ausweis bitte!
Mit Sindermann hab ich mich länger allein unterhalten, sagte ihm, daß ich enttäuscht wäre wegen der unterschwelligen Drohungen, dem Milchmann und Meier. Er beteuerte mit Unschuldsmiene und Bezirkssekretär-Habitus, das wäre nicht auf seinem Mist gewachsen, die Formulierung würde von Dir selbst stammen. Ein Mißverständnis also, das somit ausgeräumt ist. Dann tanzten wir, bis mich ein früherer Bekannter, besagter Schwammdrüber, besitzergreifend aus Horstis Armen riß mit seinen Hünenpranken. Er fragte, was passiert sei, ich hätte mich verändert, mein Blick sei wie weggetreten, als würd ich in andern Sphären schweben, ich bin zwar eine Traumfrau und bezaubernde Hexe, wüßte aber anscheinend nicht, wo Gott wohnt. Ich lächelte undurchschaubar, sagte: Oh doch! Da verstummte mein Freiherr irritiert und seine bereits abgebauten grauen Zellen erhielten Blutzufuhr; man sah es sinnlos zirkulieren.
Heut bin ich in Erfurt. Die großen Hotels sind für die Zivilbevölkerung gesperrt. Ein Kommandant hat zu bestimmen. Bisher waren es immer hübsch artige Kommandanten gewesen, höflich, zuvorkommend, die, wie einst bei kunstliebenden Königen, den Künstlern feine Speisen bringen ließen, Likör aus Frankreich ...
Vorhin war eine Probe, in einem Glashaus. Von der IGA (Internationale Gartenausstellung). Blätter waren noch an den Bäumen und der Wind trieb viele vor sich her. Obwohl Walter Ulbricht kommt! Also, was Du behauptest, von wegen wegfegen das Laub und von den Bäumen pflücken. Du übertreibst eben doch, ich hab mich selbst überzeugt.

Ein überforderter Verantwortlicher für heut abend, ein Oberstleutnant, hielt uns eine unverantwortliche Rede, nein, mehr eine militärische Ansprache, Befehlserteilung im Telegrammstil. Wir wurden wie Kadetten ermahnt, ja Disziplin zu wahren. Da knallte meine Hand auf'n Tisch und der Satz: Da hört sich ja doch alles auf! – gleich hinterher. Er war zusammengezuckt, als wär ein Schuß gefallen. So was Freches war ihm noch nicht vorgekommen unter den Komödianten. Und er fragte schneidend, ob er zuviel gesagt hätte. Ich antwortete: Entschieden! Schluß mit der Berichterstattung. Es dämmert schon, die Lampen brennen und ich muß mir noch mein Gesicht schön bemalen.
Ich umarme Dich wie eine Schwester, eine Mutter und ein Dutzend zärtlich bis leidenschaftlicher Geliebten. Also: ICH umarme DICH! – Eva

Reinhardsbrunn, 22. 10. 65

Na Du? Ich schreib Dir noch mal von meiner Frontbetreuungstour. Heute ist ein freier Tag, die Kampfgenossen machen Feier-Pause. Das Feuern auf imaginäre Feinde jedoch geht unverdrossen weiter.
Ich bin ums Schloß herumgegangen, habe tief ein- und ausgeatmet, verschiedenerlei Vergangenheitsbeweise und Zukunftsvisionen auf mich einwirken lassen, Verfallserscheinungen der Natur wahrgenommen und selbstverliebt mein eigenes Aufgeblühtsein empfunden, zerfließende Konturen im Wasserspiegel erblickt und ein reales Haubentaucherpärchen, bagbag, tirili. Ist das schön hier! Wir müssen unbedingt herfahren. Das ist möglich in Ausnahmefällen, hab mich erkundigt.
Gestern, das war vielleicht noch ein Theater! Sie hatten ein Aufgebot an Zittertänzerinnen und Gesangssolisten engagiert und meine Reaktion auf die Ermahnung zur Disziplin hatte groteske Folgen. Übrigens waren die Helden müder als am Vortag, hatten nicht rausgefunden aus den Betten. Um sieben sollte das Manöver laut Einsatzplan weitergehen, aber die Kampfmoral ist auch nicht mehr, was sie mal war: Schwer angenockt vom Nachtleben in der Provinz, das nach Augenzeugenberichten bis in die Früh rein ging, setzte sich der Troß, bereits vorm Angriff abgekämpft, in Bewegung. – Jedenfalls fühlte ich mich gestern verschaukelt und unter aller Sau behandelt. In einem provisorischen Nebengelaß hatte man die Unterhalter einquartiert (wie Zaungäste), von wo aus man die Speisenden, ihre sich langsam rötenden Gesichter und prall werdenden Bäuche übersehen konnte – und wo wir auf unsern Auftritt zu ebener Erde warteten.

Es war ein Streuprogramm. Weißt Du, was das ist, ein Streuprogramm? Nun, wo Spreu und Weizen nicht voneinander getrennt sind und man fressen muß, was auf'n Tisch kommt. Etwa so: die Musik spielt was zur Untermalung des Kauens und Schmatzens, zur Erbauung, für die Verdauung. Dazwischen kommt der Schleuderakt, ein Zauberer mit halbnackter Assistentin oder eine Bodennummer, die bietet den Persönlichkeiten was Appetitanregendes. Und wenn die Herrn schauen wollen, schauen sie und wenn sie essen wollen, dann nagen sie am Schenkel vom Fasan. Trotzdem waren sie gnädig, taten volksverbunden und spendeten mehr oder weniger emphatisch Applaus. Walter Ulbricht war doch nicht gekommen. Vielleicht hatte Lotte interveniert, weil sie wohl ahnte, welch Lotterleben sich hinter den feindlichen Linien, d. h. auf so traditionellen Manöverbällen abspielt – und ich nehme meine Zweifel im vorigen Brief, daß Du Dir das aus'n Fingern saugst mit dem Blätterpflücken im Falle des Erscheinens des 1. Sekretärs, mit Bedauern zurück und behaupte das Gegenteil. Wenn mich nicht alles täuscht, schmulte dafür Honecker bei meiner Darbietung vom ›Schäferduett‹ und der Ritter-Ballade vom ›Keuschheitsgürtel‹ wie ein verklemmter Mönch schräg an mir runter und vorbei ins Aus. Vielleicht war es auch nur sein Lichtdouble.
Doch vorher, wie ich da so saß, fiel mir messerscharf unsere klassenlose Gesellschaft ins Auge. Die Situation erzeugte eine Leichenkellerstimmung. Ich fühlte mich unterkühlt, wollte nach Hause, überlegte ernsthaft, was passieren würde, wenn ich meine Siebensachen greife und einfach abhaue. Meine Opposition, die dank Deiner Anstiftung reichlich Kraftfutter bekommen hat, stieg und wucherte. Ich sagte, daß ich mir wie in einem Ghetto vorkomme und die Uniform vom Nachmittag, die mit dem schmalen Denkvermögen, wußte den Begriff nur bei den Nazis anzusiedeln. Und da schoß sein DDR-Nationalbewußtsein jäh und gelb in seine Wangen. Er fühlte seinen großen Auftritt nahen und zitternd vor Lampenfieber sagte er, wir könnten auch, wenn es mir nicht paßt, den Vertrag vorzeitig lösen. Und ohne Sinn, zusammenhanglos: Wenn laut Protokoll nicht getanzt wird, wird nicht getanzt. Um 24 Uhr hat alles im Bus zu sein. Das gilt auch für Sie, Frau Hagen! Ich kriege nur meine Anweisungen ...
Oh, da war ich aber aufgebracht! Als ob ich hergekommen wär, um zu tanzen, als ob ich hingelaufen wär, um jemand zum Tanz zu bitten, als ob ich angereist war, um mir militärische Anweisungen geben zu

lassen, diese womöglich noch zu befolgen. Die Dinge, die ich ihm sagte, hatten es in sich und ließen sein aufgesetztes Lächeln einfrieren; ich weiß, wie man solche Kotztypen schockt, ohne das Gesicht zu verlieren. Spiel ich Dir vor.

Dann bog der Schnitzler vom ›Schwarzen Kanal‹ ins ›Künstlerviertel‹ ein. Er hat eine Vorliebe fürs Milieu. Das luxuriöse Nachtmahl hatte ihn wülstig gemacht, redselig, aufgeräumt. Ein galanter Lüstling mit Manieren, duftwässerchen-durchtränkt, polierte Fingernägel, Höfling im engeren Ring, ein Typ, der seinen Platz in Thronnähe behauptet. Nicht zu vergessen das Dessert: Wackelpudding und Flitterhintern, feuchtglänzende Teile von Haut, Evas zwei- bis eindeutige Liedchen; zusätzlich die Führungsmannschafts-Atmosphäre hatten ihn angespitzt und ließen den Adelsherrn sich nonchalant herablassen. Wir hatten Selterswasser hingestellt gekriegt, er schmuggelte auf Kosten des Fußvolks – am laufenden Band Wodka und Kognak in die Abseite. Dann wollte er tanzen. Und zwar mit mir. Ich wollte nicht. Und nicht nur wegen der Anweisungen. Also machte der Lord auf Konversation, war eine sprechende Zeitung, quakte mit verklärtem Geheimnisträgerblick und konspirativem Froschaugenaufschlag: Achtzigtausend Mann wären die Woche über in ständiger Bewegung, das müßt man sich mal vorstellen. Wozu das, fragte ich; weiß wirklich nicht, was er meinte. Wegen der Unsummen, die da verpulvert werden, wohl nicht. Mein lieber Kokoschinski, sagte einer aus der Hintermannschaft, ein Normalverbraucher kann sich überhaupt nicht vorstellen, wieviel Metall zur Zeit auf Achse ist. Dabei ist das ein Klacks, gemessen an dem, was wir noch in der Hinterhand haben. – Karl-Eduard aber wollte sich jetzt amüsieren und sagte beschwingt: Alles zu seiner Zeit. Zum Wohle, die Damen! Und kam auf seine Kosten. Da waren alte Bekannte, versessen auf ein Wort zum Sonntag, nein, Montag, Neubewerberinnen, die was an ihm fanden; unbegreiflicherweise hat er immer tolle Frauen angezogen: Inge Keller zum Beispiel. Und das schönste Mädchen an der Schauspielschule damals. Oder Christine Laszar (aus'm Westen eingeschleust). Dann die ungarischen Charme versprühende Operetten-Diva Martha Rafael ... Gottlob sind die Geschmäcker verschieden, sonst würde jede Braut ja auch auf Dich fliegen, mein einziger Wolf. – Dann rückte der Sindermann ins Ghetto ein, um mich aufzufordern. Dem sagte ich provokativ: Tut mir leid, Väterchen Bezirkssekretär. Tanzen ist verboten (den familiären Ton kann ich mir erlauben, sein

Filmfestival in Karlovy Vary: Eva mit Autor M. Janowski und Regisseur J. Hasler

Sohn Peter war mein Filmpartner und einst schwer in mich verliebt, erinnerst Du Dich: Halle, unsere Begegnung, das Geballer an der Tür im ›Roten Roß‹. Und ich war bei denen im Garten mit Hollywood-Schaukel und Posten vor der Tür). Da nahm mich der Alte spitzbübischkumpelhaft an die Hand, führte mich aufs Parkett; vielleicht machte es ihn ›scharf‹. Denn wie schon der Dichter sagt: ›Keiner tut gern tun, was er tun darf‹. Als nächstes schunkelte ich mit dem Gutgenährten von der Wirtschaft durch Schall und Rauch, den sie gestern komplizenhaft zum Kulturminister ernannt hatten; kleiner interner Scherz der Herren, worauf ich mir aber keinen Reim machen konnte – und der sagte in überzeugtem Brustton, daß ich schön wäre, klug, eine sozialistische Hexe, hihi. Und das Lied von Dir gestern hätt ihm toll gefallen: ›Großartig, der Biermann, das ist unser Mann! Von seinem Schlag müßten wir mehr haben.‹ Ist das eine Aussage!? – die ich hiermit schriftlich festhalte als Beweis, wenn einer was will. Mit heißem Atem wie Strahlemann & Söhne hat er das gehaucht. Ich bin mir nicht sicher, ob er Deinet- oder meinetwegen so entzückt war. Wahrscheinlich ist es die Kombination. – Mittag hieß der begeisterte Knabe, fällt mir ein. Ob er nachmittags, wenn er nüchtern drüber nachdenkt, noch seiner Meinung ist?

Und einmal, als ich da so saß, kam ein Ober mit gewichtigem Gesicht und richtete mir aus, daß ein General mich sprechen will, ich sollte ihm unverzüglich folgen. Und was antwortet darauf eine Dame von Welt laut und vernehmlich, damit es alle angelaufenen Hälse hören? – Der Ober zog verdattert davon und hinter ihm her mit eingeklemmtem Schwanz die armselige, von mir geschundene Kreatur in Uniform, der Organisationsheini, in dem sich langsam eine Haßliebe zu mir entwickelt hatte. Kurz drauf kam der abgeblitzte General angetorkelt wie ein Tanzbär, küßte mir drollig verlegen die Hand, meinte auf mecklenburgisch, ich soll ihm mal nicht böse sein wegen der hinterwäldlerischen Manieren, er hätt schon ein bißchen übern Durst getrunken und wär auf'm Land mehr zu Hause. Ich verzieh ihm und tanzte, hörte mir seine ver(h)ehrende Rede an, in der drin vorkam: ›Bleib so wie du bist, Mädchen, so künstlich (!) und natürlich.‹ Das wäre in Ordnung und eben das Besondere an mir.

Dann funkelte der Mielke mit seinen Späheraugen mich an – ich stand mit im Kreis, wechselte hochtrabende Worte über Wetteraussichten, Hoch- und Tiefeinflüsse auf menschliche Beziehungen. Und plötzlich

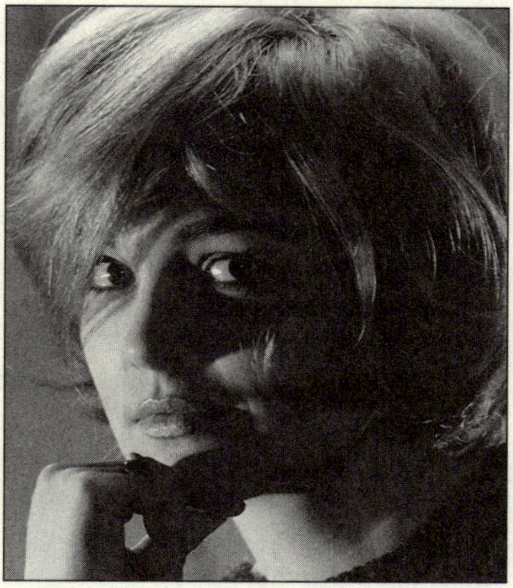

sagte einer seinesgleichen hinter ihm: Genosse Minister haben heute noch nicht getanzt, wollen Genosse Minister nicht tanzen? (wörtlich!) Und Genosse Minister senkte seinen Blick auf die Höhe, wo mein Busen sitzt, gab seiner Stimme einen monotonen Klang, grotesk gespielt: Ja, was will ich, will ich tanzen, will ich nicht? Würden Sie denn wollen, wenn ich will?! Er schaute auf das Goldgeflecht meiner Ballschuhe und ich herab auf seine Stiefel aus Schweineschwarten (oder war die Rinderhaut aus Büffelleder bis hoch zum Knie) und auf die vorquellenden Beuteltierhosen, Bridges genannt. – Warum nicht, sagte ich artig. Ich hätt nichts dagegen, obwohl es mir eigentlich verboten wurde. Aber Ihretwegen kann man ein Verbot ja wohl mal getrost übertreten, oder? – Er horchte auf: Was ist? Wer hat das angeordnet. Hinter meinem Rücken! Wo ist der dafür Zuständige. Hähä. Das mir! Keiner verläßt den Saal. Wenn einer was zu verbieten hat, dann ... Und er flüsterte aggressiv mit der Art Humor, ungewollt eine Karikatur auf sich selber spielend, als hätte Lubitsch eine Fortsetzung von ›Sein oder Nichtsein‹ inszeniert: Schon gewußt? Bin der Minister für Staatssicherheit. – Aha. Ja, klar, hab ich inzwischen mitgekriegt. Er wollte sogar mit mir hingehn zu der Uniform, deren Insasse sich feige verkrümelt hatte, als er merkte, daß seine Eminenz mich bevorzugte mit seiner Aufmerksamkeit. Der Sicherheitschef regte sich sogar richtig echt auf und beklagte sich bei einem seiner Vertrauten: Ist doch die Höhe! Als wär ich nicht selbst Manns genug. Unerhört, so was! Kommt einer Entmündigung gleich. Fehlt nur noch der Jagdschein. Soll ich dem Kerl einen Denkzettel verpassen, fragte er mich fuchsteufelswild und machte ein Gesicht, als wolle er auf der Stelle ein Duell ausfechten.

Ich spielte die kühle Blonde, lachte amüsiert: Das schaff ich schon allein, Genosse Minister, mich gegen solche Halbgewalten zu wehren.

Er, nun fast versöhnt wieder, halb gönnerhaft, halb väterlich: Wenn Sie mal Kummer haben, Hilfe brauchen. Bin für Sie da. Ohne Spaß. Schreiben Sie. Berlin-Lichtenberg, Normannenstraße. Kommt an.

Na, ich hoffe doch, nicht in die Lage versetzt zu werden, Ihre Dienstzeit in Anspruch nehmen zu müssen, verehrter Herr Minister. Ich bin ein legitimes Kind der Deutschen Demokratischen Republik, was soll mir da passieren. – Und meine Rüschen raschelten. – Wo ich wohne? Prenzlauer Berg. – Wo genau! – Zelterstraße. – Nummer! – Sechs.

Er hielt meine rechte Hand unter seine Augen, als hätte er Lupen statt Pupillen. Nein, kein Ehering, nur einer mit Brillanten. Er lächelte kindlich, gleichzeitig verschlagen. ›Ein Zwitterwesen‹, kam's mir in den Sinn, ›was fürn mickriger Mephisto.‹ Und dachte, als ich seine auf der Stirn vorquellenden Gedanken las: Mach mir bloß kein' Ärger. Erspar dir eine Niederlage. Deine dir unterstellten Arbeitsbienen schwärmen rum und registrieren jedes Wimpernzucken. Womöglich stechen sie mich hinterrücks, wenn ich durch eine enge Gasse muß. Doch dicht an meinem Ohr summt er die Melodie vom Tango mit.

Mit einem Ruck ward mir bewußt: Mensch, Eva-Marie, das ist kein Film, keine Kamera läuft, kein Schienenwagen wird geschoben, die Lampen sind normale Festtagsbeleuchtung, keine Klappe wird geschlagen, Regieanweisungen sind nicht zu vernehmen, niemand verlangt eine Wiederholung der Einstellung, völlig auf sich gestellt ist die Darstellerin in dieser, ihrer eigenen, vom wahren Leben auf sie übertragenen Rolle. Und kein Niemand nicht wird jemals sehen, wie gut ich war in dem Streifen ›Oktobersturm‹.

Die Mitternacht war längst vorüber; ich wollte ins Bett. Die übriggebliebenen Herbststürmer aber hingen windschief an den Tanzmäusen, Chordamen, Schnulzen-Sängerinnen, redeten ihnen ein, was für berückende Künstlerinnen sie seien. Und überhaupt: Was ist das Leben ohne Wein, Weib und Gesang. Nichts! Das stimmt.

Ich saß da mit überklarem Kopf, registrierte all das besser als die graumelierten Anzüge, die in den Ecken rumstanden, vor und hinter allen

Türen, Schaufensterpuppen, gut durchtrainierte Mittelmaßtypen. Sie hatten keinen auffällig-unbeteiligten Blick mehr, schauten männlich interessiert auf nacktes Fleisch wie Schulterstücke, Brustansätze, Kniebein, Waden, Haxen, aßen von den Resten, die noch reichlich dalagen auf'm kalten Bufett: Aal in Aspik und geräuchert, gefüllte Teigtaschen, Hühnerkeule, bunte Happen.
Und sehnte mich mit einer so unbeschreiblichen Macht in die Arme meines Liebsten oder wenigstens in seine Nähe. Nach Deinem Kirschmund hatte ich Hunger, Drachentöter, Deinen Tönen wollte ich lauschen, Minnesänger, Deine Stimme trinken, Troubadour. Denn nach Deinen himmlisch-irdischen Liedern bin ich süchtig und fast krank vor Sehnsucht. – Das Schloß und Drumherum hat mich versöhnt. Die Sonne und der Himmel haben mich umschmeichelt. Die herrlich bunten Herbstfarben strahlen eine geradezu magische Kraft aus und haben sie einfach auf mich übertragen. Ich will Dir immer abgeben von meinen Schätzen, Dich erheitern, Dir erzählen von Zwergen, Greisen, Weibsbildern, Wichtelmännern, Kuriosem, Nebensächlichkeiten.
Ich freue mich auf Dich, lieber Wolf! – Eva

Bad Elster, 15. November 1965

Himmlischer Erdteufel! Wolfsbrut! Herrlicher Mann! Da Du Geburtstag hast, habe ich einen triftigen Grund, Dich mit Schmus und Schmeichel zu überhäufen, Dein Bild mit Sahnetupfer zu dekorieren, einen Kranz aus Immergrün zu flechten; die Blumen hab ich mir selbst geschenkt: Alpenveilchen mit Ziergras gabs immerhin.
Ich wünsch Dir, daß Du groß und stark wirst und saftige Happen zugesteckt kriegst vom Mundschenk in der Verteilerzentrale! Überhaupt gratuliere ich Dir dazu, daß die Welt das Glück hat, ein Exemplar Deiner Sorte in ihrem Schoß wiegen zu können.
Dann wär da noch ein Wunsch in eigener Sache: daß Du nicht bissiger wirst, süßer Wolfsrachen, beißwütiger. Nimm's Dir zu Herzen, wie auch ich gelobe, behutsamer mit der jeweiligen Stimmungslage des Gegenparts und der Verfassung der DDR umzugehn, kleiner Karl vom Stamme der hellsichtigen Geister. Beinahe wär Eva nämlich hinüber gewesen, ätsch! Nachträglich überläuft sie ein Schauer nach dem andern, weil man so herzverbrecherisch miteinander umgegangen war beim Auseinandergehn: Die Autobahn hatte sich in Windeseile in eine Schlitterbahn verwandelt und postwendend kam ein Verkehrsunfall

auf mich zugeschossen durch die Windschutzscheibe. Reagier da mal entsprechend; so was wurde bei der Fahrprüfung nicht abverlangt. Boing! standen zwei Blechdosen ineinander verkeilt im Bild, während ich mich auf'm Acker wiederfand. Schreib mir was Positives!
Und Markneukirchen liegt nur acht Kilometer vom Kurort entfernt. Außerdem gibts eine Eisenbahn in der Hauptstadt, die fährt durch bis nach hierher; bequemer gehts nicht!
Mein Auto insgesamt ist heil geblieben, nur der Wasserbehälter tropft, als wär er nicht ganz dicht. Und ein Auge blinzelt, wenn eine schicke Limousine vorbeigleitet, so daß die auf ihre Hupe drückt als Antwort. Mit dem Käfer herzukreuchen wäre heller Wahnsinn! Ich liebe Sie immer noch, Mann Gottes! Schon über sieben Monde lang ... Eva.

Bad Elster 23. 11. 65

Mein Liebster, gut, daß Du hier warst! Ich bin rundum zufrieden – gewesen. Nun fehlen mir langsam wieder Deine Unverschämtheiten und Wortspiele, die zärtlich-freche Zunge; Du in jeder Hinsicht eben. Bald wird es Eva (notgedrungen) dämmern, wir sind zwei Geschöpfe: Du eine Person männlicher Art – ich Holde weiblicher Abstammung. Jeder für sich eine eigene Welt. Noch ist alles in der Schwebe ...
Im Kino gabs den Film ›Der alte Mann und das Meer‹ mit Spencer Tracy. Die Natur-Aufnahmen waren gewaltig! Aber bei den Kampfszenen zwischen Mensch und Tier, dem Riesenfisch, war das Atelier, die Rückpro-Leinwand desillusionierend. Bei Literaturverfilmungen bin ich oft enttäuscht hinterher, weil die Figuren in meiner Vorstellung andere sind, keine Berühmtheiten. Und das Zwischendenzeilen, jeder hat seine Phantasie beim Lesen. Es gibt Ausnahmen: ›Der stille Don‹ nach Scholochow (ein Panorama menschlicher Leidenschaften, wofür sie meine Stimme ausliehen), finde ich gelungen. Film ist jedenfalls d i e Erfindung. Ich war ganz süchtig danach, ob nun Süßholzgeraspel oder starker Tobak. Kurz nach'm Krieg liefen die UFA-Schinken wieder in den Kinos. Evchen zog Hohehackenschuhe an, die Kostümjacke ihrer Mutter Agnes und hat jeden Streifen eingesogen, konnte alle Lieder auswendig, die Blicke und Posen der Stars wurden vorm Spiegel geübt. Ich lese die unlängst erschienenen Stücke von Max Frisch, daneben, aber nicht nebenbei, von Engels den Anti-Dühring. Und stell Dir vor: es langweilt mich überhaupt nicht. Aber mitreden auf dem Gebiet, ach nein, dafür bist DU mir in den Schoß gefallen.

Eva mit ihrem weißen Skoda Sport ›Felicia‹

Schreib mir, bevor Du ans Meer fährst. Grüße Robert, sag ihm, ich vermissse ihn. Es gibt nur selten solche Leuchtfeuerköpfe mit bereits schütterem Haar. Und das Mensch braucht halt was zum Bewundern, Ersatz für den uns durch den ›Zeitgeist‹ geraubten Gott; umsonst wurde er sicher nicht erfunden einst, geschaffen von ihm selber? Rätsel, Geheimnisse, Zauber-Fidibus, dreimal verflixt schwarzes Schaf, Du mein Unschuldslämmchen Wolf.
Ich fall jetzt ins Bett und wäre nicht abgeneigt, mein schmales Lager mit Dir zu teilen. Auf alle Fälle ist es bequemer als Deines neulich in der POST. Zum Erinnern gibts ein Himmelbett, die goldene Kutsche, Liegewiese, Klingelstätte, breit, weich, fest, warm, duftig, frisch. Das Kleinod steht im Prenzlauer Berg, mit Blick auf Hinterhof, schräg durch die Baumkrone unser Himmel, vergiß ihn nur nicht.
Wo Du länger auf Reisen gehst. Heiliger Strohsack! Ein halbes Jahr! Das darf ich mir nicht näher ausmalen. Aber selbst wenn Du bis zum äußersten Zipfel unseres riesigen Zwergenreiches abwanderst, Dich in entlegenste Winkel verkriechst, ist es, gemessen an Verbannungszielen wie Sibirien oder Kasachstan, nur ein Katzensprung. Ich werde Dich aufstöbern mit Deiner gütigen Erlaubnis und nach Deinem Bittgesang. Zu guter Letzt stell ich mir einen versteckten Mund vor – und habe schon vorm Einschlafen traumhafte Träume:
Eva und der Wolf im freien Fall Richtung Venus.
Wie bist Du angekommen in Berlin? Und die Filmerei bei Egon Günther? Was machst Du außerdem. Ich interessiere mich nun mal für Dein Tun und Lassen. Letzteres würde mich in gewisser Beziehung – ich weiß auch nicht was. Was soll man machen. Also mach doch, was Du willst und tu, was Du nicht lassen kannst.
Gut Nacht, Mynherr, sagt Eva aus Bad-Elster.

Berlin, 25. 11. 65

Meine liebe Eva, meine vielliebe Maria! Weib, Mutter, Verführerin, Heilige Hure* – kaum hatte ich mich auf Berliner Terrain begeben, wurde ein neuer Scheißeimer über mir ausgekübelt. Als ich auf dem Ostbahnhof zu den Defa-Leuten kam, um den verlogenen DDR-Franzosen zu spielen, eröffnete mir Regisseur Günther, daß auf höhere Anweisung ... Es wird Zeit, daß ich aus diesem Dreckloch Berlin verschwinde. Eben kommt Dein Brief. Ich will ihn erst mal lesen.

Ja, die Tage da waren heiter, ich Glückspilz. Der herrliche Hühner-Abend beim Meinel A. und unser wahnsinniger Spaziergang im Schnee am ersten Tag. Auch die Schachpartien vor den Augen Nasen und Ohren der privilegierten Herren Spezialisten im Käthe-Kollwitz-Heim. Große Pause. – Es kamen schon wieder Leute mit langen Messern, um sich ein Pfund Biermannfleisch rauszuschneiden. Es gibt eine reiche Ernte an Biermann-Gerüchten. Sie wachsen auf dem Boden der DDR, in der das öffentliche Interesse an Biermann etwa so groß ist wie seine künstliche Isolierung. Im Westen erschienen große Artikel über den armen Biermann in der ZEIT und im SPIEGEL. Eine große Rezension über die ›Drahtharfe‹ in der FAZ usw. usw. In Ost & West arbeitet man fleißig am Märtyrer-Denkmal für mich und mir bricht der Schweiß aus, wenn ich denke, wie schwer das abzubauen sein wird. Die Kacker im Westen hätten natürlich gern ein armes Ulbricht-Opfer und die Stalinisten hier säßen sicherer, wenn ich unter der Dornenkrone flennte.

Da hilft nur, daß ich in Klausur gehe, das harte und keusche Strickbett aufstelle und mit mächtigen Hieben und spritzigen Florettparaden das Wintermärchen hinhaue. Das kostet große Anstrengungen, formale Erfindungen – besonders was die Architektur des Ganzen angeht – und politische Genauigkeit. Es übersteigt meine Kräfte, also muß ich meine Kräfte übersteigen. Das ist aber in diesem Bordell nicht drin.

Ich bleibe an der Ostsee, bis ich das WINTER-MÄRCHEN fertig habe. Mit dem Heineschen Versegeklingel krieg ich nicht die epische Dimension der Ballade in' Griff, und das Ganze ist eine große Ballade, in der, wie in jeder Ballade, lyrische, epische und dramatische Elemente zusammenfließen. Bei so großer Form aber müssen die Elemente aus dem Tiegel der normalen Ballade in ihrer Reinheit wieder herausgelöst und im Nacheinander in purer Form verwandt werden.

Der geschwätzige Kling-Klang des Heineschen Wintermärchen kann dabei eine Form sein.

Wagenbach war grad hier und sagt, daß meine ›Drahtharfe‹ offensichtlich ein Bestseller wird. Es ist doch noch viel Schund in diesem Heft mit dem Gütezeichen ›Q‹. Erstklassig sind die Texte ›Villon‹ – ›Krähen‹ – ›Kunststück‹ – alles andere hält nicht länger als fünf Jahre. Das große Portrait dieser Zeit, dieses Jahrhunderts, dieses Deutschland, dieser Revolution, fehlt noch. Das Wintermärchen soll zumindest ein gültiges Konterfei der deutschen Zustände Mitte dieses Jahrhunderts liefern, das auch gültige Geschichtsschreibung ist; unter dem gehts nicht.
Du liebe Liebe, sei heiter. Schreibe Deinem ausgelaufenen Dichter, dem das Schreiben so schwer fällt und der absolut und für immer das Dichten verlernt hat und der ab nächste Woche auf Usedom das größte deutsche Poem dieses Jahrhunderts schreiben wird: Dein Biermann
*) weil sie, mit Joseph verheiratet, mit Gott gevögelt hat, die Gute.

25. 11. 65 – Bad Elster

Vielgeliebter! Solche Ruhe, welche Plage! Wenn Er wüßte, was sich abspielt in der Phantasie Seiner Herzdame. Doch heiße ich nicht Mathilde, wie die vom Heinrich, sondern bin Eva-Maria, welche den Wolf liebt. Und keine Ehefrau, sondern die Freiheit selbst. Trotzdem, Meister des Salto Mortale! bräuchte ich Nachhilfe-Unterricht über die Zusammenhänge der Welten. Mathematik hat Er ja auch studiert, mein Freund, politische Ökonomie. So was Abstraktes. Oder ist es praktisch? Wir könnten der Großen Unbekannten gemeinsam zu Leibe rücken. Aber glaube Er nicht, Товарищ Господин, ich ließ mir ein X für'n U vormachen, Gelehrter und vom Leben Lernender! Bin nicht Gretchen am Spinnrad, obwohl ich mir einst ihren Monolog reinen Herzens abrang fürs Vorsprechen an der Schauspielschule:
Mein Ruh ist hin mein Herz ist schwer / ich finde sie nimmer und nimmer mehr / wo ich ihn nicht hab ist mir das Grab / die ganze Welt ist mir vergällt / mein armer Kopf ist mir verrückt / mein armer Sinn ist mir zerstückt / nach ihm nur schau ich zum Fenster hinaus / nach ihm nur geh ich aus dem Haus / sein hoher Gang sein edle Gestalt / seines Mundes Lächeln seiner Augen Gewalt / und seiner Rede Zauberfluß / sein Händedruck und ach sein Kuß / mein Busen drängt sich nach ihm hin / ach könnt ich fassen und halten ihn / und küssen ihn so wie ich wollt / an seinen Küssen vergehen sollt.
Ah ja! Johann Wolfgang war auch ein Kenner; was wollte ich sagen, können Sie mir folgen, Genosse Ausgeschlossener, Kirschmund,

Liedermacher (Hollaho!) Wolfsspur, Lilie auf dem Felde, Ableger vom Volke Israel, Auserwählter, Herzensbrecher, Hetzer, Ketzer ...
Meine Zentrale ist ein Bienenstock, es summt in den Honigwaben, Bienchen Engels, Brummer Marx, Havemannstacheln, die Feinfühler des Lombardo Radieschen. Dazwischen Hornissen, Bremsen, Schmeißfliegen; das schnorchelt Gegenargumente durch das Ohr – damit komme ich dick mit übern Winter. Und meine Rosa, ein Märzfalter wie Ninakind, ist mir verwandt, gefühlsmäßig, in den Briefen (ich hab auch was Polnisches an mir, Slavisches, von meiner Großmutter) ihre Leidenschaft und Sanftheit ist mir vertraut. Klar, sie ist ein anderes Kaliber intellektuell und bildungsmäßig, aber sie zu begreifen ist kinderleicht, der Inhalt ihrer Ideen einleuchtend. Was haben unsere Obersten gegen sie, daß die sie nur im Verborgenen blühen lassen, ein Mauerblümchendasein fristen. Bei mir hat sie durch Dich von nun an einen Ehrenplatz. Ich werde sie und die männlichen Wegweiser, die ich grad beim Wickel hatte, nachwirken lassen und als Zeugen anrufen und Bundesgenossen, wenn einer Manschetten kriegt auf der noch im Düstern vor uns liegenden Wegstrecke. Nun sollen sie erst mal ruhen – und ich auch. Robert kriegt ein Schulterklopfen: Alle Achtung!
Ich hoffe, Du kannst die mir entgleitenden Worte entziffern.
Kuß, Küsse. Morgen sag ich Dir noch mal was Sache ist. Bis dahin Geduld, Sohn unter den Söhnen und Liebster von Eva-Marie H.
P. S. Kennst Du Gedichte von dem Amerikaner Allen Ginsberg?
In ›Sinn und Form‹ ist ein Artikel über Beat-Lyrik.
Unter meinem Kopfkissen liegt eine Drahtharfe ...
Übrigens: Freudiger Schreck in der Morgenstunde: Mein Busen ist gewachsen: OB ETWA WOMÖGLICH! Reines Wunschdenken. So eine Kur verschiebt die Mondphasen. Falls doch, stürz ich mich in die Schwarze Elster. Oder ich mach nix – und Du bist über kurz oder lang August der Starke. Nur daß Dir die Schatzkammern des Deutsch-Demokratischen Reiches verschlossen sind. Dabei fällt mir auf, daß es eine ausgemachte Schurkerei ist, Dich nicht singen zu lassen.
Aber das ändert sich – irgendwann. Oder hat sich schon was getan?

Bad Elster – 1. 12. 65

Mein lieber Wolf, soeben las ich das ND: ›Keine Toleranz gegenüber ideologischer Koexistenz.‹ Kurz zuvor hatte ich noch so einleuchtendes Material wie ›Pluralismus in marxistischer Sicht‹ verschlungen. Nun

offiziell das Gegenteil. Ich mache mir Sorgen wegen der ›dekadenten Lebensformen‹, mit denen man Dich so primitiv angreift. Es beginnt wieder eine Art Flur-Bereinigung oder Markierung der Grenzen in der Kunst, wo verfügt wird, was geschrieben, wie gemalt und dargestellt zu werden hat. Unsere Mächtigen wollen ein Exempel statuieren.
Immer lauter und unverblümter wird die Gefährlichkeit sogenannter ›Elemente‹ verkündet, von denen Du der schwerste Brocken bist ihrer Ansicht nach. Denn Du behinderst angeblich den Aufbau des Sozialismus, wie die ›Gammler‹, nur auf anderer Ebene.
Bei der berüchtigten Demonstration in Leipzig, erzählt ein Schöffe, der hier zur Kur ist, hatten von 260 Festgenommenen 145 mit Sand gefüllte Schläuche oder Stahlrohre dabei, waren asozial, betrieben Arbeitbummelei, waren aufgefallen wegen übermäßiger Trunkenheit, Erregung öffentlichen Ärgernisses. Die willst Du also eingehen lassen in die Literaturgeschichte als positive Helden unserer Zeit, ausgemachte Schädlinge. Man wird Dich auf Staatskosten nach Bautzen schicken, wenn Du solche Typen besingst. Schnell drei Kreuze geschlagen!
Du kämpfst mit offener Brust, mit Worten und Bildern, auf die sie schwer was erwidern können, weil ihnen das Format dazu fehlt, ihr geistig-ideologisches Niveau die Niederträchtigkeit der Stalin-Ära beibehalten hat. Also können sie nur mit Verleumdung und Gewaltandrohung antworten. Du wirst ihnen ein zu heißes Eisen unter ihren Geruhsamkeit gewohnten Fettärschen. Die warten nur auf'n günstigen Moment für das Zuklappen des Fangeisens; ich hab einen Fuchs in so 'nem Ding gesehn, das sah böse aus! Aber Du heißt Wolf und dessen Spürsinn endet im Gehirn eines speziellen Menschentieres.
Trotzdem frag ich: Gibts keine Methode ohne Hilfe des Westens, für den Du auch nur als abschreckendes Beispiel, für Propaganda-Zwecke gegen den Kommunismus herhalten mußt – und der Dich, lebtest Du drüben, mit viel Spektakel in den Dreck ziehn würde. Sollte es keine Alternative geben? Nicht, daß Du klein beigibst oder Scheinwahrheiten verbreitest: Sie verführen wie der Rattenfänger von Hameln. Jedenfalls wünscht ich mir, daß Du Dein Leben nicht als Märtyrer fristest, Ausstellungsstück wirst, Messias der Feiglinge, dem sie, ist er gekreuzigt, ein Denkmal auf'm Marx-Engels-Platz setzen: ein sich im Sprung selbst zerfleischender Wolf. Und das wird jenen, gegen deren Stärkung Du ankämpfst, zugute kommen: den Monopolkapitalisten. – Es ist alles so kompliziert geworden, ich versteh die Welt nicht mehr.

Die schöne heile Zeit, meine Jungmädchenjahre in der FDJ, ich, das Arbeiter- und Bauernkind, wie wir zu Ernte-Einsätzen fuhren zwischen Fahnen im Wind, auf LKWs zur Kreismeisterschaft, aufstiegen in die Bezirksklasse, Wettkämpfe, Subotniks, Kartoffelkäfersammeln, gesungen, gelacht, gute Menschen getroffen auf'm Weg bis zu Dir hin. Das alles kann nicht nur Schein gewesen sein, für null und nichtig erklärt werden. In meinem Kopf ist ein Drunter und Drüber. Ich will und kann es nicht glauben, daß man Dich ablehnt. Als wüchsen mir Stacheln im Gehirn. Dieser Kampf zwischen Nichtwahrhabenwollen und der Gier nach besagtem Apfel, Märchen und Realität, als zöge man mir den Teppich weg untern Füßen, als würde der feste Boden zerbröckeln.
Mein Lieber, indem sie versuchen, Dich herabzusetzen in den Augen des Volkes, Dich unter der Gürtellinie angreifen von wegen Pornographie und Du seist ein primitiver Reimeschmied – und gestern noch ein Nachkomme von Villon, Heine; Brechtformat billigte man Dir zu – erreichen sie das Gegenteil: Die Leute merken, daß Du eine Art Leuchtfeuer bist im Nebel der Niederungen, ein rausragender Geist in dieser geistarmen Zeit. Ich bin bei Dir. Und würde Dir ohne Bedenken – alle meine Kuscheltiere schenken. Bald kommt ein neuer Frühling: Wenn das Wintermärchen fertig ist; worauf ich mich freue wie Eva als Kind, wenn Geburtstag war oder Schlachtefest und die Dorffrauen mit Messern das Schwein zerschnippelten, Zwiebeln pellten, dabei weinten und sangen und Schnaps dazu tranken.
2. 12. Es liegt Schnee im Überfluß. Daraus hab ich mir einen kugeligen Mann gebaut. Vom Fenster aus werfe ich ihm heiße Blicke zu, um ihn

Linke Seite:
Eva (mit Gitarre) mit Freundinnen 1950/51 in Berlin-Falkensee zur Zeit der Weltfestspiele

Eva beim Skilaufen

hinschmelzen zu sehn; vergebliche Liebesmüh: Er läßt sich nicht erweichen, bleibt stur und steif stehn. Pferdeschlitten bimmeln; naht vielleicht der Geliebte von ... Eva-Maria Hagen?

Tel. 454 Koserow – 2. Dez. 65

Meine vielliebe Eva, kurz vor meiner Abfahrt erreichte mich in Berlin noch Dein lieber Brief mit der Siegesnachricht von Deinem ohnehin herrlichen Busen. Wenn's Dir in Dein Leben passt, setz einen Biermann in diese beschissene Welt, sie braucht es. Mach das Kind, bevor ich vielleicht bemerke, daß Biermänner in dieser Welt überflüssig sind.
Ich hätt schon eher hier her flüchten sollen!
Die Texte und Kompositionen brechen nur so aus mir heraus, nichts lenkt mich ab, auch die Natur nicht, der Wald steht stumm und dumm und schwarz da im Schnee und die Bude ist schön warm, keine Besucher, keine Nachrichten, keine Zeitungen, keine Jungfrauen – nur und nur Biermann plus jungfräuliches Papier, welches mit japanischen Filzstiften defloriert wird.
Allen Ginsberg kenne ich nur auf tschechisch und tschechisch verstehe ich nicht. Ich hörte mal Gedichte von ihm in Prag im Poesie-Club VIOLA. Die jungen Schauspieler lasen ihn mit modern unterkühlter Leidenschaft und ließen zu den Versen Tonbänder mit Geräuschen der Großstadt und der großen Überlandeisenbahn laufen. Leidenschaftliche Wiederentdeckung des Individuums aus der Gattung Mensch in dem organisierten Trümmerhaufen der amerikanischen Industriewelt – so schien mir und ich verstand kein einziges Wort.

Am 10. Dezember bin ich kurz in Berlin, und wir werden uns sehen. Bin gespannt, was Du gitarrenmäßig erreicht hast. Meine Weißgerber fehlt mir doch sehr. Jetzt ist schon ablesbar, daß die DRAHTHARFE ein Schlager wird und die Lyrik-Barriere überspringt; halleluja.
Ich muß mich umsehen, wo man in dieser Wildnis Post einsteckt, ob es überhaupt diesen notwendigen Überfluß gibt.
Ich umarme Dich auf jeden Fall in einer Woche – meine schöne, kluge, sinnliche, mutige Freundin – Dein Biermann

Markneukirchen, 3. 12. 65

Mann! Ich hör nichts von Dir, bist Du noch an der See oder sollte mich der jüngste Hörerwunsch drauf bringen, daß wer im Anrollen ist: ›Durchs Gebirge, durch die Steppe zog‹ – sang eine Singegruppe.
Ich war bei Weißgerber. Am 10. Dez. kann ich Deine Gitarre abholen. Und meine! Hoffentlich sind die Eisbuckel dann verschwunden. Außerdem war ich bei Meinel, A. Wie der sich gefreut hat! Hat die Schürze abgebunden, die Poliermaschine abgestellt, mich in sein Büro gebeten, Konfekt aus'm Westen hingestellt. Und immerzu sagte er: Ach Evamaria, versehentlich auch Ave Maria. Meinen Kopf hat er genommen mit Händen wie Schraubstöcke und Küsse verteilt auf Stirn, Backen, Hände. Ich fühlte mich wie in' Schwitzkasten genommen, erzählte lauter nüchterne Sachen, von Dir zum Beispiel: Der Wolf sagt, ist der Meinung, verabscheut dieses, jenes findet er dagegen toll.
Und Gott sei Dank kam eine Fuhre Holz für neue Zithern. Ich brauchte nicht zu sagen: Nun reißense sich mal am Riemen, Instrumenten-Bauer und lassense das Gebalze, Herr Auerhahn. – Na ja, in so einer Kleinstadt kann er sich nix erlauben. Deshalb war ich auch freundlicher als die Polizei erlaubt und weckte vielleicht Hoffnungen, daß Eine mal zwischen seine Hobelspäne zu liegen kommt (er hatte schon heißglühende Ohren). Und ich erzählte treuherzig, was ich für 'ne treue Seele bin, wenn mich erst einer am Kanthaken hat. Das hat er anscheinend alles auf sich bezogen – bis ich einen keinem weh tuenden Abgang machte. Ob er die ›Kleine‹ noch schafft, blieb offen wegen der Exportaufträge. Montag nehme ich noch mal Anlauf, falle ihm ins Auge, liege ihm in den Ohren, leg ihm die Pistole auf die Brust, sag: Her mit dem Schatz, Meister Meinel!
Was machst Du, läßt Du mit Dir machen? Küßt Dich die Muse Erato oder zeigt sie Dir die kalte Schulter? Ich werd ihr raten von Frau zu

Szene aus ›Dr. Schlüter‹ mit Otto Mellies

Frau, Dir was zu flüstern. Fegt Dir der Nordwind die Ohren weg? Ich trag Deine noble Pelzmütze, sehe aus wie eine Zarenbraut, nein, Komsomolzin Красная. Soll ich sie nachschicken in den grimmigen Meerbusen? Und zieh die Angerauhten an, mei Schunge, damit die edleren Teile nicht Rauhreif ansetzen, zu Schaden kommen, einfrosten und eine Daherflatternde pickt Dich auf am Waldesrand, lockt Ihn in' Unterschlupf, um Dich zu pflegen, wie sie vorgibt, legt Wen aufs Kanapee und ab die Post, Hopplahopp im Galopp, reitet sie Dich zu Schanden, Hexe die. (Hab ich mir das ausgedacht? Alles schon dagewesen!) Im eingeklammerten Fall war es wohl eine gute Fee. Man muß ihr dankbar sein, daß sie dem Jüngling dies Trauma austrieb. Wüßt gern, wer die Draufgängerin war. Aber das achte ich an Dir, daß Du kein Prahlhans bist betreffs Weibergeschichten, wie manch andrer Hecht am Schiffbauerdamm. Zurück zur Gegenwart: nun braucht Er solcherart Zuwendung nicht mehr, Wundertäterinnen zum Handauflegen, hast uns, Eva und Marie, die lassen sich vielleicht Dinger einfallen – aus reiner Spiellaune! Mach Dich also auf was gefaßt! Und bleib sauber, Zottelbär, wasch Dich trotz Kälte ab und zu und laß den Bart nicht in die Suppe wachsen. Man soll nicht übertreiben. Und vorm Einschlafen denk scharf an mich, damit ich es fühle unter der Haut. Das funktioniert! Nix mit übersinnlichen Mächten, naturbedingt, von Gott gewollt ...

In diesen Tagen gibts im Fernsehen ›Dr. Schlüter findet Deutschland‹.

Szenen aus ›Dr. Schlüter‹ mit Günter Grabbert, Gerd Biewer und Otto Mellies (oben links) Wolfgang Langhoff (unten)

Wenn Du ’ne Possibility hast, schau das Werk an, damit Du was Arbeitsmäßiges Deiner derzeitigen Haupt- und Nebenfrau – kennenlernst. In den ersten drei Teilen ist sie drin. Wahnsinnsrolle: Luxusgeschöpf, Industriellen-Tochter, kauft sich den Helden des Geschehns, genialer Wissenschaftler, der arm dran wär ohne Papas Labor. Aber der Ehegatte liebt die Widerstandskämpferin. Und Felicitas, Fee genannt, begeht Selbstmord auf Raten (Rauschgift) kriegt ein Staatsbegräbnis und der Zuschauer ist hingerissen, weil hinter der Maske dieses Sündenweibes auch nur ein Mensch verborgen war, nämlich die vielseitige Schauspielerin Eva-Maria Hagen, welche beim Publikum ’n Stein im Brett hat seit ihrem Debüt in der ersten sozialistischen Komödie der DEFA, die der Dichter Kuba und Nationalpreisträger sämtlicher Klassen, nein, nur der ersten – Prof. Dr. Kurt Maetzig als Regisseur, machten. Kuck, was ich drauf hab ›nebenbei‹, Du arroganter Ignorator! Marie. Jeden Tag kauf ich mir einen sauren Hering, verschlinge ihn gleich gierig im Flur nebenan. Als würde mein Astralleib nachts eine unheimliche Sause machen. Aber das kommt wohl vom Moorschlamm in den Trockenkammern, schätze ich.

Bad-Elster, Käthe-Kollwitz-Heim, 5. 12. 65

Wolf, ich kann nicht schlafen. Als hätt ich's geahnt, als ich Dir schrieb: Ich mach mir Sorgen. Und tatsächlich geht das Gebell erst richtig los. Den Brief von der Ostsee hab ich bekommen und war froh drüber.

Du schriebst, Du liest keine Zeitungen. Im ›Neuen Deutschland‹ heute wurde eine Hetzkampagne angekündigt, der Startschuß abgefeuert; die Hunde sind los und machen Jagd auf den bösen Wolf.

Ich bin keine Pessimistin, kann mir aber lebhaft vorstellen, welche Kettenreaktion das auslöst. Mit Dir hab ich mir was eingefangen!

Der Rundfunk-Regisseur Schonendorf, der die ›Ermittlung‹ von Peter Weiß machte, hier zur Kur ist, sagte halb schadenfroh, sarkastisch: ›Schon das ND gelesen?‹ Er fand den Artikel von Klaus Höppke auch primitiv, Dich aber immer einen Schritt zu weit. Diesem Schmierfink Höppke sollte man eine Stinkbombe in die Redaktion schmeißen!

Mann! Überall ecke ich an Deinetwegen. In dem Kurort hier sind viele angeknackste Leute. Wenn ich eine andere Meinung hab von einer Sache, als die offiziell vorgeschriebene, sind sie erst mal entsetzt oder denken, ich scherze. So was kann man nicht im Raum stehen lassen, ohne es zu bagatellisieren: Kleiner Witz aus der Pubertät und alles huscht auseinander. Sand muß gestreut werden. ›Glatteis‹ zu erwarten, sagt der Hausverwalter. Da müssen paar Schrauben locker sein im System. Übrigens entdecke ich an mir neue Qualitäten, komme eher auf den Punkt. Ich muß mehr lesen, klar formulieren lernen. Und trotzdem ist meine Schwester, was die Maria ist, stolz auf Eva, wie die besagten Apfel krachend in sich reinfrißt, ob er nun süß ist oder sauer. Die beiden Gedichte gefallen mir. Nur, Du bist ganz vernarrt in das Bild, wo sie Dir das Fleisch stückweise rausreißen. Und diese Fleischerhaken, Messer, das kommt mir vor wie Wahnvorstellungen, Alpträume. Mir liegt auf der Zunge zu sagen: Sieh auch das Positive, die Wechselseitigkeit. Durch die Herausforderungen wirst Du angestachelt zu höheren Leistungen. Wichtig ist, Du wirst nicht beschädigt bei diesem ideologischen Säbelgerassel.

Nun hat sich der Apel auch noch das Leben genommen. Wie muß man ihm zugesetzt haben. Möcht nicht wissen, wie es um unsere Planwirtschaft bestellt ist, wie tief die Karre im Dreck steckt und wer zieht sie wieder raus? Dabei wollten wir überholen, ohne einzuholen. So viele drehn sich den Hahn zu aus Verzweiflung. – Übers Jahr werden wir einen gangbaren Weg gefunden haben, trotz der durch Witterungs-

verhältnisse entstehenden Schlaglöcher, die Folgen der Frostschäden. Eine spezielle Art von Slalom werden wir uns antrainieren, mit biegsamen Hüften, auf standhaften Füßen ...
Wolf, Du sollst heiter sein und singen! Du nutzt der Zeit nicht, wenn Du für die Schublade schreibst oder für den Klassenfeind. Sei bißchen wie andere Menschen auch. Das Leben kann nämlich herrlich sein.
Heut lief der II. Teil von ›Dr. Schlüter‹. Dienstag III. Teil. Mein herzzerreißender Abgang. Sieh ihn Dir an – und lach Dich nicht tot!
Du bist am 10. Dezember in Berlin und willst am 11. wieder weg? Ich wollte erst am 11. kommen – in Dresden haltmachen – weil es zuviel wird, die Strecke auf einen Ritt. – Morgen fahr ich nach Markneukirchen. Meister Jacob läßt mich ins Allerheiligste, wo der Himmel voller Geigen hängt, vielmehr Gitarren. Es kommt Andacht über dich in dem Raum der Firma Weißgerber. Amen. Marie

Potsdam–Babelsberg, 15. Dezember 65

Lieber Wolf! Ich hab Dir einen langen Brief geschrieben. Es gibt ihn nicht mehr, weil ich ihn zu übertrieben fand. Hier die Kurzfassung:

1. Hab ich Dich lieb.
2. Wäre es gut, wenn Du hier wärst.
3. Bereite ich Dir ein königliches Mahl.
4. Könntest Du auch bei mir in Ruhe arbeiten.
5. Hab ich Dir einen Schal gestrickt aus Sackgarn, nicht rauh, weich.
6. Richten wir hier die Kammer ein für Dich, ganz spartanisch.
7. Wäre ich zuckerzärtlich zu Dir und pfefferscharf.
8. Verabscheue ich Dich, weil Du grausam warst.
9. Werde ich Dich verlassen, wenn der Schmerz nachläßt.
10. Liebe ich Dich bis ans Ende aller Tage. – Eva.

Berlin, Mitte Dezember 65

Meine liebe Eva, ich hab immer versucht, Dich anzurufen. Es ist 14 Uhr 30 – ich fahr jetzt an die Ostsee. Heiligabend komme ich zurück. Bitte besorge mir unbedingt die JUNGE WELT vom letzten Sonnabend. Dort steht ein faschistischer Artikel gegen mich, den man nicht anders als eine Morddrohung bzw. Aufforderung zur Intellektuellenhatz verstehen kann. Die Oberen sind in gefährlich wahnsinnige Raserei gefallen, der Abschaum feiert Auferstehung. Ich lege Dir das inzwischen weit verbreitete Extra-Blatt bei, bitte verbreite es.

Ich will versuchen in Ückeritz in Ruhe zu arbeiten. Deutschland ist nicht der Arsch der Welt, sondern die Senkgrube selbst.
Die Scheiße der gesamtdeutschen Reaktion steht mir bis zum Hals.
Ich hab Dich lieb, schreib mir bitte viel, auch Unwichtiges. Dein Wolf

Berlin, Januar 66

Wolf! Man foltert mich, veranstaltet Bekehrungsrituale: Ich soll abschwörn! Als hätte ich was mit dem Teufel. Wie ich mir meine Weiterentwicklung vorstelle bei dem Lebenswandel, ob ich in der Versenkung verschwinden wolle wie Johanna und Schicksalsgenossinnen einst – oder nicht lieber den Figuren auf der Bühne Leben einhauchen, auf die Weise Triumphe feiern. Ich wüßte nicht, was auf dem Spiel stünde. Meine Freundin A. macht mir teure Geschenke, stellt ein Ultimatum, schwärmt von einer Reise nach Ägypten (der dortige Fernsehchef hat bei seinem letzten Besuch Interesse bekundet, ein verlängertes Wochenende drangehängt) will mich verkuppeln, arrangiert Empfänge, lukullische Dinner im engsten Kreis. Auch mein verflossener Ehemann ist mit von der Partie, macht auf liberal, umflicht mich mit Aufmerksamkeiten: Ich soll mir ruhig öfter eine Freude gönnen, mag doch schöne Kleider; im ›Exquisit‹ seien neue Modelle eingetroffen, eins davon wurde zurückgehängt, kostet zwar an die tausend, aber Geld macht nicht glücklich, dafür das Freudemachen. Er hätte jetzt mehr, als er benötige, arbeite wieder, schwört Stein und Bein, mich nie mehr zu täuschen. Und er meint es ehrlich in dem Moment, doch dann überkommt ihn wieder das kochendgelbe Othello-Fieber.
Letztens kamen zum Jahreswechselfestausklang Leute mit in die Zelterstraße. Ein abgekartetes Spiel. Man nahm mich in die Zange: Jeder macht mal Fehler, schlägt über die Stränge. Bei einem Abenteuer drückt man ein Auge zu, auch zwei. Die ›Frau von Heute‹ hat nichts mit Prüderie am Hut. Dieses Verhältnis aber! Kein Umgang für eine von meinem Schlag wärst Du. Eine Instinktlosigkeit, dazu in aller Öffentlichkeit. Verrat an meinen wahren Freunden. – Ich ging auf die Barrikaden: Habt ihr keine Augen im Kopf! Sind eure Gehörgänge so verkleistert, daß ihr keine echten Töne von falschen unterscheidet. Er ist Kommunist, kein Heuchler. Es nützt der Sache nicht, wenn wir uns in die Tasche lügen. Ein Glück, daß es ihn gibt. Da kommt endlich Leben in die Bude. – Und das war das Stichwort, welches das Faß zum Überlaufen brachte: Ninas Vater riß das große Foto, dies herrlich-

lachende Bild von Dir, gewissermaßen im Sprung von der Wand, schäumte wild gestikulierend, weiß wie die Wand und schrie folgenden Text in die Versammlung: Nieder mit den Feinden unseres sozialistischen Ideenguts! Eine Metze, wer sich mit dem Rattenfänger abgibt. Kein Stolz im Leibe, das Weib. Sowas will Mutter meines Kindes sein. Auf Knien hab ich sie angefleht. Auf'n Hund gekommen war ich, dem Tode nah, lebe, arbeite nur für die Familie. Da kommt so ein hergelaufener Dichterling, Schnauzbart, Brüllaffe, Sängerknabe, ein Biermann, hahaha! und will unsere Errungenschaften unter Wert verscherbeln, den Kapitalisten in die Tasche arbeiten, dem Klassenfeind Tür und Tor öffnen. So ein Subjekt vergreift sich ...
Und da war ich über mich hinaus gewachsen – wie ich im nachhinein finde, unterbrach ihn ruhig und bestimmt, strich Dein Gesicht glatt, heftete es mir übers Bett und sagte: Wer meine Liebe mit Dreck bewirft, hat hier nichts zu suchen. Da ist die Tür! – Es herrschte Totenstille. Jeder spürte, dies ist ein entscheidender Moment in unser aller Leben. Adamecks wollten einlenken, fanden, daß Hans im Prinzip recht habe, aber übertreibe, daß ich aus Trotz schon nicht anders könnte, sagten, ich sollt's mir überlegen, hofften, die Vernunft würde siegen.
Für meine Freundin A. ist das ein ziemlicher Schock. Sie nannte mich nicht mehr Häschen, Mein-Eichhörnchen, weder Schatz noch Einzige. Allein den nackten Namen MARIA benutzte sie als Anrede, tief schmerzlich, vom Zwerchfell nur schwach gestützt; Du mußt wissen, sie ist ein romantischer Teenager geblieben, hat eine poetische Ader, ist süß verkitscht, literarisch gebildet, bearbeitet in der abgelegenen Rundfunkfiliale von Grünau schöngeistige Beiträge, ist großzügig, unternehmungslustig; ihr einflußreicher Mann, charmanter Lausbub, schlau, wendig, schreibt schon ewig an seiner Doktorarbeit, sagt von sich, daß er von künstlerischen Dingen keine Ahnung habe, aber dafür politisch das richtige Gespür für Wetteränderung, spielt daheim eine untergeordnete Rolle, sie spinnt die Fäden, auch gesellschaftlich ...
Und ich bin bzw. war ihre Favoritin. Sie wachte eifersüchtig über meine Freundschaften, würde mich gern ›bei Hofe‹ unterbringen, vorzugsweise mit einem Minister verheiraten, damit ich privat und gesellschaftlich nicht in der Gosse lande, wie ihrer Ansicht nach jetzt – obwohl sie mich auch (un-)heimlich dafür bewundert.
Es ist ein Aufstand. Zum Totlachen. Aber so naiv bin ich nicht, daß mir der Ernst der Lage nicht bewußt wär. Wenn es sich zu dumpf

Eva und der Intendant (Fernsehchef der DDR) Heinz Adameck

Eva mit Adamecks Ehefrau Annelore

anfühlt im Kopf, drehe ich paar Pirouetten und gehe frisch ans Werk. Wollen mal sehn, wie der Wind weht, sich dreht. Eine Herausforderung, selbstherrliche Genossen! Ich nehme sie an.
Du, wir werden denen Juckpulver ins Hemd streuen. Sehe schon den kleinen Adameck einen Veitstanz aufführen! Dann wird er sich besinnen, der Gute, seine Verbindungen spielen lassen, sie kommen ins Gespräch mit Dir von Mensch zu Mensch, Künstler zu Volksvertreter, die Früchte werden klein und sauer sein anfangs, doch wir wollen keine Mühe scheuen und weiter an der Verbesserung der Qualität arbeiten, dem Gedeihen der Zweige von ›Unten‹ nach ›Oben‹.
Ich merke schon, dieses Werben um Gutwetter ist darauf ausgerichtet – im Falle, daß die Taube abgefangen wird – das Böse zu bannen.
Aber was ich Dir sagen wollte, ist: Ich liebe Dich und wenn ich daran sterbe, liebe ich Dich immer noch. Sei nicht deprimiert, wenn eine mal mißmutig ist, überfordert, ratlos; ich muß viel Neues verarbeiten seit unserer Begegnung und komme nächste Woche, wenn auch nur für einen Tag, summe Dir was ins Ohr und Du singst alle Deine Lieder für mich, damit jeder Ton, Reim und Gedanke sich einprägt ins Gedächtnis – sowie mein Handeln, Tun und Lassen mitbestimmt. – Eva

Berlin, 15. 1. 66

Wolf, wäre ich heut gefahren, hätt ich mir eine Schneehöhle bauen müssen unterwegs. Berlin ist zugeschneit; alle Wege sind von der Erdoberfläche verschwunden. Mein Auto war intakt. An die Glätte hatte es sich gewöhnt. Das Schlittern mit 120 Sachen machte richtig Spaß. Nina war glücklich, wollte viel wissen – und wann denn endlich ...
Es war schön bei Dir. Und der Tag dann voll Sonne und Glück.
Mach Dir nichts aus meiner Unruhe danach. Manigks sind angenehme Menschen. Auch Mathias hat was sehr Eigenes.
Gestern, ich war schon im Bett, rief Emma an. Ich fuhr noch zu ihr, berichtete aus dem Leben eines ›Taugenichts‹, ihres geliebten Jungen, ließ ihr Mutterherz aufblühn. Die kleinste Kleinigkeit wollte sie wissen, jeden Gedanken, den Du geäußert hast, wie es Dir ums Herz ist.
Sie sagte noch was von Deiner Versicherung, wir kamen drauf, als wir über Deine Gesundheit herzogen. Und die Schlamperei, daß Du seit 1964 nicht sozialversichert wärst, daß Brigitt es nachzahlen müßte. Bitte, schick ihr das Geld. Wir sind sowieso abhängig voneinander wegen der heiligen Bande der Liebe, da wäre es ungerecht, sogar kränkend, wenn Du mich mit Alltagskram verschonst.
Das Tagebuch hab ich. Sehr gut; wird allgemein interessieren.
Peter Hacks ›Moritz Tasso‹ ist abgesetzt. Angeblich wegen einzelner, zu überarbeitender Szenen. Und ich hab die Aufführung nicht gesehn. Mist! Auch gegen sein Kinderbuch wird Kritik laut von übereifrigen Lehrern, die abgedruckt ist in der Presse. Man will Dir doch wohl nicht Gesellschaft raufschicken auf Deine einsame Höhe! Aber Hacks ist inzwischen reicher an Erfahrung, raffinierter im Abwehren der Pfeile, die Dich noch so verletzen und das Blut vergiften. Zuviel Haß ist in den letzten Liedern. Denk dran: weniger Fliege, mehr Bernstein. Der Zuhörer ist verunsichert, erscheint der Überbringer der Botschaft nicht objektiv, wenn in seiner Klage einerseits persönliches Weh dominiert, andererseits Genugtuung über schlechte Behandlung durchschimmert. Denn das Problem ist nicht Biermann, sondern die gesellschaftlichen Verhältnisse liegen im argen und sollen verändert werden – hab ich aus berufenem Mund verlauten hören. Die Kunst muß heiter sein, sagst Du oder wer war das noch. Apropos: Ich hatte die erste Probe für ein heiteres Stück aus'm Englischen: ›Drei leichte Fälle‹.
Nun hab ich nicht gesehn, wie Du da haust in Ottos Atelier; vielleicht komme ich zur Schneeschmelze nochmal vorbeigeschwommen – Eva.

Nina an Wolf
VIELE SCHLUMPFGRÜSSE
UND -KÜSSE
VON SCHLUMPFI AN SCHLUMPF –
BEILIEGEND SCHLUMPFGRÜSSE
VON SCHLUMPFA!

Ückeritz, 21. Jan. 66

Meine liebe Liebe – was Du da über Deine Schlittenfahr-Technik bei 120 km/h schreibst, treibt mir den Schweiß in die Hände.
Ich hab Dich so lieb. Es war wunderbar, als Du hier warst und es war gut, daß Du grad hier warst, als es Dir schlecht ging.
Wenn ich ein richtiger Dichter wäre, würde ich den Tag mit Dir, Sonne, Schnee, Schwan, Rehen und Kanonenofen in Mathias' Malerbude und Dir und Dir und mit Dir in einem Gedicht festhalten; aber Kunst ist noch schwerer als Leben.
Gestern und vorgestern lieh mir Mathias seine Skier. Den ersten Tag verpulverte ich meine Kräfte wie die kleinen Schildkröten, wenn sie ausm Ei gekrochen sind, bei ihrem Tod- und Leben-Lauf zum rettenden Wasser (sahen wir das nicht zusammen im Kino neulich?)
Aber gestern machte ich schon eine weite Tour zum Meer und durch den Wald und traf wieder unsere drei Rehe, und sie hatten mich nicht bemerkt, weil ich so leise herangeglitten war und die Sonne hing riesig blutrot in den kahlen Buchen. Ich lerne auf meine alten Tage noch, die Natur mit Geduld zu sehen. – (vgl. Brecht: ›An die Nachgeborenen‹)
Ich höre, daß Fühmann aus dem Vorstand des Schriftstellerverbandes zurückgetreten ist, aus Protest gegen eine Anti-Heym-Havemann-Biermann-Resolution und höre auch von vielen anderen, die in der einen oder anderen Weise Protest anmelden. In Greifswald werden Studenten von der Uni geschmissen, weil sie, als man ihnen zur Abschreckung Gedichte vorgelesen hatte (Füße d. Partei, Antrittsrede) offen ihre Solidarität mit mir und diesen Texten ausdrückten.
Meine Liebe, warum machst Du aus mir eine Zweigstelle der Sparkasse. Du hast also jetzt bei mir ein Guthaben in Höhe von 1000 MDN. Du glaubst gar nicht, wie lieb ich Dich hab ›viel lieber als mich selber‹. Und wenn ich wirklich in Not bin, werde ich bedenkenlos jede Hilfe von Dir annehmen, von wem denn sonst, wenn nicht von Dir, und da hast Du völlig recht.

Was Du über Kunst und Heiterkeit schreibst bzw. über Bernstein und Fliege, deckt sich mit meinen Ansichten, Du wirst erstaunt sein, wie ich die POPULÄR-Ballade verändert habe!
Wie gehts Deinem armen Körper?
Ach Mensch Maria, Heilige Mutter Gottes! Ach meine süße Eva, aus Deiner Hand werde ich noch manchen Apfel fressen. Ich hab Sehnsucht, Dich zu erkennen, Apfel der Erkenntnis, und er erkannte sie, daß sie ihm ein Kind gebar und es wurde genennet Baal Biermann.
Stürz Dich nur in ›Die drei leichten Fälle‹, es ist ein Glück, daß Du Gelegenheit zur Arbeit hast. ›Arbeit macht eine harte Haut gegen den Schmerz‹ las ich mal bei Montaigne. Was meinst Du mit ›Das Tagebuch habe ich‹? Meinst Du die ›Briefe an Frau Z‹ von Kazimir Brandys? Solltest Du unbedingt lesen. So. Otto fährt zu seiner verbotenen Frau und er soll den Brief mitnehmen. Ich umarme Dich, Dein Biermann

Meine liebe, meine Schöne – *)
unsere Umarmungen sind verrückt und normal – irre und real
spielend leicht und schwer – einmalig populär
Du bist wie keine und bist wie alle – pflaumen-weich und Mausefalle (f)
wildes Tier und sanftes Schaf – und wir schlafen auch im Schlaf
und wir träumen auch am Tag – und ich stand auch wenn ich lag
und ich lag auch, wenn ich stand – große Ehre große Schand
größte Wollust, Einsamkeit – sehr alleine, sehr zu zweit
wüßten sie wie wir uns vereinen – müßten alle andern weinen
denn das Paradies ist hin – doch wir leben mittendrin

*) Ein P. S. zur Populärballade für Eva

Ückeritz, 21. Jan. 1966

Meine liebe Eva – es ist schon Mitternacht. Ich bin froh, daß ich Dich heut Abend angerufen hab. Telephon ist mörderisch, man hat die Illusion, eng beieinander zu sein, und spürt um so verzweifelter die Entfernung. Ein Brief ist schon deshalb besser, weil man weiß, der andere hat das Stück Papier intensiv mit den Händen berührt, Zeile um Zeile und das Couvert mit den Lippen. Selbst die Ulbricht-Marke wurde von hinten geküßt.
Dein Bild hängt so an der Wand, daß, wenn ich nur ein bißchen vom Schreibtisch aufschaue, nicht anders kann als es ansehen. Das Bild ist heiter und ernst und energiegeladen, so wie ich Dich am liebsten habe,

es ist ein Glück, daß dieses Bild meinem Bild von Dir so entspricht, und da muß ich denken, daß es vielleicht den alten Genossen in der Parteispitze ähnlich mit der Kunst geht. Sie wollen von uns ein Abbild der DDR, an dem sie sich ohne bohrende Angst und Bitterkeiten einfach erfreuen können.

Ja, wenn dieser Sozialismus, dieser deutsche, noch so wäre wie Du, wollte ich ihnen diesen Wunsch schon erfüllen, könnte ich es auch. Trotzdem will ich mich vom Haß nicht übermannen lassen. Haß verleitet leicht zu schabloniertem, fanatischem Denken und zu doktrinären Haltungen. Aber wie soll man sich wehren gegen die Amokläufer? Es hilft nur Gewalt, wo Gewalt herrscht, und es helfen nur Menschen, wo Menschen sind – das sind die Schlußworte in Brechts Heilige Johanna der Schlachthöfe. Deutschland kommt mir überhaupt vor wie ein großer Schlachthof. Du siehst es schon in meinem Selbstportrait an einem Regensonntag. Aber vielleicht sollten wir unsere tollwütigen Stiere, pardon: Ochsen – mit der Gelassenheit und Eleganz abfertigen wie die Toreros. Aber man wird so leicht mal auf die Hörner genommen, nicht weil man so ungeschickt wäre, sondern weil man das Spiel zu oft spielt, vielleicht auch mal übermütig, das meint: leichtfertig wird, und da ist man dann leicht fertig.

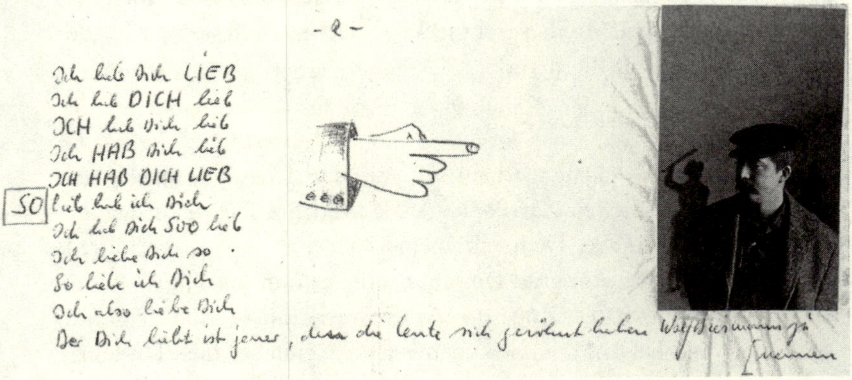

Wolf an der Ostsee

Also, in einer Woche komme ich – und hoffe, Dich absolut unversehrt vorzufinden, denn ich bin bereits im fortgeschrittenen Stadium der Eifersucht gegen jedermann, gegen jeder-Mann. Du bringst mir noch die erstaunlichsten Haltungen bei.

Wenn Du es nicht schon getan hast, schreibe doch bitte meiner Mutter mal. Sie wird es ohnehin schwerer haben als sonst, sich an das Alleinsein zu gewöhnen, denn die ganzen politischen Probleme nimmt sie ja mit in ihre Einsamkeit.

Also – ich küsse und umarme Dich – in einer Woche – man schreibt das so oft so leichtfertig aufs Papier: viele Küsse – und es ist doch nix. Ich will Dich real fühlen schmecken riechen aufessen, ich, der gefräßige böse Wolf Biermann

Berlin, 22. Januar 66

Wolf, ein freies Wochenende liegt vor mir und ich sehne mich nach Deinen lässig gespielten Zärtlichkeiten, danach, es Dir heimzuzahlen mit ungleicher Münze, Dich mit meiner puren Natur zu verführen; weiß der Teufel, warum grad Du, aber so ist es nun mal.

Besser Du nimmst den Zug, die Straßenverhältnisse sind schlimm. Außerdem bist Du auf dem Schienenweg viel schneller hier. Du fährst

in Greifswald ab oder auch Züssow, das Auto stellst Du dort unter. Schön, daß Du anriefst. Doch ist das Telefonieren mit Dir meist mit Pein verbunden: erstens, weil Du unterkühlt wirkst wie diese hartgesottenen Wodkatrinker, zweitens bist Du ein Staatsfeind – stand in der Zeitung! Deshalb kann man nicht viel sagen wegen der Abzweigdosen in der Leitung und zum Schutze der (eigenen) Sicherheit.
Dabei will ich Dich unterstützen, den richtigen Weg zu gehn, nicht den dritten oder vierten – nein, den rechten, vielmehr richtig linken. Aber das durchs Telefon zu formulieren kann man vergessen. Trotzdem: Ich hab Dich gehört, bin vorerst mal zufrieden und froh.
Unsre Hauptstadt wird z. Zt. von einer Sturzwelle aus Veranstaltungen überrollt. Internationale Tanzgruppen (Afrika), die Greco, staatlich anerkannte Dichter nuscheln in der Kongreßhalle ihren Seim runter, liefern beim Regimentsstab Reime ab, ›gepflegte‹ Jazzabende finden statt, Lyrik-Prosa-Lesungen, Tucholsky ist stark im Rennen (wenn der heut lebte, erginge es ihm wie dem Wolf: Tiger-Panther würde sich nicht in ein Hauskätzchen verwandeln), Max Frisch wird serviert im ›Dritten Stock‹, das klassisch-moderne Chanson groß geschrieben, originelle Plakate an jeder Ecke als Ablenkung. Kabarett, Leichte Muse sind angesagt, Liederabende, Opernarien, politische Aussprachen mit abgesteckten Themen werden angeboten, philosophische Vorträge. Man scheut weder Kosten noch Mühe. Nur mit ›Yeah-Yeah‹ ist es vorbei – und dem unkeuschen Busen auf'm Titelblatt. Der ›Filmspiegel‹ bringt die überreifen Damen vom DFD und in den Kunstinstituten steht manch Stuhl wacklig. Zumindest wurde allerorts ein zwar gepolsterter, aber hart mit Linientreue untermauerter dazugesellt. Der Allerwerteste, der drauf zu sitzen kommt, hat zwar keine Ahnung vom jeweiligen Fach, ist dafür sattelfest aber auf ökonomisch-ideologischem Gebiet.
Und Du?! Was wird aus Dir, mein nordischer Leuchtstern. Wie lang wirst Du abseits leben – müssen (!) Du, der die Menschheit begeistern könnte. Und mich immer wieder neu. Mann! Ich bin eine Frau! Und zwar Eva, dazu die Marie! Komm, Wolf, ich fänd's besser; es sieht sonst nach Verkriechen aus. Bei mir bist Du gut aufgehoben, kannst auch verhältnismäßig ungestört arbeiten. – Übrigens herrscht im Fernsehfunk Krisenstimmung: Keine Bücher vorhanden für den ›Neuen Kurs‹. Die Stückeschreiber werden mit Zuckerbrot und Peitsche traktiert. Ich provoziere alle Welt Deinetwegen. – Eva

Berlin, Ende Januar 66

Liebster Wolf! Ich hoffe, Du bist unbeschädigt an Leib und Seele in Ückeritz angekommen und die Landstraßen waren nicht heimtückisch. Mir geht's gut – soweit man, wenn Du nicht wenigstens in dieser Stadt weilst, davon reden kann. Ich hab geschlafen wie ein Murmeltier, zwölf Stunden ohne Unterbrechung – und bin erholt von Dir, mein von den Göttern gesandter Schatz, leider; bis auf paar süße Teufelsmale!

Gisèle überbrachte die ›Erfolgsmeldung‹: in der Humboldt-Universität gibts eine Vorlesung mit Seminar, die sich mit der ›Drahtharfe‹ auseinandersetzt, vielmehr sie herabsetzt. Immerhin!

Freitag (4. 2.) kommt eine Sendung im Fernsehen, West, in der Du singst. 20–21 Uhr. Es wird schwierig sein rein empfangsmäßig; versuch mal eine entsprechend ausgerichtete Antenne zu orten.

Hurra, die Sonne scheint, das Leben ist schön: die Zukunft hat es in sich, meint hoffnungsgrün – eine Dich liebende Marie.

Anfang Februar 66

Hej! Das ist Schwedisch und bedeutet Heh!

Sonntag. Ich muß diesen Scheißtext lernen. Ein englisches Stück. Inhalt: Ein Ehepaar reist nach Paris, wo sie den ersten Mann der Frau treffen und der sogenannte Dreieckskonflikt beginnt. Die Situation ist beinah originell: Ehemann Eins und Zwei müssen in Quarantäne wegen was Ansteckendem, Mumps oder Windpocken, werden gemeinsam in eine Dachkammer des Hotels verfrachtet. Dort lernen sie sich näher kennen, freunden sich an, indem sie sich gegenseitig ihr Herz ausschütten. Jetzt kommt der Haken: England, wo liegt das denn, außerhalb des Einflußgebiets doch. Frankreich, Paris, olala! sind auch so zweideutige Ziele aus antiquierten Reiseführern. Unser Publikum könnt auf dumme Gedanken kommen, fragen, wieso die und wir nicht. Deshalb haben aus dem kapitalistischen Ausland stammende Personen wegen der momentan angespannten Lage die DDR-Staatsbürgerschaft aufgebrummt gekriegt. Der Ort der Handlung wurde kurzerhand in die Hohe Tatra verlegt und das herzige Frauchen versucht sich holperich im Tschechischen mit Geschäftsführer Viktor, der laut Buch nur gut auszusehen hat. Völlig a-sexisch wird Marie nach neuester Regiekonzeption bzw. Einschreiten der Dramaturgie angelegt, weil das Team einen entsprechenden Wink bekam, Order kriegte vom Olymp, wo die kulturpolitischen Banausen hausen und es im Moment zugeht, wie in

ein reingestochenes Wespennest. Meine Marie hat jetzt frischfrankfröhlich zu sein. Der Originaltext, der viel englischen Humor enthält, was ein spezieller ist, das Werk also hauptsächlich vom Dialog lebt, wurde übertragen aufs Mittelmaßdeutsch Gutgestellter. – Wenn ich mir das auf'm Bildschirm vorstelle, überfällt mich die Schlafsucht. Mein Gehirn will dies beliebig austauschbare Geplapper nicht fressen. Der Regisseur, genervt inzwischen vom ständigen Reinmischen eines Zensors, achtet jedoch auf wortgetreue Wiedergabe.
Ist Dir der einsame Schwan am Strand denn noch mal begegnet? Das stimmt!? Wir haben einen ›Einzelgänger‹ im Schnee getroffen. Ich war zurückgeblieben, es hätt ja ein wilder sein können, verwunschner Held mit Dolch im Gewande. In den Hälsen haben Schwäne gewaltige Kraft, besonders, wenn sie sich angegriffen fühlen. In unserm Dorf wurde ein Junge von einem attackiert und stotterte von da an. – Du warst jedoch ein mutiger Karl – und der Schwan flog hoch, schwerfällig vom langen Marsch, setzte sich auf die tanzenden Eisschollen, die träge ausrollten wie Kristallstücke in Öl.
Soeben hielt aufheulend ein Wolfwagen vorm Haus. Und obwohl ich weiß, Du kommst in einer Woche, rannten meine Beine zum Spiegel ...
Es gab heut aus einer andern Ecke Bedrückendes. Ninas Vater wollte mich sehen. Er ist schwer angeschlagen, schluckt seit Jahren Schlaf- und Aufputschtabletten, befand sich in bejammernswertem Zustand. Die Mammutaufgaben, die er übertragen bekam, waren paar Nummern zu groß für ihn. Jetzt wirft er mir vor, er hätte alles nur für mich getan. Berühmtheit, Geld, Anerkennung; es interessiere ihn nichts weiter auf der Welt als ich. Er konnte kaum sprechen, war wie in Trance. Nina weinte leise. Er sagte, daß er mich lieb habe, zu mir wolle, ich könnt mit ihm machen, was ich will. Immer stockend diese Sätze. Auf meine beschwichtigenden Antworten reagierte er nicht. Wie ein Ertrinkender hielt er meine Hand umklammert, trotz meiner abweisenden Haltung. – Ich kenne seine Methoden, mich auf dünnes Eis zu locken, damit ich einbreche und er mich retten kann. Nach der Scheidung, im Gerichtsgebäude, tat er den Schwur – ich hab noch die sich in der Kuppel überschlagenden Echos im Ohr: Entweder er kriegt mich zurück oder ich kann mich auf was gefaßt machen. Inzwischen verfügt er über ein breitgefächertes Repertoire, angefangen von Außenstehende zu Tränen rührenden Courths-Mahler-Szenen, ungewollt komischen Gangster-Attacken, bis hin zu raffinierten Intrigen im klassischen Stil.

Eva und Hans Oliva-Hagen mit Nina

Die Prügelstrafe hat er eingeführt, selbst im Beisein meiner Mutter, meines/seines Kindes, meinem damaligen Freund, schlug er wild drauflos, mir das Kleid vom Leib reißend, das ich einst von ihm geschenkt bekam. Dann wieder heiliges Versprechen, nur Freund sein zu wollen, treusorgender Vater, mich mit Westgeld überschütten, Brillanten einsetzen als Köder, sich erniedrigen, mit Füßen getreten werden wollen, ein Wurm sein, Knecht, ich seine Königin – die aber zur Hure wird, taucht ein Nebenbuhler auf am Horizont. Othello ist gegen Hans Oliva-Hagen ein Waisenknabe. Dabei ist er ein schöner Mensch und ich hab ihn geliebt. Wir waren arm, haben nach drei Wochen geheiratet, Einzimmerwohnung, ohne Bad; als Nina kam, kriegten wir eine Kammer dazu. Ich war die ersten Jahre glücklich, hab das ›Abrichten‹ zu seiner Herrin als Spiel betrachtet. Wenn es ihm Spaß macht, dachte ich, mach ihm die Freude. Aber es wurde zur fixen Idee. Er wollte nur noch diese Art Liebe. Als ich wieder zur Schauspiel-Schule ging, ließ er mich beobachten, hatte Kontakt mit berufsmäßigen Spähern, Treffs in parkenden Autos, vielleicht hat er angegeben, sich wichtig machen wollen, Macht über mich haben, nur in bestimmter Hinsicht unterlegen sein. Seiner Ansicht nach war ich in seinen Besitz übergegangen mit dem Stempel unterm Trauschein, Leibeigene.

Ich beschreib das so ausführlich, weil es mir weh tut, wenn ich sehe wie Nina darunter leidet. Ich will mich auch nicht rechtfertigen vor ihr, uns die Peinlichkeit ersparen, all die unvergnüglichen Stories aufzutischen. Ich kam ihr heute wohl wie eine böse Hexe vor, denn alle seine Liebe und Großzügigkeit überträgt er auf sie, verwöhnt sie, bringt ihr

das Frühstück an die Badewanne, stopft sie voll mit Schokolade. Und ich mag nicht verbieten. Er ist bestraft genug mit dieser Hörigkeit, die er als Liebe ausgibt – und die sich für Nina so darstellt. Fakt ist, ich hab die Familie auseinandergerissen, um meine Flügel zu retten – ich bunter Schmetterling.
Nina bat mich, Dir nichts zu sagen. Vielleicht denkt sie, Du freust Dich über seine Niederlage, schämt sich für ihn, leidet wegen seinem Ausgeliefertsein. Und da sie nun mal an ihrem Vater hängt, Dich aber auch immer lieber hat, stolz drauf ist, das Du zu Uns gehörst – es war wie das Aufgehn einer Blüte im Zeitraffertempo zu erleben – ist sie in einer komplizierten Lage. – Ich warte auf Dich, mein Lieber.
Oh, Wolf, ich bin glücklich: Zwei Briefe! Ein guter Wochenanfang.
Voller Erwartung sehe ich dem Ausgang entgegen – Eva

Ückeritz, 6./7. Februar 66

Meine Liebe, nun bin ich zwei Tage wieder hier oben, Manuel ist bei mir, das Leben geht weiter, als wäre nix, und doch haben sich in diesen Tagen Veränderungen ergeben, von weitreichender Bedeutung.
Es war gut, daß ich doch noch zu Dir gekommen war, und es war gut, daß ich dann wieder zu Brigitt ging; wir haben uns getrennt.
Es ist unmenschlich schwer, einen 7 Jahre dicken Strick zu zerreißen; und gezogen wird da nicht mit den Fäusten, sondern mit den Herzen, und wenn man schwach ist, stirbt man daran, es reißt einem das Herz aus der Brust. Man könnte sagen: Ihr Idioten, warum quält ihr euch so, aber wenn die Liebe erst mal gestorben ist kommt man um diese schmerzhafte Operation nicht herum. Daß ich eine Tortur auf mich nahm, die schon seit 2 Jahren fällig war, kostete Kräfte, wie ich sie nur aus einer neuen großen Liebe nehmen konnte, aus unserer Liebe. Und ich schreibe das alles, damit Du siehst, daß Du nicht die Ursache und doch die Ursache meiner Trennung von Brigitt bist, damit Du siehst, damit Du siehst ... Da hast Du vor Dir liegen einen Siegesbrief und einen Trauerbrief, einen Totenbrief und einen Hochzeitsbrief, ein Ende und ein Anfang, Verzweiflung und Hoffnung. – Ich liebe Dich, Eva, weil ich die Äpfel der Erkenntnis pfundweise aus Deinen Händen essen will; Ich liebe Dich, Maria, weil ich Dir ein Kind machen will, das die Welt erlöst, ich liebe Dich, weil ich Gott bin und Adam und Joseph, der Trottel. Ich liebte Brigitt so, weil ich mich liebte. Aber jetzt gilt:

Ich liebe mich, weil ich Dich liebe – das ist es, ach Eva, es ginge mir besser, wenn Du hier wärest, und es soll mir nicht besser gehen.
Die Natur ist so gut, weil wir unsere Leidenschaften in sie hineinprojizieren können. Ich sehe, mit welcher Gewalt der Schnee schmilzt, die Erde dampft und säuft in der Wintersonne. Das Gras vom vergangnen Jahr deckt wie graugrüner Grind den Boden und man ahnt schon den nächsten Sommer. Du bist meine Frau, und ich bin Dein Mann. Von allen will ich nichts, und von Dir will ich alles. Und ich will, daß Du mich willst, denn nach Deinem Hunger hungert es mich, nach Deiner Sehnsucht sehne ich mich, und in meinen Armen sollst Du sterben, und aufwachen sollst Du in meinen Armen. – Wolf

Berlin, 12. 2. 66

Liebster! Hundert Jahre waren vergangen – da kam endlich Dein Brief. Nun lebe ich wieder und warte auf Dein Erscheinen, das Geknister im Türrahmen, wenn Dein Fuß über die Schwelle tritt, auf das berauschende Bad in Deinen Armen. Komm bald, mein herrlicher Wolfsbär mit dem struppig-weichen Fell.
Die Tage waren bunt inzwischen, doch die Grautöne dominierten. Wie sollt es anders sein: Dieser Winter, keine schöne Arbeit, Du fort ...
Dafür machte die Sendung am Freitag Reklame für dich. ›Berlin, du deutsche, deutsche Frau‹ am Schluß war wirkungsvoll. Die Kamera unterstrich einfühlsam die Hauptmotive und schwenkte über Mauer und Stacheldraht in einen Himmel zum Gotterbarmen. Die Strophe aus der Ballade auf Deinen Großen Bruder Franz ›Vilong‹, die anfängt mit: ›Besucht mich abends mal Marie‹ war ungünstig gewählt wegen der prekären Lage. Wie auch immer: man arbeitet an Deiner Popularität. Wo andere Manager bezahlen, hast Du es gratis. Hoffentlich kommt uns das nicht teuer zu stehn. Da sing ich mir schnell was passendes von Meister Brecht aus'm ›Lied von der harten Nuß‹: Nur jetzt nich weich werd'n / nur keine Noblesse / sondern eine in die Fresse!
Du bist also Staatsfeind Nr. 1! Es folgen Heym, Bieler, Hacks nach Ansicht der Einschätzer. Robert blieb unerwähnt. Ob ihn das kränkte? Jetzt denkt er sich bestimmt was ganz Gewagtes aus, um Dir den 1. Platz streitig zu machen, der Schlehmil. Er rief an. Ich werde ihn besuchen. Sei sorglos, Herzmund, ich küsse ihn nicht. Ja, ich war in der Poliklinik, ließ die Lunge röntgen und besitze eine, wie sie besser nicht sein könnte. Bist Du beruhigt, kindsköpfiger Panikmacher?

Ich hoffe, Deine Gesundheit läßt ebenfalls nichts zu wünschen übrig und Du gehst nicht leichtsinnig mit ihr um, z. B. hinter Wildenten her ins Eismeer laufen, wie der Waldmensch Mathias! Hab nicht den Ehrgeiz, zu dieser Sorte harte Männer gehören zu wollen ...
Ich höre Mahalia Jackson. Mir wird ganz heilig zumute, wenn sie singt. Eva hat auch gesungen. In Wolfen. Die Leute waren unwahrscheinlich nett zu mir. Ich bin auch besser geworden. Du hast abgefärbt. Ich singe nicht mehr nur so vor mich hin; hab gewagt die hohen Kopftöne einzusetzen beim Refrain, in die Oktave zu springen. Ende Februar singe ich in 6 Veranstaltungen bei der Armee, im Bezirk Neubrandenburg, am 8. März zum Frauentag in einem Betrieb bei Erkner, in Buch für die Angehörigen des Klinikums, sowie der Akademie, in einer zweiten für die Patienten. Mit Rolf Zimmermann am Klavier. Ich möchte, daß Du mal zuhörst, zusiehst; aber zur Zeit bist Du für alle offiziellen Hornochsen rotes Tuch. Die Adern würden ihnen anschwellen auf der platten Stirn, erschienst Du auf der Bildfläche.
Wolf, eine Nacht hab ich erlebt! Am Tag, als ich in Wolfen war und schlimmes Wetter, vorgestern. Wir fuhren mit der Bahn. Ich dachte an Dich, als ich durch die weiße Landschaft glitt, hatte Deinen Brief mit. Später waren alle Weichen vereist, Züge fuhren nicht; ich kam in eine andre Welt. Ein Wartesaal ist sowieso schon eine finstere Angelegenheit (weiß ich von meinen Lehr- und Wanderjahren) – nun aber erst der Wartesaal in Bitterfeld. Gott, was fürn Schuppen: dreckig, schwül. Menschenpulks saßen rum, kein Stuhl mehr frei um Mitternacht. An unserm Tisch ein junger Mann mit Mädchen, bißchen runtergekommen, ein Abschied. Sie klammert sich an ihn mit Worten, flehend, leise: Was hab ich gemacht, warum auf einmal und nie wieder kommst du, kein einziges Mal. Er sagte: hau ab, du kotzt mich an, mach kein Theater hier. Er war schön, schwarze lange Haare, etwas brutal aussehend. Sie erwartete ein Kind. Er meinte, daß noch andre mitgemischt hätten. Sie bettelte wie eine ausgesetzte Katze um einen Platz am warmen Ofen, struppige Haare, rauhe Haut, eigenwillig schön, ganz jung. Er ging, ließ sie sitzen. Sie weinte nicht. Mir tat das Herz weh.
Und zwei Soldaten vom Lazarett kommend, verwundet beim Manöver. Die Platzpatronen waren echte Munition. Ein Kerl wie eine Eiche, jung, bitter, das Bein durchschossen. Die Narbe, aufgeplatzt von der Anstrengung beim Hasten von Bahnsteig zu Bahnsteig, blutete. Er trank Schnaps, war schwach vom langen Liegen, den Medikamenten.

Eine Flut aus Zorn und Enttäuschung ergoß sich über uns: sie spürten, uns kann man vertrauen. Was gibt's doch für Elend, sogar im Frieden, wenn Krieg nur geübt wird – sicherheitshalber.
Ich ragte da raus aus den Sumpfblüten in meiner Aufmachung. Man starrte ungläubig, mich langsam erkennend. Ich schnitt Grimassen: Verzaubertes Lächeln von der Gegenseite. Und bald war ich keine Außenstehende mehr. Sie machten Witze, ein Wettstreit begann: Wer traut sich die schärfsten Schoten abzuschießen ... Sie saßen im Kreis um uns, luden mich ein auf was Süßes; Alkoholisches lehnte ich ab – das wär was geworden! Ein Nachtasyl frei nach Gorki. Der Ober brachte Kaffee, Fondant, für meine Blumen einen Sektkübel. Ein Artist machte Zaubertricks. Ich sang gewagte Sachen, politisch und was Thema Nr. 1 betrifft, schrieb Autogramme auf Urlaubsscheine, Persilkartons, Bierdeckel, Hemdkragen, ein Gipsarm schob sich ins Bild. Man philosophierte, schimpfte mit Galgenhumor über die kleinen und großen Dinge des Lebens, den Zufall – oder ist es Schicksal, daß wir uns begegnet sind. Nach vier Stunden kam ein Zug. Ich war nicht deprimiert, dachte an unsere Liebe, welch Glück wir haben, erinnerte mich an unsere letzte Verkringelung, war und bin Deine Eva.

Usedom, Mitte Februar 66

Meine liebe Eva, meine Arme, Du mußtest so lange auf Post warten, Du Scheusal, Du ließest mich so lange auf Post warten. Je mehr ich auf eine Nachricht von Dir wartete, um so weniger war ich fähig zu arbeiten, ich verfluchte Dich, weil ich Dir so ausgeliefert bin und als endlich Dein Brief kam und ich sah, wie auch Du gelitten hattest, wurde ich gesund. Quälerei. Wenn man zerstört wird, sinnt man auf Zerstörung. Die Arbeit wird mir sauer; ich hasse das Wintermärchen; gestern saß ich den ganzen Tag besessen am Schreibtisch und am Abend hatte ich nicht einen brauchbaren Vers in der Tasche. Dafür schaffte ich aber in der Woche, bevor ich auf Deinen Brief zu warten anfing, ein großes Stück Weg und hoffe nur, mit dieser Arbeit fertig zu sein, bevor unseren Amokläufern einfällt, mit uns hier eine Nachgeburt des Moskauer Prozesses gegen die Schriftsteller zu inszenieren. Bei deren mimetischer Begabung und wenn man ihre Kommentare über den Moskauer Prozeß liest, liegt es nahe, daß hier auch so was inszeniert wird.
Sollten sie sich dazu wirklich hinreißen lassen, werden sie ihr blaues Wunder erleben, zumindest was mich persönlich betrifft. – Wie auch

bisher, würden sie das erreichen, was sie verhindern wollten und weder sich, noch unsrer Sache nützen, diese ›weder-noch‹ Konstruktion soll Dich nicht denken machen, das Schicksal unserer Amokläufer sei mit dem des Sozialismus identisch, im Gegenteil.
Ach Maria, ich brauchte Deine Äpfel, ach Eva, Deinen Pfirsich brauchte ich. Ich lebe von Schiffszwieback eines halbherzigen Exils, und die Skorbut macht mir die Zähne locker; ich brauche, daß ich meine Kräfte in Dich ausschütte, sonst komme ich völlig von Kräften; ich muß mich ja in Dir verlieren, sonst finde ich mich nicht mehr. Ruf mich an, und je weniger ich an diesem mörderischen Telephon sage, um so mehr, mußt Du wissen, sehne ich mich nach Dir, und bin bei Dir, mach es so, daß ich nur ›ja‹ und ›nein‹ sagen muß und damit doch alles gesagt habe, was ich würde, wärest Du bei mir. Wolf.
Grüße Nina lieb, sage ihr, daß ich an sie schreiben werde, sobald mein Arbeits-Schiff wieder flott ist. Und schreib auch an Emma, Du weißt schon wie und was, sie schrieb lieb über Dich. W.

(Nina an Wolf) Berlin, Ende Februar 66

Lieber Schlumpf! Du hast wieder Deine Pfeife verschlumpfen.
Jetzt hast Du nichts mehr zum Schlumpfen. Du armer Schlumpf!
Aber das nützt Deiner Gesundheit, meint Schlumpfa! Schlumpfst Du schöne Geschlumpfe? Schlumpf ja nichts gegen den großen weisen Wa!
Schlumpfi muß Klavier schlumpfen! Tschüß, du guter alter Schlumpf!
Gruß und Kuß von Schlumpfi!
Bleib gesund, du schlumpfiger Schlumpf!

Nina und Wolf in Hullerbusch

(Wolf an Nina) Insel Usedom, Februar 66

ach, mein liebes Schlumpfi! Über Deinen lieben Schlumpf hab ich mich sehr geschlunpft! Wie schön, daß ihr mir die vergessene Schlumpfe hierher geschlumpft habt! Gleich, als sie mit der Eil-Schlumpf kam, hab ich sie ausgepackt und solange geschlumpft, bis mir im Magen ganz schlumpfig wurde.

Wie geht es unsrer lieben Schlumpfa? Ich mach mir großen Schlumpfen um sie. Sei bloß immer schön schlumpfig zu ihr und sag ihr, sie soll mir auch einen schönen langen Schlumpf schlumpfen.

Liebes Schlumpfi! Du hast mit Deinem ernsten Schlumpf wirklich recht: ich halte mich dran und schreibe kein einziges Schlumpf auf den großen alten Schlumpf (ich reib mir schon die Schlumpfe bei dem Gedanken, daß unsere Staatssicherheitsschlumpfe auch diesen Schlumpf aufschlumpfen und denken, daß der böse böse Bierschlumpf jetzt eine raffinierte Geheimschlumpf entwickelt hat. Wir wollen es ihnen nicht zu leicht machen und sagen gleich, was ›Schlumpf‹ bedeutet: Schlumpf bedeutet SCHLUMPF. So nun ist alles klar, pardon: schlumpf.)

Mein liebes Schlumpfi! Gib der Schlumpfa tausend Schlumpfe von mir. Sei schlumpfig geschlumpft von Deinem alten Schlumpf. Schlumpf, den schlumpften Schlumpf, 1966

Schlumpf, den schlumpften Schlumpf, 1966

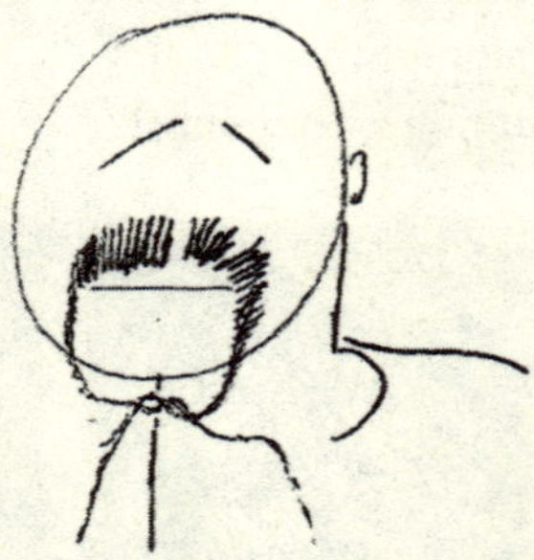

Aus einem IM-Bericht Febr. 66 – auf Usedom, Ückeritz: *)

(Ricarda und Wolf) (...) Biermann kam darauf zu sprechen, daß die Eva-Marie Hagen in einem Bitterfelder Wartesaal war. In so einen Bitterfelder Wartesaal kommt sie wie eine Abgesandte des Himmels. Sie kommt ja von ganz unten. Sie war auch in einem schwer erziehbaren Hause. Sie ist eine Königin aus der Gosse. Sie ist grundehrlich. Die Dame fragte in diesem Zusammenhang, ob sie nicht grundsätzlich in schlechten Filmen mitspielte. Hat sie es aus Dummheit mitgemacht, oder gewußt, dann war sie unehrlich. Das verneinte Biermann. Sie war doof, sagte er. Was ist denn mit ihr passiert. Sie hat einen guten Verstand, aber wenig ausgeglichen. Sie ist als ganz junge Schauspielerin gleich von dem Oliva weggeschnappt worden, diesem Scheißkopf. Der den Film über

Petershagen gemacht hat, Gewissen in Aufruhr. Sie neigt sogar dazu, daß sie sich öffentlich rückhaltlos für Biermann erklärt. Das bedeutet für sie, daß sie im Arsch ist. Aber sie liebt Biermann. Es ist schon wieder eine politische Haltung, daß man liebt. Auch in der bürgerlichen Gesellschaft. Wer wird denn geliebt. Der bezahlt. Das ist die Wahrheit. In der Gesellschaft des Kapitalismus ist es auch ein Sieg, zu lieben den man liebt und nicht den, der bezahlt. Der ganze Freundeskreis, den sie früher hatte, ist von ihr weg. Sie lebt jetzt in völliger Klausur. Biermann hat sie nicht einmal. Er ist hier oben. Die Dame glaubt nicht, daß sie was mit dem Freundeskreis von B. anfangen könnte. Doch, sagt Biermann, Havemann. Sie unterhält sich auch mit Havemann. Sie ist eine sehr gute Frau. Die Dame sollte nicht denken, daß Biermann wie ein Primaner in ihren Bauch verliebt ist. Biermann hat für sie auch Bedürfnisse, die etwas weiter gehen. Biermann braucht sie gar nicht hinzukriegen. Er findet es schon eitel, wenn man so etwas sagt. Natürlich beeinflußt Biermann sie. Aber das findet er vermessen, sich in eine Position zu geben, wo er sich einbildet, daß er aus ihr erst einen Menschen machen müßte.
Sie betrachten Fotos von Eva-Maria Hagen. Die hatte Biermann ihr alle geklaut. *›Beate‹*

**) Ricarda und Wolf werden belauscht, Wolf hatte Teile von Evas Brief, 12. 2., vorgelesen.*

1. 4. 1966 – Unterhaltung zwischen Frau H. und Wolf B. Frau H. berichtet über die Ursachen des kaputten Autoreifens. Sie sagt, daß die Nägel so reingeschlagen wurden, daß die Luft nur langsam entweichen konnte. Bei großer Geschwindigkeit wär sie unheimlich ins Schleudern gekommen, und es hätte sich ein furchtbarer Unfall ereignen können. Die Kollegen aus der Werkstatt sagten, daß die Nägel von der Innenseite aus in das Rad geschlagen wurden. Sie waren so lang, daß sie sich an der Radkappe umgebogen haben. Wolf erwidert: Das sind Mörder! Es ist was anderes, wenn man den Reifen zerschneidet, damit man nicht losfahren kann. Bei dieser Geschwindigkeit geht die Luft heraus, und man fährt sich tot. Auf die Art und Weise werden Menschen umgebracht. Er fragt Eva, ob ein solches Beispiel nicht in dem ›Schlüterfilm‹ vorkommt.
Eva sagt, daß Herr Görlitz ihr in der Nordmarkstr. eine Garage angeboten hat. Herr B. hat sich von dem Schreck noch nicht erholt, sagt, daß es für das Delikt in jedem anständigen Land Zuchthausstrafe gibt, vergleicht es damit, wenn jemand Eva mit dem Messer anfällt und zufällig nur den Arm trifft. Dies Beispiel ist ungefähr dem Autoanschlag gleichzusetzen. Das hat nichts mit den Streichen der Halbstarken zu tun, die hin und wieder mit Messern Reifen zerschneiden. Bei diesem Fall handelt es sich um einen vorsätzlichen Mordanschlag. (...) Wolf macht den Vorschlag, daß Eva die Geschichte der Kriminalpolizei meldet. Eva ist von seinem Vorschlag nicht begeistert. Sie glaubt, daß sie dann auch noch von den »Kriminalen« beobachtet werden. Wolf erwidert, daß einige von ihnen sehr nett sind.

Aktenvermerk
Am 20. 4. 1966 wurde durch Unterzeichneten eine Absprache mit dem Genossen Hauptmann Brosche von der HA XX geführt. Diese Absprache machte sich erforderlich, weil sich Biermann zur Zeit bei der Hagen aufhält. Da die Hagen von der HA XX unter Kontrolle gehalten wird, ist eine Koordinierung der operativen Arbeit ... von nöten. Über das gegenwärtige Verhalten des B. konnte der Gen. Brosche folgendes mitteilen: Biermann hielt sich bis zum 16. 4. bei dem Schriftsteller Peter Huchel in Potsdam auf. Durch die Hagen ist B. des öfteren von dort abgeholt worden, weil die H. angeblich nicht ohne B. sein konnte. (...)
Zum Verhältnis Hagen-Biermann: B. versucht die H. so zu beeinflussen, daß sie sich konsperativ verhalten soll. Beide leiden darunter, daß sie sich ständig beobachtet fühlen. Die H. ist völlig mit den Nerven herunter, was sich schon auf ihrer Arbeitsstelle bemerkbar macht. Dort schreit sie und benimmt sich oft hysterisch. Die H. soll in ihrer Wohnung einen Dolch versteckt haben, um sich eventuell wehren zu können, wenn sie abgeholt werden sollte. (...)
Bei der Hagen wird vermutet, daß diese süchtig ist.

(Maßnahme-Pläne) (...)
4. In der Wohnung der Eva-Maria H a g e n ist eine konspirative Hausdurchsuchung durchzuführen, um vom Inhalt der von Biermann neu produzierten Lieder und Gedichte und anderer gegen die DDR gerichtete Schriftstücke informiert zu werden.
5. In Verbindung mit der Verwaltung Groß-Berlin, Abt. XX ist bei den zuständigen VP-Revieren zu prüfen, inwieweit Biermann der polizeilichen Meldepflicht Folge leistete und ordnungsgemäß bei Eva-Maria Hagen als Untermieter gemeldet ist. Bei Nichtanmeldung sind Maßnahmen einzuleiten, um Biermann mit gesetzl. höchstzulässigen Ordnungsstrafe zu belangen.
6. Mit der Partei sind Maßnahmen abzusprechen, um die Schauspielerin Eva-Maria Hagen, die bisher Biermann finanziell unterstützte, zu veranlassen, sich von ihm zu trennen. Unsere Vorschläge gehen dahin – entsprechende Maßnahmen der Einschränkung der Auftrittsmöglichkeiten mit den zuständigen Leitern bei der DEFA, im DFF, StRK sowie der Deutschen Künstleragentur einzuleiten; alle Auftritte der Hagen überprüfen, feststellen, ob sie in versteckter oder offener Form Lieder von Biermann oder Gedichte und Balladen vorträgt. (...)
Arbeit mit IM – 1. Die IM ›Lamprecht‹ und ›Davis‹, die einen guten Kontakt zu Biermann unterhalten, sind zielstrebig zum Einsatz zu bringen, damit uns ständig die Absichten des B. bekannt werden. Durch konkrete Auftragserteilung und mittels gut durchdachter Varianten muß sich das

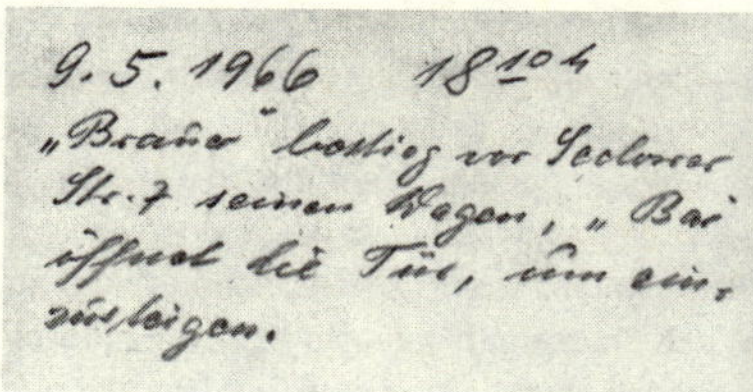
9.5.1966 18.10 h
„Brauer" bestieg vor Seelower Str. 7 seinen Wagen, „Bar" öffnet die Tür, um einzusteigen.

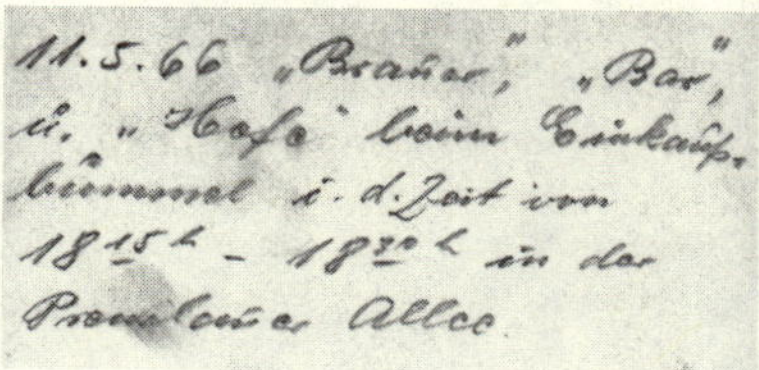
11.5.66 „Brauer", „Bar", u. „Hofe" beim Einkaufsbummel i. d. Zeit von 18.15 h – 18.30 h in der Prenzlauer Allee

Fotos aus den Stasiakten mit Beschriftung auf der Rückseite

Vertrauensverhältnis zu B. vertiefen. Ziel muß es sein – Verbindung zu den in Westdeutschland wohnhaften Personen herzustellen, den Charakter der Besuche in Erfahrung zu bringen; rechtzeitig informiert zu werden über das Produzieren von neuen Liedern, wie soll die Weiterverbreitung stattfinden, welche Rolle spielt dabei die H a g e n (...)

Tonbandabschrift – Bericht vom 10. 6. 1966, GI »Davis« (Ausschnitt)

(...) Zu den Plänen, die er hat, kann ich kaum was sagen, außer daß er in Westdeutschland nicht veröffentlichen will. Ich hab ihn danach gefragt und er sagte, er hat kein Interesse daran zur Zeit in Westdeutschland zu veröffentlichen auf Grund der Schwierigkeiten, die ihm seine ›Drahtharfe‹ gemacht hat. Er arbeitet natürlich. Er arbeitet an ›Deutschland – ein Wintermärchen‹, wovon ich noch nichts kenne, das weiß ich nur von der Eva-Maria Hagen, sie erwähnte das. Aber er schreibt viele Lieder, scheint sehr produktiv zu sein trotz allem. Trotz allem meine ich, daß er doch sehr niedergedrückt ist. Er fragt mich ganz ehrlich, wann werde ich jemals wieder ein Lied öffentlich singen können und scheint sehr sehr niedergeschlagen zu sein darüber, daß er es nicht kann. Aber er ist schöpferisch, hat 3 Lieder vorgetragen (...) Es sind in der Tendenz Lieder, die sich nicht von vorhergehenden unterscheiden und daß haben wir ihm gesagt, daß es nicht möglich ist, sich zumindest keiner finden wird, die Lieder zu veröffentlichen, daß man das nicht machen kann zur Zeit. Darauf seine bereits geäußerte Meinung, daß er das nicht glaubt, daß es so ist.
Wovon er lebt weiß ich nicht, möglicherweise von dem durchgebrachten der Hagen. Zu seinen Verbindungen kann ich nichts sagen. Er spricht allerdings von uns, d.h. es muß noch mehrere Leute geben, mit denen er sich sehr verbunden fühlt. Er sagte in diesem Zusammenhang, ›ausgerechnet diese Stalinisten müssen uns diese Vorwürfe machen.‹ Das sind also mehrere. Die Unterhaltung fand in den Abendstunden statt und dauerte ca. 3 Stunden an.
Meine Haltung zu seinem Problem: Alle diese Dinge, die gegen ihn und seine Meinung gesprochen haben, die sind zum größten Teil schon gesagt. Ich hab ihn aber in vielen zugestimmt, z. B. wenn er sagte, daß er verhaftet worden ist und dann wieder freigelassen werden mußte auf Grund des Vetos der Esche und Krug und alle diese Dinge, da mußte ich ihm natürlich zustimmen oder als ihm im Funk bei einer Produktion mit Neef zusammen Denndorf untersagt hat die Produktion

fortzusetzen, er zum Prof. Eisler gegangen ist und die Produktion auf Grund der Anordnung des Prof. Eisler fortgesetzt werden mußte. Solche Dinge hätten nicht passieren dürfen. In solchen Dingen mußte ich ihm zustimmen. Meine Zustimmung wird dazu beigetragen haben, daß er überhaupt einigermaßen Vertrauen zu mir gefunden hat, um sich überhaupt mit mir über die Dinge zu unterhalten. Ich habe also nicht alles pauschal in Bausch und Bogen verbannt, sondern einiges anerkennen müssen, selbst in seinen Gedichten, welches mir im Moment nicht mehr geläufig ist. Zur Perspektive dieser Verbindung, ich glaube wohl, daß Biermann mir einiger Maßen freundlich gesonnen ist, möglicherweise aus dem Grund, weil er doch etwas unter Einsamkeit lebt und sich freut, mit irgendwem zusammenzukommen, sich zu unterhalten, mehr noch, seine Lieder vorzustellen. Er hat mich durchaus um meine Einschätzung dieser Lieder, vor allem auch in musikalischer Hinsicht gefragt und weil er mich in dieser Hinsicht schätzt und ich wiederum von der Eva-Maria Hagen weiß und sie mich sehr schätzt, glaube ich, daß die Verbindung beibehalten werden kann und daß ich jederzeit mich dort sehen lassen kann, um mich mit ihm zu unterhalten. Das ist also so, daß ich von beiden des öfteren eingeladen worden bin, vorbeizukommen.

10. Juni 66

AUFERSTEHUNG – für Eva
(das ist die Rehabilitation Jesu in unserer Liebe)

In unserer Liebe findet das Evangelium
Seine Wahrheit. In unserer Liebe nämlich
Auferstehen wir von den Toden
Der Umarmungen, den wollüstigen. Wir
Auferstehen in die Himmel der Ermattung
Auffliegen wir, um herrlicher zu stürzen
Mächtig sprang mein Fleisch in deines Fleisches Wolken
Bevor der Mast brach
Bevor das Boot sank
Sangen wir vor Übermut und Ängsten
Ach, diese Tiefen unter dem Spiegel der Wellen !
Ach, diese Ströme dann gelinder Erschöpfung !
In deinen Schenkeln, Frau
Erkenne ich die Pfeiler dieser Welt
Sie brechen auseinander
In diesen Toden, Geliebte
Ahne ich, was uns noch erwartet :
Das Lebendige
In unserer Liebe ist die Erlösung
Da also ist die Auferstehung
Der die Kirchenväter, die listigen
Den Namen gaben : JESUS

12. 8. 66 – Odessa

Liebwolf! Das Schiff hat abgelegt. Wir sind auf offener See. 22 Uhr. Gleich achtedurch in Deiner Berliner Behausung. Ich bin Dir voraus um zwei Runden. Überhaupt hat das Licht der Welt meine Nase eher erblickt als Dich Spätentwickler, Du Frühgeburt. Und weiter östlich, mein Nordlicht, hat mich der Esel im Galopp verlorn, weil er bockbeinig ausscherte und übern Graben sprang, durch tiefhängende Zweige der Apfelbäume; ich erinnere mich noch deutlich, wie mir die grünen Kulpern (unreife Äpfel) um die Ohren kollerten, an das Weizenstoppelfeld muß ich denken, auf dem ich mit meiner Samthaut landete. Herbliebliche Oktoberlüfte wehten, Qualm von Kartoffelkraut stieg auf, Rauhreif lag auf den Gräsern: Eine Herbstkatze bin ich demzufolge und die haben's in sich, wenn sie den Sprung übern Winter schaffen. Das Wasser dort, das durststillende, diesen Genuß ... ich such danach, seit wir mit Sack und Pack wegmußten auf Befehl der Siegermächte; werde weiter Ausschau halten nach der Quelle.

Odessa ist aufregend. Die Patjomkinsche Treppe im Eisenstein-Film war allerdings eindrucksvoller. Paar Jungs sprachen mich an, dachten, ich sei aus Leningrad, wollten mich nicht durchlassen, waren stolz auf ihre paar Zentimeter mehr. Jedesmal derselbe Film bei solchen Zusammenstößen. Plötzlich ließen sie mich los wegen meiner ›Nationalität‹, blickten abfällig, sagten, ich könne gehn. Ich wußte nicht, was ich davon halten soll, sagte: I'm from East-Germany, Германская Демократическая Республика, не капиталиста, наш секретарь Walter Ulbricht, ich Kommunist. Du glaubst nicht, Bruderherz, wie rührend sie um Verzeihung baten, mir Andenken schenkten, Rosen. Am Hafen verabschiedete sich jeder von mir wie von seiner Zukünftigen.

Paar Spießer, wie sie in jeder Gruppe zu finden sind, wunderten sich: Eine Frau sollte im Ausland nicht durch die Gegend streunen, sich von einer Bande Nichtsnutze an' Bahnhof bringen lassen – flüsterte der 3. Assistent dem 2. Aufnahmeleiter zu. Aber ich nun grade: ihr könnt mich kreuzweise, bin die Unschuld und Sünde in Person, wie es die Rolle im Film vorschreibt!

Das Schiff ›Iwan Franko‹ ist wie ein riesiges Hotel. Weil der Hafen den Lenin-Orden gekriegt hat, mit Feier und Staatsempfang, wollte man uns, als wir gestern spät ankamen, nicht an Bord lassen. Die Deutschen sind aber nicht so gebaut, daß man sein müdes Haupt dann auf warme Steine bettet, also erkämpften die Verantwortlichen uns eine Koje.

Szene aus dem DEFA-Film ›Meine Freundin Sybille‹ mit Hans-Michael Schmidt

Das Schiff ist zugelassen für 800 Personen, 1600 sind drauf, liegen im Zwischendeck, unter freiem Himmel, sind Selbstversorger, trinken, singen, genießen das Sein. Manchmal hat das Schiff Schlagseite, wenn die Passagierliste geschlossen nach backbord rennt, weil eine Sehenswürdigkeit auftaucht, ein Brummer uns zu rammen versucht aus Jux und Tollerei oder weil der Mann am Lenkrad des gegnerischen Kreuzers döst und uns für eine Fatamorgana hält.
Morgen in aller Herrgottsfrühe beginnt der 1. Drehtag. Rudi Strahl, unser Drehbuchautor war eben hier, hat mir einen Krimi gebracht und denjenigen beneidet, für den die vollbeschriebenen Seiten sind. Vorhin fragte ich, ob man telefonieren kann. Ja, aber keine Geheimnisse verraten! Wieso? Es geht über Radio. Jeder kann mithören.
Ich versuch es dann in Kauderwelsch.
Gut Nacht. Ich hab Dich lieber noch als lieb – Eva

Berlin, 13. August 66

Meine Liebe, meine wahnsinnige Traurigkeit, meine himmlische Heiterkeit, Berlin bricht über mir zusammen, nächtlich stürzen die Steinkasernen auf meine Brust und mein Hirn quält sich durch die Nächte, in dumpfem Halbschlaf schleif ich mich bis zum Morgen und bin zerschlagen den ganzen Tag. Daß Du jetzt nicht bei mir bist, bringt meine wahren Einsamkeiten ans Licht, die sonst von unsrer Liebe gütig überspielten, und ich will mich nicht mehr in die Pose des eisernen Gustav schmeißen, in der meine verängstigten Freunde eifersüchtig mich sehen wollen: Spott, Kraft, Hochmut und lebensgefährlicher Wagemut: sie sitzen sicher in der Loge oder in den Bänken ihres Faches und schrei-

en und schwitzen und stinken und pfeifen und geifern, wenn der Stierkämpfer nicht nahe genug am Tod bleibt.
Heute war der Tag des fünfjährigen Jubelfestes über die Mauer.
Morgens, von Robert kommend, fuhr ich beim Heise vorbei, der mir eine Tasse Kaffee und einen Kübel ironisierter Verzweiflung servierte. Dann gegen 10 Uhr fuhren wir in die Stadt, um uns den Aufmarsch der Kampfgruppen anzusehn. An der Monbijou-Brücke parkten wir den Wagen, alles sonst war abgesperrt, und gingen dann in Richtung Marx-Engels-Platz. Aber am romanischen Institut trennten wir uns, denn er wollte nicht mit mir gesehen werden. Ich schlenderte hinterm Maxim Gorki Theater zu den Linden, die Lautsprecher schwirrten schon Walter Ulbricht durch die Luft, der scheinbar eine kleine Anti-Sächsisch-Kur gemacht hat und der von Volk und Vaterland sprach. Eine vergleichsweise schäbig improvisierte Tribüne war zwischen Oper und Operncafé aufgebaut worden, auf der eine kleine Gruppe um unseren Genossen Staatsratsvorsitzenden Aufstellung genommen hatte. Von unseren sogenannten einfachen Menschen waren viel weniger erschienen, als ich für möglich gehalten hatte, aber diese wenigen, aufgestellt am Straßenrand, jubelten und klatschten unermüdlich, wenn die strammen Hundertschaften, der Blumen-Helm und MP-geschmückten Kampfgruppen im forschen Paradeschritt vorbeidefilierten; ich selbst schlich mich wie ein ertapptes Gewürm des Weltimperialismus hinter den kargen Reihen des begeisterten Spaliers vorbei und suchte mir verschiedene günstige Ausblickspunkte, von denen aus ich entweder Helme der gutgereihten Halbsoldaten bewundern konnte, oder sogar die kleine Tribüne gegenüber der Neuen Wache, auf der unsere strohbehuteten Spitzen schwitzten. Niemals hab ich meinen kleinen Wuchs so bedauert als alljährlich bei solchen Massenfesten; man verliert so leicht den Blick für das Erhabene des Ganzen, weil die Augen immer nur in der Höhe der schwitzenden Hemden, der üppig gefüllten Blaublusen oder der dampfenden Bockwurstplantagen verweilen.
Der Tag war heiß, schwül. Blasmusik, Hellbier. Heute abend werden die Angehörigen der Kampfgruppen mit ihren Frauen in fast sämtlichen Sälen der Hauptstadt einen ausgelassenen und unbeschwerten Abend verleben, angereichert mit zwischengestreuten künstlerischen Darbietungen der Konzert- und Gastspieldirektion, die kurzfristig und einmalig alles was ein Gedicht aufsagen kann engagiert hat, wie mir ein Schauspieler auf der Friedrichstraße erzählte.

Eva, Liebe, wir waren uns die ganzen Monate so nah, daß es mir schwerfällt, mich allein zurechtzufinden. Diese ungenau ungenauen Traurigkeiten sinken in mich, wenn ich genauer an Deutschland denke.

SONNTAG – jetzt bist du schon drei tage weg, und mein brief ist immer noch nicht weg. meine liebe, ich wünsche mir so sehr, daß du die gelegenheit benützt, dich intensiv zu erholen, damit du den schwierigkeiten des nächsten winters gewachsen sein wirst.
Das manuskript, aus dem ich nochmals alles ausgemerzt habe, was von dem vorletzten idioten als konterrevolutionär oder pornographisch bezeichnet werden könnte, sowie einen begleitbrief, in dem ich um streichung mißliebiger titel zusätzlich gebeten habe, wird morgen bei Bruno Haid im ministerium abgegeben.
ach, meine liebe, du brauchst wahrscheinlich keinen langatmigen brief, sondern mehrere nachrichten, die dir zeigen, daß ich täglich bei dir bin. hoffentlich klappt die übermittlung meiner post überhaupt, ehe der brief bei dir ist, fällt mir auf, können ja maximal 10 tage vergehen; ich hätte also, um dich regelmäßig mit post zu versorgen, die ersten briefe schon vor deiner abreise losschicken müssen ... es ist wieder drückend heiß, ich bin etwas erkältet, es drückt und drückt mir auf die stirn. das rindfleisch im eisschrank roch schon sehr, aber ich habe außen herum an jeder seite eine scheibe abgeschnitten und mir das innere gebraten. sicher geht das gut, denn jetzt, paar stunden danach geht es mir normal und das fleisch schmeckte ausgezeichnet.
eine neue, 4. Vietnamstrophe:

Verflucht das faule Mitleid!
Übt Solidarität!
Verflucht das faule Mitleid!
Übt Solidarität!
mit Geld und Waffen
Wir wolln die Mörder nicht mehr nur
mit Worten – strafen

Ein neuer Vietnamvers:
GRABINSCHRIFT FÜR EINEN AMERIKANISCHEN SOLDATEN
Als Schlächter ausgezogen – Verendet – Als Schlachtvieh

Ich hau jetzt ab nach Ückeritz. Von dort schreibe ich dir sofort. Bitte, wenn die Post länger geht als erwartet, sei nicht traurig: ich bin jeden

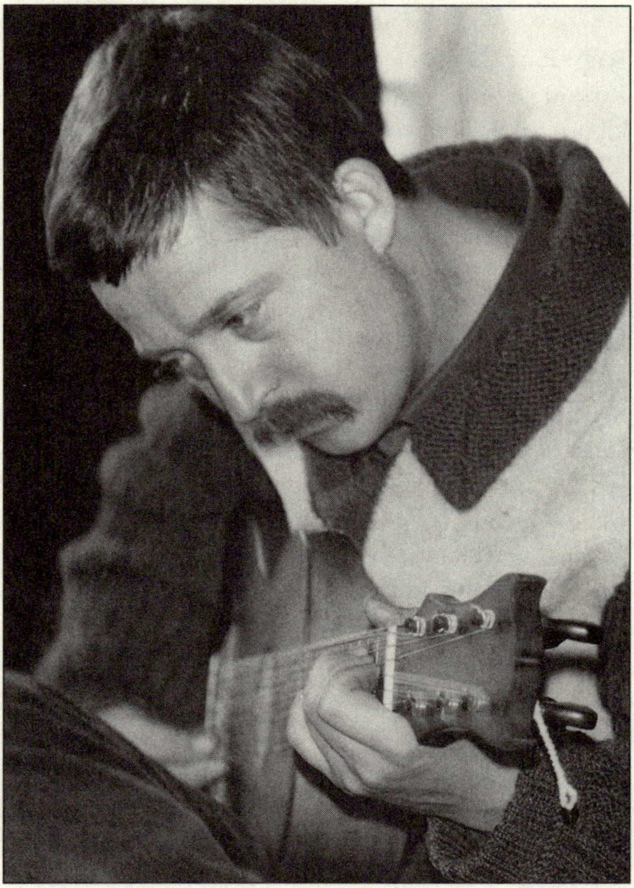

tag und jede nacht bei dir und möchte daß du morgen schon wieder kommst und möchte, daß du so lange wie möglich bleibst, damit du kräfte sammeln und dich von mir erholen kannst und dem ganzen muff hier in deutschland, in berlin. wenn du wieder da bist werden wir singen ›... vor Übermut und Ängsten‹ – wie der Dichter sagt.
Solltest du vor mir wieder in berlin sein, so rufe mich sofort bei otto manigk an und ich werde genau drei stunden später bei dir sein. ich habe vor, etwa zwei wochen dort zu bleiben, komme also am 27./28. august zurück. solltest du aber vor diesem datum hier sein, wäre ich verzweifelt und enttäuscht, wenn du mich nicht, und sei es auch nur, um mir die Erholung da zu lassen, sofort informierst.
ich umarme und küsse dich Dein Wolf

Sonntag = воскресенье, 14. 8. 66 – 22 Uhr – Sotschi

Wolf! Ein schlimmer Tag: Eva war seekrank; der Arzt hatte mir eine Roßkur verordnet: ein Literglas voll lilafarbenem Wasser mußt ich reinkippen in mich, übermangansaures Kali, mich auf'n Kopf stellen und schütteln wie ein Shake-Becher. Dann meinte der Doktor, ich sollte den Finger in' Hals stecken. Erst dachte ich, ein Verständigungsfehler, doch er machte schon Anstalten, mir behilflich zu sein und hielt mir die Stirn. Der Patientin war das peinlich, aber ihr war hundeelend. Außerdem hatte der Arzt diesen umwerfenden Russencharme und das Helle der Birke im Blick, Bärentyp, mit blendenden, beim Lachen aufreißerisch entblößten Zähnen. Dann wollte er mit mir nach Dienstschluß Sotschi besichtigen; aber so ein Stehaufweibchen bin ich nun auch nicht, daß ich die Behandlung nach russischer Holzfällerart einfach hätte wegstecken können. Der Bär hat mich dann bis zu meiner Schlafkammer geführt, sich artig von der Patientin verabschiedet und tappte zögernd davon. Beinah, wie Du es geschildert hast ...

Um Mitternacht legen wir ab. Das nächste Ziel auf der Route ist Suchumi, dann Batumi. Sei so frei und fliege flugs unter Evas Flügel.

Die unleserliche Unterschrift leistete sich Deine goldige Marie.

15. 8. 66 – Batumi

Mir gehts wieder gut, mon Ami. Als wir in Batumi ankamen, regnete es Bindfäden. So konnt man die Hafeneinfahrt nicht gebrauchen; laut Drehbuch muß die Sonne alles zum Hinschmelzen bringen.

Also liefere ich erneut eine Beschreibung, weil morgen ein Kurier nach ›Deutschland-Ost‹ reist, dem ich Post mitgeben will, die er an Ottos Adresse schickt. Du bist doch auf Usedom!?

Eben beendete Deine Wasserratte den Landgang. Batumi ist fast orientalisch. Die Einheimischen sitzen vor ihren idyllischen Eingängen, kucken sich gelasssen das Vorbeitreiben der Fremden an. Exotische Bäume und Blütenranken umrahmen die Ärmlichkeit. Die Männer sind für meinen Geschmack oft so häßlich, daß sie schon wieder schön sind. Und anhänglich! Hast du dich erst mal auf eine Unterhaltung eingelassen, weichen sie nicht von deiner Seite. Beim Einsteigen in den Bus war mir ein Kerl behilflich, indem er mir quer durch den Schritt langte und mich – seine Hand als Gabelstabler benutzend – die letzte Stufe hochhievte. Ich donnerte ihn an wie eine Gewitterziege, daß die Fahrgäste wohl dachten, ich hätte 'n Dachschaden, denn keiner verzog eine Miene. Der hiesige Chef warnte uns davor, allein spaziern zu gehn: Schwupp, stecken sie dich in' Sack – und ab in die Berge mit der blauäugigen Beute. Alle weiblichen Gruppenmitglieder wollten daraufhin eine Bergtour machen – im Schutz engagierter Säbelhelden, versteht sich. Überhaupt sind Russen, d. h. die Bevölkerung der Sowjetunion, unberechenbarer als die weiter westlich wohnenden Wilderer: Man hatte Bühnenarbeiter angestellt, wollt zwei Schichten hintereinander drehn: Die Ansässigen sagten ›Njet!‹ und was von Ausbeutung. Nie hätte ich gedacht, daß sich wer so was traut im Sozialismus. (...)

Ückeritz, 16. August 66

Meine Liebe. Ich bin gut in Ückeritz gelandet und freudig und freundlich von allen aufgenommen worden. Die Sonne brennt vom blauen Himmel, und ein leichter Wind erfrischt. Ich bin erst mal, gleich ohne Frühstück, zum Strand gelaufen, hab mich in die Wasser gestürzt und bin bis zur totalen Erschöpfung rausgeschwommen.

War das eine Befreiung. Die heitere Würde der Natur ist heilsam.

Herrlich ermattet und ausgehungert genoß ich dann das proletarisch karge Mittagessen bei Ingeborg und Otto Manigk. Hoffentlich hast Du meine Post bisher erhalten; ich möcht nicht, daß Du vielleicht traurig auf Nachricht von mir wartest und ›denkst, ich dächte Deiner nicht‹. Wie barbarisch Dich der Flugplatz plötzlich verschluckte! Vor den vielen Glotzaugen konnten wir uns gar nicht mehr richtig haben. Ich bin gleich nach Haus gefahrn, hab die Autopapiere geholt und 134.– für die Reparatur bezahlt: das sind vielleicht Gauner!! Die Stoßdämpfer kosten zusammen 84.– d. h. der Autofritze hat, da weitere Materialkosten nicht anfielen in höchstens 2 Stunden Arbeitszeit an 50.– Mark ›verdient‹. Dann fuhr ich zum Autotechniker, der Hupe, Lichthupe und Kabel für 20.– repariert hat. – Bevor ich losfuhr, hab ich aufgeräumt und alles abgewaschen, denn die Frau kam nicht und meldete sich erst 10 Minuten vor meiner Abfahrt. Nun muß sie warten bis Du oder ich zurück sind. Nur die faulen Pflaumen hab ich vergessen wegzuschmeißen, die werden die Küche vielleicht verstänkern.

Hoffentlich kommst Du neben den Dreharbeiten zu Dir selbst und hast angenehme Menschen, die Dich nicht allzusehr in Anspruch nehmen. Meine Liebe, die Nächte ohne Dich sind furchtbar nervös, im Halbschlaf schwimme ich durch die Metamorphosen der Träume und Grübeleien, mit meinem Gedächtnis taste ich Deinen Körper ab, mit mei-

ner Sehnsucht Dein Herz; es ist gut, daß wir uns mal nicht haben, es bringt mich Dir noch näher. Es ist ein großes Glück für mich, daß wir uns liebhaben. Ganz zu schweigen davon, daß ich Dich zu mir nur beglückwünschen kann, Du Arme, Du Wunderbare, in welche Abgründe hast Du Dich durch Deine Liebe schleifen lassen!
Aber auch wir werden eines Tags in freundlichere Gegenden kommen und der Kompass in diesen Finsternissen ist unsere Liebe ... Wolf

16. 8. 66 – Batumi

Wolf, ich komme vom Schwimmen, war zwei Stunden im Wasser. Ein Schnellboot sauste heran und hätte mich gerammt, wär ich nicht geistesgegenwärtig untergetaucht. Aber die hatten mich schon gesichtet und umkreisten meinen Stand-Punkt: Wenige Kilometer von hier ist die türkische Grenze – und wenn es dunkelt, darf man nicht mehr rausschwimmen, sonst fangen sie dich mit dem Netz günstigenfalls; einen Drahtkäscher hatten sie an Bord. Und wenn man keine Seejungfrau ist, machen die Soldaten keine Umstände mit der dreisten Nixe – sind so Legenden, um Touristen Gruselschauer unterzujubeln, wo es schon keine materiellen Extras gibt, Attraktionen westlicher Machart.
Ich warte auf einen Brief von Dir. Eva.

17. 8. 66 – Suchumi

Wolf, soeben haben wir, von Batumi kommend, in Suchumi angelegt. Auf dem Vorschiff beobachtete ich das Anlegemanöver und mein Beutel stand auf der Reling. Plötzlich bemerkte ich, wie ein ›Chirurg‹, seine Finger wie Operationsinstrumente benutzend, im ›Bauch‹ des Behälters nach ... Fremdkörpern wie Gallensteine, vergessene Scheren aus Platin oder nach Geld grub. Als er merkte, ich hab es bemerkt, zog er die Hände blitzschnell auf'n Rücken. Ich war baff über die Unverfrorenheit, grabschte mein Hab und Gut, stieß das einsilbige Wörtchen ›Pfui‹ hervor und stapfte davon. Es war menschenleer in der Gegend des Schiffes. Der Knabe lief mir nach durchs Labyrinth, ich wappnete mich innerlich, überlegte, welchen Griff ich anwende, falls er mich angreift (hab einst in der ›Hochschule für Körperkultur und Sport‹ in Leipzig für den ›Traudel‹-Film einen Schnellkursus in Judo absolviert, Fallen und den Gegner aufs Kreuz legen geprobt) ob ich die Kaltblütigkeit aufbringe, ihm in die Weichteile zu treten; aber alles verlief sich im Sande. – Kannst Du arbeiten? Ich warte auf das neue Lied!

Schade, daß ich meine Gitarre nicht mithab. Manchmal übe ich auf der von der Requisite. Aber es ist eine Schlaggitarre und die geben sie nicht gern raus, weil sie im Film mitspielt. Von Liedern wie: ›Black is the colour of my true loves hair‹, Deine Übersetzungen, sind die Schauspielschüler, welche Hauptrollen spielen neben Komiker Herricht, begeistert, sagen: in Leipzig auf der Schule grölen sie Deine Lieder, z. B. ›Soldat, Soldat‹ und ›Jeden Samstag geht der nette fette Vater‹. Sie wollen, daß ich neue Sachen von Dir singe. Ich vertröste sie, das wäre sofort Stadtgespräch u. ich als Expreßgut unterwegs Richtung Heimat. Mir würde sonstwas angehängt werden, nur kein Orden für kulturelle Verdienste, die Deutsch-Sowjetische Freundschaft betreffend.
Später, wenn alles nicht mehr wahr ist, Eva eine weise Alte und Du der Kaiser von China auf'm Kissenthron mit verschränkten Beinen, Buddha-Bauch, die Bartspitzen bis runter ins Parkett, wo Du Dir über die unabhängigen Provinzen des Weltreichs Eurasien berichten läßt, was da los ist in der Sächsischen Schweiz, sag ich zu Dir: Weißt du noch, großer Anti-Konfuzius? Und seh Dich mit dem Kopf wackeln, durch die Zahnstümpfe mümmeln: Hab ich es nicht immer gesagt!
Die Weltfestspiele finden statt auf einer freischwebenden Plattform über der Wartburg und das beliebte Volkslied ›Vom Manne, der sich eigenhändig beide Füße abhackte‹, hört man als Gassenhauer bis in den letzten Winkel der Republik. Denn ich bin die von Dir entzückte Märchenerzählerin Eva, Du mein grimmiger Wolf und Karl der Kleine.

August 66 auf Usedom

Meine Liebe, meine Wunderbare, es ist 12.00 Nacht, ich komme grade von hitzigen Gesprächen bei Kandts und Dein dicker 5-facher Brief steckt in meiner Tür ... mit fliegendem Herzen, Ängsten und Glückseligkeit hab ich die Zeilen überflogen und bei allem Interessanten vom Schwarzen Meer wollte ich doch immer nur lesen, daß Du mich noch lieb hast. Ach Eva, es ist die Hölle ohne Dich. Solange ich mit Menschen spreche, lese oder am Strand mit den Wellen kämpfe, ist es noch auszuhalten, aber sobald ich mal zur Besinnung komme, übermannt mich die Sehnsucht.
Heute morgen bin ich ganz weit, vielleicht 2 Kilometer rausgeschwommen, und als ich ganz alleine in der Wasserwüste schwamm, über mir nur gläserner Himmel mit paar zarten Federwolken, da hab ich mich auf den Rücken gelegt und treiben lassen und an Dich gedacht und

hätte sterben mögen vor Sehnsucht. Dann wär ich aber beinah wirklich und sehr prosaisch gestorben, denn der Wind blies vom Land in das Meer hinaus, und ich hatte zu kämpfen, wieder ans Land zu kommen, es war ein Kampf ums Leben mit Dir, ich habe meine Lebenskräfte zusammengerissen als ständest Du am Ufer und schriest nach mir. Völlig erschöpft und 1 km weiter westwärts gelangte ich dann endlich an Land. Ich hab Dich lieb.
Schwimm Du bloß nicht mal so weit verrückt ins Meer!!!
Ich finde, daß mein Körper sich phantastisch verhält, menschlich sozusagen; ich hatte gedacht, er könnte die plötzliche ›Enthaltsamkeit‹ gar nicht aushalten. Aber im Gegenteil! Meine biologischen Kräfte scheinen schon in derart funktionelle Abhängigkeit von meiner Liebe zu sein, daß ich jetzt, da Du nicht bei mir bist, total abgekühlt bin. Die vielen nackten FKK-Damen am Badestrand wirken auf mich so erotisch wie ein Birkenwald im Winter. Wie sehr ich Deiner Liebe sicher sein kann, fühle ich genauestens an mir selbst. Ich bin nämlich ganz und gar bei Dir, wenn ich daran denke, daß ich Dich bald wieder in die Arme schließen kann, wird mir übel vor Freude.
Meine Liebe, schon für Dich hat sich mein ganzes Leben gelohnt, auch wenn sonst nix Erfreuliches wäre. An uns beiden hab ich begriffen, daß Liebe ausschließlich ist; alles andere ist elende Stümperei; eine andere Frau zu umarmen käme mir gleich menschenunwürdig vor wie Selbstverstümmelung oder Selbstmord sogar.
Gestern kam eine liebe Karte von Nina, und ich hab ihr sofort einen langen Brief geschrieben, schon um mein Versäumnis aus der Zeit des Ferienlagers wiedergutzumachen. Sie bat auch um Deine Adresse und die von Emma. Hoffentlich hast Du meine Post bisher erhalten. Der Gedanke, daß Du durch irgendwelche Widrigkeiten keine Nachricht von mir haben könntest, macht mich verzweifelt. Und wenn Du auch nicht ein einziges Wort von mir in diesen Wochen kriegen würdest, müßtest Du doch wissen, daß ich jeden Tag ganze Romane mit meinem Herzblut an Dich schreibe. Morgen früh werde ich gleich ein Telegramm nach Odessa aufgeben. Deinem 5. Brief entnehme ich, daß Du meinen ersten Brief erst am 24. 8. kriegen kannst, ach Du Arme!
Wenn ich fromm wär, würde ich Tag & Nacht zu Gott beten, daß er Dich Dich erholen läßt und Ruhe und Gleichmut und die sanfte Flamme beständiger Leidenschaft und Ausgeglichenheit in Dein Herz küsst, denn unsere Liebe muß die große Bastion und Reserve für die

kommenden Kämpfe sein; meine Liebste! meine Frau, meine göttliche, meine irdisch-überirdische! Unsere Liebe hat aus mir homunculus einen Menschen gemacht. Gute Nacht, ich will jetzt schlafen, ich gäbe ein Jahr meines (kostbaren) Lebens, wenn ich Dich jetzt hier hätte ... Aber ich offeriere hier etwas, was ich vielleicht gar nicht mehr besitze ... Ich küsse und küsse und küsse und umarme Dich gewaltig und pfirsichzart – Dein Wolf – (18. 8.?)
Es ist Morgen, ich lauf ins Dorf zur Post. Du sei vergnügt, laß Dich nicht niederdrücken, denn solange Du mich ganz und gar im Herzen hast, bist Du ja nicht ohne mich da auf dem Schiff. Ich hab Dich lieb.

Berlin, August 66

Lieber Wolf! Meine beiden Vögel sind ganz fidel. Die Pitti (das ist das Weibchen!) hat 4 Eier gelegt. Also bald werden da Junge ausschlüpfen! Der andere Vogel heißt Platsch. Er ist ein Mann. Wolf? Weißt Du? Was ›Fidel Kastro‹ heißt? Nein? Aber ich. ›Geigenkasten‹! Komisch nicht! So, für heute mache ich Schluß.
100000 Grüße und Küsschen. Deine Nina!

August 66

Liebe süße Mami! Heut kam Dein Brief. Er war so lieb geschrieben, daß ich so dolle Sehnsucht nach Dir bekam. Hoffentlich seid ihr bald fertig mit den Dreharbeiten! Die Schule fängt am 1. September an.
Ich würd gern noch 2 Monate Ferien machen.
Mamili, hoffentlich kommst Du bald! Bis zu Deinem Kommen grüßt und küßt Dich Nina (Deine dich sehr liebende Tochter)

Berlin, 20. 8. 66

Meine Liebe, ich will schnell noch einen Brief abschicken – sagtest Du nicht, daß am 22. ein Kurier in die SU kommt? Inzwischen wirst Du ja Post von mir haben. Ein Telegramm wollte ich nicht schicken, denn das, was ich darin hätt sagen wollen, hätte ich nicht sagen können und das was jeder hätte lesen können wollte ich nicht sagen, es hätte Dich nur traurig gemacht. Je länger Du weg bist, desto intensiver muß ich an Dich denken und desto schlimmer quält mich der Gedanke, es könnte Dir schlecht gehn. Bitte schreib mir nicht so was vom Arzt da. Im ersten Moment muß ich lachen und freu mich über Deine Liebe, aber dann foltert mich die Phantasie und die Tage hier werden zur

Hölle, und die Nächte erst! – Nina hat mir schon 3mal geschrieben, ich ihr 2mal; sie hängt doch sehr an mir und braucht meine Aufmerksamkeit; um wirkungsvoll auf sie einwirken zu können brauche ich auch ihre Liebe und ihr Vertraun, und das muß ich mir auch erwerben. – Seit ich hier bin, scheint die Sonne wolkenlos. Du wirst mich kaum wiedererkennen. Aber auch Du wirst ja wohl, sobald Du nicht mehr drehen mußt und vielleicht Dich dort noch paar Tage in die Sonne legen darfst, tief braun sein. Es ist Mittag, in einer halben Stunde wird die Post abgeholt. Ich renne schnell zur Post.
Küsse Küsse Kuss und Küsse, dorthin dahin und vielleicht noch dahin und dort noch kleine Bisse große Bisse dahinein und daaa ganz zarte. Komm bloß bald!! Dein Wolf

22. 8. – Odessa

Liebster! Ich bin der glücklichste Mensch im Umkreis einer Seemeile, unter der glühendsten aller bisher aufgetauchten Sonnen, am allerschönsten Tag der Reise: Drei mich himmelhoch-jauchzend machende Taubenflügel flatterten mir in' Schoß.
Der Asphalt dampft im Hafen. Ich ging wie auf Moorboden zur Post, um Dir ein Telegramm zu senden – aber alle Menschen wollten in dem Moment dasselbe: einem Nahstehenden in der Ferne was senden. Es war so überfüllt, daß ich Platzangst kriegte und mich unter Einsatz meiner Schwertflossen aus'm Strom der Menge befreite.
Wenn ich mir unsere Umarmungen vorstelle, tut mein gesamtes Fühlen weh vor Sehnsucht. Noch sechs Tage, am 29. bin ich bei Dir.
Die 4. Vietnam-Strophe ist Dir noch sehr gut gelungen! Ob das Lied nun gesellschaftsfähig ist, trotz Abstammung von – Diesemda?
Ich hab mich intensiver mit der russischen Sprache beschäftigt. Die Kollegen kucken, wenn kein Dolmetscher in der Nähe ist, hilfesuchend zu mir. Und hab Gedichte von turkmenischen Dichtern gelesen, in ›Sowjetliteratur, deutsch‹. Боже мой! Wie verlogen! Im gleichen Heft kann man die Meinung Breshnews zu Fragen der Literatur und Kunst erfahren, sowie die einiger geblendeter Schriftsteller wie Scholochow u. a. – war teilweise im ND abgedruckt.
Was soll werden in unserm Lager. Es sieht trübe aus für Wahrheitssucher. Man muß sich auf kleine Dosen einstellen und mit dem Rücken zur Wand, für den Fall, daß einer Attrappe der Vorschlaghammer aus der Faust rutscht; понимаешь?

Aber schreiben mußt Du und Singen! Wie bringen wir das unter einen Hut. Aus Fehlern und Tugenden gescheiterter Revolutionäre lernen. Denk an Wladimir Iljitsch's Losung: Lernen, lernen, nochmals lernen. Und: WAS TUN? Jedenfalls nicht feige sein, aber auch nicht ständig den Plattköpfen das blutrote Tuch ihrer Untaten vor die Nase halten. Die Geschichte wiederholt sich zwar nicht, Trotzki war weit weg, ohne Freunde, Rat und Hilfe, aber Parallelen und krumme Dinger gabs immer. Unsere Devise soll sein: dem Leben nicht ausweichen.
Die meisten Kollegen hier sind weder Fisch noch Fleisch, haben ihre, sie mit Wollgarn bestrickenden Hausfrauen dabei, spielen Skat, saufen Bier, Sekt, beides zusammen; das nennt sich dann Herrengedeck.
Und dahinplätschernd wie der Film sind die Gespräche. Alleinstehende Damen der Truppe schielen nach einem Abenteuer, das auf sich warten läßt, weil die Nationalitäten streng getrennt verkehren. Offen dazu stehn, läßt die sozialistische Moral nicht zu. Heimlich, im Dunkeln. Auf dem Gebiet hat sich nichts getan. Als Frau bist du sofort eine läufige Hündin, Hure vor dem Herrn, vogelfrei. Der Mann dagegen ein toller Hecht. Der Russe genauso. Hier ist die Mehrzahl der Frauen noch weiter unten im Wert als in unserer Provinz. 1917! Was hatten sie für ein Konzept entworfen über die Gleichstellung der Geschlechter, kurz praktiziert sogar. Alles Makulatur. Schuften darf sie, Nachwuchs aufstocken ist ihre verdammte Pflicht und ein Parteiauftrag. Ein liebes Muttchen wünschen sich unsere sozialistischen Erbauer, die mitverdient, sonst reichts vorn und hinten nicht. So was laut zu sagen, würde selbst ich vermeiden; da bist du in den Augen der Mannschaft gleich eine Kneifzange und das paßt schon äußerlich nicht zum Typ, den ich darzustellen habe, denn ich werde bevorzugt behandelt wegen meiner ›Ausstrahlung‹. Einer spielt Schach mit mir, der andre sendet Kuverts mit Bildchen und Andeutungen. Aber die Gitarre darf ich nicht haben; der Regisseur hats verboten, sagt die Requisite. Ihm ist gesteckt worden, daß ich singe – und da denkt man automatisch, Du bist es in Verkleidung von mir. Zumindest, wo ich bin, taucht gleich der Barde auf aus'm doppelten Boden. Sein Geist ist jedenfalls stets anwesend in meiner Aura. Bin infiziert von seinen Ideen, selbst sicherheitsgefährdend. Die Produktion aber ist eine Freundschaftskomödie, kein staatspolitisches Thema; also bitte! Man will seine Ruhe.
Wie ich mich auf Berlin freue, auf meinen geliebten Mann. Mir wird flau, drum geh ich ins Wasser ... Nina hat mir einen Brief geschrieben,

ein Herz gemalt, wo Du mit drin bist: Mami+Wolf+Nina=Familie.
Die erste große Anerkennung! Hoffentlich verliert sich ihre Faulheit, wenn wir ihren Ehrgeiz anstacheln. Lob ist wichtig!
23. August. Nach Besichtigung der Muster müssen Einstellungen wiederholt werden: Zu blaustichig diesmal. Jetzt werden die Touristen in Gelb gekleidet beim Von-Bord-Gehen, sonnenaufgangsmäßig sozusagen.
Nach dem Essen legt man sich hier hin, die Hitze haut dich um. 18 Uhr. Ich schau in die Runde. Das Schiff steuert schon wieder auf Odessa zu, als hätt es da was verloren. Die Revolution! Hätte ich damals gelebt, wär ich die Krupskaja gewesen, mein Vorname Nadeschda und Uljanows Pseudonym Lenin wär umgewandelt worden in Karl Wolfowitsch. Uh, dann hätten wir uns in Sibirien gefunden als Verbannte, später im Exil lebend. Dieser schwache Abgang, Dein Testament wär ignoriert worden von Jossif, dem Stählernen. Nein, lieber doch nicht. Obwohl – mit Dir geh ich jede noch so unwegsame Strecke. Außerdem hätten wir die Sache von vornherein anders aufgezogen, nicht so dilettantisch und blutig ernst; mehr mit Spaß. Nach der Devise: Leben und leben lassen. Du hättest viele Frauen als Verbündete um Dich geschart. Da wär schon instinktmäßig kein solches Massaker entstanden, Hungersnot, Leid.
Morgen fährt Leo-Lew-Ljowa (unser Verbindungsmann) in die ГДР, kommt am 27. zurück, mit Post von Dir!?
Ich kuschel mich jetzt an, wir sehen überm Meer die Fische springen, kriegen Appetit, fressen uns gegenseitig, Du bist ich und Eva ein Wolf. Und überschätz nicht Deine Kräfte, ich kenne die Tücken des Meeres. Wär schade um Dich – und mich! Denn ich folge Dir durch dick und dünn, zwischen Himmel und Hölle, überallhin ... Eva

Berlin, 11. September 66

Meine Liebe, ich habe mir den Brief aus Hamburg geholt, er enthielt eine notariell beglaubigte Abschrift meines Vertrages mit Emma. Morgen gebe ich den Schmonsens an das Büro für Urheberrechte.

Ich hoffe, Du bist bald wieder so weit instandgesetzt, daß Du mich aushalten kannst. Das Zusammensein mit einem Menschen, den man sehr liebt ist wirklich schwer. Aber am schwersten ist das Alleinsein.
Auch in der Liebe scheint es so zu sein, daß, wenn man nicht bei sich selbst ist, man nicht mit dem anderen Menschen sein kann. Ich hatte mich die letzte Zeit so verkrampft, daß mir das Wort schon im Kopf gefror und nichts Rechtes aufs Papier kam. Ich muß wieder heiterer und innerlich freier werden um wieder die Kraft und notwendige Unverschämtheit zu finden, die man braucht für die Kunst. Da man selbst zumeist genauer die Ursachen für die eigenen Schwächen kennt, mögen sie einem leicht als notwendige Übel erscheinen, für die man wohlwollendes Verständnis aufbringt und somit blind gegen die eigenen Fehler ist. Ich will dennoch und gerade darum meine Gedanken auf das richten, was in meiner Macht steht, unsere Liebe frei von den hysterischen Störungen des täglichen Kleinkram zu machen. Das ist auch ein Akt der Selbsterhaltung, denn ich liebe Dich. Und getrennt von Dir ist mein Leben ein gebrochner Riese, ein gespaltener Baum, ein zerrissener Rock, ein geteiltes Vaterland. Wolf

Ückeritz, Spätsommer 66

Meine Liebe, wir sind, Jürgen Böttcher, Manuel und ich, bei herrlichem Wetter zur Ostsee hochgerutscht, haben die herbstbunten Bäume genossen, die extra für uns, wo wir grade vorbeikamen, aufgebaut worden waren. Manuel erzählte uns die letzten unanständigen Witze aus der Schule und Böttcher stöhnte vor Glückseligkeit, den Wahnsinns-

Wolf und Jürgen Böttcher

tänzen mit 100 Sachen zu entrinnen. – Der VW lief gut, gegen 11.00 kamen wir bei sommerlicher Sonne hier oben an. Jürgen kam gleich bei Mathias unter (wo wir beide mal gewohnt hatten) und ich und Manuel in meinem alten Zimmer. Dein Bild hing noch schön und groß an der Wand und ich hab Manuel viel und gut über Dich erzählt; ich will bei dem Kind die Mauer des Mißtrauens durchbrechen, die Brigitt aufbaut. Ich erzählte ihm von Rostock, und was wir da erlebt haben und ich will, daß er sich entkrampft und Dich gern haben kann – und es ist viel leichter, als man denkt, ein Kind zu gewinnen.
Ich denke viel an Dich, summe Deine Fair-Lady-Melodien vor mich hin und freue mich auf Deine Premiere. O, dieses Theatermachen hat mich wieder ergriffen, es juckte mich furchtbar, am liebsten hätt ich die Probe Freitag an mich genommen, vielleicht sollte ich doch mal wieder inszenieren: mit Dir die 3-Groschen-Oper oder was.
Du, schmeiß Dich frech und leicht in die Eliza, Du singst wunderbar, laß Dich nicht – aus Angst, in dem großen Theater nicht gehört zu werden, gegen das Orchester – laß Dich nicht dazu hinreißen, zu schreien – lieber soll dann das Orchester leise spielen. Nur schlechte Musiker können nicht leise spielen. Du, gleich geht die Post weg. Ich will lieber rennen. Kuss Kuss Kuss, ich bin glücklich über Dich und sehne mich nach Dir. – Böttcher & ich haben in der eiskalten Ostsee gebadet, es war befreiend, herrlich, Kuss – Wolf

Berlin, 27. 9. 66

Mein Lieb, da sind ein paar Photos. Ich hab noch immer keinen Entscheid von der Polizei in Sachen Emma. Anschluß nach Hamburg kriege ich auch nicht. Ich fahr jetzt zu Robert und bin die Nacht wieder da. Nun wirst Du telephonieren und ich werde nicht da sein ... aber Du weißt ja wo ich bin.
Denk dran, Eliza: herrliche Königin der Gosse –
Clown – Salon-Königin mit Pfeffer im Arsch.
Sei leicht, frech, unausweichlich.
Ich hab Dich lieb – Kuss Kuss Kuss Kuss. Wolf

Bln, 1. 10. 66

Meine Liebe, meine Liebste, also gut, ich schreibe Dir einen Brief, damit Du ihn hast, nachdem wir uns gesehen haben. Liebeserklärung für übermorgen, Umarmung auf Scheck.

Eva und Wolf im Atelier von Mathias Wegehaupt

Meine Zarte, das geht auf die Knochen da im Theater, das ist wenig einträglich und ruhmarm, aber es hat für Dich große Bedeutung und Du akkumulierst mehr Substanz als Schauspielerin da auf der Bühne als beim dummen Filmen. Die asthmatische Arbeitsweise beim Film verstümmelt das Talent, besonders wenn es so schlechte Regisseure, so feige Chefs und so reaktionäre Filmbonzen sind, die darüber wachen, daß man ja nicht bis zur Wahrheit und zur Kunst vordringt.
Daß jetzt der harmlose Film von B. liquidiert wird ist eine Bestätigung mehr für etwas, was keiner Bestätigung mehr bedarf: die gegenwärtigen Herrschaften werden keinen Meter Film mehr genehmigen, der ihren bornierten Interessen nicht nützt. Vielleicht wirst Du doch noch, vielleicht gerade weil Du jetzt mit mir in Ungnade gefallen bist, eine große Schauspielerin. Wenn man nicht mehr kriechen kann, lernt man vielleicht das Fliegen. Flügel hast Du doch. Deine irre Stimme ist schon einer. Ähnliches gilt für mich. Da ich nicht mehr singen kann, bin ich vielleicht gezwungen, ein Dichter zu werden, da ich vielleicht erst in 20

Jahren veröffentlichen kann, muß ich so schreiben, daß es sich in 20 Jahren noch lohnt. So wird unser Fall ein Aufschwung, unsere Fesseln werden Flügel, wir vermeinen zu sterben und fangen an zu leben. Und daß wir beide da in ähnlicher Lage sind, ist vielleicht gut für unsere Liebe und unsere Liebe wird uns mit hochreißen aus den Sümpfen dieser Misere hier. So auch die Juden: immer wieder verfolgt, beraubt, getötet, haben sie sich das Leben erobert wie keiner sonst, und all unsere Niederlagen ziehen uns aufwärts. Ich umarme Dich mit all meiner Kraft und mit all meiner Schwäche – Wolf

Dessau, 3. Oktober 66

Einziger Wolf – Eva ist angekommen. Es war die herrlichste Fahrt durch den schönsten Oktobertag aller bisher dagewesenen Oktobertage: Weinrot, vergilbtes Grün, Goldgelb, Mehltau, Altrosa von Platinfäden durchzogen; Herbst flimmert im Blickfeld und versetzt mich in Frühlingslaune. – Eben hab ich Deinen Brief verschlungen und schäme mich wegen der Kleinmütigkeit von morgens. Wie kann man sich von einem Schatten an' Abgrund ziehen lassen! Ich bin glücklich bei der Arbeit. Eliza ist die Rolle meines Lebens. Ich werde mich durch nichts abbringen oder aufhalten lassen, sie zu spielen. Am 17. Oktober!
Mittwochabend ist Probe auf der großen Bühne. Ich hoffe, Du kommst früh genug. Donnerstag will ich noch eine Probe machen mit dem Assistenten von Bejach, mittags mit Dir nach Rostock, 19.30 beginnt die Chose. Freitag früh wieder her, Nachmittag-Probe mit Gerry Wolff. Sonntag bleib ich hier. Offiziell ist keine Probe, der andere Higgins muß sich opfern, der Regisseur sowieso.
Ich würd gern meine Mutter sehen. Sie soll eine Erweiterungsgenehmigung beantragen. Und grüß Emma, ich hab sie lieb, auch weil sie die große Leistung vollbrachte, Dich auf die Welt zu bringen in der schlimmen Zeit. Küsse für Nina Brombeerauge. Ich schreib ihr extra.
Für Dich hab ich Überraschungen auf Lager, Honigbär. Deine (eine von beiden oder auch zusammen) Eva und Marie.

XX/2548 – Quelle: GM ›Hans Lamprecht‹ – erh.: Hptm. Dahl – 6. 10. 1966

Bericht über meinen Besuch bei B i e r m a n n in der Wohnung von H a g e n (…)
Ich traf Wolf Biermann nicht an, sondern nur seine Mutter Emma. Emma sagte mir, daß Wolf am 7.10. abends aus Dessau zurückgekommen sei. Der Grund seines dortigen Weilens war folgender: Die Eva-Maria Hagen spielt in der dortigen Inszenierung die Titelrolle in ›My fair Lady‹ und zwar zusammen mit Annekathrin Bürger. Die Sache hat folgende Bewandtnis: die Bürger war zuerst für

Die anfangs doppelte Besetzung für ›My Fair Lady‹: Gerry Wolff, Eva-Maria, Annekathrin Bürger, Alfred Woronetzki (von links)

dieses Stück engagiert, bekam Schwierigkeiten mit der Stimme. Die Theaterleitung von Dessau entschloß sich, an die Hagen heranzutreten, sie zu bitten, die Rolle zu übernehmen. Biermann ist dort gewesen, um regietechnisch in diesem Theater zu arbeiten. Ich weiß nicht, ob er dafür bezahlt worden ist, ich glaube das kaum.
Ich hatte während meines Besuches nicht den Eindruck, als wenn das Geld knapp wird, konnt feststellen, daß alte Zinnteller vor kurzer Zeit erworben worden sind (ein Zinnteller kostet in der Regel 20,- MDN im Antiquariat), dann konnte ich zwei neue surrealistische Bilder sehen, und zwar sollten die Ostseestimmung darstellen, wie ich aus der Belehrung durch Emma erfahren konnte, ersichtlich war es nicht. Es ist aber auch möglich, daß er die Bilder geschenkt bekam, denn es ist ja bekannt, daß er oft Bilder bekommt, ich hab dafür schon Beispiele gegeben. Dann hab ich gesehen eine Speerspitze von irgendeinem Negerspeer, sowie verschiedene andere Sachen – neue Bücher, die ziemlich teuer sind. Weiterhin hab ich gesehen, allerdings nicht erst beim letzten Mal, einen Marineoffiziersdolch von der sowjetischen Marine. Der Dolch gehört der Eva-Maria Hagen. Sie hat ihn angeblich, wie mir Wolf beim vorletzten Besuch in Berlin sagte, aus der Sowjetunion mitgebracht. Der Dolch ist ein Orginaldolch und trägt eine Nummer.
Ich bitte zu überprüfen, ob den Verkehr bei Biermann und der Hagen folgende Person beobachten kann: Frau Hagen beschäftigt eine Reinigungskraft, deren Mann bei der Volkspolizei ist. Die Frau, deren Name mir leider nicht bekannt ist, wohnt in unmittelbarer Nähe der Hagen im Stadtbezirk Prenzlauer Berg, vielleicht sogar in der Zelter Straße, jedenfalls kann sie nicht weit ab wohnen, ihre Kinder spielten vor der Haustür der Hagen. Sie hat 4 Kinder, das älteste ist 13, das zweite 10 Jahre alt. Emma Biermann sagte, daß Wolf mit der Beschäftigung der Frau bei der Hagen nicht einverstanden ist. Die Hagen ist aber sehr zufrieden mit ihr und will sie aus diesem Grunde behalten. Es ist kaum möglich, daß die Frau in Gespräche mit Biermann verwickelt wird, aber möglich, daß sie u. U. mitbekommen kann, wer anruft, wer dort verkehrt (...)

Oktober 1966

Eva, es ist düster, es geht mir zum Sterben und ich liebe Dich, und ich liebe Dich, obgleich Du mich quälst und ich liebe Dich und es geht mir zum Sterben. Die SIEBTE ROSE ist es, die in dieser kalten Nacht draußen steht in der Kälte und ich rufe Dich heute das siebente Mal und wenn Du mich gestern und immer geliebt hast, mußt Du heute und jetzt kommen. Du, komm zu mir, bring Deine Sachen mit, nimm Dir ein Taxi oder was und komm zu mir. Hier ist kein Mensch sonst, denn ich bin im Atelier von Tom Beyer, Frankendamm 35, der Eingang neben dem Kino, im allerobersten Stock rechts. Telefon 2684 – Komm zu mir. Hier ist ein freundliches weißgetünchtes kleines und warmes Zimmer und ich will Dich küssen und festhalten in meinen mächtig schwachen Armen, Du, komm schnell und gleich! Das Licht wird brennen und ich werde wach sein und wir reden kein Wort und ich halte Dich zart und fest. Wolf

8. 10. 66 – Dessau

Na Wolflein, mein Kutscher Kalle und Herr von Karl im Fond der Kalesche, Liebhaber und dessen Nebenbuhler; können Sie mir folgen, Genosse ... Babbeldabbeldum!

Eva ist erholt vom Rostocker Abstecher. Und Er selber? Heut war die Probe um Längen besser. ›Sehr ergiebig‹, sagte Bejach, ›Steigerung von 300%!‹ Und daß es fähigere Regisseure gibt als ihn. Das find ich erstaunlich ehrlich und daß er Dich ohne Angstschweiß und Krampf hat machen lassen. Du hast mir in den zwei Stunden so viel Einleuchtendes zur Figur gesagt, auch was die Entwicklung anbelangt, Brüche, Haltungen. Dazu brauchen andere Wochen. Ich liebe die Eliza, werde sie mir mit Wonne und Eifer einverleiben. Mann, Du könntest ein Klasse-Regisseur sein, überzeugender Löwenbändiger, Spielleiter mit Format, wie Molière, Brecht, ein Großmeister des Fachs; wenn Du Dir 'n Schubs gäbst, die Enttäuschung mit dem BAT über Bord wirfst, in' Wind schreibst, produktiv verarbeitest. Wäre das nich wundascheen! Und eine nicht unbedingt aussichtslose Kiste, praktisch gesehen. Wenn Du nicht gleich auf'n Putz haust, erstmal drin bist im Betrieb, was Klassisches auf die (sozialistischen) Beine stellst, von den Alten aus Griechenland beispielsweise, die hatten ganz schöne Dinger drauf, frech, sinnlich, politisch. Das waren Schicksale! Dieser Klumpfuß, der mit seiner Mutter was hatte, nichts ahnte von der Blutschande, Ödipus – von dem der gleichnamige Komplex stammt. Oder Lysistrata von heute. Wie wärs, wenn die Fließbandfrauen den ausgemergelten Machern in der Macht-Metropole bißchen einheizen würden; es sieht nach außen friedlich aus im Dorf, der Gemeinde DDR, aber was sich in den eignen vier Wänden abspielt nach Feierabend, welche Kriegslisten die Haudegen anwenden gegenüber ihren weiblichen Leibeigenen, um sie abzuspeisen mit'n Appel und 'n Ei; davon könnte manche ein Lied singen. Aber hauptsächlich ICH – stellvertretend für die noch schweigende Mehrheit! Und zwar in einem Biermann-Musical mit dem Titel: ›Die Amazonen kommen‹ – mit 100 PS etwa, dem Skoda-Sport. Mal bin ich Eva, dann ihre Schwestern ...

Ein Welterfolg wie die ›Lady‹ würde das werden. Zu Hause sitzen und für eine Zeit schreiben, die im Dunklen liegt, Lieder vor allem, das stell ich mir übermenschlich vor. Man muß einen starken Willen haben, sich selbst befehlen, an den Schreibtisch zu gehen, leeres Blatt vor der Nase – und nun mach mal! Wie schaffst Du das bloß, Bähschaf, aus'm Nichts heraus ein Gedicht entstehn lassen. Ich bin voll Bewunderung, Verehrtester und schreib mir die Finger wund vor Entzücken, Dir das mitzuteilen. Du brauchst nicht so viele Worte, weil Du im Kopf die Auswahl triffst: DER HERBST HAT SEINEN HERBST. Da komm erst mal drauf: WIR ABER, JA, ABER WIR!

Wir haben unsern Frühling nach dem kommenden Winter, einen Sommer, wie keinen davor. Dazwischen inszenierst Du in der Provinz den ›Guten Menschen‹ mit mir als ›Shen-Te‹ und dem ›Schwager‹. Im ›Kreidekreis‹ wär mir die Grusche recht. Und damit Du unter Leute kommst, frei von der Last des Verbotenseins, halt in Kyritz an der Knatter, Senftenberg. Aber die hinterbliebenen Erben würden es wohl vereiteln. Es heißt, daß Witwe und Tochter Mitspracherecht haben was Besetzung und Regie betrifft. – Ich merk schon, es wird problematisch, Dir eine Anstellung im Kulturbetrieb vermitteln zu wollen; selbst als Pförtner wärst Du ein Risiko und eine Provokation dazu!

Wolf während der Probe zu seinem Stück »Berliner Brautgang« im BAT (Berliner Arbeiter-Theater)

Dessau, 9. 10. 66

Für Wolf eine Zwischenmahlzeit. Früh war Probe mit dem andern Higgins. Nach vier Stunden war ich einigermaßen zufrieden.
Mein Auto verhält sich wie ein bockiger Gaul und läßt seine Eingeweide: das Auspuffrohr übers Pflaster scheppern. Die Leute drehn verschreckt ihre Köpfe um die Achse, wenn der Krach naht. Wenn nicht bald was geschieht, spuckt er sämtliche Innereien aus ...
Gestern war Reiner Schöne im Theater, fragte nach Dir, nahm an, Du seist hier und lud mich zu einem Abend ein, den er gab. In der Kirche. Fast alle Plätze waren besetzt. Er sang nicht schlecht (man verlangte Zugaben) erläuterte Begriffe wie Spiritual, Gospel, Protestsong, Blues. Plötzlich undeutliches Genuschel von ihm, die Versammelten erheben sich und beten das Vaterunser! Er am lautesten. Ich war verblüfft und peinlich berührt von der Schau. Ob er Christ ist, gläubig, kommt so was in Mode? Hinterher kam eine Improvisation mit dem Wort Halleluja, was etwas banal klang – scharlataneriemäßig.
Ach, mein Lieber, ich dachte an Dich, zauberte Dich mir vor den Altar, der Kirchendiener brachte Dir die schönste Weißgerber-Gitarre und Du sangst die amerikanischen Lieder, ›Ich weiß, wo ich hingeh‹ und die andern Übersetzungen, gegen die kein Schwein was einwenden könnte, wenn Du sie nicht ›verbrochen‹ hättest. Ich stellte mir vor, Du rufst mich, sagst: Eva, sing mal das Lied vom kleinen grauen Vogel. Mir klopfte laut das Herz bei dem Gedanken. – Welch gestraftes Volk, das solch Regime hervorbringt, das seine besten Künstler mundtot macht. Ich könnte weinen vor Scham. Aber den Gefallen tu ich ihnen nicht. Die werden eines Tages schon sehen, was sie davon haben ... Eva

Bei Proben zu ›My Fair Lady‹ mit Gerry Wolff als Higgins und Peter Bejach (Regisseur)

›Lauf Dover, oder ick streu dir Pfeffer in'n Arsch.‹ Als Eliza in ›My Fair Lady‹

Meine wunderbare Liebe! Das muß heute ein ganz großer Theaterabend werden, so gewaltig und heiter wie unsere Umarmungen ... Wolf – Meine Zarte! Laß Dich durch keine Widrigkeiten entmutigen – sollten sie während der Vorstellung auftreten. Du bist die Königin – und Deinetwegen wurde überhaupt das Landestheater Dessau erbaut. Dein Parteiauftrag: WELTNIVEAU – gez. Wolf Biermann

HA XX/1 A k t e n v e r m e r k Berlin, den 18. 10. 66

Am 18. 10. 1966 teilte der Leiter der KD Dessau Unterzeichneten mit, daß zu der am 17. 10. im Theater Dessau stattgefundenen Premiere Wolf B i e r m a n n mit seiner Mutter anwesend waren. Die anschließende Premierenfeier besuchten Biermann, seine Mutter und Eva-Maria Hagen gemeinsam. Sie hielten sich bis 1.40 Uhr auf wobei festgestellt wurde, daß eine angeregte Unterhaltung mit 2 Personen geführt wurde die der KD namentlich bekannt sind. Nach Verlassen der Feier, die bis gegen 2.30 andauerte, begaben sich Biermann, seine Mutter und Hagen in das Quartier. – Ein schriftlicher Bericht wird durch die KD übermittelt. *(Lohr) Oltn.*

Halle an der Saale – 4. November 66

Wolf, lieber! Der heutige Tag war nicht gerade das Gelbe vom Ei: Ich hocke in einer Bude, wo ›Mottentod‹ rumwabert, abgestandenes Leben versickert. Wegen der Personalien bat man mich in die Gute Stube, wo Kitsch stand, Tand hing, eine Nackte aus Porzellan auf Häkeldeckchen lag, ein Hirsch in Öl aus dampfenden Nüstern röhrte. Nette, zuvorkommende Kleinbürger sind meine Wirtsleute.

Mich fröstelt, hab Sehnsucht nach Wärme, Deiner Nähe. Halle ist eine Waschküche. Der Industrienebel vergällt dir das Atmen.

Auch das Steintor-Varieté hat nichts mehr von jenem Zauber, der Mitte Mai letzten Jahres von dem Ort ausging. Wie ein Märchen aus Tausendundeiner Nacht war es mir vorgekommen. Die Luft erfüllt von Hopfenduft und eingefahrener Sommerwiese, Tabak, feines Leder: Ein Mensch war aufgetaucht im düsteren Saal, den Instrumentenkasten unterm Arm. Unter den geschickten Fingern des Spielers gab die Gitarre Töne von sich, die waren nicht von dieser Welt. Und wiederum doch ... Die Tonprobe war beendet, die im Programm Mitwirkenden längst zur Futterkrippe rüber, aber Er sang seine Lieder weiter, nur für mich.
Rückwärts ein Hinterhof. Sternblümchen. Wir klettern die Feuerleiter hoch, Du ziehst mich aufs Dach. Dabei tat ich ängstlich, wollte Dich anstacheln, den höchsten Punkt mit mir zu erklimmen. Dann waren wir am Rand, sahen die Stadt, ins Wachsen des Neubaugebiets hinein. Kirchen, Burgen, Türme, das sich schlängelnde Band der Saale. Und sprachen kein Wort. Du küßtest mich. Ich spürte, daß Du lieb sein kannst, heiß- und kaltblütig, ein Mann in der Art und Beschaffenheit eines dieser nur noch selten auf freier Wildbahn vorkommenden Exemplare, ein Glücksfall also, wenn eine auf Sowas fliegt.
Ein Keimling ward gesetzt in' Wind und launig fortgetragen. Man wußte nicht wohin, wird er zertreten im Getümmel, guten Boden finden zum Wachsen, gedeihen ... Eine wunderbare Liebe ist entstanden, blüht weiter, trotz Kämpfe voll Gift und Galle ringsrum, welche sie klein machen soll, unterhalb der Gürtellinie angesiedelt. Aber sie ist zu tief verwurzelt im Herzen, in der Seele, als daß man ihr was anhaben könnte. Man müßte mir schon alles einzeln rausreißen, zerstückeln; aber auch dann hätten des Teufels Handlanger keine Chance.
Zimmermann wollte die Texte sehen. KGD-Leute hatten geunkt: Daß sie uns ja keine faulen Biermann-Eier unterjubelt! Mir lag auf der Zunge zu fragen: Dürften's paar frisch aus'm Schmelzofen gekommne Granaten sein. – Das sind Angstblasen! Zimmermann trägt treu sein Parteiabzeichen, ist aber kein Überprozentiger, verurteilt sogar die Angriffe gegen Dich. Ich hatte ihm vom Auftritt in Rostock erzählt, wo man mir die Auflage erteilte, meinen Mann nicht mitzubringen, da kein Stuhl im Saal mehr frei sei, Stehplatz auch nicht wegen der Feuerwehr. Und das, obwohl Du mich freundlicherweise mit dem Auto hinfuhrst. Und von Stralsund, wo verbreitetet wurde, Du hättest in Rostock Hetzreden gehalten. Z. schimpfte mit zusammengebissenen Zähnen. Fast wär es zum Parteiverfahren gegen ihn gekommen nach

dem Abend in Klein-Machnow. Wie viele Leute sich Deinetwegen schon einschüchtern ließen, verkrümmen. Es sieht aus, als gehöre es zum Programm, unser Leben auf Sparflamme zu halten. ... Eva

Halle, 6. 11. 66

Mein Lieber! Es ist zwei Uhr nachts. Ich war im Casino mit Kollegen und dem Steintordirektor. Am selben Tisch saßen wir uns beide gegenüber – am Tag unserer Begegnung. Du blättertest in Deinen Texten, machtest Herrn Pfeifer Vorschläge. Er bibberte damals schon. Du warst so herrlich frech und unbekümmert, obwohl die Lawine bereits im Anrollen war, die Kultur im Visier und Du der auserwählte Sündenbock. Eigentlich bist Du ein richtiges Kind, kletterst rum am Abgrund wie ein geborener Bergsteiger. Und wie Du mir den Salto mortale vorführtest im Garten vom Maler Sitte – Mann oh Mann! Dein Schutzengel hat garantiert alle Hände voll zu tun. Deshalb hat er mich auch angeheuert zur Unterstützung. Pfeifer fragte seinerzeit mit unterdrückter Stimme, ob er Deine Lieder mitschneiden dürfe: Du nicktest gnädig. Ob er heut zu denen gehört, die sie heimlich weiterverbreiten?
Die Vorstellung war ausverkauft. Die Leute haben sich amüsiert, obwohl das Ganze ein ziemlicher Klamauk ist. Ich bin gut angekommen; nicht wie in Stralsund, aber man kann nicht meckern.
Nächster Tag. Sonntag. Ich sitz im Restaurant und warte auf die Bedienung. Halb eins bereits. Um neun war ich wach, hab mich ausgerollt, gepflegt mit Creme der Fa. Leichner, Wasser vergeudet, mir Schmachtaugen gemalt, überlegt, in welche zweite Haut ich schlüpfe, Gymnastik nach Bachmusik aus'm Radio, einen Bauchtanz zelebriert, Deine See-

Eva mit dem Zeichner Kurt Klamann und einer Artistin im Steintor-Varieté, Halle

hundsmütze aufgesetzt; sehe ›apart‹ aus. Kämst Du durch die Pendeltür und hättest nicht bereits das Vergnügen, mich zu kennen, könntst Du den Blick nicht abwenden und würdest an den Pfeiler laufen. Hab ich erlebt. Tat mir das leid für den Mann wie ihm eine Beule wuchs, er sich schämte für die Tolpatschigkeit, ein Einhorn wurde, an die Tränke taumelte, wo die schadenfrohen Menschen sich schieflachten über sein Mißgeschick. Du würdest eine Clowns-Nummer draus gemacht haben, kleiner Drachentöter mit dem Federkiel hinterm Ohr.

Hunger! Wir essen zusammen! Bist Du einverstanden mit Kraftbrühe, als Einlage Zunge und Rindermark? Die Suppe kommt; gut nicht? Etwas roten Kaviar, viel Zitrone. Oder lieber Weinbergschnecken ›Balaton‹? Dann wäre Langustencocktail zu empfehlen und Pfirsich ›Sotschi‹ mit feinen Salaten gefüllt. Magst Du lieber Forelle gebacken oder Hasenleber mit gebratenen Bananen und Kartoffelbällchen?

Mit Andreas Reimann waren wir hier zur Schlemmerstunde. Du begleitetest mich als mein Freund, Chauffeur, Gitarrenträger(!) Beistand und Faktotum ›Spektaculum‹. Der Part, in dem Du den schwarzen Kasten im Volkspark durch die Menge trugst in meinem Windschatten schreitend, war irritierend für die Funktionäre: Gleich springt er auf die Bühne, dachten sie. Könnte eine Knarre drin versteckt sein, denn ›Manche mögens heiß‹. Und in der Empfangshalle, als der KGD-Mann Dich erblickte, zum Stock wurde und stur an Dir vorbei sah, als wollt er dem Teufel nicht ins Antlitz schauen; nein, dem Kandidaten des neuen Königs, subversiver Volksaufhetzer, bei dem 1. Bürgerpflicht war, das Leben zu genießen. Und wie ich den Plumpspudding zwang, Dich zu begrüßen, indem ich Dich ihm vorstellte: Mein Mann – Wolf Biermann. Dann in Leuna, dem Club, wo er ins Schwimmen kam, als die Studenten fragten, was ich von Wolf Biermann hielte, der die Situation retten wollte, laut verkündete, das reiche zu weit in die Privatsphäre von Frau Hagen rein. Ich sagte trotzdem, daß ich Dich für 'n großen Dichter halte. Aber ich bin abgekommen vom Essen: Man bekommt hier das Feinste vom Feinen: Erlesene Weine, große Auswahl alkoholischer Getränke westlicher Produktion. Es entwickelt sich eine Luxuswelt für Bessergestellte. Delikatessenläden, Hotels, Autos für 42 Tausender, hergestellt vom Klassenfeind. Modesalons, Auslandsreisen – all das kann man u. U. kaufen. Wir kucken dem Kapitalismus bereits erfolgreich über die Schulter. Nur ideologisch lassen wir uns nich an' Karren fahrn. Und kein Schindluder mit die Kultur!

Daß dekadente Tendenzen unsere seichten Wasser verseuchen, lassen wir nicht zu. Da können noch so hohe Wellen Schaum schlagen: Augen und Ohren unserer Kundschafter sind wachsam.
Übrigens gastiert hier das Hasi-Osterwald-Sextett. In den Gemütern der Kollegen war Sturm, gelber Neid brach aus: ›Die reinsten Kings sind das. Unverschämtes Auftreten!‹ Ich hab sie nicht gesehn, sie sollen Spitze sein, musikalisch präzise, ziehn eine Schau ab. Bei uns gibt's ebenfalls begabte Musiker, doch keine Möglichkeit, es weit zu bringen. Mittelmaß ist zwar offiziell nicht erwünscht, wird aber automatisch erzeugt durch Selbstzensur, wechselnde Richtlinien, somit unterstützt. Fällt einer aus'm Rahmen, ist er Individualist, einer, der sich von der Masse entfernt. Dabei würde er sie anziehen, wär er nicht der Abzug von einem Dutzend-Durchschlag. Es beißt sich die Katze in' Schwanz. Sollen die von der andern Seite sich doch vermarkten lassen, wir sparen uns für eine bessre Zukunft auf. – Aber wir leben jetzt! Eva

Auf Usedom, 7. November 66

Meine Liebe, meine Arme! Haben sie Dich in Sindermanns Chemie-Wüsten geschickt ohne Mann, ohne Dichter, ohne Geliebten, ohne einen, der die am schwersten spielbare Frau so leicht zum Klingen bringt. Ach, meine Zarte, ich kann mächtige Töne aus Dir schlagen. Meine Finger haben Sehnsucht nach Deinen Augen nach Deinen labyrinthischen Ohren, meine Hände haben Sehnsucht nach Deinen kräftigen Schultern, der Herbst verblüht, es ist die Zeit der großen Eichel-Ernte – und Du irrst da unter den Schloten und Baugerüsten, bezahlst 23 MDN für ein von mir leeres Bett. Du bist aus dem verarmten Kleinbürgermief in den protzigen Neureichenmief geflohen, das beruhigt mich immerhin. Denk nicht an die unverschämte Miete – wenn Du Dich nur ein bißchen besser da fühlst, lohnt es sich schon, ›Abgang is ja überall‹ sagt Mathias immer, und außerdem hast Du ein Telephon, das ich direkt wählen kann. Als ich mit Emma zurückkam, stürzte ich mich auf Deine beiden Briefe – ach Du schnöde vergessene Frau! Dies hier ist mein 1. Brief nach Halle – aber ich habe jeden Tag 24 (Std.) mal 60 (Min.) mal 60 (sec.) an Dich gedacht und manche Sekunde sogar dreimal, um die verlorenen Schlafstunden aufzuholen.
– Gleich am Freitag abend, als wir angekommen waren, scheuchte ich Emma den Steilhang zum Meer runter. Wir liefen dann (unsere Schwan-im-Schnee-Strecke) bis zur Eisenleiter und aßen mit Ingeborg

alleine Abendbrot, denn alle Maler: Otto, Oscar, Mathias, die beiden Kandt-Wellensittiche waren zum Verbandskongress der bildenden Künstler in Rostock. Am nächsten Abend waren alle wieder da, Mathias ausgenommen, der in Greifswald geblieben war um sich beim HNO-Arzt ›notschlachten‹ zu lassen, wie er die Mandeloperation nennt. Ich hatte meine Leier (nicht auch die Gitarre) mitgenommen und sang die entsprechenden Lieder. Emma war glücklich, endlich mal ihren Sohn zu haben. In dem Zimmer über Ottos Atelier schnarchten wir dann um die Wette – mon dieu! schnarcht die Emma! Aber ich habe alles lammfromm ertragen und daran gedacht, wie oft Emma mir die Scheißwindeln gewechselt haben mag. Geräusche die man irgendwie vernünftig einordnen kann, stören einen nicht mehr so sehr.
Wie schön Du mir den Ort unserer ersten Begegnung schilderst! Schon das allein muß Dich entschädigen für Halle, daß Du ja in Halle bist. Daß auf diesem industriellen Misthaufen unsere Liebe aufgeblüht ist, meine Schöne, ist kein Wunder.
Anfang des Jahrhunderts brach mein Großvater, Karl Dietrich von dort auf, weil er hoffte, im Norden mehr Geld als Steineträger auf'm Bau zu verdienen. Außerdem hatte er dort das Weib mit den beiden Bälgern nicht am Hals. Aber Oma Meume packte eines Tages die Margarinekistenkoffer und reiste ihm nach. Oma, die klein und zart war wie ein Kind, und die, als sie endlich auch verheiratet mit dem Vater ihrer

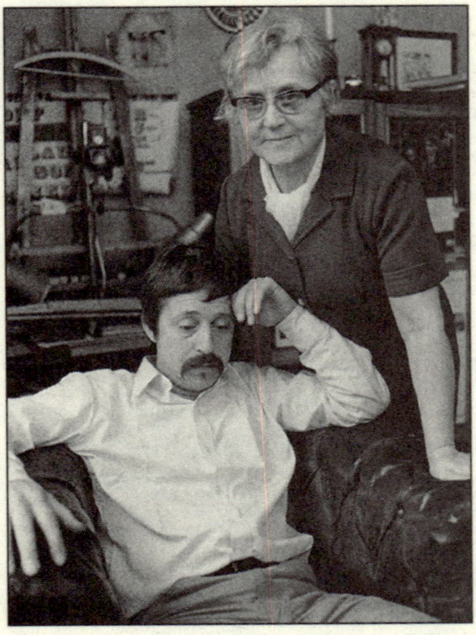

Wolf mit seiner Mutter Emma

Wolf mit Oma Meume

Kinder war, immer die rechte Hand mit dem Ehering oben auf den Tisch des Krämers legte, damit er ›Sie‹ zu ihr sagte.
Halle. Stadt unserer Liebe. Nimm Dir die Stadt einfach, laß Dich nicht von ihr niederdrücken, sie gehört uns sowieso. Ich seh schon, daß ich es sowieso nicht aushalte. Übermorgen oder wann werde ich zu Dir kommen – ich bin ohne Dich wie ein halber Apfel, der vor der Zeit verfault, ohne Dich ein Schnelläufer mit einem Bein, ein blinder Maler, ein entmannter Mann, Bier ohne Mann. Wenn Du von mir abgeschnitten bist, bin ich schwach wie Simson mit abgeschnittenen Haaren, Du kennst die Geschichte im ›Buch der RICHTER‹ Kapitel 13 in der Bibel. So, ich muß unterbrechen. Emma fährt morgen und ich muß mich noch um sie kümmern. – Nina hat, widerstrebend, gebadet und liegt im Bett. Sobald Du wieder richtig hier bist, werden wir die gnädige Frau mal fester in unsere pädagogischen Arme nehmen.
Ich darf nicht zu fest an Dich denken, sonst tut mir wirklich! das Herz weh vor Sehnsucht. Vielleicht rufst Du heut, nach der Vorstellung an? Ich habe Dich, vom Pförtner da, darum bitten lassen. Den Brief bringe ich gleich zur Post. Ich umarme und küsse Dich, Wolf

Bln, 7. XI. 66.

Kein Wort von Deiner Arbeit da. Kein Toi-toi-toi-Telegramm zur Premiere, keine Blumen mit diversen Liebesbriefen – meine Liebe, ich bin wirklich kein guter Mann für Dich. Aber von diesen wichtigen Dingen abgesehen, bin ich der beste für Dich. – Diese Scheiß-Zimmermann-Eulen-Show! Sieh zu, daß Du mit Deinen Liedern großen Erfolg hast! Sei in diesem Eulenkäfig die Nachtigall! Ich liebe Dich. Punkt!

9. 11. 66, Halle

Wolf, beinah wär ich zu spät gekommen zum Auftritt. Um halb neun war ich in Halle, fuhr zum Hotel, um mein Kleid zu holen – alles abgeriegelt von Polizisten und Ledermänteln. Nach längerer Diskussion ließ man mich zum Hintereingang. Die zwei Parkplätze des Hotels waren total leer. Am Tage war noch ein Kran im Einsatz, der hatte, was nicht niet- und nagelfest war, weggeschafft. Warum? Unser ehrwürdiger Landesvater wurde erwartet. War das ein Raunen in der Halle! Als ich zum Auto kam, waren vier weiße Mäuse und ein Lederner drumrum, mokierten sich über den ›dreckigen Zustand des Fahrzeugs‹. – ›Statt rumzustehn, hätten Sie es ja waschen können. Wie heißt es: die Polizei dein Freund und Helfer. Oder lieg ich da schief.‹ – Sie waren irritiert, zeigten die Zähne; das hat was Bedrohliches. Und die Hand legt sich schützend auf die Pistole, als wollte sie wer entmannen.

Da fällt mir der abgedruckte Leserbrief ein, kochende Volksseele, ein Genosse aus dem Bezirk Frankfurt/Oder meldet sich in der letzten DEFA-BLENDE zu Wort. Es geht um Manfred Krugs Äußerung: ›Vor Kindern singe ich nicht.‹ – Ist an die Kulturabteilung im ZK gerichtet. Es übertrifft noch die Unverschämtheiten von Höppke im ND und den Leserbrief parallel dazu in der ›Jungen Welt‹. Es besteht kein Zweifel: Manfred Krug steht am Pranger. ›Lümmelte rum im Café Solidarität, sprach eifrig starken alkoholischen Getränken zu, soff Radeberger, sang einige Songs, heulte wie ein Dackel bei Vollmond, unsere Werktätigen sollten sich das nicht bieten lassen.‹

Nach der Vorstellung gab's eine hitzige Diskussion ob der Sensation: W. U. mit uns unter einem Dach! Ich dankte meinem guten Stern, daß der Staatsratsvorsitzende nicht gestern abgestiegen war. Über den Namen Biermann auf der Meldeliste wären die Absicherer gestolpert. Nun ist hier doch der Peter Gröger im Programm, trägt neuerdings einen Seehundsbart wie Du, hat allerdings eine Glatze. Aber darüber trägt er eine Mütze wie Deine, keinen echten ›Elbsegler‹, doch wer kann das unterscheiden, also kurz und gut: Ich mochte mich nicht dem Spießrutenlauf aussetzen und mit ihm untergehakt, wie er es wollte, ins Hotel gehn, wo ein Spalier von Wächtern auf'n Erfolgserlebnis wartet. Außerdem ist er zwar ein netter, aber etwas magerer Typ und Du doch mein junger Gott. Da sagte er, ich wäre feige. Also, so was! Man verschätzt sich in mir, Feigheit gehört nicht zu meinem Charakter. Aber wenn schon Zusammenstöße mit der Staatsgewalt, dann nicht eines

Irrtums wegen. Die sehen: Bart in Begleitung der abtrünnigen Hagen und schon tickt die Bombe, trillern die Pfeifen ...
Zimmermann und seine Frau haben uns eingeladen, erzählten von ihrer Clubarbeit. Damals hatte der gesamte Parteivorstand Deinen Auftritt regelrecht erzwungen. Bei einer Besucherumfrage, als man um Meinungen und Anregungen bat, schrieben viele: ›Der Abend mit Biermann war das Beste, gibt Mut zum Weitermachen‹.
Mein Einziger! Man hat Dir Deine Flügel beschnitten in der unguten Hoffnung, daß sie nicht nachwachsen. Ein Trugschluß! Du wirst stärker werden, als je zuvor. Und eines Tages wie ein Phönix aus der Asche steigen, in die Welt fliegen: Nach China über Sibirien, zur Westküste von Amerika, streifst England, Schweden, überquerst die Pyrenäen, läßt Dir den Flamenco zeigen, lauschst Lorcas Romanzen im Original. Das Land des Chanson, Frankreich hebst Du Dir zum Schluß auf. Dann kommst Du aber wieder nach Hause, wo Du gebraucht wirst von Deiner Marie und den andern, die unsere Sprache sprechen. – Eva

Tagebuch, Weihnachten 1966
Ein Fest des Friedens. Kein Frosthauch überflog unser Liebesnest. Die Würfel bescherten uns reines Glück. – Wolf hat gemalt: Auf einem Spiegel einen dreiköpfigen Drachen und einen ängstlichen Clown mit einem viel zu großen Schwert. Und geschrieben steht: Wolf Biermann. Für Eva 1966. Für Meine, meine liebe Liebe.
Wir waren bei Peter Huchel. Wolf war fleißig; ein ›Kleines Lied vom Tod auch des Todes‹ ist entstanden. Huchel arbeitet kaum noch, die Misere hat ihn zerrüttet; trotzdem ist er voll Bewunderung für Wolf, der in seiner nicht minder komplizierten Lage unheimlich produktiv ist. Die ›Eckermann-Ballade‹ ist köstlich. Bei der frechen Musik muß jedes Herz mithüpfen voll diebischer Freude; wann wird es aber erlaubt sein, es nicht nur heimlich zu singen. Eines Tages und das wird vielleicht schon morgen sein, werden sie sehen, daß ...

HIMMEL UND HÖLLE

1967

Berlin, 5. Januar 67

Eva, meine Liebe, meine bittere Liebe, ich bin kaputt, und ich bin verzweifelt, daß ich Dich nicht vor den in immer kürzeren Zeitabständen wiederkehrenden lebensgefährlichen Abstürzen schützen kann.

Hätte ich meine beiden Arme frei, um nur Dich, meine Liebe, wie ein Kind durch die Feuerbrünste dieses Landes zu tragen, wären wir jetzt nicht so verbrannt von all den letzten Walpurgisnächten. Aber Du weißt: Ein Arm ist mir abgehackt und mit dem andern kralle ich mich am Bleistift, um nicht abzusaufen, fest. Und ich könnte Dich wohl ganz gut auf den Schultern tragen, hieltest Du Dich da nur zuverlässig fest. Es kommt mir vor, als sei ich nie so erschöpft gewesen wie jetzt. Und mir graut vor den Kämpfen der nächsten Jahre.

Wie ein Mann auf Expedition komme ich mir vor, der losgeht – schon mit Blasen an den Füßen – mit erfrorenem Herzen und ohne Proviant. Was nützt da schon der Kompass, der nur den Weg zeigt, auf dem ich alleine straucheln werde. Denn alleine bin ich jetzt. Du hast mich mit höhnischen und großen Worten weggeschickt, und Du wirst schon wissen, was für Dich gut ist. Ich muß und will das anerkennen.

Meine Liebe ist nicht so klein, daß ich Dich mit ihr erschlagen will.

Ich werde mir also auferlegen, Dich zwei Monate nicht zu sehn.

Und ich hoffe, daß solch lange Trennung Dich so schwer ankommt wie mich. Ich will irgendwo hinfahren, nicht zu Freunden, schon gar nicht zu unseren gemeinsamen Freunden, um mir fatale Antworten auf ihre Fragen zu ersparen. Ich werde mich in irgendein Gasthaus einmieten, irgendwo, genügend weit von Berlin weg, damit ich leichter der Versuchung widerstehe, sogleich zurückzukehren. Wolf

Tagebuch 6. 1. 67

Grausamer Schicksalsschlag: Wir haben uns getrennt. Meine Erregung ist abgeklungen, doch ich bin erschüttert bis auf den Grund.

Vor zwei Tagen kamen wir gegen Abend zurück. Endlich, drei Wochen zu spät, kriegte ich meine Tage, sehr schmerzhaft. Eigentlich hätte ich mich hinlegen müssen, aber da war der Abend in der Volksbühne mit Pete Seeger. Wir hatten keine Karten, Gisela wollte welche besorgen. Es bestand die Gefahr, daß Wolf verhaftet wird wie beim Jazz-Lyrik-Fest vor der Kongreßhalle. Als wir ankamen, stand eine Menschenmenge da; es war also illusorisch. Wolf sagte, beide oder keiner geht rein. Aber die Atmosphäre erregte ihn. Ich wollte, daß er die Gelegenheit nutzt, sich öffentlich zu zeigen: Da kam nun schon mal dieser legendäre Mann aus Amerika, Begründer der Folklore-Bewegung – bei dem Ereignis mußte er dabeigewesen sein. Ich bat Gisela um ihre Karte für ihn. Sie und ich schlichen uns auf'n ›Heuboden‹, was verboten ist wegen Baufälligkeit, sangen mit beim Refrain. Polizei kam, ein Handgemenge entstand.

Ulli Pietsch, der in der Pause runtergelaufen war, durfte nicht zurück. Kurz drauf sahen wir ihn im 2. Rang umstürzlerhaft zu uns hochfeixen.

Zu Peete Seger: Er hat abgebaut. Doch welche Begeisterungsstürme er noch entfachen kann in unserm verhängten Käfig! Ich dachte an meinen Liebsten im Parkett, an seine Lieder, das Gitarrenspiel, seine Stimme. Wolf Biermann und Peete Seger sind unterschiedlich wie Sandgebäck und Vollkornbrot, Marmelade und frisch gepflückes Obst. Und was die Persönlichkeit betrifft: P. S. ist eine sympathische, aber etwas blutarme Erscheinung, Wolf dagegen ein Fels in der Brandung, Hexenmeister, Verzauberer. Mein Herz wurde schwer beim Gedanken, daß er leidet wegen seines Verbotenseins. Am Schluß lief ich schnell zu ihm. Wir umarmten uns vor allen Leuten. Wolf hatte das Bedürfnis, gesehen zu werden, Blicke zu erhaschen, Menschen zu sprechen. Meist drückten sie sich verkrampft freundlich oder feige vorbei; einige blieben stehn. Dann unterhielt er sich mit einem Unbekannten. Das Licht im Foyer erlosch, die Türen wurden geschlossen. Es war kalt! Ich hatte diese Bauchschmerzen und schickte Gert wegen der Autoschlüssel zu Wolf.

Wir fuhren vor die Volksbühne, blieben entfernt stehn, ich hupte, rief. Aber er drehte sich weder um, noch machte er Zeichen. Endlich kam er, bleich vor Wut, putzte mich runter wie eine dumme Gans, ungehobelte Person, die einem endlich Gelegenheit gab, sie zur Sau zu machen. Glühendes Eisen schoß durch mein gesamtes Empfinden.

Eva mit Freundin Gisela

Ich stand lichterloh in Flammen. Mein Instinkt trieb mich zur Flucht. Er hielt mich fest. Ich riß mich los. Der Wahnsinn eskalierte. Machtlos schien ich einer namenlosen Gewalt ausgeliefert. Eine Entlaufene lief durch die Straßen. In Seidenschuhen. Es schneite. Den Weg versperrten Gräben, eine Baustelle. Der Hindernislauf begann. Stolpern, Hinfallen, Aufraffen. Er rannte mir hinterher, machte regelrecht Jagd auf mich. Hätte er eine Flinte gehabt, hätt er mich wohl abgeschossen wie eine Tontaube, nein, eine lebende aus dem Hinterhof, vom Dach gegenüber, abgeknallt mit dem Luftgewehr. Er beschimpfte mich, bat, befahl, flehte, brüllte wie ein Donnergott. Ich kreischte und stürzte in eine Baugrube, weil die Lichtquelle zerbarst. Da hatte er mich eingefangen, schleppte mich zurück zum Auto. Mit letzter Anstrengung stieß ich ihn weg und floh barfuß ins Dunkle.

Der Mann, dessentwegen dies ›Drama‹ stattgefunden hatte, war angeblich irgendein ›ganz gemeiner Hund‹ in der Politik, es war ungeheuer wichtig gewesen, ihn zu sprechen. – Ja, war ich auf einmal nichts mehr, nicht wert, beachtet zu werden, gebeten zu gehn, zu warten, was auch immer. Gisela begleitete mich. Irgendwann fanden wir ein Taxi. Die Schmerzen wurden krampfartig, ich blutete wie frisch geschlachtet.

Zuhause kippte ich 100 Gramm Wodka runter und war betrunken. Irgendwann in der Nacht war Wolf da. Es gab Szenen. Einzelheiten weiß ich nicht mehr, nur daß ich mich gerächt hab, ihn beleidigte, mich übergeben mußte, sterben wollte, mir vorkam wie ein aufgeplatztes Geschwür, Freiwild, mich wehrte, aufbäumte gegen einen Alptraum, der Wirklichkeit war. Fast besinnungslos vor Qual kroch ich zu Nina, die

zum Glück einen Schlaf hat wie ein Murmeltier. Um sechs mußt ich aufstehn, Synchronisation für ›Meine Freundin Sybille‹.
Ich kam ins Schlafzimmer, wo sich auch Gisela befand: Er habe geweint, gezittert. Sie hat ihn gestreichelt.
Der Tag in Babelsberg war finster. Ich konnte nichts essen, trank nur Wasser, mußte mich übergeben; keiner der Kollegen merkte was. Mein Unwohlsein entschuldigte ich mit meinem ›Bauch‹, was zudem der Wahrheit entsprach. Abends war ein Brief da: Er hat sich auferlegt, mich zwei Monate nicht zu sehen. Warum überlasse ich mich dem alles verschlingenden Fluß mit dieser todesverachtenden Genugtuung, warum versuche ich nicht, eine ruhige Bucht anzusteuern, warum rasen meine Gefühle wie ein aufgewühlter Ozean durch die Blutbahn.
Fragen über Fragen. Keiner antwortet.

6. Januar 67

Wolf – Dein Vorhaben, zwei Monate wegzufahren, hört sich heroisch an, aber Du solltest in Berlin bleiben. In Deiner Wohnung kannst Du in Ruhe leben, wenn Du die Klingel abstellst. Der Übergang vom letzten Jahr war so produktiv, das darf nicht abbrechen. Du mußt schreiben; es ist das einzig Wahre im Moment. Ich bin demnächst in Babelsberg, wohne im Defa-Gästehaus, im alten, das im Sperrgebiet liegt. Man muß einen Passierschein beantragen: spontaner Besuch ausgeschlossen. Und die Vorstellungen in Dessau – das zieht sich hin bis März. Dann wollte ich in die Berge – einst ja mit Dir. Der Versuchung, zu mir zu kommen, brauchtest Du also nicht widerstehn.
Wolf, es tut mir weh, daß ich Dich gequält habe. Werde wieder ruhig. Obwohl es mir schleierhaft ist, wie ich den Tag überstehn soll, die folgenden Nächte, ohne zu Dir rüber zu flattern im steifen Leinenhemd bis auf die Dielen runter – ist es mein Vorsatz, Deine Entscheidung zu akzeptieren: Wir sehen uns die ›Bedenkzeit‹ lang nicht. Wenn ich den Film zurückspule, seh ich eine Ladung Dynamit explodieren, Einzelteile, die unschätzbaren Werte inneren Reichtums, Stilleben in Gottes Freier Natur, den Heiligen Ernst am Feldberg, Heimeliges im stillen Kämmerlein, geglückte Momentaufnahmen, den ganzen Kaleidoskop-Inhalt seh ich durch die Luft fliegen und von Hitchcocks Vögeln verschlungen werden. Besonders abgesehen haben es die Krallen auf meine linke Brusthälfte. – Eva und Marie weinen um die Wette und versuchen sich gegenseitig zu trösten; bisher ohne Erfolg.

Tagebuch, 9. Jan. 67

Kälte. Sausen über Eisstraßen. Ich bin ein Lehmklumpen mit tausend Fühlern, suche in den Briefen nach einer Spur, seine Handschrift.

Was will ich? Spiel ich mit mir selbst Versteck? Bin ich schizophren.

Das Telefon nervt. Wieder der anonyme Anrufer. Immer wenn Streit war und Wolf in seiner Wohnung schlief, kamen diese obszönen Angebote. Es muß wer Bescheid wissen. Eben röchelte die Ausgeburt: ›Was halten Sie vom Vögeln, Madam. Machen wir uns ein paar schöne Stunden, man lebt nur einmal. Der Verflossene ist auch kein Kind von Traurigkeit.‹

Ich hab eine Gastritis. Einmal wurde ich nachts aus'm Schlaf gerissen, sollte ins Krankenhaus Friedrichshain kommen: ›Eine Einlieferung, schwerer Verkehrsunfall, der Mann ist frisch operiert, hat noch anderthalb Stunden zu leben. Beeilen Sie sich!‹

Es war eine seriöse Stimme; ich hab feine Ohren und konnte keinen Hauch von einem Bubenstreich raushören. Wer da ein schwaches Herz hat, fällt auf der Stelle tot um.

Grad las ich in ›Dr. Faustus‹. Ja, es gibt böse Mächte! Plötzlich hatte ich Angst in der großen Wohnung, schlafe im Wohnzimmer. Im goldnen Bett mag ich nicht liegen. In so kalten Zeiten reißen wir uns los voneinander, statt einander festzuhalten …

11. Januar 67

Gibts so was wie Nervenfieber? Dann hab ich das. Schlaftabletten wieder, nach Mitternacht wacher als am Tage. Ich zog mich an. Frischer Schnee war gefallen. Die Erde fror nicht mehr wie tagsüber. Ich fuhr in die Chausseestraße, um den Brief in seinen Kasten zu tun. Die Tür unten war verschlossen. Leere Straßen, tote Zeit. Meine Augen interessieren sich für Autos; am Straußberger Platz standen nur wenige. Roberts war nicht dabei. In der Morgendämmerung dasselbe Manöver. Ich hatte das Gefühl, verfolgt zu werden: Ein grauer Wolga, der erst bei R. stand, fuhr durch die Zelterstraße als ich ausstieg. Die Genossen müssen ständig auf'n Beinen bzw. auf Achse sein. Es scheinen sie die privaten ›Manipulationen‹ ihrer ›Lieblinge‹ ebenfalls sehr zu interessieren. Die fiesen Telefonanrufe trau ich ihnen allerdings nicht zu.

Angstschübe. Muß Wolf sprechen. Paradiesische Träume.

Unsere Körper und Seelen waren vereint, wie in Geschichten der Bibel. Im HOHEN LIED Salomos steht geschrieben: ›Ich suchte des Nachts in meinem Bette, den meine Seele liebet, ich suchte, aber ich fand ihn nicht.

Ich will aufstehen, in der Stadt umhergehen auf den Gassen und Straßen, und suchen, den meine Seele liebet. Ich suchte, aber ich fand ihn nicht. Es fanden mich die Wächter, die in der Stadt umhergehen; habt ihr gesehen, den meine Seele liebt? – Küsse mich mit dem Kusse seines Mundes: denn seine Liebe ist lieblicher denn Wein. – Wie ein Apfelbaum unter den wilden Bäumen, so ist mein Freund unter den Söhnen. Er erquicket mich mit Blumen, labet mich mit Äpfeln; denn ich bin krank vor Liebe. Mein Freund spricht zu mir: Stehe auf, meine Freundin, komme her. Mein Freund ist mein, und ich bin sein, der unter den Rosen weidet.‹

Freitag, 13. Januar 1967 in Dessau. Wollte ich die Erlebnisse der letzten Tage wiedergeben, könnte ich das ganze Tagebuch damit füllen.
Am frühen Nachmittag rief ich an bei Wolf. Vorgestern. Er meldete sich. Mir versagte die Stimme. Der Boden unter mir gab nach. So was war mir noch nie passiert. ›Ich muß dich sprechen und dir dabei in die Augen sehn‹, brachte ich endlich heraus. Er zögerte. Sein Tonfall war kühl, beherrscht, schien mir. ›Wann? Morgen?‹ – ›Da bin ich schon weg‹, log ich. ›Ich werde einen Brief schreiben und den in Deinen Kasten tun.‹
Eine Stunde später fahre ich in die Chausseestraße. Sein Auto steht nicht da. Er ist geflohen, denke ich, hab Klumpfüße, endlos die Treppen, auf dem Zwischenabsatz Zögern, dann Klingeln. Nichts rührt sich. Verzweiflung befällt mich, Schwäche; endlich Schritte, Ich muß mich an die Wand lehnen. Die Tür öffnet sich langsam. Ich sehe ihn: durchsichtig, Schatten unter den Augen, etwas abgemagert und schön. Er zieht mich rein mit seiner unwiderstehlich magischen Hand. Behutsam umarmen wir uns. Lange stehn wir so. Mein Herz schlägt zu schnell. Seine Stimme: ›Meine Liebe du, meine Arme.‹ – Ich sage nichts, erlebe ihn, fühle, meine Hände sind in seinem Gesicht. Ich atme seinen Atem; als hätten wir uns nach dem Krieg, wo alles gestorben schien, wiedergefunden. Wir leben, wir lieben uns. Das ist keine Frage mehr. ›Ich werde nie wieder ...‹ – ›Sei ruhig, meine Liebste. Die ganze Zeit hab ich an dich gedacht. Hab das getan, was ich längst hätte tun müssen: mich intensiv mit dir beschäftigen. Ich wollt rauskriegen, was es ist, das wie ein Wetter auf uns niederbricht.‹ – ›Auch ich hab nachgedacht: Ob ich vielleicht schizophren bin?‹ – ›Nein, es ist etwas anderes: Hysterie. Das ist eine echte Krankheit.‹ Vorsichtig macht er mir die Eröffnung, schon ganz Psychologe. Er hatte mehr zufällig Sigmund Freud in die Hand genommen, dann Bücher über

Psychoanalyse studiert, Jaspers ... Dort fand er Beschreibungen, als hätte ich dafür Modell gestanden! Das hat ihn beschäftigt, ganze Auszüge hat er abgetippt, wollt noch paar Tage ungestört arbeiten. Sein Telefon war abgestellt, das Auto einige Straßen weiter geparkt, abends wurde kein Licht gebrannt, nur Kerzen angezündet. Ich sollte denken, er sei weggefahren. In der Lücke, als er ein Gespräch nach Dessau angemeldet hatte, um von Frau Beyreuter die Vorstellungstermine zu erfahren (vor Tagen sprach er bereits mit ihr, hatte ihr aber verboten, mir was zu sagen) – erwischte ich ihn.

Mein Fall ist nicht hoffnungslos, meint Wolf. Die Eröffnung, ich sei krank, löste die Spannung. Das Bewußtwerden, es auf den Begriff gebracht zu haben, dies ›Phänomen‹ hat einen Namen, mich trifft nicht alle Schuld, zeigte mir Türen, wo vorher eine Wand gewesen war. Die Möglichkeit des Öffnens befreite mich vom Überdruck und ließ diese Einflüsterungen verblassen. Die Heilung begann sofort. Jetzt, da ich mir einiges erklären konnte, war ich überzeugt, es in den Griff zu kriegen – denn mein Wille ist stark und meine Liebe groß.

Ich war gekommen einer Frage und Antwort wegen, sonst hätte ich noch ausgeharrt aus Stolz: ›Man hat mir erzählt, Du bist wieder mit Brigitt zusammen. Stimmt das?‹ – ›Nein. Gestern zwischen 6 und 8 war ich dort, wollte Manuel sehen. Ich war mit keiner Frau zusammen. Das geht gar nicht. Ja, als du kamst, war eine Frau hier. Sie ist hintendurch entwischt. Brigitte Martin, Roberts Freundin. Ich wußte nicht, in welchem Zustand du bist, vielleicht betrunken, vielleicht wärst du auf sie losgestürmt.‹ Wir mußten lachen (die Arme hatte sich auf Strümpfen den Korridor entlang geschlichen) unterhielten uns über Psychoanalyse, den Zwangsneurotiker, der alles verdrängt. Das Musterbeispiel ist B. M. angeblich. Aufregend! Ich werde erst mal alle Auszüge lesen, die Wolf gemacht hat, dann über mutmaßliche Entstehungsmomente und Entwicklungsstufen einen Bericht verfassen. Es ist gut, was vor sich liegen zu haben, auch für meinen ›Arzt‹, dem ich mündlich schon einen ungefähren Überblick verschaffte. Das wird uns noch beschäftigen ...

Wir waren in den Läden, hatten Fleisch gekauft, Brot, Wein, den teuren weißen. Wolf war dagegen, hatte sich bescheiden ernährt, kaum Geld ausgegeben, daß es ihm sündhaft vorkam. Ich überredete ihn. Wo ich den Monat an sechstausend verdiene, konnte man sich was leisten zur Feier des Tages. Dann kauften wir Oblaten, diese tschechischen, aufgeblühte Forsythien. Und immer wieder sagte er mit heiterem Ernst: ›Wie

gut, meine Liebe, daß du hier bist.‹ Wir aßen mit Appetit, tranken Wein, sahen uns an; Märchen und Wirklichkeit. Der Ofen war heiß. Draußen fiel Schnee. Ich hockte in einer dieser Sesselruinen; er ist einverstanden, daß ich sie überholen, das zerschlissene Leder ausbessern lasse, die Schlafecke gemütlicher mache, Vorhänge vor die Fenster. Das vordere Zimmer ist ab jetzt meins, sagt er. Ich werde mich mehr um seine Wohnung kümmern, begreifen, daß es ein Segen ist, zwei Wohnungen zu haben.
Wir legten uns hin, nur so, wollten nichts machen, doch dann riß uns der große Fluß mit sich fort. Ich wurde schwerelos, hob ab mit ihm ins Unendliche. Als wir erwachten, war Sonne über uns ausgebreitet. Die Forsythien von gestern vor Bauern-Querners Aquarell, ein Geschenk vom Kunstmaler an Wolf: Bäuerin, weiblicher Akt, schienen wie reingemalt. Als wir mit dem Leiter des Kunstverlages in Dresden, Frommhold, in Börnchen waren, schenkte er uns eine Landschaft, die wir uns ausgesucht hatten aus dem Stapel seiner Aquarelle. Wir hatten gesungen in seinem Atelier und dafür bedankte er sich mit seiner Kunst.
Wolf und ich hielten uns noch immer fest. Um zwölf hatte ich Sprecherziehung bei Aderhold. Danach war ich wieder bei ihm. B. M. kam hinzu. Unterhaltung über Zwangsneurose, Hysterie. Zwei Prachtexemplare wären wir für Freud gewesen. Es fing an, mich zu amüsieren. Dann kam Bylle. Ihr Bruder Flori hat Geburtstag. Wir wollten was für ihn kaufen. Am Alexanderplatz im ›Guten Buch‹ wartete ein neues Erlebnis auf mich: ›Die Kunst der Naiven in Jugoslavien‹. Nie hatte ich davon gehört. Nachdem ich es durchgeblättert hatte, kauften wir es. Bin hingerissen von Mirko Virius, Ivan Generalic. Für Flori erstanden wir: ›Ich, Michelangelo‹, das ich Wolf mitgenommen hatte bei meinem Überfall und die Platte ›Pete Seeger singt‹.
Als wir später bei Robert saßen, waren wir bald beim Thema. Er hatte in jüngeren Jahren bei sich Anfälle dieser Art beobachtet, sich klar gemacht, daß die Relation von Ursache und Wirkung in keinem Verhältnis zueinander steht und durch eine gut durchdachte Selbsttherapie und Willensanstrengung das Übel beseitigt. Er nannte Beispiele.
Frappierend: wie bei mir. Wir lachten. Besonders B. M. lachte sehr laut und viel. Ich glaub auch, um nicht zu weinen: Robert hatte viel Negatives über den Zwangsneurotiker gesagt und kurz zuvor hatten wir festgestellt, daß sie dafür der Prototyp ist. Sie tat mir leid, weil ihre Liebe nicht annähernd erwidert wird.
Die Nacht schliefen wir in unserm Goldbett. Nächster Morgen geruh-

sames Frühstück. Ninas sonnige Augen. Pete Seeger singt: ›We shall overcome‹. Gute Aufnahme, begeisterte Stimmen singen mit im Hintergrund – wie wir in der Volksbühne. Wolf wird schweigsam, verstummt; plötzlich sind seine Augen voll Tränen. Er lächelt hilflos. Sofort bin ich bei ihm. Wir weinen zusammen. Mein Herz flattert, ist ein gefangener Vogel. Ach, ist das alles verkehrt. Er könnt die Welt begeistern und sitzt angekettet auf dem Sofa ... Mein Liebster, Du wirst singen. Ich glaub fest an Dich und daran, daß Du nicht ewig schweigen mußt.
Wolf sagte eindringlich: ›Wir dürfen unsere Kräfte nicht auch noch selbst zerstören. Wir dürfen so was nie wieder tun. So gehn wir kaputt. Wir brauchen sie noch für größere Kämpfe.‹ – ›Ja, mein Lieber, ich will der Mensch sein, der für dich da ist, dir beisteht, an den du dich festhalten kannst. Wir wollen uns liebhaben und nie verlieren.‹

17. Januar 67

Besuch aus Hamburg, ein Rechtsanwalt, der Emma berät, Kurt Groenewold und Frau. Wolf war deprimiert, kam sich wie ein ›Dieb‹ vor im ›Intershop‹, als man in Emmas Namen die Westsachen kaufte. Er verdient Geld durch seine Gedichte, aber drüben. Hier verdient er keins – und fühlt sich unwohl, weil seine Frau ihn miternährt. Aber das ist nicht an dem. Er verbraucht wenig, ist geizig gegen sich selbst, arbeitet fleißig, schreibt, komponiert. Nur, daß es nicht gleich in barer Münze ausgezahlt wird. Warum sollen Mann und Frau nicht mal die Rollen tauschen. Die Emanzipation soll dem Vorteile bringen, der unterdrückt wird. In unserm Fall ist das vor allem er. In Adlershof, wo ich engagiert bin und monatlich ein Gehalt beziehe, erhielt ich über ein Jahr keine Aufgabe. Aber das Geld wird pünktlich aufs Konto überwiesen. Es gibt mitunter eben doch so was wie höhere Gerechtigkeit.
Damals, nach dem 11. Plenum, wo die Reklametrommel für Biermann auf Hochtouren lief, wo man keine Zeitung aufschlagen konnte, ohne über seinen Namen zu stolpern, eine Schlammschlacht tobte, schien auch ich nicht mehr tragbar für einen Betrieb, welcher der Regierung unterstellt ist. Wolf hatte mich abgeholt von einer Probe in der Seelowstraße. Dort saßen Kollegen zusammen, u. a. Lothar Bellag (der zum Oberspielleiter ernannt worden war), um zu beraten. Das Ensemble des DFF löcherte im Kollektiv sein überfordertes Hirn damit, was der einzelne beisteuern könnte zu einem ›Blitzprogramm‹; alles Vorhandene war nach der ›Großen Kulturrevolution‹ schrottreif. Wir sollten rezitie-

ren, auf Händen laufen, Stehgreifspiele aus'm Ärmel schütteln, Feuer schlucken, irgendeine Unterhaltungsnummer abziehn. – Ich sang schon immer gern zur Gitarre, also war ich mit meinem Instrument am Platz erschienen, um gegen den Untergang der östlichen Kultur zu Felde zu ziehn, auf daß der Sender nicht zum Stillstand komme. Es war grotesk, wie gestandene Künstler rumphantasierten, versuchten Ideen zu bekommen, um ein Programm auf die Beine zu stellen. Da erschien mein Troubadour im Torbogen. Wenn der nur zwei, drei Leute auf'm Haufen sieht, kann er nicht anders und greift in die Vollen. Unsere Komödianten amüsierten sich über des Dichters neuste Spottverse. Auch eine Drahtharfe zauberte er aus der Westentasche – und es ging rund: Eine Improvisation vom Feinsten. Den Gauklern glühten die Ohren. Doch wer gedacht hatte, es würde kein Nachspiel geben, hatte sich geirrt: Unter den Anwesenden war ein Denunziant; solche Rollen hat der sein Lebtag lang spielen müssen, miese Typen, Gauner, schmierige Nazis, daß es wohl abgefärbt hat auf den Charakter; ein ordentlicher Teutscher jedenfalls, Nationalpreisträger, Mitarbeiter von Kaul in den Pitaval-Folgen; Franz heißt die Kanaille bei Schiller ...

Ich wurde zu einer Aussprache nach Adlershof zitiert. Meine einstige Freundin und ihr Heinzelchen hatten sich – nach intensiven Versuchen mich abzuhalten, einem ›gewissenlosen, egozentrischen, begabten, aber verblendeten Fanatiker‹ zu folgen, der mich ›ins Elend ziehn würde, Weiberheld, unreifer Kopf, Havemannfreund‹ – von mir abgewandt. Nun blieb es an einem seiner Stellvertreter, Werner Fehlig, hängen, mir die Leviten zu lesen. Ihm saß ich gegenüber. Die andern hatten sich gedrückt. Bellag zitterte im Hinterstübchen (er hat jetzt einen Traumpart beim DFF). Torkelnd und schlecht gezielt, kamen die ersten Geschosse. Doch ich hatte eine gute Position: Meine Liebe schützte mich. Mir wurde eröffnet, daß Biermann Hausverbot hätte, keinen Raum des Fernsehfunks mehr betreten dürfe, was mir einfiele, ihn anzuschleppen. Ich wär eine öffentliche Person. Und man riet mir im Namen der Leitung, mich mit dem Sänger nicht mehr sehen zu lassen. Ich denke nicht dran, sagte ich. Das Gespräch kam mir lächerlich vor. Dem Inquisitor war die Szene nicht geheuer. Er siezte mich plötzlich. Ich lachte. Er versuchte die Respektlosigkeit nicht zur Kenntnis zu nehmen. Als Schlußpunkt setzte er eine abgeschwächte Fassung unters Protokoll: ›Wenn sich nichts ändern sollte, müßten wir nochmals zusammenkommen.‹ Meine Kernsätze waren: Was wär ich für ein Mensch, würde ich den Mann, den ich liebe,

Die Verleihung des ›Silbernen Lorbeer‹ an die Mitwirkenden von ›Dr. Schlüter‹: Otto Mellies, Zofia Slaboszewska, Eva-Maria Hagen, Larissa Lushina, Produktionsleiter Rudolf Kobosil, Achim Hübner, Kameramann Günter Eisinger, Günter Hauk, Manfred Moosblech, Szenenbildner Jörg Mirr (von links)

im Stich lassen, wenn er Schwierigkeiten bekommt. Was hielten Sie von einer Frau, wären Sie in seiner Position, ginge ich auf solche Erpressungsversuche ein. Ich komme mir langsam vor wie die ›Judenhure‹ Marie Sanders. Aber bei uns gibts ja zum Glück keine Sippenhaft!
Dieser ›Frontalangriff‹ ließ den Ankläger verstummen. Ich hatte das Gefecht gewonnen. Man betrachtete mich von nun mit anderen Augen.
Ein Vierteljahr später wurde die letzte Folge von ›Dr. Schlüter‹ (Retter des Thronsessels von Adameck) offiziell gewürdigt, mit Preisen überschüttet. Da ich in dem Film eine große Rolle spielte (Felicia Valberg) und die Kritik des Lobes voll war über meine schauspielerische Leistung, kam man nicht umhin, mich zum Festempfang ins Hotel MOSKAU einzuladen. Dort war die Garde der Leitenden freundlich zu mir, später, im angerauschten Zustand, sinnlich bis plump vertraulich.
Unverhofft hatte ich, zusammen mit den andern Hauptakteuren, Regisseur, Autor, Kameramann, den ›Silbernen Lorbeer‹ in Meißner Porzellan in die Hand gedrückt gekriegt. Das haben sie schnell noch während der

laufenden Zeremonie improvisiert: Garantiert hat Frau A. dran gedreht, in ihrer sonnigen Art bestimmt: Gebt ihr den Orden als letzten Versuch. Sie hatte mir einen Ehrenplatz an der Tafel vom Chef freigehalten, als Abschiedsgeschenk oder Köder ein goldnes Kreuz in die Hand gedrückt und stellte mich den neuen Maßgeblichen vor. Der Parteisekretär Pohl bat mich an seinen Tisch und um meine offene Meinung zum DFF und ein Zusammentreffen in allernächster Zeit. Im Zusammenhang mit dem 11. Plenum sagte er: Die Partei habe schwere Fehler gemacht. Bleichen Gesichts versprach mir Herr Herlt, daß ich einen Chansonabend geben darf, im Spätprogramm singen! Er wollte mich zu Haus besuchen. Alle waren liebe Menschen. Man versicherte mir von verschiedener Seite im Laufe des Abends, daß man nichts gegen mich hätte.

26. 1. 67

Eva hat eine böse Entdeckung gemacht. Wolfs Büchlein liegt hier. Da er mir Auszüge der Analysen im Zusammenhang mit Studien über Hysterie zeigen wollte, fand ich nichts dabei, sie durchzulesen. Und jetzt – wo ich weiß, wie er unsere Beziehung sieht mit kühlem Kopf – dürfte ich nicht mehr mit ihm zusammenbleiben: Ich bin ein Wrack, ein Fall für die Psychiatrie. Seine Haltung mir gegenüber ist aus meiner Sicht Heuchelei. Ich hatte mich total geöffnet, er brachte mich dazu, daß ich ihm Erlebnisse offenbarte, worüber ich vorher mit niemandem gesprochen hatte, nicht mal mit mir selbst. Wie er unsere Wiedervereinigung beschreibt! Nein, du selbstherrlicher Mann, ich werde mich niemals breitmachen in der Chausseestraße. Selbst wenn nichts übrigbliebe von den Reizen, der großzügigen Ausstattung durch Mutter Natur, wodurch ich begehrenswert schien in den Augen ganzer Kolonnen von Verehrern, werde ich meinen Stolz nie aufgeben. Lieber sterbe ich in Einsamkeit. Und eine fast rein-sexuelle Bindung ist die unsrige nie gewesen; ich liebte dich von ganzem Herzen. Daß wir außerdem im Bett ›harmonierten‹, kommt ›strafverschärfend‹ hinzu. Aber d i e Ebene ist es weiß Gott nicht an erster Stelle. Wenn es darum ginge, einen funktionierenden Kerl an der Seite zu haben, hätt ich ausgesorgt ... Auf keinen Fall geht es so weiter. Das faule Leben, das ich trotz der vielen Arbeit führte, soll vorbei sein. Auch das von dem kleinen Helden auf hohem Roß. Vielleicht schaffe ich es, nicht mehr all meine Kräfte in diese Liebe zu investieren, sonst müßte ich an ein baldiges Ende denken. Ich will nicht mehr weinen. Das Leben geht weiter. Und es ist immer wieder lebenswert.

Probe für den morgigen Drehtag in Köpenick bei Simon; ich fühl mich wohl bei der Truppe. Bengsch hat ein neues Drehbuch geschrieben, Titel: ›Heroin‹. Ich soll mitspielen. Anschließend bei Robert, um Wolf zu treffen. Kühle zwischen uns. Ich fuhr allein zurück, will noch Text ansehen. Ich fühle mich hintergangen; meine große Liebe schrumpelt wie ein Apfel vom letzten Jahr, das Bild hat Risse in meinen Augen. Zwei Tage Funkstille. Wolf rief an. Meine Zurückhaltung irritiert ihn. Er ist verletzt in seiner Eitelkeit, genervt von den scheinbar neuerlichen Rückfällen. Ich werde ihm sagen, er soll in den Spiegel seiner Gedanken schauen, im Büchlein nachlesen. Oft läßt er es liegen, bei Freunden, Bekannten. Neulich blätterte er mit Böttcher und einem verhältnismäßig Fremden das Jahr 1966 durch. Er ist eitel, infantil und ich eben verrückt.

<u>Aus einem GI-Bericht vom 8. Februar 1967 – 21.45</u>

Emma Biermann erkundigt sich, was mit Wolf und Eva los ist. Eva sagt, daß Wolf manchmal ein bißchen blöde ist. Auf eine Frage sagt Eva, daß sie nicht mehr hinkommen wird. Wolf hat verbreitet, daß Eva sich in seiner Chausseestraße breitmachen will. Wolf ruft entfernt, daß das überhaupt nicht wahr ist; es ist eine Lüge. Emma fragt, ob Eva sowas glaubt. Eva lacht darüber. Emma fragt, ob Eva das ernstlich meint. Eva bejaht. Emma findet das albern. Sie würde mit solch einen Menschen auch nicht mehr verkehren. Eva sagt, daß sie dafür nichts kann. Sie liebt Wolf. Emma sagt, daß sie nie solch einen Menschen lieben kann, der solch ein Quatsch erzählt. Eva sagt, daß Wolf eben seine Fehler hat. Emma meint, daß Wolf das niemals gesagt hat. Sie fügt hinzu, daß Eva spinnt. Eva meint, daß Wolf das in seiner populären Art gesagt hat. Er meint das aber nicht böse. Emma bezweifelt das. Eva betonte nochmals, daß sie in diese Wohnung nicht mehr gehen wird. Emma bemerkt, wenn man liebt, muß man auch mal großzügig sein. Sie fügt hinzu, daß Wolf und Eva einen Knall und einen Vogel haben. Emma unterhält sich mit Wolf. Wolf meint, daß er das nur bestätigen kann, daß Eva einen Vogel hat. Emma sagt, wie Eva so etwas denken kann. Sie ist ganz empört über Eva. Emma meint, daß Wolf aber auch einen Knall hat. Wolf meint scherzhaft, daß Emma nicht ausfällig werden soll. Wolf hat keinen Knall nur Eva. Emma erklärt, was Wolf und Eva für einen Knall haben. Emma sagt, daß sie an Wolf's Stelle nicht mehr mit Eva gehen würde, wenn sie solch einen Quatsch von Wolf denkt. Sie fragt, wer Eva diesen Floh ins Ohr gesetzt hat. Wolf sagt, daß Eva das nicht sagt. Emma sagt, daß sich Eva das alles nur ausgedacht hat, um wieder in ihrer Hysterie einen Grund zu haben, Wolf zu ärgern. Sie fügt hinzu, daß Wolf sich doch nicht zum Affen machen lassen soll. Emma findet das zum kotzen. Sie sagt, daß es so viel anderes gibt; Wolf und Eva sollen lieber über andere Sachen nachdenken. Emma begreift nicht, daß Eva anderen Menschen mehr glaubt als Wolf. Er bestätigt das.

Tagebuch 7. 2. 67

Lange nichts eingetragen. Dabei schlug das Leben Purzelbäume: Wir standen hart vor der Trennung. Intensive Aussprache. Wolf glaubte, mein Zurückziehen war ein erneuter Anfall. Alles, was nicht ›normal‹ erscheint, wird jetzt auf diese Schiene geschoben. – Ein Zettel von ihm:

›Meine Liebe – falls Du früher kommst als erwartet – ich bin einkaufen in der Stadt und gleich zurück. Badeofen ist warm. Kuss Kuss Kuss Kuss Kuss von Wolf.‹

Wir waren bei Manfred Krug. Ein Original in jeder Beziehung. Seine Frau ist dünn, unauffällig, verschwindet hinter seiner massiven Gestalt. Trotzdem scheint es, schmeißt sie den Laden. Eine ideale Ehefrau jedenfalls. Erst auf den zweiten Blick ist alles einmalig an ihr. Sie haben das paradiesische Haus voll antiker Schätze, zwei gutgeratene Kinder, einen Mercedes, Bücher unterm Dach, spielen Karten, vor allem Monopoly. Das ist ein Spiel, welches aus dem imperialistischen Amerika eingeschmuggelt wurde: Man jagt sich Häuser ab, Bahnhöfe, ganze Straßenzüge kann man besetzen, muß hohe Mieten zahlen – und wird systematisch zu einem Spekulanten und berechnenden Kapitalisten erzogen. Die spielen das mit einer Leidenschaft, als wär es blutiger Ernst. Nebenbei bot der sprichwörtlich geizige Manne K. dem nicht minder geizigen Wolf B. Geld an, im Falle dieser darben sollte. Und ich denke, das war ernst gemeint. Es haben schon mehrere Angebote gemacht. Zum Glück braucht Wolf derlei Hilfe nicht. Krug lud uns zum Geburtstag ein (11. Februar). Hacks und Anna würden kommen, Bürger, Römer, Gy, Christine Gloger, Kahlau-Steininger, Jurek nebst Anhang, all die Salon-Sozialisten (Becker ausgenommen). Da war grad dieser Brief von Hacks an einen westdeutschen Verleger im ›Spiegel‹ erschienen. Hacks schrieb über sein Vorhaben: Eine Komödie, der Held ein Kleinbürger, trägt einen Schnauzbart von der gemütlichsten Sorte, wird beim Bau der Mauer geteilt wie die Stadt. Eine Hälfte will er Günter nennen, die andere Wolf. Die Sache ist peinlich. Das Ganze erinnert an Zeiten, in denen Oliva-Hagen aus Eifersucht in der Zeitung gegen Hacks giftete. Nun verhält sich Peter noch mieser, weil er den (stillschweigenden, insgeheim aber solidarischen) Kollegen in' Rücken fällt. Nach anfänglichem Zögern gingen wir hin (...)

Die Platte ›Jazz und Lyrik‹ wurde eingestampft, nicht, weil Krug u. a. ein Lied gegen die Negerverfolgung in den Südstaaten von Amerika singt, sondern die ›Ballade vom Briefträger William L. Moore‹ von Biermann stammt. – Plakate hingen, ausverkaufte Häuser; die Funktionäre wurden hellhörig: Krug, Hagen, die ›Optimisten‹, alles Freunde Biermanns. Man beschloß, die Karten doppelt zu verkaufen, mich auszupfeifen, Biermann zu provozieren; das hinterbrachten uns Journalisten, die zur Lagebesprechung geladen waren vom Leiter des Veranstaltungswesens im Ministerium für Kultur. Kurz vorher besann man sich: die Veranstaltung wurde abgesagt. Statt dessen ein Blitzprogramm vom Hootnanny-Club, der sich jetzt Oktober-Club nennt, erstellt. ›Schon im Foyer‹, las man tags drauf in der Zeitung, ›begannen die Jugendlichen spontan zu singen.‹ Obwohl wir Verträge hatten, bekam keiner einen Pfennig. Intendant Holan erklärte, wir seien schuld. Es mußte ausfallen wegen Krankheit: Der Manager hatte tatsächlich eine Notiz in die Zeitung setzen lassen, daß ein Musiker erkrankt sei, damit das Verbot keine Kreise zieht. Darauf stützte sich Holan. Erbärmlich!

Der VII. Parteitag wird vorbereitet. Hektische Betriebsamkeit. Ich bin mit den Jazz-Optimisten unterwegs. Vor jeder Veranstaltung werden meine Texte überprüft. Am 18. März, in Weimar, waren die Verantwortlichen inzwischen solche Angsthasen, daß ich nicht mal mehr Brecht singen durfte, besonders das ›Lied von der Moldau‹ war ihnen ein versteckter Dolch im Gewande. Vielleicht fühlten sie sich bedroht von Zeilen wie: Es wechseln die Zeiten, die riesigen Pläne der Mächtigen kommen am Ende zum Halt ... Selbst traurig klingende Liebeslieder sind unerwünscht. Alles, was nicht zumindest einen positiven Anstrich hat, wird gestrichen. Auch die französischen Frechheiten erscheinen auf einmal gewagt. Überhaupt bei Übersetzungen aus anderen Sprachen: Es muß ein Name her. Dichter unbekannt ist eine Provokation. Also hab ich sie Fritz Knesebeck oder Emil Paul angedichtet. Wer der Komponist ist? – Wolf hat mir für ›Ein Weib‹ von Heine eine Musik gemacht. Ich sagte: selbst ausgedacht! Wo ich auftrete, schielen sie herum, ob Biermann ein Ding dreht, mit der Gitarre aus der Versenkung auftaucht, als ›Fallender Engel‹ verkleidet in den Kulissen schwebt. Es ist grotesk.
Da war der Minister höchstpersönlich in die Vorstellung gekommen, der neue Kulturboß Klaus Gysi, ein cleverer Bursche. Der anschließende Empfang – ein blutleeres Pflichttreffen. Unser alt-ehrwürdiger Intendant Bodenstein kam nicht mehr mit beim Tempo der Veränderungen auf den Straßen der Kultur. – Natürlich, sagte Inspektionsreisender Gysi, wollen wir Musicals mit Publikumserfolgen wie ›My Fair Lady‹, aber es sollte von unsern Menschen handeln, unsere Probleme beleuchten. Wir sind doch auch lustig oder was! Haben Grund zu lachen. Warum importieren. Das kostet Devisen, die an anderer Stelle nötiger gebraucht werden. Drum an die Arbeit Schreiber, Komponisten, laßt euch was einfallen. Kuckt euch um an der Basis, wie leben unsere Menschen, was

Kulturminister Klaus Gysi, Eva-Maria Hagen, Intendant Willy Bodenstein und Chefdramaturg Edi Weber-Fried

beschäftigt sie, was liegt ihnen am Herzen. Chefdramaturg Weber-Fried, ein freundlich-liberaler Charakter, gab den Perspektivplan zum Besten; viel olle Kamellen von Oper und Operette waren drunter. Dann, ich traute meinen Ohren nicht, hatte er denn keine Zeitung gelesen, verkündete er stolz, daß wir einen Liederabend veranstalten mit Protest-Songs. – Ja, Kollegen Theatermacher, wogegen wollt ihr denn protestieren, hm? We shall overcome! Wenn ich das schon höre! Was hat das mit uns zu tun. Wir sind zwar noch nicht da, wo wir hinwollen, aber aufm besten Wege. Wir müssen nicht rüber auf die andere Seite, wo der Kapitalismus Blüten treibt. Hier anpacken und den verrotteten Boden urbar machen! Von dieser historischen Chance hat die Menschheit geträumt. Warum singen unsere Jugendlichen diese amerikanische Schnulze mit solcher Inbrunst, machen es zu ihrer Nationalhymne. Sie wissen nicht, welches Glück ihnen in' Schoß fiel durch die Befreiung der Roten Armee vom Hitler-Faschismus. Wir müssen ihnen, mit vorbildlichem Einsatz allerorts, den rechten Weg weisen. Natürlich sollen sie singen – laut, leise, in allen Stimmlagen, aber worüber, bestimmen besser wir. Wär ja gelacht, wenn wir unsern geschichtlichen Auftrag nicht in' Griff kriegten ... Sinngemäß war das der Inhalt.
Ich war abgespannt (6. 3. zweimal Eliza) gähnte bei dem unfruchtbaren Geseiere. Ausweichen möcht ich solchen Begegnungen nicht, denn ich bin, auch mit meinem Schweigen, ein Dorn im Blickfang der Systemgetreuen, eine ins Auge stechende Erscheinung. So was könnte Schule machen. Die Frau von Biermann, unsere vom Volk geliebte Schauspielerin Eva-Maria Hagen, läßt sich nicht unterkriegen ...

Autobahn Niemegk-Dessau. Um ein Haar wär ich verunglückt. Ein Fahrer, mit einem Gesicht wie der Gipsabdruck des Standardlächelns von Erich, dem Freudlosen, hat mich pausenlos verfolgt, bedrängt, geschnitten, blitzartig gebremst. Ein Verrückter oder kaltblütiger Sadist, in einem hellen Wartburg, welcher die Nummer HIV 00-90 hatte. Aber dieses Schwein hatte nicht mit meinem Reaktionsvermögen gerechnet, daß ich mindestens genauso tollkühn und aggressiv sein kann. Ich hab ihn durch ihm scheinbar nicht geläufige Kunststücke aus'm Konzept gebracht: den Spieß umgedreht. Plötzlich war ich die Angreiferin, hängte ihn ab und nahm mit kreischenden Rädern die Ausfahrt. In wirklich gefährlichen Situationen bin ich überwach, reagiere gelassen und todesmutig. Trotzdem würde ich gern rauskriegen, was das ›Spielchen‹ sollte, ob ein ›Regisseur‹ dahintersteckt.

Dessau, 8. 6. 67

Du Lieber, nach dem ich mich sehne. In der Drehpause von ›Fahne‹ gestern in Gerbstett Apothekertöpfe erstanden, uralte. Saurer Schnupftabak ist drin aufzubewahren laut Aufschrift, Imperial Thee, Gewürze, Spezereien. Wo kriegen wir das jetzt alles her. Die Karawanen machen einen Bogen um unsere Oase: Es hat sich rumgesprochen, daß dies kein gastfreundliches Stück Erde ist und wir strenge Torhüter haben.
Dann hab ich was Edles aus Glas, einen Krug mit Deckel, barock, Blasen blubbern bewegungslos zwischen Unebenheiten. Den fülle ich mit was Süffigem bei Neumond, mache Schielaugen, dann ist er voll, der Gute und ich auch. Und die dicken Gläser. Ich seh Deine Hand eins

Szene aus ›Die Fahne von Kriwoij Rog‹ mit Manfred Krug (rechts)

umfassen, den Rotwein anwärmen ... Dann kam der Abend. Ich unterwegs Richtung Dessau. Die Benzinuhr, großer Schreck! zeigte auf Null. Tankstellen geschlossen. Die Apfelsinensonne schwamm schon in den Halmen. Ich ging ins Gasthaus, wo Männer saßen mit zerklüfteten Gesichtern. In der Nähe war ein Betonwerk und LPG-Gut. Ich fragte den Wirt, ob vielleicht wer einen Ersatzkanister hat. Hatten sie, aber nur Gemisch und Diesel. Dann fuhr einer nach Könnern, den Tankwart suchen, der in einem Turm wohnt. Aber da war er nicht, nicht in seiner Laube vor der Stadt, nicht im ›Leuchthammer‹, noch bei seiner Flamme Elfie oder der Geschiedenen, so daß die Männer bedenklich mit den Köpfen wackelten. Als es dämmerte, kam ein Skoda des Wegs; vierzig Minuten zuvor war das letzte Auto vorbeigekommen, ein Trabant. Der Mann gab mir seinen Kanister, ich ihm ein Autogramm für den Sohn Diethelm und war vorerst gerettet; bis Dessau müßte es reichen. Aß noch Brot mit Speck und Zwiebeln, trank einen ›Thee‹, der mich an unser Frühstück vor vier Tagen erinnerte – und fuhr los, nachdem mir die Männer Glück gewünscht hatten.
Zwei Kilometer Wiese, eine Kurve: Da war was! Ich halte an. Mein Herz klopft schneller, ich lauf zurück: was Dunkles, ein Lastauto, Stück dahinter der Anhänger. Und wie sauber aufgeschichtet vorm zerquetschten Führerhaus etwa ein Dutzend Tonnen voll Öl oder Petroleum – über die Straße verstreut einzelne. Gedanken wie Blitze: Wer da drin saß, ist hinüber. Trotzdem ruf ich ›Hallo‹ und ›Ist da wer‹. Es schallt zurück. Ich geh rum um den Trümmerhaufen. Es ist fast dunkel. Vielleicht liegt jemand im Sterben, ich muß versuchen, die Tür aufzukriegen: Mit dem Kopf zu mir liegt ein Russe auf dem Sitz, bewegungslos. Ich sprech ihn an, meine Hände zittern. Mit einem Ruck richtet er sich auf, sieht nach vorn auf das Chaos, auf mich, lächelt, befühlt sich, ist ganz jung, ich radebreche, frage, wie es ihm geht, ob ich helfen kann. Da weint er plötzlich. Erst leise und immer mehr. Er hat einen Schock. Ich sage, auch fast weinend: До свидания, не боязнь, ich hole Hilfe, всё будет хорошо. Und rase nach Köthen, zur Polizei, sag, da und da ist ein schwerer Verkehrsunfall. Wo, fragt der Wachhabende, bei Könnern? Das geht uns nix an, dafür ist Bernburg zuständig. Bequemt sich aber immerhin, zum Telefon zu greifen. Ich war kaputt nach dem Erlebnis. Die Dessauer Tankstelle ebenfalls tot. Überall Menschenleere. Beyreuters gehen nicht ans Telefon. 23 Uhr. – Ich fahr hin, klingle, schlage Krach.

Endlich werde ich reingelassen und bekomme Trost gespendet, das Doppelbett und einen ›Hobisch‹ zur Nacht, roten Kräuterschnaps. Wenn mein Liebster jetzt bei mir wär, dachte ich. – Das war gestern. Heut bin ich früh los wegen Probe. Martin Remanee kam zurück von der Reise, hat mit dem Präsidenten der Liga für Menschenrechte in Brüssel, Claude Serge Aronstein über Dich gesprochen. Wenn irgendwas sein sollte, sollen wir den benachrichtigen. Er gab mir Anschrift, Telefon-Nr. R. sagte noch, daß man viel tut für Daniel und Siniawski, er hoffe, die beiden bald in Freiheit zu sehn, ohne erneuten Prozeß, stillschweigend. Von einem Bellmann-Band schwärmte er, erschienen im Westen. Deine Lieder aus'm Schwedischen hat er mit Genuß angehört. Und war erschüttert über die Ereignisse in Israel, empört über unsere Stellung, wie wir uns einmischten in den antisemitischen Krieg. Was meint er mit der 5. Kolonne, die dann gestorben wär und der alte Stalin bei uns Auferstehung feiert? Davor bewahr uns das Schicksal! Es reicht, wie's ist. – Was sagst Du zu den ›blutigen Ausschreitungen‹ in der anderen Hälfte der Stadt. Zwei Tote, Verletzte bei der Demonstration gegen den Schah. Vietnam ist weiter weg als zuvor.
Es gibt soviel Unglück auf der Welt. Warum ist der Mensch nur so unfähig, mit seinem Nachbarn in Eintracht zu leben. Wir wollen Dein Lied singen: Wann ist denn endlich Frieden in dieser irren Zeit.
Eben rief ich Ingeborg an, sie sagte, Du wärst allein los mit dem Boot nach Lüttenort zu Käpt'n Niemeyer. Wenn nun eine Bö kommt und Dich umschmeißt. Segle nicht so weit vom Ufer weg mit der morschen Kiste. Bin gespannt, welch Meister Du sein wirst im Juli.
Böttcher rief an. Ich sagte ihm, daß wir zusammen dort sein werden. Er ist überglücklich. Und Robert hat Sehnsucht nach Dir. Brigitte Martin bittet uns Sonnabend zu ihrer Geburtstagsfeier nach Grünheide. Wann kommst Du zurück, hab drei Tage nichts gehört. Ich flieg bald nach Budapest und fänd es gut, wenn Du dann hier wärst. Nina kommt Donnerstag mit ihrer Klasse zurück. Ich hab zu drehen, bin abends in Berlin. 22 Uhr kommt ihr Zug (Ostbahnhof).
Ich höre, daß die Israelis den Suez-Kanal erreicht haben. Nasser erinnert an Hitler und bei uns dienert man vor ihm, nennt ihn weise und gerecht. Im Fernsehen sah ich, daß sich Jugendliche aus der ganzen Welt melden, die nach Israel wollen, um das kleine Land zu unterstützen. Nasser hat gesagt, er werde alle Juden ins Rote Meer jagen, samt Kinder und Frauen.

Aus dem Lied zu einer Wahl-Aktion vom Nationalrat der Nationalen Front und Radio DDR

Ich erwarte Dich am Sonntag. Spät erst, hab um 17 Uhr Vorstellung. Gegen Mitternacht bin ich in Berlin. Dann warst Du 9 Tage ohne Katzenpfötchens Samtkrallen. Das reicht. Umarmung von Eva-Marie.
P. S. Anbei ein neues Lied aus der Berliner Zeitung zur Erbauung: ›Mit dem Glück unterwegs‹.
Man beachte die Zeile: ›Ausgerüstet mit Beschlüssen‹.
Hab A. Reimann erlaubt, in Deiner spartanischen Kammer zu nächtigen. Er hätt sonst zurück gemußt nach Leipzig. Sein Gedichtband ist gestorben. Er traf sich gestern mit einem Lektor, der ihm das eröffnete. Der Grund: Er wäre in letzter Zeit öffentlich unangenehm aufgefallen. R. war unglücklich. Ich frag mich, wie er existieren will. Du bist sein Vorbild, hast aber eine stärkere Position in jeder Beziehung. Wer kennt ihn, setzt sich für ihn ein. Er ist verzweifelt. So verkümmern Talente in unserer glorreichen Epoche. Die sich jugend-bewegt-gebenden Greise entmündigen die Jungen zu untätigen Rentnern, nur die Pension behalten sie ein, diese mittelalterlichen Kämmerer. Sensible Seelen halten das nicht durch: Wir müssen ihn unterstützen!
Hier hast Du es gedruckt, was ich Mittwoch sah. Wenn ich an Deine mitunter zerfahrene Fahrweise denk, wird der Horizont aschfahl. Mach's Dir zum Grundsatz: Lieber spät kommen, als in Raserei verfalln. Man spart auf der Strecke von Grünheide bis Mitte nur wenige Minuten. Wenn Dir was passiert, fiele ich tot um und wär nur durch von-Mund-zu-Mund-Beatmung des Wolfes mit dem Wildhonigduft zum Leben zu erwecken. Das ist die Wahrheit, so wahr ich Eva heiße. Ich hoffe, daß ich es nie beweisen muß.

<u>Aus einem GI-Bericht vom 8. Juni 1967 – 20.10.</u>

Wolf fragt Eva, ob sie ihm untreu war, da gestern sein Ring zerbrach. Eva meint, daß sie Wolf so treu wie nie war. Eva hat große Sehnsucht. Wolf erklärt, daß er heut nacht zu ihr kommen wird. Eva wäre sehr froh darüber, aber sie gibt ihm den Rat, erst morgen früh von Koserow abzufahren. Er soll nicht in der Nacht fahren. Sie erzählt, daß sie in den letzten Tagen viele schlimme Unfälle gesehen hat. Wolf entschließt sich morgen früh abzufahren und ist gegen 18 Uhr in Berlin ...

Budapest, 14. 6. 67 – Mitternacht

Wolf, ich hab im ›Modern-Hotel-Sport‹ Quartier bezogen, wo der Prix de la Chambre 320 Forinth ausmacht; in Mark etwa 80 Mäuse. Dafür gibts Frühstück umsonst. Dagegen sind die Preise der Interhotels unserer Republik fast geschenkt.

Die IL-18 war nur halb besetzt, trotzdem entstand Hektik vorm Abflug. Ein hohes Tier vom Ministerium wollte den hinteren Teil der Kabine für sich haben. Der Stuart schwitzte während der heiklen Operation. Der Platz neben mir blieb frei. Ich malte mir aus, was fürn prickelndes Gefühl es wär, wenn wir zusammen abheben. Der Flug dauerte 80 Min. Hab von Zweig die Novelle ›Der Zwang‹ gelesen und eh ich mich versah, war ich auf der Erde. Der arme Rachold fuhr mit dem Zug – 15 Stunden! Vorhin kam er an und sagte: ›Nicht nochmal.‹

Da gestern über Budapest ein Wolkenbruch stattfand, fiel der Drehtag ins Wasser; das ganze Heroin wär ja weggeschwommen!

Mit Piroska und Iwan Alexander (Ehemann, Anwalt, Säbelfechter auf internationalen Turnieren) ausgegangen. Ich erzählte von unsern ›Kulturrevolutionen‹. Das Pärchen freut sich. Hoffentlich bist Du diesmal würdiger, als für Warschau. Nach dem Artikel in der ZEIT werden sie noch mehr Wut haben.

Gutnacht, Honigschnute, ich Waschbärzunge: nein umgekehrt.

Daß es Dich gibt, macht das Dasein im Hiersein sinnvoll, also sinnlich wahrnehmbarer sinngemäß ausgedrückt unsinnigerweise. Falls sich beim Drübernachsinnen der Sinn entstellte, war es nicht im Sinne der Sinnsuchenden. Trotzdem ist das Leben sinnig und süß.

Твоя жена и любовь Ева

14. Juni 1967

Meine Liebe, ich hab für den Skoda noch Zierleisten und Radkappen gekriegt, und morgen vormittag wird er in der Wichertstraße von oben bis unten gewaschen. Dann fahr ich raus zu Robert, spritze die defekten Stellen und wasche den Wagen noch mal von innen.

Ich komme mir bißchen verloren vor, wenn Du nicht mal in der DDR bist – durch Dich ist dieses Land noch einigermaßen bewohnbar.

Ich war auch beim Tischler, hab mit vernichtendem Blick die unverschämte Rechnung bezahlt; er hat sich aber gar nicht geschämt, sondern lustig mit der Geldkassette geklappt und fröhlich gesagt: Wenn Sie mal wieder was brauchen, Herr Biermann ... Er hatte mir 80 Ar-

beitsstunden angerechnet, aber der Arbeiter, der die Regale gebaut hat, sagte mir, daß er 36 Stunden dafür gebraucht hat.
So, damit ist dieses Thema beendet. Der fatale DinA4-Kasten ist korrigiert und steht in meinem Flur.
Verehrte Dame! Ich lege Ihnen mein Herz und sämtliche andern Organe, die Ihnen Vergnügen machen zu Füßen, zu Füßen oder zu anderen Ihrer wunderbaren Körperteile.
Im TV redet gerade der ›Hände-vors-Geschlechtsteil-Nazi‹ Kiesinger. Wenn der für die Deutsche Einheit spricht, kann man nur dagegen sein. Es ist 19.45 – Du bist längst in den warmen Armen von Budapest.
Ich fahre schnell zur Post und kaufe meinem Brief Flugzeugflügel und einen Motorradfahrer, der Dir dieses erbärmliche Ersatzpapier von Deinem Mann Wolf Biermann bringt, zuzüglich einen Kuß.

Budapescht, 16. 6. 67

Guten Morgen, Wolf. Die Stadt nimmt mich gefangen. Ich nehme sie gierig auf in mir: Ein Ahnen von Freiheit geht aus von allem, geistige Weite ist spürbar; warum kann es nicht bei uns so sein. Dieser Druck ›daheim‹, der sich schon beim Erwachen einstellt, das Herzfrösteln im Mauerschatten. Die bloße Vorstellung aus hiesiger Sicht, sich dem ›Schutzwall‹ zu nähern, läßt den Atem stocken. Dann der lächerliche Wohlstands-Wettbewerb mit dem Goldenen Westen, die sozialistische Variante von Spießertum; alles ist weit weggerückt.
Wahrlich, ich genieße die Tage und Nächte, bin glücklich. Aber alles ist bekanntlich relativ. Ein Moment verdampft den nächsten, ich spüre, wie Du mir fehlst – und bald ist der Nektar kalter Kaffee, die Erlebnisse blaß ohne Dein Miterleben. Wie gut wäre es doch für Dich, die deutsch-demokratische Grenze mal hinter Dir zu lassen ...
Die Nacht wurde gedreht. Im und am ›Mayas Pince‹. Das ist ein berühmtes Lokal mit Zigeunern und lukullischen Genüssen. Piri, Iwan Alexander und Ferenc (ein ungarischer Freund aus Karlovy-Vary, den ich bei den Filmfestspielen kennenlernte) waren gekommen, wir spazierten in lauer Luft an der Donau, wo die neue weiße Elisabeth-Brücke leuchtet ... Die Mädchen hier gehn ohne Büstenhalter, rauchen Zigaretten, während sie auf den Bus warten! Das sollt ich mal bei uns riskieren! Pfiffe und Pöbeleien wären die todsichere Folge.
Nachts gab's ein Abschiedsessen mit Vertretern des ungarischen Films. Anschließend ließ es sich (glücklicherweise) nicht umgehn, daß ich mit

Eva mit einem ungarischen Schauspieler

den Regisseuren und Mitarbeitern des Stabes ausging. Vier Musiker haben gespielt, gesungen. Alles westliche Titel, ohne irgendwelche Größen zu kopieren. – In der Früh, als wir gingen, war ich wacher als der helle Morgen selber, löste die Maske in Milch auf, wusch die Mandelaugen ab, die Ferenc dazu verführt hatten, mir zuzuraunen, daß ich eine Schönheit sei. Die Dornenrose liegt auf'm Fensterbrett. Ein Blütenblatt sende ich als Beweis, die andern ließ ich durchs offene Fenster davonwehn; ein Bildfeld von Abertausenden unterwegs. Eva

Budapest, 17. 6. 67

Mein Zimmer ist eine Gepäckaufbewahrung. Ab 17 Uhr kostet es sonst neue 320 Forinten. Nach dem Neuen Ökonomischen System unsrer Regierung wärs unverantwortlich von der Produktion, ließe man den abreisenden Kollegen die Zimmer bis Mitternacht – so laufen alle den Tag über rum. Eigentlich sollte das Lager der Bruderländer eine Gemeinschaft sein, die sich gegenseitig auf die Sprünge hilft im Guten wie im Bösen. Oder wie sehe ich das.
Seit zwei Stunden hämmert auf der Freilichtbühne, im malerisch angelegten Park gegenüber, eine Beat-Band. Sie singen mitreißend, meine Füße tanzen von allein. Die Halbwüchsigen kreischen nach westlichem Muster bei den hohen Kopftönen der Sänger. Und alles bleibt ruhig. Keine Uniform. Unwillkürlich fallen mir unsere ›Bunten Veranstaltungen‹ ein: In Halle, Frankfurt, Cottbus, wo ich mitwirkte, als den DDR-Interpreten der Beat untersagt und dosiert Import eingestreut wurde: Die Banjo-Boys waren herangewachsen, röhrten wie die Hirsche,

Auftritt bei einer ›Bunten Veranstaltung‹

hauten auf die Pauke – umstellt von Wasserwerfern. Als die Begeisterung dann nicht enden wollte, nachfolgende Interpreten (u. a. Nachrichtensprecher Feldmann) niedergebuht wurden, sah ich, wie ein dressierter Schäferhund einem begeisterten Jugendlichen die Hosen runterzerrte und Panik ausbrach und nebenbei die Bühnenanlage zu Kleinholz zerdroschen wurde. Kollege Schilling von der KGD mußte danach seinen Stuhl räumen, der Arme.
Also, was hier los ist! Ein Gekreisch wie von Irrsinnigen. Ich denke, gleich stürmen Ordner den Pöbeljubel nieder. Denn ich seh noch die Steine fliegen, Gummiknüppel, Blut. Welch Gegensatz in Ungarn. Berlin ist halt woanders auf der Landkarte als Budapest. Man ruft. Wir gehen in die Oper. Schlußkuß. Eva.

Tagebuch, Samstag, 24. Juni 67

Eröffnung der VI. Sommerfilmtage. Uraufführung von ›Freundin Sybille‹, wo ich das blonde Gift spiele, eine Verführerisch-Alleinreisende. Ich sollt was singen zur Gitarre, kam zu spät zur Textdurchleuchtung durch die Kontrollorgane; so ließen mich die ›Progress‹-Funktionäre bzw. stellvertretender Kulturminister Wagner nicht auf die Bühne.
Die zittern, ich könnt ein von Biermann ausgekochtes Ding servieren. Was für Nachttöpfe in unserm Land die Kultur schmeißen!
Dann wären fast Tausende von Zuschauern einem Erstickungstod erlegen: Durch das Wasser ringsrum gingen die Feuerwerkskörper nicht los, schwelten nur und bald war alles in ›reizende‹ Rauchschwaden gehüllt. Nina und ich saßen bei meiner ehemaligen Busenfreundin Annelore A.

Szene aus ›Meine Freundin Sybille‹ mit Hans-Michael Schmidt und Evelyn Opoczynski

auf der Tribüne. Vom Ehemann, Intendant des DFF und Mitglied des ZK, waren wir abgerückt, um ihn, vielmehr uns nicht zu kompromittieren. Er hatte mir einst gütig, aber bestimmt, mit einer durch Trauerflor gedämpften Stimme und Schimmer in den Augen, nachdem er aus'm Dienstwagen gestiegen war, einem Tatra mit personengebundenen Chauffeur, erklärt: Wenn du mit dem Biermann nicht mehr unter einer Decke steckst, ist hoffentlich dein erster Anruf bei uns, deinen Freunden, die du schmählich verraten hast. Das mir! Und Annelore griff nach meiner Hand, wollte sie nicht wieder loslassen, ein Trotzköpfchen, das sein Spielzeug zurückhat, voll Angst vor erneutem Verlust. Sie schien glücklich für den Moment. Ich hab Mitleid mit ihr und verachte sie.
Auch der Jugoslave, Indianer-Darsteller, Goiko Mititsch (später begegnete ich ihm bei einem Empfang mit dem Regisseur Rudi Kurz, welcher mir den Hinweis gab, wie ein Gogolscher Brautwerber, daß sein Held so was wie mich Gebautes benötige, um seßhaft zu werden) hatte sich bei der Vorführung professionell an mich rangemacht, seine Muskelansätze unterm Hemd mitspielen lassen, mit romantisch-melancholischem Blick, ohne mir in die Augen zu sehn, meine Hand gegriffen, seinen Pulsschlag erhöht, wortlos zu verstehn gegeben, daß ich in seinem Wigwam willkommen sei. Ich bin auch keine Blume im ewigen Eis, aber den Freier konnte ich verschmerzen. Meine Lust wird eher durch Vorhandensein nicht sofort erfaßbarer Vorzüge ausgelöst: wie Ausstrahlung, Geist, Charme. Und was rauskuckt aus den Augen, das Lächeln, der Ernst. Dann kann er von mir aus kurzbeinig sein, windschief, wild, reich bestückt, arm an Geld und Gut. Hauptsache, der Funke springt über.

von Nina

Lieber kleiner Wolf! Ich wünsch Dir viele Grüße und Küßchen! Lebe wohl, du Bärtiger! Tschüß, Küßchen, Nina. Hoffentlich bist Du auch da, wenn ich um 17 Uhr nach Hause komme! Schließ ja nicht das Sicherheitsschloß ab! – (Gemaltes Herz mit Pfeil und Wolf und Eva) Schade, daß Du nicht Adam heißt!

Eva, Nina und Wolf zu Besuch bei Freunden auf Usedom, Sommer 1967

25. Sept. 67

Eva, meine liebe Liebe, ich glaube, es war heut früh, als ich Dich zum Flugzeug brachte. Inzwischen war bißchen Schlaf. In der Friedrichstraße traf ich Ekke Schall und wir verabredeten uns für den Abend. Er kam also mit seiner Barbara, wir unterhielten uns, ich sang paar Lieder. Die beiden fanden es gut, wenn ich am Ensemble irgendwas arbeiten würde, na ja, wir beide sprachen schon mal drüber.

Ich muß noch mehr und wieder die Welt fassen, das merkte ich auch an dem Peter-Weiss-Brief, den wir im Auto lasen. Überhaupt muß ich alles noch mal neu durchdenken. Die erste Gefahr war, daß ich unter dem Druck der Verfolgungen zusammenbreche, jetzt besteht die Gefahr darin, daß ich mich gewöhne, den Druck auszuhalten.

Ich möcht wissen, inwiefern Schall repräsentativ für die jüngere Männer-Generation ist –
er ist Millionär (als Brechterbengatte) –
er ist NPT –
er kann in die westlichen Länder fahren wie es ihm passt –
das spricht gegen ihn, aber – er ist ein großer Schauspieler –
ich weiß nicht, bin auch zu müde (miede) und will eigentlich nichts jetzt, als Dir sagen, daß ich Dich liebhab und Dich mit einem blöden Brief erfreuen will. – Dein Wolf Biermann

Bulgarien – 26. 9. 67

Lieber Wolf! Ich mußte gezwungenermaßen die Rolle einer Müßiggängerin übernehmen. Unser Kameramann ist ›ausfallend‹ geworden, d. h. es hat ihn schwer erwischt: Und er liegt ganz krank darnieder. Fazit: Wir können nicht drehen.

Der gestrige Flug verging wie im Fluge. Aufm Flugplatz in Sofia empfing mich mein Streitpartner in der Zigeunerfrage mit roten Nelken, halb um sich zu entschuldigen, halb um mich gewogen zu machen. Und fing gleich wieder an mit Spitzfindigkeiten, während er meinen Koffer durch Zoll und Paßkontrolle schleppte. Mein Zimmer war geschmückt mit Blumen. Roter Krim-Sekt stand da auf Veranlassung eines zweiten ›Opfers‹: Der ›Operator‹ hat sich in mich verliebt wegen meiner ›sinnlichen Gesänge‹ und läßt die Belegschaft mitleiden. Jetzt liegt er im Bett mit Herzflattern und läßt Bittschriften überbringen, Wunschträume in kindlicher Handschrift: Er könne nicht schlafen, denn ich übe eine Faszination aus und meine Figur sei umwerfend.

Überhaupt wär er sofort gesund, die Welt in Ordnung, die Produktion flutschte, dürfte er auf meinem Bettvorleger schlafen.
Mein Schatz und Meister, jetzt denkst Du wohl, ich flunkere Dir die Hucke voll. Mitnichten! Das wahre Leben ist oft kitschiger, als Worte es wiedergeben können. Doch Unglücklichverliebtsein ist kein Zuckerlecken. Ich bin manchmal auch ein Biest, das aus Spiellaune Vergnügen daran hat, einem Affen aus dem Gegenlager den Kopf zu verdrehn. Aber ich hab schon eine Therapie: Ihn wie einen Bruder behandeln und von meiner Liebe zu meinem Liebsten erzählen, der mich braucht und ich ihn. Ach, daß ich bei Dir war, mein Knautschtier, war so gut und ... befriedigend. Du bist der jeden Tag neu geträumte Traum von Eva und der von Dir nicht minder entzückten Marie.

Berlin, Mittwoch, 27. Sept. 67

Mein allerliebstes Dideldum, heute war fast so ein Brecht-Deine-Nachgeborenen-Tag. Ich bin stumm vom Reden, aber an Dich will ich wenigstens noch schreiben. Außerdem komme ich, wenn ich den Brief einstecke, gleich zu einem Spaziergang und kann die diskussionsgeschwängerte Nikotinluft rauspumpen.
Übrigens stell Dir vor: Die Verkäuferin im Flughafen hat mir tatsächlich für 4 MDN 40 Zwanzigpfennigmarken gegeben, ich merke das eben. Also bezahlt die Post auf diese Weise die Eilbotengebühren selbst – oder nein, es bezahlt wohl die Verkäuferin. Aber ich kann ja nun deshalb nicht noch mal ans Ende der Welt kutschieren.
Du bist jetzt 3 Tage weg, und ich hab natürlich noch keine Post von Dir – und Du nicht von mir. Ohne Dich geht es mir furchtbar ohne Dich. – Vergeude bitte keine Minute, in der Du nicht an mich denkst. Auch in den Nächten, wenn Du nicht denkst, denk an mich, im Schlaf halte Deine Liebe für mich wach, und wenn Du wach bist, erinnere Dich an unseren Schlaf:
Du Kastanie, ich Schale, oder:
ich Kastanie und Du Schale, oder:
beide beides,
oder auch beide keins von beiden,
wenn wir in verschiedenen Ecken
unseres friedlichsten Schlachtfeldes schlafen.
Teufel, das ist ja fast ein Gedicht geworden – die Kunst stellt sich eben erst ein, wenn man entbehrt, was man bedichtet. Solcher Mangel

provoziert den Überfluß an Schönheit, mit dem Durst fließen erst richtig die schönen Verse über das Wasser – und das passiert mir schon, nachdem ich an meinem ungewaschenen Bart fast noch immer den Geruch Deiner Lippen riechen kann, ich, der arme W. B. Dideldum

Berlin, 28. Sept. 67

Eva, meine Ferne, wo bist Du itzt, wo triumphiert das Städtchen, das Dich besitzt ... Es ist wieder Nacht. Ich mache wieder meinen Nachtspaziergang zur Post. Aber wenn ich so über die Friedrichstraße schlender, darf ich die Liebespaare nicht so genau ansehn, sonst werde ich so traurig, daß ich das Couvert noch mal aufreiße und in den Brief krieche. Aber wer klebt dann wieder zu, und wer steckt den Brief dann ein?!
– Heute habe ich gut gearbeitet, Leute waren auch da, u. a. zwei naive Studenten, die mich fragten, ob sie einen Biermann-Abend organisieren könnten. Entweder sie sind doof, Provokateure oder besonders klug und mutig. Vielleicht auch alles auf einmal.
Onkel Remané kam an mit zwei Körben herrlicher saftiger süßer Äpfel. Wenn ich in solchen Apfel beiß, muß ich in mehrfacher Hinsicht wieder an nichts denken als an Ева-Мария Хаген.
Trauben wollte ich heute kaufen, gab aber keine, ich stell mir Dich mehrfach traubenessend vor, braungebrannt und einsam. Dieser Gedanke ist natürlich der Vater meiner Wünsche, aber wie leicht ist man dann enttäuscht in falschem Hoffen, wie es in einem gestorbenen Lied des ansonsten sehr lebendigen Biermann heißt. Obiger Biermann wartet ungeduldig das Ende jeden Tages ab, der Dich ihm auf dem langen Rückweg einen Schritt näher bringt, selbst die Sekunden möchte er mit dem M.G. in die Zeit schießen, die ihn von Dir trennt. Gute Nacht – Wolf

Sosopol, 28. 9. 67

Wolf, das ist hier ein Leben! Heut wäre wieder ein Drehtag, aber als wir im Hafen der alten Küstenstadt ankamen, hieß es: Verboten! Wir brauchen die Genehmigung aus Burgas – weil gegenüber Kriegsschiffe ankern mit halbsteil zum Himmel gerichteten Rohren. Vorschrift und точка. Die Salven würden über mich wegdonnern im Ernstfall, wenn kein schadhafter Knaller drunter ist, der vorm Ziel krepiert, aber ungemütlich ist der Anblick schon. Als Kriegskind bist du geprägt, findest es nicht spaßig, auch wenn es nur als Drohgebärde gedacht ist, zur Abschreckung der Imperialisten.

Szene aus ›Tod im Preis inbegriffen‹ mit Werner Toelke

Es riecht nach Meeresfrüchten und Tang. Männer mit dunkelleuchtenden, von Sonne, Wind und entbehrungsreichem Leben zerfurchten Gesichtern tragen Kisten davon, glänzende Steiflinge. Ich war mit draußen, Netze einholen; frisch gebraten schmecken sie köstlich.
Ich werde Dir ein Mahl draus bereiten: Den Bauch mit Knoblauch einreiben, Peperoni drauf, Salz, auf Holzkohle braten, nicht zu stark, damit es saftig bleibt. Dazu wird eine Dir unbekannte Art von Salat serviert. Oliven, Dattelwein, eiskalte Kiselamolako; gesäuerte Milch ist das, in der ein spezieller Pilz den Geschmack ausmacht. Als Dessert Katzenzungen und einen Fingerhut voll Pimpernellenschnaps.
Übers Wochenende flieg ich nach Sofia. Eine DDR-Filmwoche findet statt und die VVB-Film, Abteilung im Ministerium für Kultur, wünscht, daß die anwäsindn Guldurschaffndn die TeutschTemogradsche-Räbuplik räbräsndiern.

Nur ich bin drehfrei zu der Zeit. Eine willkommene Abwechslung. Länger mit den angepaßten Künstlern und ihren mitgebrachten Frauen auf'n Haufen ... Wir haben uns nicht viel zu sagen; bis auf paar Ausnahmen, die kommen zum Abschlußfest zu uns, auch mein Masochist (der mich mit Blicken eines geprügelten Hundes verfolgt, als sei ich seine Herrin). Was gibts für verquere Arten, Lust zu empfinden! Ich bin doch eine von der Sorte, die die Sklavenherrschaft zerschlagen tät mit dem Dreschflegel, der Kalaschnikow, der flachen Hand – wenn Gutzureden sich wie Wasser-mit-dem-Sieb-schöpfen erweist.
Soldaten hantieren in Sichtweite; Marineuniformen formieren sich. Einer, mit Hände auf'n Rücken, gibt Order, Flaggen werden gehißt. Wo ich sitze, sortieren Fischer ihre Netze. Eben war Probefahrt, knallroter Mercedes 190 mit lahmarschigen Bremsen: Im rasanten Tempo soll ich drei Meter vorm Wasser anhalten ... Aber Xaltakow, das Organisationsgenie, ist noch nicht zurück aus Burgas mit dem PROBUST und der Sonnenuntergang naht.
Auf den Feldern hängen blaue Trauben. Daraus wird der GAMZA gemacht. Das Ausbessern der Schlaglöcher verrichten Zigeuner. Sie müssen die schwerste Arbeit tun, wofür es am wenigsten Geld gibt. Ich bewundere sie, weil sie sich in kein Korsett zwingen lassen.
Ein Glück, daß ich Sonntag die Vorstellung hatte und Du die ganze Zeit bei mir warst. Du machst mich glücklich damit, wie Du mich liebst, brauchst, forderst, mit mir Schach spielst.
Jetzt wimmelt es von Neugierigen: Ein Netz wurde auf einen Fischschwarm geworfen, Kleinvieh und paar Brummer werden gehievt. Auch ein Siebenmeilenstiefel von einem ertrunkenen Riesen. Ahoi!
Morgen winde ich weiter Wörter auf Weinranken, verknüpf sie mit Stilblüten und blumenreichem Geflecht, so daß Du Dich freust und frohlockst, die Stirn runzelst, weil ich noch so eine unausgebildete Knospe bin. – Aber Du wirst es ihr schon noch beibringen, Professor Higgins. – Deine Eliza Doolittle vom Prenzlauer Berg

Sosopol, Freitag, 29. 9. 67

Wolf! Die Maskenbildnerin fliegt in die Heimat. Da will ich schnell ein paar Zeilen schinden. Alle Ostgermanen sind angekränkelt vom ungewohnten Essen, zuviel Mastika, Klimawechsel; mir geht's blendend. Heut hab ich im Hafen getanzt, hatte den Crown-Apparat dabei und Platten. Und da hab ich den unschuldigsten schönsten süßesten Jungen

Bulgarien. In einer Drehpause mit Regisseur Horst Hildebrand

oder Mann von ganz Bulgarien gesehn und wir haben uns unterhalten. Er hatte alte Gummistiefel an und Fischerzeug und war verlegen und lachte wie keiner. Augen, mein Gott, so was Strahlendes; wenn ich nicht schon rettungslos in Dich verliebt wär, wär ich mit aufs Meer gefahren. Einen kleinen Moment lang schubste mich die Versuchung zur Reling. Aber Deine brave Else sitzt im Hotelzimmer, umrankt von Gedanken an den Einzigen. Mein Schatzschätzelein, wie gern wär ich bei Dir. Ich wär schon zufrieden, wenn wir nur unter Leuten wären, wo ich nicht so ›frei‹ sein dürfte. Aber spüren, Du bist anwesend, aus Fleisch und Blut, mit sprühendem Geist ausgestattet, einer betörenden Singstimme, Dich Deines Daseins freust oder traurig bist, egal; nur an Deiner Seite, dann ist schon alles gut. – Eva.

Berlin, Sonntag, 1. Okt. 67

Eva, meine Eva, verlorenes Balkanschaf, wann find ich Dich endlich wieder. Und immer noch keine Post. Sicher hast Du geschrieben, aber das dauert. In der SU, hörte ich, lassen sie Auslandspost in jedem Fall erst mal 8 Tage liegen, damit, falls irgendwelche chiffrierten Nachrichten drin sind, diese veralten und an Wert verlieren ...
Eva, es ist, besonders nachts, eine Qual ohne Dich. Ich komme einfach nicht in tiefen Schlaf. Ich wälze mich unruhig auf dem Laken wie ein

Wolf auf dem Balkon in der Zelterstraße, Prenzlauer Berg. An der Hauswand Kreidezeichnungen von Nina.

blutiger Laie auf dem Nagelbett eines indischen Fakirs. Mein Körper kriegt keine Schwere, um in Schlaf zu fallen und wenn ich auch zwei Bier trinke bleibe ich wach und es wird mir nur übel davon.*)
Gestern kam ich nicht dazu, Dir zu schreiben. Es war zuviel.
Den Tag habe ich gearbeitet, am späten Nachmittag bei Manfred Krug – am Abend zu einem Theodorakis-Liederabend im Apollo-Saal der Staatsoper. Dieser französische Sänger soll auch einen Eisler-Abend in Paris machen und er will auch meine Lieder in Frankreich singen. Aber es war zum Kotzen. Der Gesang nicht nur, sondern auch die Lieder selbst. Monoton, primitiv, ein simpler Schlagerfolklorist, der sich auf Kunstlied getrimmt hat. Mit dieser miserablen Kunst erweist man diesem hochgefährdeten Kommunisten keinen Dienst und weckt keine Solidarität. Höchstens insofern, als viele jetzt um so inbrünstiger für seine Freilassung kämpfen werden, damit nicht mehr – aus politischen Gründen – solche Konzerte veranstaltet werden müssen. Aber das ist wohl schon wieder getiftelt ... Vielleicht war es auch nur eine besonders ungeschickte oder gar niederträchtige Auswahl aus Theodorakis' Schaffen, dessen Werk ja hier unbekannt ist.
Übrigens kam Nina heute früh hier an. Sie mochte bei ihrem Vater, der schwere Grippe hat, nicht bleiben, wollt aber auch zu Schroeders nicht, weil sie dort nicht erwartet wurde; sie bat mich, die Nacht hierbleiben zu können. Ich hab den Weckdienst gestellt, damit sie die Schule nicht verschläft. Sie schläft seit 21.00 im neuen Zimmer. Ich hab ihr neue Gitarrenharmonien gezeigt und sie hat fleißig geübt. In der Schule ist soweit alles in Ordnung. Ich hab auch ihr Tagebuch unterschrieben. Von Jürgen & Dobsy soll ich Dich grüßen, die ich

beneide, weil sie sich haben und muß aber auch dabei denken, daß es ja meist umgekehrt ist, wenn Jürgen immer alleine bei uns beiden ist. Von Jean Pierre, Steffi Eisler und von dem Krug soll ich Dich grüßen. Alle bedauern mich in angemessener Form, denn ohne Dich bin ich wie ein fideler Vogel mit gebrochenem Flügel. Dein Wolf
*) Wenn die Genossen von der politischen Polizei das lesen, werden sie sicher denken: Diesem Leiden könnten wir schnell und gründlich in unserem Arbeitslager abhelfen. Diese faulen Intellektuellen, oder wie die Zigeunerin sagte: ›Gott, Gott, Gott – beiß dein' lieben Gott den Schwanz ab!‹

Berlin, 2. Oktober 67

Eva, mein allerliebster Saftarsch, mein Balkanfeuer, wie hab ich mich gefreut über Dein Telegrammgedicht! Hoffentlich sind auch inzwischen paar Briefe bei Dir angekommen. Ich hab den Tag gut gearbeitet, das Leben ist schön. Nun fehlt bloß noch, daß Du da bist. Die Nächte schlafe ich bißchen unruhig und bin vormittags wie erschlagen, Augen-Kopfweh, aber gegen Abend wird es besser. Bißchen See und bulgarische Sonne würden meinem blöden Kopf guttun. Du mußt von all dem doppelt nehmen u. mir dann, wenn Du zurück bist, in Küssen abgeben. Falls irgendwelche Briefe von mir verschütt gehen sollten: Ich habe bisher jeden Tag geschrieben.
Heute besuchte mich Bielers tschechischer Übersetzer. Also: Bieler ist nach wie vor in der ČSSR und vergnügt und hat nicht die Absicht, so bald in die DDR zurückzukehren. Von der ČSSR aus hat er sogar die Möglichkeit gehabt, eine Einladung nach Westdeutschland wahrzunehmen – ohne DDR-Genehmigung. Daß jetzt die Zeitung des ČSSR-Schriftstellerverbandes ›Literari Novini‹ verboten und aufgelöst ist, hast Du sicher noch nicht erfahren: ›Ihr erinnert Euch: Es sind ja nur so traurig, bitter, finster unsere ansonsten großen und so schön bewegten Zeiten. UND SO SCHÖN BEWEGTEN ZEITEN‹
Ich hab Dich lieb. Heut ist noch nicht so spät. Ich will noch bißchen schreiben – Dein Wolf Kuss Kuss Kuss

Burgas, 2. Oktober 67

Wolf Biermann! Sie sind ein vielbeschäftigter Mann. Aber daß Sie nachts nicht ansprechbar sind und schon vier Tage kein Lebenszeichen in der Fremde eintraf, stimmt die Person – mit der Sie immer solche

Sachen machen, Sie wissen schon, rauf und runter die Tonleiter – nachdenklich. Doch lassen Sie sich nicht inkommodiern, Herr Umtreiber! Das vertanzt sich umgehend.
Mit Schmuck behängt, der Glaube, Liebe, Hoffnung, symbolisiert, verbleibt Ihre Eva-Maria von und zu Hagen mit Zuversicht.

Burgas, 3. Oktober 67

Mann! Montag keine Post, Dienstag ohne Brief; bin nicht grad eine vor Glück strotzende Vertreterin vom Geschlechte der Evas & Marias. Aber Nina hat geschrieben. Das erinnert mich daran, daß ich dieses Wunder vollbrachte, ein schwarzbraunäugiges Engelsbild auf die Welt zu pressen; ich dachte damals: Eine von uns beiden überlebt die Prozedur nicht, vielleicht keine. So eine Viecherei war das. Aber als sie ausgeschlüpft war, war die Erde das Paradies. Kümmere Dich um sie, sag ihr, ich habe Sehnsucht.

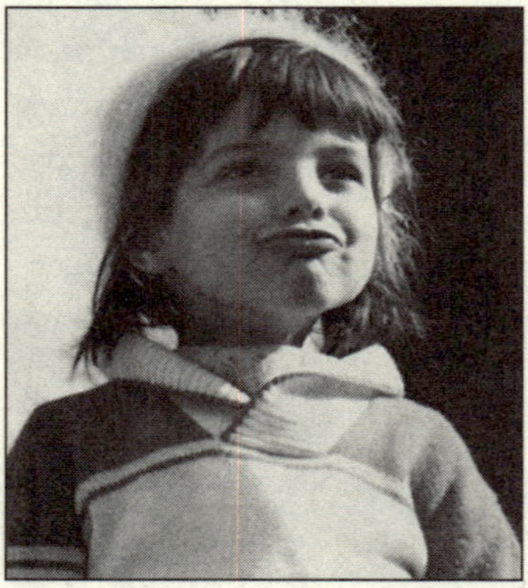

Heut befanden wir uns in Felsenschluchten Richtung Istanbul. Wär nicht schlecht, da mal bummeln zu gehn. Was hälst Du davon? Balkan-Tourist wirbt für Reisen per Bus und Schiff. Du mußt nur im Besitz eines Passports der Gegenseite sein, dann darfst du sogar nach Honolulu. Aber was hätte man von so einem fragwürdigen Vergnügen? Du kriegtest Blasen an den Füßen beim Durchwaten der Slums. Schöner ist es da auch nicht, als in der Heimat, nur anders eben. Fahr in den Harz, kletter auf'n Brocken! Da kann man weit ins Land schaun, sich freun, daß man frei rumläuft. Oder mach ins Thüringische nüber, zur Wartburg rauf, nimm teil am Sängerwettstreit: ›Und sah aus heimischen Stübchen behaglich zum Fenster hinaus.‹ Den's hinauszog, ›lockten Stimmen im Rund, sein Schifflein liegt aufm Grunde und über den Wassern wehts kalt‹, singst Du so schön in dem Schubert-Lied. Das mag ich gern hören von Dir. Aber es beruhigt das Fernweh nicht.
Ich seh hier kaum Zeitungen und weiß nicht, was los ist in der Welt. Schreib es mir. Und was mit Dir ist. Bist Du in ein neues Stadium Deiner ›Irrungen und Wirrungen‹ eingetreten? ›Sag mir, wo du stehst!‹

Manchmal stößt mir auf, daß es unerhört ist, weil da ganz legitim irgendwelche Heimlichen auf ihren Büroärschen sitzen, ihre Riechkolben in anderer Leute Dinge stecken – und dafür noch bezahlt werden. Das muß ein deprimierender Beruf sein: Nasenreinstecker. Derjenige welcher Verbindungen und Korrespondenz aus aller Welt zu Wolf Biermann überwacht, ist sicher ein beschlagenes Bürschchen, kriegt allerhand in die Finger, trägt doppeldeutige Wörter ein ins Zensurenheft, kommt ins Schwitzen bei Begriffen wie Solidarität, Freundschaft, Freiheit, Democracy. Wo gehören sie hin, auf die linke Seite, rechte, negative, positive? Und meine Liebesseufzer alle, die Dreistigkeiten. Wo ist die Grenze zur öffentlichen Ordnung, wann beginnt Pornographie ...
Sie Mistkäfer! Ein Blitz soll Ihren Sehnerv treffen beim Aufdecken unserer Bettdecke, der Schlagstock Ihr Kreuz begradigen, Untertanenseele! Es gibt genügend anständige Arbeit zu verrichten, im Oderbruch z. B. die Deiche befestigen,Wege und Waldstücke von Unrat befreien, Kriegsschrott sammeln, Neulanderschließung, Sumpftrockenlegung; das wären Taten fürs Vaterland. – Bin ich zu weit gegangen? Sollt ich Ihm oder ist es eine Sie – dann möge ihr die Pflaume austrocknen vor der Zeit – Honig ums Maul schmiern? Nie und nimmer! Da geht die Post ab mit Sonderkurier. Hoffentlich kommt der Schriftsatz in keine falschen Hände. Steck ihn unter die Vertäfelung im Roten Ratskeller, da könnse lange suchen. Hier spricht die Hexe Rischelrasche, auch Mohnblüte genannt; war nur 'n Jux, Genossen, unter Vollmondeinfluß verfaßt. Wie bitte, fragt der sich. Ah, verstehe, sie kriegt ihre Tage. Heut geht es über Stock und Stein, durch Unkraut, Immergrün und Buntes, weil mir gräulich zu Mute ist. Aber morgen kommt ein Brief vom Wölflein Karl; ich verdurste nämlich ohne Liebe seiner speziellen Art. Noch 13 Tage, stöhnt Eva.
Der Brief war schon zugeklebt, als ich am Empfang vorbeikam: Da erspähte mein Adlerweibchenauge den Lichtblick. Ein Freudentaumel versetzte meine Blutkörperchen ins Glucksen. Durch die Riemchen der Sandalen wuchsen Kleeblätter, Marienkäfer ließen sich drauf nieder, Zitronenfalter klatschten gegen die Panoramascheibe. Ich dachte, Junge, was ist los, stieß einen Juchzer aus, der im Rauchfang widerhallte.
Die Feigen sind reif. Fisch gesalzen und in Balkansonne getrocknet, einfach himmlisch. Bring ich mit.
Hab neue Saiten aufgezogen und singe Dir jetzt was zur Nacht.

3. Okt. 67 – Berlin

Eva, Eva, meine furchtbar Ferne, ich bin krank vor Sehnsucht. Sieh zu, daß Du da eher fertig wirst, sonst bin ich fertig, bevor Du fertig bist. Heute – endlich, kam (das Telegramm ausgenommen) die erste Nachricht von Dir, der Brief, den Du der Maskenbildnerin mitgabst. Ich entnehme Deinem Brief, daß Du bis zum 29. 9. noch keinen Brief von mir hattest, obwohl ich sofort und täglich mit Eilpost und per Flugzeug an Dich geschrieben hatte. – Ach, Eva, – wenn Du sicher die Schilderung dieses ›schönsten und süßesten Jungen oder Mann ... und war verlegen und lachte wie keiner. Augen, mein Gott, so was Strahlendes ... kleinen Moment schupste mich die Versuchung zur Reling ...‹ in Deinem ungeduldig herbeigesehnten Brief auch nur über mich magst ergehen gelassen haben, um mir zu zeigen, welchen Versuchungen Du entgehst ... die herzerfrischende Schilderung dieses balkanischen Fischer-Adonis macht meinen schlechten Schlaf nicht grad besser. Bitte verschone mein armes Herz mit den Versuchungen, denen Du dort ausgesetzt bist, meine Phantasie bedarf dieser Peitschenhiebe nicht. Und wenn ich dann noch daran denke, daß Du noch immer keinen meiner Briefe erhalten hast und vielleicht voreilig Dich von mir vergessen glaubst, möchte ich am liebsten eine große ›mea culpa‹ im ND veröffentlichen, damit ich wieder würdig bin, die DDR im sozialistischen Ausland zu vertreten, und sofort mit dem nächsten Flugzeug in dieses verfluchte Burgas eilen, um Dich aus den Klauen irgendwelcher hinreißender Naturburschen zu reißen.

Vielleicht schick ich ein Telegramm, falls Du immer noch keine Post hast. Ich kann mir auch nicht denken, daß dies Dein erster und einziger Brief an mich war. Laß mich wissen, wie lange meine Briefe gehen, falls sie überhaupt ankamen, und wann Du genau zurückkommst, damit ich nicht Briefe schicke, die ankommen, wenn Du dort – endlich – wieder weg bist. Ich muß an mein frühes Lied von der ›Sehnsucht, die müde macht‹ denken, wo es heißt:

Die Sehnsucht ist ein Riesenrad, das dreht sich laut im Lärm –
bist du oben – bin ich unten – bist du unten – bin ich oben
und uns wird schlecht vom vielen Drehn‹.

Ich hab Dich und nur Dich lieb und warte und warte und warte und warte, verflucht, Dein Wolf

Mittwoch, 4. *Oktober 67*

Für mich ist heute der Kommunismus ausgebrochen: Ich lebe im Überfluß! Als ich heut morgen einkaufen ging, fand ich die ersten zwei Briefe direkt aus Bulgarien, und als ich dann zurückkam, lag noch ein dritter Brief von Dir im Kasten, den jemand in Berlin eingesteckt hat. Na endlich löst sich der Krampf! Da keine Briefe von Dir ankamen, fürchtete ich vor allem auch, daß meine Briefe auf dem langen Weg (20. Jahrhundert! Düsenflugzeuge!) nach dem Balkan gestorben sein könnten. – Ich freu mich auch, daß Du die Leute dort so intensiv kennenlernst und Dich nicht als 1.) dumme deutsche Dame und 2.) als Filmstar nur in Hotels und Bars dieser devisenspuckenden Heia-Sozieia rumdrückst. Daß Dich die germanischen Gänse auf Dauer langweilen, kann ich gut verstehen. Nur fraternisiere nicht so weit mit diesen hinreißenden ›Eingeborenen‹, daß es mich umreißt! Meine Liebe hat nämlich nichts von dieser großzügigen Gelassenheit, die Robert gern predigt, wenn es nicht um seine eigenen Interessen geht. – Aber jetzt, nachdem doch Deine lippenstiftverzierten Briefbogen auf meinem Tisch liegen, geht mein Puls schon gleichmäßiger und mein Schlaf wird ruhiger. Sogar der Körper stellt sich um auf Sparflamme. Die Natur ist doch klug – zumindest meine.

Heute kaufte ich für 10.90 Mark Briefmarken. Aber diesmal gaben sie mir doch tatsächlich nur soviel Marken wie ich Mark bezahlt hatte – an besonders gute Behandlung, wie neulich auf dem Flugplatz, gewöhnt man sich schnell und ist dann, wie es in dem leider immer noch schlechten Text heißt: enttäuscht in falschem Hoffen.

Übrigens seh ich gerade: Deine Briefe gingen 6 Tage – falls Du nicht schon vor dem 28. 9. geschrieben hattest, also Briefe, die noch nicht angekommen sind, weil sie noch von andern Bürgern gelesen werden. Sieh zu, daß Du da bald abgedreht hast, damit ich nicht durchdrehe.

Ich muß Dir nämlich amtlich mitteilen, daß ein Leben ohne Eva-Maria Hagen unerträglich einsam ist, da helfen auch keine guten Freunde und diverse interessante Besucher.
Gestern sah ich mir die Premiere der Wiederaufnahme der ›Mutter‹ in BE an und ließ mein Theaterherz in diesem klassischen Stück, in dieser Inszenierung, die ich wirklich im Arsch habe, angenehm verbluten.
Ich hab Dich ∞ lieb, Dein Wolf

5. 10. 67

Nun bricht ja wirklich der Briefwohlstand aus! Die große Ernte! Heute morgen pflückte ich schon wieder eine Eva-Traube von meinem Briefkasten. Allerdings ist die Versorgung bißchen durcheinander: es sind zwei Briefe vom 26. + 27. 9. Und schon wieder gefüllt mit der herzzerreißenden Schilderung diverser Verehrer. Hoffentlich komme ich ohne Infarkt über die nächsten Runden. Ich bin so gut wie keinen Versuchungen ausgesetzt, kann ihnen also auch nicht widerstehen – allerdings widerstehe ich der Versuchung, mich überhaupt Versuchungen auszusetzen und das ist ja auch schon eine Leistung – eigenartig wie eine Leistung darin besteht, daß man etwas nicht leistet ... Punkt.
In der Arbeit komm ich gut voran. Wenn Du zurück bist, zeig ich Dir alles. Im Brief möchte ich nicht unbedingt Zeug schicken.
Zum wiederholten Male möchte ich Dir mitteilen, daß mein armes Herz mit gewaltigen Stahltrossen gebunden ist, die irgendwo im Balkan enden und dort irgendwo befestigt sind, ich bilde mir ein: an Dir – aber wer weiß, ob Du die Stahlseile nicht solange an irgendeinen kalten Felsen befestigt hast, indes Du munter umherfliegst, kreuz und quer schwimmst im Delphin-Stil, im Brust- oder Kraul-Stil. ›Mann! Mann! wie tief mich das reut, daß ich Dich schwirren ließ unter die fremden Leut‹ ... so klagte mal, ich weiß nicht welcher deutsche Dichter. Ich darf nicht zu lange daran denken, sonst werden meine Überlegungen völlig humorlos. Ich bitte Dich – verkneif Dir diese heißen Diskussionen! Man muß der Schlange nicht vom Fliegen vorschwärmen, sie lernt es doch nicht und beißt nur.
Hier sind jetzt herrliche Herbsttage. Vielleicht sollte ich noch für kurz an die Ostsee fahren – das einzige, was mich schwanken macht, ist die Tatsache, daß ich dann bestimmt keine Nachricht, keinen Brief von Dir kriege, die ich aber so dringend brauch. Ich hab Dich sehr sehr lieb und – das muß dumm und übertrieben klingen – lebe keine Stunde, in

der ich nicht an Dich denke, mich sehne nach Deinem Hiersein – Dein Dasein (da in Bulgaria) ist natürlich auch schon ein Glück.
Lasse Dich nicht von eventuellen Haifischen zu Wasser oder zu Lande fressen und erhol Dich gut, wir brauchen große Kräfte, das Leben hier wird nicht idyllischer werden. Dein Wolf

5. 10. 67

Wolf, so ein blauer Morgen wie auf der Karte ist hier. Am Horizont taucht mächtig der Sonnenball aus Nachtdunst auf; es wird ein heißer Tag zur ›Abwechslung‹. Ich würd so gerne mit Dir frühstücken.
Noch 11 Nächte. Ich zähle – wie ein Gefangner in der Zelle die Tage.

Do./Fr, 5./6. 10.

Eva, meine Sehnsucht, es ist gleich zwei Uhr in der Nacht. Jürgen war noch da, der Arme! Weil der Zahnarzt eine tiefliegende Zahnwurzel nicht fassen konnte, mußte er Jürgen den Kiefer aufmeißeln; das arme Schwein (Jürgen!) hatte letzte Nacht solche Schmerzen, daß er eine angebrochene Weinbrandverschnittpulle, in der schon 5 Fliegen den süßen Schnapstod, den feuchten Seemannstod gefunden hatten, auf einen Zug aussoff (Fliegen vorher entfernt) dazu etliche Bier. 5 Minuten später (n.b.! 5 Fliegen!) mußte der Arme sich erbrechen, lag besoffen im Erbrochenen –
Mein Gott, wie Du mir fehlst – meine Göttin, meine Menschin. Das ist doch kein Leben! Mir graut schon vor meiner Seifenkiste in die ich mein waches Fleisch schlafen legen muß. Sobald Du zurück bist, wollen wir dieses verfluchte Bett renovieren, es ist ja auch schon wesentlich weicher, wenn Du drin liegst.
Ich denk und les viel über die Chinesen nach. Wenn Du zurück bist, kann ich Dir allerhand zeigen. Wenn die Kollegen mit den Stielaugen Langfingern Langnasen es nicht klaun würden (samt Brief) würde ich Dir liebend gern ein Broschürchen beilegen. ›ÜBER DIE STALIN-FRAGE‹. Mit Recht verlangen die Chinesen, daß der historische Materialismus, der Marx gut genug war für die Analyse des Kapitalismus, auch auf unsere eigene Geschichte angewandt wird, daß man also Stalin als historische Erscheinung faßt und nicht als verbrecherischen Dummkopf. Und dem guten alten Nikita werfen die Chinesen zu Recht vor, daß er, kaum dem großen Dschugaschwili aus dem Arsch gekrochen, gleich das Beinchen hob an dem großen Leichnam ...

Womit ich sagen wollt, daß ich Dich lieb hab und Leiden leide. Diese Leiden werden erst ein Ende haben, wenn die neuen Leiden kommen, also komm bald!
Das PEN-Zentrum der Deutschen Demokratischen Republik hat sich mit einem interessanten Einschreibe-Brief an mich gewandt: Sie mahnen zum 3. Mal die 50.– Eier Jahresbeitrag. Deren Schamlosigkeit stinkt wirklich zum Himmel. Statt für die PEN-Charta zu kämpfen, also gegen Zensurwillkür und Unterdrückung der Kritik, statt mich zu schützen und dafür zu sorgen, daß ich drucken und singen kann, also Geld verdienen, soll ich ihnen die Kaviarbrötchen für die nächste lächerliche Jahresgeneralversammlung spendieren. Wirklich sonnige Gemüter! Penner! Vielleicht sollen die 50 Mark auch ein nachträgliches Honorar dafür sein, daß Herzfelde Girnus Kamnitzer beim vorletzten PEN-Congress in New York bei Eric Bently vorsprachen, um ihn davon abzuhalten, mich zu übersetzen. Eva Evu Eveu, ich bin müde und krank nach Deinem Mund – Wolf

6. 10. 67

Eva, meine Liebe, heute ist Freitag, ein Tag, frei von einem Brief aus Bulgarien. Jetzt bin ich natürlich schon anspruchsvoll und werde ungerecht, wenn sich nicht täglich der epistelinische Segen Deiner Liebe über mich ergießt. – Hier wird es verdammt herbstlich, die paar schönen Tage sind vorbei. Regenschauer begleiten mich auf meinen nächtlichen Spaziergängen zum Briefkasten unter der S-Bahn. Auf dem Rückweg sehe ich dann immer Dein Bild, wie Du mich fremd ansiehst, im Arm von Ernst Thälmann, wie Du auf mich herabschaust mit 2 Meter großen Augen, mit einem 4-Meter-Mund, Dein schönes liebes Gesicht haben sie abgepinselt, daß man ein wächsernes Panoptikumgefühl hat, diese niederschmetternde Lebensnähe, die so nah am Leben vorbeigeht, daß es wie Mord ist.
Heute war Nina wieder den Tag hier, morgen will sie zu ihrem Vater. Auf der Gitarre macht sie Fortschritte – Du mußt weiterüben, sonst holt sie Dich bald ein. Ich hatte gestern meine erste Unterrichtsstunde bei Herrn Schlinske. Stell Dir vor: Die Art wie Du die Finger setzt beim a-moll und E-Dur Griff ist richtig, und ich mach es falsch und muß jetzt mühselig diesen tief eingeschliffenen Griff umlernen, damit ich mir nicht Wege verbaue beim weiteren Spiel. Dideldumm, komm bloß bald. – Ich hab Dir ein schönes heiteres und starkes Lied geschrieben,

wie bestellt (pro Zeile 5,62 MDN). Für Nina hab ich, mit ihr zusammen, einen Satz Nylon-Saiten gekauft, mit ihr zusammen aufgezogen; auch die leidigen Ersatz-Kunststoffknebel für die Mechaniken. Ansonsten war der Klavierstimmer da und hat endlich und zum ersten und hoffentlich letzten Mal meinen Flügel total auseinandergenommen und gereinigt, neuen Filz in die Mechanik eingebaut, 3 Saiten erneuert – ich hab tüchtig mitgeholfen und der ganze Spaß hat nur 25 Eier gekostet! Also: viele Küsse und was Du schon ahntest:
Ich hab Dich lieb – Wolf

7. 10. 67

Wolflein, hier hast Du den Weg im Park zum Pavillon von der Königin aus Rumänien, die für ihren Liebsten, den schwarzen Prinzen, das Schloß bauen ließ. Wir haben unser goldenes Bett. Vielleicht hatte sie ein noch schöneres, aber schöner drin geschlafen, als wir in unserm – nein, sie hatte ja nicht Dich – zum Glück. Der Gedanke: Du und die Königin, überhaupt Du und ... Nicht auszudenken. Du mußt wissen Karl, daß ich Dir alles Gute wünsche, das Beste von allem, aber was die bestimmte Sache betrifft, da wünsch ich Dir nur mich an' Hals. Keine weiteren Wortmeldungen zum Thema Ausschweifung der Phantasie, Frau Eva! So nennt mich Pjoter, hiesiger Organisator, scharf wie 'ne Rasierklinge, mit der er sich oft schneidet aus Nervosität.
Allmächtiger, laß die Zeit schwinden; kannste nich die drei Tage verschlucken? Mach wenigstens, daß Karl-Wolf ruhig Blut bewahrt in Abwesenheit seiner Ringelblume und nur besagte Eva-Maria Hagen will, wie sie ihn, den Sohn von Dagobert und Emma Biermann. Amen.

9. 10. 67

Eva, eben hab ich den Hörer aufgelegt nach unserm langen Telephongespräch. Ich bin glücklich, daß Du mich noch liebhast über so große Entfernung, diesen verfluchten Hunger nach Dir hab ich jetzt endgültig satt. Ich erwarte Dich morgen, und dieser Brief ist also für Dich als Gruß, wenn Du zurückgefahren sein wirst. Aber vielleicht lassen sie Dich doch nicht fahren.
Alle Menschen werden mir zuwider, wenn ich Dich nicht hab, diese blöde Welt ist überhaupt nur zu ertragen, wenn ich Deinen Bauch fühlen kann und Deinen Atem atmen. Das hab ich nicht gedacht, daß mir alles so unerträglich wird ohne Dich. Wenn ich Dich nicht hab,

hab ich mich auch nicht; ich bin nicht bei mir, wenn ich nicht bei Dir sein kann. Den Schlaf kann ich nicht mehr aushalten und das Wachsein nicht, die Nacht ist keine Nacht und der Tag kein Tag und die Welt ist keine Welt, sondern eine Folter und die Zeit läuft so langsam wie ein Leichnam. Meine Pendeluhr hab ich angehalten, denn wenn ich anfange auszurechnen, wie oft dieses blöde Pendel sich noch hin und her bewegen muß bis Du kommst, kriege ich Wut. Aber Du kommst ja morgen, und statt ich mich freu und ruhig schlafe quäle ich Dir die Worte aufs Papier, weil ich ja doch – was wir schon ahnten – befürchte, daß Eva-Maria Hagen erst am 16. aus dem TV-Käfig entlassen wird. Zu große Sehnsucht schlägt sogar die Träume tot. Seit Tagen träume ich auch nicht mehr von Dir, von nichts, ich bin ein Holz, ein versteinertes Holz, mechanisch esse ich irgendwelchen Fraß, trinke irgendwelche saure Stinkmilch, die Fliegen feiern Feste auf meinen Speiseresten, die Küche ist Chaos und mein Bett wird immer härter. Meine Wohnung ist leer leer leer ohne Dich. Sogar Dein schönes Foto, das mich heiter ansieht als wär nix, kann ich nicht mehr sehen, dieses lächerliche Photopapier, alles ist Ersatz, da hilft gar nix anderes – Du mußt einfach her und Punkt. Sonst muß es Winter werden im Monat Mai. – Komm, meine Schöne, wir wollen uns den herrlichsten Mai machen in diesem Winter, wir wolln blühen in den Herbststürmen, in den Schneestürmen, die kommen werden, komm komm, O komme Du zu Deinem Wolf Biermann.

Dienstag, 10. 10. 67

Sbd, Sonntag, Montag, Dienstag – keine Post vom Balkan – das ist ein bißchen viel zuwenig. Heute, meine Liebe, meine braungebrannte, erholte, süße Balkansonne hinter den Wolken schreibe ich Dir den letzten Brief. Es ist 0.00 nachts. Morgen früh, am 11.10. geht der Brief ab. Ich bitte die verehrten Mitleser, diesen Brief gleich weiterzugeben, er enthält weder zersetzende Äußerungen noch codierte Wortkombinationen noch Wasserschriften, sondern nur eine harmlose aber ungeheuer für die Welt wichtige Mitteilung an Eva-Maria Hagen, daß ich sie fast so leidenschaftlich herbeisehne wie den Sozialismus. Ich bitte also die geliebten Genossen auch in Bulgarien ihre staatserhaltende Arbeit zu beschleunigen, damit meine arme einsame Frau vor ihrem Abflug noch eine Freude hat. (Hier endet der offizielle Teil. Lesen Sie bitte mit geschlossenen Augen weiter, wenns sein muß.)

Eva, der verdammte Herbst hustet durch die Friedrichstraße. Kalt, naß, die Büsche auf dem Hugenottenfriedhof sind ausgefranst, die Bäume zerschlissen, Brecht saß frierend auf seinem Hundestein und bat mich um Feuer für seine Virginia, Eisler erwischte ich, wie er von fremden Gräbern Blumen, Kränze, Tannenzweige, Efeu und Laub zusammenkratzte und auf seinen Hügel schleppte, damit es unten nicht so kalt ist. Der Herbst ist einem kälter als der Winter, weil man noch so an den Sommer gewöhnt ist. Komm schnell und wärme mich, erwecke mich wieder zum Leben, laß mich die großen Tode sterben vor dem Altar Deines Hinterns und küss mich gesund von der Einsamkeit. Komm, wir wollen uns warme Klamotten anziehn und uns festhalten und durch den Blätterregen laufen und wollen die Vergänglichkeit der Natur sehn und dabei denken an unsere große Liebe, die ewig dauert bis auf weiteres; komm meine Schöne, laß Deine herzerweichenden Fischer-Jünglinge, wir wollen uns im Konsum paar Fische fangen, Du machst eine große Fischsuppe, die wir, mit unsern Freunden, löffeln werden bis wir heiß werden und wollen trinken und Zigarren mit Jürgen Böttcher rauchen und singen und Du erzählst uns von Deiner Reise auf den Mond, und wir werden Dir zuhörn und Dich loben für Deine schönen Geschichten. Komm, meine Allerliebste, ich werde Dich am Flugplatz gleich in Empfang nehmen und nicht mehr loslassen, Dein Wolf

Burgas – 10. 10. 67

Himmlischer Vater! Der Tag ist ein Geschenk der Götter:
Eine Sondersendung traf ein von einem ihrer Lieblingssöhne.
Letzter Tag. Die Fischer hatten uns eingeladen zu Bohnensuppe, Plinsen. In den Klippen, wo ihre selbstgezimmerten Hütten stehn, waren wir: Abschied feiern. Und Du hast gewartet! Ich hätt die drehfreien Tage genutzt, koste es, was es wolle; aber nichts zu machen. Selbst, um für den 16. 10. sicherzugehn, fliegt extra ein Aufnahmeleiter nach Sofia das Okay holen.
Ich lese in ›Trotzki's Leben‹. Welch Schicksal! Dieses triviale Ende. Wer denkt sich so gemeine Romane aus für die Wirklichkeit. Wenn wir in der Zeit gelebt hätten ... Es kommt auch auf einzelne Köpfe an: Da war Wladimir Iljitsch, Leonitsch Wissarwjonowitsch, Adolpho Gitler Kaput, Sachsenmaxe, Pardon! Walterchen Kastratenwitz. Wenn nicht immer so machtbesessene Gichtknochen, schlaftrunkene Unholde oder Saufbolde am Ruder gewesen wären, sondern Bären und Wölfe. Ach, mein Karlchen Wolfowitsch, ich muß lachen, wenn ich mir vorstelle, wie Du da auf'm Plüsch hockst (der Plunder der Vorgänger wird ja immer mit übernommen vom Nachfolger, das Wimmeln der Bücklinge, Zeremonienmeister, Stallburschen, Geheimagenten) in zu kurzem Hemde, im Schneidersitz auf'm Thron – und mit den Hofphilosophen ein Konzept für die Zukunft ausheckst, Dir dabei den Bauch vollschlägst mit südländischen Früchten, bis das Füllhorn alle ist und Du es als Pudelmütze benutzt. Und wie Du langschlitterst auf blankgewienertem Parkett, rumhüpfst auf'm Perserteppich mit knackigen Waden, kopfüber schießt vor Übermut, zur Laute greifst, die Dachluke aufmachst und singend die Richtlinien des Tages bekanntgibst an die Marktschreier, die sie in den anliegenden Provinzen verteilen.
Dann kommt Deine junggebliebene Angebetete, mit Schneeglöckchen aus Meißener Porzellan an den Fußgelenken, einer Krone aus Schellengeläut, ahmt die Laute des Honigkuchenpferdes nach, lockt Dich in' Wald zurück, wo Du (nicht) hingehörst, Wolf, damit Du weißt, was die Stunde geschlagen hat und Dich aufn Weg machen kannst.
Liebster, bald fressen wir uns mit Haut und Haar, werden neu geboren durch uns selbst, unschuldig, einander vertraut und doch fremd.
Ich lasse Dir Deine Freiheit und nehme mir dadurch meine.
Dein liebes Liebchen Marie.

›Brot und Rosen‹: Mit Heinz Thiel vor Probeaufnahmen (links oben) und Szene mit Günther Simon (rechts oben). In ›Die Fahne von Kriwoj Rog‹ als Widerstandskämpferin mit Angela Brunner (rechts unten)

Tagebuch, Oktober 67

... Plakate der ›Fahne von Krivoj Rog‹ an den Litfaßsäulen. Premiere von ›Brot und Rosen‹ in Berlin. ›Heroin‹ ist abgenommen. Hab viel gearbeitet dieses Jahr ...

18. Oktober 1967 fast 24 Uhr. Gleich werde ich dreiunddreißig. Ich fühle mich sehr gut. Seit zwei Tagen wieder in Germanien, hab was von der heiteren Gelassenheit der Balkanmenschen mitgebracht.

Es war ein großes Fest der Liebe veranstaltet worden von Eva's Liebsten Wolf und Karl seiner Marie.

Aus einem GI-Bericht vom 28. 10. 67 – 20.20

Wolf Biermann meldet sich bei Frau Hagen. Er sagt zu ihr, daß er es ohne sie nicht aushält, er möchte gern zu ihr kommen. Eva ist einverstanden, er möchte sich ein Taxi nehmen. Wolf meint, daß sie lieb sein wollen, es ist doch alles Scheiße, wenn sie sich nicht vertragen. Er hat sie doch lieb. Eva hat ihn auch lieb, das ist doch grade das Blöde. Das ist nicht das Blöde, sagt Wolf, sondern das Gute. (...)

1. 11. – Unterhaltung zwischen Eva-Maria-Hagen, Wolf Biermann, Peter Hacks. Eva meint zu Peter Hacks, daß er gesagt hat, daß ihm der Walter Ulbricht fünfzigmal lieber ist, als der Biermann. Wolf bemerkt, daß das ja bekannt sei. Nach einer nicht zu ermittelnden Unterhaltung sagt Peter: ›Ich formuliere also und tadel wieder: Der Biermann hält es für sein Berufsrecht ... seine private Meinung zu verallgemeinern und eine Theorie daraus zu machen. Der Biermann ist der Meinung ... Leute sich nach Biermanns Geschmack zu richten.‹ Wolf bemerkt, daß er gar nicht so beleidigt ist, wie es Peter vielleicht annimmt. Er versucht, sich zu ändern, soweit es möglich ist. Sie sprechen über Grass. Peter schildert: ›Wenn jemals in Westdeutschland eine Spur von einer Klassenfrage gestellt wird, da werde ich Herrn Grass hinter dem Maschinengewehr sehen, welches ... getroffen und zwar durch Feuer. Und ich hoffe sehr mit ihrem Gunsten, daß ich sie hinter dem Maschinengewehr sehe, das Herrn Grass ins Feuer ...‹ Peter bezeichnet Herrn Grass als einen fanatischen Verteidiger. Er ist ein verfluchter Bourgeoisie, der immerfort leugnet. Weiter führt Peter aus: ›Es gibt nicht mehr einen Nazi, der erklärt, daß er keiner ist.‹ Wolf findet das witzig. Peter sagt, es ist nicht witzig, es war eine völlig klare Bemerkung. Eva erzählt, daß Wolf wunderbare Gedichte und Balladen schrieb. Wolf sagt, daß eine Stelle für ihn die einzige Verbesserung wär, die es in der Welt für ihn gibt. Das wünschte er sich.

Sie sprechen über Havemann. Auf eine Feststellung (nicht zu ermitteln) sagt Wolf: ›Ob Havemann nun ein Clown ist oder nicht, also seine Quote als Philosoph, ist weiß Gott eine Clown-Quote.‹ Peter ist in diesem Haus vollständig zufriedengestellt, daß er nicht mit Havemann eingeladen ist. Das verlangt er gar nicht. Wolf: ›Das haben sie gesagt.‹ Peter sagt etwas Unverständliches über Havemann. Eva möchte, daß Peter sich deutlicher ausdrückt. Er fragt, ob sie das mit dem Spießerideal meint. Sie bejaht. Peter erklärt, daß jeder Spießer gern ins Bordell geht. Eva meint, daß das mit Havemanns philosophischen Anschauungen nichts zu tun hat. Peter sagt, daß es mit seinen philosophischen Anschauungen sofern zu tun hat, daß er unbekümmert über die Lage, in der er sich befindet, über die Möglichkeiten, die nicht vorhanden sind, herumgeht, nie erzählt, was seit Monaten und Jahren ... Eva bemerkt, daß es nicht Havemanns Hauptthema ist. Peter betont, daß es nicht sein Hauptthema ist, es sind Einzelheiten. Eva kennt Havemann bereits 2 1/2 Jahre. Sie ist nicht mit Havemanns Theorien über die Moral einverstanden. Peter sagt, daß Havemann ... diese ganzen verdammten unpolitischen Zahnärzte, Fabrikdirektoren und sonstigen chemischen Fakulatenzen (o. ä.) vertritt. Wolfs und Evas drauffolgendes Stöhnen bringt zum Ausdruck, daß sie mit Peters Auffassung nicht einverstanden sind. Eva äußert, daß es überhaupt nicht so ist. Peter sei da verdammt schlecht informiert. Wolf würde es gut finden, wenn Peter mal mit Havemann sprechen möchte. Peter sagt, daß Havemann moralisch bei den philosophischen Genossen unaktuell geworden ist. Havemann ist ein Langweiler, der zurückgeht auf die dämlichen liberalen Vorschläge. Peter betont, daß er nichts gegen liberale Vorschläge hat. Wenn man ihm sagt, man muß die Anti-Baby-Pille einführen, die freie Liebe, und alle Leute sollen glücklich sein; es muß aber dabei überlegt werden, welche Formen von Zusammenleben zwischen verschiedenen oder gleichen Geschlechtern bestehen sollen. (Eva wirft ein, daß sich Herr Havemann darüber auch Gedanken macht). Aber das herumlehren, was jeden Menschen am liebsten wäre, einfach als Glück zu predigen, ist langweilig.

Wolf erwähnt Walter Ulbricht. Eva bemerkt, daß Herr Ulbricht alt ist und nicht mehr so kann. Darauf äußert Peter, daß Herr Ulbricht viele interessante Sachen geschrieben hat. Als interessante Sache führt Peter etwas von der bürgerlichen Gesellschaft an. W. Ulbricht schreibt: Das, was die im Westen immer vorgeben zu haben, in Wirklichkeit nicht besitzen. Herr Ulbricht überlegt tatsächlich, wie man die Verschiedenheit von Qualität nutzbar machen kann für eine sozialistische

Gesellschaft. Z. B. ist Herr Ulbricht nicht daran interessiert, die Unterschiedlichkeit der Eigentumsformen abzuschaffen, sondern ganz im Gegenteil. Er will lauter einzelne Subjekte herstellen und zwar verantwortliche Subjekte.
Auf eine Frage von Wolf, erklärt Peter die Entstehung und die Rolle der Kooperationsbetriebe. In der weiteren Unterhaltung (Einzelheiten konnten nicht ermittelt werden) spricht Peter davon, daß sein Chef auch etwas können muß. Wolf bemerkt, daß es nicht darum geht, nachzuweisen, daß Ulbricht ein Trottel ist. Das ist er weiß Gott nicht. Es geht auch nicht um die persönliche Qualifikation einzelner Leute. Wolf hat z. B. einen Brief an Ulbricht geschrieben. Wolf weiß, warum er den Brief schrieb. Weil er doch nicht blöde ist – er will sich doch nicht – Peter vollendet den Satz: lächerlich machen vor der Nachwelt.
Wolf erklärt, daß er ja nicht Herrn Ulbricht abschafffen will. Peter ist der Meinung, daß sich Wolf aber persönlich macht. Peter: ›Herr Ulbricht hat eine Eigenschaft; er umdichtet mich in jeder Mission als mich gut zu leiden. Das unterstell ich ihm nicht. Aber das ist eine soziologische Frage, ob ein Mann, der nun einmal ...‹ Sie reden darüber, was sein wird, wenn Ulbricht nicht mehr ist. Peter glaubt nicht, daß es dann einen Rückfall gibt. Es sei ökonomisch nicht mehr drin. Die Person wird dann eben durch einen Kompromiß: Stoph, Verner oder so ersetzt.
Eva erwähnt Erich Honecker.

Aus einem GI-Bericht vom 23. November 1967 – (Mitternacht)
Wolf Biermann teilt dem Rettungsamt mit, daß Eva H. einen Selbstmordversuch gemacht hat. Sie hat sich die Pulsader geöffnet. (...)
Wolf B. erkundigt sich bei Herrn Prof. Dagobert (o. ä.) Müller, ob dieser sich an ihn erinnern kann. Herr Prof. Müller bestätigt es. Wolf erzählt, daß es eine schlimme Sache ist. Eva H., Wolf's Frau, die Frau, mit der Wolf zusammenlebt, hat sich die Pulsadern aufgeschnitten. Es ist zwar nur rein physisch nicht sehr schlimm, aber es ist psychisch sehr schlimm. Z. Zt. ist der Bereitschaftsarzt da. Wolf bittet, daß Prof. Müller ihm hilft. Wolf bemerkt, daß es eine lange psychische Geschichte ist. Prof. Müller ist einverstanden, daß Eva zu ihm gebracht wird.
Frau Dr. Ekkhard vom Schnellwagen Prenzlauer Berg teilt Prof. Müller mit, daß es sich um eine Bagatellverletzung am rechten Handgelenk handelt. Der Blutverlust ist nicht so hoch, keine Kollapszeichen. Eva hat einen Viertelliter Alkohol getrunken, sich anschl. die Verletzung zugefügt. Das Bild, was Frau H. bietet, ist hauptsächlich ein psychiatrisches Bild. Frau Dr. E. wollte fragen, ob sie Eva H. in die Klinik des Prof. Müller bringen können. Er ist einverstanden. Frau Dr. bemerkt, daß ihr sonst nichts anderes übrig bliebe, als Eva H. nach Herzberge zu bringen. Herr Biermann wollte das aber nicht. Frau Dr. erwähnt, daß Eva notorisch sehr unruhig ist. Sie schlägt und schimpft, hat alle als Idioten bezeichnet.
Gegen 10.35 unterhält sich Herr B. mit Frau W. (Charité, Nervenklinik Prof. Müller) daß er heut nacht ihren Chef gestört hat. Frau W. weiß das, er hat ihr das berichtet. Herr B. hat gehört, daß er gegen 11 eine Besprechung hat. Er möchte nun fragen, wann er ihn sehen kann. Frau W. nimmt an, daß das nach dem Mittagessen klappt. Er soll sich nochmal melden. Das wird Herr B. tun. Er möchte noch die Nummer von der Station 8 haben, auf die Frau Hagen gekommen ist. Die Frau W. sagt ihm, daß dort Frau Pöhl Stationsärztin ist und die kann er unter 297 erreichen. Dann erzählt ihm Frau W., daß Frau Hagen noch sehr unruhig gewesen ist. Herrn B. tut das sehr leid. Vielleicht ist es möglich, daß er gleich mit der Frau Doktor sprechen kann. Herr B. spricht mit Frau M. von der Station 8. Er sagt, daß er Frau Dr. Pöhl sprechen möchte. Frau M. erklärt ihm, daß Frau Dr. Pöhl bei ihnen nicht ist. Bei ihnen ist Frau Dr. Höfken. Herr B. sagt, daß er der Mann von Frau Hagen ist. Frau M. weiß Bescheid. Er soll den Versicherungsausweis u. Personalausweis bringen, Toilettensachen. Vor allen Dingen Anziehsachen. Die Sachen sind nämlich vollkommen schmutzig, sie muß sich sauber anziehen. Sie wollen sie baden, im Moment ist das Wasser noch nicht warm. Herrn B. interessiert, ob sie noch viel Schwierigkeiten mit ihr hatten. Die Frau M. hat den Eindruck, daß sie sehr sehr ablehnend ist. Jetzt müssen sie abwarten. Sie haben sie eben angesprochen, aufgefordert, daß sie sich waschen soll. Es wär deshalb schön, wenn er saubere Wäsche bringt.

24. Nov. 67

Meine Liebe, da hast Du einen schönen Picasso aus der ›Blauen Periode‹, von der Du sicher schon gehört hast. Die Bananen kann ich Dir jetzt nicht mehr selbst geben, Du bist in einem Krankenhaus, und da müssen wir uns an die Regeln halten – im übrigen Leben müssen wir das ja auch, nur die Grenzen sind etwas weiter gesteckt, aber sie sind doch da. Dein Verhältnis zu diesen Grenzen ist gestört, das eben ist wohl Deine Krankheit und eben das auch ist eine edle menschliche Haltung: gegen Grenzen anrennen. Jeder Revolutionär tut das und jeder große Künstler. Du hast in diesem Bild ein bedeutendes Beispiel dafür. Nur wirst Du auch sehen, daß da nicht irgendwelche Grenzen wahllos zerbrochen werden, sondern daß dieser Bruch auch in strenger Beachtung der Kontinuität der Kunst geschieht, d. h. all dessen, was vorher auf diesem Gebiet schon geleistet war.

Die Revolte gegen das Überkommene muß immer eine genaue und vorwärtsweisende sein, Hegel, der große Philosoph, der hier um die Ecke aufm Hugenottenfriedhof liegt, hätte gesagt: ›Die Negation muß eine bestimmte seyn.‹ Deine Revolte vom letzten Mittwoch/Donnerstag war eine ›unbestimmte Negation‹, eine chaotische, unproduktive, selbstzerstörerische. Schade, daß es keinen Gott gibt, sonst könnte man bei ihm mal vorsprechen und ihn bitten, diese kleinen Atombomben aus Deiner Seele zu nehmen, die so unkontrollierbar losgehn und uns verstümmeln. Der Arzt, mit dem ich sprach, da er so sehr gebildet ist, daß er schon wieder bescheiden geworden ist, sagte mir, daß Ärzte diese Krankheit nicht heilen können. Deine Not ist von einer Art, daß Du Dich nur selbst wieder befreien kannst. Denk mal dran, daß eben dieser Nachteil auch ein enormer Vorteil ist.

Die Läden hatten bis 20.00 auf, ich konnte also noch allerhand einkaufen, es ist jetzt 20.20 und ich laufe schnell zur Charité. Dein Biermann

MARIE IM NOVEMBER
(Anrufung)

Marie mit der milchweißen Streichelhaut
Die sanft unter meinen Händen verbrennt
Marie mit den Knochen aus Portlandzement
Marie, meine windige Wahnsinnsbraut
Marie, was hat bloß dein Messer gemacht
Du hast unsere Liebe wohl abgeschlacht
Den nassen, den deutschen Novemberschnee
Was soll das daß ich den so blutig seh
Alt, alt, alt bin ich worden in dieser Nacht

Die Vogelfänger parken am Straßenrand
Sie machen in dieser Walpurgisnacht
Auf unsre vergifteten Worte Jagd
Sie fangen uns ein mit Magnettonband
Ihre Wanzen lauern im Kanapee
Polypen lungern wie je ums Karree
Mensch Weib! Habe ich dich dich töten gemacht ?
Was hat dich so blutig erröten gemacht ?
Alt, alt, alt bin ich worden in dieser Nacht

Im Irrenhaus endet die Odyssee
Die Ärzte wie Schmeißfliegen madenbeladen
Will jeder mal in ihrer Seele baden
Im steinernen Bett in der Charité
Normal ist das Irrenhaus immerhin
Es irrn nur die Irren und Ärzte darin
Und draußen tobt weiter die Wahnsinsschlacht
Perfekt von den allernormalsten gemacht
Alt, alt, alt bin ich worden in dieser Nacht

An fischreichen Wassern in Gärten voll Dill
Darin du mir blühst unter gläsernem Dach
In Stärken noch stärker, in Schwächen schön schwach
Darin uns kein Anfang nicht enden will
Zum Lachen geweint und zu Tränen gelacht
Zu dir hab ich mich auf den Weg gemacht
Durch westliche Dornenbüsche, Marie
Durch östliche Drahtverhaue, Marie
Alt, alt, alt bin ich worden in dieser Nacht

VON EVA-MARIA HAGEN *20. 12. 67*

An die VOLKSPOLIZEI-INSPEKTION – Berlin-Prenzlauer-Berg
Abteilung Kriminalpolizei, Komm.III

Über den Zwischenfall am 12. 12. 67 möchte ich eine schriftliche Erklärung abgeben, weil ich fürchten muß, daß ich mich zu Äußerungen hinreißen lasse, die aus dem Affekt kommen und nicht meiner wirklichen Meinung entsprechen.
Ich hatte erst kürzlich, am 22.11.67 durch Überarbeitung einen Nervenzusammenbruch, der einen Aufenthalt in der Nervenklinik in der Charité bei Prof. Dr. Müller nötig machte. Da ich aber in einigen wichtigen Produktionen des Fernsehfunks, des Theaters in Dessau und der DEFA dringend gebraucht wurde, ließ ich mich so früh wie möglich gesund schreiben.
Genau am 12. 12. 67 hatte ich Premiere, das heißt eine große Aufzeichnung beim Deutschen Fernsehfunk aus dem Musical MY FAIR LADY. Eine Stunde vor meinem Termin war ich gerade fertig mit einigen wichtigen Besorgungen für meine Schwester, die im Krankenhaus liegt. Ich war in Eile und hatte zusammen mit Wolf Biermann die Einkäufe erledigt. Wir gingen durch die Kanzow-Straße, die zur Zeit gesperrt ist, weil da Bauarbeiten stattfinden und in der kein Auto fuhr. Wir gingen auf der Fahrbahn, zwischen uns trugen wir ein schweres Einkaufnetz. Plötzlich brüllte uns von der Seite eine Männerstimme an, brutal und feindselig, als wären wir Verbrecher: ›Verschwindet sofort von der Fahrbahn, sonst helf ich euch da runter!‹ Als ich hinsah, sah ich, daß es ein Volkspolizist war. Da ich Hosen trug und wir beide die Kapuzen unserer Mäntel hochgezogen hatten, denn es fiel nasser Schnee, hatte er uns wohl für Halbstarke gehalten, erschrocken gingen wir sofort auf den Bürgersteig zu. Aber da parkten zwei Wagen und wir mußten noch drei Meter weitergehn. Dabei sagte ich noch freundlich, um einzulenken: ›Na, Sie frieren wohl ...‹ Es war wirklich kalt draußen und er konnte einem leid tun, weil er in der Kälte auf der Straße stehen mußte. Aber er ging auf meinen freundlichen Ton nicht ein und brüllte, als wir schon fast auf dem Bürgersteig waren: ›Na, los, los!!‹ Darauf sagte ich: ›Sehn Sie denn nicht, daß wir schon gehen? Wir können doch nicht fliegen! So ein blöder Hammel.‹ - Ich weiß nicht, ob es verboten ist, oder sogar ein Verbrechen, so ein kleines Stück auf einer stillen Nebenstraße zu gehen, aber ich bin sicher, daß kein Volkspolizist die Pflicht hat, Menschen für so etwas so haßerfüllt anzuschrein. Wir waren ja inzwischen auf dem Bürgersteig und wollten weitergehn, da legte er seine schwere Hand auf meine Schulter, stellte sich mir in den Weg und sagte: ›Sie haben mich eben beleidigt, Ihren Personalausweis!‹ Darauf sagte ich: ›Sie haben mich auch beleidigt, so einen Ton bin ich bis jetzt von der Volkspolizei nicht gewöhnt.‹ Und obwohl ich meinen Ausweis in der Tasche hatte, sagte ich: ›Den Ausweis hab ich nicht bei mir.‹ Ich war sehr erregt und empört. Als ich weiterging, stellte er sich wieder vor mich hin und sagte: ›Wenn Sie keinen Personalausweis haben, kommen Sie mit zur Wache!‹ Ich ging aber einfach weiter. Vor dem Bahnhof Prenzlauer Allee holte er so etwas Ähnliches wie Handschellen aus der Tasche und sagte: ›Los kommen Sie mit, sonst wende ich Gewalt an. Wir fahren mit der S-Bahn!‹ – Natürlich versuchte ich nicht wegzulaufen, denn ich fühlte mich im Recht. Als er aber versuchte, mich an seine Kette zu legen, riß ich meinen Arm weg. Er wurde dann brutaler, tat mir sehr weh und verletzte mich an der linken Hand. Ich fing an zu weinen. Ich konnte es einfach nicht fassen, daß ein so großer starker Mann und dazu noch ein Angehöriger der Volkspolizei es fertig

bringt, eine schwache Frau auf offener Straße mit einer Kette zu überfallen und wie einen Schwerverbrecher abzuführen.
Wolf Biermann, der die ganze Zeit versucht hatte, mich zu beruhigen, gelang es endlich, mich dazu zu bringen, meinen Ausweis doch noch zu zeigen und brachte auch den Polizisten dazu, mich nicht weiter mit der Knebelkette zu verletzen. Nachdem er meine Personalien aufgeschrieben hatte, verlangte ich seine Dienstnummer. Er gab sie mir und sagte: ›Beschweren Sie sich ruhig, ich habe den längeren Arm!‹ – Dann kam eine alte Frau, die brachte mir ein kleines Teil von meinem Armband, das nicht nur für mich persönlich einen großen Wert hat, sondern außerdem über 2000 Mark kostet. Das Armband muß zerrissen sein, als der Polizist mit seiner Kette an meiner Hand riß. Wir suchten dann noch überall nach den anderen Teilen des Armbandes, fanden sie aber nicht mehr.
Als ich mir von dem Polizisten die Nummer geben ließ, hatte ich die Absicht, mich über sein brutales Vorgehen zu beschweren. Da ich aber sofort zum Fernsehen fahren mußte – die Aufzeichnung ging von 17 Uhr bis morgens halb fünf – da ich dann schon um elf Uhr vormittags nach Halle zur Probe fahren – und dort dann in Dessau und anderen Orten auftreten mußte, fand ich keine Zeit dazu.
Heute, mitten in der Probe in Halle, wurde ich von einem Kriminalbeamten herausgebeten. Er teilte mir mit, daß ich morgen früh um 8 Uhr im Polizeipräsidium Berlin zu erscheinen habe und übermittelte mir die Drohung, daß, falls ich nicht erscheinen würde, man mich zwangsvorführen werde. Zuhause fand ich dann einen Brief vor, der noch einen Zusatz enthält, der mich unangenehm berührt: ›Wir ersuchen Sie weiterhin, den Herrn Biermann, welcher zur Zeit bei Ihnen wohnen soll, zum genannten Termin ebenfalls zum Präsidium der Volkspolizei – Zimmer 5627 – zu bitten, da die derzeitige Wohnanschrift nicht bekannt ist‹.
Hauptmann Noack von der Kriminalpolizei, der diesen Brief unterschrieben hat, müßte doch wissen, daß Wolf Biermann seit etwa zehn Jahren in der gleichen Wohnung, nämlich 104 Berlin, Chausseestraße 131 wohnt und daß, wenn er ihn zu sprechen wünscht, er sich direkt an Wolf Biermann selbst wenden kann.
Es erschreckt und erschüttert mich, daß ein verhältnismäßig geringer Anlaß solche Folgen haben kann. Jetzt fürchte ich sogar, daß der Polizist, den ich beschimpft habe, den ganzen Vorgang so hinstellen wird, als hätte ich die Absicht gehabt, unseren Staat und die Volkspolizei zu beleidigen; schon, um sein provokatives Verhalten zu rechtfertigen, wird er das wohl von mir behaupten. Aber er wird wissen, daß ich ihn persönlich meinte, ihn, der mich in unhöflicher, provozierender Weise brutal angebrüllt hatte.
Jetzt, nachdem einige Tage vergangen sind und ich immer und immer wieder an diesen entsetzlichen Tag denken mußte, weiß ich, daß ich mich trotzdem nicht dazu hätte hinreißen lassen dürfen, diesen Mann ›blöder Hammel‹ zu nennen, und ich weiß, daß ich ihm trotz meiner Empörung meinen Ausweis sofort hätte zeigen müssen, denn er war ja im Dienst und hatte ein Recht dazu. Deshalb habe ich auch diesen Brief geschrieben, um ihnen nicht nur den Vorgang zu schildern, sondern um mich auch in aller Deutlichkeit zu entschuldigen. – Eva-Maria Hagen

Tagebuch, Ende 1967

Wolf, warum wurden Himmel und Hölle für das Jenseits erfunden, Gott und der Teufel, Paradies und Fegefeuer, wo es all das doch schon im Diesseits gibt?! Ach, immer diese Fragen nach dem Sinn vom Sein …

IM OSTEN GEHT DIE SONNE AUF

1968

7. Januar 68

Wolf! Ich muß Dir schreiben, um meine Empörung in Worte zu fassen, denn wenn ich das Gift schlucke, das mir tröpfchenweise verabreicht wird, werde ich resistent oder selbst giftig. Wehre den Anfängen ...
Der Entschluß zum Gegenangriff entstand, nachdem ich erfahren hatte, wie Robert die uns betreffenden Probleme darstellt, sie vor Bekannten ausbreitet, nämlich, Du hättest Dich von mir getrennt, weil ich unheilbar nervenkrank sei. Ein Keulenschlag für eine zweifelsohne Angeschlagene in doppelter Hinsicht. Ich frage mich, vielmehr Dich: Wie kommt er darauf? Weil Prof. Müller sagte, Hysterie wär nicht von Ärzten zu beseitigen, sondern nur vom Betroffenen selbst? Und ist es wirklich nur Hysterie und nicht eine unbeholfene Art von Gegenwehr?
Ich kann verstehn, daß Du Deine Enttäuschung über mich Deinem besten Freund mitteilst, auch daß der Dir im Gegenzug rät, wie Du damit fertig wirst. Aber ich kann nicht hinnehmen, daß er das auf diese mich verletzende Weise tut. Ich war arglos gegen ihn, schätzte, verehrte ihn sogar. Gegen Deine Mutter hab ich ihn verteidigt. Wie oft hat sie mich mit Haßtiraden gegen den ›Teufel‹ überschüttet, begleitet von Verwünschungen, Weinkrämpfen, weil er ihren einzigen Sohn vom Wege der ehrlichen Pfadfinder abzubringen drohte, ihn vor seinen Karren spannt, sich schmückt mit dem Dichter, mit frischem Blut versorgt, ihn aussaugt: Dieser Vampir! Dem kann es egal sein, wenn der Junge verboten ist und ausgeschlossen aus der Gesellschaft. Der alte Knochen hat sein Leben so gut wie hinter sich. Nicht mein Wolf!
Oder erinnere Dich an eigene Enttäuschungen über seinen Egoismus,

das herzlose Verhalten B. M. gegenüber. Ich suchte nach Entschuldigungen: Sie hatte es drauf angelegt schwanger zu werden und Frau Professor. Es gehören zwei dazu, wenn eine Sache schiefläuft. Ich hatte nie was gegen ihn: Ist er doch auch so was wie ein Vater für Dich.
Gegen sein nächstes Argument bzw. Deins angeblich, daß Du eine gesunde Frau brauchst, die Dir Mut macht in der harten Zeit, die heiter ist, nicht kränklich, möcht ich feststellen: als wir uns begegneten, strotzte ich vor Gesundheit und war keineswegs darauf aus, mich an Dich zu binden. Du zogst mich immer mehr in Deinen ›Dunstkreis‹. Deine Lieder begeisterten mich, wie Du sangst, sprachst; es war wie eine Offenbarung. Ich geriet ins Fahrwasser der Politik, mußte Stellung beziehen und tat es ohne Zögern. Daß es von Nachteil für mich sein könnte, war mir scheißegal, zumindest zweitrangig. Mein gewohntes Leben wurde aus der Bahn geworfen und eh ich mich versah, war ich aufs engste mit Dir verbunden. War es da ein abnormer Wunsch, eine gemeinsame Wohnung haben zu wollen. Du hast den Gedanken genährt, daß ich mir ein Kind wünschte. Davon geträumt! Notfalls auch, zum beiderseitigen Schutz, zu heiraten. Aber daß ich unsere Beziehung davon abhängig machte, welch beleidigende Unterstellung.
Noch bevor wir in diese Krise gerieten, in Zeiten tiefer Verbundenheit, machte der Professor Dein Mich-Vorstellen, wenn Du sagtest ›meine Frau‹ – in Gesellschaft lächerlich, erteilte, wie ein juristischer Beistand den Rat, Du solltest lieber ›meine Geliebte‹ sagen, sonst wärs nicht korrekt. Oder wie er, als wir in der Chausseestraße was verändert hatten, ihm den neugeordneten Schrankinhalt zeigten in dem Monstrum (wo Emma ihre Schubladen hat, Geheimfächer, Billigware hamstert, Strümpfe im Dutzend, Hemden von Woolworth für Karl-Wolf, die er nie trägt, nur die Schlunzdinger von Eva!) und er sich mokierte über ›Frauengarderobe‹, die drin hing, als sei es was Schlüpfriges. Wie eine eifersüchtige Nebenbuhlerin kam er mir vor, als wollte ich ihm den Platz streitig machen. So wie Deine Mutter sich oft als legitime Ehefrau aufführt, die keins dieser Flitterweiber neben sich gelten läßt. Die zwei stehn sich im Wettstreit um den 1. Platz an Wolf Biermanns Seite in nichts nach: Ein Künstler soll sich nicht binden, es mindert die Kreativität, nach Meinung des Lebenskünstlers Havemann. Und manch andere Spitzzüngigkeit ward mir aufgetischt. Interessant dabei ist, daß Robert sich kürzlich noch die Einmischung in sein Intimleben verbat; was Dich tief beeindruckte und Du Lehren draus ziehen wolltest.

Ich werde auch was gelernt haben: Daß ich zuviel gearbeitet habe, vielmehr auf Geldverdienen aus war. Ich wollt, daß wir unabhängig sind von fremder Leute Gnade in noch härteren Zeiten, sondern großzügig sein können zu denen, die nicht dieses Privileg haben: Berühmtsein. Dann die Fehlgeburt. Ich hab Dich kaum damit behelligt, Du hattest andere Sorgen. Und aus Scham, Unsicherheit. Dann die Spannungen zwischen Dir und Deinem alten Freundeskreis, man betrachtete mich als Eindringling, ich spürte Ablehnung, es kostete mich, die ich gewohnt war, stets mit offenen Armen empfangen zu werden, Überwindung, wenn sie mich wie die ›Andere‹, eine Dahergelaufene behandelten – die Manuel und Jonas den Vater nahm, der lieben Brigitt den Mann – bis mich ein Großteil akzeptierte.
Emma ist und bleibt ein Kapitel für sich. Du bist das einzige, was zählt, der Beweis ihrer Liebe. Geht es um Deine Interessen bzw. ihre auf Dich übertragenen, kennt sie kein Pardon. Der Zank um Lappalien, kleinlicher Hickhack, Gejammer über die Ungerechtigkeit der Bachulken, dieses ›unlösbare‹ Mutter-Sohn-Verhältnis – das alles macht Dich oft so hilflos. Sie fordert es auch immer wieder heraus. Du kannst dann nicht anders, als sie anbrüllen. Und schließlich mein selbstzerstörerisches Zur-Wehr-Setzen, das so häßlich endete: in der Nervenklinik. Danach der Zusammenstoß mit dem Volkspolizisten, wo die Folgen nicht abzusehen sind: Sie machen mir einen Prozeß wegen Staatsverleumdung. Laut Augenzeuge soll ich bei der Schlägerei: ›Es ist hier wie bei den Nazis‹ geschrien haben. Und Du sollst erzählen, ich wär beleidigt, weil Du mir nicht ›handgreiflich‹ beigestanden hättest. Das haben sich Berufs-Intriganten aus'n Fingern gesogen. Gerechter! Nicht mal gedacht hab ich in die Richtung. Bei den Verhören hab ich alles auf meinen ›unberechenbaren Geisteszustand‹ geschoben, mein zerrüttetes Nervenkostüm vorgeführt; wobei ich mich kaum verstellen mußte.
Unsere Liebe war einmalig. So möcht ich sie in Erinnerung behalten. Laß mich in Ruhe meine Trauer über die Unfähigkeit mich anzupassen zu Grabe tragen. Ich denke leis an Dich – damit es nicht so schmerzt und wünsch Dir eine runde, körperlich wie geistig intakte, kluge, schöne, erotische, alles in allem positive Frau in sozialistischer Reinkultur. Nein, ich wünsch Dir eine Menschenfrau wie mich, nur stabiler, wie ich in besseren Tagen. Keine zerfledderte Seele, von Geierschnäbeln gerissen, Säbelträgern gezeichnet, Kämpfernaturen verwüstet. Das von Herden durchwanderte Pommerlandkind sucht den Ausgang ins Freie,

wo ist die Tür, der Schlüssel dazu; können Sie mir folgen, Genosse Iwan Stjepanitsch, einen passenden Abgang verschreiben, mit klarer Aussicht; aber der Nebel steht um Marie.
Streu mal Sand vor die Räder, Bruno – während der Fahrt ...

(Der Brief wurde nicht abgeschickt.)

Aus einem GI-Bericht vom 7. Jan. 1968 – 10.14

Eva-Maria H a g e n teilte Wolf B i e r m a n n, der sich bei Robert Havemann aufhielt, mit, daß sie morgen wieder zur Polizei muß, und sie wolle sich vorher mit dem Rechtsanwalt in Verbindung setzen, weil die das so ausbreiten, jetzt möchte sie doch jemand haben. Wolf möchte ihr die Adresse oder Telefonnummer von dem Rechtsanwalt sagen. Wolf antwortete, daß der Kohn heiße und im Telefonbuch stehe. Der wisse Bescheid. Er erkundigte sich, was die denn jetzt wollen.
Eva-Maria antwortete, daß sie das letzte Mal nicht hingegangen war. Der Arzt von Halle hat dort angerufen und sie entschuldigt. (...) Die wollten dann nach Halle kommen. Ihre Mutter habe ihr berichtet, daß zu Haus jemand war, der sie holen wollte. Sie müsse nun morgen hin. Wolf fand das unerhört. Die würden sie doch fertig machen. Eva-Maria wiederholt, daß sie an dem 4. nicht hingefahren ist, weil sie gerad zwei Tage in Halle war, am gleichen Tag Vorstellung hatte. Da sei dann ein Theater gewesen. Die würden sich wirklich wie die Fürsten fühlen (...)
16.40 Robert Havemann teilt Eva H. mit, daß er sich mit Wolf über die Sache mit der Polizei unterhalten hat (...) daß er sich das so überlegt hat, man muß nicht den Polizisten angreifen.
Er wird von Eva unterbrochen. Sie bittet, daß sie an dieser Stelle nicht darüber sprechen (...) Robert bemerkt, was die sich überhaupt vorstellen, ob die einen Prozeß haben wollen; Maria H. mit Wolf Biermann als Zeugen. Eva meint, daß es so ungefähr sein soll. Robert meint, daß Eva dann nichts zu befürchten braucht. So dämlich wird doch keiner sein. Eva bemerkt, daß sie auch gar nichts befürchtet. Sie wollte nur die Adresse von diesen Herrn Kohn (o. ä.).
Auf eine Frage sagt Eva, daß sie morgen früh wieder vorgeladen ist. Robert ist der Meinung, daß es ganz gut ist, wenn Eva denen fragt, was sie sich überhaupt vorstellen. Eva berichtet, daß sie von denen auch in Halle aufgesucht wurde. Sie ist beim vorigen Termin nicht hingegangen, weil sie gearbeitet hatte. Sie hat sich durch einen Arzt über Fernschreiber entschuldigen lassen. Das ist aber nicht an der richtigen Stelle angekommen (...) Die waren zu Hause bei Eva's Mutter (...) Robert bemerkt, daß nur einmal einer den Polizisten klarmachen muß, daß sie dabei sind, den größten Unsinn zu machen. Was die sich eigentlich vorstellen, ob die das an die große Glocke hängen wollen. Das ist doch das Blamabelste von der Welt: Eva-Maria H. kommt vor Gericht, weil sie angeblich, was sie bestreitet, die hiesigen Verhältnisse mit dem Nazisystem verglichen hat; der Zeuge dafür, daß sie das nicht gesagt hat, ist Wolf Biermann. Das wollen die wahrscheinlich in aller Öffentlichkeit publiziert haben in Zeitungen und im Radio. (...)
Eva bemerkt, daß der Wolf keine Angst zu haben braucht. Sie sollten sich nicht darüber aufregen. Robert meint, daß sie nur wollen, daß sie nicht soviel geärgert wird von diesen Halunken. Hinterher bekommen sie alle ihr dienstliches Strafverfahren wegen dieses Blödsinns. Robert betont lautstark, daß er hofft, daß die Stasi das auch hört, damit diese denen das gleich mitteilt. Eva meint lachend, daß das eine Lappalie ist. Robert bemerkt, daß Eva durch diesen Ärger in ihrer Berufsarbeit gestört wird (...) daß die Leute bekanntlich gern quatschen, was viel bequatscht wird, kommt auch in die Zeitung. Die brauchen nur noch drei Wochen herumrühren, dann steht es in den Westzeitungen und bringen es auch im Radio. Er betont, daß das ganz selbstverständlich ist. Jede Woche verdreifacht sich die Zahl der Quatschenden. Eva meint, daß sie es schnell abschließen wollen, darum wollen sie nach Halle kommen, wenn sie nicht nach Berlin kommt.
Robert wünscht ihr alles Gute im neuen Jahr.

Eva mit Hilmar Baumann in ›Der Mann des Schicksals‹, Fernsehspiel im Kellertheater in der Moritzburg in Halle an der Saale

<u>Am 10. 1. 1968 – 18.10</u> – fand eine Unterhaltung zwischen Herrn Biermann und Prof. Müller (Charité, Nervenklinik) statt. Herr B. erzählt, daß es der Eva eigentlich ganz gut geht. Es ist aber eine ganz dumme Komplikation eingetreten. Sie hat sich mit einem Polizisten geprügelt. Die wollen nun einen Prozeß gegen sie machen. Herrn M. interessiert, ob der Polizist in Uniform gewesen ist. Herr B. bejaht das. Herr M. möchte weiter wissen, ob sie angetrunken gewesen ist. Herr B. verneint das, sie war völlig normal. Es war Widerstand. Herr M. meint, daß es da ja noch geht. Es ist allerdings ein bißchen fehl gelaufen. Er fragt, ob sie einen Rechtsvertreter haben. In solchen Sachen macht man das ja so, daß man sich einen Verteidiger nimmt und der erledigt die Angelegenheiten, er besorgt sich ein ärztliches Attest. Er persönlich hätte sich nicht entschuldigt.
Herr B. hatte mit dem Verteidiger gesprochen. Er weiß ja, wie diese Leute gebaut sind, die zittern selber mehr als ihre Klienten. Eigentlich hat Herr B. gedacht, daß die Sache erledigt ist. Es scheinen aber noch höhere Interessen im Spiele zu sein, die er im Moment nicht überblicken kann, aber die Art und Weise wie die Sache weitergeführt wurde zeigt ihm, daß das ziemlich ernst ist. Die Eva ist im Moment in Halle und steht in sehr schweren Proben. In ›Der Mann des Schicksals‹ spielt sie eine Hauptrolle. Jetzt hat man sie noch einmal vorgeladen und ist sogar mit einer Delegation nach Halle gefahren um sie nochmal zu vernehmen. Sie ist nun völlig aufgelöst. Er hat ihr gesagt, daß sie keine weiteren Aussagen machen soll. Scheinbar hat man sie dort dermaßen geknebelt und bedrängt, daß sie ihm nicht einmal gesagt hat worum es dort gegangen ist. Herr M. meint, daß die Sache ja einfach ist. Sie braucht nur zu sagen, daß sie bei ihnen in ambulanter Behandlung ist, die VP soll sich dann an sie wenden. Herr B. denkt, daß die daran gar kein Interesse haben. Herr M. sagt, daß sie darauf bestehen sollen, daß es sich um eine kranke Person handelt, grade aus dem Krankenhaus entlassen. Herr M. ist jederzeit bereit in entsprechender Form Auskunft zu geben. Gegen Kranke darf nämlich nicht so vorgegangen werden. Das müßte der Verteidiger machen. Wenn er solche Möglichkeit außer acht läßt, ist er ein schlechter Verteidiger. Herr M. kann von sich aus keine spontane Aktion starten. Herr B. findet es sehr besorgniserregend, daß sie jetzt diesen Belastungen ausgesetzt ist. Das würde Herr M. auch ärztlich bestätigen. (...)

<u>Am 11. 1. 1968 – 10.05</u> – unterhielt sich Herr B., Wolf mit Frau Hagen, z. Zt. in Halle bei der Familie Höhne (...) Herr B. möchte wissen, wie es seiner Frau geht. Frau Hö. kann nur sagen, daß es ihr schlecht geht. Sie ist gar nicht mehr sie selbst. Sie ist sehr traurig und daher sollte er einmal herkommen. Das arme Ding wird ganz krank. – Wolf führte die Unterhaltung mit der Eva fort. Er möchte sie bitten einen kleinen Schriebs an den Rechtsanwalt Karl Cohn zu machen, ihn beauf-

tragt sich um ihre Sache zu kümmern. Sie meinte, daß sie das nicht möchte. Wolf führte aus, Prof. Müller wollte ihr in der Sache helfen. Er sprach mit ihm, weil es ihr behandelnder Arzt ist. Eva möchte nicht, daß er sich um die Sache kümmert. Wolf soll die Hände aus dem Spiel lassen. Dieses hat Gründe. Das bedauerte Wolf und er stellte sich die Frage, was man mit ihr gemacht hat. Mit den Dingen will sie allein fertig werden und das wird sie auch. Sie möchte sagen, daß man nicht an ihn herankommt. Wolf geht es nicht um sich, er bittet sie nicht so stur zu sein. – Eva weinte dann und bringt zum Ausdruck, daß sie nicht mehr kann. (...) Nachts kann sie nicht schlafen. Vom Wolf wurde beteuert, daß er sie liebt, sie müssen zusammenkommen, dann wird alles vernünftig, das weiß sie doch. Dieses sieht Eva als sinnlos an. Ihr wird alles zugetragen und die Worte die gebraucht worden sind, kennt sie, sie stammen vom Wolf. Wolf betont, daß alles Lüge ist. Sie haben miteinander darüber gesprochen, wie man aus Wahrheiten Lügen machen kann. Wolf möcht sie bitten, mit den Leuten keine Gespräche mehr zu führen. Sie wollte nur verhindern, daß es sich ausbreitet und die Sache erledigt wird. Wolf ist der Ansicht, daß es falsch ist, wenn sie überhaupt Gespräche führte. Sie möchte ihm noch einmal sagen, daß es ihn nicht betrifft. Da er sie liebt, betrifft es ihn genauso. Endlich sollte sie das begreifen. *Schubert*

Tagebuch, 12. Jan. 68

Wolf kommt, ich hatte Kamera-Probe im Keller der Moritzburg, die vielen Stufen runter im Gegenlicht. Ich lauf ihm entgegen – bin aber noch zu verstört. Wir sitzen im Restaurant. Teures Essen. Kerzenschein. Endlich, bei Höhnes im Schwalbenweg, verschlingen sich unsere Hände – abgelenkt durch ein Fernsehspiel über Galilei.

16. Jan. – Aufzeichnung ›Mann des Schicksals‹. Ricarda kommt mit ihrem Freund, dann Rainer Kirsch, Sittes, andere Dichter, Koplowitz ... Ein Erfolg. Ich bekomme gleich die nächste Rolle angeboten. Wir veranstalten noch einen großen Abend. Erfülltes Leben ... wie ich es liebe.

Aus einem GI-Bericht vom 23. Januar 1968: Eva H. unterhält sich mit Emma Biermann. Diese sagt, daß sie das bald nicht mehr ertragen kann. Eva meint, daß Emma bloß still sein soll. Was macht sie doch immer für ein Theater. Emma sagt, daß sie gar kein Theater macht; es ist doch wahr. Eva ist auch kein Engel. Sie nimmt Wolf auch ganz schön mit. Eva sollte sich freuen, daß Wolf sie liebt. Er kann ihr sowieso nicht mehr geben. Er kann Eva nur seine Liebe geben. Es ist doch wunderschön, wenn man jemand hat, der einen lieb hat. Emma wünschte, sie hätte jemand. Sie bittet, daß Eva sich das Leben nicht so schwer machen soll. Sie sollte glücklich sein, daß ein Mann wie Wolf sie liebt. Manche Frau würde sonst was dafür geben. Eva macht nun solch einen Zirkus. Emma fährt fort, daß Eva tausend andere Männer haben könnte. Man ist aber nun mal für einen bestimmten. Was nützen ihr die vielen, wenn sie nicht bekommt, wen sie haben möchte. Eva sollte sich überwinden. Wie Emma die Eva kennt, möcht diese am liebsten noch mit den Beinen strampeln. Eva sollte so vernünftig sein, wie es sich gehört, sich nicht um das kümmern, was vorher war. Eva bemerkt, daß sie sich auf den Film gefreut hatte. Sie wollte ins Kino. Als er reinkam, hatte sie das Gefühl, als ob eine Lawine ... auf sie runtergedonnert kommt. Emma stellt fest, Eva ist doch kein kleines Mädchen, die denkt, man kann ihr was von ihrem Stolz wegnehmen. Es gibt andre Sachen, worauf man stolz sein kann. Hier ist das Quatsch. Sie machen sich nur das Leben schwer.

Aus einem GI-Bericht vom 14. 2. 1968: Eva-Maria H. unterhält sich mit Walter Janka, dessen Frau, Peter Huchel, Glinka. Frau Janka (vermutl.) berichtet über den ›Brecht-Dialog‹. Sie erwähnt, welche Persönlichkeit aus dem Anlaß erschienen war und wie die Veranstaltung abgelaufen ist. Herr

Janka fragt die Anwesenden, wieweit sie über die Rennschlittensportler informiert sind. Eva findet, daß die Geschichte ein Skandal ist. Da nicht alle über die Vorkommnisse in Grenoble informiert sind, erläutert Eva, daß die DDR-Rennschlittensportler disqualifiziert wurden, weil sie angeblich die Kufen angeheizt haben sollen. Herr Janka ergänzt, daß die DDR heut eine Pressekonferenz gab. Herr Huchel bemerkt dazu zynisch, Bonn wird doch nicht die Kufen der DDR-Rennsportler angeheizt haben. – Nina, die ebenfalls an der Unterhaltung teilnimmt, sagt, da alle Proteste der DDR zurückgewiesen wurden, sei anzunehmen, daß die DDR-Sportler sich doch unfair verhalten haben. Eva meint, selbst wenn es die DDR-Sportler gemacht haben, dürften sie es keinesfalls zugeben. Frau Janka hält es für ausgeschlossen, daß Westdeutschland dahinter steckt, da nicht die Westdeutschen für die DDR-Rennrodlerinnen die Konkurrenz darstellen sondern die Rumänen.
Anschließend berichtet Eva von einer Anzeige, die gegen sie erstattet wurde wegen Staatsverleumdung. Sie schildert die Auseinandersetzung, die zwischen ihr u. dem Volkspolizisten stattfand. Eva teilte den Anwesenden mit, Wolf kennt Peter Weiß seit 3 Jahren und daß sich P. W. sehr für die DDR interessiert. Allerdings kann er nicht alles richtig einschätzen, weil er hier nicht lebt. Eva spricht über Prof. Fritz Krämer. Krämer, so sagt sie, bekäme hin und wieder einen Wutanfall und brüllt dann wie ein Stier. Frau Janka bemerkt, wenn K. wieder etwas Großes geschaffen hat, werfen sie ihm den Nationalpreis an den Hals und dann ist er wieder einmal ruhig.
Später kommen Wolf Biermann u. Heiner Müller dazu. Sie sprechen dann wieder über die DDR-Rennschlittensportler. Wolf äußert dazu, im Grunde genommen wärmen alle Rennschlittensportler ihre Kufen an. Lediglich heute hätten sich die Westdeutschen mit den andern Sportlern verabredet, ihre Kufen nicht anzuwärmen und dafür die DDR-Sportler zu kontrollieren.
Wolf berichtet, daß er eine Karte von Manfred Krug bekam. Dieser ist jetzt bei den Soldaten.
Gegen 23.30 holt Eva Herrn Peter Weiss vom ›Hotel unter den Linden‹ ab (...)
Sie unterhalten sich über den Krieg in Vietnam. Wolf erläutert, daß die Auseinandersetzungen zwischen China und der Sowjetunion ein großes Hindernis für eine wirksamere Hilfe gegenüber dem vietnamesischen Volk darstellt. Auch in der Öffentlichkeit vertritt man die Ansicht, u. U. hätte der Krieg verhindert werden können, wenn das sozialistische Lager einig gewesen wäre.
Wolf unterhält sich mit Herrn Peter Weiss über Informationen und bringt zum Ausdruck, daß es für die Menschen in der DDR wenig Informationsmöglichkeiten gibt. Selbst über die Entwicklung in den sozialistischen Ländern, wie beispielsweise in Kuba, wird völlig unzureichend informiert.
Wolf schildert Probleme, die in der Westberliner Jugendbewegung – besonders in der Kommune – aufgetreten sind. Ausgehend von einer Zusammenkunft, zu der Teufel erschienen war, erzählt Wolf, daß die Anhänger der Kommune keinerlei theoretische Voraussetzungen für wirksame Aktionen besitzen. Das führte dazu, daß ihnen von den Anhängern der Kommune vorgeschlagen wurde, sie sollten nicht diskutieren, sondern eine Vietnamdemonstration nach Potsdam zur Militär-Mission durchführen. Z. Zt. sei im Westen ein solcher Stand zu verzeichnen, daß sie nicht gegen die sie bedrohenden Notstandsgesetze demonstrieren, sondern nur noch gegen den Vietnam-Krieg (...)
Wolf erklärt, daß er fest davon überzeugt sei, daß er hier sein muß. Hartmut Lange dagegen besitzt diese Überzeugung nicht. Wolf bringt zum Ausdruck, als Kommunist und Bürger der DDR quält es und beschämt es ihn sehr, wenn ein so bedeutender Mann weggeht. Wenn alle guten Leute die DDR verlassen, wird ihre Lage noch mehr erschwert. Andererseits bietet das den Stalinisten Argumente, indem sie sagen können: Seht her, diese Scheißer, sie hauen einfach ab. (...)
Wolf spricht dann über Hacks. Er weiß, daß die Menschen nicht ewig halten.(...) Hacks hat jahrelang ziemlich mutig gekämpft, wenn er sich auch immer wieder in seine Antiquitäten flüchtete. Für einen bürgerlichen Menschen hat er sich sehr tapfer geschlagen. Jetzt hat er plötzlich die Nerven verloren. Das ist der Ausdruck seiner tiefen Verzweiflung. Nun ist er politisch auf den Hund gekommen. Arwed ist der Meinung, daß Hacks im Grunde genommen noch nie politisch klar war. Wolf bestreitet das. Für Wolf ist Hacks heute noch ein bedeutender Schriftsteller. Er ist zu gut für die DDR und zu schlecht für die Welt. Wolf war eigentlich nie gegen Hacks. Wenn jedoch Hacks Wolf ›ein hübsches Talent zubilligt‹ und behauptet, sie wären Kleinbürger, wenn auch nur halbe, so muß Wolf seine Einstellung zu Hacks ändern. (...) *F.d.R.d.A.: Höfner*

Aus einem GI-Bericht vom 27. Febr. 68 – 12.28

Frau Worm vom Stadtbezirksgericht Prenzlauer Berg bestätigte der Eva-Maria Hagen, daß am 1. März 68 – 9 Uhr (Saal 283) in der Sache: Strafbefehlsverfahren wg. Beleidigung eines Angehörigen der Volkspolizei gegen sie verhandelt wird.

Aus einem GI-Bericht vom 4. März 68 – 14.15

Eva-Maria berichtete Wolf Biermann, daß sie ihr Gerichtsurteil erhalten habe. Das sei in einem richtigen Gerichtssaal gewesen. Sie mußte aufstehen und dann seien die reingekommen. Da seien zwei Schöffen, eine Beisitzerin und der Direktor gewesen. Man habe ihr eine Geldstrafe über 200.- Mark ausgesprochen. Sie wunderte sich, was sie alles gesagt haben soll. Herr Nehring vom Fernsehfunk habe sie in Superlativen gelobt. Sie wäre eine disziplinierte und zuverlässige Schauspielerin (...) Sie habe nun so ein schönes Schriftstück und da stehe immer dieser ›blöde Hammel‹ drauf: ›weil Sie ihn blöder Hammel genannt haben‹. – Das entbehre nicht einer gewissen Komik. Einen Rechtsanwalt würde sie dazu gar nicht brauchen, das sei ein richtiges Affentheater gewesen.

Nina, März 68

Meine liebe Mami und lieber kleiner Wolf und auch liebe Emmi!
Ich hab mich sehr gefreut über den Brief von Euch. Wenn ihr zu meinem Geburtstag herkommt, wäre das wundascheen! Mein werter Papá hat mir noch keinen ›Liebesbrief‹ geschrieben! Er hat ja seine Siggi. Aber ich werde ihm wohl doch schreiben, er hat mir einen abgelegten Plattenspieler von ihm versprochen. Mami, der ›Esel‹ steht einsam zurückgelassen im Wald. – Emmi, ich bewundere Dich ja, Du warst mit bei der Demonstration dabei. Ich finde genau wie ihr, daß die Gegendemonstration große Kacke ist. Ach so, Mami, ich sollte mir diese Wörter abgewöhnen, aber wenn sie nun mal in der deutschen Sprache sind! Ich habe das alles genau verfolgt! Hoffentlich nützt das nun bald was! Ich meine die Vienam-Demonstrationen!
Wie gehts Euch denn? Mammi! Die Zahnschmerzen haben nachgelassen! Bez. keine mehr da! Die Wunde wächst zu. Es ist nur noch ein kleiner Spalt zu sehen! Ich hab mir die Haare gewaschen. Gisela hat sich in Zakopane den Knöchel gebrochen. Sie liegt dort im kath. Krankenhaus. Winfried hat im Schacht einen beladenen Hund über seinen Fuß fahren lassen. Er arbeitet zur Zeit nicht. – Emmi, könntest Du mir nicht zum Geburtstag am 11. März eine echte Niethose schenken? Zu Weihnachten die war mir doch zu klein. Ich brauche von der Taille aus 1 m und 5 cm runterwärts, aber bitte nicht soviel beim Hintern. Wenn Du das machen würdest, wäre ich ganz doll glücklich. Ich brauche doch so nötig eine! Ach so, schönen Dank für die beiden Hefte. Ich spiele schon 2 Lieder daraus. Wolfs Vietnam-Lied kann ich jetzt auch so einigermaßen. Mami, kannst Du mir bitte die Antenne

Nina

für UKW schicken? Bitte! Ja? Bylle, die liebe, schreibt mir ganz lieb und viel. Ich hab schon 3 Briefe von ihr und dann mit 4 – 5 Seiten. Ich habe mich heute bei ihr mit 8 Seiten revangiert (oder wie man das schreibt)! Ich hab mein Zimmer umgeräumt, es sieht jetzt besser aus als vorher. Gemütlicher! Joan Baez hab ich mir in einen Rahmen gemacht und aufgehängt. Wir haben jetzt Besuch gekriegt, ich mach jetzt Schluß. Macht's alle gut. Viele viele Grüße und Küsse von Eurer Nina!
P.S. Emmi, denkst Du dran? Bitte, bitte!

Tagebuch, 24. 3. 68

Auf der Fahrt nach Dessau – Vorstellung ›Lady‹, muß trampen. Der VW ist schon wieder kaputt – 6000 km nach der Generalreparatur.
Wolf ist in Dresden. Wagenbach fuhr nach Prag gestern mittag mit der Eisenbahn. Das war d i e Gelegenheit für den Verleger, mit seinem Autor persönlich zu sprechen nach drei Jahren Einreiseverbot. (Wagenbach darf nicht in die DDR – aber den Transit-Weg benutzen.)
In Dresden trafen sich gestern außerdem: Die neue Tschechoslowakische Regierung, Polens Gomulka und unser Chef. Der Absicherungsmannschaft wird es nicht entgangen sein, daß sich dieser Biermann-Schreck in der Stadt befindet: Wolf will bei der Gelegenheit alle seine dortigen Maler-Freunde besuchen. Neulich, als ich in Halle arbeitete, befand ich mich sogar mit dem Vorsitzenden unter einem Dach. Das heißt, Walter und seine Hintermänner bzw. Unter-ihm-Sitzenden hatten ein Bankett in den Festräumen. Ringsrum abgesperrt, kein normales Fahrzeug durfte parken. Dieser unverschämte Biermann aber ignoriert alle Verbotsschilder, stellt seinen ›Oldtimer‹ zwischen die schwarzen

Limousinen TSCHAIKA, SIM, SIS, TATRA ins Hoheitsgebiet seiner sächselnden Majestät. Bricht ein ungeschriebenes Gesetz und in die Tabu-Zone ein. Da haben die in der Empfangshalle rumwieselnden Staatsdiener blitzartig Blutzufuhr erhalten. Manche erlitten einen Schock fürs Leben, als er in' Fahrstuhl stieg, um irgendwo zwischen den Stockwerken unterzutauchen. Das Gewimmel und Gefiepe überforderter Apparatschiks war in allen Etagen vernehmbar. Ein echtes Abbild von Till Eulenspiegel ist der kleine Wolf.

Walterchen hatte sich anerkennend über die Entwicklung des Baugeschehens ausgesprochen, auch nicht mit Kritik gespart, wie tagsdrauf in den Frühnachrichten zu vernehmen gewesen war: Man dürfe, so regte er an, beim Aufbau der Stadt nicht vergessen, daß bald mehr Autos da sein werden, sodaß die Breite der Straße kaum ausreicht. Man sollte die Häuser zurücksetzen und sich dafür die Hinterhöfe sparen.

Diesmal, in Dresden, wird es andere Probleme zu erörtern geben.

Vorhin, auf dem Bahnhof Prenzlauer Allee, hielten Jugendliche Fahnen aus Türen und Fenstern, sie waren ein Gemisch aus siegfeiernden Fußballanhängern und Glaßbrenners ›Revoluzzern‹. Ein ungewohntes Bild jedenfalls auf dem Territorium DDR. Sie riefen halblaut: ›Freiheit für Teufel‹ und was von Kommune und ›Schütz raus‹. Wir wollen und können auch, stand ihnen trotzig auf der Stirn geschrieben.

Wenn ich an die letzten Ereignisse in der ČSSR denke, wird mir schwer ums Herz. Denn daß es hier kein Pendant dazu gibt, dafür wird die gute alte preußische Ordnung sorgen, die den Deutschen noch etliche Generationen anhaften wird. Hoffentlich verschärft sich die Lage nicht. In Polen sieht es aussichtslos aus. Gomulka sagte im Fernsehen, die Proteste der Studententen wären gelenkt von rechten Kreisen.

Tagebuch, 29. 3. 68

Mit dem Wagen vom Bundesvorstand des DFD (Demokratischer Frauenbund Deutschlands) unterwegs nach Hainichen zu einer Veranstaltung der Nationalen Front. Es herrscht hochsommerliche Hitze. Vorn sitzt eine typische Vertreterin dieses Vereins: penetrant optimistisch. Ihr Frauenrechtlertum klingt steril, riecht nach Unfruchtbarkeit.

Bin traurig. Vorhin kam ein Brief von Muschel: Nina hat sich bei einer Barrenübung einen dreifachen Beinbruch zugezogen. Ich komm aus den Sorgen nicht raus. Nach dieser Domotil-Tabletten-Orgie mit Halbwüchsigen, so hoffte ich, wär sie raus aus der Gefahrenzone; da bricht sie sich wie zum Schabernack die Knochen (na, besser als das Herz). Muschel schreibt, Nina hat die 20 M Taschengeld bereits ausgegeben, hält teure Zigarretten versteckt. Am 11. März wurde Nina dreizehn, sie wirkt älter. Um mein Mutterglück werde ich noch bangen müssen, denn das Racheschwert des Erzeugers kreuzt immer wieder wie ein Zerstörer unsere Bahn. Der Mann hat es nicht verwunden, daß sein ihm durch Urkunde überschriebener ›Besitz‹, die Ehefrau, entzogen wurde per Richterspruch. Und Nina ist auffallend hübsch, einfallsreich, komödiantisch begabt, singt schon Wolfs Lieder, kommt auf der Gitarre zurecht dank seiner Hilfe. Zum Trost sage ich mir: Wie hat dein Leben ausgesehn, Eva! Was für abschüssige Biegen mußtest du nehmen, welch undurchschaubare Unwegsamkeiten durchlaufen, Maria! Ins lebendige Leben führt eben kein schnurgerader Pfad.

›Perlen-Magazin‹ in Hainichen. Man hatte das Programm, wo sogenannte ›Perlen der Produktion‹ öffentlich ausgezeichnet werden, diesmal auf den Volksentscheid zugeschnitten. Es wurde ausgeschlachtet, was auszuschlachten war: Die sinnige Losung: ›Wir sind in guter Verfassung‹, hing überm Bühnenportal wie ein zuschlagbereiter Hammer.
Ich sang, begleitet von einem Pianisten: ›Nur een Zimmerchen irjendwo‹ und ›Wart's nur ab‹. Dann kam ein spaßiges Interview, bis der Vorsitzende der Nationalen Front, Herr Schönfeld (mir seit Jahren treu ergeben) auf die Verfassung zu sprechen kam – und meine Meinung wissen wollte. Darauf war ich nicht gefaßt, wurde taubstumm, stotterte, bis ich mich sagen hörte: Ein Künstler bei uns wär nicht auf Protektion angewiesen, wenn er was kann; dagegen in Westdeutschland ... Beim Sprechen schlug mir buchstäblich meine Heuchelei auf den Magen, ich empfand es als Nötigung, eine Art Vergewaltigung auf offener Szene. – Wieso, ich hätte mich wehren können, die Zähne zeigen. Mir wurde übel im Herzen. Der Saal lauschte angespannt, eine Menge Menschen, die mir stürmisch applaudiert hatten, als ich leichtfüßig und arglos die Bühne betrat – ob und wie ich nun die Kurve kriege. Die helleren Köpfe merkten wohl, daß ich einen Kampf mit mir ausfocht, andere dachten, ich hätte 'n Aussetzer, das Gedächtnis verloren, einen Elektroschock von der bombastischen Tonanlage erhalten. Was ziert sie sich, warum sagt sie nicht Ja und Amen und hält ansonsten die Schnauze bei so kniffligen Fragen. – Der erste Kreissekretär, Gen. Schönfeld, versuchte mir auf die Sprünge zu helfen: Darf ich es so auffassen, daß Sie glücklich sind, weil

zum 1. Mal in einer Verfassung den Künstlern soviel Raum eingeräumt wurde, einer Künstlerpersönlichkeit die Entwicklung im Beruf garantiert ist, daß Sie, Frau Hagen, einverstanden sind mit der Verfassung, daß Sie am Sechsten ihr JA (-Wort) geben. Das meinen Sie doch! – Ja. Meine drauffolgenden Lieder zur Laute kamen gut an. Jubel, Trubel. Karla aus Penig war gekommen, danach waren wir bei den Buchdruckern, die ein Schlachtefest feierten. Stimmung, Wellfleisch mit Senf, eine Biertränke, Wodka hundertgrammweise. Der Betriebsleiter versicherte, als er sich für die ›kostenlosen‹ Lieder bedankte – sie hatten mir 'n Freßpaket mit Griebenschmalz, Hackepeter, Blutwurst überreicht – der Betrieb stünde mir zur Verfügung, wollte ich was gedruckt haben. ›Wie wär's mit einem Gedichtband‹, frage ich mit strahlend blauem Augenaufschlag. ›Ein Freund von mir ...‹ Dafür bräuchte er allerdings eine Druckgenehmigung, räumte er bedauernd ein. Schönfeld sagte heut morgen, er könne das über sein Büro laufen lassen, da gäbs keine Schwierigkeiten. – Ich halte ihn für aufrichtig, doch er würde sich furchtbar in die Nesseln setzen. Ist er nun naiv; sicher hat er doch einst das 11. Plenum studiert! Seltsam ...

Zum Schluß wurden Karla und ich zum Übernachten in die Parteihochschule nach Mittwaida gebracht; ich war nicht mit der DFD-Droschke retour gekutscht, mußte nach Zwickau, Kostümprobe für die ›Lady‹. Der gesamte Komplex lag da wie ausgestorben. Sämtliche Genossen befanden sich im Einsatz. Nur die Wache am Tor hielt treu die Wacht: Es ist noch viel zu tun bis zum Volksentscheidungstag. Aufklärungs- und Überzeugungsarbeit ist zu leisten; diesmal gilt es nicht nur den Zettel zusammenzufalten und in die Urne zu schmeißen, man muß sein Kreuz machen auf das JA: es durchkreuzen quasi, dann gilt es erst endgültig. Das ist ungewohnt für unsere Bürger, denen man sonst großzügig von oben herab so lästige Belastungen abzunehmen pflegte. Dann Listen aufstellen, Scheine drucken, durchorganisieren, damit keine Panne passiert. Helfer bereitstellen, instruieren, Pioniere einsetzen: die Knospen im Spalier – und es läuft wie geschmiert.

Trotzdem herrscht Nervosität in Städten und Gemeinden.

Wir wurden eingewiesen ins verlassene ›Objekt‹. Gegenüber von den Betten – man konnt seinem Blick nicht entkommen – schaute mit angehobenen Mundwinkeln, wegretuschierten Tränensäcken und rosig kolorierten Bäckchen, Gottvater Ulbricht persönlich auf die sich ausziehenden Mädels herab und bewachte ungerührt unsern Schlaf ...

Zwickau, zuvor Karla nach Penig gebracht. Sie ist Erzieherin im Lehrlingswohnheim, will zu uns ziehen, unbezahlten Urlaub nehmen, einen Ortswechsel benötigen aus persönlichen Gründen ... Ich freu mich auf die Vorstellung in Zwickau. Das Theater ist niedlich. Die Wagner-Bühne in Dessau dagegen – beim Lindenblatt-Siegfried des Hagen von Tronje! eine Walhalla. Ostersonnabend ist Probe, abends Vorstellung. Zurück nach Hainichen. Märzsonne, Augustklima. Schönfeld selbst fährt mich nach Sangerhausen, fragt tastend, ob ich einverstanden wäre, wenn sie meine Erklärung über die Verfassung sinngemäß in der Zeitung brächten. Ich kämpfe mit mir, will sagen, daß ich nicht in allen Punkten übereinstimme, weiß aber, welche Lawine ins Rollen käme. Mein Nationalefrontkämpfer muß meine Not doch spüren, hilft mir aber nicht, wartet geduldig, schweißgebadet. Es ist so gut wie sicher: Ich dürfte nicht mehr singen – auch nicht hinter den Bergen, bei den sieben Zwergen; meine wacklige Position beim Fernsehen kriegte ihren Rest. Was mach ich, druckse rum, möcht wenigstens die genaue Formulierung festgelegt haben; dann verläßt mich die Kraft, mein Mut sinkt auf den Nullpunkt, Hilflosigkeit überfällt mich, ich hör mich sagen: ›Sie werden das schon machen‹. Scheißegal auch. Kacke bleibt es in jedem Fall. Besser verpacken könnte man sie, mit rosa Schleifchen drapiert. Als die Presse-Abteilung des DFF anrief wegen einer Erklärung, ließ ich mich verleugnen. Nun haben sie mich doch erwischt. – Gestern fragt ich die Demokratische Frauenbund-Tante, ob es Kabinen gäbe in den Wahllokalen. ›Sicher. Aber unsere Bevölkerung hatte Zeit genug, über Artikel und Paragraphen zu diskutieren. Es sind sogar Zusätze eingefügt worden, Änderungen, die von der Basis vorgeschlagen wurden.‹ Und wie demokratisch es zuginge. Warum sollt man da nicht offen, vor aller Augen, sein JA ankreuzen. Ich schwärmte vom Prager ›Frühlings-Erwachen‹, sagte doppelbödig: Im Osten geht die Sonne auf ... Sie stöhnte hartleibig über diese ›Krankheit. Schwere Fehler haben sie gemacht, unsere tschechoslowakischen Freunde. Wenn das mal gut geht. Sie öffnen westlichen Reportern Tür und Tor, Agenten dringen ungehindert ins Sozialistische Lager ein, so können sie leicht eine Konterrevolution herbeiführen. Wir müssen wachsam sein.‹ (Da hat sie recht!)

30. 3. 68 – Sangerhausen. Bei Nina im Krankenhaus. Sie ist munter und fidel, hat sich herzerfrischend gefreut. 4 bis 6 Wochen dauert es ungefähr, bis sie wieder richtig gehen kann. Ein zweifacher Bruch: Knöchel,

Wadenbein. Morgen spreche ich den Oberarzt. – Mit Muschel zerstritten wegen Ansichten in Erziehungsfragen. Die Kleinstadt ist Feindgebiet für Toleranz. Ich heute in sandfarbenen Stiefeln, farbig aufeinander abgestimmtem Mini-Kleid voll phantastischer Urwald-Motive, entriß einer Kleinstädterin die Bemerkung: Die schrecklichen Weiber heutzutag machen sich immer mehr zum Kasper. Wir in unsrer Jugend ...
Swoboda neuer Staatspräsident in geheimen Wahlen! 72 Jahre alt. Jüngere protestieren. Cisár wollen sie, keinen Rentner.
Im ND nur eine kleine Notiz: Novotny aus gesundheitlichen Gründen zurückgetreten. Gegen Einmischung in interne Angelegenheiten protestierten die Tschechen offiziell bei der DDR-Botschaft. (Hager)
Unangenehmes Telefongespräch mit Ninas Vater: Ob's mir recht wär, wenn er zu Nina führe. Ich fänd's nicht günstig momentan. Darauf er: Ich fahre aber. Und daß mir die Erziehungsberechtigung aberkannt wird, ein Prozeß gegen mich vorbereitet und mir das Lachen noch vergehn wird nach Ostern. Er kenne Margot Honecker – und noch einige, die nur drauf warten, daß er sie handeln läßt. Ich erwiderte, daß wir gerichtlich gleich mit erörtern könnten, wieso er keine Alimente zahlt.
Es klingt übertrieben, aber der Mensch in seinem Wahn ist fähig, das Mittelalter auferstehen zu lassen. An der Stelle im Kopf, wo sonst das männliche Dingsbums verwurzelt ist, hat dieser Mann einen Riß in der Schüssel. Er hat es nicht verwunden, verlassen worden zu sein für nichts und wieder nichts: kein Nebenbuhler wartete am Gerichtsportal; aus purem Freiheitsdrang nur wendete das Weibstück sich ab.

2. 4. 68 – Dessau. Martin Remanée fuhr mich. Wolf bat ihn drum. Auch er ist begeistert von Eliza. Aufm Rückweg bei Huchel vorbeigefahren. Sein Geburtstag. Eine stattliche Anzahl hochkarätiger Gäste: Janka, Fühmann, Rolf Schneider ... Ich rief Wolf an. Sein Auftritt war der eines Artisten in der Manege: Allez hop und stehn! Die hitzige Diskussion über die Ereignisse in Prag flaute vorübergehend merklich ab: Robert Havemann, den Wolf im Schlepptau hatte, war einigen Gemütern denn wohl doch ein zu heißes Eisen. Sie überlegten, wie die Stasi reagieren könnte, welchen Reim sie sich drauf macht bei der Ansammlung von mehr als einem guten Dutzend aufrührerischer Geister. Trotzdem war gehobene, frühlingshafte Stimmung.
Peter Huchels Sohn Stephan brachte das größte Geburtstagsgeschenk: einen Ausmusterungsschein. Er braucht nicht zur Fahne. Mit der ›Waffe

in der Hand‹ hatte er sich bereits geweigert, jetzt war auch der Spaten begraben. Huchels Auswanderungsgesuch wurde nicht beantwortet. Er möchte seinen Lebensabend in Italien verbringen. Man reagiert weder auf Gesuche noch Staatsbeleidigungen: Minister Gysi sandte ein Telegramm, auch der Schriftstellerverein. Der tschechoslowakische Verband telegrafierte: Wir denken in diesen Tagen besonders an Sie.
4. 4. 68 – Oliva rief erneut an. Das mit Nina wäre beschlossene Sache. Ich verbat mir seine Belästigungen, rief die Jugendhilfe an. Die sagten, er könnte nichts machen, bevor das Jugendamt nicht den Sachverhalt festgestellt und ein Gericht mir die Erziehungsberechtigung aberkannt hätte. Außerdem sollte ich doch das Geld einklagen ...

5. 4. 68 – Ein Tag vor der Volksabstimmung der neuen Verfassung. Überall wird künstlich Hochstimmung erzeugt. Ich fahre in die Zelterstraße, sehe paar Gestalten an der Tür hantieren. Freunde wohl von Frank Havemann, denk ich, der jetzt nebenan zur Untermiete wohnt. Fränki ist bei Wolf z. Zt. – hat teilgenommen an der Kundgebung mit selbstgemachten Schildern: ›Nieder mit den Mördern von Dr. Martin Luther King‹. Auf dem, das ein Freund trug: ›Vietnam ist einsam‹. Sie mußten einem Polizisten die Ausweise zeigen. Als ich es im Treppenhaus rumoren hör, öffne ich die Tür: Da stehen FDJ-ler, um die 30–40 rum, mit Bauchansatz, fettigem Haar. Einer sagt, an meinem Balkon stünde: Wähle Nein – und fordert mich auf, es abzuwischen.
Ich denke, die wollen mich aufn Arm nehmen, sage, das kuck ich mir an. Da stand, verwittert von Wind und Wetter, mit Kreide: WAS NEIN. – Ich mußte laut lachen. Das hat Nina rangemalt, als sie sich mit Kindern auf der Straße unterhielt, etwas nicht verstand, das sagt das WAS, wo das ›S‹ noch spiegelverkehrt ist – und NEIN war wohl die Antwort. Ich gab den Männern einen Schwamm, damit sie die Schmach tilgen. Als sie weg waren, klopfte mir das Herz, Entsetzen kroch mir in den Nacken. Wie kann man sich von Kindergekrakel bedroht fühlen. Was haben sie zu befürchten in diesem perfekt funktionierenden System, der militärstabsmäßigen Vorbereitung der Farce.

Mein Wahlgang war entwürdigend. In der Tür stand eine Dame Von und Zu mit gläsernem Lächeln, zeigte mit hölzernem Arm: Dorthin bitte! ›Na, auch schon da? Wir haben Sie früh erwartet‹, sagte der Stuben-Älteste ›da hätten Sie Blumen gekriegt.‹ ›Bin keine Frühauf-

steherin‹, erwiderte ich. Daneben war ein Tisch, auf dem ein Bleistift lag auf rotem Fahnentuch, worauf der historische Akt zu vollziehen war. In der Ecke die Andeutung einer Wahlkabine, die keiner betrat; außer Fränki Havemann und der wurde von Pfeilblicken der Beisitzer durchbohrt, aber er ist immun dagegen. Und ich – die Hälse reckten sich, male wie eine Somnambule mein Kreuz über die ganze Seite.
Draußen dann, die adlige Dame, Genossin der Blockpartei (?), hielt mich an, machte auf Konversation: Dürfen wir Ihre Meinung ... Ich schnitt ihr das Wort ab: Haben Sie nicht in der Zeitung gelesen, was ich sagte! In welcher, fragt sie nicht, sonst hätt ich ihr das Käseblättchen aus Hainichen nennen müssen. Ich erzählte die Sache vom Vorabend. Sie zog die Augenbrauen hoch: Wenn ich Schwierigkeiten hätte, sie wohne ...

11. 4. 68 – Auf Rudi Dutschke ist ein Attentat verübt worden. Drei Kugeln haben ihn getroffen: In die Schulter. In den Hals. Eine steckt im Kopf. Wir sind geschockt, verfolgen ständig die Nachrichten. In den größeren Städten der Bundesrepublik Studenten-Demonstrationen. Polizei-Groß-Einsatz. Demonstranten werfen Schaufensterscheiben ein, stecken Zeitungskioske in Brand. Verhaftungen.
12. 4. 68 – Mit Wolf nach Zwickau. Gastspiel ›Lady‹. Wir wohnen im teuren Hotel, müssen 2 Zimmer nehmen, obwohl wir nur eins benutzen.
13. 4. 68 – Geschafft, Riesenerfolg. Wolf ist mein bester Regisseur.
Rudi D. gehts besser. Wolf macht ein Lied: ›Drei Kugeln auf Rudi D.‹
14. 4. – Warmherziges Ostern, Eierverstecken. Wir fahren über Weimar zu Nina, Wolf zeigt ihr ausgefallene Gitarrengriffe, wir singen sein neues Lied.

Wolf mit Rudi Dutschke

Hauptabteilung XX / 1 – V e r m e r k
Am 16. 4. 1968 teilte Hans Oliva HAGEN mit, daß er in der vergangenen Woche seine Tochter Nina in Thüringen besucht hatte. Nach seiner Auffassung ist sie dort bei (...) in besserer Obhut als bei ihrer Mutter der Schauspielerin Eva Maria HAGEN. Bei der Gelegenheit kümmerte sich HAGEN auch um die Einflüsse, die gegenwärtig durch Briefe und Besuche auf seine Tochter schädlich einwirken könnten. Dabei stellt er fest, daß ihr einige Briefe zugegangen sind, die einen schädlichen Einfluß auf seine Tochter ausüben. Hagen hat diese Schriftstücke mit der Begründung an sich genommen, daß es besser sei, wenn sie von derartigen Dingen ferngehalten wird. Bei den Schriftstücken handelt es sich um beiliegend aufgeführte Briefe und einer Broschüre aus Westdeutschland, die Hagen dem Unterzeichneten übergab.
1. Ein Brief Wolf BIERMANNs an Nina HAGEN vom 18. 3. 1968
2. Ein Lied von W. BIERMANN zum 13. Geburtstag der NINA H.
3. Sechs verschiedene Briefe
4. Eine westdeutsche Broschüre ›Song‹ Nr. 1 1966 in die Biermann nach Mitteilung des HAGEN auf Seite 39 ein Blatt mit einem eigenen Gedicht eingeklebt hat. Hans Oliva HAGEN versprach volles Stillschweigen über die Übergabe der aufgeführten Schriftstücke zu bewahren. *Brosche – Major*

(Brief Hans Oliva-Hagens aus den Stasi-Akten)
Silvester 1965/66 war ich mit dem Genossen Adameck und seiner Frau auf dem Ball des DFF. Auch E. M. Hagen war dort. Wir brachten sie mit dem Dienstwagen des Gen. Adameck nach Hause. In ihrem Wohnzimmer hing ein sehr grosses Foto von Biermann. Ich nahm es von der Wand, zerriss es. Ich kannte Biermanns Einstellung, wünschte nicht, dass meine Tochter in sein Einflussbereich gelangt. In Gegenwart des Gen. Adameck sagte ich das in starker Erregung.
Von diesem Zeitpunkt an begann das Verhältnis Biermann-Frau Hagen immer enger zu werden. Er wohnte fast ständig in der Zelterstrasse und führte Frau Hagen in den folgenden Monaten in seinen Kreis ein. So lernte sie Prof. Havemann kennen, und zwischen der jüngsten Tochter Havemanns und meiner Tochter begann ein kindlich-freundschaftliches Verhältnis. Im Sommer 1964 traf man sich oft in Grünheide, wo Prof. Havemann ein Haus hat. Dort waren auch gelegentlich Manfred Krug, der Maler X und andere Personen, die ich nicht kenne.
In dieser Zeit verstärkte sich Havemanns Einfluss auf Biermann. Die Folge: Biermanns Einfluss und seine politischen und künstlerischen Ansichten wurden von Frau Hagen übernommen. Meine Tochter geriet also mit 9 – 10 Jahren unter diese Einflüsse. Es ist leicht zu überprüfen, dass auch in dieser Zeit die schulischen Leistungen meiner Tochter nachliessen, dass sie im Unterricht störte und negativ auf die Klasse zu wirken begann. Die damalige Klassenlehrerin, (...) wird dies bestätigen können. Seit dieser Zeit ist meine Tochter für das Lehrerkollektiv ein schwieriges Problem. Auch Hausbesuche und Gespräche in der Schule mit Frau Hagen hatten nur kurze Wirkung. In dieser Zeit sind auch die politischen Ansichten meiner Tochter immer konfuser geworden. Vom Song Biermanns, über Ostermarschabzeichen, Hippy-Blume und dem Zeichen ›Enteignet Springer‹ war ein relativ kurzer Weg. Auch in ihrer Kleidung wurde meine Tochter Nachbild der Hippis. Jeans, schloddrige Pullover, ungepflegtes Haar gehörten zur Tagesordnung. Biermann und Frau Hagen unternahmen nichts, um Nina, die viele hübsche Kleider, Röcke, Pullis besitzt, zu vernünftiger Kleidung anzuhalten.
Im Zeitraum des 11. Plenums, wo ich beim DFF und bei der Defa staatliche Aufgaben übernehmen musste, kulminierte Biermanns Einfluss auf Frau Hagen und automatisch auch auf meine Tochter. Direkte und indirekte Lieder und Gedichte gegen die Staatsmacht der DDR entstanden damals und Biermann sang sie in Gegenwart meiner Tochter in der Wohnung und in Grünheide. Auch die Platten, die Biermann mit Neuss in WD. herausbrachte, wurden häufig gespielt. Im Zusammenhang mit dem Film ›Spur der Steine‹ entwickelte sich Biermann zum Märtyrer.
Er hatte für den Vorspann des Filmes Musik und Texte gemacht. Sie wurden vor der Aufführung herausgenommen und neu, von Anderen angefertigt. Die Zurückziehung des Films war Gesprächsstoff Nr.1 in der Wohnung, und meine Tochter bekam die ganze Liste der Argumente

Nina mit ihrem Vater
Hans Oliva-Hagen

Biermanns mit. ›Was erlaubt sich das ZK, das Volk, die Zuschauer sind mündig genug um zu entscheiden, ob dieser gut und richtig ist oder nicht.‹ Ich selbst publizierte damals im ND einen Artikel, in dem ich mich rückhaltlos hinter die Beschlüsse des 11. Plenums stellte.

Natürlich geriet durch diesen Konflikt, Vater für die Beschlüsse der Partei und Biermann, Frau Hagen gegen die Beschlüsse, das Kind in eine schwierige Situation. Wem sollte es glauben? Es begann bei mir, mir Recht zu geben und zu Haus, der Mutter Recht zu geben. Der Artikel von Klaus Höpke im ND über Biermann trug ein weiteres dazu bei, dass meine Tochter in Biermann einen Menschen sah, zu dem man halten müsse.

In dieser Zeit war auch Havemann öfter bei Frau Hagen und Biermann zu Besuch. Natürlich ist Havemann für ein Kind eine starke Persönlichkeit, sie mochte Herrn Havemann, sie hatte Vertrauen und Zuneigung zu Biermann, schon weil Biermann das erste Verhältnis ihrer Mutter war, das eine bestimmte Stabilität besass. Auch benahm sich Biermann meiner Tochter gegenüber nett, er kümmerte sich um sie, half ihr bei Schularbeiten und lehrte sie Gitarre spielen. Natürlich waren die Lieder, die er ihr beibrachte, nicht direkt staatsfeindlich, aber sie gingen in eine Richtung, die sich von denen, die sie in der Schule und Pionierorganisation lernte, stark unterschieden. Es waren fast ausschliesslich amerikanische Songs, Antivietnamsongs, die sie billigte und in ihnen zu spüren glaubte, dass Biermann auf der richtigen Seite steht. Im vergangenen Sommer war meine Tochter mit ihrer Mutter und Biermann in Ückeritz bei dem Maler (...) Sie lernte dort den Nacktbadestrand kennen, wo sich die ›Künstler‹ trafen, spielten, sich sonnten und politisierten.

Als Frau Hagen im November 67 einen abermaligen Selbstmord versuchte, kümmerte sich Biermann sehr um die Mutter meiner Tochter. Dadurch wuchs die menschliche Zuneigung zu ihm noch mehr. Meine Tochter sieht ja in ihrer Mutter das Leitbild. Sie möchte auch Schauspielerin werden. (Ich möchte das übrigens nicht!) Meine Meinung ist, dass durch das erotische Verhältnis Biermann-Frau Hagen, diese in Biermanns und dessen Umgebung geriet, diese Einflüsse nicht abwehrte und bewusst oder unbewusst das Kind mit einbezog.

In den letzten Wochen tauchte in der Bekanntschaft Biermanns auch Fritz Teufel auf. Meine Tochter lernte ihn bei Besuchen bei der Bildhauerin Hunzinger kennen. Hier wurden neue Masstäbe für das Kind gesetzt. Kommune I, Mao. So war es fast selbstverständlich, dass alles was nur irgendwie opponierte, ob in WD mit dem Ostermarsch, oder Biermann, Havemann, hier, in einen Topf gerieten und das Kind die Form der Opposition auch in politisch-moralischer als die attraktivste Lebensform annahm. Ihr Geltungsbedürfnis wurde nicht gebremst, sondern unterstützt, ihre konfusen Ansichten wurden nicht paralysiert, sondern Biermann und Frau Hagen liessen sie sich in dieser Richtung festigen. Obwohl das Kind die Mutter liebt und nach Wärme bei ihr sucht, wurde sie gröblichst vernachlässigt.

Das vor wenigen Wochen eingeleitete Verfahren wegen Staatsverleumdung gegen Frau Hagen, wurde ausgiebig besprochen, meine Tochter hörte alles und stand natürlich auf der Seite der Mutter, die alles bagatellisierte. – Ich überwinde mich nur schwer zu dem Entschluss, das Kind, das die Mutter liebt, von der Mutter zu trennen, aber eine so grobe Verletzung der Sorgepflicht in moralischer und politischer Hinsicht, zwingt mich dazu, zu bitten, der Mutter das Sorgerecht zu entziehen. Da ich zur Zeit physisch und psychisch nicht fähig bin, das Kind zu mir zu nehmen, bitte ich sie in ein Internat zu bringen. Ich kenne keines das ich empfehlen kann, höchstens vom Hörensagen das des MAA, wo die Kinder unserer Diplomaten untergebracht sind ...
Ich bitte mir das Sorgerecht zu übertragen. Zu einem Zeitpunkt, da ich meine Gesundheit und Arbeitskraft wieder voll zurück gewonnen habe, werde ich sicher eine andere Lösung finden, als das Internat. Nach meiner Eheschließung im Herbst dieses Jahres und nach einer Einwilligung meiner Frau, könnte meine Tochter zu einem späteren Zeitpunkt zu mir ziehen. Aber das kann ich im Moment nicht übersehen, weil mich die Ereignisse der letzten Tage völlig aus dem Gleichgewicht gebracht haben. – Vielleicht finde ich auch eine nette Familie, in der meine Tochter leben kann. Selbstverständlich werde ich mich soviel wie es in meinen Kräften und Möglichkeiten steht, um mein Kind kümmern. Ich bitte, da ich selbst die ganze Sache den Staatsorganen übertrug, mir zu helfen, daß meine Tochter liebevoll und vom pädagogischen Standpunkt aus, so gut wie nur irgend möglich behandelt wird. Ich habe meine Eltern durch den Faschismus früh verloren, alle meine 5 Geschwister leben im Westen. Ich hänge sehr an meinem Kind. *Hans Hagen*

Tagebuch, Mitte April 68

Abends über Halle, bei Ricarda Halt gemacht, Mitternacht bei Robert. Er ist aufgeblüht durch die Prager Ereignisse. Ausschnitte von Westzeitungen liegen auf dem Tisch. Er möchte Wolf einbeziehen, ein Gespräch mit dem ›Spiegel‹ arrangieren. Ich fänd's ungünstig, wenn Wolf mit ihm zusammen an die Öffentlichkeit tritt. Er sollte zuvor sein Buch rausbringen. Wenn er nur als Sprachrohr dient, ohne auf dem Fundament seiner künstlerischen Produktion zu stehn, verschenkt er Boden. Selbst die kleinen Angebote (Rostock, Perten, Bunge) wären passé. Nach einem Spiegel-Interview würden die Unterhändler ihn links liegenlassen. Andrerseits darf er sich nicht erpressen lassen. So kann man nicht leben – und schon gar nicht ein Wolf.
19. 4. – Allein. Überall Haß, Gewalt, Verwüstung. Dabei ist Frühling, ein selten milder April. Wo ist der Sinn bei dieser Konstruktion vom Sein. Gestern sah ich einen Bericht über den Warschauer Ghetto-Aufstand im Fernsehen. Dann Aufnahmen kämpfender und sterbender Vietnamesen. Die neuen Toten im ewig schwelenden Krieg von Israel. Von Steinen erschlagene Demonstranten in Westdeutschland. – Hier Friedhofsruhe. Das ist kein echter Friede, sondern Theater, Gängelung von Anfang an. Mit Wolf kann man nicht leben, er ist hauptsächlich mit sich beschäftigt und an seine Mutter gekettet, die ihn mit ihrer Liebe quält, ständig Vergangenes raufbeschwört, die einst erfüllte Zeit, als er ihr kleiner Junge war, an ihrer Brust hing, sie ihn an der Hand hielt und er nicht negativen

Evas Mutter Agnes mit Eva (rechts) und ihren Geschwistern Ingrid und Horst

Einflüssen ›egoistischer Scharlatane‹ ausgesetzt war, der Liebe launischer Frauen ... Mit Bibber in der Stimme beginnt sie immer wieder von vorn die anrührenden Geschichten zu erzählen, als gäbe es nicht auch andere Schicksale auf der Welt, Mutterliebe, tragische Ereignisse in jeder Familie. War meine Mutter nicht auch eine tapfere Frau, obwohl sie in keiner Partei war, weder bei Rotfront-Kämpfern noch der Hitlerjugend, die drei Kinder übern Krieg bringen mußte, an sie adressierte Briefe weitergab an im Dorf lebende Polen, die keine Post erhalten durften. Und Russen aus der Ukraine, Frauen in Lappen gewickelt, Fremdarbeiter in der Schnitterkaserne der Gutsbesitzer von Kremlin, wo Agnes als junge Saisonarbeiterin in der Erntezeit hauste und jetzt den Gefangenen heimlich Brot zusteckte durch den Stacheldraht, was Warmes zum Anziehn. Und die vielen Augenblicke zwischen den Fronten, wo es um Leben und Tod ging, nichts zum an die große Glocke hängen. Ich hab nicht die Kraft, mich von meiner Liebe zu lösen ... bin mit allen Fasern verwoben. Aber mein Selbst läßt nicht zu, daß ich mich unterwerfe, nur Geliebte, Begleitperson eines egozentrischen Mannes bin.

Wenn ich mal raus könnte! Freunde aus Prag luden mich ein. Aber durch die verstreuten Auftritte, kurzfristige Änderung des Spielplans bin ich gefesselt. Und ob man mich überhaupt ließe. Ich gelte als reaktionär, westlich eingestellt, seit ich mit dem ›Staatsfeind‹ Biermann unter einer Decke stecke. Gisel sagt, im Brief von Muschel steht:

Hans Hagen hat in Sangerhausen verbreitet, Biermann hetzt öffentlich gegen die Verfassung und ich werde entlassen. Welch entlarvende Schlußfolgerung. Der Mensch hat sich zum ›Wurm‹ entwickelt, obwohl er äußerlich als ›Ferdinand‹ in ›Kabale u. Liebe‹ in Frage käme. Dieter Borkowski, vom Filmspiegel, kam wegen eines Interviews: ›Die Verantwortung eines Schauspielers bei der Gestaltung seiner Rollen als Vorbild der Jugend‹, erzählte Schauermärchen, die über mich im Umlauf sind: Danach bin ich die größte Messalina aller Zeiten. Über Ninas ›Fehltritt‹ (die Dormutil-Orgie mit Bylle und Halbwüchsigen) sind ebenfalls Verwucherungen im Umlauf. Dieses Verleumdertum macht einen hilflos; das ist abstoßender als echter Schmutz: den kann man abwaschen. Aber die unsichtbaren Schleimspuren falscher Zungen sind schwer zu bereinigen. Sie fügen der Seele Schaden zu.

28. 4. 68 – Markneukirchen. Der VW hat uns hingekeucht. Ging's Berge rauf, blieb ihm die Puste weg. Wir sind in Meinels Sommerhäuschen am Hang, spielen Boule, genießen die Pause. M. hat einen Hund, der eigentlich ein Schaf ist. Nur Heu müßt er noch fressen, um jeden Zweifel auszuschließen, statt Knochen zu zermalmen. Ist der drollig und stark! Wolf balgt mit ihm den Abhang runter. Sie mögen sich: der Wolf und das Schaf, Mensch und Hund. Zölch hat die Radleier mit anhörbar gemacht, salonfähig. Ein Vergnügen zu dem altmodischen Klang Lieder zu singen! Wolf beherrscht das Instrument schon ziemlich gut. Eine Kniefiedel hat Zölch noch vom Boden geholt – wir haben sie erstanden; bald hat Wolf ein Instrumentenmuseum.

Wolf mit der Radleier von Meister Zölch aus Markneukirchen

An den Hängen veranstalten Ansässige ein ›Hexenaustreiben‹, schwenken brennende Besen, bauen Scheiterhaufen, werfen Puppen ins Feuer. Ein Spiel nur, doch einst grausame Wirklichkeit. Da haben die Kirchenväter massenhaft Frauen verbrannt, wenn sie aus der Reihe tanzten, sich nicht verhielten, wie die Herren der Schöpfung es gern gesehen haben, nämlich brav. Ich hätte sicher auch dran glauben müssen …

1. Mai. Wir sind diesmal nicht in Berlin, um die sterilen Aufmärsche mit unserm ›Gegen-den-Strom-Schwimmen‹ zu beleben. Es wird immer mehr leeres Tamtam. Im Westen dagegen bewegt sich was. Wolfs Antrag, in Westberlin bei der Maikundgebung der Studenten singen zu dürfen, wurde abgelehnt. Mit dem Dutschke-Lied ward die Kundgebung eröffnet.

2. 5. 68 – Wieder in die Zwei-Zimmer-Zeremonie. Wir hören den Prager Rundfunk: Welch ein Atem der Freiheit. Geradezu traumhaft.

17. Mai 68

Liebe Nina! – Mutter & Emma haben mir überhaupt keinen Platz gelassen und da schreib ich Dir lieber eine eigene Karte. Wie gut, daß Du das Dutschkelied singst. Es wurde schon in fremde Sprachen übersetzt und hat überall größten Erfolg. Die außerparlamentarische Opposition in Westberlin hat ihre 1. Mai Kundgebung damit eröffnet. – Daß sich in Frankreich die Arbeiter und Studenten vereinigt haben ist doch wunderbar! Und Du siehst wie mächtig diese Demonstrationen sind, wenn die Studenten nicht so isoliert sind wie in Westdeutschland. Dein Wolf

Wolfs Söhne Manuel und Jonas

Meine liebe Nina, dieses Bild (mein letztes) geb ich Muttern mit, da hast Du nicht nur die beiden Knaben, sondern auch noch allerhand andre schöne Bilder. Bitte richt es so ein, daß Dir das keiner klauen kann und bring es – sobald Du wieder nach Berlin umziehst – wieder mit. Ich erinnere noch mal an unsere Abmachungen, die Englisch- und Deutsch-Zensuren betreffend. – Dein Wolf

Tagebuch, 31. 5. 68

Nina kommt nach längerer Zeit nach Berlin, sie hat sich verändert. Wir sind in der Chausseestraße, singen Wolfs neue Fassung vom Friedensclown, mit Topfdeckeln, Gerassel. Nina gibt eine italienische Opernsängerin mit südlichem Temperament; ich staune, muß viel lachen.

4. Juni 68

Mein Lieber, ich schreib Dir während der Fahrt nach Neustrelitz, wo ich als Lady gastiere, das heißt, das dortige Theater gibt ein Gastspiel in Prenzlau. Nach der Umbesetzungsprobe in N. gehen wir auf ›Abstecher‹ nach P. Anschließend wollte ich drei Tage ans Meer fahren. Aber ich bin unruhig: der Fahrer erzählte, es war kein Durchkommen in der Nacht. Er hat im Auto geschlafen. Aus allen Richtungen Truppenbewegung. Laster, Jeeps, Panzer, Geschütze auf Tieflader, mehr russische als deutsche. ›Aus allen Löchern kamen sie‹, sagt er; besonders auffallend, weil öffentlich zur Zeit keine Uniform zu sehen ist. – ›Sicher ein Manöver irgendwo‹, meinte er. – Hab das ›Neue Deutschland‹ gekauft. Nichts; nur eine Notiz über Prag: ›Tagung des ZK der KPČ beendet. Das Plenum nahm einige Dokumente an, beschloß den außerordentlichen XIV. Parteitag für den 9. September 68 einzuberufen.‹ Dafür wird über Frankreich ausführlich berichtet. Man empört sich über einseitige sinnverdrehende Information, die Darstellung der Vorgänge betreffend.

Ich kann nur bitter lachen und hab Angst um Dich, die Revolution, die kümmerliche ›Hundeblume‹ – und daß sie alles niederwalzen. Daher der auffällige Einsatz neuer Schlagwörter, Losungen, häufiger vorkommende Formulierungen wie: ›Nichtgefallenlassen‹, ›Aufweichung des Sozialismus‹, ›Besudelung des Andenken von Marx und Lenin‹, ›Verhöhnung ihrer Lehren‹. – Ich bete für Prag, für UNS, bitte Dich: Sei vorsichtig und auf der Hut vor Lauerposten. Aber tu alles, was Du tun kannst, schreib ein Lied, Gedichte, mach Aufnahmen. Keine Angst, sie können Dir nichts. Ich schütze Dich mit all der Kraft und Widerstandsfähigkeit, die mir meine Herkunft, der Osten, verlieh – und schlage sie mit ihren eigenen Waffen. Am liebsten möcht ich gleich los. Wenn ich bei Dir bin, bist Du sicherer. Bestimmt sehe ich zu schwarz, aber die weißen Spuren der Nacht: aufgeschrammtes Pflaster vor meinen Augen, wie verstreutes Pulver, beschwört böse Bilder herauf:

17. Juni – am Brandenburger Tor – ich mittendrin im Kessel – bin gerannt um mein Leben. Das ist lange her, aber. Dann denk ich wieder: So schnell schießen die Preußen nicht. Aber wenn sie mal schießen ...

Mein Lieber, ich wünschte, Du könntest einen ›Land‹-Urlaub machen, bißchen weiter weg aus der Schußlinie. Dabei ist so ein schöner Sommer draußen, so süß duftend und satt summend. Wir wollen bald ins Hexenhaus von Tom B. fahren, rumtoben in Wellen des Balticum

Moore, heiter sein, uns nicht einschüchtern lassen. – Ich denk an Deinen Mund, an Deine Klappaugen, an Dich ganz und gar. – Eva.

Dessau-Berliner-Ring-Nauen-Wustermark-Sachsenhausen-Gransee ...

Tagebuch, 7. 6. 68

Wohnungsamt Mitte. Ich krieg vielleicht die 4 1/2 Zimmerwohnung in der Wilhelm-Pieck-Straße, Nähe Friedrichstraße. Vom Balkon kann man in die Chausseestraße kucken, schräg rüber zu Wolfs Fenster. Wenn es klappt, würde die Hin- und Herfahrerei aufhören. Außerdem hätte die Wohnung (4. Stock) den Vorteil, daß es keine Überunswohnenden gäbe. Alles große Zimmer! Ein Saal: wenn man die Flügeltüren zum nächsten Zimmer öffnet, paßte ein Publikum von 100 Personen rein. Einen Frühstücksbalkon gibts, Erker, Wohnküche, große Diele.

Emma hat einen ›Wartburg‹ über GENEX bestellt. Preis: 8 1/2 Tausend in West. Drüben kostet der Wagen die Hälfte.

Radio DDR veranstaltet im Clubhaus der Gewerkschaften in Halle, anläßlich der X. Arbeiterfestspiele ein Programm aus Schlager-Mix, DDR-Lyrik, Kabarett. Ich stehe mal wieder auf einem Plakat – zusammen mit Reiner Schöne, der vorige Woche im Westen blieb, nachdem er seinen Auftritt mit pflichtgetreuen DDR-Künstlern absolviert hatte. Meine Weißgerber-Gitarre ist wunderbar, sagt der Tonmeister, mein Singen süß. Aufregend: Öffentlich im Rundfunk, das gabs lang nicht mehr! Marion van de Kamp, die Gedichte liest, meint, ich seh aus wie ein blonder Gaugin (wegen dem Urwald-Kleid von Emma). Leute vom ›Eulenspiegel‹ waren da, Stengel regt die Zuschauer an was zu reimen auf: Der Venuskosmonaut stieg aus und rief verflixt es ist doch nicht zu fassen. Prof. Klemke sagt, unterwegs fällt ihm nichts ein, nur bei einem Muß. Musiker Lesser hat was einstudiert mit Chor. Ich sang ein Lied von Heine in der Vertonung von Wolf, ›Mary Anne‹, die er aus dem Amerikanischen an Land zog. Auweia!

Bei Mami Höhne zum Schlafen. Sie ist ein guter Mensch, betet für Wolf, daß er die zwei Jahre übersteht. Dann bricht seine Zeit an, sagt sie mit aufgerissenen Augen, weil sie in die Zukunft schaut. Bei Hesekiel steht, der Golem, was der Russe ist, wird abgedrängt zu den Heiligen Bergen. Eigentlich wollte er in die deutsch-französische Gegend, aber da wird er dann fürchterlich geschlagen und die Mauer wird fallen. Doch erst kommt noch ein heißer Sommer. ›Die Mauer steht – Wind drüber weht.‹

10. 6. 68 – Neuen Vertrag abgeschlossen in Dessau für das Musical ›Can-Can‹. 500 M statt 400 bei ›Lady‹. – Freue mich auf die neue Arbeit. Nach Penig zu Karla. Vor Lehrlingen gesungen. Karla ist Erzieherin, kommt für ein Jahr nach Berlin, damit ich Nina nach Haus nehmen kann. In Sangerhausen ist es länger nicht gut, allein in Berlin auch nicht. Wenn Nina sechzehn ist, wird sie mir nicht mehr soviel Sorgen machen.
14. 6. 68 – Eisleben. Ich zieh ein langes Kleid an, singe um Mitternacht in der Bar des Kulturhauses des Manfeldkombinats eine Stunde lang ›freche Lieder zur Laute‹. Nachts noch nach Sangerhausen zu Nina.

15. 6. 68 – Nachmittag, bei Erdbeertorte, Mayonnaisensalat, Kartoffelschnaps Singen für die Kumpel von Winfrieds Brigade, anschließend Roßleben, wo Lehrer des Bezirks Halle ein Treffen haben. Nina ist mitgekommen. 1000 Zuschauer. Riesenerfolg. Nina lobt mich. Anschließend noch mal Eisleben. Diesmal singe ich Texte nach Musik von Wolf, seine Übersetzungen und ›Paules Lied von Paule und der Freiheit‹. Ich werde übermütig ...

16. 6. 68 – Ich fahre mit Nina durch den Harz: Kirschenklauen, die Talsperre bei Wippra, Schwimmen in glasklarem Wasser; einzigartiger Tag. Für Wolf pflücken wir den schönsten Wildblumenstrauß. Abends Berlin, müde, ich denk an meine große Tochter; wie sie mir fehlt.

22. 6. 68 – Mit Pastor Kleinschmidt nach Schwerin. Bezirkstreffen der FDJ. Ich werde bewacht, habe hinter mir wechselnde Schatten.

IM-Bericht: (7/8 1968)

In der Zeit vom 19. 7. bis 4. 8. 1968 weilten Biermann, dessen Sohn sowie die Schauspielerin Eva-Maria Hagen und deren Tochter Nina bei dem freischaffenden Künstler Manigk in Ückeritz, Waldstr. 26. Die gesamten Personen kamen mit dem PKW des Biermann, VW IB 80-83 und dem PKW der Hagen ›Wartburg‹ IS 41-34. Mit diesen Fahrzeugen wurden wechselhaft Fahrten innerhalb und außerhalb des Ortes Ückeritz unternommen. Diese Fahrten wurden häufig sehr früh angetreten und endeten meistens in den späten Abendstunden. Das Reiseziel war vorwiegend der FKK-Strand zwischen Zempin u. Koserow. An diesem FKK-Strand halten sich während der Sommermonate eine Vielzahl von Kunst- und Geistesschaffenden auf, die z. T. dort Wochenendhäuser besitzen. Während des Aufenthaltes von Biermann-Hagen in Ückeritz konnte festgestellt werden, daß beide Personen laufend bei dem Kunstmalerehepaar (...) auf den Frequenzen 1400 und 1500 Khz den Sender Prag in deutscher Sprache abhörten.
Als Hagen am 1. 8. 68 kam, hörte die KP, wie die H. enttäuscht äußerte, daß die Tschechen mit den Russen zusammengesessen hätten und alles zum Positiven verlaufen wäre. Die Art ihrer

Äußerung läßt erkennen, daß sie offensichtlich erhofft hatte, daß die CSSR-Regierung sich mit der SU nicht einig würde.

Festgestellt werden konnte auch, daß Biermann mit dem Autosuper VW den Sender Prag u. a. westliche Sender abhörte. Während eines Einkaufs in Ückeritz stellte B. seinen PKW vor einem Geschäft ab, ließ aber das Radio in voller Lautstärke die Nachrichten des Senders Prag verbreiten.

Sommer 68

Wolf, ich sitz vorm Dessauer Schloß, lese in der Zeitung über die Demonstration nach Bonn gegen die Notstandsgesetze. 80 Tausend! Es ist doch eine gute Zeit. Bald wirst Du singen m ü s s e n . Mach ein echtes Frühlingslied. Ich bin gefangen von der Persönlichkeit Rosa Luxemburgs, stecke schon weit drin in ihrem Leben. Sie ist eine großartige Frau. Du solltest ein Lied auf sie dichten. Das NOCH-Lied begleitet mich, ich hab es immerzu im Kopf, auf der Zunge ... Eva

Aus einem GI-Bericht vom 21. August 1968 –17.36

Frank Havemann erkundigt sich bei Eva-Maria H., ob sie weiß, wo Wolf B. ist. Eva verneint, erklärt, sie sei extra nach Berlin gekommen, sie wisse es nicht. Darauf fragt Frank, ob sie wisse, wo sein Vater sei. Eva berichtet, daß sie heute morgen mit Herrn Havemann telefonierte. H. konnte ihr nicht sagen, wo Wolf war. Sie telefonierte mit allen möglichen Leuten deswegen. Darauf brach sie ihre Probe in Dessau ab und kam her (...) Frank erklärt, Billy und er suchen beide. Als Frank fragt, was man machen könne, erzählt Eva, daß sie ein Gespräch zur Emmy angemeldet hat. Er meint, daß man evtl. irgendwelche Stellen anrufen könnte. Eva erklärt, daß man das nicht machen könne, das wär ganz unmöglich.

17.51 – Als Utz Havemann sich bei Eva H. meldet, erklärt sie ihm, daß sie nichts wisse – der Frank habe auch schon mit ihr gesprochen. Auf seine Frage, ob sie es noch irgendwo probiert habe, erwidert Eva, sie habe es überall schon probiert. Eva meint, man müsse abwarten. Sie hat versucht Emmy zu erreichen.

18.30 – Auf Fragen von Utz H. erklärt Nina, sie wisse nicht, wo ihre Mutter ist. Eva ist weggefahren, hat nicht gesagt, wo hin und wann sie wiederkommt. – 18.40 – Eva H. erkundigt sich bei ihrer Tochter Nina, ob sich jemand nach ihr erkundigte. Nina erzählt, daß Utz sie sprechen wollte. Auf Ninas Frage sagt Eva, sie sei bei Hussels, ›er‹ sei jedoch nicht da. Nina erinnert ihre Mutter daran, daß sie sich nachher noch umsehen müssen, wo sie, Nina, bleiben kann.

20.25 – Robert Havemann erkundigt sich bei Nina Hagen, ob sie nicht einmal ihre Mutter, Eva-Maria Hagen, die bei Hussels ist, anrufen kann. Havemann meint, Eva Hagen könne mal bei Peter Huchel anrufen, vielleicht ist ›er‹ dort. Nina erwidert, Eva habe schon angerufen. Ungläubig fragt Havemann, ob Eva bei Huchel in Potsdam angerufen habe. Nina erklärt, daß Eva bei Huchel in Michendorf angerufen habe, Wolf ist dort nicht. Havemann hält für möglich, daß ›er‹ aber inzwischen dort ist. Wolf wird dann aber auch zu Hause anrufen. Er fragt, ob Wolf weiß, daß Eva und Nina da sind. Nina erklärt, daß sie früh anriefen – wenn Wolf dort wäre, wüßte er es ja. Havemann vermutet, daß Eva von Dessau aus angerufen hat, was Nina bejaht. Nina wird sich mit ihrer Mutter in Verbindung setzen, um ihr zu sagen, daß Havemann mit ihr sprechen möchte.

20.30 – Eva-Maria H. teilt Robert H. mit, daß Sybille und Frank ihn wie eine Stecknadel suchen. Er fragt, ob Eva weiß, wo die sind. Eva erklärt, daß sie vor ca. 20 bis 30 Minuten mit ihnen zusammen war. Sie wollten nach Hause gehen. Eva setzt hinzu, daß Frank mit der E r i da war. Sie haben

sich große Sorgen gemacht. Havemann fragt, ob Eva es schon bei Peter Huchel probiert hat. Eva bejaht – heut morgen. Havemann meint, daß Wolf doch sicher nicht wissen wird, daß Eva in Berlin ist. Aus dem Grunde wird er gar nicht erst versuchen, anzurufen. Darauf sagt Eva, sie glaube nicht, daß Wolf bei Huchel ist – es war auch schon gegen Mittag, als sie dort anrief. Havemann hält trotzdem für möglich, daß Wolf inzwischen hingefahren ist. Eva will es nochmal versuchen. Sie hat bei allen anderen angerufen, bei denen Wolf sein könnte.
20.40 – Eva-Maria H. teilt Fr. Roche, ihrer Putzfrau mit, daß sie für einen Tag in Berlin ist. Eva möcht wissen, ob Nina bis zum Schulanfang bei ihr sein kann ...

24. August 68

Eva, meine Liebe, ich bin seit früh um 6.00 – am 21. August untergetaucht, weil mit Verhaftungswellen zu rechnen ist. Es war mir leider nicht möglich, Dich eher zu erreichen und weiß doch, daß Du Dir große Sorgen machst. Und all die Scheiße grade jetzt, wo Du Deine Proben machen mußt. Meine Unterkunft hat schon und wird auch mehrere Male wechseln müssen. Es ist gar nicht so einfach, ein gutes Versteck zu finden. Du mußt jetzt für einige Zeit mit allem allein fertig werden – und helfen kannst Du mir jetzt nicht, weil das für uns beide zu gefährlich ist. Du solltest Dich unbedingt mit großer Kraft auf die Proben konzentrieren, das ist auf die Dauer gesehen das Richtige. Falls mit Dir etwas passiert, dann beachte mit absoluter Zuverlässigkeit, daß die Schweine Dich nicht an Deiner empfindlichsten Stelle erwischen und aus dem Sattel werfen: unsere Liebe. Ich hab Dich lieb und stehe fest zu Dir. Geh mal in meine Wohnung und schalte das Radio ab und leere den Eisschrank. Den Zimmerschlüssel verstecke bitte in der Küche hinterm Eisschrank (dazu mußt Du den linken Geschirrschrank vorrücken).
Hältst Du es nicht auch für richtig, wenn ich zunächst die Auslieferung der Marx- und Engelszungen auf Eis lege? Oder muß das Buch jetzt gerade raus? Laß mich Deine Meinung dazu wissen. – Dein Wolf

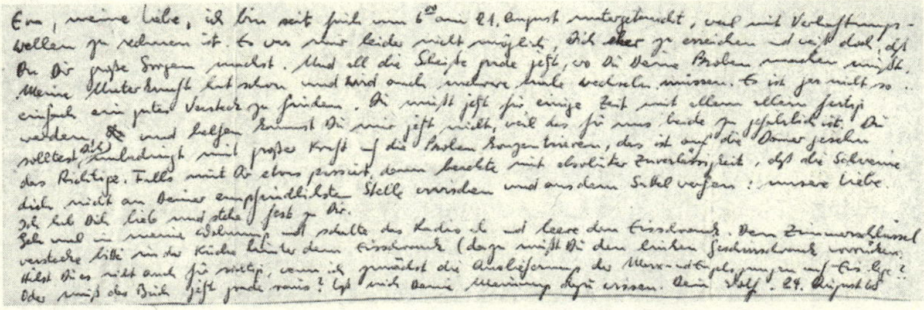
Eva, meine Liebe, ich bin seit früh um 6⁰⁰ am 21. August untergetaucht, weil mit Verhaftungs-
wellen zu rechnen ist. Es war mir leider nicht möglich, Dich eher zu erreichen und weiß doch, daß
Du Dir große Sorgen machst. Und all die Scheiße grade jetzt, wo Du Deine Proben machen mußt.
Meine Unterkunft hat schon und wird auch mehrere Male wechseln müssen. Es ist gar nicht so
einfach, ein gutes Versteck zu finden. Du mußt jetzt für einige Zeit mit allem allein fertig
werden, und helfen kannst Du mir jetzt nicht, weil das für uns beide zu gefährlich ist. Du
solltest Dich unbedingt mit großer Kraft auf die Proben konzentrieren, das ist auf die Dauer gesehen
das Richtige. Falls mit Dir etwas passiert, dann beachte mit absoluter Zuverlässigkeit, daß die Schweine
Dich nicht an Deiner empfindlichsten Stelle erwischen und aus dem Sattel werfen: unsere Liebe.
Ich hab Dich lieb und stehe fest zu Dir.
Geh mal in meine Wohnung und schalte das Radio ab und leere den Eisschrank. Den Zimmerschlüssel
verstecke bitte in der Küche hinter dem Eisschrank (dazu mußt Du den linken Geschirrschrank vorrücken.
Hälst Du es nicht auch für richtig, wenn ich zunächst die Auslieferung der Marx- und Engelszungen auf Eis lege?
Oder muß das Buch jetzt grade raus? Laß mich Deine Meinung dazu wissen. Dein Wolf. 24. August 68

Kassiber

24. 8. 68

Eva, meine Liebe, jetzt bin ich beruhigt, daß Du Dir nicht mehr Sorgen machst als nötig. Mir geht es gut. Die Lage ist sehr ernst und wird noch härter werden. Der Konflikt ist erst am Anfang. Das Einzige und Beste was Du jetzt für mich tun kannst, ist, daß Du Deine Arbeit in Dessau über die Runden bringst, und zwar trotz der unmöglichen Bedingungen – mit einer ausgezeichneten Pistache. Es ist für uns beide sehr wichtig, daß Du in Deiner Arbeit Erfolg hast.
Ich höre, daß das NOCH-Lied schon in der ZEIT erschienen ist, außerdem der größte Teil der anderen Gedichte – unter diesen Umständen sollte das Buch doch jetzt erscheinen – oder was meinst Du?
Dies ist eine Zeit der Entscheidungen und die öffentlich mutige Haltung Einzelner kann viel ausrichten, grad jetzt, wo keineswegs das Schicksal der sozialistischen Revolution besiegelt ist. Ich hab mein kl. Radio bei mir und verfolge jeden Vorgang, tu DU das auch, soweit es geht. Aber laß Dich nicht von irgendeinem Arsch provozieren. Deine Aufgabe ist die PISTACHE. – Wo ich im Moment bin, kann ich nicht bleiben. Es ist nicht so ganz einfach, aber gute Freunde helfen mir. Schmeiß den Brief weg, wenn Du ihn gelesen hast und halt mich lieb und sei zuverlässig in Allem, damit wir alles so gut wie möglich bestehen. Ich hab Dich lieb und habe Sehnsucht nach Dir, schmeiß mich nicht aus Deinem Herzen und streng Dich mit der PISTACHE an. Die müssen alle langliegen vor Bewunderung! Dein Wolf

24./25. August 68

Wolf, jetzt wo ich weiß, daß Du gut aufgehoben bist, gehts mir schon ganz gut wieder. Es ist alles so schnell gekommen, weiß gar nicht, was ich schreiben soll, hoffe, Dich bald zu sehen ...
Du glaubst nicht, in welcher Sorge ich war. Seit dem grauenvollen 21. August, seit früh ½ 8 versuchte ich Dich zu erreichen. Ich hatte die Nachrichten gehört, rief Dich sofort an, aber Du meldetest Dich nicht. Ich machte noch die Probe, entschuldigte mich aus ›dringenden familiären Gründen‹ für die Abendprobe und fuhr nach Berlin.
Vorher hatte ich bei Flörchingers angerufen, bei Robert, Huchel, Janka ... nichts. Ich bekam große Angst, denn Du schläfst doch immer lange. In Deiner Wohnung ging laut das Radio. Ich sprach mit der Sängerin. Da wußte ich etwas mehr. Ich bat sie, mit niemanden drüber zu sprechen. Hussel half, hinten das Zimmer aufzumachen. Wir trennten die

Leisten ab, nahmen die Scheibe raus. Hätte der Schlüssel nicht gesteckt von innen, hätten wir einbrechen müssen.
Dann suchten die Kinder von Robert ihren Vater, der inzwischen auch verschwunden war. Es herrschte helle Aufregung. Flori ist weg. Weil er eine tschechische Fahne rausgehängt hatte, verfolgte ihn die Polizei. Robert meldete sich noch am 21. abends, so war ich erleichtert. Gestern sprach ich Emma, bat sie, zu kommen. Dann kam der Bruder von Delius, sagte, sie hatte keinen Flug gekriegt, kommt Dienstag. Ich sagte ihm, Du wärst nur kurz verreist.
Zu Marx-und-Engelszungen: die Reklametrommel läuft auf Hochtouren. Insgesamt werden demnächst 39 Gedichte aus dem Band in verschiedenen Zeitschriften erscheinen. Donnerstag, also in 4 Tagen, in der ZEIT allein 5 und ganz groß das von mir am meisten geschätzte NOCH-Gedicht. Am Montag im SPIEGEL, in der IG-Metall-Zeitschrift ... Es ist also nicht mehr aufzuhalten.
Ich hoffe, die Russen werden einsichtig. Die Menschen sind empört, haßerfüllt, ohnmächtig. Allerdings scheuen sie sich nicht, ihre Meinung zu sagen. Es ist ein anderes Klima zwischen den Fronten, als nach dem Volksentscheid, eine erweiterte Stufe von Sich-Bewußtwerden. Ich bin unbedingt dafür, daß Dein Buch erscheint, damit werden Tatsachen geschaffen. Die Lieder sind Ermutigungen und Trost, Anklage und Angriff gegen die Pharisäer, sie sind wahrhaftig und poetisch zugleich. Das Lied IN PRAG IST PARISER COMMUNE m u ß erscheinen. Hab keine Angst, Wolf, denk an Dubček, seine klugen, mutigen Genossen, die grandiose Haltung des tschechoslowakischen Volkes. Sie werden in der Geschichte des Kommunismus unvergeßlich bleiben. Ronald Paris erzählte Huchel, ein Professor an der Uni soll gesagt haben, Du hättest einen schweren Verkehrsunfall gehabt am Scharmützelsee, man hat versucht, Angehörige zu erreichen. Wolf, ich bestehe darauf, zu erfahren, wo Du bist. Man könnte mich foltern, demütigen, töten, ohne daß ich jemandem ein Sterbenswörtchen verraten würde. An Post nichts weiter, nur von Bieler eine euphorische Karte aus Prag. Sie fiel mir am 21. August, am Tag des Einmarsches in die Hände. Es wirkte wie ein makabrer Scherz. Das Rad der Geschichte aber ...
Ich bin wieder zuversichtlicher.
Wir müssen einen ›Dreh‹ finden, daß ich öfter Nachricht kriege. Nichts Aufregendes, ein Lebenszeichen von Karlowitsch oder Paul...inchen war ein Frauenzimmer. Hauptsache Deine Schrift.

Ich bin immer bei Dir, hörst Du. Immer! Und in jeder Beziehung! Ich umarme Dich mit Leichtigkeit und all meiner Kraft. – Deine liebe Frau, wache Freundin und treusorgende Geliebte – Eva.

Aus einem GI-Bericht vom 25. August 1968 – 11.35 Uhr

Eva-Maria H. erkundigte sich bei Robert Havemann, wie es ihm geht. Havemann wollte von ihr wissen, ob sie eine Nachricht hat. Sie bejahte die Frage, sagte, daß Wolf bißchen weggefahren ist, er schrieb Eva eine Karte. Es geht ihm gut. Robert findet, daß das beruhigend ist. Er stellte an Eva die Frage, wann sie zu ihm rauskommt. Eva erklärt, daß sie Proben hat. Sie ist nur hin und wieder nach Berlin gekommen, um nach Post zu gucken. Wolf schreibt, daß es ihm gut geht. Er wollt auch mal Freunde in Dresden besuchen ... Vielleicht wird er die Sache mit dem Häuschen da erledigen, er hat jetzt sowieso keine Ruhe. Eva versprach, sobald sie Zeit hat bei Robert vorbeizukommen. Eva sagte, daß der Paris so komische Sachen umhererzählt, daß Wolf einen Unfall gehabt hätte. Daraufhin fragte Robert nochmals, ob alles in Ordnung ist. Sie bejahte das.

27. August 68

Mein lieber Wolf, es ist so schade, daß Du in diesen dramatischen Tagen nicht unters Volk kannst, denn es ist aufregend und aufschlußreich, an der Basis zu sein. Habe wenig geschlafen, dauernd vorm Radio gehockt, bis tief in die Nacht Diskussionen, Treffs. Lerne alle Deine Gedichte auswendig, die Lieder singen, gezwungenermaßen! Sorg Dich nicht, ich bin vorsichtig.

Gisela und Gert kamen vorgestern aus Prag zurück, waren mittendrin im Kessel, sind noch fiebernd, erfüllt und entsetzt von den Ereignissen. Frank und Flori wurden verhaftet, hieß es in den Nachrichten. Sicher ist es vernünftig, trotz etwas geklärter Lage, daß Du noch wegbleibst. Man weiß bei dem Wellengang nie, wohin das Schiff treibt.

Wolf, ich denk soviel an Dich und bin überzeugt, daß unsere Empfindungen über diese Verbrechen identisch sind. Aber Du fehlst mir, ich bin traurig darüber, daß ich nicht in Deiner Nähe sein kann, Du scheinbar ohne mich auskommst. Aber die Vernunft sagt mir ...

Die Proben laufen so lala. Vielleicht wird die Premiere verschoben. Trotzdem versuch ich, es bis zum 15. September zu schaffen.

Was meinst Du, soll das Auto da lieber weg. Ich glaub, im Moment besteht keine akute Gefahr für Dich. Es wird wieder ernster, wenn Dein Buch auf'm Markt ist. Also solltest Du die Zeit nützen und Lieder aufnehmen! Schade, daß Du in der Blütezeit des Sozialismus nicht mehr ›unbedenkliche‹ Lieder gemacht hast ... Verfall jetzt aber nicht den Klageliedern. Das tschechoslowakische Volk hat eine einma-

lige Haltung bewahrt angesichts der Panzer und eine relativ gute Position erzwungen. Für uns ist und kann das nur eine Ermutigung sein. Auf Dauer ist der Sozialismus nicht aufzuhalten. In den ersten Tagen dachte ich, es gibt nur eine Möglichkeit: Du mußt dieses Land verlassen – auch wenn mir der Gedanke das Herz beschwert. Jetzt sollst Du lieber bleiben, trotz wahrscheinlich größer werdender Schwierigkeiten. Solange keine unmittelbare Gefahr für Dein Leben besteht – und falls sie bestand, ist sie vorbei ...
Schreib, was ich erledigen soll. Du weißt nicht, wie raffiniert ich sein kann. Welche Irrfahrten ich machte, um eventuelle Verfolger abzuschütteln. Ich denk, die werden woanders dringender gebraucht.
Übrigens K. und G. Groenewold sind in Buckow bei Käthe.
Eben hör ich im Radio, daß in Prag wieder Demonstrationen stattfinden und erneut Panzer vorrücken. Hab mir selbst eine Musik gemacht auf das Prag-Lied! Ich freu mich auf die staunenden Menschen, wenn sie sich Deine ›Marx- und Engelszungen‹ kaufen. Und die Handvoll Spanner, welche sie auf dienstlichen Befehl studieren müssen, die Verse vorgesetzt kriegen zur Begutachtung, vielmehr zum Schlechtfinden.

29. August 68

Wolf, ich bin in Berlin. Ich war bei den unerschrockenen Freunden und konnte erfahren, daß es Dir gut geht. Sie waren aber doch mächtig verschreckt und bleichgesichtig über meinen nächtlichen Besuch: Es war auch schon 23 Uhr 30 als ich vor ihrer Tür stand, früher ging nicht. Sie wirkten auf mich wie Verfolgte, als müßten sie die Gestapo fürchten, Orwells 1984-ziger Spähertrupp. – Die Leute wissen eben nicht, wer ich bin, sehen in mir die einst beliebte Filmschauspielerin aus Defa-Produktionen, in mehr oder weniger oberflächlichen Rollen, inhaltsloser Figuren, identifizieren mich damit; Künstlerpech.
Vielleicht seh ich Dich heut, wenn alles klappt. Gestern hatt ich einen traurigen Moment, als man mir sagte, es wär besser, wenn ich nicht wüßte, wo Du bist. Ich fühlte mich plötzlich einsam ...
Ich war in Deiner Wohnung, die Zimmer hat niemand betreten. Ich hatte unsichtbare ›Siegel‹ angebracht. Post ist keine gekommen, bis auf eine Ansichtskarte, Zeitungen; Briefe werden wohl zurückgehalten. Mein Instinkt sagt mir, Du solltest langsam wieder auf der Bildfläche erscheinen. Es gibt wichtige Dinge zu tun. Ich werde Dir helfen, weil ich überzeugt bin, daß Deine Lieder und Gedichte unbedingt verbrei-

tet werden müssen, damit der revolutionäre Funke, der aufglühte in unserm Land, nicht wieder erlischt bzw. erstickt wird. Es ist eine günstige Zeit für Lieder. Mehr als zuvor werden die Menschen dafür aufnahmebereit sein. Die Tschechen haben uns den Boden bereitet. Alle sehnen sich nach Offenheit und danach, mehr zu wagen ... Das kannst Du mit Deinen Liedern wirksam unterstützen – und dadurch wieder neu Bewegung in Gang setzen. Ich bekomme das ganz stark zu spüren überall, werde aufgefordert, gebeten, Deine Lieder zu singen. Falls Du nicht da sein wirst am andern Ufer, im Schatten der Platanen, hinter Gebüsch, als unauffälliger Waldläufer getarnt aufm Weg zum Tunnel – hoffe ich, Dich auf jeden Fall Sonntag zu treffen. Ich hab zwei Exemplare (dem höchstpersönlichen zum Verwechseln ähnlich) besorgt, welche eventuelle Beobachter garantiert täuschen würden. Und wenn ich die Bibel umsetzen darf: So wächst Dir im geheimen Kraft und Stärke neu. Ich möcht Dich in Zukunft aber lieber – was diese ›Nebensächlichkeit‹ betrifft – wie Du warst ... Eva

(von Wolf) Ende August 68

Meine liebe Nina, wir haben beide sehr sehr lehrreiche Tage hinter uns, und ich kann mir vorstellen, daß Du die Lektion vom 21. August gut verstanden hast. Ich freue mich, daß Du auch in der Schule Dich aufrichtig und furchtlos verhältst und daß Deine Zensuren gleichzeitig besser geworden sind. Genau so ist es richtig. Kommunisten müssen nicht nur furchtloser und aufrichtiger sein als die kleinkarierten Streber, die sich auf ein erfolgreiches Leben als gutbezahlte Spießer vorbereiten – Kommunisten müssen auch gebildeter sein als die Mickymäuse, denn wozu nutzte sonst ihre Furchtlosigkeit und was wollten sie durchsetzen!

Du mußt Deine Klugheit aber auch benutzen im kleinlichen politischen Streit in der Schule. Denke immer daran, daß die meisten Lehrer vernünftig sind und nur unter großem Druck stehen und um ihre Arbeitsplätze zittern. Es ist nicht Deine Aufgabe, diese Leute in Atem zu halten und mit peinlichen Fragen zu quälen, denn selbst wenn Du sie überzeugen würdest, dürften sie es ja nicht zugeben, weil sie sonst selbst gefeuert werden. Nimm lieber von ihnen was Du trotzalledem an Wissen von ihnen nehmen kannst. D. h. vermeide, wenn es geht, von Dir aus Konflikte zu provozieren.– Ich werde noch für paar Tage bleiben wo ich bin. Ich will sicherstellen, daß, falls sie mich verhaften wollen oder sonstwelche Maßnahmen gegen mich treffen, sie gezwungen sind das zu tun, nachdem mein Buch auf dem Markt und in der Öffentlichkeit ist. Damit allen Leuten sichtbar werden kann, daß sie mich wegen meiner Ideen und künstlerischen Produkte verfolgen und nicht aus den Gründen, die sie schamlos vorschieben werden.

Liebe Nina, Eva muß los und ich will unterbrechen. – Lies Dir den Brief zweimal durch und dann verbrenne ihn bitte, denn Du kennst ja inzwischen die super-ordentliche Arbeit der Stasi-Fritzen, wenn sie eine Haussuchung machen. Schau diesbezüglich noch mal in Deinen Papieren nach. Man muß diesen Herren ja nicht gerade zum Frühstück servieren, was sie gerne hätten. Ich bitte Dich auch – und zwar in meinem Interesse – sorgfältig zu beachten, was Du mit Eva vereinbarst. Für uns werden gerade die nächsten Wochen hart und gefährlich werden, denn was unsere Herren für Wutanfälle kriegen, wenn sie das neue Buch in den Händen haben, kannst Du Dir vielleicht, wenn Du Deine Phantasie sehr anstrengst, ausmalen. Bedenke, daß unsere großen Sieger in einer sehr schwierigen Lage sind, weil fast das ganze Volk über die die Okkupation empört ist, von der Welt und den meisten kommunistischen Parteien ganz zu schweigen.

Und noch einen Gefallen tue mir bitte. Versuche Du mit Manuel Verbindung zu kriegen, rufe ihn an oder schnappe ihn nach der Schule, das wäre gut, erkläre ihm so, daß er es versteht, warum ich mich nicht melden konnte. Er soll nicht traurig sein, ich denke jeden Tag an ihn und hab auch schon Sehnsucht nach Jonas. Er hatte ja dummerweise am 23. 8. Geburtstag, ich wollte ihm am 21. 8. ein Eilpaket schicken, aber dann mußte ich mich selbst in ein Eilpaket verwandeln. Also, sei lieb gegrüßt, Dein Wolf

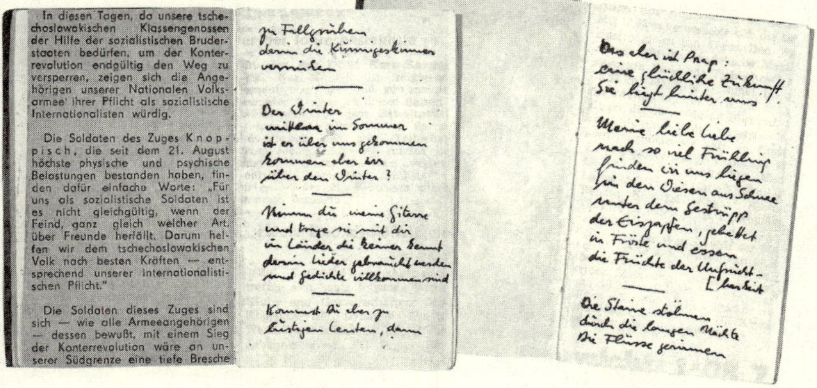

Aus Wolfs Prag-Büchlein:

Das aber ist Prag:
eine glückliche Zukunft
Sie liegt hinter uns

Meine liebe Liebe
nach so viel Frühling
finden wir uns liegen
in den Wiesen aus Schnee
unter dem Gestrüpp
der Eiszapfen, gebettet
in Fröste und essen
die Früchte der Unfruchtbarkeit

Die Steine stöhnen
durch die langen Nächte
Die Flüsse gerinnen
zu Fallgruben
darin die Kunnigeskinder
versinken

Der Winter
mitten im Sommer
ist über uns gekommen
kommen aber wir
über den Winter?

Nimm du meine Gitarre
und trage sie mit dir
in Länder die keiner kennt
darin Lieder gebraucht werden
und Gedichte willkommen sind

Kommst du aber zu
lustigen Leuten, dann
singe du ihnen meine
Trauer. Den Traurigen aber
singe anderes, davon ich
dir auch mitgeben werde

Der Zorn stirbt
mit der Hoffnung
Was uns wichtig war
das vergessen wir
Das Vergessen
wird wichtig

Wir haben uns also
durchgekämpft ins Nichts
Und nichts haben wir
durchgekämpft

Der Alltag kollaboriert
mit den Mächtigen
Und das Volk formt sich
wie Erde unterm Stiefel
Wenn Regen kommt
wenn Wind kommt
wird alles anders sein
und wird sein wie vorher

Aus Wind haben wir
Häuser gebaut
gegen den Wind

Meine liebe Liebe
Wo noch finde ich dich
die ich nie verlor
Wo noch finde ich
deine Nähe, die mir
nahe ist, denn nahe bist du
meinen Lippen:
sie schweigen ja immerzu
deinen Namen

In meiner einen Hand
halte ich die Gelassenheit
in der anderen: Ungeduld
Und nun harre ich
mit leeren Händen
auf dich, die
nicht kommen wird

Ja, als wir noch
weißhäutig durch die Tage
schwammen und Regen
schluckten und Sonne
bis die Nächte uns schluckten
– da blühte uns noch
die Unwissenheit, da
war noch Hoffnung
in den Küssen

In den Wind
halte ich die Hand
die Dachluke hoch
halte ich das Gesicht
Herbstblau und Baumwollweiße:
ein lichter Flicken im
Mantel des Verstecks
Die Wolken sehen mich
aber sie halten dicht
Wenn der Regen kommen wird
Ja, wenn der Regen da ist
bin ich längst woanders
oder ein anderer

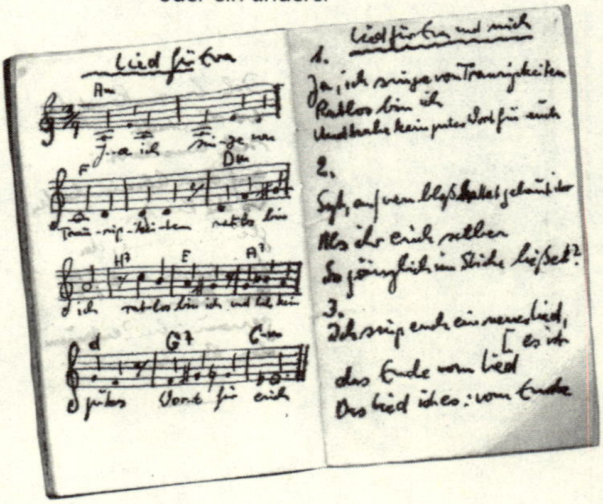

Dessau, 8. September 68

Liebster Hercules, Angsthase, Du meine Glückssonne und Regenwolke! Jeden Tag stell ich erneut Berechnungen an, wann ich zu Dir aufbreche. Es ist ein Unding mit der Zeit und deren Einteilung. Dabei bräuchte ich dringend eine anfaßbare Bestätigung, daß Du in ›Freiheit‹ bist; wie relativ das ist! Letzte Woche hatte ich morgens Probe, abends, das tagtäglich. Dazwischen Ballett für'n Schluß-Can-Can, Kostümabsteckerei, Maske, Text umlernen. Nachts hör ich Klopfgeräusche, stelle erleichtert fest, es ist nur mein Herz, welches Krach schlägt. Es ist strapaziert worden durch die ›Ereignisse‹. Vor Tagen lernte ich einen Slowaken kennen, Sänger, kam aus Bayreuth. Das Prag-Lied hat ihn beglückt. Enttäuscht hat mich, daß er fahnenflüchtig werden will über Österreich. In den nächsten Tagen holt er Frau und Kind. Etwas spät: ohne gültiges Visum durch die Panzersperren. So wird er wohl Sonntag in ›Nabucco‹ singen. Übrigens rollen wieder Panzer. Ob vor oder zurück, ist nicht auszumachen. Die Nächte sind durchzogen von abschürfendem Lärm. Durch den Schlaf huschen Ungeheuer, fliegen Ungetüme, abstürzende Schuppen, Pfeile bohren sich in die Stadt. Apropos: Im Kriegsübungsgebiet sind Militärkolonnen über eine Brücke gerollt – die zerbrach. Panzer stürzten in die Tiefe. Die Brücke hatte keinen Namen. Jetzt heißt sie ›Brücke der Tschechoslowakisch-Sowjetischen Freundschaft‹.

Bin in Zwickau. Die erste Vorstellung nach der Sommerpause is over. War toll! Ausverkauft bis auf'n letzten Stehplatz. Neue Kollegen waren hinter meinem Rücken eingebaut worden, trotzdem lief es wie am Schnürchen – bis zum Ascot-Bild: Die Lady Eynsford-Hill sagte statt Influenza: Infulenza. Und was macht die gelehrige Eliza daraufhin, sie übernimmt, sagt: ›Meine Tante ist an Infulenza gestorben‹.

Lady Eynsford-Hill hat nichts gemerkt. Aber die andern! Auch ich wär unbeschadet über den Stolperstein drüber weggekommen. Doch plötzlich merk ich – das Podest vibriert. Erst dachte ich an Gleichgewichtsstörungen, ein Erdbeben, der 3. Weltkrieg bricht aus, eine nicht restlos ausgeräumte Uranmine untertage fängt an zu ticken. Als ich zu Madam Higgins schaue, seh ich ein tränenüberströmtes Antlitz. Eine andre Lady umschlingt mit den Füßen die Stuhlbeine. Freddy brüllt wie ein Kretin: ›Ich darf, ja. Ich darf!‹ Da konnte Eliza auch nicht mehr: Higgins & Pickering waren ein um Vornehmheit bemühtes Karpfengeblubber. Um nicht auf der Stelle zu treten, sagte ich zu Pickering: Sie

sind heut so vergnügt, Mister P. So kenne ich Sie gar nicht. Er darauf pikiert: ›Wieso ich. Sie lachen sich doch schief.‹ Die Souffleuse führte Selbstgespräche: ›Gott, die wissen nicht weiter.‹
Der Regisseur hing in der Gasse an der Feuerleiter, ein in sich verknoteter Tauwurm. Das Publikum brüllte. Endlich besann die Souffleuse sich auf ihre Funktion, versuchte zu retten, zischelte beschwörend. Ich sagte: ›Wie bitte?!‹ Jemand sagte was von ›abjemurkst‹. Ich darauf: ›Da waren wir schon, aber doppelt hält besser.‹ Die Szene war gerettet, der Vorhang brauchte nicht zu fallen. Noch lange war das Haus von abebbenden Lachsalven durchwogt. Als ich heut morgen erwachte im trüben Zwickau, mußte ich nochmals lauthals lachen, daß die Zimmerfrau wohl dachte, ich hätt Dich heimlich eingeschmuggelt, denn sie zwinkerte mir so komplizenhaft zu beim Aufwiedersehnsagen ...
Ich bin froh, daß Du gut untergebracht bist, und war erleichtert, als ich Dein ›Asyl‹ sah. Die Sorge und Liebe, mit der man Dich umgibt! Nun ist eine Woche um, ich hab weder Nachricht noch ein Zeichen. Zu telefonieren traut sie sich nicht, Deine konspirative Fee. Auch wagt das nicht grad feig zu nennende Wesen in momentaner Lage nicht, als Frau Schulze das Kuvert der Post anzuvertrauen. Doch eine muß wissen, wie's um Ihn steht! So werde ich eine Nacht überspringen ...
Hoffentlich sind die ›Marx- und Engelszungen‹ bald auf'm Markt, damit wir die Reaktion der Kläffer kennen. Die Ungewißheit nervt. Wärst Du hier! Zur Premiere wirst Du auch nicht kommen können. Die Welt stürzt nicht ein davon, ich werde halt nur allein sein.
Weißt Du, worauf ich große Lust hätte? Auf einen Tag mit Dir von früh bis spät, ohne daß ich weg muß. Du singst, spielst Gitarre, schreibst ein Gedicht, während ich das Mahl bereite. Dann kommen Jürgen und Zimmer, Otto, vielleicht Graf auf'n Sprung vorbei, wir spielen Schach, ich setz Dich matt nach paar grandiosen Zügen, wir gehn übern Hugenottenfriedhof zum Erholen, an Brechts Grabstätte vorbei, kucken nach einer Stelle für Dich, die noch ewig brachzuliegen hat, auch breit genug ist, daß die bleichen Knochen Deiner einstmals zukünftigen Geliebten ›nebenbei‹ Platz finden, küssen uns trotz der Späher am Zaun. Dann kriechen wir ins Nest. Ich fühl Dein Streicheln und auf der Straße ist es still inzwischen. Nur die Polizeiautos durchkreuzen ihren Frontabschnitt. Und Dein Mund und alles andere an Dir, wir beide zusammen, das ist der Sinn des Lebens. Tiefe Ruhe ist eingekehrt in der Seele, Glücksklee wächst durch die Dielen, Vorfreude

Eva und Wolf bei Emmchen Liebig, der Frau des Bäckers, bei dem Wolf sich versteckt hielt.

auf morgen; wir schlafen ein zusammen. Ich kenne solche Tage. Do you remember? Hast Du Lust auf meine Lust? Dann warte auf mich! Es kommt was auf Dich zu. – Eva

14. 9. 68

Eva, meine liebe liebe Liebe, heute startet also Deine Premiere. Ich wünsch mit all meinen Sinnen und Gedanken, daß Du eine schöne und interessante Pistache ablieferst und daß die widrigen Bedingungen a) kurze Probezeit, b) ungeeignete Partner, c) die politische Lage d) meine Abwesenheit – Dir nicht wie Bleigewichte am Hintern hängen. Meine Liebe, ich lenke am Abend des 15. meine ganzen Kräfte, körperliche und geistige über eine extra installierte telepathische Fernleitung nach Dessau in Deine linke Schulter. Du wirst, da Du mich liebhast, den mächtigen Strom spüren und trotz aller Schwierigkeiten eine großartige Schau abziehen. Denke daran, daß es ein Musical ist und Spaß machen muß. Sei locker und verwende ausgiebig jene Fähigkeit, die Du Dir in der letzten Zeit angeeignet hast, nämlich die Zwischenfälle beim Spielablauf in Vorzüge besonderer Art umzudrehn. – Dieses freie Verhalten auf der Bühne kann man sich nur leisten, wenn einem die inneren Zusammenhänge des Stückes vollkommen klar sind, und Du hast ja dieses Stück, mehr als andere, auch in seiner Dramaturgie gefressen und selbst verändert. – Es ist Sonnabend, hoffentlich habe ich nicht zu lange gezögert, Dir zu schreiben, hoffentlich erreicht Dich der Brief noch. Aber wenn nicht, bricht die Welt auch nicht ein, denn alles was ich Dir hier gesagt habe, weißt Du ja selber ganz gut und was ich noch sagen könnte, weißt Du auch, nämlich daß ich Dich liebhabe und nur Dich und Dich nur und nur Dich und nur Dich und nur liebhabe und nichts anderes. Also toi! toi! toi!, man spuckt den Schauspielern über die Schulter, ich erlaub mir, eine kleine Abwandlung vorzunehmen, die den symbolischen Wert nicht mindert: ich küsse Dich dreimal auf eine Schulter, Dein Wolf.

3. Oktober 68

Eva, meine liebe Schwester, Du gefällst meinem Herzen immer besser. Ich glaube, wir sind beide ein Stück weitergekommen in unserer Liebe, ich entdecke Dich mal wieder und bin erstaunt.
Meine Schöne, Deine Gedanken gefallen mir. Und Dein Mut in diesen Schlachten, der kommt nicht nur aus der Einfalt. Du weißt ja alles, Du wirst nun schon eine große Frau, die, die ich brauche und die ich mir gemacht habe. Du bist mein bestes Gedicht, Eva; ich sollte Dich mal vertonen. Vertonen klingt wie verbrauchen, verhackstücken
... das war am Morgen inzwischen haben mich Leute gestört und ich hab Kopfschmerzen und nix gegessen noch nicht und Zigarrettenrauch und der Tag liegt da wie eine alte Hure die Frische ist weg und Dein Brief ist liegengeblieben und ist doch viel wichtiger als all das Geschwätz auf den Barrikaden aus Plüschsofa.
Meine Liebe, Du bist meine Barrikade, die ich verteidige und erstürme und Du bist die Göttin der Freiheit, wie die Franzosen sie auf ihre Barrikadenbilder gemalt haben, eine Frau mit kräftigen Oberarmen, mit Deinen kräftigen und weichen Schultern.

Es ist ½ 5 – ich geh zu Carla + Nina rüber was essen und Nina was auf der Gitarre zeigen, sie übt gerade das Deutsche Dunkel – Du siehst: wir beide müssen bißchen Gitarre üben. Nina soll Dich doch nicht überholen. Bis Du in Dessau bist, wird der Brief bei Dir sein. Spiel schön. Trenne noch schärfer die zwei Ebenen: Spiel mit der 4. Wand und spiel mit dem Publikum. Und dann komm zu mir, Dein Wolf

Aus einem GI-Bericht vom 7. Okt. 1968 –15.00 Uhr

Gisela Schröder gratulierte Nina Hagen zum Tag der Republik. Nina erzählte, daß sie im BE war. Dort hat ihr das Stück, ›Die Tage der Kommune‹, in der Inszenierung ganz gut gefallen. Gisela erwidert ... man sieht so viel über rote Fahnen, da kann man gar nicht glauben, daß das von Brecht ist. Nina berichtete, daß sie auch ein schönes Plakat von Wolf Biermann hat. Da stehen ein paar Lieder drauf ... Nina sagte, daß sie jetzt im Jugendverband (FDJ) ist. Sybille Havemann will nun auch eintreten. Nina meinte, daß das besser sei, wenn man in der FDJ ist. Da kann man doch viel mehr machen, als wenn man nicht drinne ist. Wenn man in der FDJ ist, kann man seine Meinung viel besser anbringen. Genauso verhält es sich auch mit der Partei. Doch Gisela sagte, daß das in der Partei ein wenig schwieriger ist. Sie könnt ja eintreten, aber das ist –. Gisela brach dann ab und meinte, daß sie sich mit Nina darüber ein andermal unterhalten möchte. Nina entgegnete, daß sie schon gerne später einmal in die Partei eintreten würde.

Aus einem IM-Bericht vom 15. 10. 1968 – 16.07

Herr Robert Havemann informiert Eva-Maria H. und Herrn Wolf B., daß heute in beiden Wohnungen Hausdurchsuchungen stattfanden. Die Leute seien gerade gegangen. Er wollte das Wolf nur schnell sagen. Weiter sagt Herr H., sie hätten wieder eine ganze Menge Sachen – auch von Wolf – mitgenommen – alles, was einigermaßen gut und teuer ist. Herr H. äußert den Wunsch, bei Wolf vorbeizukommen. Wolf B. erwidert, dann würden sie sicher auch bald zu ihm kommen. Herr H. entgegnet, damit müßte Wolf rechnen. Herr Robert H. schlägt vor, daß sie sich in Wolfs Wohnung treffen. Er fährt sofort los.

Herbst 68

Wolf! Ich bin in großer Unruhe. Seit gestern ruf ich an. Ich kann es nicht glauben, daß, wenn Du Dich verziehst, mir kein Sterbenswörtchen sagst. Auch sind die Zeiten so, daß man auf alles gefaßt sein muß. Wir waren verabredet! Ich krieg das Zittern, wenn ich mir die Möglichkeiten ausmale, welche in Frage kämen im ›Ernstfall‹.

Nachts konnt ich nicht schlafen. Jedes Geräusch im Treppenhaus ließ mich hochschrecken. Und hörte Knarrschritte, Hantieren mit Drähten, Rieseln im Gebälk. Vielleicht war es der Haus-Vertrauensmann Gumm, der die verkehrt gestellte Antenne in die richtige Richtung rückte. Unser hauseigener Spitzel von zwei Treppen tiefer, der im Suff einen Beichtanfall erlitt, seinen ›Auftrag‹ gestand mit Hand-aufs-Herz-und-nicht-gelogen-Pathos, daß er auf unserer Seite stünde, schon die Nazis hat er an der Nase rumgeführt, den Sachsenfritzen würde er sonstwas erzählen, aber nicht, daß wir Feinde des Sozialismus sind – der drückte sich heut linkisch die Wand lang, als wollt er drin verschwinden.

Melde Dich, Mann! Warum schreibe ich das; gleich geht die Tür, Du rollst übern Teppich, erzählst eine plausible Geschichte von ›Räuber und Gendarm‹ oder ›Hans im Glück‹, der seine goldne Gans für'n mageres Suppenhuhn eintauschte.

Schlüsselgeräusche – an der Nachbartür. Mir ist elendig zumute.

Ich begeb mich auf die Suche wie Eva im Hohen Lied

20. 12. 68, Greifswald

Mein Traummann, es ist Wachzeit, ein sonnig-kalter Morgen. Ich bin noch in den Federn: Viele waren gekommen gestern, Studenten, Bauleute, Technisches Personal. Gleich ums Eck wird ein Atomreaktor aufgestellt, das ist ein Epoche machendes Unternehmen. Deswegen kam Bewegung in die ansonsten hinterm Mond lebende Stadt.

In der ersten Reihe saßen Usedomer Freunde. Ich war überrascht, sah ihre Reaktionen. Beim Lied ›Ich hatt einen Liebsten‹ nickte mir Susi glühend zu. Jedenfalls war der Abend ein Erfolg. Ich sang den König von Ivetot, Dona, Dona, Ein Weib, die frechen alle ... Jede Nuance wurde registriert; Du hättst Deine Freude an mir gehabt, mich um das Publikum beneidet, armer Schatz. Hinterher kamen S. und M. hinter die Bühne, sagten: die ideologischen Hausierer wären rumgepilgert auf der Insel, hätten Ausschnitte aus Deinem letzten Werk vorgelesen, um die Menschen zu überzeugen, was Du für ein Spitzbube bist.

›Liebespaar‹ (Eva und Wolf) von Susanne (Susi) Kandt. Öl, 1968

Susi hat Sehnsucht, soll ich ausrichten. Später haben wir die Gage von Manfred Krug verjubelt: (Der hatte uns sitzengelassen, obwohl er auf dem Plakat steht.) Der Sekt floß nicht nur in Strömen, sondern schoß in Fontänen zum Kronleuchter, zumindest bei einer Flasche, die ein Saufaus geschüttelt hatte. – Ein Oberstleutnant, harte Getränke bevorzugend, Schirmherr der Veranstaltungen, flüsterte: In Peenemünde, wo wir hinfahren, sind Soldaten stationiert, die stets aufm Sprung sind. Wieso? Nordostflanke Warschauer Pakt! Er war leutselig, rühmte sich, nur einen Grad unterm General zu stehen. Ich glaub nicht, daß er falsch ist, ›Bärenmarke‹, sinnenfreudig. Wir werden Kriegsschiffe besichtigen. Rauf dürfen wir nicht, nur von außen anstaunen.
Ruth Homann, die mit im Programm ist, erzählte von Schwierigkeiten, die ihr Kritiker-Ehemann hat; bis zuletzt hat er den Frank-Beier-Film ›Spur der Steine‹ verteidigt. Seitdem sind sie isoliert. Ruth fragte, ob es stimmt, daß Robert Havemann Rauschgiftpartys mit Minderjährigen veranstalte. Du sollst ständiger Gast sein bei den Orgien. Ich laß bei solch einem Hammer dann demonstrativ die Kinnlade fallen, tu, als würde sie ausrasten, schiele, renk sie wieder ein: Kein Kommentar.
Ob wir mal Schlittschuhlaufen gehn? Hab Seen ausgekuckt unterwegs, mit Scharen von Kindern drauf. Ich stell mir vor, wie Du rumkurvst auf dem Lanke See, Pirouetten drehst, den doppelten Rippenbrecher auf die Beine stellst, die nächste Hürde nimmst, den dreifachen Flipflop ansteuerst und batsch! fällst Du auf Deinen knackig-runden Allerwertesten. Tschüß und Kuß von Äwa!

PROVINZTHEATER
1969

Auszug aus einem IM-Bericht vom 2. Jan. 1969 – 10.02
Eva Hagen fragt eine Schwester aus dem St.-Joseph-Krankenhaus, 108 Bln. Niederwallstr. 8/9, ob schon ein Zimmer für sie frei ist. Die Schwester antwortet, daß momentan kein 1 oder 2-Bettzimmer frei ist. Eva H. soll erst nochmal zum Doktor kommen. Wenn dann ein Zimmer frei wird, wird Eva umgelegt. Eva H. erklärte sich einverstanden. Sie möchte möglichst bald operiert werden, denn im Februar wartet Arbeit auf Eva. Ihre Periode ist ja wieder weg, so steht es also sehr günstig mit einer Operation. *Korduan*

Berlin, St.-Joseph-Krankenhaus, 3. Januar 69

Wolf, in meiner Brust breitet sich Hochgefühl aus. Die Operation rückt näher. Es wird langwierig werden, meint Dr. K. Und da ich Dich – trotzdem wir ›auseinander‹ sind – liebhabe und Du mir mehr bedeutest, als je ein anderes männliches Wesen, will ich für den Fall, daß was schiefgeht – paar Worte aufschreiben.

Ich bin hier, weil ich wollte, daß wir ein Kind zusammen haben. Danach hatte ich herzzerreißende Sehnsucht. Der Termin für das Wagnis, sich freiwillig den Bauch aufschneiden zu lassen, stand schon länger fest und war mein heilig gehütetes Geheimnis. Das geglückte Resultat sollte eine Überraschung sein, vielleicht im nächsten Spätherbst zum Geburtstag oder ein vorweihnachtliches Herzjesulein. Kurze Zeit nachdem wir uns kannten, hatte ich eine Fehlgeburt. Inzwischen sind die Eileiter blockiert, eine Befruchtung ohne Durchlässigmachen der ›Tuben‹ eher unwahrscheinlich, sagt der Spezialist. Und weil ich sah, wie Du unter den Auflagen von Brigitt littest – die Dir mal mehr oder weniger gnädig Dein Kind gab, je nach politischer Wetterlage – wollte ich einen Ausgleich schaffen. Unabhängig davon wünschte ich mir – die alte Leier der Menschentiere – ein Abbild unserer Liebe, Du und Ich in einem Wesen und doch eine Neuschöpfung.

Bestimmt geht alles gut und Du kriegst diese Geständnisse nie zu Gesicht. Schade, daß wir nicht den richtigen Dreh fanden, wie es hätt funktionieren können. Wenn ich mir vorstelle, wie es ohne Dich gehn soll, schwimmen mir alle Felle weg. Horche ich in mich hinein, glaube ich nicht, daß es vorbei ist. Aber das mußt Du mir glauben: Wenn i c h schon nicht glücklich sein darf mit Dir – durch des Geschickes Mächte, wünsch ich mir, daß Du eine Liebe findest, die ringsum stimmt. Viele Lieder sollst Du schreiben, Gedichte, Komödien wie Molière, Tragödien in Shakespeare-Format, Kritisches wie Voltaire, Diderot, Rosseau. Unsere Bibel hab ich bei mir. Gleich kommt der Holzhammer. Jetzt die letzten Worte denken, damit es einen Sinn ergibt; mir fällt nichts ein – immer nur Du. Aber Schattenspiele gaukeln mir vor, daß es ein Happy-End gibt für das Glücks-Kleeblatt Eva-Wolf-Karl-Marie bei der Siebenten Rose ...

(Der Brief wurde nicht abgeschickt.)

Eva, meine Liebe, die zwei Stunden bei Dir im Krankenhaus haben mich meine Schwäche fühlen lassen, ich will mich losreißen von Dir – und zerreiße mich ...

6. Januar 69

Mein Schmerzensgemahl! Du warst leibhaftig hier, hattest es eilig, Freunde warteten in der Chausseestraße. Dank für das Buch von Kunert; originell, amüsant. Er wird noch lange von dem Material, den aus seiner Sicht tragikomischen Ereignissen bei der Spaltung und Umwandlung des großdeutschen Reiches in zwei ungleiche Hälften zu zehren haben. Gegenwartsthemen sind unbequem und heikel auch für größere Talente.

Die Nonnen sind angenehm. Ich hab die Gitarre hier, singe rebellisch klingende oder klagende Lieder wie: ›Schwerer Traum. Schnitters Tod. Ich hatt einen Liebsten. Schäferduett. Förster und Gräfin.‹

Sie sind ergriffen, lachen versteckt. Anfangs waren sie undurchsichtig und zupackend in der Behandlung. Als ich aufgewacht war nach langem Weggetretensein, sie mich umbetteten, hatte ich einen wahnsinnigen Schmerz im Unterleib, als hätte man was aus Metall drin vergessen, eine Schere, ein Skalpell, etwas ist zerrissen, alles war umsonst ... Ich schrie auf, weinte – noch halb betäubt. Eine wies mich zurecht, meinte, ich sollt mich zusammenreißen. Da brach mein ganzer Seelen-

kummer wie eine Sturzflut mit hinaus: Ja, sie hätte ihren lieben Gott stets zur Hand, ich aber hab meinen verloren, ein Kind wollt ich, sie würde es mir nicht gönnen, da sie selber keins haben dürfe. Warum sie Nonne geworden sei, wenn sie kein Mitgefühl aufbrächte. Oh, das hatte aber Folgen. Diese Schwester sitzt nun oft bei mir im Zimmer in ihrer Freizeit, stickt, macht Handarbeiten, ist mir ohne Worte zugetan, als hätte sich bei ihr was Verfestigtes gelöst.
Das Operieren geht hier wie das Brötchenbacken. Glockengeklingel ertönt – wenn eine abgeholt werden soll aus dem Operationssaal. Doktor Kirch ist zu bewundern! Täglich arbeitet er 12–16 Stunden, ist freundlich, macht den Frauen Mut; besonders Sterbenden steht er bei. Er soll ein guter Chirurg sein. Meine Narbe wird von den Schwestern wie ein Schönheitsmal bestaunt. Aber wichtiger ist, innen funktioniert nachher alles und ich krieg einen Sohn mit allem was dazugehört, ein Mädchen mit Deinem Klappaugen-Blick. Ich will so gern noch ein Kindlein, aber das sag ich nicht laut, schreib es nur so vor mich hin ...
Es wird zum Abend gebetet. Ich hör andächtig zu. Unsere Angehörigen werden in das Gebet eingeschlossen. Sie sollen beschützt werden.
Ja, das sollst Du. Darum bitte ich, auch wenn es keinen Gott gibt.
Gut Nacht. Der Name EVA-MARIA gefällt den Nonnen.
Dir möchte ich gefallen ... Amen.

Berlin, 23. Januar 69

Eva, meine Liebe, hier habe ich ein Buch von Pil'njak aufgetrieben, einem sowjetischen Schriftsteller, mit dem Trotzkij sich in seinem Buch ›Literatur und Revolution‹ beschäftigt. Also 1924. Trotzkij lobt Pil'njaks frischen Realismus, bemängelt aber, daß Pil'njak ›zerrissene Schuh, Läuse, Blut ... Schneesturm und des Teufels Bocksprünge, aber keine Revolution‹ darstellt, daß er in der unmittelbaren Misere nicht die Revolution selbst entdeckt; etc. Dieses Buch ist später geschrieben, und ihm ist ein Nachwort von Radek beigefügt, in dem ich schon rumgeblättert habe. Sowohl Radek als auch Pil'njak wurden wenig später im Zuge der Säuberungen umgebracht.
Sag mir, ob das Buch interessant ist, daß ich es lese.
Deine Gitarre lag natürlich – gottseidank – unter meinem Flügel.
Ach, Eva, ich spreche über alles mögliche und denke doch nur an Dich, an Deine gerötete Kindernase, die ich küssen möchte, an Deinen gefolterten Bauch, den ich streicheln möchte. Ich sehne mich nach unserem

tiefen Einverständnis, nach Deiner mutigen Solidarität mit dem hilflosen Helden, den Du die Liebe und Güte hattest, mit einem bunten vielflügligen Wundervogel zu vergleichen, einem vielfarbigen vitalen schöpferischen Geschöpf, das er aber unter dem Druck der Zustände und unter dem Alp zerstörerischer Krisen mit seiner Liebe, seiner Einzigen, gar nicht mehr ist. Um im Bilde zu bleiben, würd ich unseren Vogel eher eine blutige Taube oder einen zerfetzten Spatz nennen.
So, wie wir lebten, können, werden und dürfen wir keinen Tag länger leben; aber ohne Dich kann, werde und darf ich auch nicht leben.
Wir müssen einen Weg finden, er kann lang oder steil sein, oder beides, aber gehen müssen wir ihn. Wolf

Januar 69

Was soll werden. Ich frage Löcher in die Luft. Zeit kriecht dahin, Leben rast vorbei; einen Monat sind wir bereits geschieden. Wie leichtsinnig wir umgehn mit den kostbaren Jahren ...
Ich hab das Buch ›Die Wolga fällt ins Kaspische Meer‹ gelesen. Noch ist vieles wie damals, kultivierter zwar, raffinierter; aber der Sumpf ist längst nicht trockengelegt. Von der Begeisterung, dem unerschütterlichen Glauben an die Revolution, sind nur Fünkchen, müde aufflammende Feuerchen geblieben. Der Roman hat aber auch Schwächen, ist wie im Gefechtsfeuer geschrieben, die Schicksalsschläge in den Beziehungen mystifiziert, überzogen. Obwohl: kuck sich einer unser dröges Phantasmanien an, den klassischen Kitsch in modern, alles in einem Topf: Bahnhofstation, Gummizelle, Medaille; können Sie mir folgen, Genosse Wegbereiter, keine unbedachte Regung, sonst bleibt dem Aufsichtspersonal nichts übrig, als die Zwangsjacke. Schrei, wenn du kannst! Bei Pil'njak spür ich: so etwa könnte es gewesen sein.
Montag hab ich den Film ›Weekend‹ gesehen. Schade, wir sind noch nicht soweit, uns normal zu unterhalten: Einer von beiden würde bald alles mit Tränen über unser verunglücktes ›Schwein‹ verwässern. Irgendwann will ich noch mal drauf zurückkommen – auf den Film. Und die Tage danach, die sich überschlagenden Meldungen aus aller Welt, das gegenseitige Abschlachten, Hinrichtungen im Nahen Osten, nicht enden wollendes Gemetzel in Vietnam, das Los der Israeli: Werden sie nun endgültig ausgerottet? – In Spanien, Griechenland, sperrt man Volk in Käfige. Im westlichen Lager, Amerika, Frankreich, zertrümmert Polizei Gehirne mit Schlagstöcken. Dagegen herrscht hier

Totenstille: Nur in den Ritzen nistet das gemeine Spitzohr. Die Wanzenplage hat sich ausgebreitet. Wo du dich auch befindest, im Bett, auf'm Klo, im Chorgestühl, beim парикмахер*) – so'n Biest kann dir überall auflauern, dich anzapfen, aussaugen, abschöpfen. Kaum öffnet sich noch ein Mund, um Zusammenhänge preiszugeben, ein verschlüsselter Umgangston hat sich eingesummt, die Kultur der Sprache gefriert. Eine Wolkendecke aus Flüstern liegt über der Republik. Totes Land, so dünkt es meinem verdunkelten Auge.
Ich kann nachfühlen, was den Prager Studenten dazu trieb, sich zur brennenden Fackel zu machen. Gegen all das, was sich abspielt draußen, ist ›Weekend‹ natürlich eine Idylle.
Hier stehen zartweiße Freesien. Das Zimmer duftet. Draußen riecht es nach Tauwetter. Tod und Leben lösen sich ab. Traurigkeit und Freude wechseln wie Licht und Schatten. – Aber Du bist in meinem Herzen, als wäre ich schon mit Dir auf die Welt gekommen. Du mußt ein überirdisches Wesen sein. Ich klinke aus ins nächste Extrem. Es tut ja keinem weh, wenn ich den Bogen ausfülle bis zum Rand. Morgen sehen wir uns vielleicht – Eva-Marie

*) Friseur

Berlin, Februar 69

Meine Liebe, meine Einzige, wir müssen diesen Weg ehrlich zu Ende gehen. Und ob wir ihn wahrhaftig hinter uns gebracht haben werden, werden wir daran sehen, ob wir uns wieder und auf ganz neuer Stufe gefunden haben werden. Laß Dich nicht von diesem Abend irritieren. Das bedenke: erfasse ohne Vorurteil, daß Ssannije ein Mensch ist und aufrichtig in all ihrer Unvollkommenheit, die ja auch unsere ist. Aus Dir wird, was Du warst und bist und bleiben wirst: meine Einzige und meine Liebe und meine ganze Existenz, aber das muß erst verwirklicht werden, und wir müssen es verwirklichen. (...)? Das weiß ich nicht. Was ich jetzt wollte – weißt Du und hast es immer gewußt. Du! Weine jetzt nicht, denn ich bin sonst verzweifelt und mache was Falsches. Meine zarte, meine müde ... Mein Weib bist Du ja. Deine Tränen machen meine Gedanken verworren. Du mußt in jedem Moment wissen, daß wir noch ein Leben vor uns haben. DAS mußt Du wissen und nicht leichtfertig und nicht eine Sekunde vergessen, diese Verantwortung ist nicht kleiner als unsere Liebe und – und unsere Sehnsucht und Leidenschaften, alle ...

8. Februar 69

Du Armer, Lieber – ich hab Dich erschreckt! Immer noch hast Du Angst, ich könnt in frühere Fehler zurückfallen, Dir Szenen machen. Sei ohne Sorge, ich bin schon still. Gestern, das war ein kurzes Aufbäumen, dumm, ungeschickt; tut mir leid. Ich werde mich drauf konzentrieren, mit Dir und ohne Dich zu leben, andere zu bemerken – so, wie wir es entworfen haben. Es waren gute Ansätze da ...

Aber die letzten Tage waren wir uns wieder so nah gewesen und einig in jeder Beziehung; deshalb kam mir dieses zufällige Aufeinandertreffen wie ein inszenierter Bubenstreich vor, die andere Realität traf mich wie ein Keulenschlag. Ich hab kindisch reagiert, aber nicht böse! Du sollst Dich wenigstens auf dem Gebiet frei fühlen, das will ich ehrlich – ich mach auch Fortschritte.

Du wolltest, daß ich die Schlüssel behalte, hab sie auch nie ›mißbraucht‹. Trotzdem, damit sie mich nicht belasten, geb ich sie zurück. Und Du schick meine – als symbolische Handlung der beiderseitigen ›Freiheit‹. Ich liebe Dich und sehne mich nach Dir und male mir aus, wie ich unter'm Flügel von ›Blauvogel‹ gen Süden fliege, er selbst werde. – Eva.

Februar 69

Wolf, hier ein paar ausgesuchte Zeilen aus dem Hyperion.

Du kennst sie, trotzdem, nimm es als eine Art von Abarbeiten ...

›Ich war aufgewachsen wie eine Rebe ohne Stab und die wilden Ranken breiteten sich richtungslos über den Boden aus. Du weißt ja, wie so manche edle Kraft bei uns zu Grunde geht, weil sie nicht genutzt wird. Ich schweifte herum wie ein Irrlicht, griff alles an, wurde von allen angegriffen, aber auch nur für den Moment, und die unbehülflichen Kräfte matteten vergebens sich ab. Ich fühlte, daß mirs überall fehlte und konnt doch mein Ziel nicht finden. So fand er mich. Aber sage mir niemand, daß uns das Schicksal trenne! Wir sinds, wir! Wir haben unsere Lust daran, uns in die Nacht des Unbekannten, in die kalte Fremde irgendeiner andern Welt zu stürzen, und, wäre es möglich, wir verließen der Sonne Gebiet und stürmten über des Irrsterns Grenzen hinaus. – Ach! Für des Menschen wilde Brust ist keine Heimat möglich; und wie der Sonne Strahl die Planzen der Erde, die er entfaltete, wieder versengt, so tötet der Mensch die süßen Blumen, die an seiner Brust gedeihten, die Freuden der Verwandtschaft und der Liebe. Du wirst einsam sein, mein Liebling. Du wirst sein wie der

Kranich, den seine Brüder zurückließen in rauher Jahreszeit, indes sie den Frühling suchen in fernem Lande. O es sind goldene unvergeßliche Tage voll von den Freuden der Liebe und süßer Beschäftigung. Ach, es kann ja nicht einmal ein schöner Traum gedeihen unter dem Fluche, der über uns lastet. Wie ein heulender Nordwind, fährt die Gegenwart über die Blüten unseres Geistes und versengt sie im Entstehen. –
Und das ist's, Lieber! Das macht uns arm bei allem Reichtum, daß wir nicht allein sein können, daß die Liebe in uns, solange wir leben, nicht erstirbt.‹ – Und wir, was wird aus uns – fragt sich Eva Marie.

Februar 69

Wolf! Ich hab nichts zu sagen, weil alles gesagt ist und muß es doch an den Mann bringen, daß ich sprachlos bin, um nicht in Stumpfheit zu versinken, der Lethargie anheimzufallen: Die Luftleere zwischen uns setzt mir zu; drum ein erneuter Versuch zu nachtschlafender Zeit.
In letzter Zeit versuchte ich einen plausiblen Sinn auszumachen dafür, in diesem Land zu leben, das nun mal, unumwunden gesagt, ein Gefängnis ist. Immer wieder redete ich mir ein, es hat sein Gutes. Und Das vom Übergang und der Zweck heiligt die Mittel (um nicht zu sagen Morde). Die DDR ist das erste sozialistische Deutschland der Arbeiter und Bauern – und wo gehobelt wird, fallen Späne. Ich hab die verordneten Lesarten angeordneter Wahrheiten geschluckt und nicht verdaut. Die rosa Schleier sind in Hundertschaften gefallen; obwohl ich bemüht war, sie immer wieder hochzuraffen. Ich hatte ja meine wunderbare Liebe, in der ich allen Sinn und Unsinn dieser Welt gefunden hatte. Jetzt ist sie im Begriff, sich zu verflüchtigen; ich kuck mir die Augen aus nach einer Wiedergutmachung – und sehe kein Land.
Ich hab geweint über das Schicksal der Ginsburg – war erschüttert bei Solschenyzins Beschreibung von ›Ein Tag im Leben des Iwan Denissowitsch‹, aber nirgends hab ich solche Erkenntnisse gewonnen, wie beim Lesen der Aufzeichnungen in den letzten Tagen. Meine auf bröckligem Fundament stehenden und in ausgeleierten Halterungen hängenden Kulissen, Potemkinsche Dörfer, krachen zusammen, fallen in Schutt und Asche; ich weiß nicht weiter. ICH GESTEHE – von A. London hat mir den Rest gegeben. Welch pervertierte Hölle, hilflose Trauer; ich möchte fliehen. Warum mußt Du mir oder ich Dir – grad jetzt fern so sein. Ach ja, wir stellten fest, unsere Sehnsüchte sind unterschiedlich gelagert intern. Ich hatte das Bedürfnis, in dieser

immer zynischer zugehenden Welt so was wie Geborgenheit zu schaffen, ein Zuhause von herkömmlicher Art, trotz und neben angesagter Radikalkur: die Befreiung der Geschlechter voneinander, Austausch von Partnern am Fließband. Ich Nimmersatte hatte mir eingebildet, das Klassische und Moderne zu einem Brei gerührt, ergäbe eine neue Qualität und wär unter einen Hut zu bringen. Verrechnet! Auf den Arsch gefallen! Zusätzlich zeigte mir mein Kind, was eine Harke ist: Eltern sind was Abzuschaffendes, Überbleibsel der bürgerlichen Gesellschaft. Diskussionen über gleiches Recht für alle; nur daß diese Generation, das Angenehme der Gemeinschaft nicht verachtend, alle niederen Arbeiten übersieht. In Klartext: Ich muß das Futter ranschaffen und den Abfall wegräumen von einer Bande ausgewachsner Freßtiere; von den Dienstleistungen, wofür sonst ganze Kombinate zuständig sind, nicht zu reden. Das ergibt unweigerlich auseinanderbringende Zusammenstöße. Dritte Wichtigkeit im Leben: Arbeiten. Die Rolle, welche mir mein ›Betrieb‹ zuwies, ist die süße Rache Blutwurst. Die Schauspielerei kommt mir erniedrigend vor, banal. Ich intrigiere, was das Zeug hält, damit der Schund abgesetzt wird. Zwei Kollegen haben das Buch bereits hingeschmissen. Ich darf nicht, sonst fliege ich raus. Was tun? hat schon Lenin gefragt, Alexander Herzen und nun auch noch Eva-Maria Hagen. Aber denkst du, es antwortet wer?!

Wolf, jetzt ist fast Abend: vom Theater Dessau war eine Abordnung hier, hat Blumen gebracht, gutes Klima verbreitet. Dann kamen ausgewachsene Kinder Gottes wegen Nix und Nina, fraßen sich durch die nur noch spärlich vorhandenen Vorräte. Morgen kriegst Du einen Sonntagskuchen. Heut war milchiges Wetter; leichtgewichtig fühlt sich mein Gebein an beim Gehen. Aber nun sitz ich brav am Sekretär und schau in Deine abgelichteten Augen. Da war eine gestern zu großspurig umgesprungen mit ihrem entwöhnten Körper: Kräuterbad, Friseur, Spazierengehn mit ihrer in Trennung lebenden Liebe, Besuch bei Lotte, Küsse, Abschied ein zweites Mal, abends zum Arzt und zu Von-Mensch-zu-Mensch-Gesprächen, der herzaufreißerische Anblick der kunstfertigen Sprünge eines Harlekins unten auf der Straße nach Mitternacht, Durchs-Telefon-Schweigen, unruhiger Schlaf.
Morgen wird es sich weiter in Richtung ›Positiv‹ entwickeln. Du wirst mir unwiderstehliche Sachen bekennen und Montag seh ich uns auf'm Hugenottenfriedhof nach einer versteckten Bank Ausschau halten, wo

wir uns küssen können. Ich fühle jeden Tag, wie unbedacht es war, Dich von mir loszureißen, um Liebe auszuprobieren bzw. was man dafür hält im Überschwang der Gefühle. Ich muß die Kursänderung erst mal einbauen ins Programm, denn nichts bleibt ohne Folgen – auch wenn es nur die hat, scheinbar keine zu haben. – Aber was weiß eine Frischverliebte schon von rationalen Machenschaften der Vernunft. – Sorg Dich nicht, ich bin Deine stein-reiche Mari

Berlin, Februar 69

Meine liebe Mami! Also, ich finde, wenn ein Schauspieler 100 Vorstellungen ›absolviert‹, und wenn die dann auch noch alle voll sind, wird dieser Schauspieler, glaub ich, wissen, daß er gut ist.
Ich finde das schön, daß alle deine 100 voll waren, denn so was freut einen doch. Nun will ich dir noch viele, volle, schöne Vorstellungen in der ›My fair Lady‹ wünschen.
Früher gab es ja keine 2 Arten von Schauspielern, wie es sie heute gibt. Da gab es nur die Gaukler, auch Komödianten genannt. Bei der ›Lady‹ hast du 2 Abschnitte zu spielen. Das finde ich schön an der Rolle.
Der 1. Abschnitt ist das Straßenmädchen, das sehr komisch ist. Dann kommt allmählich die Lady. Jetzt gibt es ja bei uns 1. die Komödianten und dann die Charakterspieler (so die Alten, wie Schiller, aber auch Brecht). Die Lady hat ja beides zu spielen. (Die beiden Abschnitte.)
So, meine liebe Eliza! Ich muß Schluß machen, weil ich los muß. Komm bald mal wieder her – (nach Hause).
Es grüßt und küßt dich 1000 x – Deine Nina

(von Wolf)
für Eva zum 16. Februar,
besonders aber für sie das Gedicht VON UNS zum nach-der-Aufführung-Lesen und zum Sehnsucht-haben nach diesem Biermann

DIE SCHAUSPIELERIN
Nachdem sie 100 mal die nämliche Rolle gespielt hatte
vor 100 Tausend sehr gleichartigen Leuten
für 40 Tausend Mark gleiche landesübliche Währung
100 mal 4 Stunden lang mit denselben Worten gezeigt
daß die Welt sich nicht geändert hat
unter der Schminke unter dem Flutlicht :
die Schauspielerin, da war sie längst eine Andere geworden

VON UNS

Solche Wolken! vollgesuppt mit Traurigkeiten
Ängste, eimerweise über mir
bauchweiß hoch zum Wasserspiegel zerschlagen
die toten Fische in den Flüssen
schwammen wir durch Kümmernisse und weiter
Jegliche Politpeitsche griffen wir
gierig jegliche Peitsche im Eheknast
uns zu geißeln mit den Zweifeln
ausgekotzt die großen Träume in die Eisennächte
dummstumm vor Stammel überm Parteibonbon
klebrig uraltrote Wanzen
plattgedrückte unterm Laken stanzten
jauchzten unsere zweimal lebend
Fleisch und Knochen durch die Orgasmen. So
schwamm ich durch Evas Pfirsichvötzchen
ins Dämmerlicht der Prinzessin und davon
und ab durch die Mitte und davon von da

Ach aber auch die kleinen Maischollenhände
in der See diese Schollen, jungfräuliche
Mann, diese Hände, zwei flüchtige Schwärme
hilflose schwammen sie durch mich
durch und durch kühl und üppiglich wunderbar fettigliche
schwebten diese Maischollen winterblaulässig
durch meines Fleisches Golfstrom in die Eisbuchten
und bin und werde sein
ohne Netze der Fischer im Strudel

Meine Liebe, wie klingt dir solcher Choral? :
Ewig ewiglich bei diesem Neuschnee schwöre ich dir
Ewig unter deinem Lippenmund will ich dir schmelzen
Ewiger Sommer bis nächsten Frost
in Vergänglichkeit Amen

Und die großen Weltveränderer?
Wer verändert uns die?
Gott, wie berauschten wir uns an der Nüchternheit!
Erblindet vom Fusel unsrer Weltanschauung
taumelten wir planmäßig durch die dressierten Massen
so schluckte sie uns und spuckte uns aus, die Epoche

Annamariacarminassanijekathruthemmathildiringaranceline
Weib, so bilde ich dein Bild, Mosaik
das Bild der Menschheit, so lege ich es aus
aus den bunten Steinchen meines gesteinigten Herzens
male mit den Farben der Zerrissenen um mich
das Foto der realen Absurdität
So auch übermale ich munter die alten Bilder
versaute Leinwände voll brüchiger Idyllen
übermalt mit den Gesichtern der Gesichtslosen
Portraits der außergewöhnlich Üblichen
für die bombardierten Galerien dieses Krieges

Donnerstag, 20. Februar 69

Eva, meine Liebe, es ist 8.00 früh, Du wirst noch schluffen und gestern abend haben wir telephoniert. Wenn Du diesen Brief in der Hand hast, wird sich wohl, hoffentlich, alles mit Nina geklärt haben. Der Große Schnee bringt eben vieles durcheinander; ich muß mal wieder meine Ballade raussuchen, von den Männern von'r Müllabfuhr.

Ich hoffe mit einigem Eifer, der Brief, den Du mir gestern angekündigt hast, möchte bitte heute in meinem Kasten landen. Ich hätte jetzt gern was von Dir, will sagen, daß ich Sehnsucht habe, nach meiner Lieben, die ausgeruht und heiter, von Urlaub und Arbeit gleichermaßen erfrischt, endlich wieder nach Hause kommt. Aber bis wir uns haben vergeht noch eine Woche. Sbd. früh fahre ich mit Manu und Jonas los – ich hab die letzten zwei Monate nur im Zimmer gesessen und mich krank geraucht und drei oder vier Leute haben mir schon mitgeteilt, daß ich ›schlecht, sehr schlecht‹ aussehe, Ringe untern Augen, blasse graue Haut – die Ostsee wird mich ein bißchen durchpeitschen. Rot.

Aber wie ich mich sehne nach Deiner gelinden Üppigkeit, nach Deiner sanften Frische, ach Du riechst meinem Herzen so gut, komm bloß bald! Und rufe mich an, Koserow 454 und schreibe mir, irgendwas, außer daß Du mich nicht liebhast.

Ja, das größere Gedicht ist wohl etwas konfus, aber das kleine ist klar, und zusammen ist es gut so. Warum soll ich in der Form eine Sicherheit vortäuschen, die ich nicht mehr habe und noch nicht habe. Du, kauf Dir mal in der bb-Reihe des Aufbauverlages ›Saison für Lyrik‹ und lies darin die Gedichte von Rennert, ich möchte, wenn Du wiederkommst, mit Dir darüber reden; ach meine Liebe, ich möchte jetzt bei Dir sein und lachen und Faxen machen, und Du sollst mir was

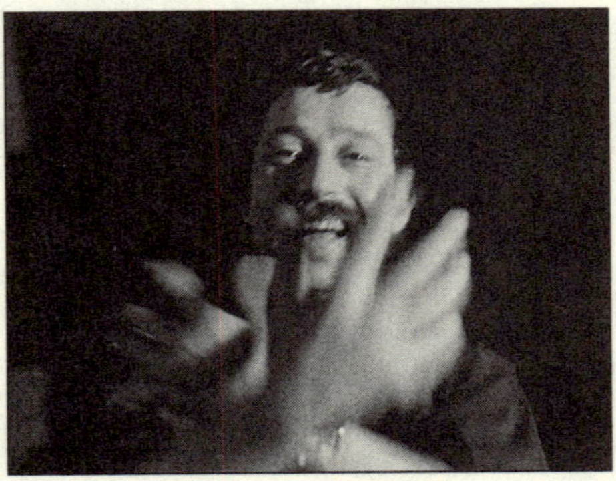

vorlesen und unsere Füße sollen sich streicheln, meine Deine! Und das und jenes und das andere und dieses und solches und überhaupt.
Spiele jetzt schön Deine Rolle, gelassen und kräftig, aber reiß Dir nicht den Arsch auf, das macht man nur aus Schwäche, ich kenne das vom Singen. – Also Kuss Kuss Kuss hierhin und dorthin und noch ein Kuss wo anders hin und noch einer wo ganz anders hin und noch einer wo Du willst, Dein Wolf

Dessau, 22. 2. 69

Wolf, Eva ist in Dessau und hat Deinen Brief bekommen. Er hört sich an wie am Anfang unseres ... Getroffenseins. Ich akzeptiere Deine Ansichten, doch ob es sich auch in die Praxis umwandeln läßt, steht auf einem anderen Blatt ... Als hätt ich ein Gelübde abgelegt, springe ich auf Befehl einer inneren Eingebung vom anfahrenden Zug. Eine uneinnehmbare Festung bin ich geworden, die Dich beschützt, den Ruf, die Ehre. Jetzt ist das überflüssig und ich nicht wendig genug, mich anzupassen. Vielleicht kann ich Dir bald einen ›Sieg‹ vermelden.
Nacht. Morgen kommt ein neuer Tag ins Fenster geschwommen. Ich lieg im Beyreuter-Haus, hinterstes Zimmer. Hier war ich oft mit dem heißkalten Wolf unterm weißhäutigen Fell. Eva hat ein gutes Erinnerungsvermögen. Wärst Du hier, läge ich längst an Deiner Schulter, zugedeckt vom weiten Mantel aus sagenhaftem Stoff, in dessen Taschen und Faltenwürfen ein Liederschatz nistet und darauf wartet, gesungen zu werden ...
Gutnacht, Du Mensch und Weltveränderer. Ich wünschte, Du würdest mehr verändern und weniger. Das schreibt Dir (D)eine Dich liebende Frau und Freundin in einer Person, die mit den zwei uralten Namen. Weißt Du noch, Adam, das Paradies im Stoppelfeld, der scheue, dann mutiger werdende Salamander zwischen uns und wie er sich in Deine Socken verkroch vor Scham. Und die andere einst von Dir Angebetete – da könnt ich auch was anführen: die Dir die Füße salbte ...
Ach ja. Es war einmal ein treuer Husar – der liebt sein Mädchen ein ganzes Jahr – ein ganzes Jahr und noch viel mehr – die Liebe nahm kein Ende mehr. – Ich stoße einen unhörbaren Schrei aus, mache mich klein, bin ein Samenkorn, schlafe im Blumentopf; da kann mich keiner finden und abgeben bei der Polizei oder auf Station 8. Schade, ich find keinen stimmigen Abgang. Also, komm Herr Jesus, sei mein Gast und segne ab, was du mir (nicht) bescheret hast. Eva

23. 2. 69

Wolf, die zweite Vorstellung nach der langen Pause ging über die Bühne. Rolf Zimmermann sagt, daß ich turmhoch alles überrage in der Inszenierung, will mir schmeicheln, mich verführen, in seinem Musical ›Terzett‹ zu spielen. Und er bewundert mich in einer Mischung aus Eifersucht, Hochachtung und Mitleid dafür, daß ich zu Dir hielt, meine Karriere aufs Spiel setzte.
Ich weine knochentrockne Tränen, wenn ich mir vorstelle, daß unsere Liebe zerbröckelt. Wir waren doch das Liebespaar aller Zeiten! Ich schöpf meine Kraft zum Spielen momentan aus dem Bewußtsein, daß Veränderung die einzig zuverlässige, aber halt auch unbekannteste Größe bleibt. – Du mußt oft schreiben, daß Du Sehnsucht hast ...
Nina liest nebenan im ME-TI, kommt dauernd rein zu mir und rezitiert begeistert aus Brechts gesammelten Weisheiten. Die hat es gut: Mit dreizehn lernt sie kennen, was mir noch bis vor kurzem vorenthalten war. – Ich höre, daß Vervielfältigungen von Texten aus ›Mit Marx- und Engelszungen‹ rumgehn, handgeschriebene, kann mir schon denken, wer das macht ... hätt ich fast gesagt, Defizit-Ware unterm Ladentisch an gute Kunden weiterreicht. Wie die Verkäuferin im Konsum sich für Dich nach Kaffeeesahne bückt.
Sag Mathias, ich hab Sehnsucht nach seinem heimischen Stübchen. Hast Du den Schwan von einst wiedergesehn oder einen Eisbären? Heiz ordentlich den Ofen, damit die Kinder sich nicht erkälten.

Warst Du bei den Schrottkähnen? Kletter da ja nicht mit Jonas rauf! Weißt Du noch, wie ich das erste Mal nach Usedom kam? Auch im Winter. Aus einer Telefonzelle in Koserow hatte ich angerufen, Du kamst mir bis zur Chaussee entgegengerannt wie ein Waldläufer. In Deiner grünen Felljacke, die wie ein Nest ist, wenn ich sie anhabe. Vor drei Jahren war das und ein Monat. Ein Glücksstern stand über uns ... Das wars wieder mal, liebwerte Gemeinde. Das Schaf verzieht sich in seinen Verschlag, scharrt im Stroh, als könnt es da was Nahrhaftes finden – wie einst in blühenden Zeiten, sagt sich Dein Mariekchen.
Der Schaffner sagt:
Kenn Se Badewannespielen? – Langsam vollaufen lassen.

Tagebuch, März 69

Drei Tage Annaberg. Gastspiel ›My Fair Lady‹. Der Oberspielleiter, Tingelbruder, Alleinunterhalter: Koll. Jochen Hellwig und gleichzeitig Prof. Higgins, holt mich ab. Im Hotel ›Wilder Mann‹ erhielt ich ein Doppelzimmer, fühle mich wie die ›Lustige Witwe‹. In der Rezeption stehn Neugierige, tuscheln. Sind sie enttäuscht, daß ich nicht filmleinwandmäßig aussehe? Wartet, wie ich mich verwandle, wie häßlich ich sein kann und wie wundascheen.
Frühstück im ›Erzhammer‹, ein Restaurant, da soll man sicherheitshalber erst den Hut reinhalten und nur falls nicht geschossen wird folgen. Hellwig ist erneut zur Stelle, ein unverwüstlicher Typ, hat seine Stimme versoffen, sagt er von sich, gastiert in Dessau. Wir sind die ersten Gäste.

Eva als Eliza in ›My Fair Lady‹

Eva als Pistache mit Jochen Hellwig als Aristide in ›Can-Can‹ (Ganz Paris träumt von der Liebe) am Annaberger Theater

Hellwig, total verquollen, stöhnt heiser, daß es wieder hoch hergegangen sei gestern nach ›Wiener Blut‹. Alle Kellner begrüßt er mit Handschlag. Die Frau an der Garderobe heißt Lisa, die Blonde am Buffett Lotti. Mein Auftritt war ein Riesenerfolg; wie sollt es anders sein bei dem Stück. Blumen wie bei einer Gala in der Metropole, erstaunlich für die Jahreszeit – und am Ende der Welt: Flieder, Tulpen, einen traditionellen Nußknacker, den man nur mit ›Beziehungen‹ kriegt, weil Exportartikel. – Nun hat mich der Verwaltungsdirektor für weitere zehn Gastspiele verpflichtet. Nach der Vorstellung Beisammensein mit Kollegen und Intendanz. Sekt, Bier, Kognak. Hellwig war mit Freundin Hansi da, ein hübscher Junge, 23, bezaubernder Silberblick, Mädchen für alles, lebt mit H. zusammen, wandte seine Augen kaum von mir, daß ich leicht irritiert war, weil er gar nicht schwul wirkte und draufgängerisch flirtete. Er spielt im Stück mehrere Rollen (Saufkumpel von Papa Doolittle, Prinz von Transsilvanien, Chorsänger) hatte ebenfalls Sekt bestellt, worauf Hellwig ihn anbollerte und fragte, ob er ›was am Kopp‹ habe.
Meine Ohren und Augen staunen. Dergleichen hab ich in diesem Land noch nicht erlebt. Zwar ist von der ›Goldgräberzeit‹ der Wismut kaum was übrig, doch die Stadt ist geprägt, der Alkoholverbrauch enorm.
Seit einiger Zeit lebe ich regelmäßig: täglich mit Sekt. Es gibt eine Hauptstraße, wo man sich alle Nase lang trifft. Frau Bürger, eine korpulente Hochdramatische, hiesige Mrs. Pearce, ging mit mir durch die Geschäfte, stöhnte über den Ort, wo sie nicht begraben sein möchte.
Ich hatte einen freien Tag zwischen zwei Aufführungen, erfuhr einiges über Aufstieg und Fall, erneutes Ansehen und Abstieg. Reichtum und

Armut wechselten in den Jahrhunderten, sogar in der kurzen Geschichte des Sozialistischen Staates. Eine eigene Sorte ›Gammler‹ gibts. Die lernte ich kennen durch eine Schauspielelevin, Tochter des Potsdamer Schauspielers Neuenhahn, Kettenraucherin der Marke Karo, ernährt sich von Bier, ist umgeben von Original-Gestalten aus Gorki's ›Nachtasyl‹: Drei hielten eine leere Flasche hoch, schimpften, pöbelten, weil die Aufsicht des Theaters sie rausgeschmissen hatte während der Vorstellung.

Ende März 69

An den Hängen durchsichtige Schneekrusten. Ich sehe das Schmelzwasser ins Tal fließen, glucksend, unaufhaltbar, bin versunken im Anblick der Veränderung der Natur, rutsche plötzlich, falle, gleite, schliddere unter Gekreische den Abhang hinunter. Hansi (Hans-Jürgen) springt galoppierend hinzu, fällt als ›Barriere‹ vor mich, gemeinsam, als Knäuel, rasen wir bergab, halten uns fest aneinander und endlich an einem Koppelzaun. – In Sehma wird die Kirche restauriert. Die Bauleute oben auf'm Turm feixen, rufen uns zu: Die Theatermenschen flattern durch unsere Wiesen, die letzten Vögel ... Ich schrei zurück: Erzürnt den lieben Gott nicht, sonst läßt er euch runterfallen. Rückruf: Wollt ihr nicht beichten kommen? – Eva übermütig: Wir sind ohne Sünde. Haha! Bei uns ist alles nur Spiel. – Ihr Glückskinder!

Angenehmer Abschluß. Der technische Direktor fährt mich 5.45 nach K.-M.-St. Könnt mir gefallen. In letzter Minute den Zug gekriegt.

Gespräch mit Sowjetsoldaten. Ich sag: Mir gefällt euer Land, die Mentalität und Kraft der Russen, aber eure Politik ist reaktionär, zumindest was die Intervention in der ČSSR betrifft. Sascha versucht erregt und verzweifelt mir die Notwendigkeit dieses Schrittes klarzumachen. Ich sag: Du bist Stalinist. – Er ist ganz durcheinander, hat den Marschbefehl: 5 Jahre DDR und vertritt völlig die Meinung des ND. – Ich sag zu ihm: Das kenne ich auswendig. – Er ist nahe am Weinen. Dann kommt Dresden. Die beiden müssen aussteigen. Ich geh mit auf den Bahnsteig, um mir die Füße zu vertreten. Aus verschiedensten Gründen möchte er mich festhalten. Erstens, weil ich ihm gesagt hatte, daß fast alle Menschen in diesem Lande so denken wie ich. Auch in seiner Heimat hätten sich viele – trotz Wissen um Repressalien – laut gegen diesen Schritt gewandt. Und zweitens, weil ich ihm gefalle in meinem kurzen bunten Kleid. Er schenkt mir einen ›Anstecker‹, eine Auszeichnung für Linientreue zum Vaterland wahrscheinlich.

28. 3. 69

Die Landschaft ist mit Seidentüchern verhangen. Der Zug gleitet durch die Mark Brandenburg. Bahndämme, Waldrand, Gräben sind dekoriert mit ausrangierten Gebrauchsgegenständen: Kochtöpfe samt Herd. Eine Badewanne im Jugendstil steht da auf einem Bein, ein Sofa ...
Kurz vor Luckenwalde Truppenübungsplätze. Es formieren sich Panzer, die auf Tieflader der Eisenbahn gefahren werden. An den Verladerampen des Güterbahnhofs herrscht Hochbetrieb. Einfache Soldaten, mit roten Sternen an den wattierten Jacken stehen da, rauchend, unnütz. Bei Linda/Elster wieder Militärfahrzeuge auf Bahnwaggons.
Da fällt mir der Witz ein: Eine ausländische Delegation besucht einen Autosalon in der Sowjetunion. Der Direktor zeigt die verschiedenen Typen. Als erstes den SIS: ›Damit fahren unsere Regierungsleute. Der SIM wird von den Unionsvertretern benutzt. Der WOLGA fährt die Direktoren der Werke. Dann der MOSKWITSCH für hervorragende Wissenschaftler, verdiente Künstler des Volkes, Abteilungsleiter. Und dann haben wir noch den SAPOROSCH, damit fährt jeder bei uns, der arbeitende Mensch sozusagen.‹ – Aus der Delegation fragt daraufhin einer: ›Aber ist der nicht bißchen klein? Wenn Sie damit z. B. ins Ausland wollen.‹ – ›Ja, dafür haben wir dann die Panzer.‹
Vom Bier angetorkelt randalieren Soldaten. Es gibt viele Uniformen auf dem Schnappschuß durchs Fenster. Männer auf die Dreißig zugehend, haben sich Rundungen zugelegt. Mit denen kann man nichts verhindern, geschweige in Gang setzen. Neugierig betrachte ich die Gesichter der Jungen, in denen Aufsässigkeit wächst, Skepsis vorherrscht. Schon durch die langen Haare bringen sie die Ranzköpfe in Harnisch.
Der Zug rauscht über die Elbbrücke. Stadt Riesa. Schornsteine beherrschen das Bild, giftgelber Rauch. Zwei Sachsen steigen zu, setzen sich zu mir an' Tisch. Es gibt nur noch Filet mit Letscho. Das essen die beiden nicht. Künstliche Alpenveilchen in der Vase. Ich denk an die geklauten Schneeglöckchen aus'm Park von Schloß Mosigkau, tagelang trug ich sie durch die Räume, in denen ich mich grad befand, ins Schlafzimmer und zurück, weil sie betörend waren, an einen wunderschönen Sonntag mit meinem Liebsten erinnerten. Gestern waren sie plötzlich verwelkt und er schien einen Augenblick irritiert. Aber es hatte nichts Symbolisches, denn süß beißende Küsse fühl ich noch auf meinem Mund von vorhin, bei unserm Abschied auf'm Bahnhof Lichtenberg.
Durch den Speisewagen torkelt eine Gruppe in Sonntagsanzügen, mit

Maskottchen behaftet: Eine Schulterklappe baumelt im Knopfloch, ein anderer hat Verdienstabzeichen auf einer Rosette drapiert; wie ein Biedermeiersträußchen trägt er es vor sich her. Der nächste ist mit Offizierskordeln umwickelt, versucht sich als Entfesselungkünstler: sie haben ihre Militärzeit hinter sich. Wenn das kein Grund zum Feiern ist!

Annaberg, Ende März 69

Früher Morgen? Mittag? Ich lieg mit schwerem Kopf im ›Wilden Mann‹. Was war das gestern für'n Abend. Die Vorstellung lief gut. Hegenbarth, mit dem ich in Zwickau spielte, gab den Higgins. Vor Beginn hatte ich eine freudige Überraschung: Wiedersehn mit dem Mann, der mich beim letzten Gastspiel früh mit dem Auto zum Zug nach Karl-Marx-Stadt gebracht hatte, der hier technischer Direktor ist und gleichzeitig, da es zuwenig Personal gibt, Beleuchtungsmeister. Er hilft sogar beim Umbau. Wir sahen uns tief in die Augen. Seinetwegen ging ich anschließend in die Kantine auf einen Kognak.

Und jetzt beginnt das Dramulett. Am großen Tisch saß Sanije Torka mit der Neuenhahn. Sie waren heimlich in der Vorstellung, in der Beleuchterloge. Es wurde getrunken, die steife Haltung lockerte sich. Sanije stieß mit mir auf Wolfs Fontane-Preis an, war aufgeräumt. Nun wußte ich von Wolf, daß sie wohin gefahren war, um sich ›was wegmachen zu lassen‹, angeblich ist sie schwanger von ihm. Was wollte sie aber von mir. War es Zufall, geplant? Irgendwie kam es dazu, nachdem sie sagte, sie müsse nachts um drei los, da sie keine Bleibe hätte, weil die Freundin wegmuß, daß sie mir leid tat, ich sie einlud: ich hätt ein Doppelzimmer, wir würden uns schon vertragen. Worauf sie erfreut zustimmte.

Jetzt kam die erste unangenehme Szene. Die Solotänzerin des Theaters kam zu mir, sagte in ihrem charmanten Sächsisch: ›Eva, isch muß deine süße Gusche küssen‹ – und tats. Sanije, wie von der Tarantel gestochen, torkelte hoch, beschimpfte die Tänzerin in einer dermaßen vulgären Weise, daß alles Leben am Tisch erstarrte. Ungefähr so: Du ausgeleierte Votze, kuck dich im Spiegel an. Eine Fresse zum Kotzen. Daß man so was auf die Bühne läßt! – Ich versuchte zu schlichten, nahm Hanne in' Arm, sagte, laß dich bloß nicht provozieren von der Verrückten, sie ist nur neidisch auf Dich ...

Mein Schutzengel zog mich in den frisch gefallenen Schnee raus. Wir gingen die Stufen hoch zur Stadt, küßten uns, wollten die Nacht zusammen bleiben. Der Pförtner im ›Wilden Mann‹ war dagegen. Wir luden

ihn zum französischen Kognak (Courvoisier) ein, den ich bei mir hatte. Da klingelt es Sturm. – Die Mädels standen, wie ursprünglich verabredet, kriminaltangomäßig im Gegenlicht. Aber das Weib war mir nach dem Auftritt im Casino unheimlich geworden. Sie war so in Fahrt, daß sie mein Zögern bei ihrem Auftritt schon für einen Rausschmiß hielt. Hinzu kommt, da war dieser attraktive Mann in meiner Begleitung. Sie fing sofort an zu pöbeln: ›Hättense gleich sagen können, daß Sie die Defa-Nutte ficken wolln.‹ Dem Pförtner traten die Augen aus'm Kopf. Ich gab ihr 'n Schubs, um sie auf Abstand zu halten, knallte ihr eine, weil sie spuckte. Es kam zum Handgemenge, wobei sie unheimlich brutal war, mir mit voller Wucht in den Unterleib trat.
Der Methode war ich nicht gewachsen. Mein Begleiter riß mich hinter sich und versuchte das Biest in Schach zu halten. In meiner Tasche befanden sich ein Handtuch, Höschen, BH von der Vorstellung. Sie zerrte alles raus, hielt es hoch wie erbeutete Trophäen, schmiß sie in die Gegend, sagte abfällig Schlüpper statt Schlüpfer – und den Biermann könnt ich mir sauerkochen, der kriegt noch sein Fett. Und wollte erneut auf mich los, was mein ›Schutzmann‹ verhinderte, indem er sie packte und festhielt. Sie kreischte, als wär dies eine griechische Tragödie, statt letzte Provinz: Faß mich nicht an! Der Pförtner telefonierte nach der Polizei, die Neuenhahn saß verstört in der Hotelhalle, ich klebte am Rücken des Technischen Direktors des Stadttheaters, hatte Sorge, daß die Operationsnarbe von den Fußtritten aufgerissen war, innere Blutungen auftreten könnten. Nachdem noch Kaskaden von gemeinen Ausdrücken vom Stapel gelassen waren in der Empfangshalle vom ›Wilden Mann‹, hatte Johannes es irgendwie geschafft, sie vor die Tür zu setzen. Stille nach dem Sturm. Ich fing an zu weinen, telefonierte mit Wolf, der bei Robert war, klagte ihm (somit auch der Stasi) mein Leid. Es war ein Schock. Johannes wollt mich mitnehmen, er lebt mit der Soubrette des Theaters zusammen; aber es war spät. Der Pförtner, entnervt inzwischen und menschlich angerührt, erlaubte uns, hochzugehn.
Um drei Uhr holt mich mein Beschützer zu sich nach Hause. Mein Mund, die Unterlippe innen ist blutunterlaufen, eingerissen vom Boxhieb der Tollwütigen; zum Glück nicht vom Biß, sonst hätt sie mich womöglich infiziert. Was für'n Lämmchen ich doch bin, freundlich, hilfsbereit – und krieg dafür Schläge. Ein Gutes hatte der Zusamenstoß: Ich blute, hab meine Tage, ausgelöst wohl durch den ganzen Rummel; werde zum Arzt gehn. – Aber erst mal frühstücken.

3 Uhr nachts. Im ewig stehenbleibenden Bummelzug nach Leipzig. Morgen nachmittag ist Vorstellung in Dessau, so daß ich mir die Nacht um die Ohren schlagen muß. Sonst komme ich nicht rechtzeitig an. Hansi, Hellwigs Freund, fährt mit, seine Eltern wohnen in Dessau. Nachmittags war ich bei Hannes und seiner Frau, mit der er in einem Zimmer lebt. Er erzählte aus seinem Leben. Bis vor 8 Jahren war er Mönch, lebte im Kloster, ist in der Welt rumgekommen, war zweimal verheiratet, hat drei Kinder, ist dreiunddreißig. Hab mich schwer getrennt von Annaberg.

Im ganzen Haus war der gestrige Auftritt der ›elenden schwarzen Dogge‹, Gesprächsthema Numero 1. Das Schätzchen, die Solotänzerin, vermutet, durch die Küßchen ist das Biest erst so wild geworden und sicher hätt sie ihr die Bierflasche auf'n Kopf gehauen, hätte Eva den Streit nicht geschlichtet. Hannes sagte, sie hat in der Hotelhalle die Bluse aufgerissen, den Busen entblößt, geprahlt, sie hätt auch was zu bieten, was aber nicht den Tatsachen entsprach. Als Auftakt zur Schlägerei hat sie die Jacke ausgezogen und die Ärmel hochgeschoben. Alle Kollegen wollen die ›gemeingefährliche Irre‹, sollte sie noch mal das Theater betreten, mit Gruppenkeile empfangen.

Ich kann es mir nicht zusammenreimen. Als hätte ein Regisseur seine Finger im Spiel. Sie hat was im Charakter; ich könnt mir vorstellen, sie lauert wo mit einem Stein. Denn als noch alles friedlich war, sie sich freundlich an mich wandte, nahm sie meine Hand, las darin laut für die Tischrunde, daß alles gut verliefe und ich bald ›krepieren‹ werde. Genau dieses Wort benutzte sie. Ich sagte, du hast doch keine Ahnung.

Wenn Wolf wieder mit ihr Kontakt aufnimmt, werde ich mich trennen. Er ist gutherzig, ein Makarenkow, glaubt, weil sie eine harte Jugend hatte, hätte sie Sonderrechte. Wir, im Verhältnis dazu gesegnete Naturen, müßten sie aushalten ...

31. 3. 69, Interhotel Halle

Ein Uhr nachts. Um 3.45 muß ich im Studio sein. Wer denkt sich solche Zeiten aus! Ich kann nicht schlafen. Mein Geliebter Morpheus meidet mich. Die Ereignisse der letzten Tage nisten wie Ungeziefer im Nervenkostüm, taumeln als Schmetterlinge durch die Seelenlandschaft und immer wieder senkt sich Trauerflor herab. Daß mein Mann sich mit so einem brutalen Weib umarmen kann, will mir nicht in' Kopf – mein Herz will es schon gar nicht wahrhaben. Der Typ Frau ist eine Rarität, weckt die Neugier des Künstlers, den Jagdtrieb.

Ich bin verwirrt, fühle mein Blut rasen vor Sehnsucht und Sorge, wenn ich daran denk, ihn zu verlassen. Er braucht mich, eine, auf die er sich verlassen kann. Sobald wir uns umarmen, ich in seiner Wärme geschlafen hab, ist alles Böse verflogen im heilenden Dunkel der Nacht.
Die zwei gegeneinander wetteifernden Verehrer haben mich im Auto hergebracht. Waren das 30. Mal in der ›Lady‹, warteten treu nach der Vorstellung, harrten meiner ›Befehle‹. Nette Kumpel, unaufdringlich, hilfsbereit, bewundern mich auf eine Art, die nicht belastet. Klaus Rostdeutscher ist Forschungsleiter im Chemie-Werk in Rodleben, der andere hat was mit Datenverarbeitung zu tun. Wolf versuchte, mich im Theater zu erreichen. Ich rief zurück. Er war besorgt. Morgen kommt er. Gleich steh ich auf, ohne eine Minute Schlaf. Wolf sagte viele liebe Worte und daß ich ihm auch was sagen soll. Ich sagte: Ich brauche dich …
Und lese den süßen Brief von meinem schönen Priester …

5. April 69

Ostersamstag. Wolf brachte mich zum Zug. Acht Stunden Fahrt liegen vor mir. Die Berliner Spree. Da fällt mir das tragikomische Lied vom ›Süßwasserleichtmatrosen‹ ein, der ins Wasser fällt aus Liebe zur Westbraut und in die Binsen geht. Mein Liebster hatte traurige Augen beim Abschied auf'm Bahnhof Lichtenberg, Schattenringe von unsrer nicht-enden-wollenden Umarmung der letzten Woche. Wir haben in Halle im Interhotel ein teures Zimmer bewohnt, fürstlich gegessen, uns festgehalten, gespürt, wie wir uns brauchen. Wolf war beunruhigt, betroffen über diese ›Walpurgisnacht‹.
Bis Karlshorst saß ich allein im Abteil. Dann interessierte ein Bulgare sich für mich. Bis Riesa. Jetzt hab ich Kopfschmerzen. Wir stritten über den Prager Einmarsch der befreundeten Truppen am 21. August. Er ist Student an der technischen Universität Dresden, total verbohrt. Ich muß an den Streit mit dem russischen Soldaten denken – auf der Hinfahrt nach Berlin – noch fanatischer. Sie haben ja nur die ›offizielle Lesart‹ vor Augen. Bald bin ich da. Bin beklommen. Die Stadt ist s e i t d e m rotes Tuch für mich. Sechs Tage werden es diesmal sein. Möge der Himmel mich vor weiterer Erschütterung bewahren. Ich muß Gitarre üben für den Chanson-Abend. Wolf hat mir geholfen, Harmonien erweitert. In den Gärten Kolonien von Schneeglöckchen. Die Sonne trollt sich hintern Abhang. Das Zugpersonal holt sich Autogramme, bittet mich, Lieder zu spielen. Ich tu es mit Vergnügen, juble Wolfslieder

drunter. Blauer Abend sinkt nieder. Osterspaziergänger. Ich denke an meinen Liebsten zu Hause und den neuen Freund, wünsch mir, daß die Verliebtheit etwas anhält und Eva alles unter einen Hut bringt.

Berlin, Montag, 6. 4. 69

Eva, meine Liebe. Donnerstag soll Dein Brief in Dessau beim Pförtner liegen, und damit alle Beteiligten ihn in Ruhe lesen können, will ich ihn noch heute abschicken. Zunächst möchte ich die Genossen darauf aufmerksam machen, daß ich mich nach der Empfängerin des Briefes sehne, was nach soviel Jahren und Bitternissen durchaus als Zeichen der LIEBE interpretiert werden könnte.

Nun ist der Dienstag schon 1 Std. alt, und der Brief liegt noch mit seiner großen weißen Fläche bei mir. Kurt kam, Renate. Ansonsten genieße ich es, mal wieder in meiner Bude mit den Büchern und meinem Schreibetisch und Sitzetisch, und mit der Sängerin im Rücken. ›Sag, ist es Liebe, was hier so brennt‹ hat sie heut wieder gesungen. Angesungen hat sie mich außerdem, weil ich das teure Westgeld diesen Schreihälsen von der APO in den Rachen geworfen hab, nur, damit die wieder mal paar Fensterscheiben einschmeißen können! Die sollten mal lieber arbeiten und überhaupt hier rüberkommen, wo sie seit Wochen kein Stück Gemüse kriegt, das wär ja schlimmer als in der Nazizeit, wo sie immer Gemüse gehabt hätten und außerdem seien die

APO-Leute alle vom Osten rübergeschickt und kriegen von hier bezahlt und für das Geld sollten sie lieber hier Gemüse einführen wenn sie schon zu dumm sind, selbst welches zu machen ... Der Chef einer Singebewegungs-Gruppe aus Gera sagte in einer Diskussion anläßlich eines Auftritts bei der SDAJ – (Sozialist. Deutsche Arbeiterjugend, das ist die Jugendorganisation der DKP) in Hamburg-Langenhorn (!) ›Was wolln sie eigentlich. Was der Biermann für einer ist, sieht man schon daran, daß er sogar auch in Westberlin ein Gerichtsverfahren kriegt!‹ Was werden unsere Genossen Konvergenz-Theorie-Kritiker zu so was sagen?! o ! oh! Oh! O!
Meine Liebe, meine grausam Ferne, meine ... was heißt hier eigentlich ›meine‹? Bist Du nicht Deine? Oder Seine oder Solche oder eine Andere? Chronisches Leiden: die Besitzgier. Die Eifersucht soll sein eine Ratte, die der Bauer ertappt. Schlechte Gedanken zum Einschlafen. Wie soll ich alles wissen und was gut ist und richtig und auch noch schön? Ich weiß es fast überhaupt nicht und hoffe, daß Du es weißt aus Unwissenheit. Ich lese jetzt noch in meiner Moskauer englischen Ausgabe von ›The catcher in the rye‹
Spiel schön deine Vorstellung und komme sobald Du kannst zu Deinem Biermann. D i d e l .... d u m m

Tagebuch, 7. 4. 69

Das Leben ist schön. Den ersten Abend vor Kollegen des Theaters gesungen. Johannes hatte auf mich gewartet, sah gut aus, exotisch im schwarzen Anzug. Karla, seine Frau, hatte Vorstellung, ›Wiener Blut‹; hab den Schluß angesehn. Dann waren wir bei mir im Hotel, haben Bellmans Lieder gehört von der Platte. Danach gingen wir zu ihnen. Karla ist eine wunderbare Frau. Wir schliefen zusammen im großen Bett. Hannes streichelte mich leis, war lieb zu Karla. Morgens fuhr Karla in eine andere Stadt, zu ihrer Mutter. Wir waren für uns zwei Tage. Seit langem hab ich dieses Geborgenheitsgefühl nicht mehr empfunden. Komplikationen dürfte es nicht geben. Er kennt meinen Standpunkt, weiß, daß ich eine Liebe habe – und Wolf nie verlassen werde wegen eines andern. Könnten die Menschen immer so friedlich miteinander sein. Ich erleb momentan den Idealzustand, nur bin ich skeptisch, ob es Wolf gefiele, obwohl er die ›Revolution im Bett‹ ins Leben rief.
Gestern zwei Vorstellungen, ging gut. Mit Johannes einen Osterspaziergang gemacht. Karla gab uns Eier mit, die sie gefärbt hatte. Wie selbst-

verständlich gehn wir durch die Straßen der Stadt, halten uns an den Händen. Am Vormittag fuhr Hannes in die Bezirkshauptstadt. Ich blieb in der Mansarde, bin tanzend durch den Tag geschwebt. Heut keine Vorstellung. Wir wollen einen Film ansehen bei Hellwig.
Ich sitze am Hang, Bienen summen, Marienkäfer krabbeln am Bein hoch. Kleine Jungs, rufen lockend zu mir rüber: ›Schönes Mädchen, schönes Mädchen! Der Bartel liebt dich! Üben Handstand, hauen sich mit Weidenruten, fechten mit Stöcken: ›Du bist tot.‹ ›Nein, lebendig.‹ Die Erde dampft. Ich lese im Buch der Gebete. ›Herr, da bin ich.‹ – Meine Augen beginnen neu zu sehen. Die Leidensgeschichte Jesu ...
Ich denke bei den Bildern unweigerlich an Wolf: ›Und Jesus sprach: Folget mir nach und ich will Euch zu Menschenfischern machen. Sofort verließen sie ihre Netze und folgten ihm.‹ Die Kinder sind mir durch die Stadt gefolgt zum Friseur. Die Friseuse sagte, als sie erklärten, sie wollten zu Eva-Maria-Hagen, sie sollen sich erst die Hände waschen. Da hielten sie den Fuß zwischen die Tür.
Hannes ist zufrieden: Ich bin getauft, katholisch, evangelisch konfirmiert, sozialistisch getraut, bürgerlich geschieden. Er sagt, Gott wird mich nicht verlassen, auch die Heiden beschützt er. Er hat kleine Kinder getauft. Das darf jeder. Klares Wasser und die Worte: Ich taufe dich im Namen des Vaters, des Sohnes und des Heiligen Geistes, genügen, auch ohne Amen. Ich sagte, daß Nina nicht getauft ist; er will es nachholen. Während er Mönch war, ist er viel rumgekommen, mit einer Brigade, als Kirchenmaler. Sie haben Kathedralen und Gotteshäuser restauriert. Er erzählte aus seinem Leben. Ein Mensch, von dessen Existenz ich bis vor kurzem nichts ahnte, hat Besitz von mir ergriffen, ich von ihm; wieder dieser zweischneidige Begriff: Besitzergreifen. Wir werden versuchen, eine Weile nah beieinander zu schwimmen. Er wird mich weggeleiten von den Untiefen und Strudeln. Gott hatte Erbarmen, gab mir einen Schutzengel, sonst wär ich vielleicht zerschellt. Nun wird alles – im übertragenen Sinne – meinen Geliebtesten zugute kommen. Heut sagte ich zu Hannes, er möge für mich beten. Schaden kann es ja nicht ...

8. April 69

Gestern, nach dem Friseur, bin ich, gefolgt von einem Rattenschwanz aus Kindern, zum Friedhof hochgestiegen, dem gegenüber die zwei wohnen. Wir machten zusammen Abendbrot, saßen in der Küche, hatten eine exclusive Aussicht auf die Berge mit der untergehenden Sonne.

Karla und ich wollten zu Hellwig, Hannes mußte lernen: Seit 2 1/2 Jahren hat er ein Fernstudium, fährt zu Prüfungen nach Berlin.
Dann kam ich nebenbei auf seine Schramme im Gesicht zu sprechen. Er hatte mir erzählt, daß seine geschiedene Frau, die Grafikerin am Theater ist, ihn mit einem Lineal ins Gesicht geschlagen hätte. Sie hat ihm auch schon das Gesicht zerkratzt ... Ich ahnte nicht, was ich anrichten würde. Die Harmonie war dahin durch Karlas Tränen, Anklagen. Johannes saß da, verteidigte sich kaum. Mir wurden seine Fehler serviert. Er ist ein leidenschaftlicher Mensch, seit 8 Jahren in diesem weltlichen Leben. Was die meisten mit 16 erfahren, lernte er mit 26 kennen. Bis dahin hat er die Kombination aus körperlich-seelischer Liebe nie erlebt. Er tat mir leid, wie er da saß, unerfahren in der Verteidigung, den verletzenden Stichen ausgeliefert. Und hatte Mitleid mit Karla, die wiederum unter der verflossenen Frau litt und sich nicht besser zu wehren wußte, als ebenfalls weh tun, ihn beschämen vor mir, an deren Achtung, wie sie weiß, ihm viel liegt. Dann machten wir uns auf den Weg.
Hannes bat mich, wiederzukommen, flehte Karla an wie eine Schwester, verlangte trotzig: Bring sie mit zurück. Ich sagte: Nein. – Sollen sie sich erst aussöhnen.

9. April 69

Mittwoch früh – Eva, es gefällt mir gar nicht gar nicht! daß Du in fremden Betten liegst, daß alle unmöglichen Leute Dich sehen dürfen, und ich nicht. Und daß Du noch Ewigkeiten wegbleibst und daß ich keinen heißen Draht zu Dir habe. Breshnew und Nixon diese beiden nassen Säcke können jederzeit und sofort und lange und kostenlos mit-

Eva bei Dreharbeiten zu ›Ginseng, Gold und Rattengift‹

Eva bei Dreharbeiten zu ›Ginseng, Gold und Rattengift‹

einander telefonieren, aber wir nicht. Wenn ich heute ein Gespräch zum Wilden Mann anmelde, wo Du grade mit dem sanften Mann frühstückst, kommt es erst an, wenn Du längst anderswo und eine Andere bist. Verrückte Höllenwelt, in der Politiker plauschen dürfen und Liebende*) nicht. Und überhaupt will ich gar nicht mit Dir plauschen. Du sollst hier sein und in Bälde!!
n.b. (nota bene: beachte wohl) diesen April kommt Dein hochorganisiertes Blechgebirge auf Rädern. Ich werde da eine Automatik einbauen lassen, daß es schneller fährt, wenn es in Richtung Berlin rollt oder daß es Plattfüße kriegt, wenn es wegfahrn soll. ES soll unserer Liebe freundlich sein.
›O komme bald – sonst muß es Winter werden – im Monat Mai ...‹
das sagt Dir L e n z im Lenz im Auftrage von Biermann
*) ich liebe Dich

Tagebuch, Halle, 11. 4.

›Ginseng, Gold und Rattengift‹ – ist der Titel dieses dünnfaserigen Stoffs für einen Unterhaltungsfilm, in den mein, mit kostbarem Tuch und Pelzen verpacktes Fleisch drunter gewebt wird – laut Vertrag.
Gestern mit Johannes auf'n Pölberg gestiegen. Versteckt von Strauch und Bäumchen lagen wir in der Sonne. Ich nur in Höschen und BH. Im Schatten waren noch Schneeadern, die Bäume hatten dicke Knospen. Ich las Hannes was von Wolf vor, angeregt durch die weißen Schleifen, die ein Düsenjäger zog: ›Von mir und meiner Dicken in den Fichten‹,

Gerry Wolff als Higgins und Eva als Eliza in ›My Fair Lady‹

›Frühling auf'm Mont-Klamott‹, Gedichte. Hannes war voll Bewunderung für Wolf – und mich, nähte dabei Knöpfe fest an meinem Mantel, den Saumen. Es sah süß aus, wirkte beruhigend, widersprüchlich: Ein so romantisch aussehender Mann mit Nadel und Faden. Später spielten wir Schach, Krankenbesuch bei Karla, mit dem Bus nach Aue. Aalglatter Bühnenboden: Bin auf'n Hintern geknallt zum Gaudi des Publikums. Hab den ›Unfall‹ schamlos ausgenutzt und meinem Affen Zucker gegeben. Abschied von Hannes. Er ist ungeheuer lieb. Hoffentlich wird er kein Klammertier, zu besitzergreifend, eifersüchtig. Ich habe ihn vorgewarnt: So was würde meine Verliebtheit abschwächen ... Ich wünsch mir, es möge ein gerechter Ausgleich sein, eine Art Wiedergutmachung für die Belastungen vorangegangener Torturen.

Dessau. Zwei Briefe von Wolf, den ich liebe, nach dem ich mich sehne. Wir haben telefoniert; nach der Vorstellung fahre ich nach Berlin, muß mich um uns kümmern, achtgeben, daß der Stoff, aus dem die Träume sind, sich nicht auflöst. Ich spürte, daß mein Verlangen nachließ, die Sehnsucht nach unsern Umarmungen, seit ich weiß – nicht weil er sich mit anderen umarmt – nein, als ich feststellte, daß er sich mit so einer einlassen konnte. Eine Hure könnt es sein, die Unschuld in Person, eine reife Frau, aber keine von dieser Sorte. Trotzdem beobachte ich an mir, daß ich diese Sanije verteidige vor meiner überlegenen Seite. Wenn sie sagte: die Sache tut mir leid, ich war nicht bei Sinnen, hab es aus Liebe getan – ich würde ihr verzeihn. Doch sie ist bösartig, ihr Horizont umsäumt von Knüppelholz. Sie schlägt gezielt zu, verbal und direkt, wenn sie andere glücklicher wähnt als sich. Daß sie mir den Tod, den baldigen Untergang prophezeite, bedeutet, daß sie menschlich im Arsch ist. Ich könnte weinen bei dem Gedanken, daß unser Stern erlischt.

Berlin. Wolf hat mich abgeholt vom Zug. Sein Gesicht ist ein Abbild von Schmerz. Ich hatte es geahnt, daß er mit der ›Praxis‹ schwer fertig wird. Der große Revolutionär, Dichter und Denker, wird von kleinlicher Eifersucht geplagt und Reue-Anfällen heimgesucht. Ich hab ihn ganz und gar und von Herzen lieb, will mich aber nicht mehr anpassen.

Berlin, 19/20. April 69

Eva, meine Liebe, meine Wunderbare, die mir Wunden macht, meine furchtbare Sehnsucht, warum rufst Du mich nicht mal an aus Dessau Halle oder Wilder Mann. – Ich hab die Tage viel singen müssen, meine armen Pfoten tun weh, daß ich sie mir am liebsten in den A stecken möchte, Dir vielmehr. Pardon. – Diese Farbe schreit nach einem Geständnis meiner ewigen Sehnsucht nach Deiner herrlichen Fallgrube, in der ich schon mehr als tausend gute Tode gestorben bin.
Gelb ist der Neid auf den sanften Mann im Wilden Mann. Da schlage ich mich vor die Spießerbrust und strafe mich und doch läuft mein Herz aus. – Ich sehe schwarz bei dem Gedanken, daß dieser Brief Dich nicht mehr erreichen wird bis Montag. Meine Taube, laß Dich nicht abschießen wie eine Tontaube. Und schreibe mir von Deinen Ohren und Augen aus diesen glorreichen Tagen für die ČSSR.
Schlimmer als es jetzt ist, kann es gar nicht werden, sagt der Pessimist – doch! doch! – sagt der Optimist.
Ich will doch lieber zum richtigen ROT übergehen
das Rot der Liebe – das Rot der Revolution – die Schamröte – Kirschenrot – das Rot nach der Pariser Kommune in le temps des cerises
Es ist Nacht von Sbd auf Sonntag, und ich laufe noch mit nichts im Magen und zwei Zigarren und zwei einsamen Gläsern Martell, eins für Dich, eins für mich, ich laufe also noch zur Friedrichstraßenpost mit meinem Eilbrief, der Deine Leichtfertigkeiten einholen soll und Dich. – Vielleicht kommst Du ja sogar morgen schon, nach der Vorstellung in Dessau! Ich bin noch der, den Du verlassen hast und ungewaschen und krank vor Sehnsucht nach dieser Das-kann-doch-nicht-wahr-sein! nach Deinem Dideldum, meine Schöne, meine Zarte und Üppige –
Dein Wolf

Wolf-Lumpenkind Knuddelei! Liebliche Blume aus dem gelobten Land! Kein Mensch auf der Welt riecht trunken-machender als Du!
Die Knospen im Hain bereiten sich vor aufs Platzen. Ich sitz am Fenster und denke mir mein Teil. Du hast den schönsten aller Briefe geschrieben. Ich kam die Tage nicht dazu, Gleiches mit Gleichem zu vergelten. Bei Bärenstein hab ich rübergeatmet ins Land unserer großen Hoffnungen und verlorengegangenen (?) Träume. Die Machtmaschine läuft langsam, doch sich allmählich wieder sicherer werdend an. So gut wie sicher ist aber auch, daß dieses ›Modell‹ gegen sich selbst arbeitet und eines Tages zusammenkracht.
Die Heilige vom Lazarett sagt, das Lied ›So oder so‹ sei das beste, was Du je schriebst. Ich gab ihr einen Durchschlag. Sie nahm ihn wie eine Relique vom Gottessohn persönlich, Du mein knubbeliger Platschfuß! Sie leuchtete richtig.
Nun geh ich in die Stadt und kaufe einen Büstenhalter der Marke Triumph bei die Jelejenheit. Doch zuerst den Briefschlitz ansteuern: Klappe auf und ab die Post für mein Mondkälbchen. Hoffentlich hast Du viel Sehnsucht nach UNS und kommst bald her. Ich würde Dir Rosenblätter ins Bett streuen, d. h. momentan hab ich nur dunkelrote und rosa Wicken im Angebot, aber die duften! Dann so offizielle, rotlackiert, Treibhauszucht – mit geringeltem Schwanz auf knallrotem Blatt, ein kitschig gestaltetes Lust-Objekt. Ich mag die Sorte nicht sehr, zu künstlich, wie nachgemacht, doch keine Kunst. Bei mir sieht es da anders aus, wenn Du Dich reinschlingelst in' Dschungel. Stell Dir vor ... Nein! Wenn ich weiterschreibe, kann ich den Brief nicht absenden, weil eine damit rechnen muß, daß Fritze Kunkel sich beim Schnüffeln einen runterholt, Komplexe kriegt wegen seiner Magerkeit in Sachen Phantasie, den Wisch verschwinden läßt in seinem Privatarchiv – oder Beschlagnahme wegen Pornographie. Und meine Scham ist zusätzlich ein Hemmschuh. Wenn ich bei Dir bin, werd ich Dir was ins Ohr flüstern oder laut herausschrein, wenn mir danach ist. Und wenn besagte Wanzen die Botschaften schlucken – möcht nicht wissen, wieviel Bettgeflüster als Kompott in Büchsen konserviert ist – werden sie es nicht gegen uns verwenden können, weil alle Menschen irgendwo Kreaturen sind, animalisch, mit Trieben versehen, voller Lust und Tücke.
Hab ich's euch gegeben, Genossen Kundschafter? Kußmäuler, weihevolles Gerangel, sowie Patschpfötchen in der Schunkel-Dschunke.

Du allein weißt, wovon die Rede ist. Andere denken sich sonstwas. Deshalb weiter im allseits verständlichen Welschderkau:
(reba ni streawkceur) Riw neffert snu mu Thcanrettim retnu red negirronk Ehcie ma Ttebßulf red Eknal. Ssigrev thcin ned Laizeps Lessülhcs! Ethca ettib fua Thcan Nettahcs Eshceaweg dnu ies enho Neknedeb. Sad Trownnek tetual: Regrubmah Egnuj redo Retsim Lekcinrepmup. Sella ralk? Neppil Esseuk nov Airam reuf Flow. Falsch neosch niem Gnilbeil. Ave tah ruef Hcid nie sessorg Knehcseg: nie Zreh sua Dlog. Leiv Kceulg eiwos Edeirf red neznag Tlew! Mukielamalas! Soida! Fotlessam! Ajnadiwsod! Atsivalatsa! Annob Etton! Se ebel eid Ebeil dnu sad Nebel tgas Rid Enied Etsbeil Elieram tim renie Eneart mi Egua; tug niem Feirb, aj? Esseurg dnu Esseuk nov Azile Elttilood ruef nerhi nesseus Rosseforp Sniggih: Se tneurg os neurg new Sneinaps Neteulb neheulb. – Varb, niem Dnik. Tug, retiew os!

Leipzig, Hotel Astoria, Ende April 69

Wolf, ich hab eine regenreiche Fahrt hinter mir, bei der ich mich reinträumte in heitere bis wolkige Regionen mit Dir als Wetterhahn.
Mit Gerd Bienert diniert, angestoßen auf die Dichtung eines bestimmten Poeten. Er sagte, ›es besteht noch Hoffnung für die Welt, solange es Menschen wie Dich gibt.‹ Und er hat aus seinem Schauspielerleben erzählt, mir mit Witz und Verstand den Hof gemacht. Du sitzt am neualten Tisch, von Weichzeichnern (Rauchschwaden) verschönt, hast originelle Einfälle, servierst sie Deinen Jüngern und Jüngerinnen zwischen Blockschokolade aus'm Westen und Konsumbrot aus Ost-Ähren. Ich gieß mir einen auf die Lampe, auf daß Dein Licht noch heller leuchte; kleiner Schärz am Rande!
Brauchst keine Angst haben vorm Leben. Dir kann nix passieren, weil Du gebraucht wirst. Das klingt allgemein, aber die Allgemeinheit benötigt einen wie Dich, damit nicht alles gemein wird, zur Masse. Sie besteht zwar aus Einzelwesen, Menschen wie du und ich, aber nicht jeder hat die Fähigkeit, noch Antriebskraft, Geist zu entzünden oder gar eine Bewegung ins Leben zu rufen ... Es hört sich aufregend an für Kreuzworträtselfreunde, dabei wollt ich nur sagen, daß Du der Auserwählte meines Herzens bist, Abgesandter des Großen Bären. – Dafür bin ich eine Komödiantin und spiele mich selbst an die Wand, nämlich Eva die Marie und umgekehrt. Heut hab ich keine Blüten zum Mitschicken, aber Blumenbriefmarken.

Leipzig, 7.34 – 28. 4. 69

Mein Lieber, das sind mir Neuigkeiten! De Gaulle abgesetzt und Du zum Künstler des Jahres ausgezeichnet. Wirklich beides sehr erfreulich. Die Welt bewegt sich, der Tumult in Dänemark wegen der DDR-Fahne war auch eine gute Sache. Da hast Du Deinem Vaterland wieder einen guten Dienst erwiesen. Ob die Kommunisten in Frankreich jetzt eine bessere Position bekommen? Ob Moskau ihnen mehr Eigenständigkeit zugestehen wird? Ist das aufregend! Die Franzosen sind wirklich unberechenbar, ein enfant terrible unter den Ländern. (...)

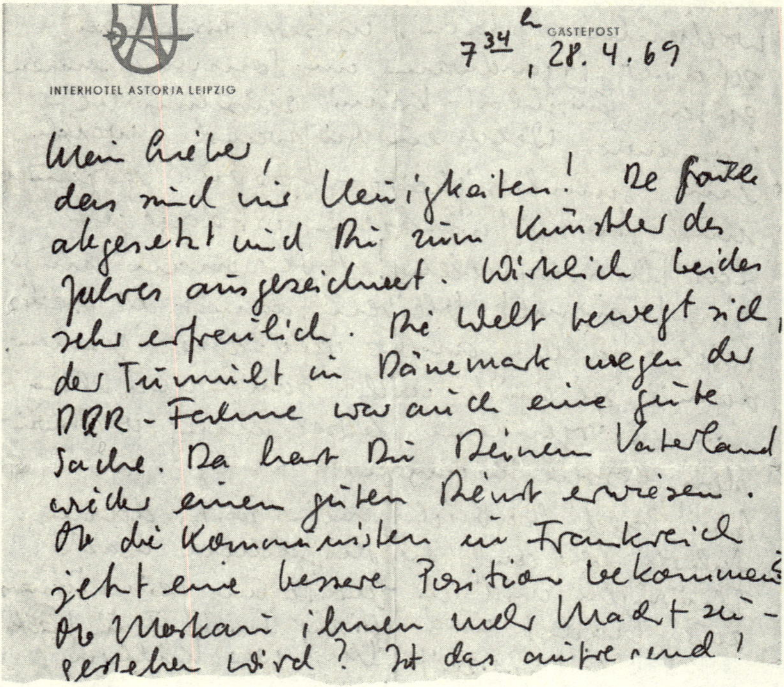
INTERHOTEL ASTORIA LEIPZIG

GÄSTEPOST

7^{34} h, 28. 4. 69

Mein Lieber,
das sind mir Neuigkeiten! De Gaulle
abgesetzt und Du zum Künstler des
Jahres ausgezeichnet. Wirklich beides
sehr erfreulich. Die Welt bewegt sich,
der Tumult in Dänemark wegen der
DDR-Fahne war auch eine gute
Sache. Da hast Du Deinem Vaterland
wieder einen guten Dienst erwiesen.
Ob die Kommunisten in Frankreich
jetzt eine bessere Position bekommen?
Ob Moskau ihnen mehr Macht zu-
gestehen wird? Ist das aufregend!

Tagebuch 11. 5. 69

Das erste Mal im Leben eine Vorstellung versäumt, einfach vergessen. Sie sollte Sonnabend, am 3. Mai sein. Und ich glaubte, es wär am Sonntag. Das Theater war in heller Aufregung, Busse aus Eisenach, Dresden, Riesa waren angereist, ausverkauftes Haus; zwei Stunden ließ man die Leute warten, hoffte, ich komme noch. Wir waren bei Robert, so daß man mich telefonisch nicht erreichte. Vorm Schlafengehn blätterte ich den Terminkalender durch – da traf mich ein Hufschlag ...

Wolf und Eva mit Jetti Graf (vor der Gitarre), Peter Graf (liegend), Agathé Böttcher (2. von rechts), Diether Schmidt (2. von links) und seine drei Töchter

Das Fernsehstudio Rostock bot mir im Stück ›Am Tage der Hochzeit‹ eine Rolle an. Ich hatte mich mit dem Regisseur geeinigt. Kurz drauf kam eine Absage; man stellt mich systematisch kalt.
Am 4./5. Mai war Johannes hier. Er will nach Berlin kommen, möchte ganz für mich da sein ... Wolf macht in Gegenwart anderer ironische Bemerkungen über den ›Priester‹ und ›Mönch‹.
Zwei schöne Tage in Dresden, anstrengend, weil mein Rücken weh tut und irgendwas im Bauch. Nach der Operation hab ich zu schnell wieder Theater gespielt: Dieser Can-Can!
Agathé kennengelernt, war verheiratet mit Böttcher; macht Bilder aus Stoff, originell, poetisch. Wolf sang in einer Stube voller Leute. Dann bei Graf, Hermann, Frommhold, der abgesägt werden soll im Zusammenhang mit der Herausgabe von ›Kunst im Widerstand‹. Zu Querner, wo wir ein Bild für Flörchinger kauften. Querner wollt 150 haben, Wolf lehnte ab. Querner: Zuviel? – Zuwenig, mindestens 500! Sie einigten sich auf 400. Ich wollt auch eins kaufen, bekam es dann geschenkt. Spaziergang auf den Elbwiesen. Lithografie von Kaplan ›Jüdische Hochzeit‹ erstanden.

Bei Ralf Winkler gewesen, ein besonderer Mensch, eigenbrötlerisch, penibel, begabt. Er malt jetzt Bilder, die bestehen aus Zeichen, Zahlen, Buchstaben – und das in Variationen, davon Kombinationen; man wird ganz irre. Zwei Tuschzeichnungen geschenkt bekommen und ein großes mit Strichmännern, die rennen zu auf einen goldnen Kreis durch Formeln und Zeichen: ›Die Jagd nach der Erkenntnis‹. Einer steht schon hinten vorn und wirft die Arme hoch; was wohl soviel bedeutet wie: Einer ist angekommen. Ob er sich selbst damit meint – wohl kaum.

19. 5. 69

Fünf Tage Wolf nicht gesehen. Wir lebten in Harmonie, es klingelt, ich geh aufmachen: da steht die ›schwarze Bestie‹, wie die Annaberger sie mit Gruseln nennen – vor der Tür und eine Mitläuferin: Ist Wolf da, fragt sie – und stürmt an mir vorbei. Ich rufe Wolf, er kommt, gibt ihr die Hand. Sie sagt: Du wolltest mich sprechen, hat Robert gesagt. – Er bestätigt es. Sie zieht ihn beiseite. Mein Herz klopft bis zum Hals.
Als ich ihn damals fragte, wie er reagieren würde, wenn er ihr begegnet auf der Straße oder sonstwo, sagte er: ›Gar nicht. Mit Dreck befasse ich mich nicht.‹ Als ich ihn jetzt fragte, sagt er, Robert und er wollten sie in die Mangel nehmen und rauskriegen, ob sie noch bei der Stasi ist.
Klar, ihn interessieren Menschen, die nicht Mittelmaß sind. Künstler sind anfällig für abgründige Charaktere; ich fühl mich auch nicht unbedingt angezogen von kreuzbraven Bübchen. – Hab alles so gut gemacht, wie ich konnte, gegeben, was ich hatte. Keinen Wimpernschlag lang gezögert oder gedacht: Was-kommt-danach. An dieser Einstellung wird sich nichts ändern, auch wenn sich unsere Wege trennen …

26. 5. 69

Ich schlafe wieder im ›Wilden Mann‹. Mein Klosterbruder übt sich in ›Kampfpositionen‹. Wir hatten Sonnentage, aber die Fallgrübchen im Gemüt von Johannes dem Täufer, wuchsen sich zu Kratern aus, in denen nicht genug Nahrhaftes wächst für eine ausgehungerte Seele wie meine. – Mit Karla in Penig. Gottfried Flemming, ihr Bruder, war auf eigene Art betrunken, gestand mir, er habe gebetet, als er das weiße Auto mit Berliner Nummer sah, er möge nicht genarrt werden: laß es wahr sein, lieber Gott, daß sie es ist! Mußt ich lachen: ein echter Schelm, der Gotti. – Heut ist der 13. Tag ohne Wolf. Bei hellichtem Tage unterdrücke ich meine Liebe, die mich im Traum umgibt und ausfüllt – als gäbe es keine

Probleme. Dann überschütte ich ihn mit Ausdrücken, sage: Mistkerl, Großmaul. Und zu mir: blöde Kuh, hast du das nötig! Und will mir alles abgewöhnen. Vier Jahre reichen. Hab einen Horror vor Berlin.
Johannes' Karla erzählt, was sie über mich reden in Bärenstein bei der Armee. Ich war da aufgetreten, mit Gitarre. Soldaten von der ›Spatenbrigade‹ sind dort stationiert, solche, die es ablehnen ›mit der Waffe in der Hand‹ zu kämpfen. Großer Erfolg. Zum Schluß wünschte ich allen, die Zeit hier möge für sie schneller vergehen, als sonst. Riesenbeifall. Offiziere in der ersten Reihe kuckten strafend, sagten anschließend mit grimmig gebleckten Zähnen: Das dürfte ich nicht öffentlich sagen wegen der sowieso schon schwachen Moral solcher Kandidaten. Bei der üblichen Geschenküberreichung ließ man mich zwischen zwei Sorten bestickter Tücher wählen. Auf einem stand: Ich schwöre, meinem Vaterland mit der Waffe in der Hand zu dienen, die Alternative war: Ich gelobe! (mit dem Spaten für die Gefallenen Gräber auszuheben). Eva griff zur zweiten Variante, was Mißfallen auslöste.
Jetzt beschrieb mir Karla ihre Begegnung: ›Ach, der Herr Winter ist also Ihr Mann. Soso. Und Frau Hagen wohnt nicht mehr im Hotel Wilder Mann.‹ – ›Nein, sie wohnt jetzt bei uns.‹ – ›Diese Frau hat keine Meinung zu unsrer Republik, keinen Boden untern Füßen. Und daran ist Biermann schuld. Daß sie sich mit so einem abgibt, zeigt ihre menschliche Qualität. Denn sage mir mit wem du umgehst ... Wenn ich was zu sagen hätte, liefe so ein Induvidijum nich frei rum, da wär er schon woanders.‹ – Karla war eingeschüchtert, wagte aber immerhin zu bemerken, daß ein Mensch, der sagt, was er meint, ihr lieber ist, als ein Hintenrum. Bei den Tüchern traute sie sich aber doch nicht, die nationale Verteidigungspflicht in Frage zu stellen.
Jetzt hab ich wirklich keinen Boden untern Füßen, aber aus anderm Grund, als dieser Hauptmann vermutet: Mein Stammbaum, das Nest in seinen Zweigen, wird von Stechbremsen umschwirrt, so daß Libellen, Schmetterlinge, Gottesanbeterinnen und ähnlich waffenloses Geflügel aus seiner Nähe vertrieben werden. Ich hatte Zugeständnisse gemacht, meine Haltung korrigiert: Er hat's schwer, kein Publikum, wo seine Lieder danach schreien. Sollen heranwachsende Blütenkelche sich ihm zu Füßen drapieren, soll er sich freuen an Blumenköpfchen in freier Natur. Aber das erneute Auftauchen von diesem Weibstück war zu viel für meinen Stolz. Jetzt hat sie ihre Drohung, die hönische Prophezeiung: ›mal sehn, wer den längeren Atem hat,‹ bestätigt bekommen und kann

sich ins Fäustchen lachen. Adieu, mon amour, es zerreißt mich. Aber ich hab ja die Lieder: ›Und doch, die Hundeblume blüht.‹ ›Will neue Liebe wagen.‹ ›Große Ermutigung.‹ ›Sag, wann haben diese Leiden endlich mal ein Ende? – Wenn die neuen Leiden kommen haben sie ein Ende.‹

28. 5. 69

Sommer, ausufernde Steppe; die Ränder des Herzinnern zerfressen vom gemeinen Borkenkäfer, Termiten. Ich befinde mich im Seebad ›Adria‹, schwimme in eiskaltem Wasser, das den Schmerz wegschneidet, lese in den Liebesliedern von Catull: ›Könnte dich jetzt nicht mehr lieben – wärest du auch blütenrein – könnte auch nicht von dir lassen – wärst du noch so hundsgemein.‹ Ja, seufzet die Seele, alles schon dagewesen.
Alain Chartier, ein halbes Jahrhundert früher als Villon, läßt das Volk von seinem Herrn sagen: ›Sie leben von mir – ich sterbe für Sie.‹
Villon, 1429 geboren, der 100-jährige Krieg geht an sich selbst zugrunde, es ist eine Zeit der inneren und äußeren Kälte, des Fanatismus, des Aberglaubens; Galgen und Scheiterhaufen überziehen das Land. Es ist Krieg, ein unaufhörlicher Krieg, der Villons Zeitgenossen vor die Alternative stellt, unterzugehen oder wölfisch zu leben, sagt Stephan Hermlin im Nachwort. – Und wie leben die Dichter 500 Jahre später? Welche Alternative haben sie? Was für ein Fortschritt!
Die Idylle durchdringen, neben Kinderstimmen im See, krachige Befehle. Ein Gruppe Jungs transportiert ein Schlauchboot ins Wasser, der Betreuer behandelt sie wie Rekruten: Ohne Tritt Marsch! Jüngere kucken verblüfft: Wie bei die Soldaten, komisch, wat. – Jetzt ist das Jungvolk auf dem See. Kommandorufe des Abrichters zerschneiden die Luft: eins-und-eins-und. Die Stimme überschlägt sich. Naherholungssuchende nehmen es ironisch zur Kenntnis oder still hin. Wieder kommt mir ein Vers von Ihm in' Sinn: Die Lehrer, die Rekrutenschinder / sie brechen schon das Kreuz der Kinder / sie pressen unter allen Fahnen / die idealen Untertanen / gehorsam, fleißig, geistig matt / die hab ich satt.
Ich sag zu den beiden neben mir sitzenden Studenten: Man sollte den Schreier erschrecken, Platzpatronen müßte man haben. – Deren Antwort ist: Warum Platzpatronen. Echte. – Demonstrativ rücke ich ab. Fühle mich heimatlos in diesem Leben. Und immerwieder denke ich: Es ist was schiefgelaufen bei der Entwicklung des homo sapiens und besonders bei Eva.

29. Mai 69

Die Natur ist voll Erfüllung. Gut, daß der Mensch die Fähigkeit besitzt, zu träumen, sonst läge ich brach im Gelände. Männer lassen Lockrufe erschallen, Vögel zwitschern, Auerhähne balzen, der Bademeister wirft mir Blicke zu. Ich spür keinen Geschmack auf der Zunge, kuck mir die Augen aus nach was Niedagewesenem. Die letzte Umarmung mit meiner Liebe fand statt vor 'nem halben Mond. Inzwischen hat er gewechselt. Ich lebe in Keuschheit wie Heloise. Mein Blut will es nicht begreifen. – Johannes hat die ersten Nächte zwischen Karla und mir gelegen, ich war aufgekratzt vom Wein, wir erzählten uns bis zum Morgengrauen Geschichten (direkt aus'm Leben gegriffen), lachten, sangen. Im Dunkeln, als Johannes meine Hand halten wollte, war Abwehr in mir, ich entzog mich, kam mir betrogen vor von mir selbst. Ja, ich hab verloren, wovon ich glaubte, es hielte mich am Leben. Das Atmen schmerzt, doch Träume entschädigen. Letzte Nacht aber quälte mich etwas. Wolf lag neben mir, küßte mich, aber war nicht bei mir – sondern weit weg. Ich sah, daß er keine Seele mehr hatte, denn er erkannte mich nicht. Ich suchte, wartete auf das Ineinanderaufgehn, Versinken, Kleinwerden, wie ein Samenkorn groß, daß ich Platz hab in einer Herzkammer, lauschte auf das sonst folgende Wachsen und Starkwerden, damit ich ihn über Klippen trage als unverwüstliches Wesen, paradiesisch, blaugefiedert. Eine Attrappe lag da am Schluß, ein Eswareinmal.

31. 5. 69

Wieder andere Wände beim Aufwachen. Im Sanatorium der Bergarbeiter in Warmbad die ›Lady‹ gespielt; noch größerer Erfolg als sonst. Die Gegend hier nimmt mich gefangen. Ich möchte durchatmen. Johannes sprach mit der Kulturhausleiterin, die mit dem Nachtdienstpfleger und ich bekam ein freundliches Zimmer.

J. hat sich stark verändert. Nachdem ich ihm gesagt hatte, er würde mich mit seinen Stimmungen, dem Besitzanspruch, verjagen, kümmert er sich jetzt lieb um mich. Die innere Abwehr gegen ihn nimmt wieder ab. – Die Kleinstadtkomödianten haben was zum Klatschen. Nachdem sie gemerkt hatten, daß ich auch ein gutes Verhältnis zu seiner Frau hab, sie mich ebenfalls liebt und die Beziehung Karla-Johannes ohne die früheren Zänkereien auskommt, ist ihnen der Wind zum Hecheln aus den Segeln genommen. Indirekt schneiden die Damen des Ensembles gern das berüchtigte Thema an, geben sich aufgeklärt, eine fordert die andre

heraus durch Offenlegung intimster Details – und am Ende ist es peinlichste Indiskretion über Gepflogenheiten, statt Bewußtseinswerdung. Für meine Richtung bestimmt klingt durch: ›Ehe zu dritt‹, ›Kommune‹, ›Boheme‹, ›ich könnt nicht teilen‹. Dabei teilen sie ständig, werden gar nicht gefragt, geschweige ins Vertrauen gezogen.
Jetzt könnte ich nach Berlin. Aber es ist niemand da. Karla I. macht Urlaub mit ihrem Sohn, Nina mit ihrer Klasse am Meer.
Hier gibts ein Freibad, Sonne; der Nachtpfleger gab mir aus seinem Privat-Reservoir Verpflegung, Bier; ich war nach der Vorstellung hungrig; er will mir Kaffee kochen, ein Bild von Rosa Luxemburg schenken, das er nachts aus'm Rahmen montierte auf meine Bitte hin. Bin neugierig, wen er an ihre Stelle versetzte. Überm Bett hängt Friedrich Engels. Es hängen überhaupt gute Köpfe rum. Unsere Maßgeblichen hab ich seltsamerweise nicht entdeckt. Ja, wo leben wir denn!!
Weiter gehts. Auf in den neuen Tag!

3. Juni 69

Sonnabend in Berlin; wie geahnt – große Einsamkeit, kein Zeichen, noch fühlbare Veränderung. Am liebsten wär ich umgekehrt, davongefahren Richtung neutrales Gebiet. Am Sonntag malte ich mit R. M. ein Bild. Wir bauten die Staffelei auf den windstillen Balkon. Da war die Kirche schräg gegenüber, die verleibten wir uns ein. Eine Braut ohne Bräutigam, das Kreuz in der Pforte, ein Grab, den Schutzengel, Pflaster, Apfelbaum. Als es dämmerte waren wir zufrieden mit unserm Produkt. Ich kochte ein Mahl. Giggi bewunderte ein Bild, das ich in letzter Zeit gemacht hatte: Ein Garten, Tiere, Esel, Schwein, Hühner, Schlange, Tischtuch, Wein, Gläser, Früchte, ein umkränzter leerer Platz, eine Nackte mit einladenden Armen zum Himmel rauf, wo ein schöner Vogel vorbeifliegt. Da klingelt das Telefon. Drei Wochen hatten wir keinen Kontakt. Er sagt: Ich bin bei Dir vorbeigekommen, hab Licht gesehn. Möchtest Du, daß ich komme? – Ja. Er kam. Ich frage, möchtest du mitessen. Er hat schon. Mein Bild in natura. Wir waren so weit voneinander entfernt, daß die Fremdheit nicht verflog. Er ging wieder. Am Vormittag kam er zurück. Wir weinten, warfen uns gegenseitig Quälerei vor. Allmählich hatte ich keine Widerstandskraft mehr und wir warfen uns in den reißenden Fluß unserer Begierde.
– Heute, Dienstag, ein guter Tag. Abends, im Tschechischen Pavillon sahen wir den Film: ›Die Sanfte‹, trafen Rolf Römer, Jürgen Böttcher,

den ich sehr mag. Wenn er erzählt, könnt ich ihm ewig zuhören. Römer ist ein origineller Schauspieler, erzählte von seiner ersten Regiearbeit. Wolf sang. Unsere Liebe ist wieder frei und heiter.

Sommer 69

LEBEN MIT E.
Tage – ausgelaufene Eimer – Jahre
verdorrte Weinberge – und – DU,
die Zunge – leckt mir das Salz – von der Seele

Das leidige Gedicht, das Du mal mit halbem Auge und halbem Verstand überflogst. Damals stürzten wir wieder in Verzweiflungen. Meine Kraft geht zur Neige. Warum und wie soll ich solche Traurigkeiten überleben und taumle schon unter der Wahrheit, die zu sagen ich mir aufgeladen habe, allzu leichtfertig den allzu schweren Weg gewählt. Die Umwälzung der ehrwürdigen Moral reißt mitten durch uns, und die Erbärmlichkeit der Verhältnisse erscheint konkret und erbarmungslos als Makel dessen, den Du liebst, als Makel derer, die ich liebe. Lies das Gedicht noch mal. Und wenn Du erkannt hast, daß es eine Huldigung an meine Geliebte ist, dann komme und erlöse mich aus dem zu kleinen Bett aus dem zu großen Zimmer. Wolf

Lütow. Zeichnung von Jürgen Böttcher

1. 8. 69

Wolf, es ist himmlisches Wetter, hohe Brandung. Der Strand ist mit mehr Menschen besät als letztes Jahr, sind aber angenehme, schöne. Aufregung gabs wegen undefinierbarer Männer, die rumschleichen, sich fürs Auto interessierten, das Haus, die Schlüssel haben, Leitungen verlegten. Sicher erwartet man Dich, da ich hier bin. Bei Mathias und seinem wortkargen Bruder haben wir ganz ›niedliche‹ Abende gehabt, mit Cremers Boule gespielt, Volleyball mit nackten Gottesschöpfungen. – Eine Überraschung, die ich nicht für mich behalten kann: In einem idyllischen Bauernhaus habe ich das Obergeschoß gepachtet. Ab September – für 1000 Mark im Jahr. Steht mitten im Dorf und liegt abseitig, weil mehr hinten auf dem Grundstück, umgeben von Wiese, Garten. Aus unsern Fenstern sieht man das Achterwasser, paar Sprünge entfernt. Ein Schuppen für's Auto, viele Obstbäume, Katzen, ein Reh mit einem kurzen Bein, zahm, sanfmütig. Der Bauer hat es ihm versehentlich abgemäht, nun ist es ein Haustier. Schilfdach, die Südseite mit Wein berankt. Ein alter Mann lebt da mit seiner älteren Schwester. Sie sind wirklich nett und ich kann die Räume einrichten, wie ich will. Ende August kuck ich es mir genauer an. Wir wollen alles weiß streichen, alte Möbel kaufen, ein Ofen ist drin, der zwei Räume heizt.

Dann ein Vorraum, da stellen wir den Kühlschrank hin und eine elektrische Kochgelegenheit. Herr Volkwart sagt, es ist eine Ehre für ihn. Hab alles vertraglich. Im September kannst Du den Urlaub an der See verleben, bist nicht auf Freundlichkeit anderer angewiesen, kannst sie andern erweisen. Das hab ich abgesprochen. Wir können jederzeit hin. Gut, nicht?! Eine echt sozialistische Errungenschaft!
Nina und ich kommen gut miteinander aus, sie ist die auffallendste Schöne am Strand, mit Schokoladenhaut, strahlend. Cremer möchte, daß sie ihm für eine Plastik Modell steht im Herbst, in seinem Berliner Atelier. – ›Na ja, für die Kunst‹, sagt Nina.
Wir werden eingeladen zu internationalen Studententreffs. Wenn wir ins Kino wollen, läßt uns der Vorfüher umsonst rein. Nina wartet sehnsüchtig auf Post jeden Tag. Ich nicht. Christa Cremer, Susi, viele sagen: Jetzt wird Er wohl bald auftauchen ... Ich freu mich wie ein Kind auf Lütow und Dich. Eva.
Einen besonders schönen Gruß von der Nina.

HINTER DEN KULISSEN
Winter, Frühling 1970

Februar 70

Liebe Eva, Du warst betrunken, und ich hoffe sehr, daß an dem Sprichwort nichts ist, das sagt: ›Im Wein ist die Wahrheit‹. Denn wäre auch nur ein Teilchen wahr von dem, was Du in diesem Zustand von Dir gegeben hast, müßte ich mich wie fürchten vor Dir. Ich will Dich die nächsten zwei Wochen weder sehn noch hören. Vielleicht werde ich nach Ückeritz fahren, vielleicht auch nicht. Falls Du das Bedürfnis hast, mir einen Brief mit Beschimpfungen, Erklärungen oder sonstwas in den Kasten zu stecken, dann tu das bitte. In jedem Fall würde mich ein Aufklärungsversuch freun.

Ob und wann Du in 14 Tagen Lust hast
mich zu sehn, werde ich ja erleben.

Bitte lasse Nina die Photos in meine Küche legen. – Wolf

Der blöde Remané kam und sülzte mich 2 Stunden lang voll, nun ist Dein Auto schon weg und Du hast den Brief nicht mehr vor Dessau gekriegt. Das ist sehr schade und macht mich traurig.

Freitag, 6. 2. 70

Wolf, ich bin ratlos. Selbst wenn ich wollte, könnte ich mich nicht entschuldigen, weil ich nicht wüßte wofür. Mir fehlt 'n Stückchen Film. Das letzte, woran ich mich erinnere: mein Arm schmerzt, ich sitz auf dem Sofa neben Dir, trinke Wodka, das Licht flackert ... Ende.

Ein Filmriß sozusagen. Irgendwann setzen wieder Bilder ein ... die

Wählscheibe vom Telefon – und endlich hobst Du ab. Ich bat Dich, mich zu holen, was Du ablehntest, woraufhin ich nicht mehr bei mir war, sondern außer mir darüber, mich in dem ›bloßen‹ Zustand da liegen zu lassen. Beschimpft hab ich Dich? Ich zitiere aus Deinem Brief: ›in vino veritas‹. Sicher ist da was dran, aber so einfach auch nicht zu deuten. Aus Schmerz, im Aufschrei darüber, hab ich frühere Enttäuschungen Dir angekreidet, Dich für die ganze Welt genommen.
Nun zermartert mich mein besseres Ich mit Selbstvorwürfen.
Mann! Du kennst mich doch mittlerweile! Solche Ausbrüche haben nur Folgen, wenn Du sie tags drauf noch ernst nimmst.
Du sperrst mich also aus: 14 Tage und Nächte! Das finde ich ziemlich gemein. Denn Du bist nicht außer Dir, sondern ein Gerichtshof, der aus einer Person besteht. Doch Strafe muß sein! sagten schon die Kirchenväter, Lehrkörper, Familienvorstände und sonstige Oberhäupter. Übrigens werden es mehr als 14 Tage werden: Ab 16. Februar – da ist die Strafzeit noch nicht um – bin ich für sieben Wochen weg aus Deinem Blickfang: Ich soll den ›Can-Can‹ nun auch noch in Annaberg ›vertanzen‹. Nicht sehr verlockend, aber ehe ich Däumchen drehe ...
Nina ist nicht hier, um die Fotos zu bringen. Du mußt wen schicken. Bald! Weil ich morgen nach Dessau muß, nächste Woche Greifswald. Machs gut. Und feil schön am ›Drachentöter‹, profiliere das Untier. Und schreib mir nicht solche autoritären Briefe, Euer Hochwohlgeboren, sonst könnten die uns miteinander verbindenden Flußadern womöglich völlig veröden.
Falls meine ›Eingabe‹ Dich zu einer Amnestie erweichen könnte, würde es mich freuen, auch für Dich. Dann schick mir das revidierte Urteil mit der Taube. Oder darf ich mit Rehabilitierung rechnen wegen Unzurechnungsfähigkeit? Wenn ich mich erinnere, war ich einst Dein liebstes Menschentier unter der Sonne. Willst Du Dich etwa von Bibelsprüchen leiten lassen wie diesem: Seine liebsten Kinder straft der Herr am härtesten. Da fällt mir unsinnigerweise noch der Mann ein, der sich eigenhändig beide Füße abhackte. Sagt Dir das nichts, Partei?
Ich grüße Dich mit aufgerauhten Gefühlen. – Wär ich Virginia, hätte Hans Folk den Drachen (in mir – in sich) erledigt. Alles läge vor uns. Aber dann auch die bereits überstandenen Stürze. Belassen wir es also dabei – und schauen, was sich draus ergibt.
Herr! schütze uns vor Hagelschlag aus heiterem Himmel, Blitz, Knall und Fall ins Nichtwiedergutzumachende. Eva

Februar 70

Liebe Eva, ich danke Dir für den Brief und will nicht mit Dir darüber streiten, welche Bedeutung diese leidige Geburtstagsfeier für uns hat, und welches Licht Dein Verhalten dort auf Deine Haltung wirft.
Aber warum interpretierst Du meinen Entschluß, Dich ein paar Tage nicht zu sehen, als ein autoritäres Urteil und kleidest mich in die lächerliche Robe eines Sittenrichters? Ich habe kein Urteil über Dich gefällt und wenn schon ein Urteil, dann ein Urteil gegen mich. Ich sehne mich nicht danach, von dem Menschen, nach dem ich mich sehne, so lange getrennt zu sein. Aber wenn Du im Jargon Deiner Branche sagst, daß Dir der Film gerissen ist, dann heißt das nicht, daß er für mich gerissen ist oder für irgendeinen der anwesenden Geburtstagsgäste. Es geht auch nicht um eine Strafe für Dein abscheuliches Verhalten in diesem abscheulichen Zustand, sondern es geht mir darum, daß meine Fähigkeit und auch Bereitschaft solche widerwärtigen Szenen über mich ergehen zu lassen, begrenzt sind. Ich liebe Dich und ich bin unglücklich ohne Dich und das ist eigentlich mein einziges Argument.
Montag werde ich wieder in Berlin sein und Dich anrufen. Vielleicht bist Du da und hast ein gutes und ein richtiges und ein liebes Wort – für Deinen W.

10. 2. 70

Wolf – Dein Brief hat mich erst richtig traurig gemacht, der zweite.
Der erste hat mich erstaunt, sogar belustigt wegen dem Urteilsspruch: die vierzehntägige Aussperrung. Aber der von heute, damit kann ich nichts anfangen: ›Es geht nicht um eine Strafe für Dein abscheuliches Verhalten, um diesen abscheulichen Zustand, sondern es geht nur darum, daß meine Fähigkeit und auch Bereitschaft, solche widerwärtigen Szenen über mich ergehn zu lassen, begrenzt sind.‹ Zitatende.
Das überleg Dir noch mal. Und wenn Du fair bist, mußt Du zugeben, daß diese Fähigkeit oder Bereitschaft nicht nur begrenzt, sondern überhaupt nicht vorhanden ist. Wann warst Du das letzte Mal in einer so widerwärtigen Situation? Vielleicht erinnerst Du Dich, in welch widerwärtigere Situationen ich gekommen war nach unserm menschlich gemeinten Tierversuch, wie eine ›Bestie‹ mir auflauerte letztes Jahr, als es mit mir in verschiedenerlei Hinsicht auf der Kippe stand: gesundheitlich, arbeitsmäßig – und unsere Liebe trat man mit Füßen.
So was vertanzt sich, wenn das Leben wieder rund läuft, aber in sol-

chen Momenten wie jetzt, kommt der auf'n Grund gesunkene Scheiß erneut hoch. Gemessen an den Widerwärtigkeiten des gesellschaftlichen Einsatzes ganzer Stoßtrupps gegen mich, war mein Ausbruch eine Lappalie. Du aber baust darauf eine gepfefferte Anklage auf. Statt mir entgegenzukommen, entfernst Du uns voneinander, behängst mich in einem Atemzug mit Unrat, betonst gleichzeitig, daß Du mich liebst und unglücklich bist ohne mich. Ich müßte also rasch zu Dir fliegen, um mich im Bad Deiner Liebe rein waschen zu lassen. Ich fühle mich aber nicht schmutzig und schlage vor, Du sagst etwa folgendes:
Wir machen bißchen viel Rummel um diese einsam dastehende Orgie. Und Du solltest Deine Liebeserklärungen nicht auf schlechten Boden pflanzen, damit Du abgesichert bist, im Falle sie nicht aufgehn.
Denn ob Dein Verhalten nun stets bewunderungswürdig ist, möcht ich nicht unter die Lupe nehmen lassen von neutralen Experten. Obwohl Du den Vorteil hast, daß Du nicht trinkst, also kaum. Deshalb bist Du aber nicht ohne Fehl und Tadel, sondern der kleine Wolf, mein Knuddelschaf, ein Bündel zerfranster Lumpen ohne sein Kuscheltier.
Denk nach und gib Deine nächste schriftliche Erklärung ab. Außerdem wirst Du länger keine eventuellen Widerwärtigkeiten über Dich ergehen lassen müssen. Bin nur Freitag abend in Berlin. Vielleicht fahr ich auch gleich weiter, kommt drauf an.
Heut ist Dienstag, morgen wär die Hälfte der Strafzeit um; allerdings mit einem kleinen Übertretungsversuch: Ich hab Dich durch mein Hupen vorm Fenster zum Zuzwinkern verführen wollen.
Ach Freund, geht es Dir nicht auch so: In mir kämpfen zwei gewaltige Tiere miteinander, Liebe und Haß. Und immer wieder betäubt eins das andere durch einen unvermuteten Tatzenstreich. Wenn das vorherrschende glaubt, den Sieg errungen zu haben, erhebt sich das hintere und entwaffnet es durch seine scheinbare Unverletzlichkeit. Es hatte sich nur ohnmächtig gestellt, das Biest. Ich beginne zu ahnen, wie das endet. Morgen hab ich ›Freigang‹. Dann beschreib ich den Fortgang des Kampfes – falls sich was abspielt auf den inneren Tummelplätzen zwischen Frau Fürbaß und Herrn Widerpart.
Ich grüße Sie, Manngottes, seh ich doch, daß mein Schrieb ein Wechselbad der Gefühle ist, heiß, kalt – aber nicht lau oder abgestanden ...
Eva muß sich sputen, noch Briefmarken kaufen.
Ich befinde mich auf der Post in Greifswald. Gleich schließen sie.
Und ich schließe mich an. Eva

Donnerstag, 12. 2. 70

Liebe Eva, in Deinen Briefen drängst Du mich einerseits, meine Kritik an Deinem Verhalten zu präzisieren, und andrerseits stellst Du Dein Verhalten als Lappalie hin, die nicht länger unsere Liebe stören soll. Selbst auf die Gefahr hin, daß dieser Brief Deinem ekelhaften Hass-Tier Nahrung gibt, will ich Dir genauer sagen, was an dem Vorgang zu bedenken wäre. Daß Du etwas viel getrunken hast, hat mich nicht gestört, daß Du Dich entkleidet hast und getanzt und geküsst mit mir wildfremden Leuten, hat mich nicht gestört, daß Du mit diesen Leuten in den Ehebetten Schroeders gelegen hast, hat mich kaum gestört, aber daß Du dann absolut grundlos, obwohl ich lieb zu Dir war und mit Dir oder ohne Dich um 3 Uhr morgens nach Hause fahren wollte, mich als gemeines Schwein beschimpft hast in einer so gemeinen und schweinischen Weise und so voller Hass – das kann einem Menschen (egal in welchem Zustand er sich befindet) nur dann passieren, wenn er den Andern wirklich von ganzer Seele verabscheut. Es handelt sich weder um eine Lappalie noch um ein Verbrechen, sondern um die Tatsache, daß Du mich hasst. Du schreibst in Deinem freundlichen Brief von den beiden Tieren, die in Dir sind und sich bekämpfen. Ich habe nicht vor, meine nächsten Jahre damit zu verbringen, welches von diesen beiden Tieren in Dir grade die Oberhand hat. Und ich möchte nicht auf den Tag warten, an dem Dein Hass-Tier den ekelhaften Kampf für sich entschieden hat. – Dein Gleichnis von den beiden Tieren trifft Deine Beziehung zu mir sehr genau. Ich weiß nicht, womit ich mir Deinen Hass zugezogen habe, aber so was ist genausowenig rauszukriegen wie der Grund für die Liebe. Ich jedenfalls habe keinen Hass gegen

Dich und hatte ihn nie und mußte ihn auch nie in mir niederkämpfen. Du schreibst mit großer Selbstsicherheit, daß ich ohne Dich nicht leben könne und nichts als ein Lumpenhaufen ohne Deine Liebe sei. Das ist sicher richtig. Ich bin wie gestorben ohne Dich, ich sehne mich nach Dir und ich brauche Deine wunderbare schwesterliche und liebliche Zärtlichkeit und Deine kräftigen Arme und Deine schwachen Knie; das Leben ist mir schal ohne Deinen Geruch und meine Tage sind nichts als triste Sorge wenn ich mich nicht um Dich sorgen kann und meine Nächte haben keine Helligkeit ohne Deine Haut und es ist mir zu kalt und zu heiß ohne Deine Wärme und ohne Deine Kühle.
Ich will aufhörn, ich gerate ins Schwärmen. Es genügte wohl, daß ich sage, daß ich Dich lieb hab. Und warum sollte es ausgerechnet in unserer Liebe keine Schwankungen und Probleme geben? Wie klein oder groß, individuell und zufällig oder gesellschaftlich diese Probleme auch immer sein mögen, dieser Hass in Dir ist etwas anderes und sprengt jede Beziehung. Mir schlägt von etlichen Seiten genügend Hass entgegen. Von Brigitt bis rauf zu den maßgeblichen Herrschaften, ich bin nicht bereit mit Dir auch nur einen Händedruck zu tauschen, solange Du dieses Hass-Tier in Dir nicht geschlachtet hast, ich möchte nie wieder eine außergewöhnliche Situation erleben, in der dieses Vieh auf mich losgeht, denn Du bist der einzige Mensch, gegen den ich total wehrlos bin.
Freitag – ich hab ausgeschlafen. Du wirst heut irgendwann in Berlin sein, und ich werde auf Dich warten, obwohl Du mir ja geschrieben hast, daß Du nicht für mich da sein und gleich weiterfahren wirst, falls von mir nicht eine Art selbstkritischer Knubbel-Knuddelbrief in Deinem Kasten liegt.
Ich hab genügend viel Demut, um Dir einen solchen Brief zu schreiben und will nicht auf Nebensächlichkeiten beharren. Aber ich habe noch viel mehr Liebe zu Dir, als daß ich Dich und mich über die Krise und Problematik unsrer Liebe hinwegtäuschen würde, nur damit ich deine Wärme wieder fühlen kann, nach der ich wie todkrank bin.
Vielleicht wirst Du Gründe für Deinen Hass gegen mich, den Du so schwer niederkämpfen mußt, haben. Und vielleicht kannst Du sie sogar erkennen. Und vielleicht kommst Du zu dem Ergebnis, daß Dein Hass-Tier in bestimmter Situation immer wieder mich anspringen wird. Aber bei dem Leben, das wir als Kommunisten in diesem Land führen, ist zu erwarten, daß wir noch in viel schwierigere Situationen kommen

als bisher. Du leidest darunter, daß sich Deine Film-Karriere neigt und auch der Anschluß ans Theater nicht recht klappen will und daß Dir an vielen Orten nicht nur die Liebe und Bewunderung als aufrichtige und kluge Genossin und Frau von Biermann entgegenschlägt, sondern auch der Neid und Hass von seiten der Monopolbürokratie (hast Du das Buch nun gelesen?) Diese Tendenz wird sich in den nächsten Jahren eher noch verstärken und wird Deine beiden Tiere fett machen. Das Liebe-Tier, weil solche Kämpfe und Schwierigkeiten uns seit je fester zusammengeführt haben
(eben kommt ein Tel.-Anruf für Dich. Die wollen wissen, ob Du einen Pass hast, in dem ein Visa rein muß für den Film: ›Leichensache Cernik‹, DEFA zwischen 23. 3. u. 15. 4. – 2 Tage Film, braucht Pass) – aber fett wird auch das Hass-Tier werden, weil die Ursachen, die es fett machten, dann sicher verstärkt auftreten. Wenn Du erst total verboten sein wirst und keinen Pfennig Geld mehr verdienst und Dir unter schwersten Bedingungen eine zermürbende Brotarbeit suchen mußt, dann wird Dein Hass-Tier so gut wie ständig losgelassen sein.
In Deinem ersten Brief schriebst Du, daß bei den wütigen Beschimpfungen sich Dein ganzer Hass auf diese beschissene Welt auf meine Person ergossen habe. Warum sich dieser Kübel aber grade auf den liebsten und nächsten Menschen ergießen muß, können uns vielleicht die Psychologen erklären, wäre aber trotzdem nicht zu akzeptieren.
Du hast meinen Brief, meinen sehr persönlichen Brief, Nina und Bylle vorgelesen und ihn sogar dem mir total fremden schielenden Mann vorgelesen, mit dem Du jenen Abend im Bett gelegen hast. Du kannst Dich vor diesem Menschen soviel entblößen, wie es Dir angenehm ist, aber ob Du mich da entblößen solltest, ist eine andere Frage. Ich bitte Dich, dritte Personen mit diesem Brief hier zu verschonen und ihn dafür selber ein paarmal mehr zu lesen. Liebe Grüße Wolf

15. 2. 70

Wolf! Jeder von uns trifft genau den Ton, uns weiter voneinander zu entfernen: Du hast Dich diesem ›Haß-Liebe-Tier‹ mit einer dermaßen kalten Wonne an' Hals geschmissen, daß es schon kindisch ist, weil Du dabei irrtümlicherweise feststelltest, dies sei meine eigentliche Beziehung zu Dir. Und das ist totaler Stuß. Sicher sind meine Ergüsse auch nicht der Weisheit letzter Schuß, nein, Schluß. Und ich muß los zur Vorstellung, Beginn 14 Uhr. Die Straßen sind glatt. Bei der letzten

Fahrt hab ich einen Motorradfahrer angefahren, dem zum Glück nichts passierte, aber mir – ein Todesschreck. Ich konnt nichts dafür, er kam schnurgerade auf mich zu. Meine rechte Hand hat den Ringfinger geprellt, der linke Arm ist lädiert; bin also rundum angeschlagen und vorm Schluß-Can-Can ist mir bange! Aber weil ich länger weg bin, will ich nicht wortlos die Stadt verlassen, sondern Dir sagen, daß Deine Liebe-Haß-Interpretation nicht stimmt. Vielleicht kann ich es nicht deutlich ausdrücken, jedenfalls ist mir, als blute mein Herz langsam aus. Haß oder ähnlich negativ gelagerte Empfindungen werden dabei weggespült, aber auch die positiven ›Verbindungen‹ in einem Aufwasch. Vielleicht findest Du den Schlüssel zur Aufklärung, das Geheimnis dieses ... Naturvorgangs.
Ab Dienstag bin ich im Kreistheater; muß nicht die volle Probenzeit dabei sein, weil ich das Stück bereits im Schlaf kenne. Am Wochenende komme ich eventuell nach Berlin. Nach der Unfallfahrt Freitag hatte ich kurz das Gefühl, was Nicht-wieder-gut-zu-machendes verursacht zu haben. Da empfängt mich diese Zurechtweiserei. Keine gute Medizin! Du bist kein Arzt oder Hellseher, nein, wir sind nur, was die leidige Angelegenheit betrifft, unterschiedlicher Auffassung. Das will ich jetzt aber beiseite lassen und Dir eine gute Woche wünschen.
Wir haben die 14 Tage ja nun gleich geschafft. Noch etwas Zeitverstreichen wird die Wunden, welche wir uns schlugen, bestimmt heilen. Grüße von Eva.

16. 2. 70 – in Annaberg

An Wolf. Die Turm-Uhr hat achtmal geschlagen, vier Schläge für jedes Viertel und noch mal, gewichtiger, die Aufzählung der Stunden vom anbrechenden Tag. Ich hab hin und her überlegt wegen der Geschichte mit den zwei Tieren, dem ›Phänomen‹, Deine Interpretation unserer Beziehung bzw. meine eigentliche Verbindung zu Dir. Im letzten Brief, bevor ich herfuhr, sagte ich so was wie, daß alles Stuß wär, ohne weiter drauf einzugehn. Nun hab ich über den Begriff ›Haß‹ nachgedacht. Wenn man einen Menschen wirklich haßt, ist man auch dazu fähig, ihm Böses zu wünschen, eins auf die Schnauze, den Sensenmann an' Hals. Aber ich würde doch jederzeit, wie ich grad bin, barfuß durch den Schnee, nackt oder in Ballgarderobe der Lady, in Kriegsbemalung der Pistache, mit Schüttelfrost, Fieber ... zu Dir rasen mit fliegenden Haaren und raushängender Zunge ankommen, wenn Du in Not wärst!

Nun will ich beschreiben, was ich meine mit diesem Phantom, dem ›Haß-Tier‹ in mir: Es ist entstanden aus Gefühlselementen wie Eifersucht, Enttäuschung, verletztem Stolz, Minderwertigkeitsgefühl in puncto Bildung, Denkvermögen – das durch Seitenhiebe mancher Deiner Freunde und lässiger ›Ohrfeigen‹ Deinerseits, um auf meine Kosten eine Pointe abzuschießen, noch gereizt wurde. (Zu Roberts mit ihm damals in Scheidung lebender Gattin hast Du beim Mich-Vorstellen großkotzig gekräht: ›Sie ist zwar keine gute Schauspielerin, dafür hat sie 'n weißen Skoda-Sport.‹)
Abgesehn davon, daß Du mich nie hattest spielen sehen, nur davon gehört – ist alles relativ. Villon und Brecht waren gegen Dich auch Riesen in der Dichtkunst. Meine eigene Sturheit dann, Humorlosigkeit, Wut darüber, sich nicht entsprechend zu verhalten ... diesem Sammelsurium, ein Knäuel von ineinander verschlungenen Eigenschaften, hab ich das Etikett ›Haß-Tier‹ aufgeklebt. Es gibt Eigenliebe, Selbsthaß. Aber Haß in seiner eigentlichen Bedeutung empfinde ich nicht.
Tut mir leid, daß ich Deinen fabelhaften Entwurf zerstören muß.
Du hast diese Mauer errichtet; zugegeben, ich war nicht unbeteiligt, wurde aber irregeleitet durch Zustände wie im alten Rom. Du bist doch der kleine Püschologe und Große Weise, welcher, wenn man ihn in angeschlagenem Zustand ein ›gemeines Schwein‹ nennt, nicht gleich vom Sockel fällt. Du hast mich auch schon mit deftigen Ausdrücken bedacht! Und da hattest Du keine, den gesunden Menschenverstand zersetzende Drogen, sprich Alkohol, im Blut! Selbst Gerichte der Diktatur des Proletariats würden in dem Fall kein solches Palaver machen und mir mildernde Umstände zubilligen: 200.– Mark für den ›Blöden Hammel‹ mußte ich nur blechen (die psychischen Foltereien und Zeiteinbußen nicht gerechnet.) Nun hab ich Dir genügend Boden bereitet zum Setzen neuer Keimlinge. Wenn Du meinst, es ist nicht tief genug gegraben, greif Du zum Spaten, Kumpel ...
Auf den Straßen beginnt das Leben. Ein Schneefall, als sollte alles zugedeckt werden. Aufheulende Autos! Ich darf nicht dran denken. Aber Du solltest es. Und daran, daß ich Dir nie vorgejammert hab, daß meine Filmkarriere zu Ende geht, weil ich jahrelang über die Dörfer fahre, obwohl es den Tatsachen entspricht. Deine Ironie ist bitter, böse.
Wenn Du nicht erkennst, daß es mit Dir auch nicht immer gerade einfach ist, daß eine da mal aus der Haut fahren kann, kannst Du mich wirklich gern haben. – Eva.

Eva mit Nina an ihrem Skoda Sport ›Felicia‹

19. 2. 70

Karl-Wolf, Du sagtest, Du wärst die Woche zu Haus, aber leider. Bevor ich Richtung Süden entschwinde, versuch ich noch mal mein Glück.
Ich krieg eine kleine Wohnung! Nina geht bis Sommer dort zur Schule. Johannes, der ja am Theater technischer Direktor ist, richtet uns das ›Apartment‹ ein mit Zeug aus abgespielten Dekorationen.
Das Auto bzw. die Reifen, könnten mein Untergang werden. Wolfgang meldete sich. Ich bat ihn, mir Winterreifen zu besorgen. Du machst Dir keinen Begriff, wie katastrophal die Straßenverhältnisse sind.
Gestern war ich acht Stunden von Annaberg nach Berlin unterwegs, hatte völlig verkrampfte Hände (vom Umklammern des Lenkrads), als ich hier ankam, eine bleierne Zunge und zugedröhnte Ohren.
Wir werden uns demnächst kaum sehen: das Stück soll bis Juni abgespielt sein. Am 4. April ist Premiere. Es wird bestimmt Spaß machen, weil alles anders angelegt ist, intimer, frecher, französischer, als auf der Wagnerbühne von Dessau. Sich über künstlerische Fragen zu äußern, wäre verfrüht; ich versuch mich einzumischen in die Regie. Die dortigen Darsteller, Ballett, Chor, Werkstatt, alle sind sie mit undeutscher Begeisterung bei der Sache. Kaum Beamte, viele verkrachte Existenzen, leibhaftige Anarchisten, ein lebendiger Haufen.
Ich habe geträumt, unsere Liebe zerfließt in Rinnsale, eine Handvoll Morgentau war nur noch da, ein letzter Atemhauch der Erde, verweht. Der große, tiefe Strom war am Versiegen, die Quellen schienen erschöpft, versandeten gnadenlos. Denn Du hattest mich allein gelassen

in der Wildnis. Es war kein Weg mehr zu erkennen. So ist das Leben auch: in Busch und Tal lauern Jäger, herrliche Frauenzimmer machen es sich bequem in Ledersesseln. Stück sterben immer wieder; da gehts den Menschen wie den Tieren; nichts Besonderes. Trotzdem weine ich noch manche Träne um den einst allerliebsten, nun so garstig sturen Isegrim. Doch wenn der große Regen kommt, füllt sich vielleicht erneut das einst so hinreißend fließende Fluß-Bett.
Eva, die Frau von Fischer Wolf, spinnt jedenfalls weiter ihre Netze.

Dienstag 24. II. 70

Eva, meine liebe Liebe Fremde in der Fremde, nah und doch so fern – fern und doch so fern; aus den Augen – in den Sinn; seit 6 langen Stunden bist Du hinüber nach dem kalten Süden und hoffentlich landest Du gut. Bauchlandung, wer landet auf Deinem Bauch, ich denk lieber an Deinen Bauch als an den Lander; komm wieder sobald Du mögest und könnest und darfst.
Otto wandelt in Ninas Zimmer, ich sah es von der Straße aus, aber ich will lieber allein sein und habe mich zwischen meine Ledersessel verkrochen und es ist sehr Eva-Marieisch in mir, in mir evamariet es schmerzhaft. Ich sollte Dir lieber einen winterlichen Brief schreiben, sonst merkst Du nachher den Frühling nicht. Wie ist die verfluchte Postleitzahl von dem Städtchen, das triumphiert, weil es Dich be-sitzt? Wo bist du itzt, mein un-ver-gess-lich Mäd - - d - chen? In Annaberg! Halt mich lieb und grüße Nina und halt mich noch mal lieb – Wolf

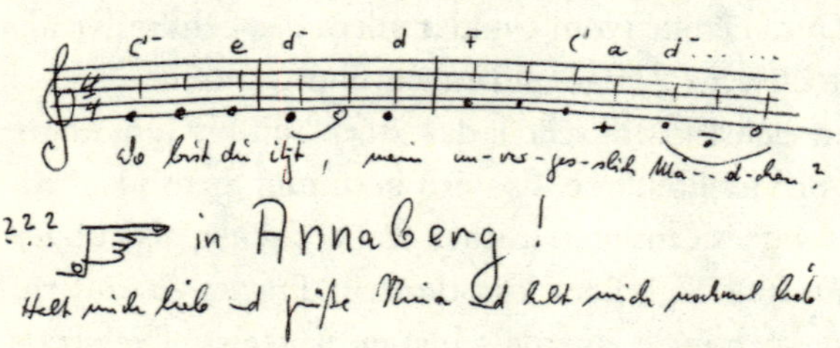

Februar 70

Wolf! Nina und Eva sitzen im ›Wilden Mann‹ sein Restaurang.
Gestern konnte ich leider nicht mehr schreiben: Als unser Öfchen im Hotel ›Zur Goldenen Sonne‹, in unserm Saal mit den fünf Betten, bißchen elektrische Wärme verbreitet hatte, ward es plötzlich dunkel um uns. Nur der Schnee warf etwas Helligkeit herein. Vielleicht war ja das Stromnetz zusammgekracht vom illegalen Anzapfen.

Vom Leiter des Wohnungsamtes im Rathaus, der meinen lädierten Finger erneut zusammenstauchte bei der Begrüßung mit seiner einstigen Arbeiterhand, wie er sich stolz-steif entschuldigte – hab ich eine Zuweisung gekriegt. Und zwar:
Administrativ! – Ja dieses Wort benutzte er.
Die Wirtin, der das Haus gehört, möchte sich mit ihrer Schwester beraten und lieber einen Handwerker. Eben waren wir wieder vergeblich hochgestiegen. Ich vermute, sie will uns nicht. Ist ja ihr gutes Recht und der Sozialismus nicht durch Befehlsgewalt zu erringen. Ich hätte keine Freude dort, wenn wir nicht gelitten sind. Künstlervolk, denken manche, da weiß man nie ...
Ach es ist mürbend mit dem Gepäck, mal hier, dann dort auspacken.
Morgen ist der gewerkschaftlich freie Tag. Ich schon mal umsonst da. Freitag nach Leuna oder Wolfen. Sonntag Dessau. Montag Ninas Schulbeginn! Und wir keine Bleibe. Am liebsten würde ich abhauen. Man kann der Verwaltung keinen Vorwurf machen, die kümmern sich schon. Denn daß ich Nina mithab, ist meine Privatsache. Außerdem ist es wirklich noch knapp mit Wohnraum – 25 Jahre nach dem Krieg.
Eigentlich wollte ich nur heitere Briefe senden, aber erst mal können vor Lachen. Schreib eine ›Kleine Ermutigung‹.
Nina malt Dir Kringelfußgrüße an' Rand. – Eva

26. 2. 70

Verehrter Biermann! Schon wieder falle ich Ihnen mit einer Danksagung ins Haus. Der Untere Bahnhof befindet sich nah am Theater, wo ich mir trotz des freien Tages Proben erschlich. Nun war ich am Schalter fragen – und tatsächlich! Das Expreß-Gut wartete bereits. Es ist Donnerstag nachmittag! Die Sendung scheint den Kontrollorganen durch die Finger gerutscht zu sein.
Eine Kuß-Salve über Dich! Und das Schönste: als ich zur Probe kam, lag ein Kuvert da, dessen bloßer Anblick mir 'n Freudenstoß versetzte.
Die Wohnungsangelegenheit hängt weiter in der Luft. Aber Möbel haben wir ausgesucht im Fundus. Nina hat einen Can-Can-Rock, ist glücklich, kriegt 10 Mark pro Vorstellung.
Wir gehn Eis essen und für Wolfen vorbereiten: ›Я ехала домой ... mein Herz schlug hoch zum Hals.‹ And now, give me a smile, my lover. Kisses for You! Eva.
Und ein Grüßel von der Theatermieze Nina

Do./Fr. 26./27. II. 70

Meine liebe Eva, ich kann Dir die erfreuliche Mitteilung machen, daß es mir ohne Dich beschissen geht. Heut ist Donnerstag und ich hoffe sehr, daß Deine Tasche noch rechtzeitig angekommen ist.

In mir ist eine unruhige Unruhe, ein Zittern vor nichts.

Dein Brief ist da. Dein lieber Brief ist da. Dein lieber Eil-Brief aus Annaberg ist endlich da und hinkt unserm Telephongespräch hinterher.

Ihr schlaft also mit noch drei (leeren?) Betten.

Ich hab weder Kaffee getrunken noch Tee und fliege doch durchs Zimmer und stoße mich überall. Alles zusammen: ein alleinstehender Mann in den besten Jahren. Ach der Morgenstern! Ach! Ach! Ach! mein Manuskript über M. ist nun auch noch verschütt und nun finde ich überhaupt keinen Anfang. Hält mich nur vom DriDri ab.

O, ich bin gefährlich müde, ich bin es gefährlich müde. Dieser Krieg ist der Dritte Weltkrieg. Der dritte Weltkrieg findet längst statt in unserm Frieden. enfant perdu. Aber die verlorenen Kinder sind wahrscheinlich die einzigen, die wirklich am Leben bleiben. Die Ungenauigkeit der Sprache trifft so gut, was ich nicht meine. Aber den Leuten ein Loch in Kopf schießen, damit man sieht, was sie denken, ist ja auch ein Irrtum.

Eva in Annaberg. Eva weit hinter den Bäumen. Es ist spät geworden und ich brauche eine Zwangsjacke für mein Herz. Ich bin von einer Nüchternheit, die noch abscheulicher ist als mein Besoffensein vor paar Tagen. Heute abend rufst Du mich nicht an. Oder gerade dann, wenn ich den Brief in den Kasten werfe. Und Müdigkeit. – Dein Wolf.

Schreib mir! und grüße Nina herzlich, sie soll Wissen akkumulieren und sich ein Fremdwörterbuch besorgen. Wolf

26. 2. 70, abends

›Und wieder geht ein schöner Tag zu Ende,‹ schmalzt es durch die Beschallungsanlage. Wir kauern in der ›Goldnen Sonne‹, trinken undefinierbare Plörre, warten hungrig wie die Wölfe auf das Gongzeichen, mit dem unsere Bratkartoffeln mit Spiegelei samt Garnierung in der Durchreiche erscheinen, hoffentlich noch in diesem Leben – auf daß wir nicht wegen Auszehrung den Löffel abgeben müssen.

Isch muß ins Bedd, bevor meine keliepte Glampfe mit mir den Blanwagen pesteikt, um ins Pitterfelder Kepiet zu rolln. Ätzende Aussicht; bringt aber fröhlisch glinkelnde Daler ins Säckel, drei Dake Fettläbe.

Ich lauf mir Ninas wegen die Hacken ab: ob nun Polytechnische Oberschule wie bisher oder Erweiterte. Das wär 'ne Riesenchance. Noch ist nichts raus. Werde weiter versuchen (Schulrat muß Genehmigung erteilen, Kaderleitung) gewissenlos meine Popularität zu nutzen.
Nina hat Muskelkater, stapft fluchend hinter mir her auf die Ämter, mag nicht allein im Hotel sein. Jetzt ist sie bei Karla und Hannes, die sich lieb um sie kümmern. Und sie ist stolz darüber, daß sie mitspielt, übt fleißig den Can-Can, schmeißt die Beine hoch und höher. Manchmal krieg ich Wut über ihr Desinteresse an diesen Formalitäten, aber das sind die überstrapazierten Nerven.
Sei mein lieber Mann Wolf und schreib Deiner lieben Frau Eva!

27. 2. 70

Mensch, Wolf! Mit Weinen, Fluchen, Zähneknirschen, bin ich knapp vor Beginn der Veranstaltung, um 15.55 in Wolfen angekommen. Manche Steigungen haben mich glattweg abgewiesen: Ich mußte rückwärts wieder runterkriechen zum nächsten Anlaufnehmen, wobei ich Nachkommende ebenfalls dazu zwang, weil keine Ausweichmöglichkeit war. Weitere Details der Tortur erspar ich Dir. Hin komm ich mit dem Auto nicht mehr, weil es da nur bergauf geht. Da lass ich mein geschundenes Roß wahrscheinlich am Fuße des Himalajas (Bahnhof Karl-Marx-Stadt) stehen. – Mei Ärzkepirk, wie lieb isch disch!
Eine Stimme, die aus voller Brust und voller Orden tönte, beteuerte mir, daß ich ›fännominal‹ sei. Ja, ich kann eine unwiderstehliche Sirene sein – und sang für die Genossen Freunde, mit slavischem Timbre: ›Dann fuhr ich wieder heim‹ und ›Guantanamera‹ ... Und das alles im schönen Theatersaal der Werktätigen von Agfa Wolfen.
Jetzt ist groß was los überall. Man ehrt Lenin, feiert ihn unter nackten Glühbirnen, mit Fastnachtsmützen und Pappnasen. Er, der einsame Große unter den Schakalen, schaut kantig-gemeißelt herab aufs Volk. Und es steht geschrieben: Zu Ehren Lenins – neue Taten, neue Erfolge – 1870–1970 – Macht mit! Die Filmfabriker freuen sich, wenn Jubel-Trubel-Heiterkeit stattfindet: Man soll die Feste feiern wie sie fallen! Mit glühenden Gesichtern grölt's im Chor: In einem Polenstädtchen – Bublibablibatschka aus der Tschechoslowakei – Umba-Umba-Täterä: Ein Prosit auf die Gemütlichkeit! Was kann der Sigismund dafür ...
Nebenan ging's ernster zu: Die ständig zum Sprung bereite Hinterhältigkeit des Klassenfeindes wurde an die Wand gemalt, an unverbrüch-

liche Freundschaft der Waffenbrüder erinnert, Vietnam (positiv), Israel (negativ), Solidarität mit angeordneter Richtlinie. Gehorsame Kinder braucht die Partei. Verpflichtungen werden abverlangt und waschkörbeweise abgegeben. Ein Überbieten beim Steigern von Prozenten findet statt, Papier mit Zahlen stapelt sich aufm Rednerpult, das artet aus wie bei der Börse. Ist das Kabarett, ein neues Gesellschaftsspiel, Jux? Nein! Permanent hängt dieser steril-humorige und klirrend hämmernde Ton im Rund. Ich denk manchmal: du bist zu früh zur Welt gekommen, Eva – zu spät, Marie. Wenn ich mir Dich, mein Liebster, dann vergegenwärtige, weiß ich: ich bin genau zur rechten Zeit erschienen.
You know, my dearest, I need You for ever. – In Englisch klingt alles leichtfüßiger, souverän. Ich bin Eliza Doolittle von Covent Garden, Pistache vom Montmartre. Dein Fanny-Girl Eva-Marie von Berlin-Mitte.

28. 2. 70

Du lieber Herr Gesangsverein! Damit ich nicht einroste hat mir das Schicksal kaltblütig einen Schlag versetzt. Anders ausgedrückt: der Koordinator vom Tagesablauf ließ der Kollegin Hagen eins überbraten: In dunkler Früh ward sie aus'm Bett gescheucht. Die Anlässe können dem ominösen Drehbuchautor nicht läppisch genug sein. Pah! Wolf Biermann mit seinem Lobgesang auf die Männer von der Müllabfuhr! – Zugegeben, es ist mächtiger Schnee gefallen. Von Wegräumen durch sozialistische Brigaden jedoch keine Spur. Ich mußte mein Gefährt beiseite schaffen, damit sie mich nicht zu Schrott schrammen. Klar ist das ihr Broterwerb: Abfälle abholen. Aber wieso beseitigen Helden der Arbeit nur im Lied Berge von Eis und nicht auf platter Erde.
Ich will nicht hadern, doch nun bin ich erzwungenermaßen munter.
Die Daten der Woche: nächste Fahrt hoch für Probe am Dienstag. Mittwoch in Magdeburg. Donnerstag zurück. Auf den Schienenwegen ist es noch schlimmer, als auf den Straßen. Wenn es durchgehende Strecken wären! Aber die Umsteigerei, Verspätungen ...
Was Erfreuliches: Die Sofarolle, der schiefmäulige Dackel von Beyreuters, umgerechnet etwa 120 Jahre alt, ist sanft entschlafen. Meine Gnadenakt-Visionen gleich mit. Drei Kreuze geschlagen!
Manfred Richter, Arbeitertheater-Dichter, trägt einen Maßanzug. Proleten-Look für Intellektuelle ist aus der Mode. Einst bat er Dich um Deine Meinung zu seiner Adaption von ›Spur der Steine‹. Du solltest Dir die Voraufführung ansehen. Er ist vornehm geworden, galant, glatt

gebügelt. Dich läßt er nicht grüßen. Damit wirst Du nun leben müssen. Vielleicht tu ich ihm unrecht, denn an ihren Taten sollt ihr sie erkennen. Nun schlaf ich noch 'ne Runde. Den Männern von der Müllabfuhr nachträglich ein Salut. Auch Du sei ihnen dankbar, sonst hättst Du keinen Morgenbrief. Beim Einkringeln kommst Du wie von selbst unter die Decke geschlupft: süßschnäuzig kitzel-kratzel-keß, mein aufsteigend-hinabgleitender Neptun. Aber piek mich ja nicht mit der Forke!
Durch die Jalousien schimmert Tageslicht. Wie ein Mühlrad mahlt der Gedanke in mir: Wie schaff ich es, morgen früh halb sieben an Ort und Stelle zu sein. Muß mit Nina zum Direktor. Davon hängt viel ab. Sonst sagt er: Was, mit dem Zeugnis auf die Erweiterte!?
Um 16 Uhr beginnt die Vorstellung. Gegen 20 Uhr fahre ich nach K.-M.-Stadt. Ab da ist alles schleierhaft. Eliza läßt grüßen und Eva

2. III. 70

Eva Eva meine einzige Liebe, meine einzige Sehnsucht, ich bin nichts als ein Bündel Sehnsucht nach Deiner Liebe. Deine Haut macht mich verrückt, wenn ich an Dich denke. – Wenn dieser verfluchte Morgenstern nicht auf meiner Brust kniete, würde ich mich so wie ich bin ins Auto setzen. Du hast mich heute früh mit dem Telephon aus schlimmen Träumen gerissen. Dann ging ich zu I. aber sie hatte nichts Schönes für mich, dann ging ich spazieren durch den Sauschnee und als ich zurück war, fand ich 3mal Post von Dir, nun bin ich vollgesoffen von Deinen lieben Worten und mir ist halb angenehm und halb schmerzhaft aufgeregt, ich richte meine Gedanken und mein Verlangen so konzentriert mit psycho-elektrischen Laser-Strahlen auf DICH, daß Du jetzt eigentlich einen angenehmen Herzschlag kriegen müsstest.
Und ich muß aufhörn, noch länger so heftig an Deine starken Gerüche zu denken, sonst krieg ich einen Rappel und schnapp über.
Ich habe die Klingel abgestellt, will keinen Menschen sehn und mich auf Dich konzentrieren und mich erinnern. Ich glaube, wenn ich Dich wieder in die Arme nehme, muß ich aufpassen, Dich nicht durchzubrechen, ich bin ein einziges Energiebündel, daß sich an Dir nur erlösen kann. Ich beginne jetzt unbarmherzig mit den kalten Waschungen und schreibe Dir erst wieder, wenn ich wohltemperiert bin.
Mensch, wenn ich mir diesen wahnsinnigen Brief noch mal durchlas, wundert mich dies Wahnsinns-Siegel nicht.
Es sind etwa 500 Millionen – Grüße und Küsse von Deinem Wolf

Es ist ein tachistisches Gemälde geworden, ein Portrait meiner zielgerichteten Einsamkeit. Damit das Bild schneller trocknet (ich will zur Post!) legte ich es in die Ofenröhre und nun ist mir die Farbe zu dunkel geworden und sieht eher aus wie vergossener kalter Kaffee ... Aber wenn Du es gegen das Licht hältst, ist es gerade schön!

2. 3. 70

Wolflieb, ein erfreulicher Tag, obwohl er höllenhundsmäßig begann. Nun sind wir glücklich in der neuen Wohnung. Ich lieg im Bett. Ob wir beide auf der schmalen Liege Platz finden, hab ich ausprobiert, mal war ich Du, dann Du ich: Wenn wir uns gleichzeitig auf die andere Seite drehn, schlafen wie die Löffelchen, müd vom Gebalge, ist es machbar. Nina schläft nebenan selig & süß. Wir haben einen Ofen mit langem Rohr und trocknes Holz, das anheimelnd knackt beim Brennen. Sogar Kohlen! Das eine Zimmer ist Küche, Bad, Livingroom, Musik-Salon, Schlafsaal. Blumen sind da, was zu essen, ein Teppich, frische Milch zwischen den Fenstern. Du kuckst aus allen Ecken zu. Ich fragte, wie es Dir gefiele – und ließ Dich antworten: Gern käme ich für ein Plauderstündchen auf euer Sofa – wo Du dann garantiert länger verweilen würdest, denn wir sind eingeschlossen, alle Wege zur Außenwelt sind dicht. Die Arbeiter saßen in Kneipen, die Kinder hatten verlängerte Schulferien.
Ich bin die Nacht mit letztem Schwung hier angelangt; weiß selbst nicht, wie eine so was schafft – durch Schneesturm, Märchenwinter, erfrorene Ungetüme, Alptraumlandschaft. Ich hatte Angst, die Welt wird zugeschüttet bis zum Rand.
Auf dem Ofen summt der Wasserkessel. Nina muß morgen zum 1. Mal zum UTP (polytechnischer Unterricht) in eine Kartonagenfabrik.
Der Direktor kriegte gelbliche Stockflecke, als er Ninas Zeugnis sah.
Alize sagte zu Nina: Fenn due douf in Madde bist, hälf isch dia.
Unsere Adresse: 93-Annaberg-Königswalder-4. Dahin sende Signale.
Ansonsten hab ich Niesanfälle, die mich in alle vier Winde zerstäuben.
Das kommt vom Leben auf abschüssigen Wegen. Hab Sehnsucht nach meinem Bullerofen aus Fleisch & Blut, den Unbeschreiblichkeiten ...
Mittwoch will ich versuchen früh um fünf mit dem Bus nach K.-M.-Stadt zu fahren, dort in einen Zug nach Magdeburg steigen, von da Donnerstag nach Babelsberg zur Maskenprobe.
Wir haben die erste Nacht gut geschlafen, genießen unser Mehrzweck-

zimmer wie ein Luxus-Appartement. Nina ist zur Schule. Um halb fünf fing ich an zu heizen. Als das Kind aufstand, war Waschwasser heiß und sie konnt gleich Kaffeee trinken aus der großen Maxwell-Dose, die Du uns mitgegeben hast.
Oh, liebster Mann! Eben komm ich ins Theater gerannt und da liegen Brief und Päckchen. Am Nachmittag antworte ich Dir. Kuß, E.
Nina kam vom Kartonfalten, hat eine Stunde Zeit, freut sich über den Deine süßen Zeichen und nimmt den Brief gleich mit zum Kasten.

Liste zur Aufstockung unseres Haushalts: zwei Kissen – Bastmatten – Teekessel – Tauchsieder – Suppenteller – Schöpfkelle – Geschirrtücher - Kerzenleuchter – Nachttischlampe – Gläser – zwei Kochtöpfe – Pfanne (klein) – Thermosflasche – Ninas Mantel – Stiefel – Hose von Bylle – Eierbecher – Post – Wolltuch – Pullover, dicker grüner – Engel-Putten-Plakat – Fremdwörterbuch – Gutes zu lesen – Schokolade für Naschkatzen (bist mir zuvorgekommen) – Zigaretten (viele verschenkt für Hilfsleistung) – das schöne Foto von Wolf & Eva – Schnaps.

März 70

Meine liebe Eva, das Telephongespräch gestern hat mich kaputtgemacht. Diese bedrohlichen Andeutungen sind wie Messer im Fleisch, die steckengelassen werden. Ich liebe Dich mit Schmerzen und kleine Gesten von Dir haben eine überschwengliche Wirkung auf mich, solche oder solche. Ach, meine Liebe, ich kann und mag dazu nicht mehr schreiben. Das Spitzelunwesen richtet die größten Verwüstungen auf einem Gebiet an, worauf es ursprünglich gar nicht aus ist: in der Liebe.
Eva, meine Liebe, eben ist endlich endlich ein Brief gekommen, in dem Du mir von einem Brief schreibst, den Du nicht abschicken mochtest. Immerhin bist Du noch (›vorerst einmal‹!!!) mein Liebchen mit einem postalischen Lippenstiftkuss, den ich berochen und beleckt habe, was ich Dir lieber nicht schreiben sollte, weil die einfallslosen Pinsel vom Verein auf die Idee kommen könnten, den nächsten Lippenstiftkuss von Dir mit Gift zu besprühn. Aber wer weiß, ob Du morgen überhaupt noch Lust hast, mir solch eine schöne Liebeserklärung aufs Briefpapier zu küssen.
Ich war bei Deiner Schwester, die Angelegenheit wird geregelt. Aber eine schöne Überraschung hatte sie nicht für mich, wie Du schreibst.
Apropos Auto: Robert riet mir, Dir zu sagen, daß Du den Reifendruck,

bes. der Vorderräder auf 1,2 Atü senken sollst, solange es so glatt ist. Die Reifen liegen dann mit einer größeren Fläche auf und haften besser am Boden. Außerdem darfst Du, wenn die Reifen die Tendenz haben, durchzudrehn, nicht auch durchdrehn und zuviel Gas geben. Immer nur soviel Gas, wie die Reifen auf die Fahrbahn übertragen können. Außerdem ist die Haftfähigkeit ganz neuer Reifen, weil der Gummi an der Oberfläche härter ist, die ersten 1000 km nur 40 % von der normalen Haftfähigkeit. Oh, Deine superneuen Reifen sind auch noch ein Nachteil. Womit ich im Grunde nichts weiter sagen will, daß ich furchtbare Sehnsucht nach Dir habe und daß die Reifen Dich so bald und so schnell und so sicher wie möglich in meine starken Arme und an mein krankes Herz befördern sollen. Das Leben ist eigentlich uneigentlich ohne Dich, schal und sorgenüberladen.
Hast Du meinen Dessau-Brief noch gekriegt? Wenn nicht, dann sei die Post mitsamt ihrem Winter verflucht.
Und Du schreibst mir von so vielen Briefen, die ich alle nicht habe; dieser ist der 2. (in Worten: zweite) seit unendlich (∞) vielen Tagen. Mir ist schlecht vor Hunger. 4 x klingelte das Telephon. 3 x Schweigen im Walde und 1 x irgendein Maler, der mich sehn wollte und jedesmal hoffte ich, daß Du es bist. Ach, es wird schon monoton. Ich werde Dir die ganze Zeit immer nur schreiben, daß ich krank bin nach Dir, und Du wirst es bald satt haben und Dich auf verzweifelte Weise trösten und mich aus Deinem Herzen pumpen. (Ich wollte eben noch eine Variation des Satzes: ›Aus den Augen – aus dem Sinn‹ hinzufügen, die mir für einen Brief aber doch zu unanständig vorkam. Es gibt Worte, die man besser sagen kann, als schreiben.)
Mir ist schlecht und ich hab schon keinen Hunger mehr und ich würde jetzt lieber mich von Dir im Schach schlagen lassen als alles andere ohne Dich. Und Dich streicheln und riechen und noch mal riechen. Ich muß aufhören, das Papier sträubt sich vor Scham oder Neid oder Ungeduld, es hält sich nicht für kompetent, weil es doch nur Worte verschlucken kann und ich muß aufhörn, weil meine Gedanken sich im Gefühl der Sehnsucht verirren, Dein Wolf

Montag – Abend, 2. März 70

Ach, Eva, meine Liebste, ich bin verführt, Dir schon wieder zu schreiben und komme doch grad von der Post, wo ich Dir einen blauen und einen roten Ulbricht als Eilflügel auf den Brief geklebt habe (der mit

»Gut, daß wir unsere Ringe haben ...«

dem tachistischen Machwerk, für das ich Dich um Nachsicht bitte) Und ich sollte Dir besser nicht zu oft schreiben, sonst empfindest Du eventuell zwei drei Tage, in denen kein Brief von mir kommt, als ein Zeichen für das Nachlassen meiner Sehnsucht und wirst Dich nur dieses Irrtums wegen von mir innerlich u. äußerlich schmerzlich entfernen. Ach, bitte, sei Du meine liebe Liebe und halt mich fest. Auch ich werde nicht enttäuscht sein, wenn morgen früh nicht wieder 3 Briefe von Dir im Kasten liegen.

Ach bitte, schreib Du Emma mal. Seit sie wieder in Hamburg ist, hat sie keinen Brief von mir. Und kauf Dir noch Schneeketten, es lohnt sich – und kaufe Dir auch noch einen Keilriemen als Ersatz oder zwei (einen für mich).

Deine Handschuhe liegen bei mir, ich schicke sie Dir.

Gut, daß wir unsere Ringe haben. Ein bißchen Fetischist bin ich doch auch. Mein Ring ist eine Art Rettungsring für die soul on ice; wenn sie mal einbricht, weil das Eis zu dünn ist oder weil die Seele zu heiß wird. Evaaaaaaaaa~~~~~~~~~~~~~aa~~a~a~aaaaaaaa~~~~~~Aa~a~Eva

Mein Kunstwerk im Brief von morgens hat mich so gut ermattet und näher zu Dir gebracht und wenn Du das verabscheust, schreibe es mir deutlich. Jetzt suche ich einen Karton und packe ein Päckchen und verkrieche mich in meine Bude und versuche es noch mal mit dem verfluchten Morgenstern. – Dein Wolf

1. Tafel Schokolade
2. Schachteln Zigaretten für Nina als Startbegünstigung zum Schulanfang –
3. Kaugummi zum Langlauf zum Abitur – der Rest ist für meine liebe Eva.

Weiß Nina eigentlich, daß Du Dir ihretwegen den Arsch abgefroren, die Finger verbrannt und fast das Genick gebrochen hast? Sie soll Dir dafür nicht dankbar sein. Frei nach Che: Verwandelt eure Dankbarkeit in Energie!
Ach, das schwarze Tuch hab ich vergessen. Das nächste Mal!

3. März 70

Wolf, wir hatten Besuch: die Solotänzerin des Theaters, der Choreograph aus Karl-Marx-Stadt, welcher den Can-Can mit uns einstudiert. Nun ist es neun, um vier Uhr ist die Nacht zu Ende für Deine angeschlagene Amazone. Da schnallt sie sich nämlich den Köcher um und macht sich auf die unwegsame Fährte Richtung Magdeburg.
Und wenn die Nacht drauf auf den Schienen was läuft Richtung Berlin, komm ich zu Dir und wieder zu mir.
Mein Auto scheint Getriebeschaden zu haben durch den gerissenen Keilriemen, meinen die Werkstattleute. Ich geh bald hin und lasse meine Reize spielen. Dann lassen sie alles stehn und liegen, legen sich auf'n Bauch bzw. auf'n Rücken und kucken sich den Schaden an.
Vorwürfe brauch ich mir keine zu machen, hab das Auto nur langsam bis zur Tankstelle gefahren. Auch hatte ich Angst anzuhalten wegen des orkanartigen Schneesturms. Ich war an mehreren Unfällen vorbeigekommen, mit Brennzeichen versehen, gespentisch! War ich froh, als ich hier lebend ankam. Ich muß Dich bald sehen – Eva.

3. III. 70

Eva, mein liebes Lieb. Es ist Abend. Kattrin Reichel rief mich ganz kläglich an. Sie hat Geburtstag, ob wir nicht vorbeikommen können, sie kocht uns auch was Chinesisches ... nun muß ich ohne Dich hingehn. Eva, meine ferne Liebe; Sehnsucht kann auch ein Rausch sein. Und ich bitte Dich noch einmal um Verständnis und liebevolle Entgegennahme meines Briefes, dessen Verzierung Du ja selbst verursacht hast durch Deine Begehrlichkeit und dessen Anlass Du ja durch Deine 3-fachen Umarmungen in den lieben Worten Deiner 3 Briefe gegeben hast. Und

Eva, Wolf und die Schauspielerin Kattrin Reichel

überhaupt kann ich so was machen nur mir DIR und darum schreibe mir schnell und erlöse mich aus meinen verdrehten Überlegungen. Eben ruft I. an, daß Dein Brief angekommen ist. Ich werde eilen und lesen und hoffentlich ist es ein guter Brief, in dem geschrieben steht, daß Du genauso krank nach mir bist wie ich nach Dir und daß es für uns beide nur ein einziges Mittel gibt, gesund zu werden, nur ein einziges und kein Anderes! Und kein anderes nicht!!
O, ich falle zurück in die Leibeigenschaft und es ist mir jede Befreiung ein Greuel und eine tiefere Art Knechtschaft. Und ich bin frei in meiner Liebe zu Dir und mit Händen und Füßen gebunden in meiner Sehnsucht zu Dir. Es verwirrt sich. Heute kam auch Dein lieber Brief mit den schönen Blumen, die ich gerochen und dann gefressen habe, Dein Wolf.

3. März 70

Ach, Eva, meine Automobile Amazone, jetzt hab ich Deinen verspäteten Brief aus D. an I. gelesen und hatte Deine Andeutungen am dreimal verfluchten Telephon zu ernst genommen und mir höllische Sorgen gemacht!
Ich bin kaputt heut abend (war bei Kattrins Geburtstag) Ach Ach !!!
Es ist Nacht 3./4. März – Meine Lippen sind fest und meine Augen sind hart und mein Herz schlägt den Hals hoch. Wir leben hier in diesem konterrevolutionären Schmalztopf mit dem festgeschraubten

Deckel drauf. Die ersten Tage hat mein Schwanz sich aufgebäumt gegen die Trennung, jetzt hat er sich schon gewöhnt und macht einen Winterschlaf. Aber mein Herz will sich nicht gewöhnen.
I belong to you and I need you, my true love. Don't forget me, down in the lousy south! And don't open the door to your heart for an other lover. The gate round your lovely garden of Eden may be so high as possible. It's not nessesary to fall in love with every silly fool, who crosses your long lonesome way, Yah! Now its quite half to two and I'm tired. I hope I'll have a nice dream of you. And I'll drink from your lips, from these lips, bat also from the others. Sincerly Your Wolf

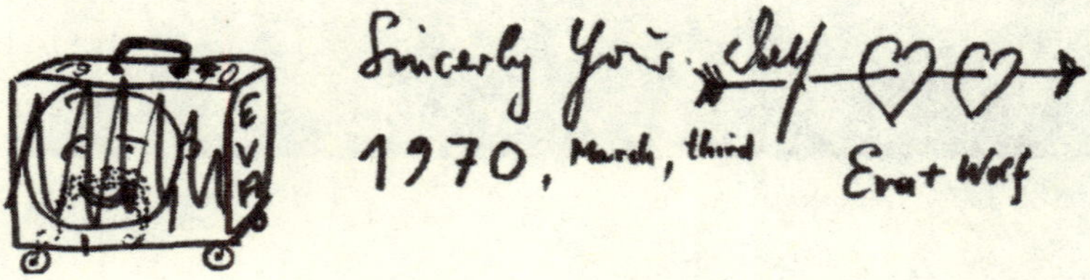

März 70

Wolf, ich sitze im Zug Leipzig-Magdeburg. In den, welcher nach Berlin fährt, hab ich einen Brief gesteckt. Hoffentlich war der in Betrieb, sonst liegt er drin und verrottet bis er verschrottet wird, der Waggon. Eben hab ich wieder die gestrige ›Sendung‹ genossen. Du schreibst was von einem tachistischen Machwerk mit einem blauen und roten Ulbricht als Eilflügel. Den Brief habe ich noch nicht.
Seit Stunden in Magdeburg. Alles scheint mir feindlich gesinnt.
Die Empfangsdame beim Friseur kuckte scheel: der lange Schal, die weitgestrickten Hosenbeine waren wohl nicht nach ihrem Geschmack. Sie sagte streng, es dauert. – Haare waschen bei Fieber ist gewagt, aber ich muß was hermachen!
Sitze in der Mitropa, bestelle Karpfen-Blau. In Gedanken versunken war ich hergetaumelt, wurde abgewiesen an der Tür. Den Hinweis, Eingang nur für Militärpersonen, hatte ich übersehen. Die Klofrau, ein Dragoner, dröhnte: Hamses Händewaschen bezahlt? Nich die Tür zuschlagen, sonst zahlnse doppelt! Spritzen Se nichts aufn Boden! Der Karpfen war eine Unverschämtheit: Dicker Kopf mit Stück Hals. Selbst mein Tischnachbar sagte tadelnd: ›Das ist aber kein gutes Stück.‹ Der Apfelsaft schmeckt nach Moder. Das Tischtuch ist dreckig. Eben kam der Ober, sagte: ›Gestatten‹ – und drehte das Tuch auf die linke Seite.

So, nun ist der Jammer raus, ich werde ins Kulturhaus aufbrechen und laut Vertrag als ›Sängerin für Chanson‹ zwei Auftritte haben in einer Modenschau-Veranstaltung. Abends gehts ins HO ›Stadt Prag‹, bei der Bezirksleitung der SED. Meinen eigentlichen Kummer hab ich noch nicht erwähnt: Um 20.03 fährt ein Zug nach Berlin, der ist 22.37 in Oberschöneweide – und den schaff ich nicht. So muß ich morgen gleich nach Potsdam und um 17 Uhr nach Karl-Marx-Stadt again.
Das ist mein ganzer Kummer. Dabei wollte ich Dir doch nur mal kurz in die Augen sehen. Leb wohl, Geliebter von Eva-Marie.

Aus einem IM-Bericht vom 4. März 1970 – 20.15

Wolf hat große Sehnsucht nach Eva. Sie schreiben sich fast jeden Tag Briefe. W. fragt, ob sie den Brief mit dem komischen Gemälde erhalten hat. Sie verneint. Darauf meint Wolf, diese Schweine, diese alten Schweine (...)
23.54 – Eva-Maria informiert Wolf, daß sie in Berlin ist. Sie befindet sich in Weißensee, sie ist mitgefahren im Auto ... Wolf wird sie gleich abholen.

6. März – 10.08 Eva-Maria H. teilt Jochen Hellwig, Kreistheater Annaberg mit, daß sie nicht fahren konnte, weil der Zug nach Karl-Marx-Stadt ausgefallen ist. Eva möchte sich deswegen keine Sorgen machen, die Proben wurden abgesagt, da andere Künstler ebenfalls nicht können. Eva bittet, man möchte sich um Nina kümmern. Jochen H. verspricht das. Karla kümmert sich um Nina.

Röbisch

Sonntag, 8. März 70

Internationaler Frauentag – Eva, meine Liebe, wie hast Du mich in Berlin zurückgelassen, wie einen nassen leeren Sack liegengelassen auf der Bank aufm Bahnsteig auf dem Ostbahnhof! Ein geringes Mißverständnis, eine kleine Unachtsamkeit in der Eile und im Schmerz des Abschieds – und schon wendest Du Dich ab. Und die Tatsache, daß Du selber darunter leidest bedeutet nicht, daß diese mörderische Größe bei Kleinigkeiten angemessen ist – eben noch meine einzige Liebe, verwandelst Du Dich schlagartig in eine vorwurfsvolle böse Tränenkartoffel; eines lächerlichen Scheißdrecks wegen behandelst Du uns und unsere große Liebe wie einen lächerlichen Scheißdreck. Ein altes Leiden.
Wir haben es zwar immer wieder mit einer Sintflut von Liebe und Zärtlichkeit heilen können, aber trotzdem – das alles zerstört vielleicht nicht unsere göttliche Liebe, aber bestimmt unsere irdischen Kräfte, die wir jeder in unsrer Arbeit brauchen und von denen wir ja nicht grade zu viele besitzen.

Ich blättere in alten Notizen. Am 18. Juli 68 notierte ich in Zempin auf Usedom, als wir bei Ottos Frau No II saßen u. a.:
Evas Krankheit blüht und tyrannisiert mich wieder. Wenn ich sie nicht so liebhätte, hätte ich sie schon erschlagen oder verlassen müssen. Aber die Liebe liefert mich ihren Launen aus, denen sie selbst wahrscheinlich ausgeliefert ist.
Lies dazu mal in der Bibel im SIRACH, Kap. 25, Verse 22, 23 und 30.
Aber nach der Invasion schrieb ich über Dich:
›Ich bin glücklich über sie. Wenn die Konflikte Format haben (ČSSR), wie jetzt, zeigt sie ihres auch. Am 15., also schon in 4 Tagen, mein Gott! – hat sie Can-Can-Premiere. Unter diesen widrigen Umständen hat sie sicher Eigenschaften als Schauspielerin und Mensch entwickelt, die sie weiterbringen. Sie, die früher nur als dummes DDR-Sexual-Huhn verbraten wurde, mischt sich in die Dramaturgie und Regiearbeit ein; sie wird noch eine richtige moderne Schauspielerin werden. Auch politisch! Aus der Baby-Doll-Zuckerdose ist eine Kommunistin geworden. Ihre guten Charakteranlagen, die sie immer hatte, sind jetzt aufgeblüht. Sie ist aufrichtig, furchtlos und hat einen guten Kopf. Wer weiß, vielleicht hilft ihr sogar die jüngste Weltgeschichte auch, die lange Geschichte ihrer Hysterie abzuschließen.‹
Im nämlichen SIRACH heißt es: Ein Freund kommt zum andern in der Not, aber Mann und Weib viel mehr. K. 40, V. 2
Komme zu mir, denn Du bist mein Weib und ich bin Dein Mann und ich liebe Dich und Not ist genug. – Dein Wolf

8. 3. 70

Lieber Wolf, ein sonniger Wintertag ist durch die verschmutzten Scheiben zu erkennen. Der Zug hält in Linda/Elster. Ich bin im Speisewagen und werde Schweinelendchen mit Butterbohnen essen.
Kein schöner Abschied war das durch den blöden Streit. Aber ich hab mich nicht gebaut, leide selbst unter den Unzulänglichkeiten. Deshalb will ich schnell mit dem Löschblatt die Kleckse löschen, damit nicht der Eindruck entsteht, es wären Stockflecken in unserer Tuchfühlung. – Der Zug schaukelt weiter. Vierzig Minuten Verspätung. In Jüterbog traf ich die Eisenbahnerin aus der Schneesturmnacht. Sie sagte, der Zug wär mit 325 Minuten Verspätung abgefahren, dann auf freier Strecke stehengeblieben. – Nun rollen die Räder wieder, vielmehr stukern, als hätte der Frost was rausgebissen in seinem Grimm.

Ich freu mich auf Annaberg, da keine weiteren Termine sind. Bis auf Prag, 25./26./27. März. Aber das ist ja was zum Freuen.
Jetzt gebe ich Dir nachträglich noch den Abschiedskuß – und solche wie gestern, vorgestern, vorvorgestern. – Eva

10. 3. 70

Turteltauber, gut, daß ich nicht sprechen muß beim Schreiben.
Meine Stimme knarrt und krächzt. Ich koche Milch und Tee. Honig gibt's hier keinen. Und heut geht auch das letzte Holz zur Neige (die Kohlen haben sich bereits, bis auf drei Briketts, in Asche umgewandelt). Aber kommt Zeit, kommt eine Fuhre mit Brennmaterial.
Zum ersten Mal im Leben bin ich richtig heiser und finde es drollig. Nur die Begleiterscheinungen tun weh. Und so kam es dazu: Das Theater bat mich, für die Frauenfeier des Rates der Stadt als Überraschung zu erscheinen, ein ›gesellschaftlicher Einsatz‹, dann hätten wir 'n Stein im Brett beim Bürgermeister. Ich schlängle mich also mühsam – bei den Kurven mehrmals Anlauf nehmend – die Serpentinen hinauf (übrigens: das Auto hat keinen Getriebeschaden. Stoßstange wurde ersetzt, Blinkleuchte, Kühlwasser; bald wird die ausgebeulte Stelle lackiert) und gelange ins ›Waldschlößchen‹, wo ich heimlich durch die Großküche und durch das kalte Büfett geschleust werde von Hellwig – und wo mir der Tausendsassa ein Glas unterkühlten Sekt in die Hand quetscht, das ich gehorsam in mich reinschütte, weil er ›auf Ex‹ sagt. Kurz drauf Anklänge von Stimmbruch, doch alles ging anstandslos über die Bühne. Die Frauen küßten mich, waren begeistert.
Jetzt ist eine ungewöhnliche Zeit zum Wachsein für Dich: 7 Uhr 15. Nina kriegt kein Feuer an. Und damit sie nicht ohne was Warmes im Bauch in die Eiswüste muß, steh ich mit auf.
Morgen gebe ich eine Feier, Gläser sind mitzubringen. Nina will be fifteen jears old, she is very happy. – Nun will ich noch etwas schlafen. Um zehn ist Probe. Werde nur pantomimisch wirken. Ich küsse Dich sanft, damit Du nicht aufwachst. Dein Schlaf ist mir heilig. – Eva.

10. III. 70

Meine liebe Lieb – Dein treuer Johannes ist gekommen, und das ist gut, denn ich kam eben erst von Grünheide nach Haus und war froh, Deinen Brief zu finden, Deinen lieben Brief und ich sah mit Freude, daß Du Dich offenbar viel schneller aufgerappelt hast als ich. Denn ich

war kaputt und kaputt und kaputt und fuhr, wie ich war, raus zu R. und es ging mir erst bißchen besser, als ich einen Brief an Dich im Kasten hatte, den Du ja wohl hoffentlich längst hast, und hoffentlich auch den Brief mit meinem tachistischen Gemälde von vor einer Woche ... Wie gut auch, nun kriegt Nina ihren Geburtstagsgruß noch rechtzeitig, feiert mal schön und vergesst mich in der Eile nicht ganz, sondern schreibt mir zusammen am Geburtstag einen kleinen Gruß.
Den Waschkram hab ich erledigt, meine Bett-Decke reingewürgt in die Schleuder und Deinen Kühlschrank ausgeräumt.
So, Johannes der Täufer der Säufer der Käufer ist in a hurry, ich geh mit ihm rüber, die Klamotten einpacken. Schreib Du mir bald und was Gutes und Besseres für mein Herz und wenn Du übrig hast, sogar was für meinen Kopf.
Mein einziges Schnurpel Knurpel Purpel – ich hab Dich lieb und es genügt ein weniges, daß Du mich zu Deinen Füßen liegen siehst, denn nach den Füßen kommen die Waden und nach den Waden die Knie, die Schenkel dann und wenn Du glaubst, ich beschreib Dich jetzt kontinuierlich bis zu den Haarwurzeln (des Kopfes) muß ich Dich enttäuschen. Johannes wartet und wartet und wartet und wartet – (auf mich jetzt) – Brrr Brrrr Dein Wolf

10. März 70

Meine liebe Nina – nun ist Dein Privat-Postbote gekommen, so daß Du 15 Geburtstagküsse (5 auf die linke Hand, 5 auf die rechte, 5 auf den linken Fuß, d. h. auf die einzelnen Zehen) noch rechtzeitig von mir haben sollst. Ich dachte nämlich bis gestern abend, es sei der 15. März, nur weil Ihr (Bylle & Du) ja 15 werdet. Außerdem feiern wir Roberts + B. + N. Geburtstag erst nächsten Sonnabend. Und der unheilige Johannes blicket stumm in dem ganzen Zimmer rum und ist in Eile und ich kann in der Eile gar nicht richtig an Dich schreiben.
Ich hab Robert erzählt, daß Du durch außerordentliche Umstände in Annaberg die Chance hast, doch das Abitur zu machen – das wär nach unserer Meinung ganz großartig für Dich, gerade wenn Du Schauspieler werden solltest, wär das sehr sehr gut, wenn Du nicht so eine Puppe wirst mit unten Sex und oben doof. Denn der beste Denkapparat taugt nichts, wenn kein Fundus an Kenntnissen da ist. Ich denke dabei bisschen an mich, wie gut es für mich war in Gadebusch.
So, gib bitte einen zumutbaren Teil obiger Küsse an Eva (an die näm-

lichen Stellen) weiter und feiert schön und seid verrückt und lustig, denn wer nicht richtig verrückt ist kann auch nicht richtig ernst sein und beides ist vonnöten, sagt Dir der liebe Wolf

10. 3. 70

Geliebter! Ich genieße mein wassersummendes Idyll. Eine Frau vom Rathaus gestand mir, daß sie mich liebt. Und hat eine Heizsonne gebracht (Hundertfünfundzwanziger)! – Nina ist ins Theater gehüpft. Die Treppen runter dauert's fünf Minuten, rauf doppelt so lange, denn es geht steil hoch. Sie kuckt sich ›Xerxes‹ an. Da spielt Karla mit und Charly Krause, dem Nina im ›Strauß-Abend‹ Osterkätzchen überreichen ließ, zwei Meter hohe mit Schleifchen. Charly ist Familienvater (Zweitbesetzung des Aristide) sympathisch, schüchtern, wird oft rot. Nina sagt, er singt sehr schön. Sie begeistert sich jetzt für Opern.
Vorhin war ein Polizist da, hat eine durchgeknallte Sicherung ausgewechselt, der wohnt im Haus, versteht was von Elektrik.
Unsere Wirtin ist auch nett. Leider bin ich erkältet, in der Brust sind Geräusche. Hoffentlich kriegen wir bald Kohlen; z. Zt. ist es aber warm. – Deinem Sonntagsbrief möchte ich nichts hinzufügen, ich bin einverstanden und will mich bemühen ...
Nina hat um 24 Uhr Geburtstag. Will noch was vorbereiten, bin froh, daß sie hier ist. – Bald werd ich mich erholen, spazierengehn in Schnee und Sonne. Das wird auch Dir zugute kommen, Karl-Wolf.
Ein kuschliges Geringel – in Gedanken – von Eva-Marie.

11. März 70

Eva, mein Schnurpel, hier schicke ich Dir meine Visitenkarte von heut morgen, ein Dokument, an dem Du siehst, wie ich meine libidinösen Überschüsse in Schüsse umfunktioniere, und so, wie ich auch bei Dir zumeist ins Schwarze treffe, auch hier. – Es ist ein sonniger Morgen, die Landschaft hier ist eine einzige Metapher: Tauwetter. Vielleicht liegt unten ein Brief von Dir im Kasten, und ich schreibe hier so ins Blaue. Robert hat heute Geburtstag und mein kleines Lederbüchlein ist weg und mein Morgensternmanuskript ist weg und und und und ...
Ach, ich muß jetzt lieber aufhörn, es verfinstert sich sonst.
Ich liebe Dich eifrig und süchtig und eifersüchtig noch immer. Noch. Immer. Dein Wolf – am 11. März 70 –
feiert schön Ninas Geburtstag – und denket Mein in Liebe ...

11. März 70

Liebwolf, ein wechselvoller Tag: Ninas Geburtstag mit Gästen, Kaffee und Kuchen, Sonne, Wolken. J. brachte Dein Geburtstagspäckchen, worüber N. überaus glücklich war. Ansonsten hat sie öfter geweint, mal aus Freude – die Kollegen des Theaters sind ganz lieb zu ihr – mal aus Kummer, weil ihr Nicolai weit weg ist. Aber es kam ein dringendes Glückwunschtelegramm ...

Abends Probe. Der Pförtner sagte, ein Blitzgespräch, ich soll dringend Herrn Dau anrufen (Defa-Prod.-Leiter). Mir schwante, was wir schon ahnten: Er hätte mir die betrübliche Mitteilung zu machen, daß mein Visum nach Prag abgelehnt sei. Und da die Dekoration ›Restaurant‹ in Prag abgedreht werden muß, mußten sie leider umbesetzen. Auch der Regisseur, Gerhard Klein, der bis hier durchgehalten hat, sagt: Da führt kein Weg rein. Die Direktion gibt es mir noch schriftlich.

Und ich unbelehrbare Person nervte mit Fragen, wieso, warum, was ich verbrochen hätte. Herr Dau sagte kleinlaut, das wisse er auch nicht. Ich sagte was von Rufmord, Vertragsbruch. Aber wozu. Ein Zwischenglied kann nichts dafür. Es sind die Vorschriften und die sind dazu da, um eingehalten zu werden. Aber jetzt ist Schluß. Ich schreib an den 1. Vorsitzenden, berichte von der Ungerechtigkeit, welche an mir verübt wurde, weil ich einen aufrichtigen Kommunisten liebe, einen furchtlosen Künstler zum Manne hab. Meine Arbeitgeber im Fernsehfunk verlangten, ich soll mich distanzieren, andernfalls müsse man ernste Schritte einleiten. Und jetzt wurde mir gekündigt, Herr Staatsratsvorsitzender, ohne die geltenden Arbeitsgesetze zu beachten, ohne Gründe zu nennen. Ich werde Beweise meiner Verbundenheit mit der DDR schicken, Zeitungsausschnitte, wo ich auf Panzern sitzend, Grenzsoldaten zur Zeit des Mauerbaus moralisch Halt gebe mit Liedern zur Gitarre. Und die gesellschaftlichen Einsätze, im ›Waldschlößchen‹ für die Frauen zum Internationalen Frauentag gerade, hab ich ihrem grauen Alltag Lichter aufgesteckt, mich nicht gescheut, in zurückgebliebene LPGs zu fahren – nach der Devise: Kunst aufs Land. Für unsere militärischen Verbündeten bot ich nach anstrengenden Stunden an den verschiedenen Waffengattungen Abwechslung. Auszeichnungen, Dankschreiben für patriotische Leistungen beiliegend! Ich bin hier aufgewachsen, Herrschaften. Hier gehör ich hin. Einscheißer und Kriecher haben mich nicht infiziert, meine Widerstandskraft nicht schwächen können, um mich im Kreis der Anpasser aufzu-

1961. Eva zur Zeit des Mauerbaus bei den Grenzsoldaten

nehmen und werden es nie schaffen. Ich glaub an unsere Sache und bin überzeugt: wenn ich mich an die richtige Adresse wende, wird mit der Faust auf den Tisch gehauen!
So ungefähr werde ich mich ausdrücken, nicht zornig und voll Unmut, sondern schlicht und ergreifend, vertrauend auf die Arbeiter- und Bauernmacht. (Ich muß an die ›Marschroute‹ denken, an die Frauen, welche mit dem Schrei auf den Lippen: ›Es lebe Stalin‹, starben.)
Ich werde den großen WU an Zeiten erinnern, wo man von einer Frau, wenn sie mit einem Juden verheiratet war, verlangte, daß sie sich scheiden läßt, die froh sein konnte, wenn sie die dreckigste Arbeit bekam, Schweinedärme auswaschen, um für ihr Kind Brot kaufen zu können, Deine Mutter Emma, die ihren Mann, der Kommunist und Jude war, in Auschwitz verlor. Die Zeiten sind vorbei! Genossen!
Natürlich übertreibe ich. Immerhin darf ich Theater spielen in der Provinz, Nina eine Apfelsahnetorte kaufen zum 15. Geburtstag, Besuch kriegen. Du wirst sehen, Wolf, ich werde unermüdlich gegen das Unrecht kämpfen – und Dich lieb haben. Es ist spät geworden. Mitternacht. Morgens um sechs steht Nina auf. Um neun ist Probe. Es muß ja weitergehn. Ich küsse Dich. Aber traurig ist sie doch – Deine Eva.

Bln, 12. März 70

Eva, meine einzige Liebe, meine liebe Frau – was für ein wohlverdientes Schwein hab ich doch mit Dir! Du bist ja, wenn Du nur Du bist, das Weib: Von schöner Gelassenheit wie sie die Natur uns vorführt. Und von zuverlässiger Freundlichkeit, ein guter fester Punkt, an dem ich mich orientieren kann in meinen Irrfahrten. Und verrückt wie nur ernsthafte Menschen es fertigbringen. Und meine Geliebte. Wirklich sanft können nur die Kräftigen sein. Mich regt der Anblick auch Deines Bauches auf, wenn er sich unter meinem Körper in drei große Furchen quer gezogen krümmt und Deine ländlich lieblichen Schultern, von denen ich aber schweigen will, weil ein geschminkter Gockel sie schon besungen hat in seiner Art. Ich sehne mich auch nach Deinen beiden Kuhlen, die die Grenze Deines Rückens nach unten hin beschreiben, diese Grenze, an der nicht geschossen wird und die meine Streichelhände so gern überschreiten. – Heute früh fand ich zwei Eilbriefe im Kasten, und als ich sie las, verwandelten sie sich in zwei Umarmungen. Es stimmt ja gar nicht, daß wir nicht beieinander sind. Ich bin ganz nah bei Dir, näher als je und glücklich.

Jetzt werde ich mich auch an diesen verfluchten Morgenstern machen und, sobald ich fertig bin, in Deine Arme rasen, schliddern, kriechen, fliegen. – Wie gut, daß Du mal mit Nina allein bist. Nach langer Zeit hat sie Dich mal total und an bevorzugter Stelle und nicht nur nebenbei im Vorübergehn, ohne hastig hingeworfene Vorwürfe und ebensolche Liebkosungen. Habt ihr schön gefeiert? Habt Ihr an mich gedacht? Schreib mir, meine Süße, alles von Dir, denn von Dir ist mir alles Weltgeschichte – Dein Wolf

(Deine 50 Pfg-Briefmarke war nicht gestempelt worden. Ich habe sie über Dampf abgelöst und wieder an Dich zurückgeschickt. Gut, was?!)

Abend d. 12. März 70

Ach, Eva, weil ich nur bei Dir bin, bin ich nicht bei Morgenstern, und weil ich nicht bei Morgenstern bin, darf ich nicht zu Dir. Und schon wieder lasse ich mich fallen in einen Brief an Dich und flüchte so vor den Galgenliedern; es wird nun schon skandalös. Und vom DraDra hält er mich ab, von meinen beiden Lieblingen also …

Eva, mein Bauchtier, was tut Deine Seele mit der vielen Muße? – Kaum las ich Deine Briefe mit der Nachricht von Deiner Erkältung und schon bin ich heiser, jedes Wort kratzt mich im Rachen.

Meine saubere Bett-Überdecke ist trocken und schützt wieder die Augen der Besucher vor dem Anblicke der Bettwäsche. Und mein Auto geriet wieder in die Finger des kostenlosen Service, der uns hoffentlich nicht eines unschönen Tages zu teuer kommt. Manuel und Jonas sind aus meiner Welt. Ich falle da in bodenlose Traurigkeiten. Ach kämest Du doch wenigstens mal in meine Träume, aber da sind nur chaotische Höllen, in denen Engel nicht zugelassen sind. Kämest Du wenigstens mal als Teufel verkleidet, wie Du es ja oft genug in Wirklichkeit tatest – aber nichts. – Schreib mir bitte längere Briefe als ich Dir schreiben kann. Mir sind die Worte zu kaputt. Dein Wolf

nächster Morgen, 11.00

Manuel hat mich rausgeklingelt. Er brauchte sein Schwimmzeug, das bei mir lag. Er will nach dem Schwimmen noch mal vorbeikommen.
Die Kinder sind wie Messer u. Gabel, mit denen Brigitt mich zerschneidet. Das darf nicht so weitergehn. Entweder ich muß ihr das Besteck aus den Händen schlagen, oder mich nicht länger auf den Teller legen. Die Liebe zu den Kindern muß ich mir auskratzen wie ein Geschwür.
Nun ist Emma gekommen. Die alte Leier: Haare, Bart, Robert – Gemisch aus Mutterhänden und Eifersucht. Jetzt geht sie runter und schaut, ob ein Brief von Dir da ist. Vielleicht steht in dem Brief, daß Du wieder gesund bist, und dann würde ich wohl auch sofort mit meinem Hals ok. sein. – Es kamen gleich zwei liebe Briefe an.
Meine Arme, Du darfst also den Film in Prag nicht machen. Reg Dich darüber auf, aber reg Dich nicht drüber auf!
Ich schick erst mal diesen Brief ab, damit Du Post hast. Ich soll Dich und Nina lieb grüßen von Emma und über Emma auch von Oma Meume, der ihr mal schreiben solltet, denn sie ist jetzt allein in Langenhorn und Tante Lotte besucht und besorgt sie jeden Tag einmal.
So meine Liebe, sei trotz aller Trauer auch heiter, denn es sind nicht die Dinge selbst, die schlimm sind, sondern die Haltung der Menschen zu den Dingen. Diese Verfolgungen sind ja nicht das Ergebnis eines Mißverständnisses. – Ich hab Dich lieb – Wolf – Gruß an Nina

12./13. März 1970

Mensch Karl, mich hats erwischt. Wenn ich auf Abstand zu mir gehe, mich von außen betrachte, sitzt da ein flügellahmer Herbstfalter auf der Stuhlkante. Aber alles ist eine Willensfrage, auch das Widerstand

leisten gegen ein Heer von Zerstörern wie da sind: Bazillen, Viren – die Erreger bzw. die Mobilmacher des Immunsystems: Den heftigsten Schnupfen, von dem je meine Nase heimgesucht wurde, hatte ich nach zwei Tagen überwunden. Dann kam eine mir bis dato unbekannte Kategorie, diese stimmbruchartige Heiserkeit bis zum Totalausfall; auch besiegt inzwischen. Ich könnt wieder tirilieren wie Eliza bei dem Lied: Ich hätt getanzt heut Nacht – wenn der böse Husten mich nicht fast auseinandergerissen hätte heut morgen. Die Brust, genauer, die Bronchien, tun weh, der Rücken, das Rippenfell und habe Codein-Tabletten geschluckt und Ephetussin isis. Trotzdem pocht ein Specht mit glühendem Schnabel bis in die Fingerspitzen rein.
Kohlen, einen Sack voll, haben uns zwei Männer im Wartburg gebracht. Sie hatten gehört, daß wir frieren. Das ist Nachbarschaftshilfe! – Hast Du den Brief von gestern bekommen, wo ich mein Vorhaben gegen erneute Repressalien vortrage? Kann ja sein, man erspart mir die Arbeit und lenkt den Brief direkt an entsprechende Adresse und Du weißt nichts von meiner Beschwerde. (Ich darf nicht nach Prag, überhaupt nicht mitspielen – trotz einjährigem Vertrag.)
Ich hab einen Glühwein gezaubert mit Nelken drin und einen Glutofen im Zimmer und mich ins Bett begeben. Im Kasten waren zwei Briefe. Ein bunter Vogel und die Auto-Reparatur-Rechnung (198,38 Mark). Leise Vorfreude summte in mir, als ich die Treppen hochstieg.
Dann sah ich – und fühlte den Geschmack von essigsaurer Tonerde auf der Zunge – das war nicht Deine Schrift auf dem Kuvert. Andre haben auch farbige Ideen: der Brief war für Nina.
Ach, bitte, schenk mir täglich paar Minütchen, Schatz. Schreib nur: Na, Liebchen Murmeline. – Damit ich nicht eifersüchtig bin auf Menschen, die Dich sehen können, singen hören, sprechen. Brauchst auch keine Dichterfähigkeiten zu bemühn, nur der treusorgende Mann schreibt seiner in die Wüste geschickten, in die Wälder verschlagenen, über die Berge gezogenen, vom Schicksal schwer geprüften Gefährtin. Der Freund sagt seiner Freundin, was sie gern hört und außerdem der Wahrheit entspricht. Oho, wenn sie sich da mal nicht irrt!
Du siehst, mein Selbstvertrauen ist mitgeschwächt von den durch mich durchziehenden Kampfschwadronen. Vielleicht bin ich, wenn Dich der Brief erreicht, längst wieder das muntere Rehlein Spring-ins-Feld.
Ich war auf der Meldestelle, den Zweitwohnsitz in' Personalausweis eintragen. Das hast Du nicht aufzuweisen. Aber es gibt ein Problem:

Ich muß zur Wahl. Nun bin ich ans Ende der Welt verschlagen – und in der Liste eingeschrieben, die im Bezirk Mitte ausliegt.
Mit Nina in der Schule geht alles gut. Sobald ich gesund bin, geh ich hospitieren. Heute hatte sie Schießen in Sport. Einmal hat sie die Stuhllehne getroffen, dann das Bein vom Stuhl und einmal direkt ins Schwarze – aus Versehn. Es gab Lachsalven!
Schlafschön, mein Pieptschiebiep, Grünauge Graublau.
Kringelzungen sollen Dich umschmiegen – die Liebste Eva Dir im Arme liegen ... wünscht Dir Deine Dich liebende Marie.

13./14. III. 70

Eva, Eva! ach ich bin heute durch eine Sauna der Haltungen geprügelt – Emma ist da, da bricht das Geschwür wieder auf: Jonas und Manuel und West-Trottel und Ost-Verrückte und mein Hals ist zu.
Als ob in Deinem letzten Brief nicht nur die Nachricht von Deinem zuen Hals war, sondern auch die Erreger ... oder meine Seele reagiert so wahnsinnig, daß mein Körper Dich nachahmt; wenn Du morgen den Verstand verlierst, werde auch ich ... aber wie kann ich verlieren, was ich längst verlor?
Und heute kein Brief von Dir. Vergessen die zwei Briefe von gestern – heute kein Brief von Eva-Maria Hagen. Man gewöhnt sich an die permanente Aufmerksamkeit und schon wird man unbescheiden. Vielleicht war es auch nur der berühmte Blick unserer berüchtigten Genossen, der etwas länger auf Deinen literarischen Werken verharren wollte, neidvoll vielleicht oder verständnislos oder angewidert oder alles zusammen. Ich liege im Bett, zerschlagen, von Emma liebevoll erdrückt mit Halswickeln und Suppe und Camillentee. Eva, es ist schlimm in meiner Seele. In diesem Luxus-KZ.
Sbd. Es ist halb fünf Uhr früh. Mit dickem Halswickel stampfte ich wie ein Eisbrecher durch den Halbschlaf, hinter mir zerbrochene Halbträume, umspült von Grübeleien. Der Dichter spricht!
Arzt per Telephon behandelte mich so: Nicht sprechen! Die nächsten Tage absolut nicht sprechen. – Beim Jüngsten Gericht sollen wir ja vor GOTT Rechenschaft ablegen über jedes unnütze Wort, das wir gesagt haben! Das wird erst ein Gelaber geben, das noch mal ein paar Millionen Jahre dauert. Es ist ganz eindeutig: das Jüngste Gericht wird eine einzige Dauersitzung: Rührende Hoffnung aller Unterdrückten und Gedemütigten: das Unrecht wird einst an den Übeltätern bestraft,

mit dieser Hoffnung erträgt man leichter permanente Verbrechen, die man weder verhindern noch ahnden kann.
Hoffentlich ist heut ein Brief von Dir da. Aber ich will Dich nicht mürben. Trotzdem: ich brauche heute einen Brief. Ich las eben noch mal Deine letzten beiden Briefe. Du kannst so schön von Dir und von uns schreiben. Du bist ja meine Liebe.
Mein Körper hängt wie ein einziger nasser Sack an meinem zerfledderten Hals und darüber erhebt sich ein zerklüfteter Denkapparat.
Wie gut, wenn Du einen Hubschrauber hättest! In den USA haben viele Privatleute so was.
Vielleicht kann ich noch eine Ecke schlafen bis Emma kommt.

14. 3. 70

Wolf, dieser Sonnabend, so schien es, wollte ohne Höhe- oder Tiefpunkte gemächlich seinen Abgang machen. Jetzt könnte ich manche Liedzeile anführen, die hinhaun täte, um die Wende kurz vorm Dämmern zu besingen. Von Wölfchen Goethe & Fränzel Schubidu z. B. diese: ›Und seiner Rede Zauberfluß‹. Wonnigliche Honigbriefe, besonders der am 12. März geschriebene, haben das bewirkt.
Und lieg hier ausgeruht, die Sinne rebellieren, können das Vernachlässigtwerden nicht begreifen. Du bist schuld mit Deinem Begehren, verstehst es zudem gekonnt, es in Worte umzusetzen. Wer sät, soll auch ernten! – Ich bin reif! Komm pflücke mich, auf daß ich kein Fallobst werde, von Raben angepickt, Schafsböcken bestiegen, Schweinen zertrampelt. Du sollst Kerne einpflanzen, damit Äpfel, Pflaumen, Kirschen reifen. Wundere Dich nicht – ich hab heute meinen Obsttag. Und heiße Füße, gleich fangen sie Feuer ...
Ihr feiert nachträglich Robert-Bylle in Grünheide. Und Nina schläft. Sie wollt zum 3. Mal in ›Xerxes‹, Karl Krauses große Opernschau. Ich sagte: Njet! Wir haben Punsch getrunken, es ist bullerichwarm.
Laut Probenplan ist morgen nichts, Montag der gewerkschaftlich freie Tag, für die Frauen wird verspätet die 8.-März-Feier veranstaltet im Waldschlößchen. Erscheinen Pflicht!
Was ist mit Deinem Gitarrenbauplan? Es ist bereits Mitte März.
Und das Projekt mit dem Morgenstern? Kommst Du mit ihm weiter?
Was hältst Du von Sternbildern wie der Venus. Gefällt Dir Libra, die Waage: Ich zum Beispiel. Will Dich nicht nötigen, Mister Skorpion, hab ich das nötig? Nie und nimmer. Hab nur das Gefühl, daß meine

Zehen bald gar sind und würde sie Dir mit Sauerkraut servieren, falls Du Appetit drauf hättest. Da fallen mir prompt Deine Knubbelchen ein, frischfeiste Champignons, knackige Zehchen, schmelzzarte Wiesenkissen. Ich streichle sie samtpfötchenartig, mit eingezogenen Krallen, pfleg sie mit Leinenlappen, Himbeergeist drüber, Zungenspitze; genug des Vorspiels: Mahlzeit!
Meine Hand liegt da, wo Deine sonst zu ruhen pflegt. – Diese Zeilen schrieb Dir das nach Dir fiebernde Mariechen im Fieberzustand.
Bin gespannt, ob die beiden Willis was ausrichten im Entspannen. Ewiggrüne Hoffnung, du beschützt unsre Gattung vor dem Absterben.
15. 3. – Ein Sonntagsgruß von unserm breakfast table, wo wie gemalt zwei Rosen in kobalt-blauer Vase bildbestimmend sind: Eine noch knospenartig, rosa-zarte, eine sinnlich-rote mit leichtgeöffneter Blüte. Deine beiden Herzschätzelchen: Kindmaid Nina und Weibsbild Eva.

15. III. 70

Eva, meine liebe, meine ferne, heute ist Sonntag, meine Heiserkeit macht Fortschritte, hoffentlich rufst Du nicht an, Du würdest kaum was verstehn, mir würde der Angst- und Wutschweiß ausbrechen, ich würde in das Mikrophon keuchen, den Hörer aufschmeißen, weil Du sagen würdest: Warum sprichst du so komisch mit mir?
Meine Liebste, meine Einzige, heute ging ich mit Hussels in die neue Galerie. Dort sind zwei Ausstellungen. Zuerst sahen wir die Bilder des naiven Georgiers N. P. Davon hab ich meiner naiven Malerin Eva einen Katalog und ein Plakat mitgenommen zur Freude und Anregung. Dann gingen wir in die Tomski-Ausstellung. T. ist Präsident der sowj. Akademie d. Künste und das zu Recht! Jetzt erst begreife ich die ganze Tiefe und Breite der Forderung unserer Parteiführung nach der monumentalen Kunst. Von den russischen Helden des nationalen Befreiungskrieges von 1812 in getöntem Gips über Lenin in Granit bis Walter Ulbricht in feinstem Marmor wird wirklich alles geboten. Wundert es Dich, daß es keinen einzigen Katalog zu dieser Ausstellung mehr gab?! Ich hätte Dir so gern einen mitgeschickt.
Gestern kamen zwei Briefe und heute keiner, Du überschüttest mich mit Aufmerksamkeit und erzeugst so in mir ungerechte Ungeduld, wenn mal keine Post da ist. – Hoffentlich geht es mir mit Dir nicht ebenso. Dideldum – und bißchen Kopfschmerzen hab ich, laß mich ruhig bißchen jammern und tröste mich ruhig ein bißchen.

Hab mit Emma telephoniert, sie ist gut gelandet, läßt Euch lieb grüßen. Wie schicke ich das alles, ohne das Papier zu knicken? Blödes Format! Ich werd den Brief jetzt noch einstecken, damit Du mich nicht bis übermorgen vergessen haben wirst. Und das Plakat kommt morgen hinterher. Gut so? Ich muß immer niesen, daß es mich zerruppt. Tschüß, meine Liebe, meine Liebste, meine Einzige!
Denk an mich und halt mich fest – Dein Wolf
GRÜSSE AUCH NINA LIEP VON MYR !

15. 3. 70

Täuberich Gurrigurr, hungriger Wolf! Ich lieg im Schwitzkasten. Trotz Gegenwehr will die Temperatur nicht sinken. Nina ist los, ein Essen auftreiben. Sonst waren wir im ›Erzhammer‹, ›Fronauer Hammer‹ (berühmt in der Region) oder zum ›Wilden Mann‹ hinabgestiegen.
Nun hab ich kalten Schweinebraten mit Meerrettichsenf runtergewürgt und einen nicht enden wollenden Hustenanfall gradmalnochso überstanden. Nina lacht sich tot über meine Sterbebett-Anfälle und fordert mich auf, ihr die Pille zu besorgen. Aber ein Arzt sagte, es wär schädlich in dem Alter, der Hormonhaushalt gerät durcheinander. Soll sie erst mal zum Doktor gehn.
Wärst Du hier, könnt ich meinen Kopf in Deinen nach Land und Meer duftenden Schoß legen. In meinem würdest Du verbrennen ...
Leb wohl und komm lieber nicht! Die Straßen sind gemeingefährlich. Ich küsse Deine einmaligen Hände, den Finger mit dem ›Goldfaden‹, Deinen Bauch, so daß Du lachen mußt ... Eva

16. 3. 70 – Montag

Liebwolf, heute bekam ich einen etwas zerrissenen Brief von Dir – das hat mein Augenlicht leicht eingetrübt. Du bist krank im Hals, schreibst Du, hoffentlich machst Du mir nicht alle Phasen nach bis hin zur asiatischen Grippe oder war's die australische ...
Und Du leidest der Kinder wegen und es ist schlimm mit Deiner Seele. Zu meiner Enttäuschung über die neuerlichen Strafmaßnahmen meine Arbeit betreffend, schriebst Du am Schluß Deines Briefes so weise Worte, die für Dich auch gelten sollten: ›So, meine Liebe, sei trotz aller Trauer auch heiter, denn es sind nicht die Dinge selbst, die schlimm sind, sondern die Haltung der Menschen zu den Dingen. Diese Verfolgungen sind ja nicht das Ergebnis eines Mißverständnisses.‹

Mit Rostock klappt es doch noch. Hab nach der Absage (Prag-Film) gleich angerufen und sie sandten die Verträge zurück. Nun fahr ich nicht über Berlin, nehme den Nachtzug.
Nina macht mir die Hölle heiß wegen Nikolai. Ich hoffte, die neuen Aufgaben würden sie ablenken. Aber sie schreibt pausenlos Eilbriefe (hat sie von ihrer Mutter) zeichnet ganze Bildromane, ist ständig unterwegs zur Post, zum Telefonieren; nichts gilt mehr sonst.
Ich muß überlegen, wie ich Reserven tanke für die Inszenierung, die noch völlig in der Luft hängt. Dauernd sind welche krank; keine drei Wochen bis zur Premiere und das Stück ist nicht mal durchgestellt.
Mit meinem Partner müßte ich Sprecherziehung machen: Alle Ps sind Bs, das K ein G, D ein T und umgekehrt. Bei der Liebesszene ist das überhaupt nicht komisch. Und von Erotik keine Spur. Zu direkt darf ich nicht sein, sonst ist er nur noch ein Brett. Eva muß dem Kaninchen klarmachen, daß sie keine Schlange ist, sondern Pistache vom Monmartre, die gnadenloser umspringt mit Mannsleuten, als ein Berliner Herz mit Schnauze. Warum gehn nur so viele unsinnliche Wesen zum Theater?
Und damit Charly es nicht zu persönlich nimmt, sag ich: ›Mir hilft die Methode, daß ich in die Rolle so reinschlüpfe, daß ich es selber bin, das Biest.‹ Schon ist der Bann gebrochen bis zum nächsten Krampf.

Ich hab Nina vorgeschlagen, daß Nikolai herkommt, wenn ich da bin. Sonst Ostern, da könnte Hannes hier schlafen und Nikolai, Nina bei Karla. Nina ist wirklich unschlagbar, was das Thema betrifft.
Aber ich bin hier ›auf Arbeit‹ und froh, daß sie auf die Schule kam, muß auch ohne Liebsten auskommen, ohne ständig den Aufstand zu proben. Ich werd mir den Spruch einprägen, wo es heißt: Egal wo man sich befindet: am Arsch der Welt oder im Zentrum, man kann überall lebendig leben, wenn man liebt und geliebt wird ...
Schreib mir, egal was. Hauptsache, Du lieferst Nahrung zum baldigen Verzehr. Sei Donnerstag nachmittag da wegen Karla und Johannes. Falls Emma noch diesseits der Grenze ist: Wir grüßen sie lieb und ich bedanke mich sehr für ihren Brief.

16./17. März 70

Eva, meine liebe, ja, Du hast recht! Es ist eine Art Verbrechen, Begierden zu wecken und nicht zu befriedigen. Seit heute arbeite ich an dem Scheiß-Abendstern, und wenn ich es bis Ende dieser Woche nicht fertig habe, sage ich ab. Mein Gott, was ist schon dieser Morgenstern am Mittag, wenn die Sonne scheint: Er ist ein ausgelöschter Stern, blaß, unsichtbar sobald die Erde selbst sichtbar wird. M. ist ein längst leergegessener Teller, der vergessen wurde abzuwaschen. Was soll ich da servieren? Meine Kotze etwa, angesichts dieser kauzigen Verse?
So ein Vorwort ist weder der Ort, sich ausgerechnet mit Morgenstern anzulegen, noch ist es überhaupt gerechtfertigt, sich mit M. anzulegen. Soll ich den Anthroposophen die liebste Puppe kaputtmachen, jetzt wo sie selbst längst kaputt sind? Wie ich es auch drehe, es ist unergiebig. Weder ein Gegenstand des Spottes, der Kritik, noch der Begeisterung. Da der ganze Schmodder mich nicht interessiert, bin ich immer wieder gezwungen von eben der Type zu sprechen, die da so uninteressiert ist und diese Type wiederum ist für die Typen, die sich Morgenstern kaufen, überhaupt uninteressant. Soll ich mir also noch den Vorwurf einhandeln, wie er ja kommen muß: Der B. mißbraucht den armen Morgenstern als Aufwind für seine ehrgeizigen Höhenflüge, anstatt daß er den Morgenstern ein bißchen in guten Wind bringt ... ach, was schreibe ich da fürn Quatsch! Dir will ich ja schreiben, daß ich von hinten bis vorne aus nichts bestehe als aus Sehnsucht und ich wiederhole mich in jedem Brief, aber es ist eben so. Ich habe keine Lust auf irgendwelche Weiber, die Du mir da an den Hals gemalt hast. Ich brauche Deinen Geruch, den die Welt nicht noch einmal zustande gebracht hat und ich brauche Deine zärtliche und heitere Liebe; schwach und zerrissen bin ich alleine.
Ich hab es noch mal überrechnet. Bis Ende der Woche ist dieser M-Film für mich abgedreht, so oder so, und Mitte nächster Woche werde ich bei Dir sein. Pass auf, daß die Raben, Krähen und Elstern Deinen Baum nicht kahlfressen! Denn, um im Bilde zu bleiben, wenn Dein Baum abgefressen sein wird, werde ich die Axt an ihn legen müssen ... Im Alten Land, das ist diese äußerst fruchtbare Flußniederung an der Elbe unterhalb von Hamburg, vertreiben die Bauernkinder zur Zeit der Kirschen (le temps de cerises) die Stare etc. mit riesigen Holzrasseln. Die Kinder sitzen den ganzen Tag in den Bäumen und kurbeln die Höllenmaschinen und machen einen Krach, der wie fetter Geruch

über der Landschaft liegt. Weil wir grade bei metaphorischen Kletterpartien sind:

Die Kirschen versinnbildlichen ja die Lippen und das Küssen.

Eine Kirsche ist wohl schneller mal gepflückt als eine Pflaume.

Nun ist aber genug. Ich bitte um Nachsicht für meine langatmige Eifer-suchts-Litanei. Du verstehst mich schon, meine Liebe, meine schöne Schöne, ich melde keine Besitzrechte an, will Dir nur sagen, daß mir jeglicher Obstsalat gestohlen bleiben kann, wenn ich nur Dich liebhaben kann. Und wenn zwischen uns alles gut ist und kein kleinkarierter Streit, der sich als Tragödie aufspielt, dann kann ich auch sehr sehr gut alleine schlafen und an Dich denken und glücklich sein. Morgens stehe ich nur deshalb auf, weil ein Brief von Dir im Kasten unten liegt (hoffentlich!) – Dein Wolf

Das Büchlein hat sich angefunden und all Deine lieben Briefe liegen sicher. (Stört Dich eigentlich diese romantische Federhalter-Schrift?)

16./17. III. 70

Mein allerschönstes Marie-Tier, es ist schon schlimm mit mir! Eben war ich unten und brachte Deinen Brief zum Kasten – (bei Hussel brennt noch Licht, er wird wohl doch noch ein richtiger Künstler!) – jetzt komme ich rauf und sitze schon wieder vor einem Brief an Dich. Es ist nichts, es ist eben nur alles. – Ich denke in dieser fortgeschrittenen Stunde an das duftende Zentrum Deiner Natur. Das ist ein Liebesgarten, in dem ich die schönsten Stellen kenne, jeden Quadratmillimeter mit seinen besonderen Schönheiten bepflanzt; ich sage Dir, das ist Dein zweites Gesicht, nicht weniger diffiziles Abbild Deiner Seele; es macht mich heiter stark und entkrampft mein Gemüt, wenn ich Dich in ein großes Lustbündel verwandeln kann, ich verwandle mich selbst dabei und ich denke, daß solch eine Liebe überhaupt erst die Liebe zur Menschheit in mir möglich macht. Und wenn sich Deine vornehmen schmalen Marlene-Dietrich-Wangen ausbeulen wie bei einem Kind, das einen viel zu großen Bonbon lutscht, das mag ich gern, aus Gründen, die ich mich geniere zu nennen.

Meine Einzige! Wie Du wohl jetzt gerade in Deinem Bett liegst! (Ob Du wohl jetzt gerade in Deinem Bett liegst?!) Denk ganz verrückt intensiv an unsere Umarmungen und laß Deine zarten und kräftigen Finger Deinen rebellierenden Sinnen eine schöne Geschichte von MIR erzählen, die sie verstehn! Dein Wolf

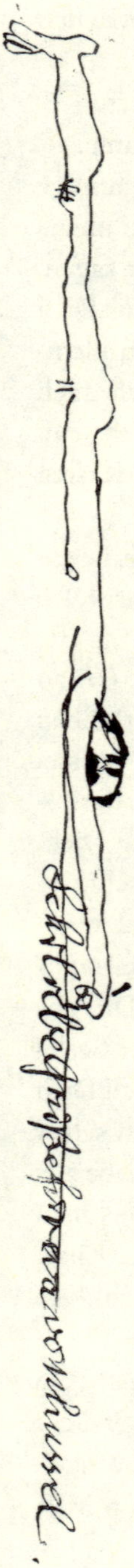

17. III. 70

Dienstag ist ein grauer Tag – ohne einen Gruß von meiner Schönen Sonne. Ich morgensterne fleißig und arbeite auf meine Freilassung hin, ich muß mich mit einem Essay loskaufen von Berlin.

Heute früh insgesamt drei Stunden Würgerei am Vergaser meines Autos. Neuer Vergaser. Vergaser ... was für ein Wort! Das riecht nach Auschwitz.

An den Eiern, die aus Hamburg bei mir anrollten, merk ich, daß bald Ostern sein muß. Ostern ist ja am 29.! Dann ist auf jeden Fall klar, daß wir beide zusammen den Osterspaziergang machen. Der Karfreitag ist der späteste Termin, an dem ich Dir mit meine eignen Hände etc zu einen glückseligen Osterhasen mache und Sonntag werden wir auferstehn und all unsere unbegründeten Hoffnungen erblühen lassen. Aber versprechen, daß wir von nun an immer lieb sein wollen, wollen wir lieber nicht, weil ich so was schon als Auftakt in größere Katastrophen kenne. Hoffentlich wird es uns nicht gehn wie dem Liebespaar in dem Alten Lied von der Sehnsucht, die müde macht. Jeder verlangt vom andern liebevolle und aufmerksame Entschädigung für die Trennung, die doch beide gleichermaßen erlitten und so schaukeln sich die gegenseitigen Vorwürfe hoch, die Mißverständnisse blühn und das Gift der Enttäuschung sickert in uns ein. Das wollen wir nicht erleiden. Wir wollen uns lieb halten und Geduld haben und uns freun.

So, mein einziges Osterei, ich freu mich schon auf Deine Füllung – (ich meine nicht, sondern nicht nur sondern auch)

Dein Wolf

Hussel ist grad über mich hereingebrochen und analysiert Morgenstern vom Standpunkt des Großherzogtums Mecklenburg. – [Hoffentlich kannst Du Hussels Gruß entziffern!]

18. März 70

Eva, meine Eva – jetzt warte ich auf Deinen zweiten Anruf nach der Probe und als ich eben von drüben kam (hab dabei schnell die blaue Wolldecke in die Maschine gefüllt) fand ich noch einen Brief von Dir mit den beiden Wolfener Photos.

In Deinem schönen Gesicht ist Winter. Es wird höchste Zeit, daß ich Deinen Mund auftaue und Deine Kinder-Gummel wieder warm lecke und Deine Hände in die warmen Taschen meines Körpers stecke ...
Es klappt also mit Rostock! Gut. Wie auch immer, wir werden unseren Osterspaziergang machen und auferstehn, indem wir uns hinlegen. So, eben kam Dein 2. Anruf. Du kommst Mittwoch abend. Ich hoffe, bis dahin mit dem Manuskript fertig zu sein. (Morchenschtärn!)
Unsere täglichen Briefe sollen die Sehnsucht besänftigen und dabei stacheln sie sie erst recht an. Vielleicht sollte ich wieder über das Theater an Dich schreiben, damit Nina nicht leidet, wenn sie sieht, daß sie nicht (von Nicolai) genauso viele Briefe kriegt?
So, jetzt muß ich wieder morgensternen ... Das sind lauter (echte!) Küsse von Deinem Wolf

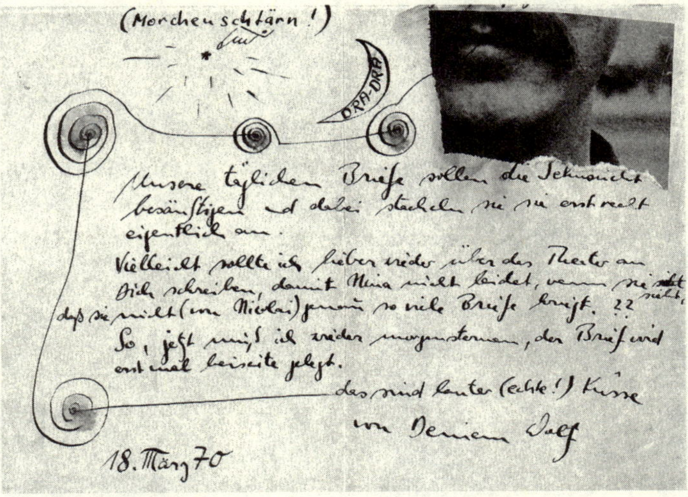
(Morchenschtärn!)
Gut

Unsere täglichen Briefe sollen die Sehnsucht besänftigen und dabei stacheln sie sie erst recht eigentlich an.
Vielleicht sollte ich lieber wieder über das Theater an Dich schreiben, damit Nina nicht leidet, wenn sie sieht daß sie nicht (von Nicolai) genauso viele Briefe kriegt. ??
So, jetzt muß ich wieder morgensternen, der Brief wird erst mal beiseite gelegt.
das sind lauter (echte!) Küsse von Deinem Wolf
18. März 70

Aus einem IM-Bericht vom 18. März 1970 – 19.20-22.00 Uhr
Unterhaltung zwischen Wolf B. und Dieter K. Wolf erläutert Dieter K., wie der wirklich künstlerisch-arbeitende Mensch in der Gesellschaft einzuordnen ist. Wolf ist der Meinung, daß für solch einen Menschen nicht die normalen Normen der Gesellschaft ausschlaggebend sind. Einzelheiten sind nicht zu ermitteln. (...) Wolf berichtet von Eva H. Eva hat in ihrer Liebe zu Wolf monumentale Ambitionen. Eva fährt durch die halbe Republik, sie fährt die halbe Nacht, nur um zu ihrem Wolf zu kommen. Eva nimmt die größten Strapazen auf sich. Das alles tut sie nur für Wolf. Sie schreibt ihm auch sehr lange Briefe. Wenn sie kann, schreibt sie jeden Tag. Da stehen dann ein Haufen Liebeserklärungen drin und zum Schluß ein Kuß. Eva malt sich da die Schnauze rot und küßt das Papier. Einen konstruktiven oder klaren Gedanken findet man in Evas Briefe allerdings nicht. Wolf empfindet das alles als Quatsch. Er wird es der Eva aber nie sagen.
Sie reden dann über allgemeine Dinge.

Korduan

Mittwoch, 18. 3. 70

Wolf! Gestern, ich hatte eine halbe Stunde Pause, begab ich mich wie magnetisch angezogen zum Quartier. Rate was da im Kasten lag! Jedesmal ein anderes Kunstwerk! Dann Probe, anschließend Friseur. Da war vielleicht was los: ein Quietschen und Kreischen wegen acht flitzender Mäusejungen. So was Süßes hat die Welt noch nicht gesehn!

Dichter Schneefall beim Berghochsteigen. Ich hatte Karl Krause um eine Probe gebeten, weil ein Richter in Paris nicht unbedingt Dialekt spricht, dazu diesen ganz speziellen. Nina hatte ihm Rotwein und Biermann kredenzt. Seine Lauschmuscheln glühten. Ein Mann, bereits mit Bauchansatz, reagiert wie ein Primaner, als wär eine Glühbirne in seinem Kopf installiert: An. Aus. Sturzflut. Erbleichen. Wir staunten ihn an wie ein Naturwunder. Dafür singt er sehr schön, sagt Nina und ist eine imposante Erscheinung; nur daß er eben nix auf der Latte hat. Ich werde mir 'n Wolf spieln und trotzdem wird sich das Publikum wundern, daß ich was an ihm finde. – Also, wie ich ankomme in der Königswalder, fällt meine gefühlsbetonte Seite auf die Knie vor der Glücksbotin mit der Bonbonniere: Erneut eine Sendung: Plakat und Prospekt in der Tube plus Brief mit dem Beitrag des naiven Dichters. Eva befindet sich in ähnlicher Lage: Sie hat fast eine Scheibe.

Nun schreib ich während einer der Zwangspausen. Da ist mal dies nicht da, jenes unauffindbar, Kollege Soundso fehlt, die Soubrette auf der Toilette, die Dekoration wackelt, Ruhe! Es knallen Türen, als flöge die Welt aus'n Angeln, aber es ist nur die Kulisse, die zusammenbricht. Daraufhin auch die Akteure vor Lachen, samt Regisseur.

Ich kann mich heute schwer konzentrieren: Deine Zeilen winden sich wie Goldfäden durch's Geflecht der Gedanken. Das abstrakte Gemälde, der majestätische Vogel mit dem herrlichen Schweif. Wenn ich nach Rostock fahr, mach ich die Biege über Dich! Eva.

18. 3. 70

Ferngeliebter, draußen sieht's bös aus. Ich hab sehr früh Feuer gemacht, Nina Halswickel; sie hat geschwollene Mandeln. Nach Aschersleben fahr ich nicht. Dieses Getrenntsein ist nicht gut. Wenn kein so barbarischer Winter wär; fünf Autostunden – ich könnt mich in Deine Arme schmiegen. Wir müssen umdisponieren! Du fährst zu den Dresdner

Freunden, von da ist es ein Katzensprung. Nach der Premiere (4. 4.) hab ich oft 24 Stunden frei, die würde ich dem Elbestrand widmen. In meinem Kopf kommen Gedanken geschlichen: Die viele Zeit Leben, die Du da ohne mich verbringst, wird sie Dich mir entfernen, wenn wir uns räumlich wieder näher sind. Jedenfalls empfinde ich es als ungerecht, so weit weg arbeiten zu müssen durch Dich – aber ohne Dich. Herz, Schmerz & Tralala. Deine arme Marie.

18./19. III. Mitt./Don.

Meine einzige Einzige! Schönen Dank für die beiden Photos! bes. das Bild wo Du so in die Kamera blickst und die Blumen hältst. Die Augen da werden mir immer lieber, je länger sie mich anschaun und dieser Blick kommt mir immer mehr vor wie extra für mich! Wie bringst Du es fertig, einen solchen Blick, der überhaupt nur für mich sein k a n n – in ein wildfremdes Glasauge zu werfen?!

Gut Nacht, meine Süße! Ich schluff jetzt ein (aber vorher noch runter zum Briefkasten) – Dein Wolf

19. III. 70

Eva, meine ewige gestammelte Anrede: Eva, meine, meine Eva, auf jeden Fall meine! (Ich alte besitzgierige Type!) Aber Deine Eva kann ich ja auch nicht sagen. Meine Einzige, darf ich eine Kritik anmelden? Du schreibst: ›... empfinde ich es als ungerecht, so weit weg arbeiten zu müssen durch Dich aber ohne Dich ...‹ dieses ›durch Dich‹, mein einziges Freudenknäuel, mußt Du noch mal überdenken. Es stimmt nicht nur nicht, sondern verdreht den wirklichen Mechanismus und beschädigt Deine Souveränität. Wenn Du das Wort ›... Dich‹ durch ›... mich‹ ersetzen würdest, wäre es richtiger.

Meine Saftkirsche! meine Tollkirsche! Bald halt ich dich fest in den Armen, die Du ›stark‹ nennst. Mein Gott! Freitag! Und morgen haben die Geschäfte zu! Dann fresse ich eben Deine Briefe und kuck mir dabei Dein Bild an, dessen Augen mich von Tag zu Tag suggestiver und lieber und sehnsüchtiger anstarren. Du siehst, ich interpretiere meine eigene Sehnsucht in Dein Bild hinein, Dein Bild ist also der Spiegel von Deinem Wolf – am Freitag.

19. III. 70

Meine liebe Eva, natürlich ist wieder keine Zeit für einen Brief, Deine beiden Freunde müssen los. Ich werde aufgefressen von Besuchern heute. Morgen dreh ich die Klingel ab. Mein einziges Schnurpel, mein liebstes, wenn Du Mittwoch kommst freu ich mir ein Loch in' Arsch. Meine Süße, regel das mit Nina so: der Regisseur geht zum Schuldirektor und erklärt ihm, daß das Theater-Mitspielen Ninas die schulischen Leistungen nicht beeinträchtigt – vorausgesetzt, daß folgende Regelung getroffen wird: Wenn die Leistungen unter das notwendige Niveau fallen, darf Nina nicht mitspieln. Solche Festlegung erspart Dir leidige Diskussionen mit N. Ich hör, daß Nina keine Schularbeiten macht, wie gehabt – sie ist ohnehin schon ungebildet und leistungsschwach und jetzt noch in der Oberschule mit Abitur. Wenn sie nicht arbeitet, wird nix aus dem Theaterspielen. Punkt. Im übrigen, wenn Du wieder nach Berlin umziehen wirst, wird Nina im Internat bleiben. Das wird für ihre menschliche Entwicklung förderlich sein. Darüber mußt Du nicht lange diskutieren, falls sie für Argumente nicht zugänglich ist. Im übrigen möchte ich nicht, daß Nina d e n Menschen, dessen Hilfe, Liebe und Kraft ich dringend brauche, kaputt macht. Regele das bitte vernünftig und konsequent, das wird sowohl Dir als auch Nina und mir nur nützlich seyn. (...)

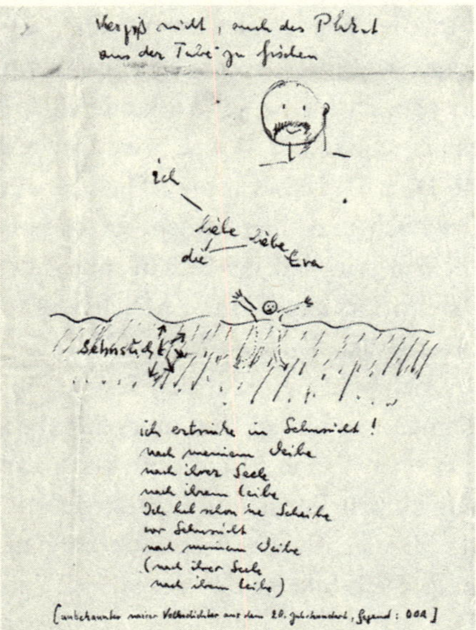

Wolf an seinem Schreibtisch in der Chausseestraße

Wenn dieser Brief in Deinen Händen ist, sind es nur noch 3 Tage. Schreib Du mir aber trotzdem noch, mein Schnurpel, Du kannst so schöne Briefe für mich schreiben! Es ist gut, daß wir mal getrennt sind. Wir bemerken, daß wir uns viel viel näher sind, als uns manchmal erscheint, wenn wir uns nah sind. Aber nun ist auch bald mal genug! Ich will Dich endlich fressen und trinken und tränken an meiner Milch- u. Honig-Tränke mit unseren schönen ›Black-and-White‹-Späßen, meine phantastisch phantasiebegabte Phiole! Dein Wolf sagt das!

20. 3. 70

Mein Liebster. Gestern abend ging die Probe bis neun, ein zerrissener Himmel, Mond- und Sterne-Flimmern, Ahnen von Ewigkeit. Ich hatte Sehnsucht, wollt Dich anrufen; aber mein Blauvogel war ausgeflogen. Im Denkapparat weit hinten schlängelte sich tollkühn ein Gedanke vor: Vielleicht ist er mit den beiden mitgefahren.
Und war beim Schuldirektor, bat um Einwilligung für Ninas Mithüpfen. Wir haben es vereinbart, wie Du sagtest. Und früh um neun sah die ›Can-Can‹-Truppe den Film ›Die Regenschirme von Chabeau‹; Anschauungsunterricht für französischen Charme; eine Liebesgeschichte, wo jeder heulen mußte. Nein, ich verlasse Dich nicht.
Ich liebe Dich mehr, als sonst das Weib den Mann, ich lieb in Dir den Menschen an sich, die Tiere in Haus und Hof, die ungezähmten, in freier Wildbahn lebenden, besonders aber den grimmig-süßen Wolf.

Und ich war beim Arzt, der mich beklopfte, abhorchte, Blut zapfte im Ohrläppchen (hab nämlich zuviel Fingerspitzengefühl), Herztöne aufzeichnen ließ, Blutdruck messen (zu niedrig) Reflexe (okay).
Nebenbei wurde ich als Naturwunder bestaunt vom Personal, weil ich Eva-Maria Hagen bin und doch auch nur zwei Arme und Beine hab.
Nun hätte ich, meint der Doktor, die richtige Medizin gegen die Feinde des Abwehrsystems. – Dann war Tanzprobe, wo ich mich abmühte (zu weiche Knie), beim Schuhmacher, der mir die Füße abmaß wegen der Tanzstiefel ... und da war es soweit: Ich sagte ›Aufwiedersehn‹, machte die Tür auf und stieg in den Schrank. Peinlich!
Essen im ›Erzhammer‹, wo das Grollen einer aufkommenden Schlägerei grummelte; da fliegen bei Tagesausklang öfter die Fetzen: die kleinen Ersatzkriege der ausrangierten Männer finden statt.
Stellvertr. Bürgermeister getroffen: demnächst besucht mich der Leiter vom Wohnungsamt, kuckt, wo man einen Ofen hinsetzen kann. Bald wird der Strom umgekniffen und wir können das Pusteöfchen benutzen, ohne daß gleich sämtliche Sicherungen aus der Fassung geraten.
Treffen mit Karla, sie nach Strich und Faden ausgequetscht, den Brief entgegengenommen. Meine Brezel, saftiger Hollandapfel! (die gibts hier grad, sind aber teuer). Nein, König unter den Hollandäpfeln! Du denkst wohl, mein Verstand habe gelitten durch die neue Grundtemperatur ... Da kann ich Dir nur zustimmen.
Eben waren zwei Personen hier: ein Kauz mit Krückstock, Agitator von der Nationalen Front und 'n albern Jungscher von der ›Freien Presse‹, wollten wissen, wann ich Sonntag wählen komme wegen Fotografen. Nina macht Abschleppdienst, fährt rum als ›Fliegende Wahl-Urne‹, sucht Alte, Kranke, Unwillige auf. Man fragte sie: ›Und du weißt auch, was du antwortest, wenn einer fragt, wie stehst du zur DDR?‹
›Klar‹, sagte Nina, ›positiv.‹
Johannes kam, hab Dank: Nun können wir in Milchkaffee baden, Sahnetee schlürfen. Hussels Grüße schreibenden Hussel grüß zurück. Und vergiß mich nicht bis übermorgen und danach drei Tage. Sonst steh ich im Regen und Er kann sich nicht erinnern, grübelt, sagt: Momentchen, ja – da war mal was, zwei uralte Namen! Und krachend fällt das Brett vom Kopf – auf Deine Plattfüße runter, weil ich Dir die Zunge rausgestreckt und den winterweißen Hintern gezeigt habe.
Leb wohl, Einziger mit Mondgeflimmer im Blick – meint schreibend und die Worte stockend vor sich hinsprechend – Marie.

20./21. 3. 70

Wolfsmund! Es ist Freitag abend. Da begann bei Deinen Vorfahren väterlicherseits das Wochenende, Sabbat; hat mir Ninas Vater von erzählt einst. Sein Vater war auch Jude, ist in Buchenwald umgekommen, die Mutter, blond wie Emma, mit großen hellen Augen auf Fotos. Nein, es ist Samstag, ein normal-deutsch-demokratsches Wochenende. Aber auf die Weise ist mal wieder Dagobert durchs Bild gelaufen.

Er war bestimmt ein starker Typ – wie Du, bloß sanfter. Wenn ich Emma von ihm erzählen höre, schimmert durch, daß sie die Hosen anhatte. Bei uns kann davon keine Rede sein ...

Ich hatte einen guten Tag. Dein Papiermund mit dem Urwalddüfte-Bart drüber als Zugabe – sowie die 4 ›echten‹ Küsse – kamen an bei mir. Die Probe war größtenteils mit Schreien und Toben ausgefüllt (ohne meine Beteiligung) aber ich sah zum erstenmal Land. In vier Tagen bin ich bei Dir – freue mich aufs Baden in den Wellen Deiner Aura ...

Gestern hatte ich mit Kollegen einen vergnüglichen Abend beim Regisseur, habe so gelacht, daß ich Muskelkater hab im Bauch – und das, nachdem ich früh so weinen mußte über den Film mit der herzzerreißenden Liebesgeschichte. Es wurde getrunken (ohne meine Beteiligung wegen der Warnhinweise auf dem Beizettel) erzählt, getanzt, ein Zelt aus Tüchern aufgebaut zum Drinverschwinden. Später las der Regisseur aus Liebesbriefen vor, erzählte von einem Jüngling von vor 8 Jahren, der verheiratet wurde von seiner Mutter und nun heimlich auf'n Strich geht. Dann kam eine ›Dame‹ mit Schrankrücken und Spinnenbeinen aufs Sofa. Es war großartiges Kabarett – und Leben pur.

Du kommst bald und ich koche auf dem Herd mit dem langen Rohr das Abendmahl. Ruh aus, setze Fett an, damit ich Dich nicht ganz und gar verzehre mit Haut und Haar, mit Stumpf und Stiel. Eva.

Fr./Sbd. 20./21. III. 70

Dein Wolfener Blumenbildnis übt einen guten Einfluß auf meine Seele aus. Du siehst mich an und aus Deinem Mund bläht sich eine große Textblase ... Ach mein lieber Wolf! Hast Du mich denn auch noch lieb? Ja, nicht?! Du bist mein Knubbelfußschweinchen! pardon! meine Pfirsichblüte! mein Honigarschmaul. Und wenn ich auch hier draußen in der Welt am Rande der Welt bin, bleibe ich doch das Zentrum Deiner Welt, nicht wahr?! Mein Allerliebster Einziger bzw. fast so gut wie Einzig-Einziger! Weißt Du, meine allerliebste Schweinebohne, im

Grunde weiß ich sowieso, daß Du an mir hängest wie ich an Dir hänge und auf mir stehst wie ich auf dir stehe …
Es ist mal wieder spät. Ich bring den Brief noch runter. Die auf der Annaberger Post haben bestimmt schon gemerkt, daß da einer unheimlich in dich verknallt sein muß, nämlich dieser – Wolf Biermann

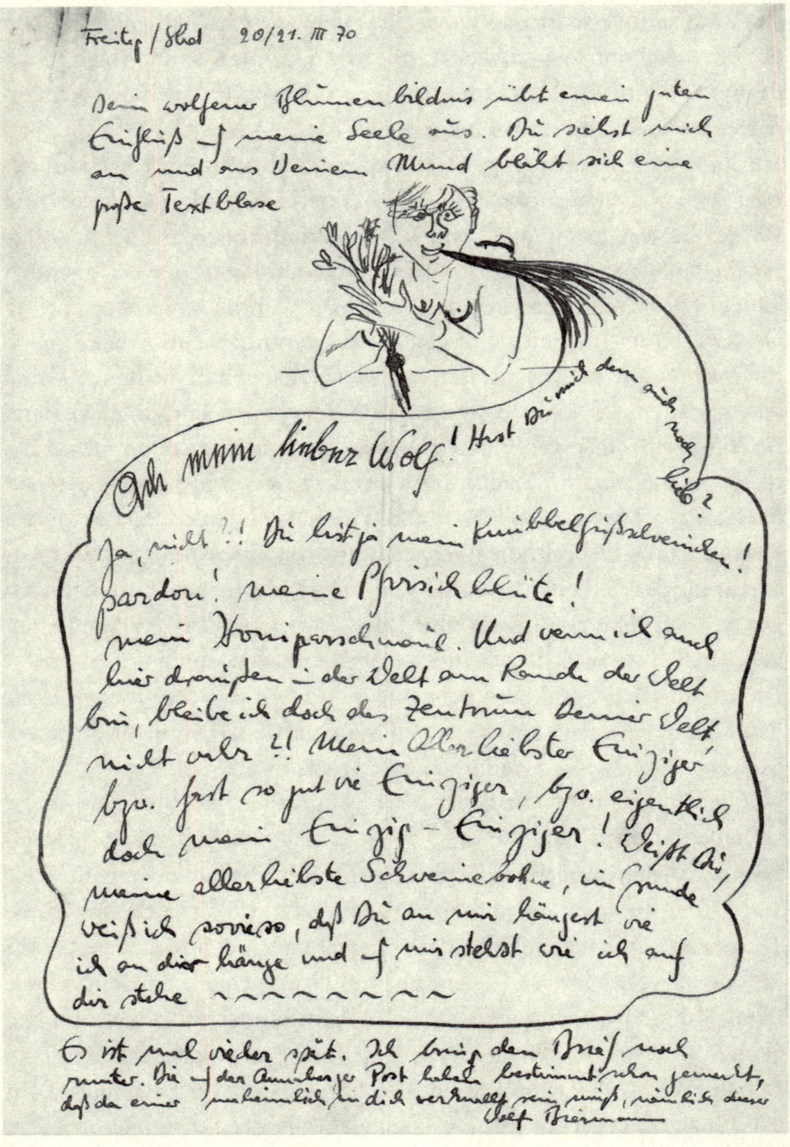
Freitag/Sbd 20/21. III 70

Dein wolfener Blumenbildnis übt einen guten Einfluß auf meine Seele aus. Du siehst mich an und aus Deinem Mund bläht sich eine große Textblase

Ach mein lieber Wolf! Hast Du mich denn auch noch lieb?

Ja, nicht?! Du bist ja mein Knubbelfüßschweinchen! pardon! meine Pfirsichblüte! mein Honigpuschmaul. Und wenn ich auch hier draußen – der Welt am Rande der Welt bin, bleibe ich doch das Zentrum Deiner Welt, nicht wahr?! Mein Allerliebster Einziger, bzw. fast so gut wie Einziger, bzw. eigentlich doch mein Einzig-Einziger! Weißt Du, meine allerliebste Schweinebohne, im Grunde weiß ich sowieso, daß Du an mir hängest wie ich an dir hänge und auf mir stehst wie ich auf dir stehe ~~~~~~~~

Es ist mal wieder spät. Ich bring den Brief noch runter. Die auf der Annaberger Post haben bestimmt schon gemerkt, daß da einer unheimlich in dich verknallt sein muß, nämlich dieser
Wolf Biermann

Sbd. früh (21. III. 70) – hab den Brief doch nicht mehr eingesteckt, statt dessen habe ich mir die ganz kleine 1/4-Weinflasche geholt und einen köstlichen kleinen Suff gemacht (im Bett, mit Fläschgen und Glas auf dem Kipptisch) und dann habe ich geschnarcht, das schmecke ich an meinem Gaumen. – Draußen ist grau, aber manchmal sticht die Sonne mit voller Wucht in meine weißen Vorhänge und dann flammt das ganze Zimmer hell auf, und das ist wunderbar: Der Vorfrühling plaudert den Hochsommer aus. Jetzt wieder! Und das grelle Licht treibt mir den Nies-Wurz in die Nase. Niesen ist eine Art Lustgefühl. Aber dann der Rotz. Ich muß mich schnell anziehn. (Ich sitz am Schreibtisch, Du siehst mir zu; im roten Bademantel sitze ich, den ich noch gewaschen und geschleudert habe in der schönen Maschine.)
So, gewaschen angezogen, Bett gemacht, Fenster auf, abgewaschen, Teewasser, 1 Ei, Gymnastik – ich übe grade den Salto und nehme mein Bett als Matte. Sport treiben! Was bleibt mir anderes übrig, wenn unsre einzigartige Sportart so lange nicht stattfindet.
Mein Schnurpel Schnirpel, ich hab Dich lieb und freu mich auf Deine Liebe. – Dein Wolf

Sbd./Stg. 21./22. III. 70

Ach, meine Marie, das Briefeschreiben an Dich ist schon wie eine schlechte Gewohnheit geworden, ich sitze schon wieder vor Deinem Bild mit den lebendigen Augen. – Die Herren vom Konsum sind mal wieder sehr fleißig. Was für ein Land! Was für eine Verkrüppelung! Was für Krüppel treten hier in die Schönheitskonkurrenz! Was für ein Großmütter-Puff! Was für ein jugendbewegtes Altersheim! Morgen ist Wahl. Ob unsere Kandidaten wohl durchkommen? Es wird wieder ein Kopf-an-Kopf-Rennen geben. Das ist kein Leben! Das ist höchstens ein Wohlleben. Das ist historisch die erste Etappe von der zweiten Etappe zur Übergangsperiode, die zwar etwas länger dauert als wir dachten, aber dafür führt sie uns auch in die falsche Richtung.
Mein Herz tut weh, ich bin müde und habe zuviel geraucht; das ist es, ich hab zuviel geraucht. Es ist das zuviele Rauchen. Der Rauch von Auschwitz brennt mir in den Augen. Und jetzt merk ich doch, daß Dein Photo ein Photo ist: Deine Augen können da nicht weinen. Die Blumen in Deinen Händen da können nicht welken, und Dein Mund da kann nicht schrein. Und doch siegt Dein Lächeln da, denn es hat in sich gefesselt all unsere Traurigkeiten. Dein Wolf sagt das.

1./22. III. 70 Sbd./Stg.

Eva, meine mir wunderbare irdische Himmelshölle: Wenn Du heute nicht dauernd und glückselig an mich gedacht hast, dann gibt es einfach keine Telepathie! Wenn ich mich heut so reden hörte, dachte ich: der arme Mensch ist ja gradezu hypnotisiert von seiner Liebe zu dieser Eva-Maria, dieser glückliche Mensch, hoffentlich fällt er nicht mal furchtbar auf die Schnauze.

Ich lese dabei grad einen Fetzen Deines Briefes ›... die viele Zeit Leben, die Du da ohne mich verbringst, wird sie Dich mir entfernen? ...‹

Meine Liebe, nicht weil Du jeden Tag Post von mir hast, aber wegen des Inhalts all dieser Briefe ist es entweder Koketterie oder eine bedauerliche Blindheit, wenn Du mir so etwas sagst.

Es ist Nacht. Ich lüfte. Mit der Frische kommen auch die Straßenbahnen und späten Taxen und hallende Schritte einzelner Frauen-Klapper-Schritt-Hacken durch mein Fenster geflogen.

Mein Süßtier, ich werde mich jetzt in mein Bett schmeißen und mich in die Kissen verkriechen. Wies im Hamburger Lied heißt: To Bett to Bett wer 'n Liebchen hett! Wer keen Liebchen hett, geit och to Bett: Nimmt 'n Koppkissen in Arm is ebenso warm! – Dein Wolf

(Dein Photo wird mir immer schöner und ist mir immer besser in der Seele. Meine Augen belichten allmählich Dein Photo und Du erscheinst mir.)

22. März 70

Mein Liebmolch! Der heutige Auftakt: ich war grad beschäftigt mit dem Waschen meiner flaumigen Gefilde, Eilbote Kutte brachte Es mir auf nüchternen Magen, ein Feinsbriefelein. Du erinnerst darin an unsere Milch- und Honigtränke mit den Black-and-White-Späßen. Gleich krieg ich Lust auf ... das damit im Zusammenhang Stehende.

Außerdem fing der offizielle Teil vom Sonntag schon mal anders an als erwartet. – Ich schrieb Dir doch von dem Besuch dieses Agitators von der Nationalen Front samt Begleiter von der ›Freien Presse‹, wie die erfreut waren über das ungewöhnliche Lenin-Foto an der Wand. (Über die Biermann-Konterfeis hatten sie kein Wort verloren, noch über Che, Ho Chi-minh, die Engelbuben.) Wir wurden reserviert empfangen, kein Fotograf, wie angekündigt, keine Begrüßung mit Blumen (darauf ist gepfiffen, obwohl ich mich extra schön gemacht hatte). Nina wurde beiseite genommen: man bedanke sich für ihre Bereitschaft,

müsse aber verzichten, weil es wohl nicht das Richtige für sie sei. Die hatten von entsprechender Stelle 'n Wink mit dem Zaunpfahl gekriegt.* Ich kann nur lachen. Unsere Wirtin, Frau May, ist empört über den klebrigen Onkel, der mich gedrängt hatte, nach Autogrammfotos zu suchen, empfahl, dem Wahlvorstand eine Flasche московская водка mitzubringen. Und sie geht jetzt Karpfen kaufen, hat uns zum Essen eingeladen. In der Großen Kirchgasse ist ein Laden, da gibts auch ›sonntags frische Fische‹. Und damit Du keinen grauen Dienstag hast: Das sind Kastanienknospenblätter, zwei grüne Zungen.
Bin wieder gesund, aber morgen, wo freier Tag ist, hab ich versprochen im Jugendclub zu singen und bei den Frauen in Erdmannsdorf. Mittwoch komme ich bestimmt. Halte unser Lager kühl, damit eine nicht ohnmächtig wird unter der Glut unsrer Verschmelzungen, Du mein Hochofen und Eisengießer. Ich küss Deine (gewaschenen) Zehen, spring Dir kätzchenhaft an' Hals, leck die Salznäpfe der Schlüsselbeine aus, fühle einen prächtigen Apfelbaum wachsen und überall setzt sie Zeichen ihrer Lust – Deine launige Matroschenka.
Zwei Kinder unterhalten sich: ›Wäm isn dis Auto?‹ – ›Nue, där Fro Hogen.‹ – ›Ho, de is ober raich.‹ – ›No kloar, de raichste fun de Stroaß.‹ Da hörst Du's: Kindermund, tut Wahrheit kund.

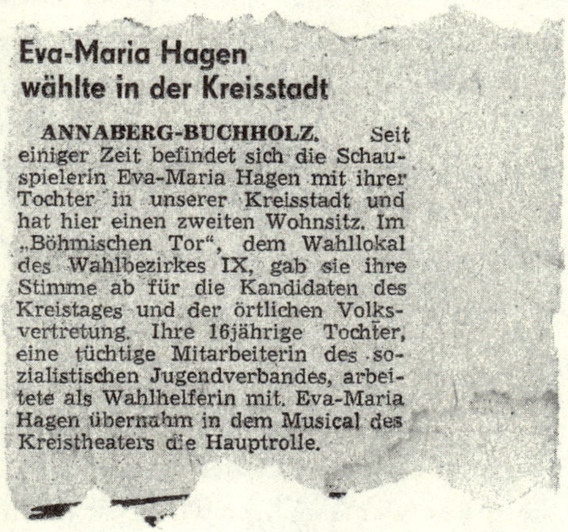

Eva-Maria Hagen wählte in der Kreisstadt

ANNABERG-BUCHHOLZ. Seit einiger Zeit befindet sich die Schauspielerin Eva-Maria Hagen mit ihrer Tochter in unserer Kreisstadt und hat hier einen zweiten Wohnsitz. Im „Böhmischen Tor", dem Wahllokal des Wahlbezirkes IX, gab sie ihre Stimme ab für die Kandidaten des Kreistages und der örtlichen Volksvertretung. Ihre 16jährige Tochter, eine tüchtige Mitarbeiterin des sozialistischen Jugendverbandes, arbeitete als Wahlhelferin mit. Eva-Maria Hagen übernahm in dem Musical des Kreistheaters die Hauptrolle.

**) die Zeitungsredaktion schaltete aber offensichtlich etwas zu spät – die Rotationsmaschinen konnten nicht mehr angehalten werden.*

Sonntag, 22. III. 70

Eva, eben bekam ich Deinen lieben langen Brief. Ob ich Dir noch mal schreib vor Mittwoch? Draußen bricht immer wieder die Sonne durch. Ich will bißchen spazierengehn, an der Friedrichstraßen-Post vorbei.

Ach ja, nun ist wirklich bald genug mit der Trennung. Vielleicht sollte diese Zeit uns eine Lehre und Ermahnung sein, uns nie wieder wegen irgendwelchem Mist unsere Liebe stören zu lassen.
Wir sind jetzt 5 Jahre zusammen. Und ich habe eine verrückte verliebte und taufrische Begierde zu Dir – Du machst mich sehr sehr glücklich, meine Einzige. Und es ist überhaupt alles gut. Wir leben ja richtig, und wenn ich nicht grad in trüber Stimmung bin, und wenn ich mich auf Deine Liebe (nicht Deine Leibeigenschaft) absolut verlassen kann, dann kann ich noch leben. – So, ich mach den Ofen zu und zieh los. Ich bin ein über-über-reifer Apfelbaum, der abgeerntet sein will, mit Leiter, ohne Leiter, mit Raufklettern, mit Schütteln von unten. Komm, meine Honigbiene, komm, mein muscheliges Bäh-Schaf, meine schöne verrückte übermütige und ernste Genossin, komm nur, wir wollen unsere Freude an uns haben! Wolf

22./23. März 70

Wolf, nun will ich den Sonntagnachmittag/Abend beschreiben.
Wir gingen zur Post und aller Augen waren auf uns gerichtet. Wir ließen uns nicht die Laune verderben von den rumfahrenden Lautsprechern, die im Tonfall ehemaliger Wochenschauen Wahlpropaganda betrieben. Warum man nur solchen Aufwand treibt, wo sowieso jeder hingeht. Und wer nicht mehr krauchen kann, dem wird die Urne ins Haus getragen. Gegen Amerika jedoch sind die hiesigen Strategen Waisenknaben. Gemessen an deren Rummel herrscht hier Friedhofsruhe. Wir können aber auch die Ruhe weghaben.

Weiter im Tagesbericht: Wäsche gewaschen. Nina hat geholfen. Was Dir K. & J. erzählten, sie macht keine Schulaufgaben, stimmt nicht. Sie ist fleißig, kriegt immer bessere Zensuren. Zum Vorschlag, sie nächstes Jahr ins Internat zu geben: 1. ist es sehr weit nach Berlin, selbst wenn sie nur ein Wochenende im Monat käme, teuer und anstrengend. 2. ist dieses Internat am Wochenende nicht besetzt. Bei Winters kann sie nicht sein, die gehen hier weg im Sommer. 3. Was ist mit mir? Ich brauche sie – wie sie mich braucht – und Dich!
In jedem Brief feilst Du am Morgenstern; das muß ein Werk werden! Ich bin skeptisch, spüre weder Funkensprühn im Kerninnern noch Bodenschätze im Material. Das ist was für Skurrile wie Hussel. Ja, ich bin eine respektlose Person und würde auch versuchen, Dir den Geheimrat Goethe madig zu machen, wenn er mir im Wege stünde ... bei der Befriedigung meiner elementaren Bedürfnisse wie Essen und Trinken usw. Ich küsse Dich von oben bis unten – wenn ich bei Dir bin. Diese saftigen Zeilen schrieben Dir Deine zwei Pfirsichhälften Eva & Marie.

März 70

Ach, mein lieber guter Mann, ich muß meinem Herzen Luft machen, Dir Bericht erstatten von der Bösartigkeit eines anonymen Subjekts. Andrerseits hätte son Spulwurm von Arschkriecher erst gar keine Chance, sich zur Sau machen zu lassen, wenn das ›System‹ so rückgratlose Charaktere nicht fördern täte, züchtet geradezu, auszeichnet. Jedenfalls hat wer dem Revier gemeldet: Frau Hagen hat Alkohol getrunken und wird mit ihrem Auto wegfahren. – Im Sturmschritt kamen drei Polizisten über die Bühne, fragten nach dem Pförtner – und Hannes, der gerade technische Probe hatte, denen sofort hinterher.
Und da stand ich mit zwei Kollegen. Die Uniformierten hielten die Hand an ihre Mütze, sagten zu mir, sie müßten eine Alkoholprobe machen. Ich war perplex, befand ich mich doch weder im Auto, noch saß ich am Lenkrad; getrunken hatte ich auch nicht. Vor vier Stunden einen Kognak. Wolltest du den Gag als sozialistischen Realismus verkaufen, würde man es für Hetze halten, Verleumdung der Staatsorgane und dich aus'm Verkehr ziehn. Wenn ich den Denunzianten erwische! Ich nichts wie hin zum Revier, um mich zu beschweren.
Kurz zuvor hatte mich schon mal einer – die liegen scheinbar regelrecht auf der Lauer, an dem Bunten Abend, wo ich das Auto aus der Marktecke manövrierte, keinen Schluck getrunken hatte wegen der Medizin

Szene aus ›Can-Can‹ mit ›Charly‹ Krause im Annaberger Kreistheater

– angehalten, gefragt: Haben Sie Alkohol genossen? – Nein, Genosse, dann würd ich nicht fahren. – Auf der Polizeiwache hieß es, sie müßten auch anonymen Hinweisen nachgehen, es wär ihre Pflicht. – Und zu dritt das Theater stürmen? Schießen Sie da nicht übers Ziel hinaus? – Ein hoher Rang war fasziniert von meiner Unerschrockenheit, denn ich verlangte von ihnen die Pustetüte, die sie mir großmütig erlassen wollten. Ich blies und es verfärbte sich nichts! Da wurden sie etwas kleinlaut. Entschuldigt hat sich keiner. Nächstens stürmen sie noch mein Schlafzimmer und verlangen, daß ich blase. Verzeih, die vulgäre Sprache, aber ist doch wahr! Was denkst Du, wie sich in der Kleinstadt Gerüchte verbreiten. Morgen hieße es: Eva-Maria H. ist betrunken auf der Wache gelandet. Und übermorgen befände ich mich bereits in der Trinkerheilanstalt. Emmi sagte, in ihrer Hamburger DKP-Gruppe wird erzählt, ich sei Alkoholikerin. Sie hat erwidert: das muß sie dann aber geschickt geheimgehalten haben. Meinetwegen ist es mir schnurz, ich zeig ihnen auf der Bühne, was eine Harke ist. Aber Nina geht hier zur Schule, man beobachtet sie schärfer als andere Kinder ...
Hab mich abgekämpft im Traum: Kabale-und-Liebe im modernen Gewande. Umgesetzte Realität: Das Polizeiaufgebot, DDR-Uniformen auf französischem Gebiet, am Montmatre, durchstöberten die Garderobe, wollten eine Lizenz, kontrollierten, ob im Getränk der Wäscherinnen Alkohol ist, ob sie was anhaben unterm Rock, jagten uns wie

eine Hühnerschar durch's 3. Bild. Musik- und Choreinsatz: Tja! die Bastille stürzte ein – aber auf stand die Freiheit!
Es rauscht; ich will baden, Fotos für Schaukästen. Und morgen Abend ... The water is boiling. Good bye, my Johnny dear. – Deine Kritik erkenne ich an und ersetze ›durch Dich‹ mit ›durch mich‹.

30. März 70

Liebwolf, wie Du am Brief merkst, bin ich in Annaberg gelandet, zwar mit abgefallenen Ohren, aber sonst in ganz passabler Verfassung. Direkt bei der Tankstelle Freienhufen verwandelte sich das Auto in eine Höllenmaschine. Deshalb bin ich für feinere Geräusche unempfindlich momentan, um nicht zu sagen taub. Zur Probe kam ich zu spät: ein umgestürzter Baumriese war schuld, wurde zum Schlagbaum. Abend sinkt nieder. Nina begab sich mit Nicolai, der vorhin hier ankam, ins Freie. Alle Hotels sind angeblich besetzt oder man hat ihn seines Bartes wegen abgelehnt. Nun muß ich improvisieren.
Ich komme mir etwas verloren vor. Es war so ein feinfühliges Fest, mein Freund! Deshalb hab ich schon wieder Sehnsucht nach der Höhle, die wir überall mit hinnehmen können: Wir brauchen nur die Arme umeinander zu schlingen ... eine größere Geborgenheit gibt es nicht.
Anbei ein Schnappschuß. Die Klassenkameradin von Nina hat uns beim ›Treffen junger Sozialisten‹ geknippst. Was sind wir doch für ein schönes Paar – findet Dein Dideldumchen Eva.

Schlußszene aus ›Can-Can‹ (Annaberger Kreistheater)

31. III./1. April

Eva, meine aprilwettrige Liebe, meine Schnee-Hagel-Sommer-Sonnen-Regen-Kälte-Hitze-Geliebte! Was hast Du mit meiner armen Seele gemacht, die so über-übertrieben auf den leisesten Hagen Hagelschauer reagiert! Du warst kalt und stumm wie eine Tiefkühl-Eisbombe von VEB-Aktivist, nur, weil ich in einer Sintflut (nicht Sündflut!!!) von Besuchern ersoffen war und weil ich auch nicht so frei reden mochte, weil noch Freunde nach dem Besuch der MUTTER aus dem Berliner Ensemble kamen, die ich bitten konnte, Dir die Busenbehälter – und noch rechtzeitig zu besorgen. Und ich freute mich und erzählte Dir, daß ich Dir die Dinger noch mitbringen kann und Du sagst argwöhnisch: Du sprichst so burschikos – und dann kalt: Na ja, ich sollte eben abends nicht mehr anrufen ... Und jetzt ist es kurz nach Mitternacht, die Busenbringer sind im Tränenpalast verschwunden (ein netter junger Mann, der sich geniert, sich wird überwinden müssen, diese beiden Fruchtschalen Größe 5 zu kaufen) ich sitze an meinem Schreibtisch – und Du wirst wahrscheinlich aus Ärger und Traurigkeit über unser Telephongespräch versacken wie neulich und mich treulos nennen, weil ich Dir nicht im gewohnten Rhythmus geschrieben habe. Ach, meine Saftbirne am Apfelbaum, halte DU mich lieb in Deinem Herzen, damit ich nicht verdorren muß.

Morgen bzw. heute pennere ich mit den Pennern im PEN – Totenehrung – Mittagessen – Statutenänderung – eine Tagesordnung, die sich gewaschen hat. Leichenwäsche der Literatur. Beginn 10 Uhr.

Na dann: Gute Nacht, ich hoffe wirklich diese Nacht möge für Dich gut sein, diese Nacht, die längst hinter Dir sein wird, wenn Du das hier liest – wer weiß, vielleicht bin sogar ich schneller als dieser Brief – eben wollte ich zu einer arabesken abschließenden Liebeserklärung ansetzen, aber die ist wohl nach diesem winterlichen Telephongespräch unpassend wie Ostereier zum St.-Nikolaus-Tag – also dann bis – ja, morgen, denn es ist schon nach 0.00, schon der 1. April – und ich müßte Dir ja noch eine April-April-Fopperei in den Brief mogeln: also bis morgen in Annaberg (Teufel! das ist nun wieder kein Aprilscherz!) – Du, meine gleichbleibend liebevoll arglose Eisblume am Fenster meiner hitzigen Seele ... Wirst Du schmelzen? Und was wird da fließen, die Tränen oder der süße und herbe Saft aus jener wohlgeformten Obstsorte, die ich der Schicklichkeit wegen nicht erwähne, sondern am Baum hangen lasse? Mein Schnurpel! Bereite mir in Deinem Herzen ein schönes Bett und halte es bereit für Deinen einzigen Wolf ... Küsse!

8. April 70

INTERNATIONALE LUFTGEWEHR-SCHEIBE
Entfernung 10 m (Treffer 2 x 9 u. 3 x 10) Siehe, wie gut! Name des Schützen: Biermann, der 3 Minuten, nachdem Du ihn verlassen hattest – ins Schwarze traf – obwohl er bei Dir ins Schwarze getroffen hatte

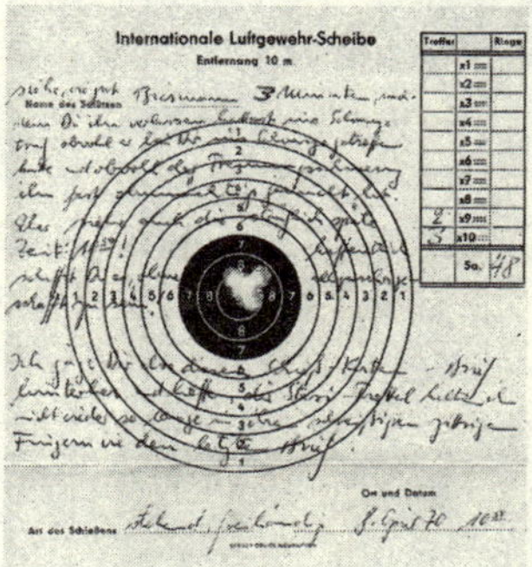

und obwohl der Trennungsschmerz ihn fast ohnmächtig gemacht hat. Aber siehe auch die sträflich späte Zeit: 10.50! Hoffentlich schaffst Du es, ohne allzusehr geschafft zu sein! Ich jage Dir also diesen Schieß-Karten-Brief hinterher und hoffe, die Stasi-Trottel halten ihn nicht so lange in ihren schweißigen zittrigen Fingern wie den letzten Brief. Art des Schießens: stehend, freihändig

Bln 8. April 70

Meine liebe Eva! Nun bist Du 2 Stunden weg und nach Erledigen Deiner Bürokratendienste mitten auf dem Weg nach Dresden. Bei mir werkelt gerade der Ofensetzer – was für eine friedfertige idyllische Tätigkeit! Was für ein menschlicher Ur-Beruf! ... und brauchen bißchen Dach überm Kopf – im Schornstein Rauch – auch Wahrheit ... Maurer, Bäcker, Feuerbesorger, Koch – warum sind wir nicht so was geworden! auch Wahrheit – Freiheit auch ... und da fängt schon das Elend an.
Ich hoffe sehr, daß Du jetzt – ohne Probenbelastung – wieder zu Dir kommen kannst, damit Du auch bei mir sein kannst. Mach Ausflüge mit und ohne Auto! Schau Dir dieses Land an und erzähle mir. Laß Dir ein paar aufregende Geschichten aus der WISMUT-Zeit erzählen und vom unaufhaltsamen Abbau der Goldgräberstadt nach der Stillegung des Bergwerkes und schreib Dir, oder besser: mir, in Briefen, alles auf.

Hannelore, Ilona, Nina, Karla, Eva, Brigitte, Edith? (von rechts) in Can-Can

Und schmeiße mich dort nicht aus Deiner Seele. – So, der hintere Ofen ist ok., jetzt kommt der Grüne dran.
Dringe darauf, daß noch ein paar Verbesserungen im Eva-Tanz und in der Wäscherei-Tanzkaschemme exakt trainiert werden. Beim Eva-Tanz mit sämtl. Darstellern, weil die den Aristide auslachen sollen. In der Apachen-Szene müßte evtl. noch Publikum auf improvisierten Wäscherei-Möbeln (mit Hemdchen-Tischdecke-Höschen-Serviette für die Herren) plaziert werden. Du wirst ja sehen. Dann vergiß nicht: ›Jeder Mann ist ein blöder Mann‹ ... wie ich sagte in übertriebener Wir-Weiber-Solidarität gegen die Männer – von Seite zu Seite – Orchester – immer so, als ob auf der jeweils anderen Seite alle Männer säßen. – So, ich küsse Dich so und anders – Dein Wolf

Eva, mein Schnurpel, es ist nun doch Mitternacht, ein Brief ist schon weg, diesen bring ich jetzt zum Kasten. Meine Seele ist ein formloser Pudding seit Du weg bist. Wie ein Fremdling hocke ich in meiner Bude. Ich hoffe, daß ich mich hier morgen in irgendeiner Ecke wiederfinde. Ich hoffe, Deine Vorstellung lief normal. Gut war sie sicher sowieso nicht, weil in der Regel in der 2. Vorstellung erst mal alles zusammenbricht. Schreib mir wie es war und dringe auf Korrekturproben.
Grüße Nina und die plebejische Pflanze mit dem wunderbar großen

Maul ausm corps de ballet und Deinen §§-Hengst mit dem Gemüt – ich find nicht das Wort, das diese eigenartige Mischung von tolpatschiger Schamhaftigkeit und gerissener Weiberheld erfaßt. Und laß Dich von diesem unappetitlichen Geiger nicht ansabbeln und schlaf immer bißchen vor der Vorstellung und schreib mir irgendwelche dummen Liebeserklärungen, für die ich immer ein guter Abnehmer bin, wenn sie nur von Dir kommen und behüte über bioelektrische Fernleitung meinen Schlaf vor bösen Träumen. – Dein Wolf
UND: laß meine Briefe gefälligst nicht immer überall am Ofen und am Fenster und am Bett liegen, daß jeder sie lesen kann! (Dideldum!)

April 70

Mein Evalieb, so sollst Du mich immer hochziehen aus meinen Finsternissen, damit mir in Deinen Landschaften ein Licht aufgeht ... Spiel schön heute abend mit Frechheit und Frische, überspringe die Klüfte des Stumpfsinns dieser Inszenierung, sei aggressiv und lieblich unberechenbar hysterisch und launisch, aber auch launig und all den Unsinn, den Du an mir armem Auserwählten so gewöhnlich abläßt, lasse am Publikum ab – ich werde dann in den Genuss einer abgespannten abgeklärten und aufgeklärten Eva kommen und wieder Deine Äpfel fressen – Wolf

9. 4. 70

Wolf, in mir ist Stille und Wehmut. Gestern, nachdem ich Dich verlassen hatte – Du standst so neo-italienisch abschiedsgezeichnet im Gegenlicht vom Treppenhaus – fuhr ich Richtung Autobahn. An der Warschauer Straße erwischt mich die Eisenpranke des Gesetzes in Form einer Division Verkehrsüberwacher, die im Hinterhalt gelauert und auf'm Radarschirm angeblich 80 km/h festgestellt hatten. Sämtliche Personalien wurden notiert, der Wagenzustand überprüft, die Drohung ausgesprochen, man werde beantragen, mir die Fahrerlaubnis zu entziehen. Nina war zwei Tage krank, Magenkrämpfe. Übrigens befanden sich mehrere Teilnehmer der Premierenfeier in dem Zustand. Vielleicht rührte Dein Bauchgrimmen daher. Armer Süßer, Du warst so krank. Aber Deine liebe Frau hat Dich gesund gemacht, stimmts?!

Ich geh zur Post, Briefe einstecken, Feueranzünder kaufen, Kerzen, Milch, das viele Geld abholen! Dann gibts ein Fest, wir singen das neue Lied, die alten nicht zu vergessen ... Marie.

10. April 70

Eva, mein Lieb, ich sitze bei Robert, er ist gerade in die Stadt gefahren, um Brigitte und die Kinder zu holen ... eine Sauwetterei, es regnet Schnee und es schneit Regen. Lächerlich, wie das Gemüt immer wieder die Zustände der Natur nachäffen will. Der mechanische Seelenreflex auf das Wetter ist besonders für Künstler gefährlich, eine Art Naturalismus der Stimmungen.
Hast Du meine zwei Briefe erhalten? Du bist nun 3 Tage weg und ich hab natürlich noch kein Lebenszeichen, aber der Geruch meines Körpers ist ja noch eine Art Lebenszeichen von Dir.
Alpträume von Manu und Jonas, verrückte Träume in denen die verrückten Elemente der Wirklichkeit höllische Metamorphosen machen. ›Es ist als in der bleiernen Zeit‹ sagt Hölderlin. (›Hold wie seyn Name war Hölderlin‹) Ich las gestern mal wieder im Hyperion den Brief ›So kam ich unter die Deutschen ...‹ Sieh mal, ob Du da in irgendeinem verstaubten Buchladen die schöne Dünndruckausgabe findest. Ich hab zwar die schönere Stuttgarter große Ausgabe, aber die ist zu voluminös für den Tornister nicht nur der faschistischen Wehrmachtssoldaten. – Ich höre Louis Armstrong, ein gutes Mittel gegen den deutschen Schneematsch. Aber zu lange darf man das auch nicht hören.
›Die Mauern stehen kalt, im Winde klirren die Fahnen‹ – die besten Zeilen in Hölderlins bestem Gedicht. (HÄLFTE DES LEBENS) – Meine Fresse, es deutscht mal wieder mächtig durch meine Gedanken, es ist die deutsche Jahreszeit: Erfrieren im Frühling, die deutsche Krankheit. Nun ist genug ausgekotzt, die seelische Notdurft ist verrichtet und nun wollen wir uns voller Hoffnung in die nächsten Irrtümer stürzen und uns liebhaben und umarmen in aller Zerrissenheit, meine Liebe, wenn wir uns festhalten, kommt mir die Welt heil vor. Aber diese Sehnsucht nach einer heilen Welt zeigt, wie sehr wir zerkloppt sind.
Was ist in Moskau los? Wird sich die Gruppe der 4 Pol. Büromitglieder als eine revisionistische Infektion herausstellen, die der Chefarzt Breshnew mit dem berühmten Radikalmittel behandelt? Manchmal unterliegt man wirklich der Täuschung, die Erde drehe sich noch.
Ich umarme Dich mit dem linken Arm meiner Gewöhnung – und dem

rechten meiner Neugier – und küsse Dich an die Stellen, die ich am liebsten habe. Dein Wolf

11. 4. 70

Wolf! Evas Wetterfahne hängt auf Halbmast wegen Kopfweh, weil sie die Kollegen der Technik nachträglich einlud auf ein Glas. Mit dem Intendanten ein ›vertrauliches‹ Gespräch gehabt: Er bekam ›Hinweise‹. Nächstens werde ich ein Schild um den Hals tragen: Biermann-Weib, um nicht zu sagen ›Judenhure‹. Dein Hiergewesensein zieht Kreise, schlägt hohe Wellen.

Nachher fahr ich in die Nachbarschaft, nach Sehma, singen.

Nina hat ihr erstes Geld verdient, 30 M, spart für einen Plattenspieler.

Ich bekam zwei liebe Briefe und Du bist mein wunderbarer Liebster. Oh Mann, Du! Um zu Dir zu kommen, würde ich mich durch einen dicken Steinberg kratzen und beißen und fressen.

Eine Frau, durch die ›Wismut‹ hierher verschlagen, mit schlesisch-sächsischem Dialekt, kehliger Stimme, hat groß saubergemacht – kuckt immer die Engelbengel an, hat einen originellen Mutterwitz, bringt uns zum Lachen, sagt: ›Die Männer kommen und gehen wie die Fürze‹ und noch ganz andere Volksweisheiten hat sie auf Lager. Du mußt sie unbedingt kennenlernen.

Nun geh ich in die Welt hinaus mit Nina, Dir den Brief schicken, traurig sein bißchen, glücklich. – Eva

P. S. – Besorg für den 18. Karten zur Premiere vom ›Guten Menschen‹.
Und ich brauche Make up von Max Factor: Pan-Stik, deep olive.
Bitte doch bitte einen Westbesucher, mir das mitzubringen.

11. 4. 70

Meine liebe Eva, eben kam ich nach Haus, es ist Sonnabend nachmittag, fand Deine beiden abgestempelten Liebkosungen und als ich das post scriptum auf dem zweiten Brief las, schämte ich mich über diese dumme Schießkartenpost, die doch eigentlich mehr zu Schießbudenfiguren passt. Und trotzdem, das Schießen macht mir soviel Vergnügen, daß jeder Schmalspur-Freudianer seine erhellende Freude darüber von sich geben würde.

Ich les grad Bunges Gespräche mit Hanns Eisler, ein Buch, das in München erschienen ist und das mir mit der Post ins Haus kam.

Wie schade, daß wir in einem Land leben, in dem man nicht mal Briefe

Berlin Friedrichstraße / Ecke Oranienburger. Im Hintergrund der Fernsehturm

schreiben kann, in denen etwas über jenen riesigen Bereich geschrieben steht, der zwischen den Himmeln der Liebe und den Niederungen des täglichen Stoffwechels mit der Natur plaziert ist! Der Stoffwechsel mit der Gesellschaft, wie sollte er in den lettres lebendiger erscheinen, als er in der Wirklichkeit ist, in der offiziellen Wirklichkeit – ich verwirre mich. Ich will sagen, daß ich lieber mit Dir unter dem mikrophonenen Himmel sprechen würde, weil dort noch immer die wohltuende Illusion reproduzierbar ist, man sei unter sich.

Ich bin, wenn ich das straflos sagen darf, in einer guten neuen Phase und sehe ein bißchen die Richtung, in der ich mich verändern muß. Dabei strebe ich eine Haltung an, die ich bisher nur sporadisch und eigentlich nur als Zitat in meinen besten Arbeiten verwirklicht habe, ich strebe eine neue Alltagshaltung an, eine Art psychischer Selbstkorrektur, die jetzt nötig geworden ist, daß sie wohl auch möglich wird. Die theoretische Bewältigung eines solchen psychischen Umbruchs ist dabei das Schwierigste, denn wir haben da nichts in Reserve. Lenin ist lange her, wenngleich für den größten Teil der Menschheit noch gut für die Zukunft. Und daß Sitte den Lenin neuerdings in der Maske unserer Nummer I. in Oel malt, hilft da auch nichts.

Es ist jetzt 20.11 – in 2 Minuten startet die Apollo 13. Der Aberglaube wird hoffentlich bei dieser Gelegenheit eine Niederlage haben. Noch 15 Sekunden, jetzt glotz ich in die Röhre. Wie soll man als Kommunist solch ein phantastisches Schauspiel der Amerikaner genießen? Der kapitalistische Drache macht über seiner Stadt Schaufliegen. Dieses TV ist zum Kotzen. Der Fernsehturm ist wie ein erhobner Zeigefinger mit großem Gichtknoten. Wie gelähmt starre ich auf die Bewegung. Dieses TV-Glotzen – die Toten starren auf den Rasen von unten.
Meine Liebe, ich will den Brief noch zum Bahnhof bringen.
Meine Schöne, Du hast mir so wunderbare Küsse geschrieben, deswegen will ich jetzt nicht anfangen mit meiner Stammelei.
Grüß Nina, haben ihre Kaninchen sich über mein Couvert gefreut? (Zur Kontrolle: dies ist, seit Du weg bist, der 4. Brief) – Wolf

April 70

Mein allerliebst Eva – heute ist Sonntag, und meine Kopfschmerzen haben sich mal wieder gemeldet und mich in Dumpfheit gezwungen. Ich hab zwei mal 2 Tabletten gefressen ehe eine Verbesserung eintrat, und nun bin ich bißchen benommen, und in diesem Zustand sollte man eigentlich keinen Brief an seine Liebe schreiben ... aber ich denke, Du freust Dich wenigstens über das bunte Couvert und merkst, daß ich in meinem behämmerten Kopf immerhin Dich noch unversehrt wohnen habe.
Meine Schöne, was machst Du jetzt die langen freien Tage und stillen Vormittage vor den Vorstellungen. Ich würde gern bald wieder bei Dir auftauchen, fürchte aber, daß meine zu häufige Anwesenheit in diesem Kaff gewissen Herrschaften so sehr auf die Nerven gehen würde, daß Du Ärger haben könntest. Aber vielleicht sollte man möglichst keinen Ärger vermeiden – höre ich Dich schon sagen.
Ach, wenn auf eine Liebe mit all ihren raffinierten Empfindlichkeiten der politische Hammer geknallt wird, ist es leicht verheerend, besonders, wenn die Liebe ursprünglich unabhängig von politischen Dimensionen entstand. Meine Eltern lernten sich im KJV (kommunistischen Jugendverband) kennen. Ich sehe gerad beim Schreiben Deinen Ring an meinem Finger und freue mich und wundere mich, wie ein Kommunist, der so verrückt auf Änderung, Bewegung, Unruhe, Revolution, Umsturz der Gesellschaft ist, sich so begierig an die Stabilität seiner Liebe klammert – Dein Wolf

12. 4. 70

Wolf! Ein Sonntag mit blauem Himmel, Frühstück mit Ninakind, Musik: ›Die sieben Todsünden‹, ›Der Kleinbürger‹, ›Aber Anna ist ja so verfressen...‹ und ›Leider traf ich Fernando noch öfter ...‹
Ich versuche, den Chef zu überzeugen, es hier aufzuführen. Er hat Bedenken: Die Erzgebirgler! Aber er läßt es sich durch'n Kopf gehn. Dann hörten wir die Orginalfassung von ›Fair Lady‹: ›I want to dance all night‹, ›Just You wait,‹ (Wart's nur ab!) ›The rain in Spain‹, ›Show me‹, (Tu's doch!) ›Without You‹, ›I've Grown Accustomed to her Face‹! – Me too to your face! – Dann mit einem weinenden und lachenden Auge ›Die Balladen und lasterhaften Lieder des Herrn François Villon‹ mit Horst Drinda. Wir wünschten uns, Du würdest es vortragen – oder Thate, Esche, Krug.
Wir wollen in die Sonnenberge nach Oberwiesenthal. Dann bring ich Nina zur Nachhilfe. (Mathe) Vielleicht muß sie raus aus dem Stück. Schade, daß sie sowenig Ehrgeiz hat. – Ich werde zur rasenden Wildsau, wenn meine Mühen umsonst waren. ›Dann geh ich eben in die Schneeglöckchenstraße‹, sagt sie (da ist das Arbeitsamt) und abends in die Volkshochschule.
Immer wieder ziehn Wolken auf. Adieu, sagt Deine Süßkirsche Marie.

von Eva, 13. 4. 70

Meine herbliebliche Steinnelke, Du Distelzweig mit der rosigen Blüte! – Ich muß Dir eine Neuigkeit berichten: Draußen findet ein Schneesturm statt. Drin ist es dafür um so gemütlicher.
Hab an Dir rumgemalt und nun ist Schlafenszeit. Eine Flasche Pilsner ist schon fast leer und morgen krieg ich ein neues Bett. Das jetzige hat 2 Sprungfedern rausgestreckt, piekt und zwickt mich. Dabei hab ich ganz brav und sittsam drauf gelegen. Das nächste wird breiter, damit mein Tauber sich plustern kann, wenn er demnächst hereinschneit ...
Eine Kritik stand in der Zeitung, Lob für die Aufführung – und ich bin das Gelbe vom Ei. Schöne Fotos!
Und alle haben Dich in der Glotze gesehn. Hellwig meinte, ihn tritt ein Pferd, als Du plötzlich in seiner Stube hockst, solche Sachen redest, singst – und allen den Kopf verdrehst. Kann ich mich ärgern, daß ich nichts wußte! Statt dessen sitzen wir da, spielen Schach. So eine Merde; wo ich auch noch verloren hab! – Du, meine Ananas-Whisky-Kruke, ich möcht aus Dir trinken bis zum Umfallen. Eva

Berlin, 13. April 70

Eva, mein vielliebstes Weib, heute war ein schöner Brief von meiner Liebe da u. ein Frühlingstag draußen u. eine genesende Seele drinnen. Was wir schon ahnten ... also werde ich wohl lieber nicht so bald in Annaberg auftauchen dürfen? Diese kleinkarierten langohrigen triefnasigen und rotzäugigen Achtgroschenrevolutionäre. Vielleicht sollt ich jetzt gerade kommen, wenn diese Trottel Dich bedrängen.
Schreib mir, was Du denkst.
Und Deine durch-den-dicken-Steinberg-Durchkratze-Liebeserklärung ist schön und verschlägt mir den Atem und macht, daß ich, ein glanzloser Reflex, nur noch stammeln kann, daß ich Dir beim Durchbeißen und Kratzen durch den Steinberg entgegenkomme.
Eva, mein Lieb, die Premiere ist am 18. 4. – ich werd Karten besorgen. Übrigens Beginn 19.00, dann leg ich Dir die Karte hin und Du kommst eben bißchen später, wenns sein muß. Verspreche mir aber, nicht zu jagen und Dich nicht oder das Auto totzufahren!
So, mein Schnurpel, grüß Nina schön und sage ihr, daß meine Kaninchen sich auch über ihren Brief gefreut haben und daß sie ihr Fett noch gesondert wegkriegt. Also, bis morgen. Wir haben es uns schon so angewöhnt und auch für mich ist schon e i n Tag ohne Post von Dir nur die Hälfte wert – Dein Wolf (behauptet das)

Mitte April 70

Eva, mein Lieb, ich höre das ›Wohltemperierte Clavier‹ in der bierernsten dienstlichen Interpretation des deutschen Beamten Pischner.
Ach, ist diese Sturheit gut für diesen phantastischen Bach.
Aber Du bist meine Schöne, und Dein Brief hat mir eine Freude für den ganzen Tag gemacht. – Übrigens: der Inhalt Deines Briefkastens war verbrannt, die Tür aufgerissen. Ich hoffe, Du hast Deine Postangelegenheiten nach Annaberg umgeleitet.
Ich lauf zum Bahnhof, das wird meinem Zimmerluftkörper gut tun und meiner eva-gemangelten Seele. Wenn ich den Brief in den Kasten werfe, küsse ich, abergläubisch und schnell heimlich-feige vor den Leuten, immer noch einen Kuss aufs Couvert.
Apropos Aberglaube. Was hab ich Dir gestern geschrieben. Apollo 13 sichert dem Aberglauben todsicher eine massenhafte Auferstehung und langes Leben. Für die sowjetischen Füchse ist es natürlich ein Triumph, daß sich die 13. Traube als sauer herausgestellt hat.

Mein Lieb, Du bist keine saure Traube, Du bist eine süße Spätlese und ich bin kein Fuchs, sondern der Wolf, also gute Nacht oder guten Morgen, wer weiß wann der Brief bei Dir anflattert. Behalt mich lieb in Deinem Herzen und schreib mir mein täglich Brot, Amen. Dein Wolf

13./14. April 70

Eva, mein Nachtschattengewächs, es ist Nacht, Montag auf Dienstag, 13./14. April 70 und ich bin ein bißchen geannanasvhysk – Teufel! Ich bin ein bißchen geannanaswhiskyt und lüfte und bin sehr sans Eva (Evaohne, ohne Eva, ent-evat; es herrscht in meinen Armen ein Eva-Mangel) aber ich begehre Dich nicht nur im nüchternen Aggregatzustand (ich meine meinen, nicht Deinen Aggregatzustand!) Ich begehre Dich auch nicht nur Deiner Haut wegen, die mich wahnsinnig macht und ich begehre Dich nicht nur Deiner Liebe wegen, die mir fast gerecht wird, ich verlange nach ... Deinen wunderbarsten Orgasmen, die ich durch unverdiente Gnade des Zufalls imstande bin zu inszenieren, zu initiieren, zu provozieren – mein einziges Weib. – I belong to you and I need your lips (the upper and the lower) and your central point, you know. Mein üppiges und starkes Liebestier mit der zarten Seele, es ist Nacht, und ich lege mich jetzt auf mein Jugendhof-gestempeltes Laken, aber vorher noch springe ich zum Briefkasten und verschone Dich mit diesem Brief aus Sehnsucht und Verwirrung nicht und hoffe, Du nimmst mich für heute mit Nachsicht auf, gute Nacht, meine Schauspielerin, meine Bitterfelder Venus, ich bin ja Dein lieber Wolf

15. April 70

Wolf, Ilona hat von einer Plaudertasche der Sicherheit erfahren, ich werde beschattet. Sie wüßten alles von mir, jeden Schritt, den ich tue, jeden Laut, den ich von mir gebe. Na ja, es gab für hiesige Geheime bisher kaum Lukratives. Nun ein Lichtblick in der Einöde: das Teufelsweib von diesem B...uhmann. Und sie stürzen sich mit Feuereifer an die endlich sichtbar werdende Front. Ab und zu braucht ›man‹ Erfolg, sonst kriegt das Minderwertigkeitskomplexe und schlägt auf die noch schwächeren Exemplare der Gattung ein.
Und der Eva-Tanz wurde von der SED-Kreisleitung gestrichen. Dabei waren alle von der ausgezogenen Szene angezogen. Der Adam ist nun wirklich ein schönes Exemplar, ästhetisch wie erotisch, ein gelungener Ableger des Ur-Mannes. Ich mache dem Original auch keine Schande!

Jochen Hellwig hat vorhin ins Bierglas gebissen vor Wut, hatte Scherben im Mund wie immer bei der ›Nummer‹. Diesmal aber spuckte er zusätzlich Blut. Ich war schockiert. Die vom Bezirk hatten gestichelt: ›Ihr müßt es ja haben, daß ihr euch so einen Gast leisten könnt! Wir können das nicht.‹ Alle 30 Vorstellungen sind bereits ausverkauft!
So setzen professionelle Einschüchterer Intendanten, Regisseure unter Druck. Eine Bemerkung genügt und einer mit empfindlichen Eingeweiden scheißt in die Hose. – Sei sicher, Wolf, daß in mir nicht die leiseste Furcht erzeugt wird. Nur Zorn, der den Widerstandsgeist stärkt. Was die Spießer sich einbilden! Schau dir unser obligatorisches Nackedei im ›Magazin‹ an. Oben-Ohne-Szenen in Defa-Filmen. Nobel-Bars veranstalten Sozialistisches Striptease: Fällt das letzte Blatt, schaltet man Lenin ein: das Elektrische Licht geht aus.
Ich muß mich vorbereiten für's Programm bei den Uraniern, Wissenschaftler sind das, die zur Weiterbildung hier sind und sich zum Abschluß mich gewünscht haben. Ich singe Wald- & Wiesenlieder, auch das Lied vom kleinen König, den es nie gab. (Schlagt nach bei Beranger im Dietz-Verlag). Paar Abwandlungen, weil mundgerecht gemacht.
Klar, kommt mir mein persönlicher Lehrmeister dabei gelegen: Im Bett lernt man praktisch so mancherlei an Technik, Kunstgriffe ... Da sind die Sinne besonders scharf geschärft, eine gute gegenseitige Schule.
Ich umarme Dich rankengleich. Eva.

15./16. April 70

Mein Evalieb, es ist späte Nacht auf Donnerstag früh. Ich hoffe, Du rufst noch an, denn am Freitag abend wollen wir schon nach Dessau, die Sachen holen und ich weiß doch gar nicht: Wo und was alles! Vielleicht kannst Du uns auch ankündigen! Offen gesagt kotzt mich

Nina und Eva in ›Can-Can‹ auf der Bühne in Annaberg

der Gedanke an die Fahrt mit unserem hinreißenden Spezial-Freund an, aber das Zeug muß ja auf die Insel. – Ach, mein Schnurpel! Ich bin bißchen krank nach Dir, nach Deinem Himmelbauch nicht nur, nach Deiner Sanftheit Lieblichkeit und Süße und darf gar nicht genau daran denken, was es bedeuten muß, wenn Dein lebendiges Fleisch so im Tiefkühlfach (???) liegt. Behalt mich lieb, schreib: was und wann Du über einen Besuch denkst. I s t Euer Bild schön! Nina sieht älter aus als sie ist und Du jünger, ein wirklich liebreizendes Sister-Bild – und Dein lieber lieber Brief. Im Moment überflügelst Du mich so wohltuend, meine Liebe, schreib mir weiter und vergiß nicht, daß ich jedes Wort fresse saufe lecke lutsche schlucke. Ich rede zu Sauf-Fress- und Venus-liederlich. – Kennst Du die Fress-Sauf- und Venuslieder von Arno Holz? Meine Einzige, ich küsse Dich in Deine Zwillingskuhlen und schlaf jetzt – (vorher schnell zum Kasten) – Dein Wolf

16. 4. 70 – 21. 40

Liebster! Ich war eingeschlafen und ich hab Dich deutlich im Raum gespürt, Du hast laut Eva gesagt. Da war ich hellwach.
Eben kamen zwei Taubenflügel. Ich fragte am Schalter, warum die Eiler oft mit der normalen Post kommen. Seitdem fährt abends ein gelber Trabant vor und bringt gleich zwei. Nina kriegte ein Päckchen von Nikolai und eine Backschelle von ihrer Rabenmutter vorm Schlafengehn, die sie bereits verwunden hat: Wir haben zusammen gesungen, ein Ton auseinander. Sie ist musikalisch ein regelrechtes As.
Mein Briefkasten voll Asche; wer macht solche ›Streiche‹?

16. April 70

Eva, mein liebes Lieb, heut ist Donnerstag, ich hab den ganzen Abend auf ein Telephon von Dir gewartet, ich weiß doch nicht genau genug, wie alles gemacht werden soll. Ich kann mich nicht richtig konzentrieren, weil das TV läuft, der 3 Astronauten wegen. Es ist eigenartig, das Leben dieser drei Leute erregt die Welt, aber die Leichen ermordeter Vietnamesen, die in Kambodscha den Me-kong runterschwimmen, werden nur sorgfältig gezählt.
Morgen fahre ich also Möbel – wenn das nicht so nötig wär, würde ich lieber hierbleiben oder zu Dir kommen ... Eva Eva meine Einzige Eva, meine Liebe, wann kann ich mich wieder an Dir festhalten, Dich wieder an mir festhalten, ich hab solche schlimme Sehnsucht nach Dir! Schreibe mir über die Entwicklung Eurer Aufführung! Habt ihr noch gearbeitet? Wie reagiert das Publikum? Hast Du jetzt mehr Vergnügen an der Eva-Szene? Ach, es ist nicht schön ohne Dich und überhaupt nur erträglich bei dem frommen Wunsch-Gedanken, daß es Dir nicht

viel anders geht. – Gute Nacht, meine Eva-Maria Hagen, meine herrliche Saftbirne, meine Himmelhölle, halt mich lieb in Deinem Herzen. Hoffentlich bin ich nicht grad unten am Briefkasten, wenn Du oben am Telephon bist. Das alte schöne Lied, das mein Vater gern im Knast gesungen hat: ›Auf und nieder geht die Sonne – dunkel ist's im Kerker hier – auf und nieder gehn die Posten – Tag und Nacht vor meiner Tür‹ – sollte mir nicht in Sinn kommen, wenn ich die Stasi-Bullen sich vor der Tür meiner Luxuszelle die Beine in' Bauch stehen seh.
Ach, meine liebe Frau, ohne Dich ist dieser Luxusknast ein Luxusknast ohne Luxus. Und das, obwohl Du selbst überhaupt kein Luxus bist, d. h. etwas was man ohne katastrophale Folgen weglassen könnte, Du bist ja mein Brot und darum bete ich heut nacht:
Unser täglich Brot gib uns heute! Wolf

17. April 70

Eva, mein allerliebstes Lieb, es ist 22 Uhr – wir haben bei Herrn Speeler alles abgeholt und aufgeladen. Ach, mein Einziges, mir bricht wirklich das Herz, wenn ich daran denke, daß Du! morgen hier bist. Aber wir müssen weiter (streu mal Sand vor die Räder, Bruno) sonst schaffen wir es mit der Ostsee nicht.
Meine Süße, ach ich möcht Dich so so gerne sehn, ich hab den Brief gekriegt mit der Hiobsbotschaft von der Eva-Szene. Diese eingeklemmten Ideologie-Schwänze. Jede gut gewachsene Frau ist für dieses System der Heuchelei und Furcht schon eine Bedrohung und Beleidigung.
Ich bin doppelt traurig, weil ich fürchte, daß ich unter diesen Bedingungen überhaupt noch nach A. kommen darf. – Wir sind in Eile, ich liebe, küsse, verehre Dich, belong to you and only to you – Dein Wolf

23. 4. 70

Eva, mein allerliebstes Lieb, meine schöne Freundin meine geliebte Feindin mein Wonne-Schrecken, es ist spät in der Nacht. Ich hab mit Dokting Schach gespielt, aber mit Dir – auch wenn ich dabei verliere – macht es mehr Laune. Dieser Brief wird Dich hoffentlich, nachdem die Langohren, Stielaugen und Schnüffelschnauzen vom Dienst ihre staatserhaltende Pflicht getan haben, rechtzeitig erreichen. Ach, es ist fast zu schön, wenn wir uns nicht zerhacken; gäbs doch eine Pille, die uns vor diesem Chaos der Dummheiten schützt, damit wir unsere Kräfte voll und ganz dem erhabenen Chaos der deutschen Misere widmen können und dabei noch die irdischen Freuden des Fleisches ohne Furcht

genießen. – Mein Lieb, es ist überspät. Draußen rattern die Panzer ihre Monumentalübung für den 1. Mai; dem Pöbel müssen ab und zu die Instrumente gezeigt werden, sonst wird er übermütig.
›Ein besonderes Bedürfnis, mit den arbeitenden Menschen zusammen zu sein, hat W. Ulbricht am Feiertag der Werktätigen, dem 1. Mai‹ – seit ich das authentisch von unserer Landesmutter weiß, bildet sich auch bei mir ein ganz neues 1. Mai-Gefühl. Auch hab ich mir, angeregt durch diese interessanten ›Reden u. Aufsätze‹ in Ergänzung bzw. anstelle der üblichen Nachtgymnastik, die Absolvierung einer Morgengymnastik angewöhnt. Sie besteht aus folgenden Übungen:
Bocksprünge und Faunhüpfer, Rückgrat beugen, gegen den Strom-Schwimmen, Wie-auf-Kohlen-Stehn, Salto mortale aufs Bett, Kopf-Stand, Kopfschütteln, Schattenboxen, dance-pure und dance-konkret und dance-pour-dance. – Quitsch-Quatsch. Gut Nacht, die Müdigkeit macht, daß mir zuviel Albernheit in die Feder fließt. – Dein Wolf

25. April 70

Eva, mein Lieb, heute ist Sonnabend und Du bist jetzt in Dessau und morgen bist Du hier und es ist ein Unsinn, Dir jetzt zu schreiben selbst, wenn ich kokett anmerke, daß es Unsinn ist. Aber ich schreibe Dir diesmal des Schreibens wegen, eine Art lettre pour lettre und vielleicht eigentlich nur um meiner selbst willen. Wir haben uns die letzten Wochen viel geschrieben, ich las noch mal einige Deiner lieben Briefe u. auch wenn ich mich an die Briefe erinnere, die ich an Dich schrieb, fällt mir auf, daß diese ganze verliebte Korrespondenz unter dem Auge der politischen Polizei den Charakter von Schattenbildern annehmen muß. Unsere Gedanken, sogar unsere Gefühle und völlig unser wirkliches Handeln kommen in den Briefen zum Ausdruck, wie Elemente der Wirklichkeit sich in der Platonschen Höhle als Schatten auf der Rückwand abbilden. Aber wir beide haben ja gelernt die Schattenrisse zu entziffern und schon der Gestus Deines Schriftbildes sagt mir soviel wie vielleicht das Augenzwinkern zweier Gefangener, die unter Bewachung aneinander vorbeigehen, den Gefangenen sagt.
Mein Schnurpel, meine Göttin, ich freue mich an Deinem Blumen-in-der-Hand-Bild mit den Augen, die wie zwei Arme aus dem Photo nach mir greifen. Morgen bist Du hier. Und falls ich nicht gleichzeitig mit Dir hier bin, lies meinen Brief und hab mich lieb und verböse Deine Seele nicht gegen Deinen Wolf

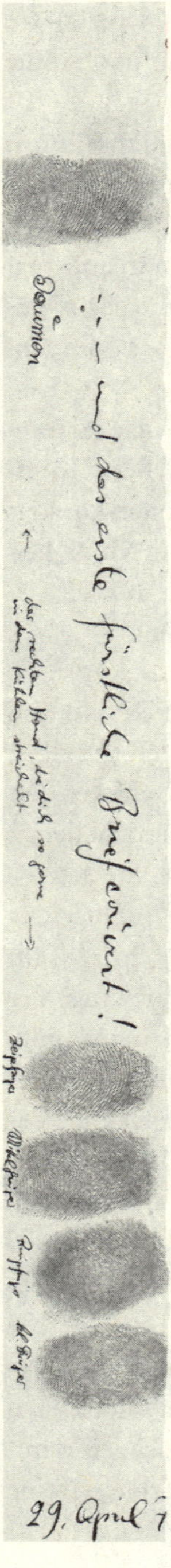

29. April 70

Meine Bitterfelder Neuberin, meine allerschönste Schöne, es ist in der Nacht auf Donnerstag und ich will Dir schnell noch schreiben und weiß überhaupt nicht wohin?! Dessau? Annaberg? Und die Feder kratzt und ich bin müde, ausgelaugt von Gesprächen.

Morgen ganz früh will Otto kommen ...

Ach, meine Einzige Einzigartige, meine Einzige und meine Artige – jetzt muß ich aber doch eine andere Feder probieren ... So, das geht besser.

Ich bin müde und kann Dir nur schnell vorm Einschlafen sagen, daß ich mir einen Traum von Dir wünsche und daß ich sowieso am Tage viel von Dir träume und an Dich denke mit einem Bündel aus Sehnsucht und Sorge, wie es in dem schönen Lied heißt, das Du nicht vergessen sollst.

Überhaupt sollten wir wieder mehr singen, das merkte ich neulich abend. Und ich muß wieder Gitarre spieln, hab mich verschlechtert u. schon gar nicht verbessert. Ach, wer weiß wozu es gut ist, daß es schlechter geworden ist. Ich war übrigens fleißig und arbeite dem Tag entgegen, an dem ich Dich endlich festhalten darf.

Da ich Dir nur Vergnügen wünsche, wünsch ich Dir nicht so schlimme Sehnsucht wie ich nach Dir hab. Und das erste fürstliche Briefcouvert!

Daumen – Zeigefinger Mittelfinger Ringfinger kl. Finger der rechten Hand, die Dich so gerne in den Kuhlen streichelt. Dein Wolf

29. 4. 70

Mann, hier ist was los! Es schneit wie verrückt. Und übermorgen ist der erste Mai. Dann gehn wir eben auf Skier demonstriern, unsere Verneigung ableisten, Dankbarkeit bekunden an die mittlere Herrscherstufe; wir sind hier nämlich in den Bergen, bei den sieben Zwergen. – Du kannst lachen, hast die Chance, im Pulk der Blöcke, wenn Du Dich einreihst in' Rattenschwanz der Masse, den Ersten Männern direkt ins Auge zu

blinken, äh, zu winken. – Bin wieder in unserer Bude. Die letzten Kilometer ließ ich mich abschleppen. Das blöde Stück, launische Karre die, Aas das (verzeih Autochen, ohne dich ständ ich dumm rum im Gelände) ging einfach aus mit einem trocknen Huster. Morgen geh ich zum ›Doktor‹ mit dem Vieh, laß es untersuchen.
Es ist schön hier und Basta! Ich mag die Ruhe, das Lesen, Erinnern an meinen Liebsten mit den tausend Armen.
Eben höre ich alarmierende Nachrichten: Indochina, Kambodscha. Haben die Amerikaner noch immer nicht die Schnauze voll von Vietnam? Überall Blutvergießen, hört das denn nie auf? – ›The answer, my friend, is blowing in the wind ...‹
In ›Bretter, die die Welt bedeuten‹, Kulturgeschichte des Kabaretts, steht, daß Du ein besonders revolutionärer, schänjaler Künstler bist. Für mich bist Du aber noch viel mehr, nämlich der Kleine Karl mit dem großen Zepter. Hih!
Draußen, in der Sackgasse, pfeift es und trillert. Ein Verliebter, denk ich – da knallt ein Schneeball ans Fenster. Ich öffne: es ist der Unbekannte mit dem putzigen Hut. Und weil ich ein freundlicher Mensch bin gegenüber nassen Füßen und einsamen Hunden, kotz ich ihn nicht an für die Dreistigkeit, sondern wünsche ihm einen guten Heimweg.
Gleich hüpfe ich ins neue Bett, lese in Bunges ›Eisler-Gespräche‹ und hoffe, Du kommst voran mit dem Dra-Dra – damit wir uns bald freuen können über die zum Himmel schreienden ›Unverschämtheiten‹.
Der Briefabschied: Murpelschnurps! mit den possierlichen Lammsprüngen & Fingerspitzenkünsten, ist der tollste Zirkus-Artist aller Zeiten. Seine ihm treu anhängende Zuarbeiterin Mary singt für ihn – nach der Melodie aus dem Russenfilm: ›Keiner kann das besser als er‹: Nicht einer, bloß meiner.
Nämlich dieser Karl-Wolf B. von der Eva-Marie H.

1. Mai 70

Wolf, den heutigen Tag begann ich mit dem Lied auf den Lippen, im Bett, zur Gitarre: ›Der 1. Mai ist schön da – kann man Leute sehn‹ ... Ilonka, die bei uns schlief, kam ans Fußende und ich sang ihr noch mehr vor von meinem Lieblingsdichter. Sie fragte, warum die Lieder nicht gesungen werden dürfen, die wären doch phantastisch ...
Draußen weihnachtet es: Schneerieseln. Nina war im Blauhemd zur Demonstration – kam eben im Stechschritt zurück zum Frühstück.

Hab alles malerisch aufgebaut: die rustikale Teekanne, braune Eier, Steintopf mit Pflaumenmus, Butterflocken, Tischdecke, Blumen von gestern in Zschopau – da klingelt es und Eil-Kutte bringt als Krönung ein Kuvert zum Dessert, den Brief mit den Fingerabdrücken.
Einziger, ich hab Dich so lieb, daß ich aufpassen muß, damit es nicht knacks macht und mein Herz hat einen Sprung. Hast Du goldige Kringel an den Fingern! Ob die Genossen sich 'n Abdruck machten? Jetzt begeben wir uns ins Volksgetümmel, lassen uns Wind um die Nase wehen, der aus Richtung Tschechoslowakei kommt. – Pause –
Was machst Du? Ist Emma da? Grüß sie von uns. Vertragt Euch schön!
Es sind wieder welche drin von der Kreisleitung, Fleischbeschauer, Begutachter, ob es auch anständig zugeht mit dem Eva-Tanz. Es war so ein schöner Gegensatz zum Kostümaufwand, die natürliche Nacktheit mit den biblischen Feigenblättern. Jetzt die Netzstrümpfe: Nuttig statt erotisch. In der Paradies-Szene sollte es urhaft zugehn, nicht wie es die Kulturaufsicht vorschreibt. Diese Keiler vom Bezirk sind überhaupt nicht kompetent. Am liebsten würde ich ihnen den Arsch zeigen!
Im Restaurant wurden Ilona und mir fortlaufend Schnäpse gebracht. Ich kann mich rausreden, weil ich Übersicht behalten muß als ›Wirtin‹. Aber meine Ilonka war ganz schön aufgedreht und ›taktlos‹, hatte kaum mehr Zeit, sich zu schminken. Unser Essen war auch bezahlt von Unbekannt. Die Männer hier haben so eine großspurige Art an sich und weite Spendierhosen an.
Muß auf die Bühne. Tschiep – Dein Lieb.
P. S. Auto wieder heil. Der Vergaser hatte sich an Luft verschluckt.

1. Mai 70

Geliebte Genossin Eva! Der 1. Mai ist schon 30 Minuten alt und in meiner Seele entfalten sich rote Fahnen der Arbeiterklasse. Aus diesem Grund schreib ich in der richtigen Farbe weiter, es ist ja auch die Farbe der Liebe und es gibt Blutrot und es gibt Tintenrot und es gibt die Schamröte und das Rot der Begeisterung und es gibt Ochsenblut und Arbeiterblut. Kennst Du das schöne alte Arbeiterlied ›Des Volkes Blut verströmt in Bächen – und bittre Tränen rinnen drein – doch kommt der Tag, da wir uns rächen, dann werden wir die Richter sein ...‹
Ich konnt es schon vor 1945 singen und wußte, daß ich es nicht singen darf. Inzwischen gibt es überhaupt kein Lied, das ich noch singen darf. Selbst ›Hänschenklein ging allein in die weite Welt hinein‹ – wär ja aus

meinem Mund in den bürokratischen Schweineohren eine Art raffinierter Aufforderung zur Republikflucht.
Damit ist auch mit der roten Tinte genug Mißbrauch getrieben, und Du hast einen bunten Brief, in dem nur die Farbe, vorausgesetzt, daß Du sie auch richtig mißverstehst, Dir meine sehnsüchtigen Kampfesgrüße signalisiert. – Dein Wolf

2. Mai 70

Meine Einzige, ich komme gerade von Kattrin und soll Dich grüßen und bin bißchen blau. Und als ich Dein wunderschönes Photo mit Nina beim Can Can zeigte – (zum ersten Mal im Leben hab ich ein Photo in der Brieftasche und zeige das vor!) da gab es unter denen, die Dich nicht kennen einen Streit, wer denn von beiden die ältere ist …
Bitte schick der Steffy Eisler nach Berlin-Niederschönhausen, Pfeilstr. 9 ein solches Photo, sie würde sich sehr freun und läßt Dich lieb grüßen und hat uns beide, d. h. hauptsächlich Dich in ihrer überschwenglichen Freundlichkeit um einen Besuch gebeten.
Ach, meine Wunderbare, ich bin fleißig und fühle mich deshalb berechtigt, den dringenden Wunsch anzumelden, ja, die Forderung nach Deinen lieblichen und üppigen Landschaften ach Mensch! Es ist nichts als Scheiße ohne Dich.
Kannst Du eigentlich noch die schönen Lieder ›Ich weiß, wo ich hingeh‹ und ›Ich hatt einen Liebsten …‹ sind doch schöne Lieder! – Gestern schrieb ich einen roten 1. Mai Brief.
Der 2. Mai ist nun schon 1 ½ Stunden alt, und ich hau mich hin und zieh Tel. und Klingel raus. Gute Nacht und guten Morgen.
Ich glotz Dein Bild an, wie so Soldaten an der Front, und leck Dein liebes Gesicht mit meinen müden Augen ab.
Aber jetzt geh ich noch mal zum Postkasten.
Merkst Du eigentlich, daß ich immer noch verstohlen einen Kuss auf den Brief küsse, bevor ich ihn auf den vieläugigen Postweg schicke? Aber das tu ich ja eigentlich meiner eigenen Seele wegen.
Eva, mein liebstes Lieb, ich wiederhole mich mit meinem ewigen Sehnsuchtsgestammel, aber es ist eben so. Es bleibt übrigens bey unserer Verabredung? Schreib mir. Wir können uns bei Peter treffen oder bei Ehrhard oder Diether.
So. Kuss Kuss Kuss Kuss Kuss Kuss Kuss Kuss Kuss Kuss Kuss Kuss
Schick das Bild auch nach Hamburg zu Oma Meume und eins zu Emma.

Auf dem Hugenotten-Friedhof

Und mir schick auch andere Bilder von der Aufführung, wenn Du hast. Ah, das Sonnenlicht, die weißen Gardinen brennen sommerlich und die Geräusche des haltenden O-Bus mit dem Abfahrtsklingelzeichen sind nicht schlechter als die Vögel auf dem Hugenotten-Friedhof, den wir nun doch versäumt haben. Ich geh nachher mal hin und konzentriere mich so auf Dich, daß Du plötzlich neben mir gehst.
Dann gehen wir zum Hegel und fragen ihn, wie er das nun gemeint hat mit dem Satz ›Alles, was wirklich ist – ist vernünftig und alles, was vernünftig ist, ist wirklich‹ – und ob Heine mit seiner pfiffigen Interpretation recht hat, er sagt nämlich, das heiße zu Deutsch:
›Alles was besteht, ist wert, daß es zugrunde geht‹ und dann gehn wir kurz rüber zum Brecht und der wird uns sagen ›So wie es ist, bleibt es nicht‹ aber ob es dabei besser wird und was eigentlich besser ist und ob das Bessere nicht eigentlich das Schlechtere ist, das weiß nicht mal Eisler, und der muß es doch wissen! Liest Du das Buch?
Meine Liebe, halt mich lieb in Deinem Herzen und soweit es möglich ist auch mit den anderen edlen Teilen, Du absolut einzige Venus unter meinem Himmel. Dein Wolf – (grjusse Nina lieb von dem Wolf)

Sbd. 2. Mai

Eva, meine Sommerblume im Winter – meine Eisblume im Sommer, heute ist ein lauer sonniger Sonnabend und bevor ich an meinem Drachen baue, will ich Dir einen Morgengruß schicken. Jetzt geh ich erst mal runter, vielleicht ist endlich Post von Dir da.
Siehst Du! Es gibt doch höhere Dinge in der Tiefe, ich meine unten im Haus wo die Briefkasten warten. – Zwei Briefe von meiner Liebe und

zwei liebe Briefe doppelt lieb und dreifach schön, ach das ist ein Tag, der sich bei mir sehen lassen kann, dieser mit den verewigten Straßengeräuschen durchs offene Fenster geschmückt. Es sieht so aus, als ob ich diesen Herbst einen Drachen steigen lasse, ungefähr so: ⬇

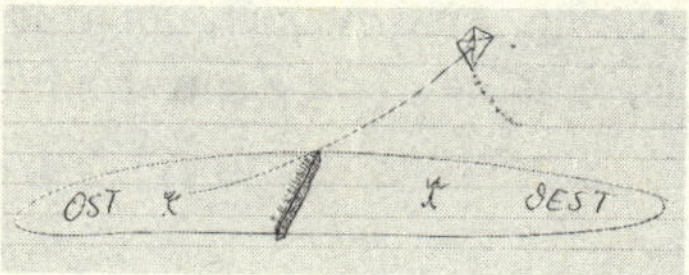

Meine Liebliche, ich habe den Sommer eröffnet mit dem russischen Rennrad, das schwer ist wie ein Kohlenwagen und billig war und klobig und komisch aussieht, besonders wenn ich damit durch die polierten Sonntagsochsen fahre u. wär fast von einer rasenden Tatra-Bonzenschleuder überfahren worden. Fahrrad ist gefährlich, man benimmt sich im Straßenverkehr leicht wie ein Spaziergänger. Die Edelgammler aus dem Westen streifen durch den Osten wie durch einen Zoo und schaun sich gruselig-geil die Wachablösung vor der Neuen Wache an. Ich fuhr zu Jürgen, Dobsy, Lukas-Baby und meine Hand zittert beim Schreiben bißchen, dieser Stuben-Straßen und Auto-Körper kriegt das leise Zittern.
Ich lasse mir von Pischner immer wieder das Wohltemperierte Clavier vorspielen und verfolge bisweilen die Noten. Wie durch den feudalen Formalismus der Fuge die Revolution des bürgerlichen Menschen sichtbar wird, z. B. in den harmonischen Abläufen.
Meine Eva, ich muß aufpassen mit den vielen Briefen, es ist der dritte heute und eine Inflation und vielleicht so was wie eine Flucht in dieses um den Postweg verzögerte Gespräch mit meiner Liebe. – Auch eine sympathische Flucht vor DraDra – wenn man bloß mal Licht bringen könnte in die Analyse der Antriebe und Hemmungen des Menschen im Produktionsprozess.
23.15 – will noch bißchen was schaffen, damit ich gut schlafen kann. Verflucht, wie tief dieses Leistungsprinzip in mir bohrt. Wie stark werden die Menschen erst sein, wenn sie auch schwach sein dürfen ohne Furcht! Um eine Gesellschaftsform zu erreichen, in der das Leistungsprinzip abgeschafft werden kann, wird das Leistungsprinzip auf die barbarische Spitze getrieben. In der Sowjetunion scheinen viele Menschen den Eindruck zu haben, daß das eine historische Scheißhausdialektik ist, und deshalb treten neuerdings in diesem Land besonders junge Leute massenhaft zum christlichen Glauben über. Da sie ihre Hoffnung in die nähere und ferne Zukunft verloren haben, projizieren sie ihre Sehnsucht in den Himmel. Gleichzeitig steigen die Sputniks

hoch – diese doppelte Eroberung des Himmels läßt sich nur mit Oma Meume richtig begreifen: O Gott, laß Du den Kommunismus siegen! Nun höre ich direkt, wie Du sagst: Schluß jetzt mit der Brieferei, geh an die Schreibmaschine und erarbeite Dir unsere Dresdener Verabredung. Also gut. Ich umarme Dich, so gut das ohne Dich geht.
Dein Wolf – (ein Zentral- und Haupt-Dauerkuss!) Du, laß eine große Vergrößerung von dem Can-Can-Bild für mich machen!

Sonntag, 3. Mai 70

Ach, meine Allerliebste, heut morgen dachte ich: Gehste nicht runter zum Briefkasten, sondern drakulierste erst mal ordentlich und wenn es wirklich noch eine höhere Gerechtigkeit in unseren Niederungen gibt, dann findest Du von Deiner Einzigen was im Briefkasten. Und siehe! Und siehe, was wir schon ahnten: in wirklich wichtigen Dingen funktioniert diese höhere Gerechtigkeit zuverlässig, ich bin jetzt gewappnet die nächsten Ungerechtigkeiten gelassen hinzunehmen, unerschüttert werde ich wieder an den Sieg der Moral glauben, denn ein Brief von Dir lag im Sonntagskasten – da hat sich die Eilbrief-Mehrausgabe gelohnt, denn normal ausgetragen wird nur an Wochentagen und nun merk ich, komm ich ins galantöse Schwatzen ...
Du hast mir so schön von den Annaberger Spendier-Flirt-Helden geschrieben! Ich hab, da Dein Brief sonst den Anstandsregeln entsprach, den schönen Annaberger Bericht Otto und Rosel zu lesen gegeben (Wir aßen zusammen im Albrechts-Eck, das gleich zum Nachtrag, falls es den Stielaugen-Langohren-Schnüffel-Schnauzen entgangen sein sollte). Jetzt bring ich Deinen Brief mit dem sowjetischen Drahtesel zur Post.

Bis morgen, meine Liebe, vergiß mich nicht in der Fremde unter den Spendier- und sonstigen Männern! Wer ist eigentlich diese Ilona? Hab ich vergessen.
Ich küsse Dich an dieser ganz seltenen aber schönen Stelle – Dein Wolf
Grjuss an Nina, sie kriegt morgen eyn richtigen Brief von dem Biermann.

Mai 70

Mann, ich hab ganz steife Finger, es ist gemein kalt, ich dufte nach Benzin: Mit dem Auto ist dieselbe Scheiße. Ein Taxifahrer saust rum und nette Nachbarn sind bemüht, eine Vergaserdichtung aufzutreiben, meine ist zerfleddert, deshalb verschluckt sie sich ständig. – Und wir wollten zu Charly, der hat seit früh Klöße gerollt für uns. Die werden pampig, wenn sie warten müssen. Nun sitz ich am Fenster und harre der Dinge, die da nicht kommen. – Die erste Mannschaft ist zurück, ohne Erfolg: Heut ist Samstag. Morgen muß ich nach Dessau, nachher Johanngeorgenstadt. Da liegt meterhoch Schnee. Meine Hände wollen nicht auftauen. Und der Kasten voller Briefe. Eilflügel, drei Stück. Aber keiner für Eva, nur für Nina von Nicolai, der nächstens hier auftaucht. – Unser Öfchen ist hin. Wir müssen wieder Kohlen glühen lassen und unsere Herzen, um nicht zu erfrieren zum Maianfang. Apropos Mai: Unser Monat. Fünf Jahre. Am 15. Mai 65 trafen sich in Halle an der Saale K.-W. B. und E.-M. H. – um aufeinander zu (f)liegen.

Möge das Leben sie erst trennen, wenn sie gestorben sind. Amen.

Die Tropfen sind keine Tränen sondern Maiglöckchenwasser von Dior.

Mai 70

Eva, meine Eva, meine Liebe, ich sitz hier überalleine und bin – gar nichts. Überhaupt gar nichts ohne Dich klingt beschissen und übertrieben – ich bin traurig und bilde mir ein, daß ich es bin, weil Du nicht bei mir bist. Ach, meine Eva, es ist spät. Che Guevaras Losung verwirklicht sich: Schafft 3 – 4 Vietnams! Und der Rückschlag in den USA ist prompt. Nixon ist im Eimer. Morgen treffen sich die Helden vom 21. August in Prag. – Möchtest Du Breshnew küssen?

Ich glotze ins TV. Eine Revue über unser deutsches demokratisches Schulwesen. Die marxistischen Rudimente werden den stalinistischen Phrasendreschern noch das Maul zerreißen. Es ist ein Glück für die sozialistische Revolution, daß das Werk von Karl Marx niemals ganz auf den ideologischen Hund kommen wird, es enthält zuviel wissenschaftliche und revolutionäre Elemente. Und wenn die monopolsozialistische Reaktion Lenin zum Götzen degradiert, wird es doch immer noch junge Kommunisten geben, die Lenin lesen und verstehn.

Ich will dieses Blatt noch mit den 70 Pfennigflügeln versehn – obwohl ich fürchten muß, daß es Dich traurig macht. Aber es hilft nichts. Ich will Dir nur sagen, daß Du bei mir bist.

In den DDR-Nachrichten sagt die Sprecherin, daß ›W. Stoph an W. Brandt‹ einen Brief betreffs des Treffs in Kassel geschrieben hat. Die seit Erfurt peinlichen Willy-Willi-Vornamen sind also auf dem kleinkarierten Index. Es wär zum Beispiel denkbar, daß bei nachfolgenden Verhandlungen überhaupt auf die Benutzung der deutschen Sprache verzichtet wird. Ich würde vorschlagen: die DDR-Delegation spricht russisch und die BRD-Delegation amerikanisch. Dazu natürlich die Dolmetscher.

So, gute Nacht, meine Liebe, der letzte Brief an Dich ging vor erst paar Stunden ab. Überhaupt fällt mir ein: vor ein paar Tagen schrieb ich Dir three times the day! Dein einer von den fünf schönen Briefen roch so gut nach Maiglöckchen. Und überhaupt alle riechen nach Dir und – es ist genug ich wiederhole mich und bin bißchen zerrissen und muß mich jetzt in meine Hundeecke verkriechen und wieder ein Mensch werden. Halt mich fest, meine liebe Frau, morgen geht es schon besser.

It gets better all the time – wie die Beatles singen (sangen!) – Dein Wolf

Da hast Du mein Selbstportrait gebaut aus Küssen

5. Mai 70

Meine liebe liebe einzige Liebe, ich zittre und bin aufgeregt und mir ist besoffen vor Sehnsucht. Ich war einen Tag draußen bei Robert, komm zurück und finde 5 (fünf) Briefe von meiner Schönen. Es ist wie ein schmerzhafter Rausch. Alle Briefe aufreißen und lesen und in den Seiten wühlen und kreuz und quer lesen ohne die richtige zeitliche Reihenfolge und bin glückselig und verwirrt bei dem Gedanken, daß Du da ohne mich lebst und möchte am liebsten losfahren wie ich bin und habe die Bedenken über die wir sprachen.

Ach, meine Eva, meine liebe Frau! Ohne Dich wäre dieses Land für mich zu schwer. Du machst mich sehr glücklich, überhimmlisch und überirdisch, und meine Sehnsucht nach Deinem Fleisch und meine Bewunderung für Deine Seele werden immer noch größer. Es gibt keine Monotonie mit uns und ich bin dem Zufall des Geruches dankbar, daß es Dir mit mir nicht anders geht und ich bin Dir dankbar, daß Du mich das so schamlos wissen läßt und will Dir sagen, daß mich das nicht zu stolz macht, eher demütig als übermütig. Deine Briefe sprudeln wie der übermütige Gebirgsbach, den wir mal mit Hoyer Max besuchten und sind erfrischend und lieblich und lustig und schön ernst. Ach, hör Dir nicht mein Gestammel an, mir ist das Herz zu voll und da stockt mir

die Sprache ›aber Du kennst mich, wirst es gut aufnehmen ...‹ schrieb Hyperion in seinem großen Brief an Belarmin.
Apropos Briefe. Ich hab Dir jeden Tag geschrieben, deshalb quäle mich bitte nicht mit Worten, die eigentlich – und so rotzig wie nötig – an die richtige Adresse gehören, an die verkrüppelten Helden von der unsichtbaren Front. Wenn ich höre, daß Du keine Post hast, werde ich wütend-traurig, weiß doch an mir selbst, wie das Folter ist ohne ein paar Worte von Dir. – Bei unserer Verabredung bleibt es. Hoffentlich kommt bei Dir nichts dazwischen! Ich bin schon einen Tag vor Dir da und warte bei unseren Freunden.
Meine Liebe! Ich will nicht in eine für mich aussichtslose Konkurrenz mit Dir treten und spare mir mein Liebesworte-Gestammel. Du kannst genauso herrliche Briefe schreiben über Deine Liebe wie Du lieben kannst, es ist alles dasselbe. Du bist eben meine Wunderbare, meine (halt doch die Fresse, Biermann, kannst Dich ja doch nicht richtig ausquetschen!) Also gut, behalt mich lieb in Deinem Menschenherz und in Deinem Weiberherz, Dein Wolf
Grüß Nina vom Wolf und kündige einen Brief an ... ich hab viel Arbeit – oh freuet Euch!

5. Mai 70

Mein Liebster! Gestern, in Dessau, hab ich mit Freunden den Frühlingsmontag im Park von Schloß Mosigkau genossen. Erinnerst Du Dich, wir verteilten die Räumlichkeiten unter uns. Diesmal war es anders, wir haben gegessen, sowjetische Offiziere kennengelernt. Ich hab gesungen, fragte, wie lange sie der Heimat fernbleiben müßten. Sergej sagte, übers Jahr wird er abgelöst und sah mich fragend an.
Ich antwortete ihm wortlos, er könnt mir gefallen. – Die führen hier ein Leben wie Aussätzige, in Quarantäne, haben kaum Kontakt zur Bevölkerung. Und die Soldaten erst – das sind ganz arme Schweine.
Erstes Klingelzeichen. Ich freue mich auf Dresden! Mein Auftritt naht. Nina's Nicolai sitzt drin, Verehrer von vor der Zeitrechnung, Theaterleute aus Dessau, hiesige Pappkartonfabrik, Rathaus. Kuß von Eva.

5./6. Mai 70

Eva, meine Geliebte, es ist in der Nacht zum 6. Mai. Ich liege im Bett und lese das dicke Buch ... und ich sage Dir ich werde einigen Leuten die mir aufn Wecker fallen sagen, daß ich mich erst wieder mit ihnen unterhalten werde, wenn sie dieses Buch nachweislich zehnmal gelesen haben.

Übrigens begreife ich erst jetzt den Faust-II.-Schluß. Dieser berühmte Schlußmonolog Fausts, den die Kinder in der Schule auswendig lernen, beruht ja auf einem zynischen Mißverständnis, das der Autor (olle Goethe) Fausts Hymnus auf das Glück des tätigen Menschen zugrunde legt: der erblindete Faust hört Leute mit Spaten graben und denkt, es sind die Arbeiter, die den Sumpf trockenlegen. In Wirklichkeit sind es die Lemuren, die das Grab für Faust ausheben ... Auf dieser Grundlage steht das gewaltige Gebäude der blöd-optimistischen Interpretation vom freien Volk auf freiem Grund und von dem Augenblick des Glücks ...
– 9.30 – stell Dir vor: ich liege und schlafe und träume von Manu den intensivsten schmerzlichsten Traum den ich, glaub ich, je träumte und in dem Traum klingelt es Sturm ich wache völlig kaputt auf taumle zur Tür und da steht Manu! Er muß zum Friseur, ist dort angemeldet und kommt noch mal zurück ... Ach Eva, ich bin halb glücklich – halb zerreißt es mich. Hab ich mich richtig ausgedrückt? Manuel ist also wirklich gekommen.
Und das wollte ich Dir noch sagen, daß ich zum Fetischisten werde bei meiner Sehnsucht nach Dir. Zum ersten Mal in meinem Leben laufe ich wie ein Kleinbürger mit dem Photo meiner Liebe in der Brieftasche rum und zeig es jedem, der nur einigermaßen dafür in Frage kommt. Und heut nacht hab ich Dein Nachthemd unterm Kopfkissen vorgeholt und es mir aufs Gesicht gelegt und mit den Fingern den wohlbekannten seidigen Stoff gefühlt, der auf Deiner seidigen Haut so schön und erregend gleitet, ich hab es auch gern, wenn Du bißchen was anhast, und das Hemd hatte einen sehr entfernten Abklatsch einiger Deiner Geruchskomponenten, und den Rest hab ich mir eingebildet. Ach, meine Allerliebste! Ich bin verrückt und krank nach Dir, und Du mußt mich bald heilen. Dein Wolf

6. Mai 70

Meine Eva – Liebe – Marie – Ja, das ist der Preis für die Verwöhnung mit Briefen, der Überfluss tut weh, wenn er aussetzt. Seit 2 Tagen keine Post von meiner Liebe. – Heute früh weckte mich Emma. Ach ja, einen ganzen halben Tag hab ich es genossen und nun kann ich es nicht mehr ertragen. Vielleicht nur darum nicht, weil man sich bei Menschen, die einem nah sind, all die Traurigkeiten leistet, die man sich vor jenen, die sie eigentlich verursachen, verkneift. – Sonntag bist Du noch in A., da könnte Dich ja dieser Brief grad noch erreichen.

Leninplatz in Berlin

Kopfschmerzen. Eine Hitze! Und eingekauft mit Emma in der Ackerhalle, Lucas besichtigt und Lenin besichtigt. So nah neben Tomskis Schund wird Cremers Spanienkrüppel direkt aufgewertet. Vielleicht war Cremer dem Tomski so zugetan, daß er ihm diese Laudatio schrieb. Mon dieux! Dieser tomskinsche Lenin! Welch monumentale Gemütlichkeit! Das ist kein Lenin-Abbild, das ist das Selbstportrait der Monopolbürokratie, das ist der berüchtigte Geist geistloser Zustände, polierte Klamotten neben dem Mont-Klamott, und was sich da hinter Lenins Rücken abspielt sieht aus wie eine niederträchtige Parodie auf den sozialistischen Realismus. Wehe, wenn diese Steine lebendig werden und wie weiland die Steine am Grunde der Moldau wandern! Dann wird Lenin vom Sockel springen und die revolutionären Mickeymäuse bei den Ohren nehmen und sagen: Habt ihr vergessen, daß ich mir 1920, zu meinem 50. Geburtstag jegliche Huldigungsheuchelei verbeten habe?! Und ihr traut euch nach nur 2 mal 50 Jahren euch selbst, in meinem guten Namen, ein solches Monument eurer Verkommenheit zu setzen?! Aber dieser ganze Lenin-Rummel wird ja gemacht, um eben zu verhindern, daß Lenin aufersteht, um das Volk einzuschüchtern und die Massen zu irritieren.

Meine liebe Frau, ich bin vom eigentlichen Thema abgekommen d. h. von Dir – ich habe Sehnsucht nach Dir und Freude auf unsere zwei Tage und Sorge, ob auch nichts dazwischenkommt. Dein Wolf

Grjusse auch meyn lyb Nynakynd myt eyn kleyn Kusy auff derer Wange von Wolf

6. Mai 70

Dideldum, Wolf Menschenkind! Endlich ist auch hier der Frühling eingetroffen und weiß nicht, was mit mir ist, ich weiß nur, daß es nicht gut ist, so lange von seinem Liebsten getrennt zu sein.

Wenn Du das liest, bin ich wieder quietschvergnügt – wünsch ich mir vom Pfingstochsen ... Draußen toben die Winde, rütteln am Türpfosten, zerreißen die Spinnweben, werdens schon packen und ich nehme mir dann ein Beispiel. – Eva.

6./7. Mai 70

Eva, meine Allerliebste, ich bin so aufgerissen, Manuel heute und dann etliche Leute: Menschen und Pappkartons. Gequatsche und Gespräche und Monologe. Wahrlich ich sage Dir ... wenn wir jetzt nicht wirklich leben, sind wir schon vor unserer Geburt gestorben, jetzt alle Glückseligkeit und alle Verzweiflung, alle Triumphe alle Hoffnungen und Niederlagen und aller Stolz und alle Demut – jetzt! now! now!

Die guten Leute im vorigen Jahrhundert, im Kampf mit der Religion, holten die Sehnsüchte vom Himmel auf die Erde, sie projizierten die Hoffnungen nicht mehr in die Vertikale, sondern in die Horizontale: Wir wolln auf Erden glücklich sein ... schreibt H. H.; aber immer noch das Modell der Projektion, zwar nicht mehr in die Wolken, aber doch noch in die Zukunft, in den Himmel des von der Religion enttäuschten kleinen Mannes. Wir aber müssen diese Selbstvertröstung auf die kommenden Zeiten und Generationen als Selbstbetrug entlarven. Wir müssen wissen, daß wir entweder jetzt glücklich sind oder nie und daß das Glück irgendwelcher Enkel niemals auf unseren heutigen Verkommenheiten wachsen kann. Und wir müssen verstehn, daß es eigentlich egal ist, ob wir im KZ unserer Feinde oder in Ledersesseln oder in den Kellern unserer Genossen verfaulen. Ein Pappkarton ist überall kein Mensch. Und wenn wir nicht jetzt, in all den Kämpfen, Angriff und Flucht, Niederlagen und Triumpfen den Sinn und das Glück haben, werden wir es nie haben und niemand auch nach uns, wer nicht begreift, daß live is so permanent.

Meine Eva-Frau, meine ganz und gar liebe Liebe, ich geh jetzt zur POST und hoffe, Du findest den Brief noch vor Du Annaberg verlässest ... Gute Nacht, meine Liebe, die ich immer wieder meine Liebe nenne in einer Inflation ohne Entwertung. Meine Couverts sind am Ende, woran ich seh, daß ich Dir, seit Du weg 10 mal geschrieben hab. Hast Du 10 mal Post gehabt? Ich freu mich auf Dich. – Dein Wolf

Ach, mir fällt mein Fetisch ein und ich geh schnell ins Bett und klammer mich mit meiner Nase an die Geruchsrudimente Deines Nachthemdes. Tschuldige bitte. Wenn Du lieb bist, bist Du doppelt schön.

Ach, ich mag Deine Haut!! Schluß jetzt! jetzt now! Ich bin eigentlich und jetzt glücklich, ich habe Dich, an die ich schreiben kann. Es ist gut, daß wir getrennt sind und es ist besser, wenn wir uns endlich wieder fühlen riechen schmecken. Die wirklich tieferen Dinge erkennt man doch nicht mit dem Gehirn, sondern mit den Sinnesorganen.

Zwei Augenküsse von dem Wolf

8. Mai 70

Mein Lieber, ich muß schnell schreiben, gleich geht das Licht aus.
Nina schreibt an Nikolai, der seit 4 Stunden weg ist.
Dieses Veilchen lebt, duftet, ich küsse es.
Iß es nicht auf, womöglich kriegst Du einen Rausch.
Wir sahen zum ›Tag der Befreiung vom Hitlerfaschismus‹ den Film: ›Die Fahne von Krivoj Rog‹, in dem Deine Eva-Maria Hagen mitwirkt. Nina fand ihn nicht schlecht. Erwin Geschonneck traf am besten den Ton, den pathetisch-gläubigen, arbeiterbewegungsmäßigen.

Eva mit Helmut Schellhardt in ›Die Fahne von Kriwoj Rog‹

Erwin Geschonneck, Manfred Krug und Helmut Schellhardt in ›Die Fahne von Kriwoj Rog‹

Vor drei Jahren durfte ich in so einem Werk noch eine große Rolle spielen. Regie: Maetzig, nach dem Roman von Gotsche – der empört war über die Umsetzung seiner Geschichte und Besetzung des Arbeitermädchens Elfriede, welche die illegale Parteileitung übernahm: Die Hagen, diese Biermann-Schlampe, eine Verhöhnung der Widerstandskämpfer! Aber das Kollektiv ließ sich nicht einschüchtern, zumal ich kurz zuvor die Frau eines Arbeiters in ›Brot u. Rosen‹ sein durfte. Es war eine gute Zeit da im Mansfelder Gebiet. Liebesgruß von Eva.

14. Mai 70 – morgen ist der 15. Mai!

Eva, meine fünfjährige Sehnsucht, meine Fünfjahrliebe und Fünfjahreszittern – nun sitz ich hier in Dresden, und es ginge mir schon besser, wenn ich auch nur ein Körnchen Schuld an mir fände und so Gelegenheit hätte, bei Dir um Nachsicht zu bitten, und es ginge mir besser, wenn ich mein trauriges Alleinsein unter all den Freunden hier als gerechte Strafe für mein Vergehen hinnehmen könnte, aber, selbstgerecht, wie ich in diesem Fall sein muß, finde ich mich nur in eine Kälte gestoßen, in die mich meine Liebe gestoßen hat und barbarisch ungerecht. Nach Deinem Telephonanruf fiel auch noch der Zorn von mir ab und ich stand da in nackter Trübe. Und wie gern würde ich mir mit einer verliebten Lüge eine Entschuldigung für alles, was ich nicht verbrochen habe, abringen, wenn ich nur wieder in Deine Arme fallen dürfte; aber wie soll ich das können, wenn ich weiß, daß ich damit nur den Zorn auf Dich in meine tieferen Tiefen verdrängen würde!

Ich fand noch zwei schöne Granat-Ohrringe. Und wenn mich dieser Granat auch an das fette brutale Polizeischwein von der Zelterstraße erinnert, denke ich doch, daß es Dir gut an die Seiten Deines lieben bösen Gesichts passt – vorausgesetzt, Du hast überhaupt noch Löcher in Deinen Ohrläppchen – die Haken sind aus Gold und können Dir also nicht durch irgendwelche Oxidation schaden.
Ich bin müde, zerschlagen vom langen Aufbleiben, zerschlagen vom unruhigen Schlaf. Ach, Du hättest meine Bitte anhören sollen erhören sollen und dableiben und mich lieb halten, denn meine Kräfte sind geringer als es aussieht, wenn Du die Nerven verlierst und ich ruhig bleibe. Die Aggressionen, die Dir so leicht von den Lippen springen, die Erschütterungen, die sich bei Dir so direkt äußern, gehen bei mir nach innen und zerschlagen mich noch, wenn Du nach solchem reinigenden Gewitter schon längst wieder in der Sonne dampfst.
Du sagtest am Telephon und auch sonst manchmal: ›Ich bin eben eine Frau und da mußt Du bitte verstehn und Rücksicht nehmen.‹
Aber ich bin ein Mann und eben darum nicht weniger verletzbar.
Daß meine Wunden nicht nach außen bluten, sondern nach innen, macht die Gefahr für mich eher groß. Die traurigen Helden von der unsichtbaren Front werden hier allenthalben penetrant sichtbar, und so möchte ich sie hier bitten, diesen Brief beschleunigt zu fotokopieren und dann überschnell weiterzuschicken, damit meine Liebe am 5. Jahrestag unserer großen Reise nicht so allein ist, falls sie allein ist.
Jetzt fahr ich zum Bahnhof, schau mit meinen staatlich anerkannten Staatsfeindschecks in den Intersnob, damit Du Dich schön anmalen kannst für alle, die – im Gegensatz zu mir – das Privileg haben, Dich sehen zu dürfen. Wolf

18. 5. 70

Wolf, nach meiner Rückkehr hatte ich Fieber: eine Angina. Schon länger spiele ich nicht Theater. Sie haben einen Gast holen müssen, worüber ich nicht gerade froh bin, weil viele Vorstellungen waren.
Deinen Brief mit den niedlichen Granat-Ohrringen erhielt ich genau am 15. Mai. Zwar hab ich keine Löcher in den Ohrläppchen, aber vielleicht lasse ich dafür extra welche reinknipsen. Heut ist Pfingsten. Der Halm, an den ich mich klammere, wächst in Lütow: Ein Sommer ohne Menschenansammlung, Sonne, Wind, Untertauchen im Meer.
Die heutige ›Schrift‹ ist kein munter plätschender Gebirgsbach, nur ein ... Dahinsickern im Tal; kein Wunder nach dem Sturz von Dresden,

worüber ich nicht sprechen mag. Vielleicht zieh ich um ins Hospital, denn Nina hat Hummeln im Hintern, Rosinen im Kopf, hockt im Theater, ist ständig auf Achse; ein echtes Abbild ihrer Mutter. Denk ich zurück, was ich für eine war beim Übergang von Knospe zu Blüte, muß ich zugeben: dagegen ist sie ein braves Töchterlein.
Das mit den Horden von Angreifern im Körper vergeht. Bös ist es mit Giften, welche die Seele verätzen. Sicher kennst Du mich nicht wieder, armer Wolf, nach den Sehnsuchts-Adressen der letzten Wochen; ich mich selber kaum. – Ich wollte ja nur Danke sagen fürs Drandenken an unser 5. Jubiläum.
Bau einen Drachen bis zum Herbst. Letztes Jahr, auf dem Mont-Klamott, stieg Deiner am allerhöchsten – erinnert sich Eva-Marie

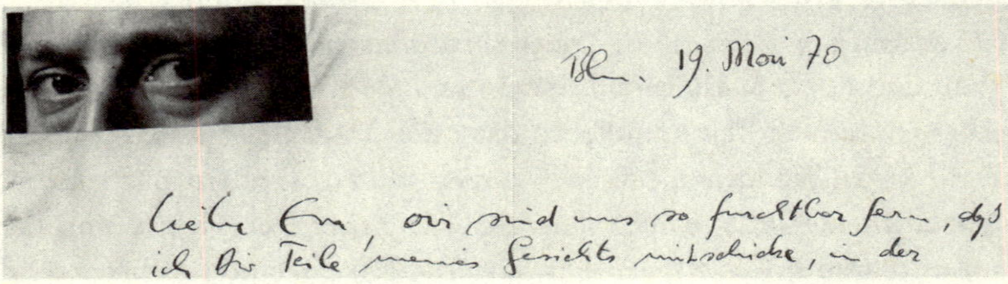
Bln. 19. Mai 70

Liebe Eva, wir sind uns so furchtbar fern, daß ich Dir Teile meines Gesichts mitschicke, in der

Liebe Eva, wir sind uns so furchtbar fern, daß ich Dir Teile meines Gesichts mitschicke, in der Hoffnung, daß Du Dich ... erinnerst.
Heute ist Dienstag, der erste Arbeitstag nach Pfingsten, und ich hatte gehofft und gezittert, als ich die Treppen runtersprang. Nichts von Dir. Als ich von Dresden zurückgekommen war, fand ich einen Eilbrief von Dir und dachte, es sei die wunderbar schnelle Antwort auf meinen Ohrringe-Gruß vom 14. Mai – aber es war ein Brief aus der Sonnenzeit davor. Und da hab ich ihn beiseite gelegt und werde ihn nur dann lesen, wenn diese bleierne Zeit vorbei ist.
Ich kann jetzt nicht weiterschreiben, denn ich hab kein Bild von Dir vor der Seele, ich weiß nicht mal, ob Du überhaupt noch meine Schrift lesen kannst, wer weiß: vielleicht kotzt Dich ein Brief von mir genauso an wie mich ein Brief von Dir erlösen würde. Aber die Logik der Liebe hat ihre eigene Unlogik und ich ahne schon, daß ich bei Dir Abbitte dafür leisten werde, daß Du mich in Dresden sitzengelassen hast. Ich laufe, solange Du mich nicht rettest, wie ein Kosmonaut auf dem Mond herum, dem der Sauerstoffschlauch gerissen ist – Wolf

Tagebuch, 20. Mai. 70

Fichtelberg. Ich kucke Richtung ČSR. Grauschleier nehmen die Sicht. Hier wurde ein Betonhaus hergebaut für das abgebrannte aus Holz. Geschlossene Veranstaltung. Exclusiv-Modenschau. Der Ansager hebt die Qualität der Modelle hervor, welche in die Schweiz exportiert werden: Damenfreizeitkleider für's ›Nichtsozialistische Wirtschaftsgebiet‹. Ich warte auf mein Steak mit Zuckererbsen. Draußen Ausflügler mit Fotoapparaten. In einem kleinen Laden fand ich Aragons ›Spiegelbilder‹ – wovon es nur eine kleine Auflage gibt. Im Wald traf ich einen Mann mit Rucksack, der auf Borkenkäfer Jagd macht. Am Parkplatz spritzten Arbeiter ihre Lastautos mit dem Wasserstrahl ab, lächelten mich an. Ich fragte, ob sie meins auch ... Klar, doch! Da ist eine Großbaustelle für eine Rodelbahn. Immer mehr Männer fanden sich ein. Die ersten Anbahnungsversuche haben meist was von einer Prüfung. Die stumm gestellte Frage lautet: Sag mir, wo du stehst. Freund oder Feind. Vorsichtig, stets auf der Hut vor Fallschlingen, versuchen sie dich auszuforschen über deine politische Einstellung grundsätzlich, zur aktuellen Lage, mangelnde Versorgung. – Als ich paar Direktheiten losgelassen hatte, waren sie nicht mehr zu halten: Schnitzler war eine Sau, den sie vor meinen Augen regelrecht aus der ›Röhre‹ zerrten, ihm verbal den Hals umdrehten, damit er aufhört, sone Scheiße zu erzählen.

Ich hatte den Kofferraum aufgemacht, wo die Gitarre lag und es ergab sich wie von selbst, daß ich sang. Sie schauten erst lächelnd zu Boden, reagierten überwach und waren begeistert. Am Schluß hatte sich ein ganzer Schwarm versammelt, gestandenes Mannsvolk, redete mit mir wie zu ihresgleichen. Der Parkwächter ließ mich umsonst parken, sagte: Große Klasse. Vormittags war ich in der Werkstatt wegen dem Autoradio. Der Meister, ein listig-witziger Mann, als er mein Berliner Nummernschild sah, bestellte für Gerstner und Schnitzler, diese ›Oberschweine‹, besondere Grüße: ›Die sollen sich mal ihre Mistsendungen selber ansehn.‹ Ich sagte, daß ich die auch nicht leiden kann und da hatte er plötzlich Material zum Abdichten der Störquellen für mich.

25. Mai 70

Meine liebe Eva, es ist Montag, der 25. Mai. Ich war in Deiner Wohnung und hab mir ein schönes Photo genommen und bin da rumgeschlichen wie ein Geist; ins Schlafzimmer konnt ich nicht rein und mein Herz war bleiern. Nun hab ich mir das neue Bild (Du, mit weißen

Jeans und braunem Streifen-Hemd vor einem sich nach oben verdickenden gewaltigen Baum) angepinnt. Dein Gesicht ist da himmlisch ernst. Und hab mir den letzten Brief von Dir (vor dem Sturz, den ich nach dem Sturz fand und nicht lesen konnte) genommen und Deine liebe Schrift gelesen. Und muß Dir nun doch schreiben; und kann Dir doch nicht schreiben. Du hast mich so ausradiert. Vielleicht rufst Du mich wenigstens noch mal an. Lieber will ich traurig sein am Telephon als so nebulös in stumpfer Sehnsucht. Ach Scheiße, ich kann mich nicht mal artikulieren. Ich bin eben ausradiert. Wolf

26. Mai 70

Guten Morgen, mein Lieb. Hölderlin ging in meinem Alter in den Knast des Wahnsinns. Ich werd mich wohl bescheiden müssen mit wahnsinnigem Knast. Dieser Brief soll Dir nur sagen, daß Du in meinem Herzen bist, das mir zum Hals schlägt und daß meine Lippen die Form der Lippen auf dem Photo meines Vaters annehmen.
Es kommt eine neue Phase. Die Worte winden sich unter den Augen der Konterrevolutionäre, die ihn vor Dir lesen, wie die Männer in der Reihe unter der Garbe des Maschinengewehrs auf dem berühmten Photo, das Cremer in eine feige Graphik destilliert hat. Dein W.

Mittwoch, 27. Mai 70, 16.20

Wolf! Seit einer Stunde warte ich auf eine Telefonverbindung. Nun gibt der Eilbote mir einen Brief und Deine Zeilen schneiden mir ins Herz. Warum ist alles so schwer, weshalb muß Lieben so weh tun, das leuchtet mir nicht ein. Trotzdem bleibst Du meine große Sehnsucht.
Nina wird nächstes Jahr hier weiter zur Schule gehn. Geklärt ist noch nicht, ob sie auf der ›Erweiterten‹ bleibt, weil der Berliner Halbjahresdurchschnitt mitzählt. Jedenfalls kommt sie im Internat unter.
Sie macht Physik-Nachhilfe, ebenso Leichtathletik, ›qualifiziert‹ sich auf 2,0 – das ist die Rückfahrkarte. Wir waren aber auch vergnügt.

Ohne Deine Briefe jedoch wäre es trist. Letzte Nacht hat markdurchdringend eine Eule geschrien. Ich küsse Dein Bleichgesicht ... Eva.

28./29 Mai 70

Eva, meine Briefgeliebte und meine Liebe, ich bin ja aus der Bahn gerissen und weiß gar nicht in welcher Fremde Du bist und ob ich mich noch in Dir wiedererkenne, denn mein Gesicht ist ausgestrichen und weggewischt von Traurigkeiten, und wenn Du da sein wirst werde ich sein wie die Verhungerten, die sterben, wenn sie wieder Essen kriegen. Die Verhungerten sterben am Essen.

Mein Kopf war heute ein Schraubstock. Das Wetter. Oder weil ich nicht geschlafen hatte. Als Du aus K.-M.-Stadt anriefst kam ich von tief unten hoch. Vielleicht ist morgen Dein Brief da. Vielleicht steht sogar was für mich drin. Also am 2. Juni. Ich werde hier sein. Das ist ein Dienstag. Kam der Brief mit meiner Photo-Briefmarke an? Hoffentlich nicht. Er würde Dir wohl nichts gesagt haben.

Wie siehst Du jetzt aus? Ich seh zu oft Deine Photos und die erschlagen Dein lebendiges Bild aus Gerüchen und Anfassen und Sprache.

Gut Nacht, auch wenn Du den Brief am Morgen findest. Ich bin bißchen menschenmüde geworden. ›Alles eitel und Haschen nach Wind‹, wie es im Salomo heißt. Und trotzdem gibt es nichts anderes. Immer wieder fängt man ein neues Ende an und die 7. Rose gibt es nur im Gedicht. Schlaf gut, meine Liebe, mein Lieb und mein Liebstes – Wolf

30. Mai 70

Wolf! Ich schick Dir ständig Nahrung für Herz und Seele – und heut krieg ich einen Brief, in dem steht, daß Du am Verhungern bist, vielmehr: ›Die Verhungerten sterben am Essen.‹ Was soll das denn nun wieder bedeuten. Heut ist der 30. Mai, ich wollte am 3. Juni zur Ostsee fahren, werde aber, wenn Du willst, erst paar Tage bei Dir, mit Dir, bei Uns sein und dem Wuchern des Unkrauts Einhalt gebieten, das unserer Lebensfreude das Wasser abgräbt bzw. verschattet.

Dann muß ich am 7. Juni nach Dessau, Eliza spielen, anschließend, mit Dir oder ohne Dich nach Lütow ziehen. Ist das gut? Sag ja!

Ich war noch mal beim Schuldirektor: Nina geht nächstes Halbjahr auf der EOS weiter. Heut hat sie Hospitanten aus der 12. Klasse, nachdem der Physik-Erste Fehler machte in einer Zahlenreihe (radioaktiver Zerfall von Uranium) vorführen dürfen, daß sie es verstanden hat.

Samstag. Wir fahren nach Warmbad (Stadt für Staublungenkranke). Dort spielen wir die vorletzte Vorstellung. Morgen die letzte. Kollegen werden verabschiedet. Es wird Blumen regnen, Tränen geben. – Alles in allem, war es doch eine schöne Zeit. – Küsse wie einst im Mai. Eva.

30. 5. 70

Wolf, es ist Pause beim Abstecher in Warmbad. Ein einziges Possentreiben ist das heute! Karla macht sich in die Pumphosen vor Lachen auf offner Szene, hält sich ungeniert die Hände zwischen die Beine. Eben tankte sie Nachschub für den Flüssigkeitshaushalt – da kam es ihr beim Prusten durch die Nase wieder raus wie bei einem Flußpferd.
Draußen blüht der Park. Da brauchts eiserne Diszplin. Zuckersacktaue, durchwoben von Kletterrosen, Spinnweb und Klebmasse flirrender Insekten, ziehn an mir, wickeln mich ein, zerren und zurren eine weg von hier fort, hin zu – ich weiß nicht was, kanns mir aber denken. Hoffentlich hab ich bald ein Brieflein, ein heiter gestimmtes.
Du mußt doch langsam aufgetaut sein von den Überdosen aus Wortspielereien, dem Feuerbeschuß aus Küssen, erneut aufgeblüht von den Sonnenstrahlen darin; es sei denn, Du empfindest sie nicht als solche. Versuch es, laß Dich nicht runterhängen, Du mußt mithelfen.

Und daß es die 7. Rose nicht gibt im Leben, ist nicht wahr. Das weißt Du im Grunde, willst nur meinen Widerspruch herausfordern:
Denn immer haben wir uns wiedergefunden, wenn es beide wollten. Und meistens hast Du alle s i e b e n Rosen bekommen, ohne es zu merken, weil Dich der Überfluß sehnsüchtig machte auf die einsame, symbolträchtige, die Siebte eben. – So ist das, mein Lieber.
Im Saal sitzt ein launiges Publikum, ist großzügig bei der Hand mit Applaus, als wären wir d i e Jahrhunderttruppe. Demnächst möchte ich mal nur Dich als Zuschauer, staunende Ein-Mann-Menge. Ich schlüpf in verschiedenste Rollen, präsentiere Charaktere, daß Dir die Augen übergehn, der Kamm schwillt, Dein Geist zu singen anfängt bei solch Stimulierung seitens der weichwerdenden Amazone, die unter ihrem Schutzschild alle (Ab-)Arten von Göttinnen verbirgt und deren Gegenspielerinnen. Freust Du Dich auf das Spektakel kleiner König oder fürchtest Du Exzesse. Dann kriegst Du mich eben pur mit paar

Gerichts-Szene aus dem Musical ›Can-Can‹

Prisen Pfeffer & Salz. Und hinterher eine Zuckerschnute.
Weiter gehts, because: The Show must go on.
Der Vorhang ist gefallen. Eine Lachsalve jagte die nächste.
Der Can-Can geriet aus den Fugen: Eine Tänzerin hatte vergessen, beim Wechsel der feuchten Dessous ihre Pumphosen anzuziehn, vielleicht absichtlich. Einer andern platzte der Schritt, weil sie an verkehrter Stelle den Spagat machte. Bei einem Tänzer war der Schnurrbart verrutscht, der nächste verlor ihn ganz. Jeder trug sein Scherflein bei, gab seinem Affen Zucker. Das Finale war ein einziges Narrentreiben und wird ein Nachspiel haben. Aber Oberspielleiter Hellwig war mit von der Partie. Ich fiel fast in' Orchestergraben. Mit der Stiefelspitze hielt ich mich fest an der Moulin-Rouge-Laterne und meine Hand erwischte grad noch Adams Fesselgelenk. Der hievte mich übern Kopf, daß meine Röcke ihm die Aussicht versperrten (konnte mich doch nicht an die Wand spielen lassen) und war somit das I-Tüpfelchen, verursachte einen kollektiven Schreckensschrei! War das ein Juchzen und Bravo-Gerufe, Blümchenwerfen zwischen Rampe und Parkett. Schluß, Kuß, Tirili. Deine Pistache alias Eva-Marie.

ACHTERWASSER
Sommer 1970

10. 6. 70

My honey dear, I'm very happy, because it's wonderful here: sunshine and two lovely Bähschafe, they are sitting in the grass in front of our windows, appeltrees are blooming fat and rosy and we've made ›Klarschiff‹. Our rooms are comfortable now and every one have a special corner. Ilona was just bringing fresh and cool milk from the Konsum shop and when we're sitting behind the breakfast table you can see not far away the A c h t e r w a s s e r and in the same moment listen to the music which come out from our record player.

Jetzt sitzen wir auf einer Zempiner Promenadenbank nur zu dem Zweck, Dir dieses aufzuschreiben, damit Du eine kleine große Freude hast.

Wir waren beim Bürgermeister Jost in Lütow-Neuendorf, der hatte sich einen ›Schutzmann‹ engagiert, 'n steingrauen Fuchs als Zeugen, als würde ich ihn ebenfalls rumzukriegen versuchen bzw. behexen. Er hat sich gekrümmt vor Pein, gewunden, mir in jedem zweiten Satz beteuert, daß er nichts gegen mich habe – die Bestimmungen ... Ich wär bei Nacht und Nebel mit'm Möbelwagen vorgefahren, obwohl er mir abgeschrieben hatte betreffs Urlaubsgelegenheit in Lütow. Volkwart, mein Wirt, ein alter, gutmütiger Mann, habe keine rechte Durchsicht mehr. Unverschämtheit! Aber ich hab die schriftliche Genehmigung der Gemeinde, daß ich dürfte, von seinem Stellvertreter, Herrn Dahms, der kein Waschlappen zu sein scheint, sondern mehr der Typ ›Ein-Mann-ein-Wort‹. Das schützt den Genossen Bürgermeister wiederum vor eigener Verantwortung. Irgendwann kamen ganz menschliche Töne aus ihm raus: ›Sehen Sie mir ruhig in die Augen. Ich seh auch nicht weg. Sie können sich sicher denken, warum.‹ ›Nein, kann ich

nicht‹, erwiderte ich. ›Sagen Sie es. Mit mir kann man offen reden.‹ – Zuckererbse! Die haben mit knirschendem Kuchenzahn meine Ausdauer in der Angelegenheit bewundert. Wir lassen uns nicht vertreiben! Ich werde mich ordnungsgemäß beim Feriendienst melden, bei Frau Wegner, damit sie beruhigt sind.
Oh, Karl-Wolf, wir werden einen traumhaften Urlaub verleben!
Ich drück Dich fest an meine Brust, trete Dir sanft auf Deine Champignonzehen und bin Your Mary-dear.
Gruß von Ilonka, die ich sehr mag und sie mich auch.

Montag, Juni 70

Mein Lieb, meine ferne allerschönste Achterwassernixe, nix is.
Kein Brief mit bißchen Seeluft in. Aber heute Dein liebes Telefon, Martertelephon, Illusion der Nähe. Das Telefon macht mich leicht zum Stockfisch Dörrfisch Salzfisch. Hab Sehnsucht nach Deiner Sehnsucht, die mich schnell hinlegen kann vor Deine Füße.
Ich habe heute schöne Photos gekriegt, zeig ich Dir, wenn Du endlich! da bist wo Du hingehörst, verflucht! Zu Dein' Wolf
Kitsch as Kitsch can! es geht weiter mit Knabenblau. Ich habe in den letzten Tagen so öde öde oft den schwarzen Stift aus dieser Serie in der Flosse gehabt, habe geschrieben und geschrieben wie ein Marathonläufer die Buchstaben, langgelaufen die Worte um mir das Recht zu erschreiben, ohne schlechtes Gewissen faul und lieb und vergnüglich behände an Deinem Busen zu fleetzen, der seine Schönheiten nicht nur auf den Photos hat. Ach, mag ich Dein' Busen – viel viel lieber als es für Dich den Anschein haben muß. Die Männer sind doch da armselig – selig in Deinem Arm bin ich meine Armseligkeit los.
Ach, was wird das noch mit uns, hoffentlich (was für ein gestelztes Wort das ist, merkst Du wenn Du es 20mal sagst) trotzdem: hoffentlich schenkt uns Walter Schicksal noch einen guten Menschensommer. Ich hab darauf eine ganze Flasche Berliner Pilsner getrunken. Hoffentlich (again!) schlufft mein sehr ein-same-r Körper jetzt ein!
Ach, der Brief muß ja noch runter. Gute Nacht mein Lieb – Wolf

Innen-Kuvert:

Ihr Stasitrottel – macht euch nicht zu unbeliebt: befördert den Brief schnell weiter! Bedenkt: ihr lebt von uns! Geht in euch! Werdet Kommunisten! Kämpft für eure Abschaffung! Es gibt größere Genüsse!

Juni 70

Ob diesen Sommer noch mal so ein Tag kommt? Ich bedaure, daß Du nicht hier bist: Der Himmel ist ohne ein Fitzelchen Weiß. Samtseidiger Wind, Blütenblatttreiben. Stilleben zum Abmalen.
Ich hab gearbeitet, die Wiese vorm Fenster von Unrat befreit: Flaschenhälse, Scherben, Verschlüsse, Konservendeckel, Orden, Steinzeitwerkzeug, zahnlose Kämme, Gerätschaft: alles fein säuberlich weggeräumt. Dann haben wir einen runden Tisch aus der Scheune gekriegt, Stühle, eine Bank hab ich gescheuert; alles ist vorbereitet. Du kannst Deinen Stadtkörper jetzt herschmeißen. Ich hab Pellkartoffeln gekocht, dazu gibts Quark mit Kräutern. Wir essen draußen. Komm, nimm Platz.
In den Zimmern duftet Akelei. Gut, daß wir einen Eisschrank haben. Dann hab ich praktischen Luxus gekauft, eine Traumliege, verstellbar, steht unterm bald blühenden Holunderstrauch. Nachher ruf ich an und sag Dir was, worüber Du Dich freust. Doch für den Fall, daß es nicht klappt mit der Verbindung, teile ich es schriftlich mit: Ich liebe Dich. Und hier sind zwei niedliche Kätzchen! Kuß und Dideldum, Marie.

19. oder 20. 6. 70

Geliebter, zu Ehren unseres 5-jährigen Frühlingsbrautzugs sende ich diese romantische Ansicht von Ludwig Richter. Mein Himmel ist z. Zt. ein hoher Baldachin in zerfließendem Blau. Die Tulpen sind verblüht, die Kirschen schwellen. Gestern hat sich ein tiefenpsychologisches Drama abgespielt mit der Katzenfamilie: Mischki hat sie angefaucht, als sie sich freudig näherten, wie einem verloren geglaubten, nun wiedergefundnen Kind. Mit völlig schwarzen Pupillen saß die Pflegemama, Mischkis leibliche Mutter hat sich von Anfang an nicht gekümmert, noch lange in Reichweite, machte Annäherungsversuche. Mischki rennt mir ständig hinterher. In den ersten Wochen ihres Daseins, wo der Charakter geprägt wird, hat sie vom Menschen alles bekommen, was man braucht. Ich bin froh, so hab ich einen Schmuseschatz bei mir, der Dich bereits abgeleckt hat. Katzenzungenküsse von Eva.
Mein Buch ist weg. Such es überall und schreib bitte sofort.

21. Juni 70

Eva, mein fernes Lieb, ich denke an Dich, wie Du Dein sehr weibliches Fleisch in die Wellen schmeißt und hocke hier in diesem Steinofen Berlin und sitze auf dem Trocknen – kein Brief kein Telephon ...

Heute ist Sonntag, vielleicht ist morgen früh mein Briefkasten übervoll mit Maries Wortküssen. Ich bin rappelich, hungrig, hab Schokolade gefressen, das Weltmeisterschafts-Finalspiel im TV gesehn und schwitze und verfluche meine wache Müdigkeit. Ich nehm mal'n andern Stift – wozu haben wirs denn. Pop-Blau. Ich rede lieber über die Farbe meiner Stifte als über die Farbe meines Gemütes. Gelb. Wer schreibt schon mit Gelb, ist gar nichts zu sehen, wozu auch, wenn ich heute eigentlich mit Dir – schweigen will. Wenn wir uns festhalten – können wir wortreich schweigen – aber wie soll man das im Brief?!
Grün ist die Volkspolizei und nicht nur die Hoffnung;
Mein Eva-Weib, es wäre mir besser, wenn Du mir hier auf der Seele liegen würdest. So, wie es jetzt ist, liegst Du mir auch auf der Seele – aber ich kann mich gar nicht an Deinen Liebreiz (an Deiner Liebe und Deinem Reiz) gesundküssen. Auch die Farben sind bißchen kitschig, meine Sommersehnsucht. Es bleibt wie wir verabredet hatten?
Ich habe (jetzt kommt das echte Rot) eine verflucht bedenkliche und verzeihliche Sehnsucht nach Dir (im kalten Blau) – Dein Wolf

Innen-Kuvert: Guten Tag Stasi-Krüppel! schickt den Brief bald weiter!

23. 6. 70

Du Herrlicher! Ich fahr nach Zinnowitz, Gardinenstangen, d. h. Besenstiele kaufen, damit die Fischer, die oft wie aus'm Boden gewachsen dastehn oder zufällige Flaneure, daß die nicht wegen meiner Unangezogenheit 'n Herzschlag erleiden, also man durch die Fenster nicht gleich alles auf'm Tablett serviert kriegt. Deshalb will Dein Gänseliesel, einst von fleißigen Mädchen geklöppeltes Tuch vorziehn können für den Fall aller Fälle. Du verstähn, товарищ Karel Wolfow? Wann kommen Frau besuchen Er, reißen Kleider von Laib, ässen, trrinken, machen Libbe, dann sein besser, Burgermjastr, Postbotte und Idjott nix können kuken was sein los in Haus. Dafür ich brauchen Stangen für

Dranchängen von Stoff und Ringe vielemal – und da darf Eine die Gelegenheit nicht ungenutzt lassen und Dir kein Wort nicht senden.
Vorhin bekam ich was zum Freuen: Deinen Brief. Merci.
Und Griesegräuchen liegt verkringelt bei mir, liebt auch ihre Gespielen, tollt ausgelassen mit der Katzensippe, ist das enfant terrible in der Familie, darf sich alles erlauben, springt von sonstwo dem größten Verwandten auf'n Kopf, verteilt Backpfeifen mit Samtpfötchen, hat groteske Kletternummern drauf, ist der Star der Truppe. Und sie war ja auch schon in der großen weiten Welt, kennt das Stadtleben, kann den Dorfmiezen und Schnurrkatern von Dingen berichten, die die sich nicht im Traum vorstelln können.
Von Niko Pirosmanaschwili hab ich was hergehängt aus dem Katalog. Und Du in lässiger Pose und heiterer Melancholie an einer weißen Wand. Sei fleißig, meine Schokoladen-Ananas-Whisky-Biene; ich freu mich auf Deinen süßen Stachel...bart, wo Du doch einen Kuschelschmusebart hast. Leb wohl und in Mangel. Ich küsse Dich rundum Dein Kätzchelchen Marie.
In einer Zeitschrift las ich, daß die Inder vor 4000 Jahren den Kuß erfanden. Hier hast Du eine ›abfotografierte‹ Darstellung. Und noch ein seltsam anmutendes Paar: Nikita knutscht Walter. Zum Schreien!
Die möchte ich wiederhaben für meine Spiegelecke. – Miau

25. 6. 70

Liebmäulchen, Dein zweiter Montagsbrief ist da ... (Mittwoch)
Berichterstattung über den Nestbau: Gestern Teppich gekauft, Kernfederboden mit Roßhaarfüllung; die alten waren Alpträume, plattgelegen. Nun hab ich eine Mehrzweck-Stätte gezaubert. Die Küche ist putzig. Du wirst staunen. Für Dich gibts einen schönen Platz zum Arbeiten, wenn Du Lust verspürst – was ich befürchte und hoffe.
Hier passiert nichts groß an weltpolitischen Ereignissen. Also male ich weiter Alltäglichkeiten aus, die sich mir in' Weg stellen, vor die Füße laufen – wie Mischki Griesegrau. Denn da die Dinge aus meiner Sicht gesehen werden, aus Deiner Liebsten Dunstkreis stammen, sind sie halt Weltgeschehn. Mal sehn, was morgen für eine Erwähnenswertheit zu Papier gebracht wird. Manchmal denk ich mir auch einfach was aus. Das folgende aber nicht:
Direkt gegenüber vom Achterwasser, wo sich die Füchse Gute Nacht sagen, sind Fischer – in Warthe. Die legen hier öfter an mit ihrem Boot,

Fischer aus Warthe

kaufen Bier. Morgen holen sie mich ab und nehmen mich mit zum Fischen. Zander gibt es, Hechte, Schleie. Und Aale!! Unser erstes Essen wird eine Fischsuppe sein, mit beißfesten Stücken, ohne Gräten. Bring Kirschpaprika mit, wenn Du herfährst und Nina! Vielleicht komm ich vorher kurz nach Berlin. Kann sein, ich arbeite noch einen Tag. Paar Lieder trällern in Fürstenwalde, historische Schoten, nichts Politisches, Gott bewahre! Wo kämen wir da hin! Nicht mal in Finsterwalde dürft ich dann noch einen Piep von mir geben. Ganz schön keß, die Unterhaltungskünstlerin, was, Kollege Kontrollorgan! Mitunter sticht auch dem Weib der Hafer. Ansonsten keine Vorkommnisse. Falls die aber zuwenig Geld bezahlen oder eine Absage kommt, brauchen wir Kopfkissen zum Bleistift, äh, Beischlaf, pardon Beispiel. ›Malerisches‹ für die Wände, Plakate, Lithos; Zeichnungen (Graf, Herrmann, Ralf Winkler, vom letzteren aber die frühen Aquarelle). Ein Ziehharmonikabett muß wo stehen. Bis dann. – Marie

Ende Juni 70

Eva, mein liebstes Lieb, heute – endlich – ein Wortehimmel über mir aus Deinem Kugelschreiber aus Deinem Herzen und ein Stück Landschaft. Ich freu mich über Dich, wie Du von Dir schreibst und von uns beiden. – Heute nacht sitze ich vor Deinem Brief nicht mit einer Flasche Bier sondern mit einer Tüte eiskalter sahniger H-Milch.

Mein Lieb, heut rief mich der Direktor der Schule von Nina mit dringendem Gespräch an und ich kriegte schon einen tiefen Schreck und dachte: Jetzt kommt bestimmt eine Hiobsbotschaf, wie ewa: Nina hat die Schule beim heimlichen Zigarettenrauchen in Brand gesteckt, oder so was oder was anderes oder: ihre Leistungen sind so schlecht geworden, daß sie dieses oder jenes an Strafen ... oder sie hat eine Gitarre auf dem Kopf des Musiklehrers zertrümmert oder was weiß ich ... Nichts von alledem: Nina hat eine Gastritis und ist vom Arzt nach Berlin überwiesen worden und kommt morgen nachmittag in Berlin an.
Ich werde sie abholen und sehn, was los ist. Evtl. werde ich sie zu meinem Arzt bringen, der sie ja schon mal behandelt hat, und wenn es ihr einigermaßen gut geht, schick ich sie Dir nach Lütow. Was kann da schon Schlimmes sein? Kommt vielleicht vom Qualmen (Rothändle-Asche auf mein Haupt!) Aber wenn ich ihr die nicht geschickt hätte, wäre es eben eine Schachtel ›Karo‹ mehr gewesen ...
Meine Eva-Schöne, ich wollte Dich heut abend anrufen, gelang mir nicht. Telefon ist sowieso nicht das Beste für uns, hab Dich selbst oder Deine Briefe lieber. Nach Telefon-Gesprächen bin ich immer traurig oder nervös, weil ich mich über mich ärgere, über meine spröde Blödigkeit an der Stasi-Strippe. Gute Nacht –
Guten Morgen meine Lütower Sommervenus. Ich küss Dich auf die Spitze (Nasenspitze) Dein Wolf

Donnerstag, Ende Juni 70

Mein allerliebstes Lieb, heute kamen zwei Karten und ein Brief mit den Kuss-Posters. Ach, ich freu mich auf Dich, wenn ich Deine Briefe lese, das klingt alles so hoffnungsschön und lieb und richtig.
Nina ist angekommen. (Gestern nachmittag hab ich sie von Karlshorst abgeholt.) Heute früh kam sie rüber und brachte 3 Stücke Erdbeertorte mit, und weil kurz vorher schon Diether aus Dresden gekommen war, hatten wir ein schönes Frühstück. Ich hab den Eindruck, daß Nina es nicht so eilig hat, zur Ostsee zu kommen, sie hat sich mit etlichen Freunden verabredet und genießt Berlin. Falls Du Dir aber Sorgen machst, wenn N. so allein in der Wohnung haust, ruf sie an und sag ihr, daß sie hochkommen soll, denn irgendwelche ärztliche Behandlung braucht sie nicht mehr ...
Meine Süße Liebe, Du schreibst so schön von dem Kätzchen, mit dem Du Dich ein bißchen meiner entsinnen kannst (ent-sinnen!)

Eva und Wolf vor der Akademie der Künste am Robert-Koch-Platz

Meine Schöne, sei heiter, versinke Du nicht in Melancholie und laß mich nicht aus Deinem Herzen fallen beim allzuvielen Rumlaufen auf dieser Insel! Ich hab Dich tief und fest in meiner Haut und in meiner Seele, and I need, that you need me too! And I belong to your longing (Sehnsucht) und will Dich belohnen für die Anstrengungen des Winters und will von Dir belohnt werden für meine lange Einsamkeit am Schreibtisch. Jetzt wirds rosig.
Tschüß, meine Seepflanze, pump Dich schön auf mit Sonne und Ruhe, damit Du mich stadtzerknitterte Type dann vergnügt ertragen kannst! Küsse dorthin und dahin für Dich – ich hab heute nacht von Dir und Jonas geträumt. – Dein Wolf

Aus einem IM-Bericht v. 30. 6. 70 – 20.42
Wolf Biermann unterhält sich mit E.-M. H (Lütow). Er hat große Sehnsucht nach ihr, wünscht sich eine Funk- und Fernsehverbindung mit ihr, die die Stasi-Trottel nicht abhören können. *Röhrich*

Anfang Juli 70

Mein liebster Fidelbogen, am Telefon warst Du herzerweichend mit Deinen Rufen; wie verschieden Du meinen Namen durch's Kabel geschrien hast! Weil Du schlecht hörtest, glaubtest Du, ich müßte auch schlecht hören. Dabei warst Du deutlich, wie im selben Raum und ich für Dich hinter gepolsterter Tür.

Ich hatte Sehnsucht nach Deinen Kulen, jetzt ist es noch schlimmer geworden. (Eben frag ich Nina: schreibt man Kule mit h oder ohne, sagt sie: ›Nimm statt dessen ein andres Wort, Loch zum Exempel.‹ Mußte ich lachen!

Wir sind bei den Nackten. Im Vordergrund fällt eine wüst in sich verschlungene Baumwurzel ins Auge, als wär sie das grob herausgeschlagene Gehirn von einem Riesen, dem Weltgeist. Das Wasser ist ein Spiegel, von dem der Blick schwer loskommt. Ich lese im ›Zauberberg‹ von Thomas Mann, ein Werk von 1028 Seiten, vertiefe mich, gerate in Verzückung. Lies es, damit wir Meinungen austauschen können. Abgesehn vom Kunstgenuß, wär es anregend für ein Gebiet, wo Du Studien treibst: im Labyrinth der Seele eine Lösung finden zu wollen für die rätselhaften (Un-)Taten des Menschen – besonders der weiblichen Psyche, vertreten durch Eva-Marie. Und davon nicht zu trennen: die Physiologie. Denn Körper, Geist und Seele bilden die große Dreieinigkeit. Bei dem Bandwurmsatzschreiber T. M. ist es geradezu faszinierend, wie der sich schlafwandlerisch sicher vortastet im Irrgarten der Lüste – im Gegensatz zu Undines buntschillerndem Blasengeblubber. Aber für meinen Erdapfel ist es Nektar, stimmts, Liebmorchel. Tauch unter zu mir ins flirrende Naß. Gluckser von Marie.

13. 7. 70

Wolf Biermann, meine Liebe und mein Herzeleid! Eben komme ich zurück von Züssow – unserm Marterabschied. Ich seh Dich in der Zugtür stehn, Deinen Kampf gegen Schmerzzeigen und sehe Tränen in Deinen goldig rötlichen Bart laufen, Dein Mund, der ein Kindermund wird, wenn Du traurig bist; alles ist mir scharfgestochen gegenwärtig. Mein Herz zieht sich schmerzhaft zusammen, ich spüre also auch physisch, daß ich eins hab. Aber meine Seele flattert Dir hinterher im Zugwind: ein zertanzter Brautschleier. – Wir konnten uns nicht mehr viel sagen, ich aus Angst, alles zu verschlimmern, wollt Dich streicheln, ermuntern, an die schönen Momente zu denken, Kraft wollt ich Dir geben für die Arbeit. Schnitt – Und weg bist Du.

Ich will versuchen, die Ursache unseres Zerwürfnisses rauszufinden.

Im letzten Vierteljahr hab ich viel gelesen: Von Reich ›Die sexuelle Revolution‹, Solschenizyn: ›Ein Tag im Leben des Iwan Denissowitsch‹, Thomas Manns ›Zauberberg‹, ›Dra-Dra‹, ›Kuron-Modelewski›, Bulgakows ›Meister und Margarita‹, James Joyce' ›Dubliner‹, ›Ulysses‹. Und fresse unaufhörlich rein, was ich zu fassen krieg, weiß dadurch auch, daß ich zuwenig weiß. Das ist nicht Deine Schuld, nicht meine, die berüchtigten Verhältnisse ... Ich hab einen Nachholebedarf, den Ehrgeiz, mitreden zu können oder zumindest ›beredt‹ zu schweigen. Wir haben keinen ›Haussklaven‹ wie andere, dafür zwei Haushalte, manchmal drei. Ich wasche, koche, kaufe ein, die vier Treppen rauf und rüber, von mir zu Dir – von Dir zu mir. In Annaberg wurde ein Provisorium errichtet, Lütow aus'm Boden gestampft, Nina im Internat untergebracht. ›Nebenbei‹ Theaterspieln, Berufsfernfahrerin und tue alles gern, wenn es nicht in Ausbeutung ausartet.

Zum konkreten Ausgangspunkt, dem gestrigen Knatsch. Du hast die Woche an Deiner Sache arbeiten müssen und Dich erholen. Ich hab das akzeptiert, gefördert. Mit Nina gab's bereits Zusammenstöße wegen der ihr verhaßten Abwascherei, wo sie sich sowieso selten und widerwillig dran beteiligte, was sich aber zu bessern schien. Dann kamen Freunde von Ninas Freund, er selber, alle waren mir willkommen, ich hab gekocht (obwohl ich öfter lieber bei Dir gesessen hätte) wir aßen, tranken, Du last vor; es war rundum gut. Ich malte der ›Dicken‹ einen Schleier ran und Goldfische ins Haar und Dir, vielmehr dem Mann am Bildrand einen Ölzweig statt Myrthe ans Revers. Du ›hobst mir die Röcke hoch‹ in natura und ihr gingt mit den Kugeln runter zum Spielen.

Da saß ich allein im Abfall, war noch gar nicht grummelig, sammelte alle Gläser, Büchsen, Reste und Korken zusammen, leerte die Aschenbecher aus, stieg hinab zu euch und war bißchen schamhaft, weil ich mir wie ein Hausputtchen vorkam, das für die ›Kinder‹ sorgt; Du weißt, das war nie ein Problem, ich hab mich nie geniert, in die Küche zu gehn, im Gegenteil, mag es, schönes Essen zu bereiten, was zu ›zaubern‹, selbst wenn Du, pardon, wir, dreißig Gäste hatten oder mehr. Kurz und gut, ich hätt es gern gesehn, wenn Du mir den Mülleimer abgenommen hättest. Aber Du warst so im Spiel vertieft und nahmst mich gar nicht wahr und das nahm ich wahr und Unmut stieg hoch in mir und ließ mich sagen: Du sollst heut abwaschen. Dein Blick sprach voll Trauer: jetzt hast mir den Tag verdorben. Und ich, ohnmächtig vor Wut über die Unfähigkeit, so was nicht lässig zu erledigen, schmiß alles in die Gegend. Damit hatte ich mich ins Abseits begeben. Wenn wir das äußerliche Chaos, die rumgeschmissenen Knochen, Gräten, Schalen gemeinsam aufgesammelt hätten, wär alles vergessen. Aber so: Wir gingen aneinander vorbei wie Lampenschirme mit Beinen, jeder schlief in seinem Bett, ohne Gutenachtsagen. Es könnte doch sein, man erwacht nicht mehr, verfällt dem Wahnsinn – dann liegt für immer ein unausgesprochner Fluch über den Heilgebliebenen.
Heut morgen, ich war aufgestanden, hatte einen Apfel gegessen, kroch zu Dir, schmiegte Bauch und Busen an Deinen Rücken, während Du schliefst. Ich ringelte meine Beine um Dich, atmete an Deinem Hals. So tief schläfst Du nicht! Sobald ich sonst mit Kringeln anfange, fängst Du an zu schnuffeln wie ein Bär, der Honig wittert – und drehst Dich um zur Quelle. Ohne ein Wort verging der Vormittag.
Dann kam Nina, sagte, Du wärst zum Bahnhof, würdest nach Berlin fahren. Ich kochte, überhäufte Dich mit ›Koseworten‹. Wir hatten verabredet, daß ich Dich bringe, sobald Du fahren mußt oder willst. Dann kamst Du wieder, weil der Zug weg war, bestimmtest, daß ich Dich abends um halb acht nach Züssow zu bringen hätte und warst den Tag über verschwunden; spazieren, sagte Nina.
Ich hatte Zeit, mich zuzuknöpfen, den Brunnen der Tränen abzudecken. Aber das Essen war fertig zur der Zeit, wo Du zurück sein wolltest. Und damit es warm bleibt, stellte ich es ins Bett.
Nun bin ich wieder beim Bahnhof angelangt. Ich hatte durchgehalten, Dir kühl Aufwiedersehn gesagt, war abgesaust bis einen Kilometer hinter der großen Kreuzung Berlin-Greifswald – und an einer völlig

blöden Stelle riß es mich plötzlich herum, als ging es um unser Leben. Und wäre fast mit einem Tankwagen zusammengeknallt.
Du sagtest, es ist gut, als ich bei Dir saß im Wartesaal. Aber noch nicht richtig. Du bist traurig abgefahren, ich bin aufgerissen: Diese im Grunde lächerliche Sache zieht Kreise. Wenn ich den Schlüssel fände ... Bin müde, überwach. Du schaukelst durch die Landschaft und denkst Dir Dein Teil. Gut Nacht, Wolf. Was soll werden, fragt Eva den ertrunkenen Mond im Achterwasser. Oder badet er nur und lacht sich eins über die stümperhaften Zweibeiner auf dem grünen Planeten Erde?

14. 7. 70

Guten Morgen Wolf, wir wollen an' Strand und auf'm Weg Deine Schuhe abschicken, die ich erst suchen und finden muß. Du schläfst noch. Ich seh, wie Du daliegst auf der ›Wiese‹. Meist nimmst Du weniger als die Hälfte ein, um mir genügend Platz zu lassen. Dein Kopf liegt auf einem Arm oder in der Hand. Aber morgens, wenn ich das Bett verlasse (ich steh meist früher auf) breitest Du Dich aus, machst Dich lang, wirst ein kleiner Riese, Jesus Christus, wie gekreuzigt liegst Du da nach bestimmten Anlässen oder wie ein kunstvoll gedrechselter Hampelmann: Arme und Beine in alle Richtungen verteilt, die Wasserpfeife steht zum Himmel, Pardon, aber das Wort stammt von Dir und ich find es lustig; das Phänomen ebenfalls.
Es kommt mir vor, die räumliche Trennung oder Entfernung bringt uns nach solchen Kernspaltungen näher. Oder es ist deshalb, weil, wenn ich Dir schreibe, Du mir nicht dazwischen reden kannst. Nun lieg ich da, mit unnütz ›prangenden Brüsten‹. Ich muß los, sonst bewölkt sich das Blau. Geh mal zum ›Schmied‹ und hol den Ring! Bestimmt hat er die Bruchstelle zusammengeschmolzen und das Glück ist wieder heil. Wenn Du ihn aufn Finger steckst, spür ich es: der Boden unter mir wird begehbarer, ein Tanzboden ... Eva.

15. 7. 70

Geliebter Karl! Ich hab eine lächelnde Chonchita erschaffen mit Früchten behängt, Bauernpflaumen im Rock, einer Gurke im Korb.
Frau Esche, die Erdbeerfrau, war hier, brachte ›Neuste Nachrichten‹, u. a. daß ihr Nachbar wieder seine Saufzeit hat und das Boot verkauft. Den Motor hat er bereits ›verkloppt‹, für den Rest will er zwischen 100 bis 150 Mark oder eine Nietenhose. Der Tauschhandel ersetzt

wieder den Geldverkehr ... Ob ich das Ruderboot erwerbe, was meinst Du? Der Motor-Reparaturmann sagt, sagt Frau Esche, dafür kriegt er glatt dreihundert. Aber er gibt es weg für das oder die Niethose.
Mir fällt auf, die DEFA hat meinen Paß einbehalten. Was soll ich auch damit ohne gültigen Stempel. In den Nachrichten hörte man, der Schauspieler Kieling, mein einstmals zukünftiger Partner, welcher mich ermorden und unter Trümmerschutt verscharren sollte, ist drüben geblieben, nachdem er hier großartig Erklärungen abgab. Die Wirklichkeit, verehrte West-Linke, sieht anders aus, als es die Theorie erträumte.
Hier ein Straßencafé in Arles, da hat der Vincent paar Tische frei gelassen. Wie wärs mit uns, mon cher? Du bist mir noch die Hochzeitsreise schuldig. Ich möcht darauf hinweisen, daß ich trotz Kümmernis und Sorgenfalte an Dich denke und mein Leib – von der Seele ganz zu schweigen – nach Dir schmachtet.
Der Dorfidiot, der sich für den Bürgermeister ›zu Lande, zu Wasser und in der Luft‹ hält, wie er in seiner abgehackten Sprechweise erklärt, steht vor seinem Haus. Stundenlang! Wie auf Befehl, ein Wachsoldat. Was mag er denken, fühlen. Er lacht nie. Neulich hab ich ihm ein Kätzchen in den Arm gesetzt und sein Ausdruck war plötzlich sonnig, verträumt, wach. Da hatte ich die dunkle Erleuchtung, er führt uns alle hinters Licht. Was der für 'n amüsierten Augenblick hatte! Ich war verblüfft, wollte grad sagen: Mensch, Du bist ja gar nicht ... nicht von dieser Welt. Aber da war er wieder ins Weitwegsein entschwunden. Auch eine Methode, sich zur Wehr zu setzen. Auf die Weise macht er, was er will, trinkt die Neigen aus in Kneipen, räumt Tische ab, leert Aschenbecher aus, da kriegt er paar Mark, kauft sich Zigaretten.
Die Gasfackel über Neuendorf ist heute besonders feuerfetzig.
Das Bild von Manet, der in die Ferne gerichtete Blick der Frau, die Einsamkeit in den Augen – sollte keine Anspielung sein ... von Eva.

Freitag, 17. Juli 1970

Guten Morgen Pusteblume! Sind Deine Federpuscheln nachgewachsen und Du locker verwurzelt im Umfeld? Da fällt mir ein, Du solltest Dein Haar öfter waschen, dann siehst Du aus wie ein moderner Prinz, der aus'm Morgenlande auswanderte vor tausend Jahren und endlich angekommen ist. Merkst Du nicht, daß dann mehr wohlwollende Blicke auf Dir ruhn in den Hinterhofbögen und auf den Spazierwegen, als wenn Du mit verfetteten Strähnen auf der Bildfläche erscheinst?

Staubt es in der Stadt? Kannst Du atmen bei dem heißen Dörrwind? Die Nacht war wer gestorben. Ein mir Nahestehender. Das versetzte mich in Krämpfe. Die Verdrängungsmaschine beförderte den Davongegangenen in den Näherstehenden von einem Weiterweggestandenen. Unlösbare Probleme wälzten mich rum. Als ich erwachte, war der Tag erdrückend wie die Nacht – was die Problembewältigung angeht.
Ich hab mir vorgenommen, eine Art Bittschriftsgesuch zu schreiben. Schick eine Aufmunterung. Ich muß mich umsehn im Lande der Deutschen Demokratischen Republik, denn das ist meine Welt und sonst gar nichts. Keinen Zoll weiter, kein Fuß über die Strichlinie hinaus. Ich hab Einladungen von Nachbarn. Ob ich noch mal bei den Behörden vorspreche? Vielleicht hat man sich besonnen, eine Einzelgängerentscheidung – wie bei Hannes, der mir einen Personalausweis ausstellte auf eigne Faust, der Volkspolizist, sich damit in die Nesseln setzte.
Das waren noch Zeiten, als so was durchging in einem Defa-Film!
Aber Du dann! Ich kann Dich nicht allein lassen in dieser gottverlassenen Gegend, ohne meine handgreifliche Nähe, den Tarnschutzpanzer gegen Geschosse von ungefähr, schlagende Wetter. Das kann ich mir beileibe nicht antun.
Wolfsknäuel, Mischki läuft mit sanften Tatzen über meinen Busen, durchs Frühstück neben dem Bett. Jetzt träumt sie, daß sie auf einer gemütlichen Stelle von Dir liegt, sich wäscht und Dich gleich mit in einem Aufwasch. Adieu für heut. – Eva.

18. 7. 70

Wolf, ich will Dir von unserm gestrigen Abend erzählen. Wir waren bei Cremers, kamen natürlich auf Dich zu sprechen. Also, so was Widersprüchliches hab ich selten erlebt. Ich kann nur Deinen ›Esel‹ zitieren oder war es der Hund, das Schwein: ›Mann, ist der Mensch kaputt!‹ – Paar Kernsätze, die mir im Gedächtnis blieben: Ich bin Realist!!! (Ich seh die Welt so wie sie ist.) Schick mir das Lied, es paßt auf den Bildhauer, wie die Faust aufs Auge, möcht's ihm überreichen. Wäre gut, wenn Du mal mit ihm redetest, auch wenn der Bullerkopp einen Koller kriegt: Ich bin kein Idealist. Biermann ist Idealist. Ich bin kein Anti-Stalinist. – Dann schwimmen Sie ja auf der richtigen Welle. Grad wurde eine Stalinbüste an der Kremlmauer enthüllt. Cremer: Ich bin Dialektiker, man muß die Widersprüche im Zusammenhang sehen. Gysi ist ein gefährlicher Zyniker, eine widerliche Sau, aber Ulbricht

und Breshnew sind keine Konterrevolutionäre. (Wer würde das je zu behaupten wagen?!) Sozialismus jetzt, das ist Realität. Es gibt keinen anderen, weil die Menschen noch nicht reif dafür sind. Biermann ist isoliert und Havemann. (Das hab ich doch schon mal im ND gelesen, von Gysi, glaub ich.) Der Biermann hat sich auf ein Podest begeben, abgehoben von der Basis, Egozentriker, spürt nicht, daß er die Menschen nicht mehr erreicht. – Welche Menschen? Ihre Handvoll inzwischen etablierter Künstler, die sich um Sie versammeln zu feuchtfröhlichen Atelierfesten; kann ich mir vorstellen, für die ist Biermann unbequem, weil er ihnen ihre Unfähigkeit zeigt, ihre Impotenz aufdeckt. Die sind sowieso nicht mehr zu retten.
Nina und ich protestierten leidenschaftlich, bewiesen an Beispielen Deine Wirkung und Nicht-Isolation, die Verbreitung Deiner Lieder.
– Cremer: Der Biermann kann sich auf die Straße stellen und brüllen: Ulbricht ist ein Idiot (weitere Formulierungen, die Cremer Dir in den Mund legte, will ich aus Sicherheitsgründen unerwähnt lassen) und kein Mensch (sprich Volkspolizist) tut ihm was. Wir sind eben so stark, daß wir uns das leisten können. – Ich: Biermann ist inzwischen zu populär, die Welt würde sich solidarisieren. – Cremer brüllend: Darauf würde Ulbricht scheißen, wenn's ihm drauf ankäme. Die kleinen Biermänner sperrt man ein, die sein Gedankengut verbreiten ... Unverantwortlich! Auf Kosten der Jugend! Genau wie Wilhelm die deutschen Arbeiter und Intellektuellen einsperrte, wenn sie Marx' Lehren verbreiteten, weil sie an Marx nicht rankamen, der saß ja in England. – Ich: Biermann sitzt aber mitten auf'm Marx-Engels-Platz, direkt vor der Nase. – Dann blubberte er über seine schlechte Lage, die Kunst allgemein, die es nicht gibt im Sozialismus und die noch nie Kriege verhindert hätte (befreite je ein Reim – ein Vögelchen vom Leim!) Es hatte den Anschein, als wollte er der gesamten Innung den Sinn absprechen: Wozu überhaupt dieser Luxus. Ich beschwichtigte: Das meinen Sie nicht wirklich, Cremer, ohne Kunst wär das Leben kalter Kaffee; gerade Sie! – Der Professor schien mir gespalten oder ist es altersbedingte Wahrnehmungsschwäche. Außerdem ist er angeschlagen von den letzten Zusammenstößen mit der ›Zweiten Schicht‹. Er trank kräftig Wodka, schluckte Schmerzmittel wegen Hexenschuß, ein Nerv war eingeklemmt. Und noch mal von vorn die Leier: Biermann hat sich vom Boden der Realität runterbegeben. Mit Dir spricht keiner mehr. Du kannst mit keinem mehr sprechen. – Ich: Cremer, es ist umgekehrt.

Sie sind isoliert. Ihre Poltereien in der Akademie, auf Funktionärsversammlungen haben keine Auswirkung. Man gestattet Ihnen ihre oppositionellen Ausfälle, weil man weiß, Sie kommen wieder auf'n Teppich. – Ja, weil ich Realist bin! – Das war sein Hauptsatz. Manchmal fürchtete ich, er würde in Tränen ausbrechen vor Wut. Und Christa stand ihm mal bei, doch bei den total unsinnigen Stellen meinte sie tadelnd: Aber Fritz!! Orginalton von ihr: Ich mag Biermann sehr, privat. Ich: Das ist deine Privatsache. – Als Mensch, nicht als Mann – wollte sie wohl meine vermeintliche Eifersucht beschwichtigen. Doch dann haute sie in dieselbe Kerbe wie ihr Göttergatte: Er hat sich isoliert, hält sich für den größten lebenden deutschen Lyriker. Und das ist er nicht. – Ich: Wer denn sonst? Außerdem ist das Quatsch, er hält sich nicht dafür. Aber ich wüßt keinen, der Lieder machen kann wie er.
Viel Krämereien wurden durchgekramt in Cremers Laden. Trotzdem wollen sie Dich gern sehen: Aber bitte friedlich, bittet Christa, darauf der Alte: Ich kann nicht anders! (Gott helfe mir Amen, hat nur noch gefehlt.) Ich empfahl ihm, Solschenizyn's ›Ersten Kreis der Hölle‹ zu lesen. Er bestand drauf, wie ein schwer erziehbarer Bengel: Auch der wird mich nicht umkrempeln.
Genug des grausamen Spiels. Ich sollte auch über Nacht bleiben wie Nina, die bei Trini schlief, fuhr aber lieber zurück in unser heimisches Lütow. Der Mond stand breit grinsend in den Sternen.
Ein Gebinde aus Herzblättern vom Sauerklee, Sumpfdotterblumenknospe, Klatschmohn, Zittergras, Ringelkraut und Seidelbast, sende ich am Schluß meiner Zuwendung, wie es der Sitte geziemt. – Eva

20. Juli 70

Mein lieb Eva, Deine Briefe knacken langsam und sicher das Eis und fahren auf den Nordpol zu, wo mein Herz im Tiefkühlfach liegt; und als heute morgen gleich 2 liebe Briefe von meiner Einzigen angeflogen kamen, 2 Flügel von Spatzen und von Tauben, da war da auch diese Melodie plötzlich und zufällig in den Lippen geflötet von unserm Freund Hussel, der das wie einen Schlager vor sich hinpfiff:
E - G - G - E - F - E - D - C (Jetzt wird mir leicht, das Dunkel weicht ...)
Erkennst Du das Lied ? So ist das. – Ich hab viel zu tun – und will nur kurz schreiben, damit Du ein feed back hast – ach ach ach!
Es ist ein himmel-höllisches Kreuz mit uns.
Und einen Hunger hab ich! Nichts eingekauft. Ich muß nun runter was holen. Und bin müde und schon seit 5.30 auf den Beinen, weil ich nicht schlafen konnte und bin taumelig. Aber – es gibt eben doch höhere Dinge! Ich hab mir die Haare gewaschen und dann Deinen Brief gelesen, in dem ich mir die Haare waschen soll ... Ich hab eine wunderbare Musik für die Taktik gefunden.
Schreib mal wieder! I need you oder wenigstens your letters. – Wolf
Übrigens: Dein Buch hab ich versehentlich mitgenommen

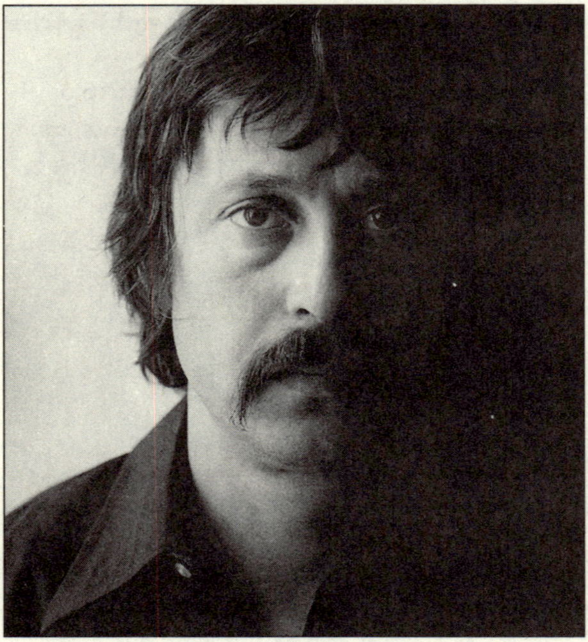

A. Jost – Bürgermeister der Gemeinde Lütow Neuendorf, 22. 7. 70

Betreff: Information H a g e n / B i e r m a n n

Im Jahre 1968 besuchte uns die Schauspielerin Hagen und bat um eine Aussprache mit dem Bürgermeister der Gemeinde. Grund: Frau Hagen stellte den Antrag auf Genehmigung das Haus Dannenfeld, Lütow, käuflich zu erwerben, zum Zwecke der Erholung wie sie sagte.

Anmerkung: Das Gebäude war in einem schlechten baulichen Zustand, diesen Vorwand benutzte sie, um mich zu agitieren, da könnte ich doch zustimmen, sie würde dafür sorgen, daß die beiden alten Leute menschlich wohnen würden. – Meine Antwort war, stellen sie bitte einen Antrag, dann werden wir weitersehen. Danach habe ich mich mit dem Rat des Kreises in Verbindung gesetzt, besonders mit der Abteilung Kultur, wie man dazu steht. Zu dem Zeitpunkt war mir die Verbindung Biermann sowie ihr Bemühen in andern Gemeinden nicht bekannt. Durch kreisliche Organe wurde ich informiert, daß für Privatpersonen solche Zugeständnisse nicht gemacht werden. Der Vorsitzende des Bezirkes, Gen. Deutscher, hat mich anläßlich der Auswertung Bäderwesen informiert.

In einer Ratssitzung hab ich dazu Stellung genommen 1968 in unserer Gemeinde, daß wir an Frau Hagen nicht interessiert sind, habe auch meine Beweggründe gesagt, nämlich in bezug auf die Haltung von Biermann, daß wir ihm und seiner Bekannten keine Extra-Wurst braten.

Schlußfolgerung meinerseits im Rat war, daß, wenn wir schon eine solche Zustimmung geben, dann nur mit Betrieben, von denen wir als Gemeinde auch einen guten Nutzen haben. Keiner der anwesenden Ratsmitglieder unserer Gemeinde, außer Franz Dahms, war gegen meinen Vorschlag, den Antrag abzulehnen. Franz Dahms erklärte in der Ratssitzung: »Das ist aber nicht unsere Meinung, ich bin dafür, daß Frau Frau Hagen im Haus Dannenfeld unterkommt«.

Das war für mich nicht sehr verwunderlich, denn D. unterstützt von je her stets Dinge, die nicht in unserm Interesse waren. Seine ganze Haltung ist auf Rückversicherung eingestellt.

Ein halbes Jahr danach im Frühjahr 1969 kann es gewesen sein, bekam ich Besuch von Wolf K a i s e r, der zunächst seine Unterhaltung mit mir damit einleitete, er wollte in Neuendorf am Fischerberg bei dem Fischer Heß bauen. Ich sagte, nun warum nicht, sie sind ja ein bekannter Mann, bloß ich kann ihnen das nicht genehmigen, da müssen sie zum Kreis gehen. Mit dem Fischer Heß steht Kaiser in Verbindung, das kann mit was zu tun haben, denn H. bekam kurze Zeit darauf den Wartburg von Kaiser, der 2 Jahre gefahren war.

Als diese Unterhaltung beendet war, ging Kaiser auf sein eigentliches Ziel los mit den Worten, na Bürgermeister, warum gibst du Evchen nicht die Genehmigung für Lütow, weißt du eigentlich wer Biermann ist, sein Vater ist im KZ umgekommen, das ist vielleicht ein besserer Genosse als manch andrer. Er ist eben frech und sagt offen seine Meinung, das kann uns weiterbringen, oder hilft uns in der Entwicklung ... Schließlich kann Evchen doch pennen mit wem sie will. Ich sagte darauf, dann soll Biermann sich besinnen wo er gelernt hat und seinem Vater alle Ehre machen. Weiter sagte ich, daß mich das nicht beeindruckt, da ich die Gestapo am eigenen Leib kennengelernt habe. Für solche Leute, die nicht zu uns stehen, tue ich nichts. Danach nahm er Abschied. Wir sprachen noch von seinen Rollen und ich fragte ihn, wie er das macht, so überzeugend zu spielen, darauf er: ›Innere Begabung‹. Meines Erachtens hat er die Hand im Spiel und gibt Fürsprache in Lütow mit seiner ganzen Person. Die Menschen sind beeindruckt, daß er den einfachen Mann spielt. – Dahms, Köster, Volkwarth, in Lütow machen auch die Politik im Kleinen. Frau Hagen bekam von mir keine Genehmigung, das Haus Dannenfeld haben wir durch Ratsbeschluß an einen Fuhrbetrieb vergeben. Dieser Betrieb half uns mit Straßenschotter. Im Oktober 1969 ging ich zur Schule Agrar in Stralsund. Im Winter 1970 erhielt die Hagen durch meinem Stellvertreter Dahms, die Erlaubnis in Lütow ein ständiges Ferienquartier zu beziehen. Ich erhielt davon Kenntnis im Monat März durch den Parteisekretär, Gen. Krüger. – Volkwarth, der im Herbst 1969 fragte, ob Frau Hagen bei ihm wohnen könne, erklärte ich damals, aber nur über das Reisebüro. Mehr kann ich über die Angelegenheit nicht sagen, bemerken würde ich noch, daß ich im Mai eine Aussprache hatte mit Frau Hagen.

der Zukunft zugewandt

VON DRACHEN UND WANZEN
Herbst 1970

Quelle: ›Lerche‹ – Lütow – angen.: Ltn. Hagemann

Bericht über die Kontaktaufnahme zu Eva-Maria H a g e n

Am 21. 7. 70 gegen 20 Uhr, wollte ich H. besuchen. Man sagte mir, sie sei in die Stadt gefahren. Ich ließ einen Gruß von Frau (...) bestellen und daß ich am folgenden Tag vorbeikäme. Am 22. 7. um 18 Uhr suchte ich die Hagen auf, stellte mich laut Legende vor. Ihre Reaktion auf meinen Besuch war abwartend. Sie zeigte mir ihre Wohnung. Sie bewohnt das gesamte Dachgeschoß, 4 Zimmer. Der Flur wird als Küche genutzt, links ist das Zimmer ihrer Tochter, zur Hofeinfahrt hin. Zur Giebelseite liegt das Wohnzimmer, daneben das Schlafzimmer. Rechts vom Treppenaufgang ist der ehemalige Boden, auf der entgegengesetzten Giebelseite. Auf dem Boden besteht die Schlafmöglichkeit für 4 Personen. Gegen 19 Uhr kam ihre Tochter Nina (15 J.) mit ihrer Freundin Trini Kremer nach Haus. H. lud mich zum Abendbrot ein. Der Kontakt war abwartend von Seiten der H. aber nicht abweisend. Wir erzählten über die Schauspielschule. Ihr Interesse war natürlich, nicht neugierig. Sie lud mich ein, mit nach Koserow zu fahren, um ihre Tochter und dessen Freundin ins Kino zu fahren. Vorher fuhren wir zu Kremers, die in Koserow wohnen. Nur die Hagen ging ins Haus. Auf der Rückfahrt von Koserow sprachen wir über die Arbeit der H. Sie sagte mir, daß sie seit fast 5 Jahren kaum noch Aufträge hat. (...) Ihren Vertrag mit der DEFA wollte man im vorigen Jahr lösen, hatte aber keinen exakten Kündigungsgrund. Sie meint, daß man sich in diesem Jahr einen zurechtbasteln wird. Wieder in Lütow angelangt, spielte sie mir auf der Gitarre ihre Chansons vor. Vorher bekam ich von ihr die Einladung, bei ihr zu übernachten, da genug Platz sei und es im Zelt sehr kalt wäre. Bis 23.15 sang sie und erzählte. – Ich erfuhr, daß Biermann vor einer Woche wieder nach Berlin zurückgefahren ist, um zu arbeiten. Sie erzählte mir, daß B. nur in der BRD u. Westberlin noch verlegt. z. B. Quarthefte ›Wagenbachverlag Westberlin‹, ›Mit Marx- und Engelszungen‹ '68, ›Die Drahtharfe‹ '68, – Sie erzählte mir von ihren beschränkten Auftrittsmöglichkeiten in der DDR. Z.B. in Schwerin auf einer Veranstaltung durfte sie nur 2 Lieder bringen, keine Zugabe. Um sie herum Stasi. Sie fragte einen der Beamten ›ob er sie denn nicht kenne?‹ – ›Nein, nein!› Sie, die H. erkennt sie fast alle, wenn sie in der Nähe sind, sagte sie.

Ich schlief bei H. Hatte das Angebot von ihr, mir die o.g. neuen Bücher von Biermann anzusehen, nachdem sie schlafen gegangen war, angenommen. Platten von ihr konnte ich nicht hören, da der Plattenspieler nicht funktionierte. Es wird nachgeholt. Nach dem Frühstück fuhren wir zum FKK nach Koserow und weiter. Dort traf ich Frau Kremer (Prof. Fritz Kremer) mit Tochter Tini, Hagentochter Nina ... Sie bot mir beim Abschied an, weiter bei ihr zu schlafen. Sie und auch ich war müde, vom Sommer ausgelaugt. Es wurde vereinbart, daß ich am 24. früh zum Frühstück kommen soll und wenn das Wetter gut ist, fahren wir wieder zum FKK-Strand. Am morgigen Tag werde ich auf der Grundlage der Absprache, weitere Fragen und Probleme in Erfahrung bringen.

Anschließend an den Bericht vom 23. 7. hier den weiteren Ablauf des Auftrages. Am Freitag Morgen, 9.30 Uhr frühstücken bei H., anschließend Fahrt zum FKK-Strand hinter Kölpinsee. 15.30 Uhr Rückfahrt. Auf dem Rückweg nach Lütow hielt H. in Zempin, um Otto Manigk einen Besuch abzustatten. Sie wollte nur einige Minuten bleiben. Doch ihre Tochter und ich warteten eine gute Stunde im Auto. Sie bat vorher allein diesen Besuch zu machen. Als H. wiederkam war sie aufgelöst, fast erregt. Sie hatte bei M. »doch wieder über Politik gesprochen«, sagte H. Sie sprachen über die Arbeitsmöglichkeiten eines Künstlers bei uns in der DDR. H. ist der Meinung, daß ein Künstler in seiner Arbeit wahr und ehrlich sein muß und einfach anders nicht arbeiten kann. Wahr und ehrlich kann man bei uns nicht sein sagte H. und darin liege das Problem für einen echten Künstler. H. sagte u. verglich, daß Biermann längst Millionär sein könnte, wenn er in seinen Liedern und Gedichten nicht so offen und wahr wäre, doch B. könnt nicht anders.
Um 18 Uhr waren wir wieder in Lütow, haben Abendbrot gegessen. Tochter N. und ich sahen Fernsehen, H. wollte gerne an ihrem neuen Oel-Porträt weitermalen. 10.30 Uhr gingen wir schlafen, da wir 3 wirklich alle sehr müde waren.
Übrigens H. war verblüfft über meine polytechnische Ausbildung, ich baute eine Fernsehantenne an, die ausgezeichnet funktionierte. Dadurch können sie wieder den Apparat benutzen. Sonnabend nach dem Frühstück, 11 Uhr verabschiedete ich mich, da ich abgeholt werden sollte.
H. bot mir am Tag vorher an, wenn ich im August in Berlin bin, sie zu besuchen. Mit Tochter und Ehemann bin ich wahrscheinlich im August 3 Wochen bei meinem Schwager in Berlin. ...
Die H. ist eine kluge, sehr intelligente Frau. Meine weitere Verbindung zu ihr muß sehr vorsichtig erweitert werden. Aufdringlichkeit würde sie sofort mißtrauisch machen. Ich finde es daher sicherer und auch für mich besser, meinen Mann von meiner Mitarbeit beim MFS zu informieren und eventuell sogar mit ihm zusammenzuarbeiten. Das jetzt bestehende freundschaftliche Verhältnis zu H. läßt zu, einen noch besseren offeneren Kontakt zu ihr zu finden. H. sagte, daß sämtliche Anträge von ihr auf Auslandsreisen, auch ins sozialistische Ausland abgelehnt werden. Sie hatte vor zwei Jahren einen Vertrag bei dem verstorbenen Regisseur Klein für eine Filmrolle, die in Polen gedreht werden sollte. Sie bekam keine Ausreise, die Rolle mußte umbesetzt werden. *›Lerche‹*

Sommer 70

Eva mein, ich komme nach Hause, finde Deine Briefe – bitte erspare mir Worte, die nicht für die Schweine bestimmt sind und habe ein bißchen mehr Vertrauen. Ich habe, seit wir uns trennten, nicht eine einzige Stunde vertan wo Deine Gegenwart mich gestört hätte.* Soll ich mir den Arsch aufreißen oder das Herz, damit Du endlich begreifst?!! Verflucht! Nun habe ich ein Gespräch angemeldet, ein dringendes.
Ich hatte heute eigentlich Emmas Besuch sicher erwartet, es muß ihr was Ernstes zugestoßen sein, wenn sie nicht kam.
Ich liebe Dich, und Deine Vorwürfe erregen mich so, daß mir schwindlig wird. Ach, ich kann jetzt nicht weiterschreiben. Vielleicht kommt noch das Tel. bis 9 Uhr und hoffentlich bist Du da. Mensch, Du weißt doch!!! wie schwer mir das Telefonieren ist und mich quält !!!
*) und es ist eine Schande, daß ich das hier überhaupt beteure!
Ach bin zornigtraurigmüde. Sommer 70 – Dieser Herbst wird sehr bunt werden. Grün und blau und rot und schwarz! – Wolf

Bln, 24. Juli 70

Ach, mein liebes Eva-Lieb, ich las wieder und wieder Deine letzte dicke Briefsendung und mein Herz tut weh vor lauter longing to you. Und kann nicht schreiben und bitte Dich, Dir diesen Brief selber voll auszuschreiben, er ist eine Art liebevoller Blanko-Scheck, den Du Dir in beliebiger Höhe selbst ausschreiben kannst und sobald wir uns sehen, wirst Du ihn bei mir einlösen können ... Emma ist nun gekommen. Sie weckte mich heute morgen. Das Wichtigste: Oma ist nun in einem andern Heim, ist dort glücklich fidel und munter in der Geselligkeit von Alten, mit denen sie sich schön unterhalten kann – und zwar um so ergiebiger, als sie die Antworten der Leute so gut wie nicht hören kann. Auch ist es sehr wahrscheinlich, daß sie im Herbst uns besuchen kann. Schade, daß ich nicht einfach mit Emma kurz nach Lütow kommen kann. Hat Manuel sich eigentlich mal gemeldet? Es würde mich wundern. Emma hat natürlich die Küche erst mal okkupiert – aber ich befolge Deinen Rat und bin lieb und gelassen.
Grüße Nina und halt mich lieb Dein Wolf

25. Juli anno 1970

Wolf! ›Verflucht‹, ›Verdammt‹, ›es ist eine Schande‹ – sind die häufigsten Formulierungen Deiner letzten Briefe. Nein, Du sollst Dir nicht den Arsch aufreißen! Was hast Du in den vielen Briefen von mir rausgelesen, die voll waren von versteckter und offener Zärtlichkeit. Du wirfst mir vor, ich hätt Dir Vorwürfe gemacht, die Dich schwindlig machen. Worüber bist Du zornig, traurig, müde? Eigentlich müßten meine ellenlangen Litaneien Dir vorkommen wie Gebete einer unheilbar-verzückten Liebesdienerin. In den zwei Briefen von Dir steht nichts, als daß Du traurig zornig müde bist. Wahrscheinlich hab ich wieder zuviel gemurrt und Du ziehst Dich ins Schneckenhaus zurück – wenn Du überhaupt rausgekommen warst – und ich muß tausend Schmeichellaute zwitschern, um wenigstens Deine Fühler zu erreichen.
Wolflein bedenke, was für'n Glück Du hast, daß Du nicht schiech und krumm gebaut bist – auch sonst alles dran ist, was dazugehört und Du Dir was ausdenken kannst in Dein' Kopf! Mänschenskind! Lach mal. Ich umarme Dich mit all meiner Kraft, daß Dein Blut schneller fließt und schönstes Rot strömt, Vergißmeinnicht am Ufer wächst, Breitwegerich, ich pflücken kommen kann und mit eigene Hände auf die Wunden legen. Adieu, mein Freund. – Marie

Ende Juli 70

Lieber Wolf, heut hat der Himmel eimerweise Tränen verschüttet; Lütow ist verhangen. Deinen aufgereckten Arm in der Staubwolke von gestern seh ich vor mir, den letzten Blick ... Hab Strohblumen gepflückt für'n Winter. Vielleicht kommen wir mal her, wenn's kalt ist. Du sagtest, es wär sogar schöner als im Sommer. Kurz drauf rief Käptn Niemeyer an, wollt mit einem Freund kommen. So sprachen wir uns gegenseitig unser Bedauern aus, daß Du weg warst.

Den ›gleißenden Scheinwerfer‹, als kalte Sonne getarnt, hab ich gemalt, unsere Truppe in seinem Schatten. Da wimmelt es nur so im Gebüsch. Titel: Die Ostsee soll ein Meer des Friedens werden. In Heringsdorf wird demnächst eine Ausstellung eröffnet. Susi arbeitet emsig an ›Was‹ dafür. Nur haben die Halb-Insulaner nichts recht Passendes fürs gestellte Thema: ›Unsere Menschen in unserm System‹. Vielleicht auch: ›Zeichen der Zeit‹. Nino mit seinen Blumenrabatten ist kein Repräsentant, also zukunftsweisend bzw. gegenwartsbezogen. Dich würde er zwar gern auf seine Levkojen setzen, nur dürftest Du Dir nicht ähnlich sein; das wär eine Provokation. Vielleicht, wenn er Dich schrumpfen ließe, daß er sagen kann: Was wollt ihr, Genossen Gütekontrollorgane, das ist ein gewöhnlicher Gartenzwerg. – Und wieso mit 'ner Gitarre und nicht mit Angel, stochern die nach. Und der Hüne Holstein, um nicht anzuecken, malt das Gewünschte drüber in fahrigen Strichen, spitzt den Bart an, kleckst ihm 'n ›Bonbon‹ aufs Revers, schon gibts nichts mehr zu beanstanden. Nein, so kleinkariert ist er nicht: Blumen sind was Schönes, haben Bedeutung. Sozialistischer Realismus ist auch die Nelke im Knopfloch. Meins wär der Knalleffekt: singendes Volk bei Nacht und Nebel auf der linken Seite – wachsame Uniformen zum Greifen nah rechts, mittendrin das grellscharfe Auge des Gesetzes, dem nichts entgeht. Weder Schwimmflossen, Schnorchel, noch Temperaturveränderung im Meerbusen, ein nachtfarbener Luftballon. Zisch. Boing. Geblubber. – Mir wird kalt. Ich hocke hier nackt und seh die Mücken einen wilden Tanz aufführn. Mischki strolchte gestern um das Auto rum, als ahnte sie Schlimmes: Das herrlich duftende, das lebendige Ruhekissen, haut ab.

Vorhin hab ich die Plünnen von den Pfählen gesammelt, die waren wieder naß geworden von den Schüttungen des immer noch verheulten Himmels. Da erinnerte ich mich an das Bad im angezogenen Zustand. Hast Dich gewundert, daß ich Dich aufs Kreuz legen konnte, was? – Eva

Ende August 70

Feinfühliger Freund! Gestern war ich bei Böttcher sine Fru Dobsi alias Erika. Eigentlich passen beide Namen nicht zu ihr; sie müßte Magdalena heißen und Lulu. Und sieht wie Undine aus. Wir haben Garn versponnen aus Mondlicht und Seidelbast. Auch die schwebenden Silberfäden, Altweibersommer, haben wir verarbeitet und waren uns unsres Glücks gar nicht bewußt, so begnadete Männer an der Seite zu haben. Schade, daß die Abwesenden den Spiegel der Nachtbildung nicht mitbekamen, das Raunen der Feen im Schilf. Dann fragte Rautendelein plötzlich, obs wieder gut wäre mit Dir. Ich überlegte, was gemeint sein könnte, erinnerte mich an die letzte ›Szene‹. Aber sie war anders dargestellt, als ich es erlebt hatte. Ich kam ins Grübeln, fühlte mich wie eine von den ausgestorbenen Frauen: Unverstanden.

Mann! Wir waren nicht einen Tag allein, keinen einzigen in diesem Lütower Sommer. Ich will mich nicht beklagen, aber wieso siehst Du meinen Aufschrei stets als aus der Luft gegriffen an, als groß angelegtes Spektakel aus Quatsch mit Soße. Ich möcht Dir am liebsten auf die Nase hauen, so daß Du ein Schnapsglas voll Blut auffangen müßtest. Entschuldige, das sollte ein Spaß sein, wollte sagen, ich würde gern eine komische Nummer draus fabriziern, wir könnten uns ausschütten vor Lachen, die schweren Felsbrocken stürzen in Bach, werden blank gewaschene Kieselsteine, wandern Richtung Meer ... Ach

Die Insel Usedom befindet sich in einer Tiefebene. In meiner Aura sind traurige Kringel, Tautropfen der Trauerweide. Im Sauerklee kauern Lauerposten: denn trauschauwem. Es ist zum Aus-der-Haut-fahren dies Auf-der-Stelle-Treten. Mir ist nach Auswandern zumute. Auweia. Die Grenze ist überschritten: Der Brief darf nicht ins Freie, sonst hängt man mir postwendend geplante Republikflucht an.

Ich war bei Manigks. Seit Wochen ist Hektik wegen der Heringsdorfer Ausstellung: ›Der Mensch im dritten Jahrzehnt‹. Für teures Geld haben sie 'n Protzschuppen hingeknallt, wie sie jetzt überall aus'm Boden schießen. Otto entschuldigte sich für sein Nichtmelden. Aber er hat sich auch anders verändert, strotzt vor Sakasmus und bitterer Ironie. Ein Ekelschauer über'n Lauf der Welt – sprich Provinztheater, Inselmief auf Avantgarde getrimmt – jagt den nächsten. Das große Schweigen bellt dich an aus seinem beredten Gesicht. Auch Dein Stück kann ihn nicht aus dem Darniedersein holen, als wolle er abdanken: Das Thema interessiere ihn nicht mehr. Außerdem fand er nicht, wie bei Brecht,

Jetti Graf, Jürgen, Lukas und ›Dobsi‹ Böttcher (von rechts)

wenn der was ›übernahm‹, das Eigene. Er gab selbstkritisch zu, daß er nicht mehr fähig wär, beim Vorgelesenbekommen sich das auf der Bühne vorzustelln. Auf alle Fälle will er, wenn es in der BRD aufgeführt wird, egal welche Stadt, ansehn. Er darf ja reisen als Rentner; grad rüstet er sich, um im ›Zuge der Greise und Invaliden‹ ins Schlaraffenland zu zuckeln. Verkehrte Welt: Die flügge gewordenen Vögelchen werden ans Nest geleimt – die Alten klettern über für Junge unüberwindbare Mauern. Das glaubt uns später kein Schwein. Ich ließ ihm Bücher da: Die Polen, Reich ... Mit dem Schluß des Stückes ist Otto Kreidefels auch nicht einverstanden. Zu burlesk; da hat es sich der Dichter zu einfach gemacht. Aber ich sag Dir: Erstens hast Du den zweiten Teil zu hastig gelesen, auf Kosten der Verständlichkeit, zweitens ist das Stück phantastisch. Die kleinlichen Gemüter haben sich wiedererkannt in den Figuren: ›Ich find nur Grau und Greuliches, kein bißchen Echt-Erfreuliches. Und wer ein Realist ist, der weiß, daß das, was ist, ist. Der Drache ist hier Sache. Der hat uns in der Mache.‹ – Und wollen nicht verfrühstückt werden, verhackstückt, in' Arsch gehn; müssen sich immer wieder mühsam aus der Scheiße retten.
Für die Theaterfassung solltest Du am Schluß noch was ändern.
Dann hat Otto Knurrknochen auch mißfallen, daß es gegen die Macht schlechthin geht, gegen alle möglichen Drachen der Welt. Wie er wohl reagiert hätte, wäre einer unserer Spitzen identifiziert worden ...
Laß es Dich nicht verdrießen. Ich steh Dir bei in Hungerzeiten, auf welchem Gebiet auch immer. Eva

26. August 70

Mann! Die Harmonie war nur von kurzer Dauer. Ich hab ein Mahl bereitet – und als Du Dich auf unsern ›Lockruf‹ hin nicht meldetest, sprang ich rüber gleich einer Gazelle, ich blöde Ziege, den gedeckten Tisch mit seiner Pracht und Fülle zurücklassend: Du warst tatsächlich ausgeflogen! Nun schrumpft der Dattelwein; unser Weintraubenmonster frißt sich woanders durch. – Bevor Du aus dem ›Krankenbett‹ geküßt wurdest, war der Tag singend und klingend gewesen und ich die Geliebte meines jungen Gottes. Nun hat seine Herrlichkeit die Kurve gekratzt, sitzt in irgendeiner Werkstatt, Polizeistation, bei Freunden oder Feinden; ein versauter Abend, wenn mir nichts einfällt. Als ich eben einen Feuerwerferblick in' Spiegel warf, schmiß er mir den trüben Blick einer Unperson, mit der ich nichts zu tun haben will, zurück. Das laß ich mir nicht gefallen; behäng mich mit Schmuck, misch mich unters Volk, am Arm den Korb voll hausgemachter Köstlichkeiten. Und geh zum Hugenottenfriedhof, an Bertolts Fußende, klag ihm mit den Worten: ›hübsch, als es währte‹, mein Leid. Denn die Liebe dauert oder nicht. Über die Krümel vom Kuchen freuen sich Spatzen und Tauben. Der Meister bekommt eine Pflaume ins Ohr gesteckt. Er hat Vergnügen dran, zumal er ein Filou gewesen sein muß, im Gegensatz zu Dir, Langwimperlein, nun weißt Du Bescheid. Deine besänftigte Marie. Denn der Fotograf Roger Melis hat schöne Fotos gemacht von einem umwerfenden Paar. Deswegen Friede auf unserer Erde, sowie der Frau und dem Manne, Adam und seiner Rippe, nämlich Eva & Wolf.

Eva auf dem Balkon ihrer Wohnung in der Wilhelm-Pieck-Straße. Von dort kann sie die Fenster von Wolf sehen.

HORST HUSSEL

›Wolf B. überreicht
seiner Eva das 1. Exemplar‹
(Wolf Biermann ›Deutschland.
Ein Wintermärchen‹)

Liebe Eva !! waß macht
die Kunzt ... ich war hier vorhin
im dunkeln. Wegen behältnisse.
Nun fänkt es an. Können Sie
mir in dieser Frage bis Montag
behülflich sein ? Sonnabend
kommt 1 Eselfurwerck und
fert meine bibliothek in die
K. Kollwitzstraße. Aber ich sizz
one Behältnisse das ist schwer.
Ob Sie so etwas haben auß
Krockodil oder schlange ?
Das wäre ser fein und fornehm
& so wollen wir leben
immer Ihr E. O. H.
allervorzüglichst
& in Devotion.

Liebe Eva! – Sie sind immer nie nicht zu Hause
der liebe Wolf hat mir nämlich die Schlüsseln gegeben
damit ich immer fein die Kröte und Fischen fütter
aber wenn Sie die Kröte und Fischen füttern möchten *
gebe ich Ihnen die Schlüsseln den Fischen ist das egal
und im Flur stehn 2 Gitarrenkoffer – ob Sie
Koffer und Gitarren brauchen ich bin ganz verzweifelt
wenn die jemand klaut das wäre nicht fein.
feine Grüsse
Ihr E. O. H.

*
das müssen Sie aber
bestimmt machen !
Wolf sein Herz hängt sehr
an den liben Tieren.

Berlin, 9. Sept. 70

Sehr geehrte Frau Ulbricht, mein Name ist Eva-Maria Hagen, mein Beruf ist Schauspielerin und ich wende mich an Sie in einer privaten Angelegenheit, die in so hohem Grade mit politischen Vorgängen zusammenhängt, daß ich mich eigentlich an den Staatsratsvorsitzenden wenden wollte. Aber nun ist mir ein Buch begegnet: REDEN UND AUFSÄTZE VON LOTTE ULBRICHT und diese Lektüre hat mich auf die Idee gebracht, direkt an Sie zu schreiben. Seit 1958 arbeite ich in meinem Beruf. In Ihrem Buch las ich, daß Sie sich sehr für Theater und Film interessieren, vielleicht haben Sie mich sogar in einigen Rollen gesehen. Mein erster Film war ›Vergeßt mir meine Traudel nicht‹, die letzten 1965/66 ›Dr. Schlüter‹, ›Brot und Rosen‹ (mit dem wir auf dem Moskauer Filmfestival waren) und ›Die Fahne von Krivoj Rog‹. Außerdem singe ich Lieder zur Gitarre und spielte an verschiedenen Theatern der Republik u. a. das Musical ›My Fair Lady‹.

Mein Glück oder auch: mein Unglück – begann 1965, das Jahr, in dem ich Wolf Biermann kennenlernte. Ein halbes Jahr nachdem ich mit ihm zusammenlebte, fand das 11. Plenum der SED statt (Nov 65), auf dem Wolf Biermann scharf angegriffen wurde. Mir wurde damals in einer Unterredung in der Leitung des Fernsehfunks von Herrn Fehlig folgendes gesagt: Wir möchten Ihnen empfehlen, sich von Biermann zu distanzieren, da wir sonst gegen Sie ernstere Schritte einleiten müßten. Ich erwiderte, daß ich Wolf Biermann liebe und daß es in unserm Staat keine Sippenhaft gäbe und ich ließe mich nicht erpressen. Darauf verlangte er, daß ich mich zumindest vorläufig nicht öffentlich mit Biermann sehen lassen dürfte, da ich eine bekannte Schauspielerin sei. Später bei einem Festempfang zu Ehren des Dr.-Schlüter-Films, wo ich für meine künstlerische Leistung den Silbernen Lorbeer erhielt, versprach mir der damalige Parteisekretär des DFF, Herr Pohl, daß ich nicht zu befürchten brauchte, kalt gestellt zu werden.

Trotzdem hat sich seit dieser Zeit und wahrscheinlich in dem Maße, wie sich herausstellte, daß ich nicht die Absicht habe, mich von Wolf Biermann zu trennen, eine zunehmende Behinderung und bis zur totalen Verhinderung meiner Arbeitsmöglichkeiten durchgesetzt. Obwohl ich seit 1961 festes Mitglied des Ensembles war und mit wachsenden Aufgaben betraut wurde, die ich, wenn man unserer Presse und den Auszeichnungen glauben darf, mehr als zur Zufriedenheit löste, wurde ich jetzt vom DFF gekündigt. Daß die Kündigung nicht unseren Gesetzen entsprechend begründet werden konnte bzw. schriftlich überhaupt nicht begründet wurde, zwang den DFF die Kündigung auf dieses Jahr zu verschieben, aber das eigentliche Problem bleibt.

Denken Sie bitte nicht, daß ich den DFF für mein lebenslängliches Versorgungsinstitut ansehe, ich will und kann mit ganzer Kraft in meinem Beruf arbeiten. Aber wie kann ich das, wenn die Leitung des DFF lieber meine monatliche Gage für Nichtstun bezahlt. Das geht sogar soweit, daß Versuche junger Regisseure, die von dem Boykott gegen meine Person nichts wußten oder nichts wissen wollten, mich also engagierten, im nachhinein von der übergeordneten Leitung zum Scheitern gebracht wurden, obwohl ich weiter für Nichtstun meine Gage erhielt. Aber der DFF ist vertragsmäßig nicht nur gezwungen, mir Geld zu geben, sondern, mich entsprechend arbeiten zu lassen. – Im vorigen Sommer hatte ich eine Einladung einer polnischen Kollegin, meinen Urlaub mit meiner Tochter in Polen zu verbringen. Das Visum wurde ohne Begründung abgelehnt.

Ich hatte einen Vertrag für einen DEFA-Film, der bald zwei Jahre alt war. Der Drehbeginn war durch Atelierkapazität und ähnliches hinausgezögert worden. Im Mai dieses Jahres sollten zwei Tage in Prag gedreht werden. Kurz vor der Abfahrt wurde mir telefonisch mitgeteilt, daß mein Visum von der Polizei abgelehnt sei und meine Rolle sofort umbesetzt werden mußte. Mein Paß wurde einbehalten. – Später bekam ich einen Brief von der künstlerischen Leitung der DEFA, in dem mir versprochen wurde, daß ich für diesen Ausfall ein künstlerisches Äquivalent angeboten bekäme. Tatsächlich wurde mir im Märchenfilm Dornröschen eine Komparsenrolle angeboten, die ich ablehnte, obwohl mir der Aufnahmeleiter sagte, daß es sich finanziell lohnen würde, da es an die sechs Drehtage wären. – Beim DFF hatte ich ein Kadergespräch vor 1½ Jahren. Die verantwortlichen Kollegen schlugen mir vor, von der dramatischen zur Unterhaltungs-Abteilung überzuwechseln, weil das meiner Entwicklung als Chanson-Interpretin und den Erfahrungen als Darstellerin in Musicals entgegenkomme. Ich war gern einverstanden. Aber nur wenige Wochen danach wurde mir von Herrn Nehring und Herrn Schiemann im DFF gekündigt. Sie legten mir dabei nahe, lieber selbst zu kündigen, weil ein Aufhebungsvertrag für meine Kaderakte günstiger aussehen würde. Sie beteuerten dabei, daß der Grund für die plötzliche Kündigung nicht etwa meine künstlerische Leistung sei, im Gegenteil, sondern, daß die Regisseure sich leider weigerten, mit mir zu arbeiten. Was für ein empörender Zynismus! Gerade jetzt wieder erfuhr ich von dem Versuch der beiden Regisseure Karin Hercher und Uta Birnbaum, mich zu besetzen. Im Besetzungsbüro des DFF wurde das so abgelehnt: Frau Hagen ist in zu vielen Produktionen beschäftigt ...

Ende Mai war mein letzter Auftritt – weit weg von Berlin, im Kreistheater Annaberg. Ich gastierte im Musical CAN-CAN und war sehr glücklich darüber. Der Intendant und Regisseur des Stückes waren einigermaßen empört und eingeschüchtert, als ihnen die Bezirksleitung der SED Karl-Marx-Stadt die kritische Frage stellte: Wieso kann sich so ein kleines Theater einen so teuren Gast leisten. Karl-Marx-Stadt könne das nicht! Dazu muß ich Ihnen sagen, daß meine Gage in Annaberg eher bescheiden als angemessen war. Das Theater war bis zur letzten Vorstellung ausverkauft und hatte nicht nur einen finanziellen Gewinn, sondern auch einen künstlerischen. Nun werde ich wohl auch nicht mehr an solchen kleinen Theatern beschäftigt werden.

Mein Weg zum Schauspielerberuf war nicht eben leicht, ich hatte außerordentliche Schwierigkeiten zu überwinden. Meine Eltern gehörten zum ärmsten Landproletariat im damaligen Pommern. Nachdem mein Vater umgekommen war, mußte meine Mutter uns schwer durch die Kriegsjahre bringen. Ich mußte mich um meine zwei Geschwister kümmern – und in den Kriegs- und Nachkriegswirren war an normalen Schulbesuch nicht zu denken, geschweige an höhere Schulbildung. So ging ich nach dem Schulabschluß in die Lehre als Maschinenschlosser. Zwei Jahre später bestand ich die Prüfung für die Schauspielschule in Berlin. Es folgten Unterbrechungen, erneute Prüfungen, bis ich 1958 mein Examen machen konnte; mein erstes Engagement war im Berliner Maxim-Gorki-Theater.

Ich hab mich hier, in der DDR, entwickelt. Dieses Land ist genauso gut mein Land, wie ich diesem Land gehöre. Als ich 1961 im August auf den Panzern unserer Soldaten saß und ihnen mit der Gitarre Lieder vorspielte, hätte ich mir nicht träumen lassen, daß ich eines Tages in meinem Staat wie ein Feind behandelt werden würde – und zwar nur, weil ich den falschen Mann liebe, wie es scheint.

Jetzt bin ich verzweifelt und ratlos. Ohne Arbeit bin ich kein Mensch. Wenn ich wüßte, daß ich für diese Arbeit nicht mehr tauge, würde ich versuchen, einen andern Beruf zu erlernen. Ich würde ein Studium aufnehmen, aber würde mir das genehmigt werden? Auf sachliche Fragen erhalte ich nur unsachliche Antworten. Letzten Sonnabend hatte ich noch einen Vertrag für einen Chanson-Abend in Bernburg. Am Mittwoch davor wurde ich plötzlich telephonisch ausgeladen. Auf meine erschrockene Frage nach den Gründen, sagte mir die KGD-Halle: Es ist wegen des Wetters. Ist das nicht eine zynische Witzigkeit?

Diesen Brief zu schreiben kostet mich Überwindung, weil ich fürchte, daß Sie den doch nicht zu lesen kriegen, weil Sie sich mit andern Dingen zu beschäftigen haben. Aber was soll ich tun? Überall wo ich hinkomme, fragen mich Menschen, was denn passiert sei, daß sie mich plötzlich nicht mehr in neuen Stücken und Filmen sehn. Ich stammle dann verlegen rum. Ich geniere mich, ihnen die traurige Wahrheit zu sagen, und, liebe Frau Ulbricht, Sie verstehen, daß ich mich da für diejenigen geniere, die ihren Ärger an Wolf Biermann ausgerechnet an der Frau auslassen, die ihn liebt.

Ich fürchte, daß ich mich doch nicht genügend deutlich in dieser verwirrenden Sache ausgedrückt habe. Ich will Sie aber nicht mit einem Wust von Dokumenten langweilen, aus denen vielleicht deutlicher, detaillierter sichtbar wird, was ich meine. Aber falls Sie diese Angelegenheit für genügend wichtig halten, bin ich gern bereit, Ihnen ausführlichere Informationen zukommen zu lassen – oder auch, falls ich, von Ihnen aus gesehen, nicht schon politisch diskreditiert bin, mit Ihnen ein Gespräch zu führen.

Mit freundlichen Grüßen Eva-Maria Hagen

›... als ich 1961 im August auf den Panzern unserer Soldaten saß und ihnen mit der Gitarre Lieder vorspielte, hätte ich mir nicht träumen lassen, daß ich eines Tages in meinem Staat wie ein Feind behandelt werden würde ...‹

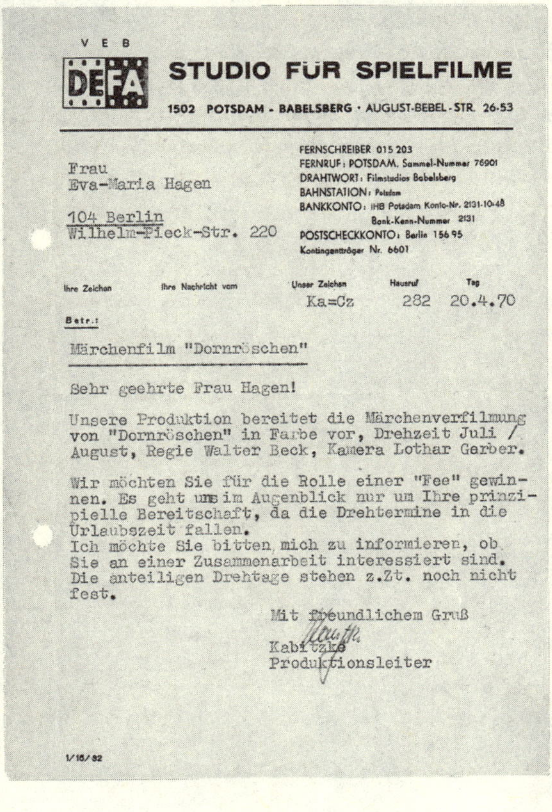

V E B

DEFA STUDIO FÜR SPIELFILME

1502 POTSDAM - BABELSBERG · AUGUST-BEBEL-STR. 26-53

FERNSCHREIBER 015 203
FERNRUF: POTSDAM, Sammel-Nummer 76901
DRAHTWORT: Filmstudios Babelsberg
BAHNSTATION: Potsdam
BANKKONTO: IHB Potsdam Konto-Nr. 2131-10-48
Bank-Kenn-Nummer 2131
POSTSCHECKKONTO: Berlin 156 95
Kontingentträger Nr. 6601

Frau
Eva-Maria Hagen

104 Berlin
Wilhelm-Pieck-Str. 220

Ihre Zeichen	Ihre Nachricht vom	Unser Zeichen	Hausruf	Tag
		Ka=Cz	282	20.4.70

Betr.:

Märchenfilm "Dornröschen"

Sehr geehrte Frau Hagen!

Unsere Produktion bereitet die Märchenverfilmung von "Dornröschen" in Farbe vor, Drehzeit Juli / August, Regie Walter Beck, Kamera Lothar Gerber.

Wir möchten Sie für die Rolle einer "Fee" gewinnen. Es geht uns im Augenblick nur um Ihre prinzipielle Bereitschaft, da die Drehtermine in die Urlaubszeit fallen.
Ich möchte Sie bitten, mich zu informieren, ob Sie an einer Zusammenarbeit interessiert sind.
Die anteiligen Drehtage stehen z.Zt. noch nicht fest.

Mit freundlichem Gruß

Kabitzke
Produktionsleiter

1/16/82

Das Angebot für eine Komparsenrolle von der DEFA

Heinz Thiel, Horst E. Brandt, Eva-Maria Hagen, Günther Simon, Siegfried Wagner, Dolmetscherin, Annelie und Andrew Thorndike, Günther Reisch (von links); mit General Budjonny bei einem Empfang in Moskau (oben rechts)

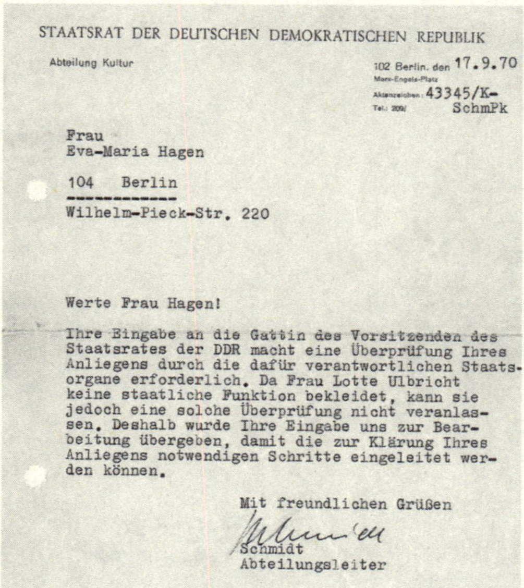

STAATSRAT DER DEUTSCHEN DEMOKRATISCHEN REPUBLIK

Abteilung Kultur

102 Berlin, den 17.9.70
Marx-Engels-Platz
Aktenzeichen: 43345/K-SchmPk
Tel.: 209/

Frau
Eva-Maria Hagen

104 Berlin
Wilhelm-Pieck-Str. 220

Werte Frau Hagen!

Ihre Eingabe an die Gattin des Vorsitzenden des Staatsrates der DDR macht eine Überprüfung Ihres Anliegens durch die dafür verantwortlichen Staatsorgane erforderlich. Da Frau Lotte Ulbricht keine staatliche Funktion bekleidet, kann sie jedoch eine solche Überprüfung nicht veranlassen. Deshalb wurde Ihre Eingabe uns zur Bearbeitung übergeben, damit die zur Klärung Ihres Anliegens notwendigen Schritte eingeleitet werden können.

Mit freundlichen Grüßen

Schmidt
Abteilungsleiter

Die Antwort auf den Brief an Lotte Ulbricht

Bericht über den Besuch bei E. M. Hagen am 9. 10. 70 in Berlin

Um 14.30 klingelte ich an ihrer Wohnungstür. Sie machte selbst auf. In ersten Augenblick stutzte sie, da sie mich nicht sofort erkannte. Im Sommer sei ich voller im Gesicht und brauner gewesen sagte sie. Doch als sie mich erkannte, freute sie sich ehrlich und zog mich in die Wohnung.
Sie fragte mich, was ich in Berlin mache, ich erklärte ihr, daß ich eigentlich ja aus Dresden komme und nur auf der Durchreise sei. Sie freute sich, daß ich vorbeigekommen war.
Dann stellte sie mich B. vor, erklärte ihm, woher sie mich kenne, daß ich Schauspielstudentin sei, mich für die Interpretation ihrer Chanson interessiere. Bevor ich kam waren beide damit beschäftigt, Gardinen im Zimmer von Tochter Nina anzubringen. B. hatte nur noch eine viertel Stunde Zeit. Er wollte mit einem ihm bekannten Arzt einen Besuch bei seinem Freund machen ...
Beim Anbringen der Gardinen gabs ›technische Schwierigkeiten‹. B. schaffte es nicht mehr sie vollständig anzubringen. Er verabschiedete sich. Den Eindruck, den ich bei ihm hinterlassen hatte, konnte man ihm von den Augen ablesen. Ich half H. weiter bei den Gardinen. Als wir nach einer halben Stunde damit fertig waren, tranken wir Kaffee. Sie sang für mich einige ihrer neuen Chansons, erzählte, daß sie vor kurzem einen Abend in Hagenow gegeben habe und daß der Erfolg für sie groß gewesen sei. Ihre Wohnung hat vier riesige Zimmer. In dem größten Raum könnte man bequem einige Tischtennisplatten aufstellen.
Tochter Nina ist z. Zt. in Annaberg im Internat. Sie besucht die erweiterte Oberschule.
Zwei Tage vor meinem Besuch war ... (Schauspielerin) bei H. zu Besuch In dem Zusammenhang fiel H. ein Brief ein über den sie mit Biermann gesprochen hatte. Und zwar der Kündigungsbrief. Sie begann davon zu erzählen. Dann entschloß sie sich, ihn mir zu zeigen und holt ihn. Der Inhalt ungefähr: H. habe sich nicht weiter entwickelt, die DEFA sei ein Kollektiv geworden, in das sie nicht mehr passe. Kritisiert wurde ihre Lebensweise, ungenügliche Parteilichkeit. Festgestellt wurde, daß sie nicht mehr in der Lage sei, sozialistische Persönlichkeiten darzustellen. Man riet ihr, sich nach einem andern Beruf umzusehen. Hagen ist mit diesen Argumenten nicht einverstanden. Sie nimmt diesen Kündigungsgrund nicht an. Sie sagte, daß sie mit ihren Freunden und Bekannten über diesen Brief gesprochen habe. Die rieten ihr, den Brief gut aufzuheben, man würde ihn noch einmal von ihr zurück verlangen, reumütig.
Ihr Rechtsanwalt hat sich der Sache angenommen. Außerdem hat sie einen Brief an Lotte Ulbricht zu diesem Thema geschrieben. H. und ihre Bekannten versprechen sich viel von diesem Brief.
Für sie war weiterhin ein Gespräch mit Adameck vorgesehen. Sie sagte, sie will gegen die Kündigung weiter protestieren.
Gegen 16.30 Uhr rief Nina an. Sie erzählte ihrer Mutter, daß sie sich nun doch für den andern Freund entschieden hatte. Es war insofern für H. betrüblich, weil der erst in zwei Stunden Nina, wenn sie zu Hause angekommen war, besuchen wollte. H. mußte wieder zu schlichten versuchen.
Bevor ich mich verabschiedete, verblieben wir folgendermaßen: Wenn H. ihren nächsten Chansonabend gibt, werde ich versuchen dabei zu sein. An Hand des Programms wollen wir sehen, welche der Chansons ich gebrauchen könnte. Wenn H. das nächste Mal nach Lütow fährt, will sie mich in Rostock besuchen. Vorher ruft sie an oder schreibt mir. Wenn ich das nächste Mal in Berlin bin, sollte ich sie unbedingt wieder besuchen. Da sie im Augenblick wenig ins Theater kommt, früher ging sie mit ihrer Tochter, freut sie sich darauf, daß wir das zusammengehen werden. Inzwischen hab ich ihr geschrieben (wann der nächste Chansonabend, wann nach L., was nun mit Nina und ihren Freunden.) Mein Besuch bei H. endete 17.15 – da ich zum Zug mußte. – *›Lerche‹*

bteilung XX/7 Rostock, 17. Nov. 1970

zum Material Biermann

T r e f f b e r i c h t

IMV "Lerche"
1-12 und 13.30-15.00 Uhr
ohnung
ltn. Wachlin
ach Anruf des IMV ab 15. 11. 1970

Zu Punkt 1

Der IMV fertigte den anliegenden Bericht über den Besuch bei Biermann/Hagen in Berlin am 9. 10. 1970. Er hatte den Auftag, auf der Rückfahrt von den Veranstaltungen in Dresden den genannten Personen einen Besuch abzustatten.
Der Besuch diente lediglich der Festigung des Kontaktes. In diesem Zusammenhang wurde dem IMV noch einmal erläutert, daß es in den kommenden Monaten (ca. 1-1 1/2 Jahre) darauf ankommt, den im August aufgenommenen Kontakt auszubauen, zu festigen, zu intensivieren und das Vertauen von Hagen/Biermann zu erringen. Die bisherigen Gespräche verliefen in dieser Richtung. Der Im wurde instruiert, bei den Zusammenkünften keine Fragen zu stellen, normal und nicht neugierig aufzutreten und alles aufmerksam zu registrieren. Der IMV wird brieflich mit Hagen/Biermann in Kontakt bleiben, noch in diesem Jahr (Ende November-Mitte Dezember 1970) einen weiteren Besuch in Berlin durchführen, dabei möglichst mit beiden Personen ins Theater und bei entsprechender Lage in eine Bar gehen. Außerdem wird der IMV an dem nächsten Chanson-Abend der Hagen teilnehmen, falls er nicht in den südlichen Bezirken stattfindet.
Ziel in der weiteren Bearbeitung der kommenden Jahre (1-11/2) ist die Herstellung vertraulicher Beziehungen.

Maßnahmen: Informaion an die HA XX/7

Wachlin
Oltn.
22.11.70

Fahrt nach Berlin am 19. 12. 1970 bis 21. 12. 1970 (IM-Bericht)

Nach Ankunft in Berlin, lt. vorheriger Vereinbarung mit H., Anruf ob Theaterbesuch im DT oder nicht. Gespräch 16.30 Uhr. H. war abgespannt, da sie am Tag vorher Tochter Nina aus Annaberg abgeholt und erst nachts in Berlin gewesen. H. hatte Kopfschmerzen, bedauerte sehr, meine Einladung für ›Tagebuch eines Wahnsinnigen‹ nicht annehmen zu können. Sie war fast traurig, daß ich allein gehn mußte. Wir verabschiedeten uns für den nächsten Tag. Für den Abend planten wir ›Woyzeck‹ im BE. Nachmittags sollte ich sie zum Kaffee besuchen. Da sie nachmittags Einkäufe tätigen wollte, legten wir die genaue Zeit nicht fest (...)
20. 12. – Anruf 15.30 Uhr. Habe mich zu sofort verabredet und auf den Weg gemacht. Ankunft W.-Pieck-Straße 220, 16 Uhr. H. öffnete selbst. Freundliche Begrüßung; gute Laune strahlte sie aus. Nachdem ich Nina begrüßte, begaben wir beide uns ins Wohnzimmer. H. setzte Teewasser auf, bot mir ›F6‹ an, als sie sah, wie ich meine ›Karo‹ vorkramte und begann uns das Neueste zu erzählen.
1. Vertrag wurde verlängert bei der DEFA. Man will sie wieder ›eingliedern‹, ihr eine neue Filmrolle geben, seitdem sind 6 Wochen vergangen. Sie ist ungehalten. 6 Wochen, die sie auf Kosten des Staates lebt, ohne etwas zu leisten.
2. Im Theater von Dessau gibt sie im Großen Haus einen Chansonabend. Termin Anfang Februar. Am gleichen Theater ist ihr das Angebot gemacht worden, die Hauptrolle in ›Das Fräulein wird Minister‹ zu übernehmen. H. hat angenommen. Da das gleiche Stück in Rostock läuft, lud ich sie ein, es sich vorher anzusehen. Der evtl. Besuch in Rostock wäre realisierbar ihrerseits.
3. H. macht eine Schallplatte, auf denen sie Chansons singt. Welche Titel war nicht festgelegt. Deshalb lehnte sie es ab, zwei von den neuen zu zeigen.
4. H. hatte Reise nach Polen beantragt, ins Gebirge. Von dieser Reise wollte sie sich einen Maximantel (Pelz-Leder) Art Gorallenmantel mitbringen.
Jetzt brachte Nina den Tee. Ich fragte sie nach der Schule in Annaberg. Im Internat gefiel es ihr, sie war im großen und ganzen zufrieden. Schwierigkeiten in der Schule macht ihr Mathematik. Ihr Wunsch vom Sommer her, Schauspielerin zu werden, festigte sich, sie fragte mich nach der Ausbildung. Nun nahm H. die Gitarre und spielte ein neues Lied von Belafonte. Die Übersetzung hat ein Freund gemacht, Engländer, David heißt, wahrscheinlich staatenlos ist. 17.30 kam B. Freundliche Begrüßung; trank mit Tee, nahm ›Karo‹ von mir; sprachen über Polen, keine Meinungsäußerung von ihm. Ich spürte, daß er gewöhnt war, nicht viele persönliche Ansichten zu äußern. Wir beschlossen alle zusammen in ›Woyzeck‹ zu gehen. H. trug ein kleines Abendbrot in Form einer Geflügelsuppe auf. Die beiden Frauen machten sich theaterfein. B. blieb im Zimmer. Wir sprachen über das Rostocker Theater, neuen Oberspielleiter, Gastspiel nach Westdeutschland mit Engelstournee. Ich erzählte, wie es verlief. B. hörte zu, bestätigte Vorkommnisse mit der ›Aktion W‹. Fand, daß es eine Schweinerei ist, was man macht dort. Er fragte mich nach meinem Mann. Sprachen über den Verlag. Er war der Meinung, daß der Verlag zuviel nordische Literatur macht. Ich klärte ihn auf, gab als Beispiel, daß Rolf Schneider dort verlegt. Wir fuhren 19.15 los. An der Kasse des ›BE‹ begrüßte ein älterer Herr, der zum Haus gehört, B. freundlich, fragte wieviel Jahre es her sei. B. sagte ›5‹. Die Karten waren 2 für Nina und mich im Parkett. B. u. H. saßen im Rang. In der Kantine standen B. u. H. mit Zimmermann zusammen. Bühnenbildner Komische Oper. H. stellt mich mit meinen Familiennamen vor. Nach Schluß hatte H. Lust, wohin zu gehen. B. mochte nicht, wollt lieber nach Hause. H. war traurig, weil er ihre Laune negativ beeinflußte. Wir verblieben auf weiteres Anrufen. Sie will mir Chansons raussuchen (...) *Lerche*

Abt. XX/7 – Rostock, 21. Jan.1971

Einschätzung des operativen Materials B. Im Jahre 1971 wurden durch den Gen. Ltn. Hagemann 5 Inoffizielle Mitarbeiter mit dem Ziel des Einsatzes zu Biermann geworben. Als besonders erfolgreich ist die Tatsache zu werten, daß es dem IMV ›Lerche‹ bei einem überörtlichen Einsatz auf Usedom unter Legende gelang, mit Biermann/Hagen in Verbindung zu kommen. Der IMV hat in der Zwischenzeit ein engeres Verhältnis zu B./H. hergestellt, ist gerngesehener Gast in Berlin und soll in den Jahren 71/72 ein enges Vertrauensverhältnis zu den genannten Personen herstellen. Erste operative Informationen konnten durch den IMV ›Lerche‹ erarbeitet werden ...

Aus einem IM-Bericht vom 31. Januar 1971 – 23.27

Ein Herr meldet sich bei Eva-Maria Hagen. Er stellt sich als Dr. Schubert von der Charité vor. Er fragt, ob Wolf Biermann bei ihr ist. Sie verneint. Der Herr bittet darum, sie möchte nicht erschrecken. Er glaubt, sie müßte zur Identifizierung vorbeikommen.
Eva entgegnet: ›Sie spinnen wohl, sie haben einen Koller.‹
Anschließend informiert sie Wolf Biermann über diesen Anruf. Sie findet es als eine Gemeinheit, sie ist sehr aufgeregt. Ihr ist es wohl in anderer Weise schon des öfteren passiert, aber trotzdem (...) Wolf äußert dazu, das sind einfallslose Arschlöcher. Sie muß nur bedenken, daß es intelligentere Schweine gibt und nicht nur solche naiven. Wie Eva meint, wußte sie sofort, was der Herr nach dem Wort Charité sagen würde. *Röbisch*

Aus einem IM-Bericht vom 7. Februar 1971 – 10.25

Eva-Maria Hagen, die sich z. Zt. in Buna befindet, wo die Aufzeichnung des Fernsehspiels erfolgt, meldet sich bei Wolf Biermann, um ihm einen guten Morgen zu wünschen. Christel Bodenstein, die sich ebenfalls in Buna befindet, wünscht W. B. auch einen guten Morgen. Über den Gruß ist er erfreut. Er erkundigt sich, wie die Fahrt verlief. Furchtbar, sagt Christel, es ist wirklich unter aller Sau, daß man einem Menschen so etwas anbietet (gemeint ist wahrsch. das Auto). – Wolf bemerkt, ihr weicher Arsch ist anscheinend sehr verwöhnt. Sie dachte das zunächst auch, aber die anderen Kollegen sind der gleichen Ansicht. Danach begrüßt Peter Dommisch Wolf mit den Worten: ›Hier spricht der Landessender Potsdam, der Hessische Rundfunk und Rias Berlin. Sie hören Nachrichten. Bonn – Grüß dich lieber Wolf!‹ Wolf ist über diesen Scherz erfreut. *Röbisch*

M a ß n a h m e p l a n — Rostock, 8. 2. 1971

An die Usedomer Kunstmaler Niemeyer-Holstein, Kandt, Wegehaupt und Kühn werden anonyme Briefe mit dem Ziel geschickt, Unsicherheit und Unruhe unter diesen Kreisen zu erzielen ... Verdacht zu erwecken, daß der Kunstmaler Manigk inoffizieller Mitarbeiter des MfS ist. Die Briefe sind so abzufassen, daß die Usedomer Künstler entnehmen können, daß Manigk schon mehreren Menschen Schaden zugefügt hat und sie vor ihm gewarnt werden (...) mit der Kreisdienststelle Wolgast wird organisiert, daß Mitarbeiter den Kunstmaler Manigk aufsuchen und ein allgemeines Gespräch von ca. 1 Stunde führen. Die Genossen werden instruiert, sich in sehr auffälliger Form in das Haus des M. zu begeben. Erreicht werden soll, daß der durch die anonymen Briefe erweckte Verdacht – M. sei Spitzel des MfS – erhärtet wird. IMV ›Spartakus‹ sucht Prof. N.-H. in Lüttenort auf, um seine Absichten und Pläne in Erfahrung zu bringen. In der Unterhaltung soll IMV ›Spartakus‹ bemerken, daß sich weitere Studenten der Universität Greifswald für die Kunstwerke des N.-H., der anderen Usedomer Künstler und die Lyrik von Biermann interessieren. Er selbst sei im Besitz von Werken des Biermann, habe aber vor einigen Tagen mit Erschrecken Fotos pornografischen Charakters gesehen, auf denen Biermann und Hagen abgebildet waren (...)

9. II. 71

Eva, mein liebstes Lieb, ich dachte schon, Du habest mich in die Ecke gelegt, weil Du mich den einen Tag mit 5 Telefonanrufen gestreichelt hast – und nun schon zwei Tage nichts.
Andreas Reimann war 2 Jahre im Knast – und ist nun seit zwei Tagen bei mir zu Besuch. Es waren alles Gerüchte: Er hatte keineswegs minderjährige Knaben auf den Strich geschickt, sondern er wurde wegen staatsgefährdender Hetze verurteilt. Ich erzähle Dir noch ...
Nachher geh ich zum DT und bringe Pitt den Brief und ein paar Sachen, die ich heute für Dich gekauft habe.
Mein Lieb, ich will ja gern zu Dir kommen, aber am Freitag bin ich zu einer wichtigen Besprechung mit einem Menschen vom Wagenbach-Verlag verabredet. Nun kann es ja sein, daß er schon in der Frühe kommt, dann fahre ich sofort los. Aber falls es später wird, kann ich erst am Nachmittag oder Abend kommen – und da müßtest Du mich noch mal anrufen, ob ich in diesem Fall lieber gleich ins Theater kommen soll. Ich werde auch versuchen, noch jemanden zu benachrichtigen, damit der Besuch in der Frühe kommt ...
Mein liebstes Bauchtier, ich hab Sehnsucht nach einer lieblichen Kringelei mit Dir, bei der ich mich bemühn will zu vergessen wo ich bin. Wie ist das? Ach, Du hast mir mit Deiner Bemerkung aber einen Floh ins Ohr gesetzt! Also, mein Lieb, wir erledigen das in Dessau, fahren bei Peter* und Walter* vorbei. Grüß Nina und gib Dir Mühe – mach Deine Arbeit besonders gut! Grade! Dein Wolf

*) Peter Huchel, Walter Janka

28. 2. 71

Mein Lieb, ich wünsch Dir für die Jubiläumslady viel Erfolg und Vergnügen – und denk mal an mich, wie ich hier sitze über meinen verfluchten weißen DIN-A4-Blättern, hab im Moment die Schnauze voll mit Schreiben und möchte gern mal vor Leuten singen. 3000 in einem Riesen-Zirkuszelt. Mit Dir. Oder bist Du schon ausgebucht?
Die Schnepfe, die im TV das Oma-Meume-Lied sang, sollte in den Oktoberklub eintreten! Es war eine Schande, die hatte keinen Verstand, keine Stimme und keine Pflaume.

So, mein Lieb, ich springe ins Schneegestöber und flügele den Brief schnell nach Dessau. Ich hab mehr Sehnsucht nach Dir als ich will – ich hebe Dir den andern Brief und das Gedicht auf. Dein Wolf
Eben sagt Nina: Drüben liegt ein Telegramm. Inhalt:
5. März Proben-Beginn für ›Zwei gebrochene Herzen‹. Frage: ob Du mitspielen willst. Aufzeichnung ist öffentlich in Buna Anfang April.

Montag, 1. März 71

Eva, mein Lieb, heute ist ein dunkler Schnee-Montag. Gestern hattest Du Deine 125. ›Lady‹ und ich habe viel an Dich gedacht – und bin zu Hussels rübergegangen, um Dich noch am Vormittag bei Beyreuthers zu erreichen, aber trotz ›dringend‹ kam das Gespräch erst nach Stunden und Du warst schon ausgeflogen. Ich hoffe, die Jungfern haben Dir berichtet, und hoffe, mein Brief kam noch vor der Vorstellung angeflügelt. Inzwischen hattest Du bei den Frösten angerufen, aber ich war mit Hussels und Kind in den Treptower Park gefahren, in der komisch spießigen Zenner-Gaststätte gabs Kaffee + Obstkuchen und mein dunkler Sinn war ein bißchen weggewischt.
Mein Lieb, Nina ist rechtzeitig zum 11-Uhr-Zug, mit Frühstück und Geld ausgerüstet, wie verabredet, nach Annaberg aufgebrochen. Ich glaube, es war ganz vernünftig, daß Du sie nach Berlin gelassen hast.
Ich hab mir eine Hühnersuppe gekocht, an der ich noch die nächste Woche auszulöffeln habe. Du fehlst mir. Wenn Du zurück bist und mich noch nicht ausgekratzt hast, wollen wir uns schön liebhalten und paar Tage wegfahren. Ohne Dich ist Berlin ein Friedhof mit Tauben und Hunden und Spatzen drin. Wir wolln, wenn wir wieder bißchen lebendig sind, in Meister Brechts Garten spazieren gehn.
Ach, mein Eva-Liebes, wolle Dein Herz mir gewogen bleyben und wollest Du mir ein Stück Papier mit Deine großen Buchstaben schicken und mir bißchen erzählen von nichts Besonderes.
Im Spiegel ist ein Interview von mir. Wir haben die legendären 70er Jahre vor uns. – Eben kam durch mein immer noch totes Telephon ein Gespräch aus Stockholm! Mein Buch ist dort erschienen.
Leb wohl mein Liebstes Lieb, ich wickel mich in Dein großen weißen Shawl und marschiere los. Dein Wolf
Mein liebstes Schönes Weib, jetzt sitz ich in der Post und fand unterwegs Dein traurig-frohes Telegramm, hatte das schon ängstlich gehofft und das Couvert vorsorglich offen gelassen ...

Ja, die Technik ist gegen uns, aber ich bin für Dich und Du bist für mich, und auf die Technik ist geschissen. Sei unbesorgt, meine Sanfte und verwende alle Phantasie und Leidenschaft, die Du mir jetzt vorenthalten mußt, auf Deine schöne Arbeit – um so glücklicher werden wir sein können. Ich will, daß Du die verschüttete Schönheit des Stückes sichtbar machst, damit Deine größere Schönheit sichtbar werden kann. So, jetzt bin ich ganz fröhlich mit Deiner hastigen Liebeserklärung in der Tasche. Vielleicht ist mein Telephon bald wieder in Ordnung; ich werd noch mal die Störungsstelle stören. Kuss von Dein Wolf

Dienstag, 6. April 71

Mein liebstes Evalieb! mir ist übel vor Alleinsein und ich warte auf Eva. Wann kommst Du endlich?! Und mein Tel. ist kaputt und Emma kommt Ostern (Sbd. früh) und ich ärger mich, daß Du so lange keine Post von mir hattest – und bin traurig, daß noch kein Brief von meiner lieben Kuschelmuschel im Kasten ist – und bin eben zu allein. Und weiß nicht, ob dieser Brief Dich noch erreicht und wenn auch, ob meine Worte Dich noch erreichen. – Als Du abfuhrst hatten wir uns lieb, als ich noch mal über die Straße lief und Dich durch die Autoscheibe zog. Und ich sehne mich nach einem Schachspiel mit Dir, in dem ich verliere – und dadurch Deinen Übermut und Deine Zärtlichkeiten gewinne, wenn Dein Siegesrausch den Weg in andere Räusche ebnet, wenn Du wie ein Torschütze nach dem gelungenen Schuß auf mir rumreitest bis sich das Blatt wendet – ich lauf zum Kasten runter.
Ruf mich wenigstens mal über Flörchinger an – Dein Wolf

April 71

Mein Eva-Tier – ich sitze wie ausgekotzt in meiner Bude und möchte selber dieses Land auskotzen – in dem wir ausgekotzt sind und das selber wie ausgekotzt ist aus der Geschichte. Und den ganzen Tag kamen Leute sich auskotzen bei mir und das kotzt mich an und Du Arme mußt das alles über Dich ergießen lassen – aber wir wollen uns schon wiederfinden in unseren verlorenen Hoffnungen und reinwaschen in den Schlammfluten, die noch über uns ausgegossen werden. Und wir werden und werden und waren und waren und sind nicht. Und die Breitärsche zerquetschen uns die Flügel – und die Greise ziehn den Männern die Hosen stramm – und die jugendlichen Helden stehn lasch und stramm da, die Radieschen im preußischen Schrebergarten – und die

ideologischen Gärtner jäten das Unkraut, dessen schönste Blüten wir beide sind. Jetzt schreibe ich schon den halben Brief voll und merke, daß ich eigentlich Emma schreiben wollte, daß ihr Osterpaket angeschwemmt wurde – na dann! ich bring Dein' Brief noch zur Post – und werde wohl eher in Dessau sein, als der Wisch hier. Aber die Breitärsche vom grauen Verein sollen auch was hübsch Trauriges zu lesen haben, damit sie froh werden an meiner Trauer.
Aber es ist nichts, ich hab nur mal Luft geholt – Dein Wolf

Bln, 14. April 71

In einer Woche breitet ›DraDra‹ über München seine stinkenden Flügel aus! hi hi!! – Eva, mein Lieb, meine Liebe, mein Scheißtelefon soll verflucht sein – und jetzt kommt Nina plötzlich und sagt, daß sie gleich los muß und ich weiß gar nicht, wie ich Dir schnell schreiben soll. Ach ach ach ... das Beste ist, ich stammel nicht viel rum, steck Dir ein Gedicht mit rein, von dem ich mir wünsche, daß Du es schön findest – und an dem Du entdecken kannst – vorausgesetzt Du hast noch Deine – meine Augen – daß ich nicht einen Millimeter von Dir weg bin.
Kuss, mein Lieb, halt mich lieb – Dein Wolf

April 71

Eva, mein Lieb, wenn Du diesen Brief liest werde ich, falls die Trauer mich nicht gegen ein Chausseebaum geschleudert hat, in Markneukirchen sein. Ich werde Dich anrufen – und wenn Du es Dir hoffentlich nicht anders überlegt hast, komme ich, wie verabredet, zwei Tage vor der Premiere. Wenn ich Dich kritisiere und Verbesserungsvorschläge mache, vergeude Deine begrenzten Kräfte nicht für Wutanfälle gegen mich, sondern versuche, Deine Sache so gut wie möglich über die Bühne zu bringen. Vielleicht kann ich wirklich in diesem Stadium und in dieser Lage Dir nur schaden und nicht helfen – aber deshalb kratze meiner Seele nicht die Augen aus! Was an Stumpfsinn in dieser Inszenierung ist, kannst Du zu einem guten Teil mit Frische und Unverfrorenheit ausgleichen – auch die Kostüme und das gesamte Publikum werden guttun, und schließlich hängt die Welt nicht davon ab – und zwar von keinem Theaterstück an keinem Theater in dieser Welt.
Also wolln wir uns auch gegen die Schwächen dieser Inszenierung nicht allzu stark erregen – wer weiß, vielleicht wird das Publikum entzückt sein.

Liebe Grüße und Küsse und nochmals dringlichst: vergeude Deine Kräfte bis zur Premiere weder auf diese noch auf jene Weise!! Schlafe und esse jede freie Minute! Sei vernünftigst!
Im Sommer wollen wir schon schön unvernünftig sein und allein wir beide in Lütow. – Dein Wolf

April 71

Guten Morgen liebe Eva, meine Liebe, der Eilbriefbote hat mich heute morgen unsanft-sanft mit einem Taubenflügel von Dir geweckt.
Ich schlafe noch halb. Deine Post hab ich im großen Couvert abgeeilt. Aber ich hab vergessen, nach Deinem Ausweis zu suchen. Ich geh gleich rüber und wenn ich ihn finde, mach ich Dir ein Zeichen. Daß ich unsern Ring wiederhabe, hast Du wohl verstanden?
Ach Scheiße, ich seh grad, daß ich auf einem Bogen schreibe, auf dem Schrift spiegelbildlich eingedrückt ist, was den Brief sehr aufhalten könnte, weil die Berufsschnüffler zu lange brauchen um rauszukriegen, daß es nur Emmas Bleistiftbrief an Dich von gestern ist, den sie ja schon gestern ordentlich kopiert haben.
Du kannst mir so schöne Briefe schreiben. Aber das konntest Du eigentlich schon immer. Du solltest überhaupt anfangen zu schreiben. Ich merke an mir selbst, daß das Schreiben einen großen Teil der immer wieder auftauchenden Aggressionen schluckt – und Du merkst es auch, wenn wir wieder in den richtigen Rhythmus des Briefeschreibens kommen.
Ach Mensch! Mr. Melville C. Keith würde entzückt sein, wenn er sähe, wie ich hier lebe. Und damit Du die tiefe Tiefe, in die ich gesunken bin, ganz ausloten kannst, schick ich Dir und Nina zur Belehrung sein Buch über die Ehe – da könnt Ihr was lernen, Ihr Arschlöcher 1927 (!) in Europa solch ein Sumpf! Geht sorgfältig mit dem Dreck um, er ist nur ausgeliehen. – Wolf

April 71

Meine Liebe, ich fahre jetzt zu Robert; Du weißt, wie dringend ich mit ihm über die Verlagsfragen sprechen muß. Daß unser Kahn derartig voll Wasser geschlagen ist, liegt nicht nur an dem hohen politischen Wellengang dieser Tage, sondern daran, daß wir manchmal in verschiedene Richtung rudern. Woran aber es immer liegen mag, auf die Weise werden wir absaufen. Beide.

Ich hab Dich so lieb, daß ich sofort ertrinken würde – freilich, sobald man in eiskaltem Wasser treibt, regen sich enorm die Lebenskräfte – aber dafür sind wir auch schon zu weit vom Ufer, so uferlos und gewaltig war schon unsere Liebe, daß wir wohl kaum zurückschwimmen könnten. Ich bin jetzt in einer zu geschwächten Lage, als daß ich Dich um Deine Liebe bitten könnte, ich kann Dir nur sagen, daß, wenn wir uns nicht bald wieder auf die herrlich gelassene Heiterkeit unserer Leidenschaften besinnen, dies der Anfang einer Hölle wird, in der wir beide verbrennen. Es wär gut, wenn wir – zugleich die noch wenigen warmen Tage benützend – für eine Woche mit Mathias' Segelboot ins Centrum der Natur flüchteten. Dort, in den Wassermassen, unterm kalten Himmel, würden wir heilsam unsere Kleinheit wiederentdecken und wiederentdecken, daß nur unsere Liebe uns groß und erhaben macht, der Natur gegenüber und dieser Menschheit. Wolf

(Datum ?)

Liebe Eva, danke für den Brief; es ist wirklich bitter, furchtbar bitter ohne Dich. Vielleicht kannst Du Dich im Ausland, fern von Deutschland, fern von all dem hier, von mir fern, vielleicht kannst Du Dich von all der Arbeit des letzten Jahres, um die ich Dich so beneide, erholen. Vielleicht findest Du allein besser den Weg zu Deinem wahren und tiefen Wesen, das verschüttet ist vom Gerümpel und von Trümmern vergangener Leben und vergangener Lieben, vielleicht kannst Du doch noch durchbrechen zu Deiner wunderbaren Substanz um derenthalben ich Dich liebe und um deren Verlust ich so leiden muß, daß ich mich schon bald nach unsrer Trennung aus solcher Hölle lieber in die Vorhölle Deiner täglichen Launen zurücksehnte.
Der Nylon-Morgenrock, sagt Emma, soll bei Dir bleiben, Gisela aus Hamburg, die hier ist, hat Dir einen schönen grün (hellen) Pulli mitgebracht, den ich leider vergessen hab. Ich möchte Dich umarmen – (Denn es ist kalt in dieser Hitze, mir ist heiß in dieser Kälte) – Wolf

Dienstag, April 71

Mein Eva lieb – nun ist der ganze liebe Rummel vorbei – und ich sitz angenehm schmerzlich allein in mein' Salong (Was soll mein Salong mir ...) und die Sonne is shining und ich werd mit Dein' Brief die Sonnenseite lang zur Friedrichstraßen-Post laufen.
Meine Seele ist gelassen, es ist gut, daß wir uns gut sind und uns noch

fest festgehalten haben. Was die Erfahrung uns tiefer werden läßt, möchte ich an heiterer Unbedenklichkeit, wie sie in den frühen Liedern ist, nicht verlieren und wir wollen so leben und wenn wir nicht leben können wie wir wollen, dann wollen wir lieber nicht leben und kratz mich nicht aus Dir aus! Und halt mich lieb. Und komm mit mir in den Frühling. Wenn ich in Dessau bin fahren wir zu den schwarzen Schwänen bei denen Du zuletzt nicht mehr mit mir warst, gehen an der stinkenden Dessauer Elbe spazieren unter den Dürer-Eichen, spucken für Emma einen Gruß nach Hamburg ins Wasser. – Mein liebes Lieb, arbeite schön an Deiner Rolle und laß Dich von Ninas Verrücktheiten nicht verrückt machen, sonst ist der Schaden ja doppelt und dreifach! ›Ein Weib ohne Zucht ist wie ein' Sau mit güldenem Halsband‹, hab ich mal irgendwo in der Bibel gelesen. Also seid züchtig auf daß ihr nicht gezüchtigt werdet oder genotzüchtigt! Und wer weiß – Nina braucht vielleicht, daß sie verbraucht wird und sich dann erneuert.
Mein Eva, die schönste Sonne kullert den Himmel runter – und ich will noch ein Stück davon haben. Ich umarme Dich jede Nacht, aber meine Träume sind nie so schön wie Deine, deshalb kannst Du es eher ohne mich aushalten als ich ohne Dich. – Dein Wolf

13./14. April 71

Wolflieb. Ich rief nicht an, weil abends Probe war. Anschließend hat ein ›Minister‹ schöne alte Landsknechtlieder zur Laute gesungen ... Jetzt räkelt dein Rumpelchen sich zwischen Beyreuters Kissen, träumt von einer auf der ganzen Welt nur einmaligen Hopfenblüte.

Eva als Clairon in ›Hoftheater‹ oder ›Das Fräulein wird Minister‹ mit Hans-Peter Eichhorn auf der Bühne des Landestheaters Dessau

Nachmittags hatte ich eins vom ›Fräulein‹ ihren Ministerkleidern an. Die Kostüme sind ›Spitze‹, kostbar wie Originale; alles vom Feinsten: Seidenbrokat, Stoffmalerei, Handarbeit; die Werkstatt hier ist einzig in ihrer Zunft. Und mein Bühnenbildner kleidet mich ein, auch drunter, wie zum Hochzeitsumzug (seinem eigenen), macht eine Kunstfigur aus mir, Rokoko-Kokotte, verzauberte Puppe, der ich mein überquellendes Leben einzuhauchen hab, d. h. Clairon, der grandiosen Schaupielerin von der Comédie Française, welche mit den Aufklärern, Dichtern und Denkern wie Voltaire, Diderot, Jean-Jacques Rosseau, Biermann und Havemann, engen geistigen und andersgearteten Kontakt hatte; die letztgenannten treten erst später in Erscheinung und üben Einfluß auf die gegenwärtige Darstellerin aus, so daß auch diese aufmüpfiger wird wie ihre Vorgängerin, ebenfalls in die Provinz verschlagen, ins Grenzgebiet von Sachsenland (nach Dessau), statt ins Fürstentum, dem kleinen Piß-Staat Mecklenburg, wo die damalige ›Wirklichkeit‹ stattfindet – was keinen Unterschied ausmacht, denn es wimmelt hier wie dort, damals wie heut, von ›kleinen Fürsten mit großen Fressen‹. Aber was ich erzählen wollt: Vorm Kunsttempel, auf einladender Gänseblümchenwiese, haben wir Posen geknipst für Werbezwecke. Straßenbahnen quietschten im Hintergrund, Passanten mit langen Hälsen wollten mit aufs Bild ...

Für die Sendung, wo ich ein Hacks-Lied singen sollte, haben sie mich kommentarlos ausgeladen. Die Arschlöcher können sich alles erlauben. Zustände wie im alten Rom, hätt ich fast gesagt, aber halte vorerst die Schnauze – und spar mir meine Wut auf für ’n größeren Aufwasch.

Nina ist erst heut in Annaberg eingetroffen. In Disziplin kriegt sie be-

Fototermin auf der Wiese vorm Theater (linke Seite:) Eva als Clairon mit Ellen-Jutta Poller und Werner Müller in ›Hoftheater‹ oder ›Das Fräulein wird Minister‹ auf der Bühne des Landestheaters Dessau

stimmt an die fünf ›Stockschläg‹ auf den Nackten. Donnerstag ist mit Proben Schluß. Freitag wollt ich in Dresden Musik-Aufnahmen machen, anschließend Annaberg.
Das Gutnachtgemälde: Ein Baum voll praller Kirschen wächst seitlich Deiner Dschunke. Du schlägst Dir den Bauch voll, spuckst die Kerne ins All – und wunderst Dich, daß plötzlich Löcher in der Kuppel sind, durch die das Paradies von diesem Rousseau Henri, samt Schlange Eva auf Dich lauert; eine Idylle also – mein kleiner Tump Adam.

14. 4. 71 – in Dessau – ich schreib noch mal, weil unsicher ist, ob wir uns sehn. Dann hast Du was fürs Wochenende zum Trost. Früh, wie ich Dir am Telefon sagte, kriegte ich Deinen Brief: keine 24 Stunden war der unterwegs. Mache mir keiner unsern Postbetrieb schlecht! Bestimmt war es ein Extra-Sonderkurier. Du bist ihr Spitzenkandidat – mein kleiner König von Berlin-Mitte ohne Pomp und ›Glorije‹ und 'ner Zipfelmütz im Bett. Jedenfalls bist Du mein Favorit. Ich geb Dir meine Stimme, so und so. Und mich ganz und gar. Mit Haut und Haar. Aber wenn Du frech wirst, kannste was erleben!
Nachmittags, zwischen zwei Proben, im Park Mosigkau unter sengender Sonne, Knospenprallerei. Der Frühling bricht mit Macht aus'm Schoß unserer uralten, immer wieder jungfräulichen Mutter Erde. Und Düfte! Die erinnern mich an heut vor sechs Jahren minus einen Monat und zwei Tage – da lagen wir im Moos. Erinnerst Du Dich an eine Wolke hoch im Blau?! Wie Brecht, der geniale Angeber, sich an eine gewisse Marie A.? Kannst Du gar nicht! Du schliefst wie hingestreckt von einer Salve Mohnblütenstaub und Hagebuttenflaum. Ich konnt in

Ruhe Dein Gesicht betrachten, Dir Waldveilchen ins Haar stecken und hab ihn mir gemerkt, den Ausdruck, kenne Deine verschiedenen Gesichter, die Leuchtkraft der geschlossenen Lider. Nur manchmal bist Du mir ein Rätsel, weil Du ein Mann bist. Da muß irgendwo eine Schwachstelle sein im ... Sonnensystem, eine Dunkelziffer bei Mondfinsternis, die das Geheimnis bewahrt.
Wie wär's, wenn wir nach Markneukirchen führen am Wochenende? Wichtig und Vergnügen. Falls Du nicht kannst, mach ich paar Tage blau: Malen, die Widerspiegelung des Himmels im Wasser, Vergißmeinnicht lasse ich in Deinem Bart wachsen. Du hattest Dir grad 'n Stück Fleisch gebraten vorhin, als ich anrief. Jetzt bist Du beim Essen, dicke Taube, ißt mit Andacht die saftigen Bissen, stopfst Salat hinterher. Gleich krieg ich Hunger, denn hier gibts keine edlen Speisen, noch Muße und Drumrum, wie mitunter bei einem unsrer festlich oder rustikal verlaufenden Dinner. Nur einfallslose Nahrungszufuhr in der Kantine. Ich knuddel Dich und kuller mich in Deine Beugen. Ach, Knubbelzehlein fleischiges, Erbslein grünes, Saftpfirsich Du. – Evamaus iiiih, nicht Maus. Emma sagt auch oft Eva-Maus. Krächts! Ich bin keine Evamaus, sondern ein Eva-Kätzlein mit Samtpfötchen und Krallen. Und nicht Öwa, wie Du mich rufst, wenn Du Wut hast. Ich bin eine Sonnenblume in der Nacht, ein mondsichelförmiger Regentropfen mittags, 'ne Wolke während der Hundstage. Nun weißt Du es und merk es Dir nicht. Die Raub-Platte ist köstlich. Deine Stimme! Hihihi! Ich muß oft lachen, möcht sie besitzen, hab dauernd die Lieder im Ohr. Mach eine erweiterte Fassung von ›Prügelkriegen‹.

Mittwoch, 21. 4. 71

Wolf, huh, mein Lieb: Eva hat erhöhte Temperatur. Schwache Knie. Ärgerlich, weil die anstrengenden Tage, mit Nachtdreh. Gestern angerufen aus Babelsberg. Du nicht da oder Stecker raus. Ob wollen oder nicht – Frau traurig. Hinzu kommt: Im Traum warst Du ein Scharlatan, der nur so tat, als ob. Nein, Du kannst nichts dafür, atmosphärische Störungen, Blähungen im Äther waren das und Zibebe Sensa Sosibelchen fällt prompt drauf rein auf solche Zwiebelfürze. Nu is wieder gut, wo ich's mir von der Seele schrieb, denn ich bin eine Kullerdistel ... Hab ich Dir von ihr erzählt? Bei Platonow treibt sich rum in einsamer Steppe, hält inne, wenn der Sturm Atem schöpft, saugt Elixiere aus feuchten Sand, verwehten Hauch, versucht mit einem etwa hundertköpfigen Völkchen, dem Rest eines einst eigenständigen, stattlichen Volkes, eine Oase zu erreichen; von Wasserpfütze zu Ansammlung von Nachttau, feuchter Stelle zum nächsten Tropfen auf heißen Stein. Eine erschütternde Beschreibung vom Überlebenskampf, voll herber Poesie und großer dichterischer Kraft. In dieser Größenordnung von Höhe, Tiefe, Stärke, Schwäche, Schönheit, Kargheit, in allem bis aufs Äußerste gehn, empfinde ich unsere ›Beziehung‹, die gemeinsame Existenz, meine Liebe zu Dir, Geliebter von Kullerdistel Airam Ave. Bald werden wir ankommen im Land, wo Milch und Honig fließt. Donnerstag wollte Wolf hier Station machen, bei Evele ... Oooh!

Mai 71

Mein liebstes Evalieb! Ich hab die Marke verkehrt geklebt. Ничего!* ... ich bin hier sehr glücklich und fast überwältigt von der vitalen humanen Substanz dieser Menschen. Mein Lieb, ich fresse viel Eis, weil ich jedesmal eins für Dich mitesse und so denk ich immer an Dich. Aber ich werde sowieso früher als die Karte in Deinen Händen sein ... meine Schöne ... ich lerne eifrig Russisch und find mich schon selbstständig in Moskau zurecht. Wie schön wär es, wenn wir mal paar Jahre in dieser Monsterstadt mit diesen Menschen leben könnten. Ich umarme Dich – Dein Wolf

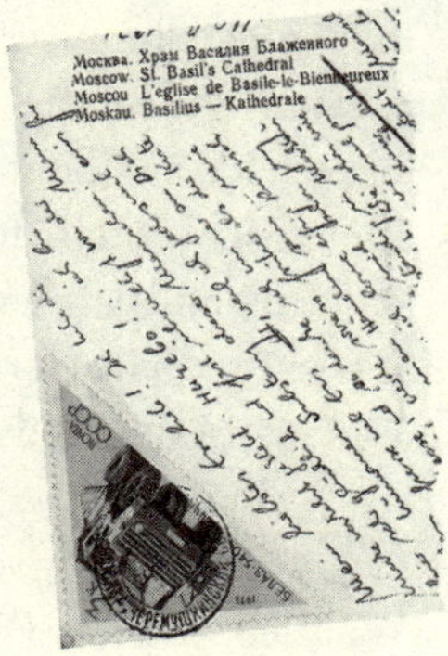

*) Macht nichts!

Juli 71

Wolfowitsch, auf der Ansichtskarte wurden von mir folgende Sehenswürdigkeiten gesichtet: Das Interhotel, ein Intertank, die Treppe zur Inter-Oper, ein (unsichtbares) Inter-Nierungslager unter der Interwiese, Intermezzo zwischen Interessierten, das Interklo, der Intershop, die Intermesse, der Inter-Bahnhof, wo Dein Liebchen weilet. Hier gingen wir einst entlang, Schusselpussel. Und alle meine Inten schwimmen auf dem See. Wo du hinblickst, hat sich das Inter-Unternehmen breitgemacht. Wenn man bösartig wäre, könnt man die Entwicklung als Interwanderung entlarven, wenn man international drunter verstünde, wo wir so schön unteruns bleibnwollnmüssen inter DäDäEr, ährlisch kesacht und landesvater-soundmäßig ausketrügt: In unsrer keliepten Teudschen Tämogradschen Räbuplieg, dem kedeilden Vaderlant.

Sommer 71

Mein Lieb, es ist Montag, bin jetzt ich erst in Berlin. Es sollte früh noch eine Einstellung nachgedreht werden, aber das Wetter war schlecht gelaunt und so bin ich auf'n Sprung nur hier, muß nach Dessau bzw. Bitterfeld, hab heute, Mittwoch und Donnerstag Auftritte.
Emma schick ich ein Telegramm. Vielleicht bist Du früher hier als ich.
Ich denk an Dich – wie es Dir wohl ergehen mag im weiten Rußland ...
Küsse für Dein Herz von Deiner ewigen Eva.
Im Eisschrank sind 15 Grad plus, Du Schlunz! Die Tür stand offen!

Sommer 71

Wolflieb, ich will Dir gleich schreiben, damit die Woche gut anfängt – und denke daran, wie lieb Du warst: Ein befriedigendes Treffen!
Ich wünsch mir, daß Du endlich auf die kleine Bühne unserer einzigen DDR gerätst, dabei Dein Gesicht nicht verlierst, die Besonderheiten: den Wildwuchs des Bartes (keine Doppeldeutigkeit) – den unverkennbaren Zungenschlag (Mutterwitz, Kußkunst) – Durchblick (politischer Verstand) – Sprachgewalt (das Dichterwort) – Einfallsreichtum (Komponieren, gewußt wie) – Fingerfertigkeiten (handwerkliches Können, virtuoses Girarrenspiel) – Klarheit des Geistes (Philisoph) – Mut zur Wahrheit (Heilige Johanna) – Gerechtigkeitsempfinden (Robin Hood). Doch achte darauf, daß der Ausdruck sich nicht in Starrheit gefällt, Leben bedeutet Lebendigsein, lieber Leser, durchwachsen von Glückssträhnen, Pechadern, Mischgetreide, Zuckerrüben, Kaninchenfutter, Schweinefraß. Und Manna. Eva weiß Bescheid.

Jetzt hast Du einen schwachen Moment. Deshalb will ich Dir schnell von meinen frisch-aufgefüllten Vorräten abgeben, soviel ich entbehren kann, ohne als ausgequetschte Limone dazustehn. Aber durch Geben werden die Quellen mobilisiert, so daß kein Mangel zu befürchten ist. Ich fühle mich stark wie die Große Bärin und bin guter Hoffnung – ja, mein liebreizendbärbeißiger Wolf, daß der Zustand anhält.
Will Dir auch andere Speisen zubereiten für Dein Wohlergehn, mein eßbarer Knollenpilz, Du Blutreizker! Da wären die würzigen Nelkenschwindlinge, auch Dürrbeinchen genannt (zur Verfeinerung der Soßen), die Fette Henne, der Ziegenbart, Morcheln; einen Korb voll werd ich sammeln – mit dem von meiner Großmutter Antonie geerbten Spür- und Geruchssinn – und ein Lukullusmahl kochen.
Aber unterbuttern lass ich mich nicht, damit man Bescheid weiß: Widerworte meiner Schwester (ein Herz und ein Sparkassenbuch und jede tut nur, was für die andre gut ist) kokette Anhängsel der Amazone und Geldverdienerin, spielt sich gern auf. Doch ich muß nun mal die Wohnung mit ihr teilen. Wen magst Du lieber, Karl? Eva oder Marie, Wolf? Oft sind sie nicht auseinanderzuhalten, jede verstellt sich so gut sie kann, um Dir zu gefallen. Denn Du bist das Liebste, was ihnen passieren konnte. – AVE.

Sommer 71

Lieber Biermann! Ihnen zur Freude die Ansicht einer schönjung alten Stadt. Es handelt sich, wie unschwer zu erkennen, um Prag! Momentan sitzt Ihre Dame am Ufer der Spree, hat zwei LPs erstanden im Tschechischen Pavillon: Milan Zelenka und Siegfried Behrend. Heute Abend soll der z. Zt. Abwesende mit der Schreiberin dieser Zeilen den Gitarrenklängen lauschen, Küsse tauschen ...
Ich komm nicht in die Wohnung: Schlüssel verschusselt, macht nichts: Dampfer dampfen still vorbei, Männerhorden sind auf der Pirsch.
Die kurzen Röcke machen ihre Augen matt. Schlafzimmerblicke fallen mir in' Schoß. Hab eine neu-romantische Kiste erlebt. Courths-Mahler hatte 'n Blick dafür und Eva-Maria Hagen. Mit mir könnte man Geld verdienen. Auch ein japanischer Stereo-Plattenspieler war im Angebot. ›Diplomatengesindel und arme Westschlucker‹ wollen sich bei unsern ›ausgehungerten und bescheidenen‹ Ostmädels ihr Süppchen kochen, das wär gang und gäbe, sagte ein schmalziger Kavalier, er reise nicht auf die billige Tour ... und merkt nicht, wie er anfängt zu handeln,

überzeugt, alles sei zu haben; es wär nur 'ne Frage des Preises! Er hat seine Scheckkarte gezeigt, mit einem lose aus der Hosentasche gezogenen Geldpacken gewedelt, mich auf die neuste Schweizer Armbanduhr aufmerksam gemacht, mit Goldstempel, den Siegelring.
Es hat mich interessiert, wie weit einer das Anbiedern und Lohnsteigern treibt, ohne sich lächerlich vorzukommen und sich selbst zum Kotzen. Und sah, wie seine Poren Fett absonderten, die Mundwinkel feucht wurden ... Mir war, als kröche eine Schmeißfliege über mich. Ich stand auf und sagte Gehabt-Euch-Wohl. Der hat mich am Ellbogen gepackt, gefragt, ob ich mir das auch überlegt hätte, solche Gelegenheit böte sich so rasch kaum wieder. Vielleicht wäre mein Mann sogar erfreut, solche Beziehung zu knüpfen. Ich sagte: Hände weg! Bei mir sindse anne falsche Adresse jeraten. Ick steh nich uff Laufkundschaft. Das hat ihn noch wilder gemacht.
Und hab mich ans Wasser gesetzt – die verqualmte Kneipe gegenüber ist nix für Deinen Schmetterling. Nun sitzt Der demonstrativ da in greifbarer Nähe, spielt Beleidigtsein, macht eine Schippe wie ein Kind, das sein Spielzeug nicht gekriegt hat – lauert, ob ich mich vielleicht doch noch anders besinne.
Murmelchen! Es gibt Exemplare der männlichen Rasse, welche eine böse Karikatur darstellen auf den Freudenspender schlechthin. Zum Glück gibt es Seelenverwandte im Gegenlager, Menschentiere wie Wolfslämmer, schwarzwollige Schäfelein, Springinsfeldböckchen – besonders Langwimperchen Bähschaf ist zum Fressen. – Ich vergeh vor Sehnsucht – und hab manchmal solche Schübe von Angst: Wenn Dir was passieren sollte ... Nein, ich beschütze Dich rund um die Uhr. Mein Einfluß reicht über die Bannmeile jeglicher Art Hinkefuß hinaus. Das laß Dir gesagt sein von Deiner Quasselbacke Marie. Und zwei Apfelkerne als Erkennungszeichen von Eva

Sommer 71

Lieber Mann! Der Zug schaukelt durch Felder und Auen. Bald beginnt unser Urlaub in Lütow. Ich freue mich auf den Gluckskahn, sitze umhüllt, bin gezeichnet von Blautönen. Im Stoff sind sie vorherrschend und darunter, auf der blanken Haut, als wären Tintenfässer auf mir ausgekippt worden; doch es sind ›nur‹ die Folgen des Fahrradsturzes von Vorgestern: dunkles Violett bis zum sanften Pastell.
Jawohl, Mister Brutalinski, bleichgesichtiger Unschuldsengel Du!

Der VIII. Parteitag ist im vollen Gange. Städte und Dörfer sind geschmückt mit Emblemen des Sozialismus. Seit zwei Wochen besteht ein Verbot für das Ankleben von jeglicher ablenkenden Werbung – im Staats-Interesse. Die Regierung hat das Monopol. Für ›Hoftheater‹ liegen die Plakate noch acht Wochen nach der Premiere im Lager. Ein Freund, Drucker, Freizeit-Fotograf, erzählte, daß Untersuchungen stattfanden in seinem Kleinbetrieb und den umliegenden, weil ... Irgendwelche illegalen Zettel hatten Anstoß erregt. Jeder mußte auf einer bestimmten Sorte Papier Schriftzeichen malen, in Handschrift und Druckbuchstaben. Keiner wurde ›identifiziert‹. Und nur Sitzungen in den Betrieben, Auswertungen.
Die Vorstellung gestern wurde besucht von der Kreisleitung. Regisseur Werner Müller bat mich händeringend, das Lied ›Noch schlimmer als die Großen sind die ...‹ mit keinem Blick ins Publikum zu singen, immer nur auf den Kleinen Hinterwäldler von 1769 auf der Hinterbühne. Unsere Provinzfürsten sind dermaßen aufgescheucht, daß sie, wenn es wo knistert, blitzt, kracht – letzteres tat es mächtig in der letzten Vorstellung – vor Schiß in die Hose machen, als fürchteten sie, eine Bombe könnte hochgehn unter ihrem Sitz. Gleich springen die Türen aus'n Angeln, der Mob stürmt rein und singt: Ah ça ira! Ça ira! Die Despoten an die Laterne ...
Ich möcht mit Dir nach Prag Ende des Monats, hörte, daß dort eine internationale Ausstellung von Bühnenbildern ist. Den 1. Preis bekam die DDR: das soll zehn Tage vor der Eröffnung festgestanden haben. Es gab Proteste. Buchbinder, Drucker stellten die Arbeit ein. Resultat: Unvollkommene Prospekte. Man ist über die skandalösen Zugeständnisse der ČSR-Regierung gegenüber der DDR empört. Andrerseits ist das Bühnenbild von Biermann's ›Großer Drachentöter-Schau‹ zu besichtigen! Du, wir wollen hin! Man braucht keine Einladung. Paar Tage vor Antritt der Reise soll man zur Polizei gehen und sich den Stempel geben lassen. Wo Du neulich sogar nach Moskau durftest.
Mein Kopf schmerzt, das Handgelenk; hab eine Wiedergutmachung verdient. Ich denk an Garance im Gefängnis, an die Geschichte, welche sich draus entwickeln ließe. Dann käme mein Zug endlich runter vom Abstellgleis, Rangiermeister Karl. Gern nähme ich dafür noch paar ›Asphaltstürze‹ in Kauf. Die linke Hand streichelt den Wolf von Eva. Mein Intendant, der Saubeutel, sagte im Dialekt des Sachsenkönigs: Da hat dich aber einer mächtig in der Mache gehabt!

Eva Maria Hagen an Werner Müller, Regisseur im Landestheater Dessau

7. 6. 71

Lieber Werner Müller,
Sie wollten noch einmal die Verfasser der beiden Lieder*, die wir ins Stück reinnahmen, wissen und wo die Lieder erschienen sind, auch die Übersetzer.
Da ich Ihnen über alles das schon ausreichende Informationen gegeben habe, habe ich den Eindruck, daß gewisse Stellen, die von Ihnen hierüber Auskunft verlangen und die offenbar vermuten, es handle sich um Biermann-Lieder, mit einem politischen Skandal spielen. Ich wiederhole also: Das Villon-Lied ist von François Villon.
Und da sämtliche Übersetzungen (Paul Zech, K. L. Ammer, Martin Remanée) für den Geschmack und Stil der Dessauer Aufführung offenbar zu drastisch sind, hab ich mir erlaubt, mir aus den vorhandenen Übersetzungen die harmlosesten Zeilen rauszusuchen und eine Fassung herzustellen, die für mich in dieser Rolle und an diesem Theater singbar ist. – Ich hatte für diese außerordentlichen Bemühungen nicht unbedingt eine Beteiligung an den Tantiemen des Stückes erwartet, aber auf jeden Fall doch eher Worte der Anerkennung, als inquisitorische Fragen, die freilich, lieber Kollege Müller, nicht eigentlich von Ihnen gestellt werden. Zum zweiten Text: diese Übersetzung fand ich glücklicherweise in einer Mappe mit Übersetzungen verschiedener alter französischer Lieder, die mir vor Jahren der Professor Jean-Pierre Hammer von der Naterre-Universität (Germanistische Fakultät) aus Paris mitbrachte. Teilen Sie bitte den Leuten, die Sie veranlaßt haben, mich danach zu fragen, mit, daß ich seit Jahren Lieder aus der ganzen Welt sammle und öffentlich vortrage – und daß ich mir zum Teil selbst Übersetzungen anfertige, die vielleicht nicht gerade literarisch vollkommen, dafür aber singbar sind. Zu diesem Zweck besuchte ich neben meiner normalen Arbeit Kurse in Schwedisch, Englisch und Russisch an der Volkshochschule. Sie wissen, daß ich mich auch bei der dramaturgischen und textlichen Bearbeitung unseres Stückes tatkräftig eingeschaltet habe – und zwar all das in enger Zusammenarbeit sowohl mit den Autoren bzw. Komponisten, als auch mit Ihnen selbst und der Dramaturgin, Frau Schneider.
Ich stelle fest, daß ich (für diese, für einen heutigen Schauspieler richtige, aber in der Praxis keineswegs übliche Mitarbeit an allen das Stück betreffenden Fragen) von Seiten des Theaters in Dessau kein Wort der Anerkennung erhielt ...
Sie sehen, ich schreibe den Brief nicht ohne Erregung, denn ich hab den Eindruck, daß die Absicht besteht, diese beiden schönen Lieder, die auch nach Meinung der Autoren und nach Meinung jener, die an dieser guten Produktion teilgenommen haben, ausgezeichnet ins Stück passen, aus der Inszenierung herauszureißen. Ich würde eine solche Maßnahme nicht nur bedauern, denn sie stünde in einem skandalösen Widerspruch zum politisch-moralischen Inhalt des Stückes von Margit Gaspár ...

*) ›Wunschballade gegen die Verleumder‹ von François Villon, frei übersetzt von Wolf Biermann; ›Das Lied von den Fürsten‹, Text und Musik Wolf Biermann

Tagebuch, 1. 8. 71

Волчонок! (Wölfchen!) Nun sind wir drei Tage getrennt. Mit dem Arbeitseinsatz incl. Geldverdienen bin ich fertig, würde auch liebend und gerne zu Dir eilen, wenn es sich nicht so überdreht anfühlen tät im Getriebe Deiner ›Rumreisenden Anna‹. Aus ... reiner Berechnung des Gefühlszustandes aber bleibt Eva deshalb die Hälfte einer Tagumrundung noch auf Abstand und läßt Marie mit dem anbrechenden Tag aufbrechen, die Sonne im Rücken, hin zu ihrer zunehmenden Mondsichel im versteckten Lütow auf der Halbinsel Usedom.

Wenn das schmale Handtuch zwischen Ostsee und Achterwasser bei Käpt'n Niemeyer-Holstein wegschwemmt, wär's dann eine Ganzinsel oder ist bei Swinemünde ein Entkommen vor der über Rügen-Radio angekündigten Flutkatastrophe möglich? Wir haben ja unsere ›Meume‹ zum Verschiffen der bunten Habe und Rettung des Artensortiments.

Als Entschädigung für das Dir in Aussicht gestellte, aber nicht erfolgte Eintreffen Deiner Sumpfdrossel, bekommt der Mann meiner Träume einen umfassenden Bericht über die Abwesenheit von der Truppe, nebst Ausmalung der langwierigsten Kurztour meiner Amazonen-Laufbahn: Gestern hab ich geschlagene fünf Stunden gebraucht bis Rhena, das zwölf Kilometer vom Auftrittsort entfernt liegt: Es fand eine Autogeburten-Explosion statt. Als wär das gesamte Fahrzeug-Aufkommen der Republik in Ameisen umgewandelt worden im Zuge einer dieser nicht selten getroffenen Fehlentscheidungen. Oder die seßhaften Deutschen haben sich in ein Nomadenvolk verwandelt. Hin und her, vor und zurück, als suchten sie einen Futterplatz. Und das alles auf'm schmalen Steg der Hauptverkehrsader: Stilleben mit Radwechselszenen, Nachbar-

Wolf mit seinem Sohn Jonas in Lütow auf Usedom

schaftshilfe, ein Blechkäfer lag strampelnd auf'm Rücken, umgekippt von einer Nummer größer. Umleitung, Viehtreiben; als Krönung eine Verkehrskontrolle. Von einem Ausbrecher wurde gemunkelt, der sich über die polnische Ostsee absetzen will. Kofferraum aufmachen, Papiere zeigen, Fragen beantworten. Das I-Pünktchen: Ich war zu schnell gefahren, sollte Strafe zahlen. Da fass ich mir ans Herz und sage: Ich protestiere! Der Polizist darauf: Wennse protestiern, fahrnse weiter. Haltense 'n Verkehr nich auf. Na los doch, Tempo.
Mein Wagen machte einen Hüpfer, weil ich zu spät schaltete. Ich war wirklich nicht zu schnell gefahren, ging gar nicht. Vielleicht war wo ein Schild versteckt, auf dem Schleichen! stand. Dabei war ich pausenlos geschlichen, doch wie willst du das beweisen. Die haben das Recht für sich gepachtet, sind es persönlich – wie uns die Erfahrung lehrt.
Hinzu kommt die fünfzigminutenlange Warteschlange an der Tankstelle: Geld vergessen, Zigaretten – Scheckbuch und Ausweis nicht. Verhandlung mit Tankwart über ein paar Taler Wegzehrung in bar. Der ließ sich erweichen. Ich durfte 70 Mark hinschreiben, kriegte 18 zurück. Wie teuer war das Benzin, einstmaliger Ökonomie-Student?
Romantisches Mecklenburg, Wochenendfeste, weinselige Grüppchen; aber kein Nachtlager zu Granada. Nix zum Zudecken, kein ›Neues Deutschland‹ zum Einwickeln, noch 'ne Schulter zum Dran-Anlehnen; nur mich als Gesellschaft. Waidwund wimmerte es Richtung Rehrudel, das kurz vorm Unter-die-Räder-kommen die Straße überquerte. Und ich erzitternd unterm Flügelschlag eines Wundervogels vor der Windschutz-Scheibe. Er tat sich nichts und ich mir auch. Daraufhin verschluckte ihn die Nacht. Ein verwirrter Storch wollte mir wohl ein Zeichen geben, denn der weise Uhu wird nicht solchen Blödsinn treiben. Eine Schleier-

Eva und Jonas
mit Kätzchen Mischki

eule vielleicht, flügellahm, deren Uhr hier unten abgelaufen war. Ein verzauberter Schwan? Aber ich heiße nicht Leda; das konnt er wiederum nicht wissen. – Mach nicht auf dramatisch, Frau, daß du 'nem Kerl anhängst, für den ich noch ganz andere Dinger drehn würde, als bei Nacht und Nebel mein mir sauer aufstoßendes Brot verdienen. Bleibt einer immerhin erspart, am Fließband zu stehn, 'ne bürgerliche Ehe zu führen, anderweitig auf'n Strich zu gehn.
Aber dieser verblendete Schauermannssohn, armer Leute Kind, zu Höherem geschaffen, Himmelstürmer, Erdenwurm, Künstler, Weltveränderer, begabt in praktischer Hinsicht, weißhäutiges Exemplar von Mannsbild – (Barde wird er geschimpft, Troubadour und Bänkelsänger) – so was sehnt sich nach einer gewissen Jenny von Westfalen – (hat die nicht Lenchen Wehmuth, ihr Hausmädchen, als Kalle, was der Marximowitsch ist, das Mädchen geschwängert hatte, herzlos auf die Straße gesetzt?) – dieser, mein человек also, verzehrt sich nach einer zuverlässigen Kameradin wie der Krupskaja. Oder wär die Leidenschaft von Rosa L. genehmer? Nein, die hatte einen zu eigenen Kopf. Eine inspirierende Muse müßte es sein, zartes Elfenbein, bevorzugt mit gewölbtem Hinterteil; die dicke Margot wäre was, nein, nicht die von Erich, François Villon seine. Bellmanns Ulla Winblad mit die frechen Brüste, Nabokovs Lolita, Hölderlins Diotima, Garance aus Cocteaus Film: ›Kinder des Olymp‹, Wildheit im Blut, wo angebracht, sybillinische Priesterin, welche die Schnauze hält, wenn sie keiner fragt. Das alles abgerundet in einer Person; moderntimemäßig ausgedrückt: Superflamme, welche die Manuskripte abschreibt im Zehnfingersystem. Ach, Du mein krausliger Wirsing, Du weißt nicht, welch schneeige Perle Du am Halse trägst bzw. hängen hast ... Wenn Du jemals wieder sagst,

Du kannst keine Lieder mehr schreiben, schiel nicht innerlich auf mich – (offen trauste Dich nicht, weil Du Dir eine einfangen könntest, es zum Ringkampf käme, in Schlägerei ausartete, wir müßten nach dem abgerissenen Ohr suchen, mit der Rührschüssel das Blut auffangen, welches Dir aus Mund und Nase tropft, das lädierte Schienenbein hochlegen, die Zahnlücke mit Fensterkitt ausstopfen. Ich aber schmeiß die Haare linksrechts über die Schulter, die Tür knallend ins Schloß, sag: See You, baby – und trag stolz die Blume, die Du mir mit auf'n Weg gabst zum Tränenpalast am Bahnhof Friedrichstraße und alle Leute drehn sich um nach mir, murmeln: Alle Achtung! Bewundernde Blicke treffen mein strahlend blaues Auge, nämlich das von Dir verabreichte Veilchen.)
Ich dämpfe also Deine Produktivität, Maestro, hat mir der Wisperwind geflüstert. Mensch Meier! Was hast Du für Berge an Gedichten produziert in den sex, pardon, dem fast halben Dutzend Jährchen unsrer Liebe und Kriege, Einkriegespiele, Wiederkriegen. Erneuern unseres Streits beim Kampf um Selbstbehauptung, unabhängige Abhängigkeit; ich weiß, daß Du den Brief nie kriegst, wegen der Tonart – welche die sonst nackt und bloß daliegenden Weichteile bzw. Empfindlichkeiten, abdeckt – dieses Geplänkel, Blabla, daß es sich albern anhört in Deinen Ohren, obwohl ich es bierernst meine. Und trotzdem rede ich wie mir der Schnabel gewachsen ist und mache, was ich will. Ätsch! Bätsch! Herrgott, was hast Du für Werte für's deutschsprachige Liedgut geschaffen, Schöpferpoet. Auch wenn ich so ironische Wortkombinationen verwende, Bilderschinken in' Rauch häng, in Baalhörner stoße, kannst Du den Kern spüren; es ist leicht, die Spreu vom Weizen wegzublasen. Es gibt keinen wie Dich, klingt übertrieben; aber die grandiosen Übertragungen aus andern Sprachen, Kulturen, das sind auch eigene und ganz eigenständige Lieder geworden. Die bisherigen, die ich kenne von hiesigen Dichtern – schön und gut, treu, gediegen; nur schwer singbar. Auch Martin R., der all die französischen Größen am Wickel hatte, großer Verdienst, doch das holpert in der Musik, ist sperrig. Bis auf Hacks, der ist ebenfalls nicht zu verachten. Dann die Große Theaterschau: Der Dra-Dra. Das Wintermärchen. Undundund ...
Nun sollst Du wissen, wie's mir weiter erging; bin nämlich eine wichtige Person. Ein VIP. Das wußtest Du nicht? Zwar nicht von der Sorte, wie die einsame Karrierefrau Vera Ölschlägel (die hat am Auto das Zeichen ›Very Important Person‹, darf im Halteverbot parken, Karl-Marx-Allee-Ecke-Schillingstraße, wo einer der Westklamotten-Exquisitläden wu-

chert, schnell fahren, wenn's wo brennt, bei Ausnahmezustand, freie Durchfahrt überallhin; von sonstiger Bevorzugung ganz zu schweigen) – das hätt mir auch blühn können, wenn ich eine kalte Votze wäre, ein frigides Herz, nicht von Unten käme, keinen ausgeprägten Gerechtigkeitssinn mitgekriegt – und mich im Zweifelsfalle für den Angeklagten entschiede ... Es ist leicht, über andere den Stab zu brechen, wenn man nicht in deren Haut steckt. Diese Frau Ölschlägel jedenfalls ist ein armes Luder. Ich kenne sie von vor ihrem Aufstieg, wo alles offen war, da hat sie den Fuß nicht mehr vom Gaspedal genommen, weil sie hoch hinaus wollte. Ich hab sie lautlos weinen sehen. Heut kennt sie mich nicht mehr, ist ja auch kurzsichtig.

Aber zurück zu Eva-Vip-Dich, welche die Liebste und Frau von dem Hundeblume-Süßkirschen-und-deshalb-heißt-sie-Stalin-Allee-Liedermacher – Wolf Biermann ist. Selbst wenn das von ihr Erlebte nichtssagend scheint – irre man sich da nicht; jede Minute ist gelebt. Und mein Puls erinnert mich an mein Zuckerstriezel, der 'ne gebrochne Rippe hat auf seiner Herzseite (das bin ich) die nun schmerzhaft heilt. Von wegen Sichregen bringt Segen!

Zur Orientierung: Es ist der 1. August 1971 – ich bin am Pfaffenteich der Stadt Schwerin, sitze im Restaurant am Tisch für Ehrengäste. Vor mir steht eine französische Fahne, ich summe leis den Sturm auf die Bastille zwischen die Zeilen, hab Hühnersülze mit Remoulade bestellt, Bier, hätte Gesellschaft haben können, ein Wichtigtuer von der Veranstaltungsleitung, der früher den Hang zu Höherem in sich gespürt haben will, lud mich zum Glas Wein ein, gab zu verstehn, daß er gebildet ist, edlen Geistes, philosophierte rum, wollt mich ins Vertrauen ziehn, wohl hoffend, damit auch Tür und Tor bei mir zu öffnen, versuchte Gewissensqualen abzubauen wegen ›seinem‹ Einmarsch 68 in Prag; er war 9 ½ Jahre Offizier. – Ich hab ihn hängenlassen in jeder Beziehung. So weit geht mein Samaritertum nicht. Er hat eine Dusche ins Feld geführt, die über ihn läuft, Schallplatten, welche gedämpft ertönen; er liebt Hintergrunduntermalung, der Schöngeist, während er auf der Couch liegend, mit Süßigkeiten drumrum, von unaussprechbaren Sachen träumt. Ob das politisch oder sexuell gemeint war, blieb offen, da ich keinerlei Interesse signalisierte. Es hat mir den Magen umgedreht. Nun hat er meine Koffer hochgetragen, mir 20 Mark geborgt – morgen fahr ich bei der KGD vorbei, die Gage holen, Schulden begleichen. – Die Sülze war ohne Remoulade. Der Ober hat sie mir, nachdem ich ihn drauf auf-

merksam gemacht und bereits halb verzehrt hatte, weggezerrt und statt dessen einen Lachsschinken gebracht. Mit steifer Verbeugung, wie'n Klappmesser, hat sich erwähnte Herrenmarke, Offizier a. D. verabschiedet, weil er wohl oder übel mitgekriegt haben mußte, daß nichts zu holen ist bei mir. – Der Schinken ist aufgegessen, Briefbogen noch nicht voll, weil ich mir diese Zwergschrift angewöhnt hab in der Kassiber-Zeit, weißt Du noch? Trotz der ernsten Lage mußte ich lächeln ...
Habe Dir noch gar nicht alle Erlebnisse aufgetischt, nur paar am Rande. Du kriegst ein abwechslungsreiches Menü serviert, wenn ich Rückschau halte. Ich habe Einstellungen im Kasten, dagegen sind Fellinis Filme fade: An einem spiegelglatten See, Ausflugshotel, Jahrhundertwendestil, runtergekommen durch derzeitige Banausen, Betriebsfest, feingemachte Gäste, schmerzhaft der Sonnenuntergang. Eine Bootsanlegestelle. Cocktailkleider wie Blumen: Tulpen, Nelken, Pfingstrosen, Akelei. Ich erledige die Singerei. Man ist angetan. Alles verläuft kultiviert. Um 21 Uhr fährt mich ein KGD-Auto paar Dörfer weiter zum nächsten Einsatz. Da ist das Fest seit mittags schon im Gange. Prämien für LPG-Mitglieder, Auszeichnungen, Freibier, Schlachteplatte; ein Dorfgasthaus voller Engel und Teufel. Vorm Eingang ein Dutzend Mannsvolk sein Wasser abschlagend. Alle sturzbetrunken. Aber sie beten mich an, fallen auf die Knie, auf'n Bauch, lallen: Eva-Maria – als der Kulturzuständige mich ankündigt. Ich pack die Gitarre aus, steig auf'n Tisch mitten im Saal, rufe mit Sirenenstimme: wenn ihr mucksmäuschenstill seid, sing ich Euch paar Sauf- und Liebeslieder. Ein Aufschrei der Begeisterung,

dann Totenstille. Einigen, denen noch ein Lallen entschlüpft, haut man derb auf die Nase. So viele strahlende Gesichter, glänzende Augen, orgastische Schreie, Aufn-Rücken-Fallen, strampeln mit den Beinen, hemmungslose Lebenslust; den Applaus vergesse ich nie. – Dann am Tisch der gestandenen Frauen. Sie umwerben mich, machen mir Liebeserklärungen, ich behandele sie wie Freundinnen aus der Kindheit; es ist eine urhafte Begegnung für alle. Nur der Bürgermeister kotzt plötzlich übern Tresen ins Gläserspülbecken und wischt mit dem Ärmel die unverdauten Fleischbrocken und Saubohnen beiseite.

Einsteigen ins Auto, zurück zur Idylle, dem Gasthaus am See. Dort hat sich die Szenerie total verändert. Am Eingang der Terrasse hängt ein Mann über der Brüstung, röhrt wie ein Hirsch, erbricht Blut, brüllt monoton: Ich sterbe! daß es weit übern See hallt und das Wild lauschend verharrt. Eine Frau, unbeweglich, Statue, mit in die Ferne gerichtetem Blick, hält ihrem Helden den Kopf. In der Eingangshalle torkeln hilflose Personen über Blutlachen. Ich halte Ausschau nach Nüchternen, aber alle haben glasige Blicke, scheren sich nicht um den Mann mit der roten Hemdbrust: Ich rufe: Gibts einen Arzt hier. Ein Notfall. Keiner begreift was. Als wär es eine Irrenanstalt. Endlich bringe ich einen ›Zuständigen‹ dazu, den Rettungsdienst anzurufen.

Und Rehna heißt das Städtchen, wo Dein ›unvergeßlich Mädchen‹ letzte Nacht weilte. Es war müde vom langen Ritt entlang des balticum more. Erbse, an der spannendsten Stelle muß ich unterbrechen. Am Franzosen-Tisch haben zwei junge Ungarn Platz genommen, die wollen von mir wissen, was sie essen sollen, blitzen mich an mit ihre madjarische Augen ...

Ein Uhr nachts: Schick mich nur, leichtgeschürzt, mit sonnengesträhnten Haaren, Frau in besten Jahren, auf Wanderschaft. Da lauern Gefahren! Der Schönere von beiden war mir gefolgt. Und so entstand ein bunt zusammenkomponierter Sprechgesang am Teich, der von Schwänen wimmelte. Djoi Mama, Bruderherz! Es kam zu Überfällen, süß-scharfen Pußta-Küssen, die ich mir studienhalber antun ließ. Du hättst Dich auch nicht geziert an meiner Stelle. Der Kleinere saß paar Meter weg, sah in die Ferne, seufzte sehnsüchtig, sang leise mit; dem gab ich 'n flüchtigen Eva-Kuß auf'n Weg, von dem er träumen wird. Wir haben uns zum Frühstück verabredet. Die sind vor der Stadt als Gastarbeiter. In der Heimat gibts keinen Job, Stipendium kann man vergessen; so helfen sie uns mit Picke und Spaten bei der Befestigung des Friedens, heben Fundamente für Militäranlagen aus ...

Siehst Du das rote Herz in der Ecke. Ein Blutstropfen, den ich schwarz umrandete, denn ich weine meine ›blutige Träne‹, wie die Inder es nennen, wenn die Frau ihre Tage hat. – Kannst Du mir das nachfühlen, ›verdorbener‹ Mann, den ich in natura mit derlei Diskretem verschone wegen seiner Verquertheit, dem dumpf dunklen Ahnen im Hinterkopf, daß wohl etwas dran sein müßte an der ›Unreinheit des Weibes‹ – und was mich instinktmäßig dazu anhält, peinlichst drauf zu achten, daß nichts ans Tageslicht kommt von dem Tabu. Dabei ist es die natürlichste Sache der Welt, auch hygienisch, wenn man es richtig handhabt. Es kommt auf den Mann und seine Fähigkeit an, das andere Wesen, die Frau zu akzeptieren, wie sie ist. Ich bin leicht geknickt und deprimiert, daß es wieder nicht geklappt hat: Ein Kind. Wir beide zusammen in einem ›Ableger‹ vom großen Baum der Menschheit, trotzdem ein eigenständiges Wesen. Wie viele Varianten mögen sich gekreuzt haben, bis so ein originelles Exemplar wie Du zustande kam, ein Weib wie ich: Sonnenblume und Diestelstrunk, Granatapfel (Du), Bauernpflaume (Ich). Ach, wer weiß, wofür's gut ist, daß unser Paradiesäpfelchen den Bach runterging, ins große Meer schwamm, was ihm erspart bleibt ...
Gut Nacht, mein Kürbis, ich liebe Dich. Morgen erzähl ich vom Strandfest bei Klocksdorf, die fehlende Nacht kriegt eine Portion Aufmerksamkeit. Und die saubere, rotbedachte Stadt Gadebusch hab ich aufgenommen, als ich sie durchfuhr, anhielt: Da hat mein Lieb 'n großen Schritt ins Leben getan, Abitur, erste Liebe. Schon da haben die Genossen den Rauhreif auf eine ungeschützte Blüte gesenkt: Wollten einen Judas, eine Filzlaus, aus ihm machen, aus meinem Schlumpf und Xesus Pumpernickel Plattfuß ... Liebesgrüße bis in alle Ewigkeit von Eva.

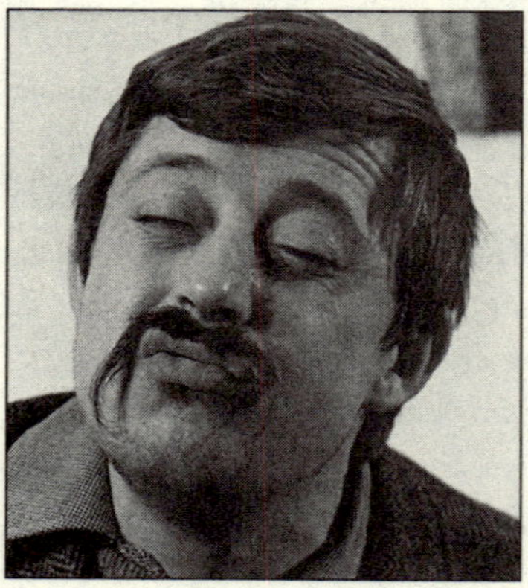

Eva kann schön singen! So weit werd ich es nicht bringen. Ich bin aus Holz ein Egelein

Der Wolf ist kein Schaf aber ich! bin brav!

und möchte gern lebendig sein

IM-Bericht (Arch.-Nr.11806/85-MfS XV-3236/65-Bd II-Teilvorg. Nr.33) – 19. u. 20. 8. 71

Die Ankunft war gegen 9.30. Wolf Biermann war grad abgefahren um Eva, die am Tag zuvor in die Klinik nach Wolgast mit einer Nieren- und Blasenentzündung eingeliefert war, zu besuchen. Bis zu seiner Rückkehr, gegen 17 Uhr ging ich meine Wirtsleute besuchen, bei denen wir den Urlaub verleben wollten. Ich zahlte ihnen 30 M für den Ausfall, den sie durch unsere Absage hatten. Wolf kam mit dem Auto und Sohn Jonas aus Wolgast zurück. Sein Stiefsohn Manuel aus erster Ehe und die Tochter von Prof. Havemann, die ihren Urlaub zusammen mit Wolf und Eva verbringt, kamen mit dem Boot, das in der Werkstatt war.
Die Begrüßung mit W. war freundschaftlich. Ich erklärte ihm warum ich hier war (bezahlen Unterkunft) klärte ihn über meine neue Ehesituation auf. Er war erstaunt und versuchte mich auf humorvolle und taktvolle Art zu trösten, sagte: suchen Sie sich doch einen andern Mann, einen besseren. Sibylle u. Manuel erklärte B., daß ich nicht wie die E. körperlich krank, sondern es seelisch sei, daß ich in Scheidung liege. Dann machten Sibylle und ich Abendbrot. Wir waren hinten im Garten und grillten Wurst, Brot, Kartoffeln und Äpfel. Wolf kam erst gegen 20.30 an unser Feuer, da er an dem Boot ein Geländer angebaut hat, was ziemlich kompliziert war. W. kam, wir aßen Äpfel, er sein Abendbrot. Gegen 22.00 kam Jürgen Böttcher, ein Regisseur für Dokumentarfilm, ein guter Freund von W. B., der mit seiner Frau und seinem Kind Urlaub in Lütow machte und am Sonnabend wieder wegfährt. Die Familie hat in den ersten Tagen des Urlaubs bei W. und E. gewohnt, bis sie Unterkunft hatten. Böttcher kam also ganz zerknittert an unser Feuer und erzählte, daß er sich grad mit seiner Frau gekracht hat. Die Ehe ist durch Wohnungsverhältnisse und daß die Frau (Schauspielerin) kein Engagement in Berlin bekommen hat, also nicht arbeiten kann, belastet. – Sie hatten sich gestritten, sie war in die Nacht hinausgelaufen und er zu uns.
Böttcher erfuhr, daß es mir nicht besser ging. Wolf sprach über Ehe, Liebe und Situationen, die unseren ähnlich waren. Seine Meinung ist: wenn der gewählte Partner der Hinderungsgrund ist z. B. mal einen anderen Menschen zu lieben oder mit ihm zu schlafen, dann fängt man an den Mann oder die Frau für dieses Verwehren der Freiheit als Belastung zu empfinden. Dadurch passiert es, daß man sich von dem eigentlich geliebten Partner entfernt und sich durch ihn gefesselt fühlt. Wolf belegte die These mit seiner ersten Ehe, sagte zum Verhältnis mit Eva, daß sie Angst hat Wolf zu verlieren und lieber tut, als wenn sie nicht sieht wie W. sie betrügt.
Ich hatte mir vorgenommen die Gelegenheit zu nutzen und W. ›näher‹ kennenzulernen. Aber durch die Kinder war dies schwierig. Trotzdem ist ersteinmal der Nähere Kontakt mit Wolf hergestellt, der sonst nur auf Eva gerichtet war.
Die Schlafordnung war folgende: Sibylle und Manuel schliefen auf dem Boden. Wolf und Jonas in Ninas Zimmer, im Wohnzimmer niemand. Ich schlief im Schlafzimmer, im Bett von Wolf –
Nachdem Böttcher sich verabschiedet hatte, Sibylle und Manuel hinten waren, gab es eine Minute vor dem Schlafen, die ich mit W. allein war. Sie sah folgendermaßen aus: Ich ging ins Wohnzimmer um Geschirr vom Tisch zu räumen und dachte, daß ich allein war. Aufeinmal merkte ich, daß W. im Sessel lag, ruhig sich nicht bewegend, mich betrachtend. Dann drehte ich mich um und war verwirrt, erschrocken, aufgeregt über die Tatsache. W. merkte es, sah es, sagte nichts und sah mich verführerisch an. Ich reagierte durch Verwirrung darauf. Niemand sagte etwas, wir sahen uns an. Er zog mich mit seinen Blicken förmlich aus, das Gefühl hatte ich.
Dann sagte ich zu ihm: Ich danke ihnen, daß ich bei diesem Gespräch heute zuhören durfte. Es hat mir um ein Ungeheures weitergeholfen mit meiner Situation fertig zu werden. Er antwortete: Daß wollte ich auch hoffen, daß hatte ich beabsichtigt, daß freut mich für sie. Dann kamen die Kinder. Diese Episode war getragen von einer ungeheuren Stille in der es knisterte und jeden Augenblick eine Explosion folgen würde, zu der es gekommen wäre, wenn die Kinder nicht wieder auftauchten. Er sagte mir, lange die Hand haltend, Gute Nacht. Da die Tür zu meinem Zimmer klemmte und knarrte, ließ ich sie auf. – Ich schlief lange nicht ein. Ich lag wie ›Eva‹, kaum zugedeckt, Licht brennend und lesend, lange wach und wartete. Aber es war für W. zu gefährlich. Man hört jedes Geräusch. Am nächsten Morgen kam er um 6 in mein Zimmer, ich lag kaum zuge-

deckt und tat wie im Halbschlaf. Er holte sich eine Hose, die Autoschlüssel. Betrachtend, jedes Geräusch vermeident deckte er mir die Füße etwas zu. Es wäre eine günstige Gelegenheit gewesen für mich wach zu sein, aber ich hörte, daß sein Sohn Jonas unten war und stellte mich lieber schlafend und provozierend. Wie ich später erfuhr, war er dann 2 Stunden am Boot und hat es gestrichen und repariert. Dann fuhr er nach Wolgast. Nur der kleine Jonas wußte das. Er brachte Eva ein Buch. Gegen 11 war er wieder zurück. Ich war böse, daß er mir nichts von dem Besuch bei Eva sagte. Ich wär gern mitgefahren. Auch hätte ich von Wolgast aus gleich nach Rostock trampen können. Ich machte ihm diesen Vorwurf. Er bat um Entschuldigung, ich verzieh ihm zögernd. Er sagte: Als ich früh ins Zimmer kam, Sie so tief u. schön schlafen sah, konnt ich Sie doch nicht einfach wecken. Ich sagte: das hätten Sie ruhig tun sollen und ich wär schon fast in Rostock. Er fand es schade, daß ich fahren muß, sonst hätten sie mich auf die große Bootstour mitgenommen. Am Nachmittag sollte die Reise zu Otto Manigk nach Ueckeritz beginnen, am Sonntag wollten sie zurück nach Lütow kommen.
Während des Frühstücks, das wir auf seine Rückkehr aus Wolgast verschoben hatten, sprach er mit Jonas – Manuel und Sibylle waren damit beschäftigt die Reisevorbereitungen zu treffen. W. fragte Jonas: Was meinst Du, soll der Vati nicht mal wieder ein Kind machen. Jonas meinte ja. Wolf: Dazu gehören aber zwei, ein Mann und eine Frau. Jonas zeigte auf mich und sagte, da ist doch eine. Ich lachte. W. sah mich forschend an. Er hatte noch einen besseren Vorschlag: Wie wärs wenn ich mal eine Tochter machen würde. Ich habe noch nie eine Tochter gemacht. Jonas: aber die (...) hat eine Tochter, die heißt (...) Papa, hast Du (...) schon gesehen? (...) hat mir gestern gezeigt. Nun wollte W. auch (...) sehen. Ich zeigte ihm die Bilder. W. u. Jonas berieten, kamen zu dem Ergebnis, daß es ein niedliches u. hübsches Mädchen sei. Jonas holte seine Bernsteine und wollte mir den größten für (...) schenken. Ich wehrte ab (...). Dann drängte ich zum Aufbruch, W. gab mir eine Schachtel Lord als ›Reiseproviant‹. Ich bat ihn, Eva auszurichten, daß ich in der Zeit vom 3. bis 7. 9. einen Tag in Berlin sein werde. Ich rufe aber vorher an. Wir verabschiedeten uns. W. legte seine Hand auf meine Schulter, sagte, daß ich tapfer sein soll, mir ruhig einen andern Mann suchen soll. Ich sah ihn an und sagte: so einfach sei das nicht. Er schmunzelte, wünschte mir alles Gute, drückte mir kräftig die Hand. So – nun kenne ich Wolf ein bißchen. Ich habe ihn noch nie so erlebt. Er war lustig, nicht launisch, nett, erzählte viel Spaß, eine Seite, die ich noch nie an ihm erlebt habe. Ich bin neugierig, wie die nächste Begegnung aussehen wird.
Auf dem Weg hielt gleich ein Auto. Schumanns, Freunde von Böttchers, wollten zum Strand.
So kam ich bequem bis Zinnowitz.
P.S. In W. Zimmer lag ein Minitonbandgerät, japanische Fabrikation, Marke ›Sanyo‹, Größe 3x6 cm
W. fragte Böttcher im Gespräch: hab ich Dir eigentlich sehr geschadet? (Es bezog sich darauf, daß Böttcher nicht an Filmen mit Gegenwartsthemen herangelassen wird.)
W. ist gut mit exquisiten alkoholischen Getränken u. Zigaretten versorgt. Wisky, Rum, Styvesand.

›Lerche‹

Krankenhaus Wolgast, 20. 8. 71

Wolf, es ist der 20. August 1971. Ich hab den Piller-Bericht ausgelesen. Drei Jahre ist es her, als wir voll Hoffnung und Entsetzen die Entwicklung und Zerschlagung vom Prager Frühling durchlebten.
Ich bin verbannt in dieses Krankenhaus. Ihr seid unterwegs in unserm Kahn. Ich bin grün vor Neid und gönne es Euch von Herzen. Die Zeit ist eine Schnecke. Eine Woche etwa muß ich noch aushalten. Jeder Arzt sagt, das ist eine langwierige Sache. Ich sage, ein Mist ist das! Das Essen ist eintönig. Und selbst für mich halbe Portion – wo ich meist nur

die Hälfte brauche – elend wenig. Durch das ›Prednisolon‹ kriegt man Appetit, dann gibts zum Mittag ein Ei mit labbrigem Grünkohl, gestern Kartoffeln mit Nierensoße, zwei Schnipsel drin, heut süßen Milchreis mit Tomatensoße; hab ich nicht angerührt. Nun knurrt der Magen. Bring mir was Herzhaftes mit! Und mein Radio, dieses hier knarrt. Den Moliere will ich haben, Bölls ›Gruppenbild mit Dame‹.
Vergiß nicht, unterwegs eine Blume zu pflücken. Es wär mir eine Extra-Freude. Du bist kein Freund von Blumenschenken,* also keiner, der von sich aus einen Strauß pflückt, kauft, mitbringt. Du kriegst sie lieber selber – und das mit so kindlicher Freude. Trotzdem, meine einsame Lilie auf dem Felde, Distelrose, Seidelbast, Pißnelke am Bordstein, Bumskeule im Schilfrohr, Tollkirschenblüte – umarme ich Dich wildveilchenhaft, Du einmalig duftender Blumenstriez. Deine Eva.
*) Oh, ich Undankbare, Vergeßliche, Jammerjule Nimmersatt: In Dessau, 17. Okt. 66 – Premiere der LADY – da war meine Garderobe ein Blumenstand. Ein Dutzend Bukette und in jedem ein Brieflein mit Liebesworten, verschiedenen Schriftzügen, Farben ... von Gott und der Welt: Doch allesamt von einem Einzigen. Ein süßer Bubenstreich.
Und wie ich abergläubisch angehauchte ›Königin der Gosse‹ erstarrte beim Anblick eines Straußes aus weißen Callas, stammelte: das sind Totenblumen. Und wie Du meine Verrücktheit ernst nahmst, sie aus'm Fenster warfst und die mitleidvolle Garderobiere sie zurückholte, weil es ihres Wissens nach Hochzeitsblumen sind. Das waren sie denn auch: Du und Eliza haben mir Glück gebracht. Ich bin ein Bienenschwarm und Seine Untertänigste Königin.

23. 8. 71 – Wolgast

Wolfliebster, die Geister lassen mich nicht schlafen, ich seh euch vor der Lütow-Wiese die letzten Manuel-Geburtstags-Schaschliks brutzeln, Euer Lachen hör ich, die kleine Gitarre stöhnen, jauchzen unter Deinen Fingern; der Wind hat nicht abgenommen ... Und stell mir die aufgebrachte See vor, Eure Fahrt. Überhaupt, so lyrisch das klingen mag, der Wind ist die Ursache meines Briefes zu nachtschlafender Zeit.
Es ist zwar noch nicht 23 Uhr, aber für ein Krankenhaus, wo vorm Hellwerden das Tagwerk beginnt ... Ich lieg mit geschlossenen Augen, die Vorhänge lassen einen Lichtstreif auf die Wand fallen, Schatten, Fledermäuse, Hände? Ich blinzle durch einen Spalt, größere Schatten bilden sich und weg sind sie. Figuren entstehn, ein anmutiger Reigen.

Meine Aufmerksamkeit wird wacher: Ach, Blätter sind es nur. Zweige im Spiel der Elemente. Ruhe. Plötzlich Miteinanderringen von Menschentieren um die Oberherrschaft beim Liebesakt. Schlaf Ade!
Ja, das wollte ich Dir sagen: Donnerstag darf ich raus. Oberarzt Dr. Masur, der mit den kleinen Händen, hat Urlaub, so daß mich der Chefarzt, Dr. Matier, untersuchte. Der hat auch keine Pranken, ist aber doch ein Unterschied.
Ich muß über die Nummer von nachmittags lachen, als Du pantomimisch einen Gynäkologen gabst, also so wie Du ihn Dir vorstellst, Clown! Die Entzündung ist zurückgegangen, laut Zeichnung des kleinen Doktors, die er nach meinen gefühlsmäßigen Angaben machte. Bevor ich nach Berlin fahre, geh ich zur Nachuntersuchung. Wie kam es nur zu dem Ungemach ... Du hast mich nicht zugedeckt – hinterher. Nein, das ist vom langen Im-Wasser-stehn beim Kanalbau, unsere Meerbodenaushebung. Nun haben wir aber genügend Tiefgang für die ›Meume‹ in unserem Hafen.
Bring mir den Brief von Nina mit her!
Die Schwestern kommen alle mal einzeln auf'n Plausch. Hab Bananen, Äpfel bekommen, einige erzählten aus ihrem Leben; jede hat ihr Päckchen zu tragen: Die Arztsekretärin, der alles rausoperiert wurde, ist mit einem Mann verheiratet, der die Offizierslaufbahn eingeschlagen hat. Deshalb darf sie ihren Verwandten im Westen keine Karte schreiben, geschweige erhalten; dazu mußten sie sich verpflichten! (›Na ja, heimlich schreib ich, ohne Absender.‹) Die Saubermachfrau hatte 'n ausgefallenen Urlaub, wollt eine Rentnerfahrt machen nach Drüben, nun hat sie die sechs Kinder ihrer 33jährigen Tochter zu hüten, die ins Krankenhaus mußte zwecks Bestrahlung; 24 Stunden bewegungslos liegen mit Instrumenten drin: Krebs. Die Operation ist in 4 Wochen, wenn der Professor in Greifswald aus dem Urlaub kommt. Die Frau weinte. Ich gab ihr die Schokolade von Dir. Sie sagte: ›Hm, aus'm Westen.‹
So ein Krankenhaus ist so was wie ein steriles Schiff vor Anker, auf dem du der Mannschaft ausgeliefert bist. SOS – Eva
P. S. Bring eine Flüssiggas-Ampulle mit. Hier ist eine nette Haubentaube, die vom ›Seemann auf großer Fahrt‹ als Souvenir ein Emaillefeuerzeug geschenkt bekam – und dem ist der Stoff ausgegangen. Sie möcht an ihn denken, wenn sie sich eine Zigarette anzündet.
Sei so gut: ein Philantrop, kein Misanthrop. Haarwaschmittel brauche ich, den kleinen Fön ...

›Ein Bein ist ab‹, Zeichnung von Peter Graf

Ende August 71

Liebster! Ein Tag nur noch und ich kann raus und bin ein Seismograph vor Ungeduld, spüre die Erde beben. Oder narrt mich mein Gefühl? Sprengungen für Ölbohrungen bei Neuendorf vielleicht, Gasexplosion, Jagd auf Fliehendes wie Hasen, Wildschweine, Menschentiere ... Eben war überraschend Graf Peter und Gräfin Jetti, sein Weib und Modell zu Besuch. Das hat mein Schwungrad um eine Schwingung mehr in Schwung versetzt. Er hat mir eine Zeichnung geschenkt, ›Inspiration‹ vom selbsterlebten ›Elfenreigen‹ als Du in Moskau warst; ich erzählte Dir davon andeutungsweise: Da war eine Handvoll schöner Frauen bei mir zu Gast, nachmittags, im heißen Sommer, wir halbnackt, in fließenden Gewändern aus meinem Fundus, hatten vom Whisky-Ananas-Kompott genascht, trugen Gebinde im Haar, Schellen an den Füßen, unterm Arm abwechselnd die Gitarre: Monika W. mit kichrig heiserer Stimme und Ilona G., die beiden sehr unterschiedlichen Altistinnen unter den Schauspielerinnen. Du kennst sie, hast manch blitzend Aug auf sie geworfen. Und eine ländliche Unschuld war mit im Spiel, die von Tuten und Blasen keine Ahnung hatte. Diese Grazien verzauberten den sonst eher spröden Menschen und Maler in einen Jüngling, herabgestiegen vom Olymp, dem dieses Erdenklima prompt die Sprache verschlug. Draußen auf'm Bürgersteig wartete seine Barke, ein Riesenlaster. Der Künstler vergaß Zeit und Raum, auch daß sein Awtomaschin-Probusk beschlagnahmt werden könnte ... Bald flogen Arme und Beine durch die Zimmerfluchten; alle Durchgangstüren hatten wir aufgerissen. Eine himmlische Weite entstand.

Wir setzten an zum Flug Richtung Prenzlauer-Bocks-Berg, aber der Hausvertrauensmann Herr Gum pochte gegen den Fußboden mit seinem Schrubberstiel. Das Fest ward unterbrochen, die Volksbühne am Rosa-Luxemburg-Platz angesteuert. Vom Parkett 1. Reihe, sahen wir die ›Räuber‹ von Schiller – und haben einen der ›Bande‹ so verunsichert, daß er ins Schleudern kam und in den Text einbaute: Er liest uns alle Wünsche von den Augen ab – erfüllen tut er sie nach Dienstschluß. Wir haben das ganze Haus angesteckt mit unserer Lebensfreude. Weiter will ich nichts davon berichten, weil das kein Mensch für bare Münze hielte, das ginge auch zu weit und wäre indiskret. So hab ich die Szenen in der Versenkung verschwinden lassen, während Du bei Freunden in Moskau (Mischka Slawutskaja, Lew Kopelew) zu Füßen der großen Achmadulina saßest, ihrem Dichterin-Pathos lauschtest, selbst der in-offiziellen Literatur-Elite ein bleibendes Erlebnis warst. Der Garten der Lüste hat für jeden was zu bieten und die Torte verschiedene Schichten. Wenn Du das Maul genügend weit aufreißt, hast du mit einem Biß alles auf der Zunge: Knusprigen Weizen, Schneebesenschaum, süße Sahne, die Prise Salz können feine Geschmacksnerven ausmachen, Himbeergeist, Rosinen, die eingeritzte Pflaume, Quark, Krokant, in einem Guß also: Das Gelbe vom Ei. Mich! Schmeckts, mein Freßtier? Nicht so gierig!

Spätsommer 71

Liebes Evalieb, wir sitzen nun den zweiten Abend bei Wilma Piezke und essen Apfelstrudel und hören von einer entlegenen Bumms-Kneipe falsch fröhlich geblasene Uraltschlager. Morgen früh fahren wir direkt nach Wolgast zu Dir und dann zurück nach Lütow. Kuss, Küsse – Wolf

von Eva, Spätsommer 71

Süßerbse! Ein halber Wirk- und Werktag muß vergehen, bis ... Au! Soeben wurde mir die letzte Stumpfspritze ins Hüftpolster gestochen. Du wolltest, wie Du mir gestern am Telefon sagtest, nach Neuendorf. Etwa zum Bürgermeister, ihm die Zeichnung fürs Bootshaus bringen? Dieses Jahr perfekt machen! Wer weiß, wie im nächsten Lenz die Sturmhauben klirren. Ob man uns überhaupt noch ins Vorzimmer läßt. Andrerseits dachte ich an was Eigenes.

Damit ich es nicht vergesse: Я тебя люблю! Твоя Ева Мария Хаген.*

*) Ich liebe Dich, Deine Eva-Maria Hagen

Dieser Kahn wurde auf den Namen ›Meume‹ getauft, nach Wolfs Oma Meume in Hamburg

22. 9. 71 – Rostock

Wolf, wenn ich wiederkomme, gehn wir Drachensteigenlassen.
Über Rostock ist der Himmel übersät davon. Und die Schiffe mit ihrem Tuten wecken das Fernweh in mir – und stillen das Heimweh nach Dir – nicht. Die Probe ist vorbei. Der Regisseur, der das Stück bereits zweimal inszenierte, sagt, daß ich die Madame Hauteville ganz anders spiele als die vorherigen Damen und ist sehr zufrieden mit der Auffassung und ändert keinen Ton.
Donnerstag spät komme ich. Dann haben wir den Freitag für uns, Samstag Überholungsprobe ›Hoftheater‹, abends Vorstellung. Hast Du nicht Lust mitzukommen? Wir machen die Biege über die Freunde (Janka, Huchel). Jedenfalls lad' i mei Wage voll mit gute Leut. – Möchte, solang das Stück läuft bzw. laufen darf – zweimal bis Ende des Jahres (Schweinerei!) daß viele dieses ›Spektakel‹ erleben, das ›Lied von den großen und den kleinen Fürsten‹ öffentlich zu hören kriegen, die ›Wunschballade gegen die Verleumder‹.
Anbrechender Tag. Sonne überflutet die Rabatten. Der Hafen liegt festvertaut am Kai. Das Telefon ist ausgerastet oder jemand hat es seiner Funktion beraubt. Über Deinen letzten Satz am Zug bin ich beunruhigt: Falls du nicht da bist, wenn ich anrufe, bist du bei ... Ich bitte Dich, noch nichts zu unternehmen. Erstens ist es eine Seifenblase, zweitens wollen wir überlegen, was zu tun ist, sollte es keine sein.
Ob ich will oder nicht, die Situation mit Nina bedrückt mich. Daß ich so aus'm Rahmen fiel, war die Folge Deiner suggestiven Beeinflussung, nämlich endlich die Nabelschnur durchzuschneiden. Du siehst, wie schmerzhaft solche Gewaltakte sind. Eva.

Bericht über Treffen am 14. 10. 71 im Hotel ›Warnow‹ (Zim. 733)

Da ich wußte, das Eva ab 12. 10. wieder in Rostock ist, versuchte ich sie im Hotel zu treffen. Das gelang mir weder Dienstag noch Mittwoch. Donnerstag gegen 18.15 traf ich sie endlich an. Sie hatte bei der Rezeption bescheid gegeben, daß ich sie im Studio aufsuchen sollte. Aber dies hat man mir bei meinen Nachfragen nicht ausgerichtet. Vielleicht wär es auch ungünstig für mich gewesen, mich mit ihr zu treffen. Man kennt mich dort. In dem Fernsehspiel waren Kollegen des Theaters verpflichtet. So hatten wir Gelegenheit uns eine Stunde auf ihrem Zimmer zu unterhalten. (...) Im Dezember zur Faschingsveranstaltung, hat das ›Warnow‹ sie wieder verpflichtet. Zu dieser Veranstaltung wird auch B. mit nach Rostock kommen. Bei der Gelegenheit soll der fällige Besuch bei mir stattfinden. Da sie am Freitag, 15.10. Aufzeichnung im Studio hat, anschließend nach Hause fährt, könnte sie nicht zu mir kommen, obwohl ich sie allerfreundlichst dazu aufforderte. Dann fragte sie mich, ob ich Westfernsehen hätte. Wolf hat am 14.10. eine Sendung da zu laufen. Die wollt sie sehen. Leider mußte ich sie enttäuschen. Man hatte sie eingeladen nach Lütten-Klein zu kommen, aber sie war sehr müde, und wollte sich auf die morgige Aufzeichnung vorbereiten. E. weitere Pläne: eine Gastinszenierung in Buna nächsten Monat. (...) Vorstellungen in Dessau. Ihr Honorar für das Rostocker Fernsehspiel floß in den laufenden Vertrag mit dem Fernsehfunk. Unser nächstes Treffen plante ich für den 30.10. Da meine Tochter an dem Tag Geburtstag hat und ich des eventuellen Besuches wegen nicht zu Hause sein möchte, werde ich eine Freundin in Berlin besuchen. Sie schlug mir vor, bei der Gelegenheit ihrem Mann selber den Gruß von F. auszurichten. Nach fast einer Stunde merkte ich, daß sie unruhig wurde. Sie wollte B. anrufen. Also verabschiedete ich mich bis vorläufig zum 31.10. Für meine Tochter gab sie mir 3 Bananen mit.
Übrigens hat man sie in der Nacht nicht schlafen gelassen. Auf ihren Flur randalierten betrunkene Männer. Als sie sie aufforderte, leiser zu sein, klopften sie laufend gegen die Tür. Sie war gezwungen die Rezeption zu benachrichtigen. Wir trennten uns sehr freundschaftlich, drückten uns gegenseitig die Daumen. (Sie rauchte sehr gute Zigaretten ›Astor 100‹.)

Bericht über den Besuch bei Wolf Biermann am 29. 10. 71

Wie verabredet rief ich ihn nach meiner Ankunft in Berlin an. Er lud mich ein zu kommen.
Eva war an dem Abend in Dessau. Er begrüßte mich freundlich, bot mir Tee und Zigaretten an.
Ich erzählte von meiner Scheidung, meinem Problem zu meinem Mann ein vernünftiges Verhältnis zu finden, mit dieser Trennung fertig zu werden. Er gab mir gute Ratschläge, die, wie ich ihm sagte mir helfen werden zu einer gesunden Einstellung zu meinem Mann zu finden. Wie auch die Gespräche in Lütow sind seine Anregungen bei diesem für mich schwer lösbaren Problem sehr hilfreich. Eine weitere Frage, die mich beschäftigte, die Möglichkeit am Berliner Ensemble einen Ausbildungsvertrag zu bekommen. Er machte mir nicht viel Hoffnung, da ich vom Typ her nicht ins BE passen würde. Er sagte, ich wäre zu schön fürs Brecht-Theater. – Ein weiteres Thema waren die Aufführungen seines Stückes DRA-DRA. Er bedauert, daß er nicht die Möglichkeit hat, die Inszenierung seines Stückes zu sehen bzw. daran mitzuarbeiten. Das bedrückt ihn sehr. Auch ist er traurig, daß er nicht einmal hier als Regisseur, an einem kleinen Theater arbeiten kann.
Gegen 18 Uhr gingen wir in den Laden gegenüber, um etwas einzukaufen zum Abendbrot.
Er bereitete dies selber vor. Beim Einkaufen steckte die Verkäuferin ihm frische Eier heimlich zu. Er berichtete mir darüber, daß er oft merkt, wie etwas in seinen Korb plumpst, er nicht weiß, was es ist. Erst zu Hause merkt er dann, daß die Verkäuferinnen ihm ›Mangelware‹ zugesteckt haben. Sie sind der Meinung, Sie Herr Biermann behandelt man so schlecht, dann wollen wir wenigstens versuchen etwas gutes für sie zu tun.
Nach dem Abendbrot las ich zwei Stunden den DRA-DRA. Die Bitte nach einem Exemplar konnte er mir nicht erfüllen, da sie entweder verliehen oder verschenkt waren. Also las ich, er arbeitete an seinem neuen Gedicht, Romanze für Rita – oder die sozialistische Menschengemeinschaft. Die Atmosphäre war sehr gemütlich. Er war freundlich, nett, ja sogar lustig. Ich verheimlichte meine

Gelüste nicht, er akzeptierte sie. Als ich den DRA-DRA gelesen hatte u. er mit der Arbeit an der Romanze aufhörte, spielte und sang er mir Lieder vor. Es stand zwar haufenweise ausländischer Kognak herum, aber er bot mir keinen an. Ich bat auch nicht darum. Dann legte er eine Platte auf, Django Reinhardt, ein berühmter Gitarrist, Zigeuner. Auf diese Weise gelangten wir in die Nähe der Couch, er umarmte mich, ich ließ es gewähren. Die kleinen Zärtlichkeiten steigerten sich beiderseitig. Das Ergebnis war, was man einen Beischlaf nennt, der fast 2 Stunden dauerte. Er war sehr liebebedürftig, ich war erstaunt wie sehr er es mochte wenn ich ihn liebevoll und leise koste. Es war eine gesunde echte Liebesspielerei. Ich war ehrlich überrascht, ich hatte von ihm eigentlich mehr Sachlichkeit und Nüchternheit erwartet. Gegen 23.00 verließ ich ihn. Vorher las er mir seine Romanze für Rita vor. Ich konnte ihm sogar einen Tip geben, wofür er mir dankbar war.
Er bot mir an mich zu fahren mit dem Auto. Er brachte mich ins Stadt Berlin, wo mein Schwager wohnte, mit dem ich verabredet war. Er gab mir ein Gedicht, daß gerade fertig geworden war und ich sehr schön fand. Er hat es mir selber vorgelesen und wir sind es interpretierend gemeinsam durchgegangen. Er wollte, daß ich genau versteh, was er in dieses Gedicht an Beispielen hineingelegt hat. Er hat im Moment mit seiner Arbeit zu kämpfen, will es sich nicht leicht machen. Er ist bemüht große Kunst zu schreiben, was sehr schwer für ihn ist. Mit dem Stand seiner künstlerischen Arbeit ist er nicht zufrieden.
Auf dem Schreibtisch, steht ein MINI-Fernsehapparat, Marke Sany, weiter fiel mir eine Bandmaschine auf, Mikrofone, Lenin u. Stalinbilder. Ansonsten herrschte eine gemütliche Unordnung. In der Küche standen ganze Kisten mit Weintrauben, ein großes Glas mit Silberzwiebeln in Essig eingelegt. Er brachte mich mit seinem Auto zum ›Stadt Berlin‹. Wir verabschiedeten uns liebevoll und vereinbarten, daß ich Montag, bevor ich fahre, zu ihm komme.
Als ich Montag nachmittag kam, hatte er Besuch. Er stellte mir zwei französische Freunde vor. Sie sind z. Zt. in Westberlin. Das Mädchen, ungefähr 29 Jahre, mit Vornamen Maren, der Junge ungefähr 25 Jahre. Sie ist Lehrerin in der BRD, er ist Student der Kunstgeschichte in Paris. Beide sind mitbeteiligt an der Übersetzung des DRA-DRA ins französische. Die französische Ausgabe soll im Frühjahr 1972 erscheinen. W. gab Hinweise für die Methode der Übersetzung. Übrigens, der Brief von W. Conrad lag immer noch auf dem Tisch.
Die beiden Gäste hatten ihm Bücher Westdeutscher Verlage mitgebracht. Sie hatte Fragen für ein Interview mitgebracht, das in einer französischen Zeitung erscheinen soll. Vor kurzem ist schon ein Interview in einer französischen Zeitung erschienen. Die Reaktion war, wie die Französin berichtete, sehr interessierend. Man freute sich von Biermann zu hören, zu wissen, das es ihn noch gibt, daß er arbeitet. In Hamburg, erzählte sie, war eine Lesung über DDR-Literatur. Auch Biermann las man. Die Reaktion des Publikums war positiv auf seine Arbeiten. Die beiden Rezensenten, Raddatz u. Wagenstein, frühere Freunde von Biermann, nahmen Partei für ihn gegen die Stimmen einiger Professoren. Für den nächsten Tag hatten die beiden einen weiteren Besuch bei Biermann geplant. Sie fragten Biermann, was er mitgebracht haben wollte. Er bat um ein Buch über die Bader-Meinhoff-Gruppe, das vor kurzem erschienen ist, und um einen Zeitschriftenartikel. Für den Mittwoch war das Mitbringen eines Tonbands geplant. Biermann spielte Lieder, um die die beiden baten. Um 21.30 verabschiedeten sie sich.
Biermann drehte seinen Mini-Fernsehapparat an, um eine Sendung zu sehen, in der der Protestsänger Bob Dylon mitwirkte. Ich las in einem der liegenden Bücher. Es war der ›Rote Kalender‹. Dann sah ich mir einen Teil der Sendung mit an. Er holte mir einen Stuhl, damit ich neben ihn sitzen konnte. Er hielt meine Hand, legte sie dann um meine Schulter, also eine dem Freitag entsprechende Haltung. Als um 22.00 die Sendung zu Ende war, setzten wir uns an den Tisch, tranken Tee, sahen uns an. Er wurde ruhig, unheimlich ruhig. Dann fing er an zu sprechen. Fremd, wie es nachdem wir so wunderschön, wie er sagte zusammengeschlafen haben, eigentlich unverständlich ist für ihn. Ich sagte ihm, das ich dieses Gefühl nicht hätte. Im Gegenteil, ich sehnte mich danach die wohltuenden Minuten und Stunden des Freitag neu zu erleben. Er blieb auf seinem Standpunkt. Ich hatte ein ungutes Gefühl, ließ es aber nicht offensichtlich werden, ahnte, welche Wahrheit er mir auf den Kopf zusagen würde. Ich merkte, daß er mir nicht trauen wollte, daß mir

ein harter Test bevorstehen würde. Ich war noch rechtzeitig gewarnt worden von ihm. Ich begann meine Schauspielerischen Erfahrungen in die persönliche Sphäre zu bringen, unauffällig nur für mich bewußt am Anfang. Als ich meine Rolle, nur auf ein wirklich vertrauensvolles Wesen für ihn, in Sekundenschnelle erfaßt hatte, war ich gegen ein Gespräch mit ihm über dieses Thema gewappnet. Er hätte mir unverblümt ins Gesicht sagen können, daß ich für die Staatssicherheit arbeite, es hätte mich nicht berührt, nicht einmal ein Erschrecken in den Augen wäre zum Vorschein gekommen. Auch jetzt, in der Erinnerung, hab ich vergeblich nach einer Unsicherheit, nach einem Fehler, nach einer Veränderung gesucht, die ihm hätte auffallen können.

Gut, ich war also für ein Gespräch heiklen Themas gewappnet, fühlte mich innerlich frei und unbefangen. Ich bat ihn mir zu erklären weshalb es ihm so ginge, ich ihm fremd sei, denn dies sei mir bisher noch nie begegnet, bei keinem Mann. Ich war sehr traurig, fragte ihn, ob ich einen Fehler gemacht hätte. Nein dies war es nicht. Ich bat ihn es mir zu erklären. Er wußte anfangs nicht wie, doch dann fiel ihm ein Beispiel ein. Ich kannte es, gab es jedoch nicht zu erkennen und ließ ihn erklären. Es gibt eine Erzählung von E.T.A. Hoffmann, nach der die Oper Hoffmanns Erzählungen geschrieben und komponiert wurde. Der Inhalt ist ungefähr folgender:

Ein Mann konstruiert eine Puppe, die ganz seinen Vorstellungen entspricht, einem menschlichen Wesen sehr ähnlich ist. Sie ist sogar in der Lage einige menschliche Reaktionen zu zeigen, wenn sie am Fenster sitzt nickt sie mit dem Kopf, kann mit ihren Händen liebevoll streicheln. Der Erfinder hat sie ans Fenster gesetzt, ein junger Mann von gegenüber sieht sie. Es gelingt ihm in das Haus des menschenscheuen Erfinders unter einem Vorwand zu gelangen, doch der Erfinder weiß nicht, daß es dem jungen Mann nur um das schöne Fräulein, um seine Erfindung geht. Er bekommt sie also von ihm nicht gezeigt. Der Erfinder ist aus dem Haus, der junge Mann schleicht sich zu seiner Schönheit, er spricht mit ihr doch sie kann nur nicken, sagt kein Wort. Bis er sie berührt, explodiert sie, fällt in ihre Konstruktionsteile auseinander.

Mit dieser Puppe also vergleicht Biermann mich. Ich war schockiert, ja empört. Er entschuldigte sich für dieses harte Beispiel, es träfe wahrscheinlich nicht ganz in seiner Härte zu, doch blieb er dabei, daß ich mit diesem makellosen, schönen, seelenlosen Wesen Ähnlichkeit hätte.

Ich konnt nicht begreifen, daß nach unseren für mich schönen Stunden vom Freitag solche Gefühle in ihm aufkommen können. Hatte er mir nicht selber geraten wie es im Gedicht steht: ›Und brauchen Liebe statt Nächstenliebe‹. Ich konnte das nicht begreifen, hatte ich mich auf diesen Montag doch so gefreut. Ich fand das sehr komisch, er darauf, es wäre schön, wenn es nur komisch wäre. Er möchte mir kein Unrecht tun, aber er mußte aussprechen, was ihn bewegt, was er empfindet. Mich hat dies Gespräch sehr traurig und melancholisch gemacht, er sah es, versuchte mich mit leichten Liebkosungen zu trösten, die ich gleichgültig gewähren ließ, mit meinen Gedanken bei dieser für mich einfach unbegreiflichen Reaktion. Er sagte: Jetzt, wo er mir dies gesagt hat, sei ihm viel wohler und er mag mich auch viel lieber. Ich sagte ihm nocheinmal, daß ich so etwas mit einem Mann noch nie erlebt habe, es sei wie eine Ohrfeige, die vielleicht ganz gut tun wird, mich zum überlegen zwingen wird. Auf alle Fälle werde ich sie so schnell nicht vergessen. Er bat mich mir darüber nicht so viele Gedanken zu machen. Vielleicht tät er mir auch Unrecht.

Wir brachen auf, er fuhr mich mit dem Auto zum Bahnhof. Wir verabschiedeten uns, küßten uns, er liebkoste mich, bat mich drüber nachzudenken, versuchen es zu verstehn, was er meinte.

Ich rief ihn Dienstag Abend von Rostock an. Sagte ihm, daß ich mit meinen Überlegungen zu keinem Ergebniss gekommen bin, auch nicht weiß, wie mir dies allein gelingen soll. Ich versprach ihm auf seinem Vorschlag in aller Ruhe dies Ereignis durchzugehen. Wir vereinbarten, wenn ich das nächste Mal in Berlin bin, daß wir dann gemeinsam vernünftig darüber sprechen wollen. –Ja, so war es, eine kalte Dusche, bei der ich hätte schreien, aufschreien möchten. Ich tat es nicht, tat, als wär es ein Wannenbad, bei dem das Wasser allmählich kälter wird, also ein ganz normaler Vorgang.

Ergänzung: Biermann erzählte den Gästen von einem Erlebnis, das sich während der Berliner Festtage, zum Gastspiel der Stockholmer Bühne zugetragen hatte. Eva war in der Vorstellung des schwedischen Theaters. Anschließend überredete sie Biermann mit in die ›Möwe‹ zu kommen.

Wolf in der Chausseestraße

Sie hatte erfahren, daß es dort für das Theater einen Empfang geben sollte. Man ließ die beiden nur unter der Bedingung herein, daß sie sich in der Grillbar aufhalten würden. Sie saßen also, warteten, aßen, und sieh da, nach fast einer Stunde hatte sich ihr Vorhaben sich mit den Schweden zu unterhalten gelohnt. Nach und nach versammelte sich das ganze Ensemble um Biermann. Er erfuhr, daß dieses Theater dabei ist seinen DRA-DRA zu inszenieren, er sprach mit den Darstellern und übte mit ihnen, ging mit ihnen die Lieder durch. Es fanden sich Journalisten ein, die das Schwedische Theater begleitet hatten. Sie sprachen mit Biermann, freuten sich ihn getroffen zu haben, fragten, ob sie über ihn schreiben dürften, er sagte ja, sie fragten, daß sie auch schreiben dürften, daß der Empfang zu Ehren des schwedischen Theaters eigentlich mit und bei Biermann stattgefunden habe – alle lachten auf dem Empfang, auch wir, die diese Geschichte eben von Biermann gehört hatten. Weiter berichtete er, daß sie anschließend zu Biermann nach Hause gegangen sind, über die bevorstehende Inszenierung gesprochen haben, Texte durchgesprochen, Lieder geprobt. Auch am nächsten Tag wiederholten sich die Zusammenkünfte mit dem Ensemble in Biermanns Wohnung. Und wieder wurde Biermann traurig, als er dies erzählt hatte, traurig, weil es ihm verboten ist an der Inszenierung mitzuarbeiten, sie zu sehen.
Diese Reaktion von Biermann bei meinem Besuch, besonders am Montag erkläre ich mir daraus, daß ich beim Gespräch der Franzosen viel von seiner Arbeit und seinen Kontakten ins Ausland mitbekommen habe. Ich habe erlebt wie man ihn mit Lektüre versorgt, die rüberzubringen verboten ist, und dessen er sich mitstrafbar macht. Da wir uns nicht näher kennen, bis auf, daß wir zusammen geschlafen haben und er von meiner Ehekrise weiß, ist es verständlich, daß ein Außenstehender, der dies miterlebt getestet werden muß. Wäre ich in seiner Lage würde es mir wahrscheinlich genauso gehen. Er mußte versuchen sich eine Sicherheit zu schaffen, auch wenn es erst einmal mit den Mitteln eines größmöglichen Verdachtes ist.
Diesen Verdacht zu zerstreuen ist die nächste höchstwichtige Aufgabe, die zu lösen ungeheuer viel Feingefühl und absolute Sicherheit bedarf (...) Wenn ich das nächste Mal in Berlin bin, muß es sein, wenn ich meine beruflichen Pläne weiterverfolge, um jeglichen Verdacht seinerseits zu zerstreuen. Daß er unter keinen Umständen auf die Idee kommen darf, in Berlin zu sein, um unsere

Verbindung wieder aufzunehmen. Der nächste Besuch bei ihm muß von der Bedeutung her ganz am Rande stehen, nebensächlich und unwichtig sein. Da ich in diesen letzten Berlintagen Eva nicht getroffen habe, wäre es wichtig, bevor ich ihn wieder treffe, erst wieder mit ihr Kontakt aufzunehmen. Da sie für eine Faschingsveranstaltung in Rostock im Nov. / Dez. in Rostock verpflichtet ist, wär dies ein Anknüpfungspunkt. Es wär günstig, mir bis dahin einen Bekannten, einen Mann zu suchen, mit dem ich mich vor ihr, oder wenn er mitkommt, sehen lassen kann. Es wäre ungünstig, ins ›Warnow‹ zum Fasching allein zu gehen, nur mit dem Vorhaben Eva bzw. Biermann zu sprechen und zu treffen. Der geplante Mann müßte zuverlässig sein. Die Wahl wäre vorsichtig mit Genossen zu wählen und auszusuchen. Vielleicht könnte man dazu jemanden aus Berlin nehmen, der in Rostock für Außenstehende unbekannt und auch für Hagen und Biermann nicht bekannt ist. Es wäre leichter eine Legende aufzubauen, da Rostock im Prinzip ein Dorf ist, in dem jeder jeden kennt. Da der Risikofaktor bei diesem Vorschlag ziemlich hoch ist, wenn es sich um einen Rostocker handeln würde. Ein weiterer Vorschlag wäre, jemanden kennenzulernen, der in seinen näheren Bekanntenkreis gehört, auch bei Biermann keinerlei Verdacht schöpfen würde. Mit diesem wäre es mir möglich seine Eitelkeit, die auch er als Mann besitzt zu provozieren, und auf diesem Weg den intimen Kontakt mit Biermann wiederherzustellen.

Ergänzung: Ich versuchte ihm zu erklären, als er mir das Beispiel mit der Puppe erzählt hatte, daß es mir im Prinzip im Augenblick genauso gehe. Durch meine gescheiterte Ehe befinde ich mich in einem Zwischenstadium, dessen Ergebnis das Finden zu mir selbst sein wird. Durch die absolute Abhängigkeit, die ich zu meinem Mann hatte, ist für mich eine neue Situation entstanden. Auch unsere Beziehung, die sich in einer intimen Weise gefestigt hat, ist neu für mich, muß ich erst aufnehmen und begreifen. Da ich es nicht gewohnt war, den zu lieben den ich mochte, kann dieses Erlebnis sich auf mein Wesen ausgewirkt haben, was aber total unbewußt und unkontrolliert ist, könnte sein, daß ich deshalb anders bin, als es zu meinem Wesen passt. Es geht mir fast wie der Puppe. Durch die gescheiterte Ehe bin ich in eine neue Situation geraten, die sich in eine den neuen Verhältnissen passenden entwickeln wird. Dies Argument meinerseits wollte er nicht als Erklärung für seine Fremdheit mir gegenüber nach unserer intimen Beziehung gelten lassen.
Eine andre Erklärung konnte ich ihm in dem Augenblick nicht geben. –
Als Biermann das Zimmer verlassen hatte, um neuen Tee zu kochen, fragte mich die Französin bzw. Deutsche, sie spricht perfekt ohne Akzent, ob es in der DDR die Möglichkeit gibt, Gruppen zu bilden, die mit den bestehenden Verhältnissen nicht einverstanden sind, die einen reaktionären Charakter tragen. Ich antwortete, daß ich das nicht glaubte, mich dafür nicht interessiert hab.

›Lerche‹

›Die Unzertrennlichen‹ Ölbild (Ausschnitt), gemalt von Eva

Eva schenkte Wolf zu Weihnachten eine Weißgerber-Gitarre

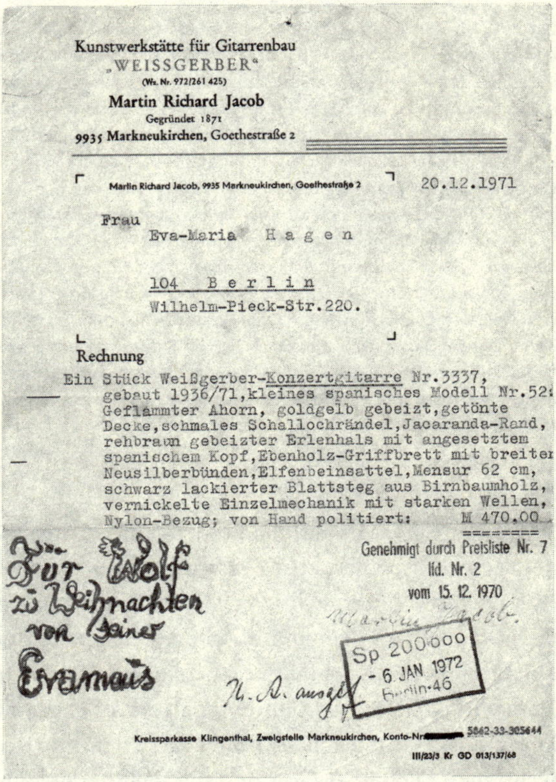

Kunstwerkstätte für Gitarrenbau
„WEISSGERBER"
(Wz. Nr. 972/261 425)
Martin Richard Jacob
Gegründet 1871
9935 Markneukirchen, Goethestraße 2

Martin Richard Jacob, 9935 Markneukirchen, Goethestraße 2

20.12.1971

Frau
Eva-Maria Hagen

104 Berlin
Wilhelm-Pieck-Str.220.

Rechnung

Ein Stück Weißgerber-Konzertgitarre Nr.3337,
gebaut 1936/71,kleines spanisches Modell Nr.52:
Geflammter Ahorn, goldgelb gebeizt,getönte
Decke,schmales Schallochrändel,Jacaranda-Rand,
rehbraun gebeizter Erlenhals mit angesetztem
spanischem Kopf,Ebenholz-Griffbrett mit breiten
Neusilberbünden,Elfenbeinsattel,Mensur 62 cm,
schwarz lackierter Blattsteg aus Birnbaumholz,
vernickelte Einzelmechanik mit starken Wellen,
Nylon-Bezug; von Hand politiert: M 470.00
========

Genehmigt durch Preisliste Nr. 7
lfd. Nr. 2
vom 15. 12. 1970

Für Wolf
zu Weihnachten
von seiner
Evamaus

Martin Jacob.

Sp 200000
- 6. JAN. 1972
Berlin-46

N.-A. ausgef.

Kreissparkasse Klingenthal, Zweigstelle Markneukirchen, Konto-Nr[redacted] 5842-33-305644

III/23/3 Kr GD 013/137/68

Hauptabteilung XX/7 (Lo/Ko) – B E R I C H T – Berlin, den 20. 3. 1972

Festgestellte Diskussionen zwischen Biermann und unbekannten jugendlichen Personen am 19. 3. 1972 auf dem Alexanderplatz

Am 19. 3. wurde gegen 16.00 Uhr vom Genossen Oberfeldwebel Girod der Verwaltung Groß-Berlin, Abteilung XX, Wolf Biermann mit der Eva Maria Hagen am Ausstellungszentrum am Fernsehturm gesehen. Es entstand der Eindruck, daß beide spazieren gingen.

Gegen 17.50 Uhr wurde Biermann mit der Hagen in einer Gruppe Jugendlicher von ca. 30–50 Personen, auf dem Alexanderplatz vor der Grill-Bar diskutierend angetroffen.

Genossen G. ist bekannt, daß in der Vergangenheit an dieser Stelle wiederholt Jugendliche in losen Gruppen diskutierten. Nach Einschätzung des Genossen G. setzt sich der Personenkreis aus ca. 2/3 westdeutschen Personen und 1/3 Jugendlicher aus der Hauptstadt der DDR zusammen.

Vorwiegend von den westdeutschen bzw. Westberliner Jugendlichen wurden am 19. 3. 1972 nachfolgende Fragen an Biermann gerichtet: (inhaltliche Wiedergabe)

– welche Protestmöglichkeiten gibt es in der DDR – wo liegen die Grenzen der Protestmöglichkeiten – Welche negativen Erscheinungen sieht Biermann, die aus der Diktatur der Arbeiterklasse entstehen – welche Arten des Protestes hält er für sinnvoll – liegen die Grenzen des Protestes da, wo die Diktatur der Arbeiterklasse beginnt.

Auf die an ihn gestellten Fragen ging Biermann sehr zurückhaltend ein. – Er sprach sehr leise, so daß nur die unmittelbar um ihn Herumstehenden seine Antworten verstehen konnten. Sinngemäß

brachte Biermann zum Ausdruck: Protest würde es immer geben, die Frage sei nur, wie. Bei uns gibt es nur geringe Möglichkeiten des Protestes. Dazu sagte er wörtlich: ›Wir haben hier nunmal leider eine Diktatur‹. Weiterhin brachte Biermann zum Ausdruck, daß die ›Grenzen der Protestmöglichkeit‹ ständig neu festgelegt werden. – Es entstand der Eindruck, daß Biermann es lieber hatte, wenn andere an der Diskussion (teilnehmende) sprachen. Er brachte nur durch geringe Gesten sein Mißfallen oder sein Einverständnis zum Ausdruck.
Die Schauspielerin Eva Maria Hagen hielt sich die ganze Zeit über im Hintergrund auf und beobachtete ständig die neu an die Gruppe der Diskutierenden herankommenden Personen. Sie führte eine Art Absicherung durch. – Als eine VP-Streife in der Nähe erschien, gab sie dem Biermann flüsternd davon Kenntnis und entfernte sich von der Gruppe (...). Nach ca. 3–4 Minuten brachte Biermann zum Ausdruck, daß ihn die Weltrevolution im Moment wenig interessiere, da ihm seine Frau weglaufe. Dies war praktisch seine Verabschiedung und er verließ die Gruppe (...)
Dem überwiegenden Teil war bekannt, daß ihr Diskussionspartner Wolf Biermann war. Dies konnte durch Gespräche zwischen in der Gruppe weilenden und neu hinzukommenden Personen festgestellt werden. Dem Genossen G. ist nicht bekannt, wie lange Biermann bereits an der Diskussion teilnahm, da er den B. erst 17.50 feststellte. Um 18.05 Uhr verließ Biermann die Jugendlichen.

10. 6. 72

Wolf! Nun bist Du geflohen, nachdem Du mit Nagelschuhen in meiner Seele rumspaziert bist. Gestern lagst Du schmerzverzerrt am Boden, weil Du littest unterm Gesang von Tschingis vom Tonbandapparat, vielmehr, daß ich an dem anatolischen Sänger was finde. Und sagst, wenn Du annimmst, ich schlaf mit einem andern, daß Du Dich nicht von der Vorstellung befreien könntest, daß was Schmutziges in mich hineinkommt. Was hat Dich so verbogen! Denn im Kopf ist Dir alles klar, wenn man Dich über Gott und die Welt herziehn hört. Du gibst mir zu verstehen, daß Du nur mich willst. Aber wenn Dir ein neuer Fleischton ins Auge sticht, soll ich nägelbeißend abwarten, bis Du Dich wieder auf mich besinnst? Ich weiß, daß Du nicht grad ein Waschbär bist, warum auch, bist von Natur kein Stinktier. Ich wasche mich fast schon zuviel; das nimmt mir meine spezielle ›Duftnote‹, an der mich mein Nasenbär erkennt. Und diese Standardformulierung, wenn Du von einer Frau sprachst, die Dich besuchte: Sei beruhigt, ich habe nicht mit ihr geschlafen. – Was bildest Du Dir ein, kleiner Wurz! Daß ich annehme, Du könntest mit jeder die Sache machen oder jede wollte das mit Dir. Daß meine Nerven durchgingen, lag mit daran, daß ich ›Das‹ hab und blute diesmal wie ein abgestochnes Schwein! Ich weiß, was Dir durchs Hirn schießt: Schluß! Aus! Ende! Es reicht! Ich kenne solche Reaktionen. Denk an das Nest in unseren Armen, Wolf. Eva

Abwesender! Es ist traurig aber wahr: Du bist wieder mal nicht da. Das Auto mußte sich in eine Schnecke verwandeln: die Bremse hatte

ihren Geist aufgegeben. Du dachtest wohl, ich lass Dich sitzen und bist ausgeflogen, konntest ja nicht ahnen, welcherart Produkte die Beschafferin im Schleppnetz hat: Frühkartoffeln, Kamtschatka-Krebse, Zwiebelkuchen, Stierblut.
Welche Dohle schnäbelt meinen Kranich, stopft ihm das Maul mit Leckerli. Hockt er beim Uhu und hört sich stumpfsinnige Weisheiten an? Was gibt's noch für Arten. Die Sumpfdrossel, Blaumeise, den Schluckspecht; ich könnt hinter jede Sorte einen Namen setzen, aber lieber nicht, sonst sagst Du zu A. sie wär eine Saatkrähe – und das wär geschmeichelt, eher schon ein Raben-Aas. Kattrin: Waldvögelein, welches sich im nu in einen Rohrspatz verwandelt. Emma: Friedenstaube oder Kreischmöwe. Und wer legt seine Eier in fremde Nester?
Jetzt reichts! Ich geh in die Daunen von einst ruppig gerupften Gänsen. Einsame Lerche, über einsamem Felde, fällt in einsamen Schlaf. Tirili.

Eva, meine Liebe, Du bist da hinten in der Chausseestraße
wie an einem Papierkorb an mir vorbeigefahrn. Aber ich bin nämlich
Dein

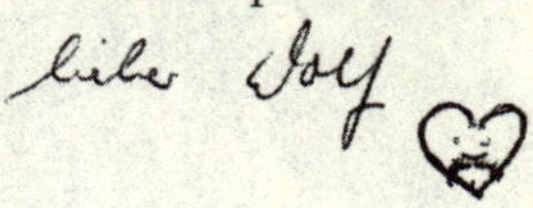

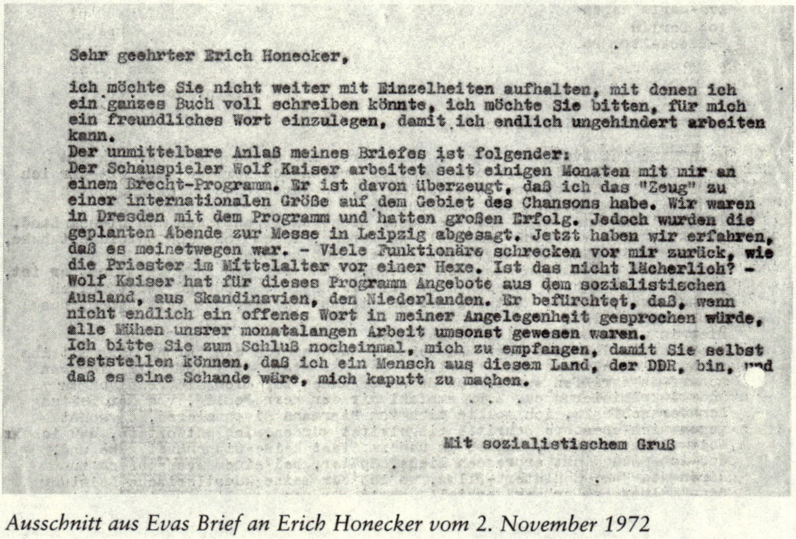

Sehr geehrter Erich Honecker,

ich möchte Sie nicht weiter mit Einzelheiten aufhalten, mit denen ich ein ganzes Buch voll schreiben könnte, ich möchte Sie bitten, für mich ein freundliches Wort einzulegen, damit ich endlich ungehindert arbeiten kann.
Der unmittelbare Anlaß meines Briefes ist folgender:
Der Schauspieler Wolf Kaiser arbeitet seit einigen Monaten mit mir an einem Brecht-Programm. Er ist davon überzeugt, daß ich das "Zeug" zu einer internationalen Größe auf dem Gebiet des Chansons habe. Wir waren in Dresden mit dem Programm und hatten großen Erfolg. Jedoch wurden die geplanten Abende zur Messe in Leipzig abgesagt. Jetzt haben wir erfahren, daß es meinetwegen war. – Viele Funktionäre schrecken vor mir zurück, wie die Priester im Mittelalter vor einer Hexe. Ist das nicht lächerlich? – Wolf Kaiser hat für dieses Programm Angebote aus dem sozialistischen Ausland, aus Skandinavien, den Niederlanden. Er befürchtet, daß, wenn nicht endlich ein offenes Wort in meiner Angelegenheit gesprochen würde, alle Mühen unsrer monatalangen Arbeit umsonst gewesen waren.
Ich bitte Sie zum Schluß nocheinmal, mich zu empfangen, damit Sie selbst feststellen können, daß ich ein Mensch aus diesem Land, der DDR, bin, und daß es eine Schande wäre, mich kaputt zu machen.

Mit sozialistischem Gruß

Ausschnitt aus Evas Brief an Erich Honecker vom 2. November 1972

HERZSCHMERZ

1973 – 1974

Interhotel Warnow, 73

Mein lieber Mann, ich tue einfach so – zumindest was die Anrede betrifft – als wär alles gut, als lebten wir nicht in Trennung und jeder sein Leben für sich. Denn die Nacht, bevor ich herfuhr nach Rostock, träumte ich, Du warst in unsern Schlafsaal gekommen bei Dämmerung im Berliner Hinterzimmer wo ich unausgezogen im Goldbett lag. Meine Sinne wurden hellhörig, hatten den nur diesem einzelgängerischen Wolf anhaftenden Duft gespürt: Hopfenblüte, Holunder, Felldunst, Rauch, Steppe. Und Geräusche vernahm ich, wie Du ohne die Schnürsenkel aufzumachen, mit Fußspitze und Hacken leis die Schuhe auszogst, dann über etwas stolpertest. Da bin ich aufgewacht, hab ich geträumt. Du hast Dich zu mir gelegt und sanft plätschernde Wogen, die bald Wildwasserwellen wurden, haben uns davongetragen und da passierte es. In Wirklichkeit! Ich fühlte mich wie eine überreife Frucht, die zur Erde fällt – von der Berührung des Windhauchs nur, der Nähe Deines Atems, allein vom Gedanken an ihn – im Schlaf. Später, wir trieben im Fußgängerstrom, hast Du mich wie ein ungezogenes Kind gescholten, ohne daß ich auch nur Böses gedacht hatte. Scham sengte mir Rußflecke in die Haut, Zorn riß mir Splitter ins Auge, im Bauch loderte das Feuer der Rache. Und wieder war Zank und Streit.

So war es uns oft ergangen – bei hellichtem Tage – aus heiterem Himmel heraus. Aber immer war unsere Liebe Siegerin geblieben. Stets war sie unterm Geröll der Kämpfe, den Lawinen aus Lava innerer Gefühlsausbrüche, sich nach Endzeit anfühlender Katastrophen, verhältnismäßig unbeschadet aufgetaucht, sobald sich unsere Hände berührt hatten. Unser Schutzengel zottelte uns wieder hervor unter den

Trümmern, murmelte schmollend: Wenn man nicht ständig seine Flügel ausbreitet! Und schmiß uns einander wie Spielbälle vor die Füße. Jetzt haben wir uns über zwei Wochen weder gesehen noch gesprochen. Ich entferne mich wie ein fremdgelenkter Flugkörper, vermeide Situationen, wo die Möglichkeit besteht, mit Dir in Berührung zu kommen. Manchmal steh ich neben mir und sag zu meiner Schwester, warum quälst du uns. Es gibt so totkalte Momente im Ablauf der Tag-und-Nacht-Einheit. Kein Trotz oder falscher Stolz ist in mir, wie Du vielleicht annimmst, nein, Angst vor Ohnmacht, ständigem Wechsel, Wahnsinn, der Station VIII. Mein Herz spielt nicht mehr mit, denke ich oft, die Seele gibt ihren Geist auf. Aber der Mensch ist anscheinend eine abartig haltbare Art.
Ich werd bis zum 20. Oktober nicht in Berlin sein, höchstens einen Tag auf der Durchreise nach Dessau. Das Fortdauern des Schweigens aber scheint mir unserer nicht würdig. Deshalb der Versuch, auch wenn Du den Brief nicht erhalten solltest, ich schreib ihn auch an den großen Unbekannten von hinter den Bergen ... Wolf, wir können nicht wie Mann und Frau zusammenleben, das wissen wir beide. Die uns feindlich gesinnten Strategen sollen sich aber nicht die Hände reiben dürfen, uns ›ausgeschaltet‹ gegeneinander sehen, im Kalten Krieg gefallen, erledigt, abgehakt. Ich bin mit Dir so tief verbunden, daß ich mir wünsche, Dir möge nur Glück widerfahren. Es ist keine bloße Redensart, daß Entfernung, Abstand, Zeit – Wunden heilt. Und Menschen! welche ich um meinetwillen kennenlerne, die m i c h meinen. Es kommt mir vor, wie ein Erwachen, als wär ich verzaubert gewesen, kein böser Zauber, ein guter, nur, er hat aufgehört zu wirken. Vielleicht ergeht es Dir ähnlich – und aus Deiner Brust werden die Lieder der Freiheit quillen.
Ich hab eine schöne Rolle, die mir nicht zugedacht war von Adlershof, hab die Funktionäre mit ihrer eigenen Intrige ausgetrickst. Es handelt sich bei der Figur um eine Nitribit von 1910. Nicht groß, aber profiliert. Überhaupt will ich mich intensiver um Arbeit kümmern.
Der Brief hört sich an, als wär ich die alleinige, welche die Scheidung betreibt: Ich erfuhr von Zuträgern die männliche Variante. Ich erwähne das, damit keiner Schuldgefühle haben muß.
Wenn Du nach Lütow fährst, sag Bescheid. Wolltest Du Dich nicht ums Boot kümmern? Ich will auch noch hin, wäre aber besser, wir begegneten uns nicht in dieser Phase. – Anbei Deine Notizen und Grüße vom Meeresrauschen im Kopf. Eva

Wolfs Ausblick aufs Achterwasser in Warthe – gegenüber von Lütow

Do. 12. Juli 73

Eva, mein Lieb, morgen fahr ich nach Warthe, da ist noch für 10 Tage Arbeit und kann Dich nicht sehn Montag. Die CBS Leute waren da, die neue Platte soll Anfang September auf den Ladentisch kommen. Meine Schöne, Du warst gut für meine Augen, und unsere große Nähe und Fremdheit schmerzen mich angenehm. Ich will, daß es wird wie es war und will, daß alles anders wird mit uns, damit wir beide auch andere werden können und doch bleiben, was wir sind, beides. – Vorgestern war eine Sendung im SFB mit den Liedern der neuen Platte – in ›enfant perdu‹ hörte ich eine hohe Frauenstimme, eine himmlisch klare Trauer, und das war meine sehr irdische Schöne, die sich jetzt an Städte vergeudet, in denen ich nicht bin.

Laß mir bei unsern kinderredlichen Kupplern ein paar Worte und schreib mir auf, wo ich Dich in 10 Tagen finde! Wolf

2. August 73

Eva, mein Lieb, es ist schon alles gut und richtig, wie Du es jetzt machst mit uns. Nur wenn Du in meinen Augen bist, tut es meinen Händen so weh, Dich nicht zu streicheln und meine Seele zittert unter Deiner lieben Kälte. Kennst Du mein sehr altes Lied ›Von der Sehnsucht, die müde macht‹? – Du bist ja eine richtige Frau und nicht so ein pädagogisch strafendes Muttertier und wirst schon merken, wann überstrapazierte Sehnsucht in Müdigkeit umschlägt und wirst uns da nicht reinschliddern lassen.

Meine Schöne, gestern war ich mit Freunden im Festivalkessel und habe mitgekocht und bin mitgekocht worden, ich traf Deine Freundin Monika W., die Schauspielerin, und wir haben wild und phantasie-begeistert beat getanzt und meine Seele jauchzte darüber, daß meine 130 Pfund Fleisch und Knochen noch nicht verfaulen müssen, und der

Rhythmus hatte mich kräftig und elastisch im Griff und ich lachte vor Freude darüber, daß ich immer noch brenne und noch nicht verbrannt bin. Du hast mir ganzundgar gefehlt. Als ich tanzte und diskutierte wie ein Teufel – mit DDR-Christen und marxistischen Theologen hab ich Dich vergessen, aber sobald wir drei Schritte durch die Menschenbündel schlenderten, waren die Gedanken an mein Lieb wie ein Messer an der Kehle und wie ein Stein in der Brust und das Fanfarengebrüll wie ein Tritt in die Eier. Ohne Dich ist mein schöneres Leben eigentlich schal und sorgenschwer, so würde der arme Hölderlin sagen, der sein kurzes Leben lang fieberkrank in den nächtlichen Büschen vorm Fenster seiner Liebe durstete, bis ihn ein gütiger Wahnsinn da wegnahm, wo dieses Land nur Lebenssehnsucht, aber kein Leben für ihn übrighatte.
Meine Liebe, bleibe weg von mir, solange es Dir nötig ist, aber nicht eine kleine Stunde länger als nötig, denn Liebende sind heilig und sollen beieinander sein, denn die Strafen der Götter sind hart und der Sommer ist so heiß und macht so heiß. – Morgen oder übermorgen muß ich nach Warthe und das Bootsgetriebe hinbringen, damit das Boot doch noch fertig wird ... aber ich werde nicht wieder sagen:
Herr Schiffer, Herr Schiffer, nimm mich auf in dein Boot – in dein Boot – in dein Boot – Schiffer, ich muß bis ans Ende der See.
Ich werde keinen Blick auch nur auf das Wasser werfen, weil das meine Augen nur tränenblind nach Lütow lockt.
Grüße Vera und Mischenka und lege meinen Brief nach altbewährter Art dorthin, wo ich auch Deine guten Briefe zu liegen habe: unters Kopfkissen. Und ich werde dem Brief Flügel ankleben und gib dem Vogel eine Träne zu trinken und einen Kuss für den Rückflug. – Wolf

Eva in Lütow

6. Januar 74

Wolfsmensch! Lämmchen Langwimper! Verwandter! Fremder Mann! Mein mir abhanden gekommener Gebieter und Schatz ...
Ich bin in einer andern Stadt. Mein Blut ist heiß – mein Herz friert.
Abgewandter! Herausfordernder! Lumpenbalg! Zufluchtsort für rumirrende Gedanken. Haltestelle für den Zug namens Zeitlos. Sammelplatz der Phantasien. Flohmarkt der Erinnerungen.
Gestochen scharfe Bilder knallt der Projektor auf die Nebelwand übern Hafen: Im Abtreiben begriffene Schifflein, Havarien, in Not geratene Seelen. Schäferstündchen der Parteien, Schlagabtausch, zu Boden gegangenes Material, weiblich, ein auslaufender Behälter.
Drück die Wunde zu – das Leben bricht an anderer Stelle durch, kirschrot, blutschwarz. Ein Kittelträger näht mit glühender Nadel vergeblich. Es bräuchte eine Handvoll Hände, um das Fließen aufzuhalten.
Er bahnt sich seinen Weg, der Fluß. Ich will es und daß es aufhört. Instinkte erwachen, Hasten zu Schutzzonen, Flüchten in Nestwärme, vertraute Landschaft: Deine Arme. Herr aller Kreaturen! Ich bin in Gefahr. Oder weniger hochtrabend ausgedrückt: Eva sitzt in der Patsche; jahreszeitgemäß: nackt im Schnee.
Die ablenkenden, sich sperrig oder drollig umschlingenden, pathetisch oder nichtssagenden Wörter alle – helfen nicht mehr. Ich möcht hinausfliegen über Dächer, dies Jammertal verlassen, denn ich liebe in einer Art und Weise, wie ich nicht sagen kann, nur daß es sehr weh tut – und ich mit Dir lebe seit unserer Begegnung vor acht Jahren, acht

Monaten und 12 Tagen, dem 15. Mai 1965 nachmittags gegen vier. Da war ich dreißig. Frauen in dem Alter hatten vor ein-zwei Generationen ihr (Geschlechts-) Leben hinter sich, waren versorgt, im Verfall begriffen, abgearbeitet und ausgelaugt. Meins fing an, sagen wir: Der Komödie II. Teil. Die Sommer-Saison, einschließlich aller Jahreszeiten in ungewohnter Reihenfolge; was hättest Du an einem unbeschriebenen Blatt gefunden, wo Du selbst ein Spätentwickler bist, obwohl Du Dich gabst wie Villon in seiner Blütezeit. Und ich von hinterm Mond und dem Winde voraus, Frühaufsteherin, Mädchenfrau, mit allen Wassern gewaschen – ausgenommen die Ozeane auf der Gegenseite; doch wer weiß; die Verdunstung der Meere ins Wolkengetümmel, dessen Bewegung in nicht nachvollziehbaren Bahnen, Regen, wo geht er nieder ... Seit der neuen Zeitrechnung also, auch die Zeit unserer Trennung über, von vor sechzehn Monaten nun schon, war ich nie ohne Dich, Wolf. Aber die blöde Schranke aus einer undefinierbaren Zusammensetzung, dieses Vehikel, steht da bei Wind und Wetter, ein Klotz, durchlässig scheinend, panzergenietet, unumstößlich. Dir scheint jetzt einfach, was mir leicht erschien, als wir zusammen schliefen, aßen, sangen, weinten, lachten und all das miteinander machten oder ließen, wofür ein Mensch geboren wird: Ein erfülltes Leben führen. Jetzt glaubst Du – weil ich nicht auf einen Wink von Dir auf Dein Lager knalle oder mit weicher Landung im Pfühl versinke – das Feuer sei erloschen.
Ich schreib einen Brief nach so vielen gestorbenen Toden und Auferstehungen, fühle, daß Du auf mich wartest; zumindest auf eine, die mir ähnelt, dabei jünger ist, unverbrauchter, widerstandsfähiger – und rede, spucke Wörter aus, verschluck sie.
Es fahren schon die Straßenbahnen und auch der Mond über Rostock erinnert an Dein Gesicht. Zwar sieht er überall anders aus, aber immer komm ich auf Dich beim Hinaufschauen ...

7. Januar 74

Ein andrer Tag. Ich bin zurück ausm Überseehafen, wo gedreht wurde. Ich bin die Erna aus dem Buch ›Zum Beispiel Josef‹, Kranführerin, einst gestrauchelt, weil verlassen worden (Ehemann haute ab nach Westen mit Kind, sie wurde Trinkerin). Und der Brigadier, welcher was hat von einem weiterentwickelten Makarenko, der schwarze Schafe sammelt, wie ein Spürhund die Beute, wie auch ›Zum Beispiel Josef‹,

Eva als Kranführerin Erna in dem Film ›Zum Beispiel Josef‹

gibt der Unglücklichen Halt – und die verantwortungsvolle Stelle. Aber ihr Frausein versteckt sie unter öliger Berufskleidung, hat sich einen Schutzmantel geschneidert aus robustem Stoff: Burschikosität, kollegialer Kumpel, welche die Schnauze voll hat von Schwänzen. Da geschieht was: Plötzlich ist der Kranführersitz leer, das Ladegut schaukelt haltlos hin und her wie sie selbst einst – und fast passiert ein Unglück. Aber der sympathische Peter Reinicke, Arbeiterdarsteller, harte Schale, weicher Kern, Grübchen im Kinn – also Bruno rettet die ›Szene‹ und die ganze Brigade bringt Erna in einem Gabelstabler zur Unfallstation. Das war höchste Zeit, sagt der Arzt, weil sie hochschwanger ist, die Wehen bereits im Gange – und schon kommt das Kind zur Welt. Alle staunen: Was, die Erna, da gehört ja dann ein Erzeuger dazu, wer könnte das sein: Einer von ihnen, den Sträflingen? Ich hab 'ne Idee für die Wende: Du wirst eingebaut in die Geschichte, warst zum Arbeitseinsatz hier, zur Läuterung, Wiedergutmachung ideologischer Fehler – ein Tagtraum.

Warum ich mich so ausführlich über Erna auslasse: Sie zu spielen ist eine echte Aufgabe, wo Äußerliches von vornherein ›weggeschminkt‹, Charakter gefragt ist, schauspielerische Leistung.

Und es ist Ablenkung, daß ich nicht aufhöre zu schreiben, weil dieses Hotel bedrückend ist: In der Früh sah ich eine Gestalt im 7. Stock auf der Balkonbrüstung stehen. Der Drehstab-Fahrer, der mich schon vorm Hellwerden zum Drehort abholte, sagte: Das ist einer, der seine Olle beobachtet beim Vögeln mit die ihrem Liebhaber. Hat sich ein anjesoffen und turnt da nu sternhagelvoll rum. – Mir schien aber, daß der

Szene aus dem Film ›Zum Beispiel Josef‹, u. a. mit Hans-Peter Reinecke und Fred Delmare (beide vorn Mitte)

Umriß etwas Weibliches hatte. Wie ein Blatt lag die Hand lose am Beton, das eine Bein leicht vorgeneigt. Ich sagte: Sie will springen. Jemand muß sie zurücklocken. Quatsch, meinte der Fahrer, wird schon nix passiern. Hauptsache, mir fällt keiner aufs Dach – und fuhr los. Jetzt ist sie tot. Die Idioten haben sich zu blöd angestellt, mit'm Holzhammer gedroht, der Peitsche geknallt. Ein Ordentlicher vom Empfang war raufgestiefelt, statt auf die Feuerwehr zu warten, hat sie angepfiffen: Wollnse da wohl auf der Stelle runterkommen! Und das hat sie dann auch prompt gemacht.

Jeder kommt mal in Situationen, wo er nicht weiterweiß und der Sprung in Freund Hein seine dich-auf-ewig-umschlingenden Arme die einzige Rettung scheint. Wenn da eine menschliche Stimme sagt: Hier, nimm meine Hand. Versuch es noch mal. Oder auch nur Schweigen ... Und die Strafgefangenen auf der Werft, auf dem Schiff, wo wir drehen, wimmelt es von Streifen-Anzügen. Die Wächter sagen, es sind Schwerverbrecher, wir sollen kein Wort mit ihnen wechseln oder Nachrichten annehmen. Ganz junge Gesichter zum Teil, ausgemergelt. Mein Herz stockte vor Mitleid. Ich hab unauffällig eine Stange Zigaretten verteilt. Hoffentlich kann ich schlafen. Schick mir der Himmel freundliche Bilder! Eigentlich bin ich gut dran, werde geliebt und Du – bist ein Auserwählter, Göttersohn. Einer von den wenigen, die der Menschheit die notwendigen Extras schenken, welche uns aus'm Trott erheben. Lieder sind notwenig wie Träume. Du mußt nicht traurig sein, Lieber, Du weißt, daß es mich gibt. Dadurch wird Dir wirkliche Einsamkeit nie passieren. Wenn Du es ernsthaft willst, daß ich komme, bin ich da.

Ich habe mich oft verliebt im Leben und war entzückt von andern Männern, verrückt nach ihnen, hatte Verhältnisse, Abenteuer, Kurzgeschichten, Romananfänge. Aber Du bist meine große Liebe.
Nun weißt Du es, was Du schon immer wußtest. Eva

Sommer 74

Eva, mein Lieb, ich bin zu Mosers gefahren, um Dir noch einen langen Brief zu schreiben und nun ruft plötzlich Emma an – sie ist seit heut Nachmittag in meiner Wohnung und ich wußte das nicht, und es ist schon 21.30 und Emma muß um zwölf rüber. Also ganz kurz:
Ich liebe Dich und liebe Dich noch und wieder und habe eine schlimme Sehnsucht, die mich aber nicht krank macht, weil ich weiß, daß wir uns finden werden, sobald Du abgekühlt bist und Dein Herz offen und Deine Arme für mich offen sind. – Ich habe die Nächte gut und tief geschlafen und von Deiner Haut geträumt, von Deinen Bauchringeln, die mich aufregen und Deiner Katzenzunge. – Von meiner Che-Geschichte wird Vera Dir erzählen. Bleib nicht zu lange! Und frage die Wölfe, was aus dem Bau in Warthe geworden ist ...
Meine Schöne, komm bald und behalt mich lieb in Deinem Herzen und wasche und kämme Dich schön und bürste Dich (selber!) und salb Dich und bereite Dich für meine Seele und meine Streichelhände und meine Nase. Dein Wolf

Warthe, 17./18. Juli 74

Eva, mein Lieb, meine offene Wunde, ich bin über the watery main und gegen den Wind zu Dir geflogen. Kennst Du uns noch? Wir sind damals auf dem Dach und im Roten Roß oder Schwarzen Hirsch in Halle zusammengeknallt und nun hängt Amor die obligate sehnsuchtskranke Werbezeit ein paar Jahre hinten an.
Stefan Heym hat mich in Warthe angerufen und mir mitgeteilt, daß er ein Gespräch mit Kulturminister Hoffmann hatte – wegen meines Che Guevara Liedes – und daß die Herren gern, sehr gern mit mir verhandeln wollen, – wer weiß, vielleicht geschehen noch rote Wunder und wir singen zusammen das Che-Lied auf dem Alexanderplatz.
Ich bin ein bißchen aus der Fassung, das regt mich hier alles so auf, und mir flattert das Herz. Haben Vera und Ilja Dir meinen Brief gegeben? Sicher. Aber ich wußte gar nicht, daß Du jetzt schon in Lütow bist. Das ist ein furchtbares Glück.

Ach, mein Einziges, ich bin mit meinem Netz angeschwommen und der Vogel ist weggeflogen. Und ich stammel auf dieses Rechenpapier, meine Unberechenbare, meine Liebe. Und ich bin neunmal stolz und zehnmal voller Demut und warte auf Dein Zeichen. Es ist noch nicht das siebente Mal, daß ich Dich rufe, und Du kannst noch wegbleiben. Aber ich hätte mehr Mut zu den Gesprächen, die in Berlin auf mich warten, wenn ich Dich finden könnte. – Morgen früh zwischen sieben und acht werde ich mit den Wölfen hier anlegen und werde im Boot auf Dich warten. – Gehe also wie eine Fischerfrau an den Hafen und warte auf Deinen Mann und zieh Dich warm an.
Frau Esche, unsere gute Freundin, arbeitet ja bei der Post und darum gebe ich lieber ihr den Brief als Volkwarts. Ich umarme Dich Wolf

Spätsommer 74

Liebe Eva, kennst Du aus dem Alten Testament den Gesang der 3 frommen Männer im Ofen, der von den Heiden bös geheizt wird und in dessen Gluten die drei doch nicht verbrennen? ›Wir Drei‹ (kennst Du das berühmte romantische Bild von Runge – oder C. D. Friedrich – mit den Dreien? Das Bild ist ein ganzes Drama und ein Gedicht; es zeigt drei Menschen, die auf komplizierte Weise innig miteinander verbunden sind: zwei Brüder und die Frau des einen. Das Paar steht aneinander-geschmiegt in einer Innigkeit, von der man nicht weiß, wie tief sie ist und nicht, wie lang sie anhält. Der unbeweibte Bruder steht grübelnd, halb abgewandt und trotzdem nicht bitter, sondern den beiden Liebenden zugeneigt. Und trotzdem ist diese Zuneigung gespalten, denn die Zuneigung zu einem Weib ist eben doch was anderes. Das ganze Bild ist eine idyllisch gemalte Bombe ... Wir Drei aber leben hier in Warthe ungewaschen und fröhlich, und heut haben wir uns sogar Mittagessen gemacht: aus den drei Bratwürsten, die Du uns mitgabst. Ein Glück! Ohne Dein Brot hätten wir hier den ersten Abend ziemlich traurig gesessen, so aber habe ich, als Jonas schlief, noch mit Manu beim Schachspiel die Flasche Rotwein ausgesüffelt, und ich habe gewonnen – wozu auch verlieren! ... Wir haben schon allerhand vergnügten Unsinn gemacht, und ich bin früh mit Jonas, wenn Manu noch schläft, durch den Quilitzer Busch gestrolcht, wir haben sogar paar vergammelte Butterpilze gefunden und uns mit Zwiebel und Ei in die Pfanne gehaun. Ich bin erstaunt, wie wenig fremd Jonas gegen mich ist, wir haben uns ja ein Jahr nicht sehen dürfen. Ich verstehe

Christine (Tine) Bark in Wolfs Wohnung in der Chausseestraße

vieles nicht, nicht, warum er nun mit mir 3 Wochen zusammen sein darf und das ganze Jahr nicht einen Tag, und ich versteh nicht, daß er mich noch so genau im Kopf und in der Seele hat.
Es ist schon später Abend, und eben ist Jonas noch mal aus dem Bett geklettert und sitzt auf meinem Schoß, und ich mußte ihm vorlesen, was ich an die liebe Eva geschrieben habe. Und mußte ihm – er liegt schon wieder in der Kiste – noch die ganze Geschichte von dem Gesang der Drei Männer im Ofen erzählen und sogar noch das romantische Bild und er fragte: welcher von den beiden Brüdern hat die Frau? der jüngere, oder der ältere? – ich weiß das nicht, aber ich habe promt und sicher gesagt: der Jüngere.
Liebe Eva, lies nicht zuviel Bedeutung in diese Plapperei. Dieses Warthe ist mir ein ungesellig junggeselliger Ort, ich bin hier seit zwei Jahren und jeden Sommer so allein wie ich nie vorher war – der halbe Tag bei Dir war gut für mich und schmerzhaft. Aber das sind Schmerzen, die ich begreifen und ertragen kann – der Schmerz, den ich um Tine habe, irritiert mich und hat in seiner politischen Dimension etwas Demoralisierendes und in seiner erotischen Dimension etwas Schwachsinniges. Entschuldige, daß ich Dir davon rede, aber Du kennst mich, weißt, welche tiefen politischen Ängste diese alltägliche love-story in mir aufreißen mußte. Wenn ich freilich mein sogenanntes Leben nach der

Eva mit Mathias (Matti) Geschonneck

Produktivität beurteilen müßte, würde ich sagen, daß es mir deutlich besser geht, seit es mir schlechter geht. Die Leut haben (zum Glück) keinen Schimmer davon, was eigentlich die Produktion eines gutes Liedes kostet, es hat was von andauernd Kinderkriegen, das die Frauen so glücklich u. früh alt macht (wie die Männer zumindest behaupten). – Eva, meine Augen haben sich an Dir gefreut, an Deinen geschickten lieben Händen, an Deinem Bauch, der Dich ärgert und mich freut, und doch hätte ich meine Augen ausreißen sollen, sie haben mich geärgert, geärgert aus zwei Gründen, die Du gut verstehst: Ich wollte Deinen lieben Freund nicht trauriger machen als er ohne mich schon ist, und ich bin zu stolz, Dir jetzt schöne Augen zu machen, wo sie noch halb gerötet sind von den Tränen über mein Unglück mit der großartigen und kleinkarierten Tine.

Darüber, wie Manu mich mit jugendlichen Altersweisheiten über Weiber – Leiber – Zeitvertreiber – Liebe – Leben – Hass und Hoffnung aufrichtet, muß ich mich schieflachen. Der wird mal ein guter Mann, ein geistreicher Witzbold ist er schon. Manu war froh und halb wie von einem Schuldschatten erlöst, nachdem wir bei Dir waren. Er hängt an Dir und war zu blöde gewesen, zu Dir zu gehen, unabhängig davon, wie das nun grad mit uns beiden ist. Heute stand über Warthe ein strahlender ungebrochener Renaissance-Regenbogen und machte das

Dorf und die Wälder und Felder und sogar die Russen-Radar-Station zu einer altmeisterlich, in Lasurtechnik gemalten Landschaft. Ich hab das Schauspiel zu meinem Vergnügen auch mit Deinen Maleraugen gesehen und stellte mir vor, wie Du in echter Böttcher-Manier (mit pastosem Farbauftrag) und in Deinem ganz und gar eigenen ungelenk poetischen Stil diese Landschaft unter der bunten großen Käseglocke gemalt hättest und auf irgendeinem Dach wäre ich rumgesprungen oder es hätte auf einem ganz hohen Dach ein Liebespaar sich wacklig an den Händen gehalten, hätte vielleicht sogar oben auf dem Regenbogen gestanden und sich ergriffen den Beschauer des Bildes angeschaut, mit einem Blick, den Du kennst, der ›Siehst-Du-den-Mond-über-Halle-Neustadt-blues‹ – und diesen blues hab ich gerad in der Gitarre. Wolf

Liebe Eva, der Brief hat 2 Tage gelegen, jetzt sind wir in Heringsdorf. Jonas + ich haben in der eiskalten Ostsee gebadet, und Manu, die Frostbeule hat uns zitternd und zähneklappernd zugeschaut. – Gruß W.
*) ein Schreck beim nochmaligen Durchlesen: Lesen kann der Jonas natürlich, er frißt schon die Indianerromane von meiner Freundin, der Strickstrumpf-Oma, Völkerkundlerin u. Schriftstellerin Liselotte Welskopf. Jonas kann nur nicht die Schrift entziffern, die Dir vertraut ist.

Sommer 74 Karolinenhof: Jetti Graf, sitzend; Eva, schwimmend; Wolf, springend

Herbstende 74

Eva, meine leise Frühaufsteherin, Dein trauriges Faultier hätte sich lieber mit Dir zusammen aus'm Bett gerollt und noch paar Worte und paar Frühstücksbissen und paar Küsse gewechselt.

Ich fahre jetzt zu Robert und dann nach Leipzig, auch, weil ich mir Sorgen um Pannach mache und eigentlich, weil meine Seele flattert – ich muß mal aus dem Berliner Vogelkäfig und wenigstens durchs DDR-Wohnzimmer fliegen. – Die Hinterhofgeräusche, Kinderspiel, Elterngeschimpfe, Küchenarbeitsgeklirr und Radioquassel und Flugzeug – Orgelpunkt und die Sonnenstreifen auf der Gardine und unser geknäultes Bettenbündel auf einer Seite der großen Bettfläche – das ist schon ein kleiner Friede – und ist gut für mein Herz. – Wolf

Den Schlüssel lege ich hinter den Spiegel im Flur, nee, ich will doch lieber die Wohnungstür richtig abschließen, und da nehme ich den Schlüssel mit rüber – Du hast ja Dein Bund. – Kuss, Wolf

Zettel hinterm Scheibenwischer – 22. September 74

ei! ei! wer ist der Glückliche? wer hat den Platz an Evas Seite inne? Wange an Wange, cheek to cheek, Auge in Auge, Bein an Bein, Mund an Mund, Herz an Herz, Auto an Auto, Lachträne an Trauerträne ...

DIE ABTREIBUNG AUS DEM PARADIES
1976 – 1977

Aus dem NEUEN DEUTSCHLAND vom 17. November 1976:

Biermann das Recht auf weiteren Aufenthalt in der DDR entzogen

Staatsbürgerschaft der DDR aberkannt

Berlin (ADN).
Die zuständigen Behörden der DDR haben Wolf Biermann, der 1953 aus Hamburg in die DDR übersiedelte, das Recht auf weiteren Aufenthalt in der Deutschen Demokratischen Republik entzogen. Die Entscheidung wurde auf Grund des ›Gesetzes über die Staatsbürgerschaft der Deutschen Demokratischen Republik – Staatsbürgerschaftsgesetz – vom 20. Februar 1967‹, Paragraph 13, nach dem Bürgern wegen grober Verletzung der staatsbürgerlichen Pflichten die Staatsbürgerschaft der DDR aberkannt werden kann, gefaßt. Biermann befindet sich gegenwärtig in der Bundesrepublik Deutschland. Mit seinem feindseligen Auftreten gegenüber der Deutschen Demokratischen Republik hat er sich selbst den Boden für die weitere Gewährung der Staatsbürgerschaft der DDR entzogen. Sein persönliches Eigentum wird ihm – soweit es sich in der DDR befindet – zugestellt.

Foto: Das Konzert in der Kölner Sporthalle am 13. November 1976

DER PROTEST DER SCHRIFTSTELLER UND KÜNSTLER

17. November 1976

›Wolf Biermann war und ist ein unbequemer Dichter – das hat er mit vielen Dichtern der Vergangenheit gemein. Unser sozialistischer Staat, eingedenk des Wortes aus Marxens ›18 Brumaire‹, demzufolge die proletarische Revolution sich unablässig selbst kritisiert, müßte im Gegensatz zu anachronistischen Gesellschaftsformen eine solche Unbequemlichkeit gelassen nachdenkend ertragen können. Wir identifizieren uns nicht mit jedem Wort und jeder Handlung Wolf Biermanns und distanzieren uns von den Versuchen, die Vorgänge um Biermann gegen die DDR zu mißbrauchen. Biermann selbst hat nie, auch nicht in Köln, Zweifel darüber gelassen, für welchen der beiden deutschen Staaten er bei aller Kritik eintritt. Wir protestieren gegen seine Ausbürgerung und bitten darum, die beschlossene Maßnahme zu überdenken.‹

Sarah Kirsch, Christa Wolf, Volker Braun, Fritz Cremer, Stephan Hermlin, Stephan Heym, Günter Kunert, Erich Arendt, Heiner Müller, Rolf Schneider, Gerhard Wolf, Jurek Becker

Wir Kulturschaffende erklären uns mit dem Protest der Berliner Künstler – gegen die Ausbürgerung Wolf Biermanns solidarisch.

Jutta Hoffmann, Katharina Thalbach, Manfred Krug, Nina Hagen, Thomas Brasch, Ulrich Plenzdorf, Eva-Maria Hagen, Ekkehard Schall, Bettina Wegner, Christiane Ufholz, Klaus Schlesinger, Hilmar Thate, Angelica Domröse, Käthe Reichel, Else Grube-Deister, Jutta Wachowiak, Rolf Ludwig, Armin Mueller-Stahl, Barbara Dittus, Margit Bendokat, Eberhard Esche, Cox Habbema, Christine Gloger, Mathias Langhoff, Andreas Altenfelder, Adolf Dresen, Horst Hiemer, Hans Bunge, Fritz R. Fries, B. K.Tragelehn, Kurt Bartsch, Jürgen Fuchs, Sybille Havemann, Hans-Joachim Schädlich, Ernst-Ludwig Petrowski, Jürgen Böttcher, Thomas Schoppe, Gerulf Pannach, Christian Kunert, Uschi Brüning, Günter Fischer, Thomas Langhoff, Günter de Bruyn, Reimar Gilsenbach, Lothar Reher, Henrik Bereska, Horst Hussel, Ulrich Gumpert, Horst Sagert, Nuria Quevedo, Klaus Lenz, Helga Schütz, Karl-Heinz Jacobs, Willi Moese, Hans Karsten Recke, Charlotte Worgitzki, Katja Lange, Dietrich Petzold, Axel Gothe, Antje Vogel, Anne Hussel-Gabrisch, Elke Erb, Günter Sommer, Peter Rüth, Barbara Rüth, Heiner Sylvester, Richard Cohn Vossen, Charlotte Pauly, Günter Kotte, Heinz Brinkmann, Wolfram Maaß, Trini Cremer, Wolfgang Müller, Werner Kohlert, Christa Sammler, Bernd Wilde, Christine Renker, Peter Graf, Klaus Poche, Frank Beyer, Christoph Ebets, Heinz Becker, Reinhard Lakomy, Angelika Mann, Tilo Medek, Max Pflugbeil, Reiner Medlin, Petra Grothe, Jetti Graf, Peter Herrmann, Kurt Demmler, Horst Gretschel, Dieter Schubert ...

Montag, 8 Uhr morgens, 22. November 1976

Wolf! Fast eine Woche ist vergangen seit der Urteilsverkündung und Vollstreckung in einem Aufwasch. Ich habe endlich wieder Deine Stimme im Ohr, den Beweis, daß Du lebst. Das ist erst mal ein Glück. Alles andere ist schlimm, aber letztendlich zweitrangig. Wir werden uns nicht abfinden mit dieser ›Maßnahme‹, sondern alles in Bewegung setzen was menschenmöglich ist. Ich will aufschreiben wie es sich verhält aus meiner Sicht, denn das Telefon ist eine Höllenmaschine: Während wir sprechen, spüre ich, wie jedes Wort aufgeschnappt wird von einem Heer aus Ohrmuscheln, verschluckt im Schlund des Drachen, weitergeleitet durch das System der Gedärme, hin zum Entcodierer des Reptils, zerpflückt, durchleuchtet, aufgespießt und schließlich archiviert in der Schmetterlings-Sammlung im Herrenzimmer vom Jagdsitz des Erich von Schmulke.

Obwohl ich erst um zwei Uhr ins Bett kam, bin ich wieder hellwach. In den DDR- und West-Nachrichten war gleichzeitig zu vernehmen, daß die Hetzkampagne gegen Dich weiter am Brodeln ist, hier direkt frontal volles Programm, im Westen aufreißerisch oder das Ereignis gleichmütig kommentierend: Ein gefundnes Fressen für jedermann. Meine Hoffnung, daß es ein Versehen war, schwerer Fehler, aber korrigierbar, keimt täglich neu auf und wird niedergedrückt durch das Registrieren diverser Repressalien gegen die Unterzeichner des doch nun geradezu höflichen Bittschreibens an den Kaiser.

›Alle roten Lampen brennen‹, sagte Scheumann, der bemüht ist, sich neutral zu verhalten, was in seiner Position schon was bedeutet. Wie lange wird er der Belastung standhalten, sein Gesicht wahren können? Er hat einen eignen Betrieb, eine Privat-Filmfirma auf Staatskosten, sprich Volksvermögen; er lieferte auch beachtliche Arbeiten zusammen mit seinem Compagnon Heynowski ab, den ›Kongo-Müller‹ z. B., ein Streifen über die Fremdenlegion, dann diese ›Vorführung‹ des abgeschossenen amerikanischen Bomberpiloten in Vietnam; der Film erregte international Aufsehen. Eine Hellseherin vom Rheine – oder war's der Neckar, wo sie ihren Sitz hat – soll er aufs Kreuz gelegt und somit unserer aufgeklärten bzw. fern allen Aberglaubens befindlichen Hälfte die Augen geöffnet haben, darüber nämlich, was es noch so gibt an mittelalterlichen Kuriositäten auf der Gegenseite. Außerdem ist er Vize-Präsident der Akademie und werweißwas für Posten er bekleidet.

Zur Dok-Film-Woche war er erst mal krank und hat sich unter die

Bettdecke verkrochen, Versetzung aus der Frontlinie, selbstverordnet; vielleicht kommt ja des Volkes Stimme durch, ein e c h t e r ›Volks-Entscheid‹ womöglich. Wenn nicht: Abwarten und Tee trinken, gemischt allerdings mit schärferer Medizin: Die hochprozentigen Wässerchen sind flink am Fließen. Aber wie gehts weiter? Morgen, zur ›Großen Beratung über kulturpolitische Fragen‹, wird er Farbe bekennen müssen. Und sollte er der ›Maßnahme‹ keinen Beifall spenden, machen sie ihn – so oder so – zur Sau: Keine Einladung zum Stehbankett, das Große Fressen aus hochherrschaftlichem Trog findet ohne ihn statt. Unverblümt gesprochen: Trüffelpastete, Kamschatkakrebse, Kuba-Langusten, Kaviar, Peking-Ente, Schwizerkas, Diplomatencremepudding, grusinischer Fünf-Sterne-Konjak, Träume von der Südsee; all die Gaumenfreuden sind passé bei einem falschen Zungenschlag. – Übrigens: Heut treffen sich Stoffel Hermelinchen und Erichsohn Persönlich. Das sollte ein Geheimnis sein, aber alle Welt weiß es. Bestimmt kommt es zu einer positiven Wende: Ein Staatsempfang wird Dir bereitet bei Deiner Rückkehr, mit roten Nelken, Konfetti-Regen aus überholten Zeitungsmeldungen; die Lügenmärchen alle zerstanzt, von Rostock bis nach Suhl, von Erfurt nach Eisenhüttenstadt, von Plauen nach Peenemünde ... verweht von Wetterlaunen.
Der Oktober-Club, das Erich-Weinert-Ensemble, ein Männer-Gesangs-Verein aus Parteiveteranen, durchwachsen von Restbeständen alter Spanien-Kämpfer, die wiederum umkränzt von Stimmchen ausgewählter Thälmann-Pioniere. Sie alle singen die ›Ballade vom Mann, der sich eigenhändig beide Füße abhackte‹ mit Ritardando am Schluß:
›Jedoch zum Unterschied – zu jenem obigen Mann – wächst der Partei manchmal – der Fuß auch wieder an. (Aber wann ?)‹

Wolf in der Kölner Sporthalle am 13. November 1976

Wolf, Du glaubst nicht, wie emsig die Verantwortlichen dabei sind – nachdem sie die erste Flutwelle regelrecht verpennt hatten – die Unterzeichner zu einer Zurücknahme zu bewegen. Bestimmt werden welche den Schwanz einziehen, denn als Dankgeschenke winken exklusive Preise, tolle Projekte stampft man aus'm Boden. Hinweise auf Aussichten einer nicht von der Hand zu weisenden Laufbahn werden gegeben: ›Sonnenschein am Himmel für Alfi P. Doolittle, Fettlebe in Sicht.‹
Matti ist gestern nach Moskau abgeflogen. Zum ersten Mal kümmerte sich der ›Zoll‹ um ihn. Jedes Winkelchen seines Gepäcks wurde durchstöbert, er selbst mißtrauisch beäugt. Ich mach mir Sorgen. Er ist dort sehr allein und auf sich gestellt. Mischka und Naum können ihm in der Hinsicht kaum beistehn – im Gegenteil. Und daß sich unsre Genossen Landsleute entsprechend aufmerksam um den zum Auslandstudium Delegierten bemühen werden, ihn auf gut-deutsch-demokratisch in die Mangel nehmen, ist anzunehmen. Vielleicht ist er schneller zurück, als ihm lieb ist, weil sie ihn rausschmeißen am WGIK auf Geheiß des kleinen Bruders vom Westrand des Lagers, was ich nicht ernstlich annehme. Sein Vatersname schützt ihn: Erzeuger Geschi, der Goldmedaillengewinner in Nationalpreisen. Sein Zieh-Vater, Vorbild, Leitfigur Gerhard Scheumann, ist zudem ein trutzig Schutzschild & verläßlicher Posten. Und nicht zuletzt der Schoß der Partei wird sich über ihn stülpen, ihm den Kopf waschen wollen, die mannstolle Mutter, zurechtrücken, ihre Geborgenheitsrituale zelebrieren – zwar nicht mit Eichenlaub und Schwertern – dafür mit eisernem Willen, der geistigen Knebelkette (nicht wie bei mir einst mit einer echten) und die deutsch-russische Birke rütteln unter Donnergebrüll: Ja, bist du denn von allen bösen Geistern verlassen, äh, von allen guten Geistern besessen!
Hat mir Stups Adameck doch vorgeworfen, ich würde das Lebensglück, die Karriere dieses hoffnungsvollen Kaders aufs Spiel setzen, ihn reinziehn in' Dschungel der Anarchie. Sogar mein eigen Fleisch und Blut der Unordnung aussetzen, wo Nina das Zeug dazu hat (und unter Umständen alle Unterstützung), eine begnadete Künstlerin zu sein, in welcher Branche auch immer: Oper, Musical, Film, eigene Band. Jedenfalls würde der Staat dem Mädel alle Möglichkeiten einräumen im Falle eines Zeichens von Entgegenkommen.
Dann als Oberhaupt am Kopfende des Tisches möchte er wissen, was in meinem krausen Kopf vor sich ginge. Zwar wäre ich noch gut in Schuß, mein Bekanntheitsgrad ließe nichts zu wünschen übrig, da ich

›... jedenfalls würde der Staat dem Mädel alle Möglichkeiten einräumen, im Falle eines Zeichens von Entgegenkommen ...‹
(Nina beim Tanzen im Freien)

es verstünde, mich im Gerede zu halten, aber man sollte paar Jährchen weiterdenken. Zwischen Tür und Angel erfuhr ich noch, daß der Apparat auch aus Menschen besteht, eine milde Verfahrensweise zu vertreten sei, wenn, wie gesagt, je nachdem die Dinge sich entwickeln.
Tja, liebe Gemeinde: Für reuige Sünder hatte die Kirche stets ein Faible. Aber wehe, sie hatten sich breitschlagen lassen unter der Folter, zugegeben, daß sie mit dem Teufel im Bunde standen, einen Mann verhexten, dem internationalen Verschwörerring – der nichts weniger als die Liquidierung vom Generalissimus persönlich plant und die Einführung klassenfeindlicher Lebensweise unterstützt – Bereitschaft signalisiert, da brannte der Scheiterhaufen aber lichterloh, dann schossen die Gewehre zielgerichtet: ›Und er, der es begriff, begriff es auch nicht.‹
Ich wüßt gerne, wie Brecht sich heut verhielte. Ob er seinen Österreich-Paß rausfingern täte unter der seidengefütterten Mao-Bluse und emigrieren Richtung Süden? Da würde er wiederum kein so kostspieliges Theaterchen besitzen, den Ausnahme-Status genießen wie bei unsern Banausen. In Augsburg hätten die Stadtväter ihrem genialen Sohn vielleicht ein verfallenes Schützenhaus zur Verfügung gestellt, keinesfalls so einen Musentempel wie am Schiffbauerdamm es hiesige Förderer taten. Trotzdem, Bertolt war nicht zu korrumpieren. Der

nähme kein Blatt vorn Mund aus taktischen Gründen. Es gibt junggebliebene Alte. Wär er nicht so früh gestorben, hätte er Karl-Wolf als Regie-Assistent erlebt, würde er ihn zum Lieblingsschüler erwählt haben; denn er hatte eine Nase für Besessene, offene Ohren für kritischen Verstand – und Du wärst jetzt d e r Theatermacher überhaupt, statt Liedermacher; obwohl sich das nicht ausschließen muß.
Wolf, Du hättst das Palaver mitanhören müssen übern SCHWARZEN KANAL. Schnitzler hätte den Orginal-Ton senden sollen, da hätte es nicht ›Kricks‹ gemacht in der gesamten Republik – wie sonst nach der Montagsschnulze, wenn sein glibbriges Konterfei auf'm Schirm erscheint, um dem Klassengegner am Zeug zu flicken mit manipulierten Ausschnitten vom Tagesgeschehn, zynischen Kommentaren, daß dir das Bier in der Flasche umschlägt. Wie ist so was möglich, ich meine, daß dieser gallige Typ, in Lebensstellung, unsere kostbare Sendezeit verballern darf für nichts als die Aufladung der Atmosphäre am Brocken, wo sozusagen der Mehrwert unserer Arbeitergroschen verpufft.
Wolf! Du hättst Dich gefreut über Matti Grünauge Rotblind. Ich bin auch voller Vertrauen, was ihn betrifft: Das ist jetzt eine Reifeprüfung für den Sonnenkringel. Ohne Wankelmut, Zögern und Zaudern hat er sich auf meine Seite gestellt. Und die erlauchte Abordnung von Väterchen Staat verstand die Welt nicht mehr. – Morgen ist ein erneuter Vorstoß geplant. Ich soll mich bereit halten: ›Auf Abruf‹!

November 76

An Wolf! Bylle fuhr nach Grünheide vor zwei Stunden – im Taxi!
Hab die Nummer notiert: 5327. Roberts Haus ist von Stasi umstellt. Auch von der Waldseite ist die Burgwallstraße abgeriegelt. Nachts wird das Grundstück von bulligen Scheinwerfern beleuchtet. Niemand darf rauf; versucht es wer als ›Spaziergänger‹, wird er abgeführt.
Man wird ja aber wohl die Mutter zum Kind lassen. Es ist nicht klar, ob das Manöver wegen Fuchs stattfindet oder dem ›Teufel Havemann‹ der Aufwand gilt. Jedenfalls sind die Gemüter aufgeheizt auf beiden Seiten der Front. Es wird regelrecht Pogromstimmung inszeniert:
Bei Sarah Kirsch im Hochhaus war ein Zettel am Aushang. Angeblich sollen Mieter ihre Unterschrift unter folgenden Text verewigt haben: Mit dieser staatsfeindlichen Dichterin wolle man nicht unter einem Dach wohnen. – Eine Nachbarin benachrichtigte den Hausvertrauensmann oder Parteisekretär oder ABV ...

Ich bin laufend auf Achse, gehöre zu den Praktikern der unorganisierten Aktion. Erstaunlich, wieviel Einzelinitiative es gibt, persönlichen Einsatz. Den meisten ist es gar nicht bewußt, daß sie sich politisch betätigen. Sie reagieren, als wär es eine Familiensache, ein Eingriff in die kleinste Zelle: Dieses Ding von Maßnahme, ist ein so dicker Hund, der morgen den nächsten Angehörigen anfallen könnte bei falscher Witterung. Das geht zu weit – bei allem Gehorsam zum Gesetz.
Ich wollte sagen: Obwohl ich als Vertreterin ureigenster Interessen an die Haustüren gehe, die Leute konfrontiere, daß sie Stellung beziehen müssen – bin ich stets und ständig mit Dir verbunden.
Hoffentlich kriegst Du meine Zeichen zu Gesicht, damit Deine Kaninchen sich freuen können und Du lieber Wolf! – Eva.

Mittwoch, 24. 11. 76

Wolf, liebes Menschenkind! Tiefe Traurigkeit liegt über der Stadt: Es ist entschieden nach harten Kämpfen: Sie lassen Dich nicht zurück; jedenfalls vorläufig. Das ist zwar ein dehnbarer Begriff, bedeutet in Deinem Fall aber wohl soviel wie lebenslänglich.
Was soll aus uns bloß werden, wir sind zwangsläufig Verlassene, Aussatz der Gesellschaft, Waisenkinder im umfassendsten Sinne. Ohne Dich ist dieses ›Deutsche Dunkel‹ noch düsterer als gehabt. Das 11. Plenum vor 11 Jahren war ein Furz, gemessen an diesem Stunkhaufen von jetzt.
Ich hab mir vorgenommen, ›Erlebtes‹ einzufahrn in' Speicher zum Erinnern beim Jüngsten Gericht, eine ›Chronik scandaleuse‹ anzulegen für die Hauspostille, Märchen vom bösen Wolf, wahre Begebenheiten und Evas alltägliche Geschichten über die Austreibung aus dem irdischen Paradies namens DDR. Später glaubt es kein Schwein, hält es für Dichtung und Deutung. Und keiner will es mehr gewesen sein.
Es gab Momente, wo mein Herzschlag stockte; eine geschlagene Woche ging das Hick-Hack zwischen Hoffen und Harren. Und all diejenigen, die Dich lieben, schätzen, brauchen, die in Dir eine Oase in der Wüste sahen, sind kopflos, kommen zu uns wie zu Stellvertretern Gottes auf Erden. Das klingt übertrieben, ist aber Tatsache.
Jurek sieht müde aus. Alle haben zuwenig Schlaf. Als er vorhin mit Dir telefonierte bei der Nachbarin in Flörchingers Wohnung – Tine und ich saßen dabei – war ein richtig fühlbarer Schmerz im Raum. Was soll er Dir auch sagen, falls er rüber dürfte: Machs gut, alter

Junge, Kopf hoch. Sprüche, weil nach Honakows striktem Njet keine Hoffnung auf Rückkehr besteht. Während ich an Dich schreibe, sitzt Jurek in Deinem Ohrensessel, schmallippig, wie sich selbst verhöhnend – Parteijargon im Munde führend.

Tines Vater beackert Tine. Tine weint, weil sie geglaubt hatte, sagt sie, er hätte seine Meinung über Dich korrigiert nach dem Hinterhalt-Coup einer ganzen Staatsführung. Das sind Helden! Lorbeeren werden sie sich damit nicht verdienen unterm Strich; es wird sie noch teuer zu stehen kommen. – Und immer wieder diese Hundeseelen von Gefolgsleuten: Wie sie nach dem Knüppel springen, den das jeweils am Drücker sitzende Herrchen aus'm Sack läßt im Namen der Partei, die bekanntlich immer Recht hat, wie sie sich selbstgerecht bescheinigt. Die müßten als Pflichtlektüre alle Londons Buch ›Ich gestehe‹ aufgebrummt kriegen, da würde ihnen vielleicht eine Erleuchtung kommen und sie kämen in Dunkelhaft, weil sie nicht umhin gekonnt hatten, für die Aufklärung der Verbrechen einzutreten. Ich weiß noch, wie ich entsetzt war, als ich das Buch las, zitterte, es könnte gefunden werden bei einer Haussuchung, als ich alle naselang zum Verhör mußte wegen dem ›Blöden Hammel‹ von Volkspolizisten.

Ja, Wolf, Du hast alles früher durchschaut als die meisten; von mir einst blauäugiger Butterblume ganz zu schweigen. Sag mir, was ich machen soll. Und Tine. Sie ist ›gewachsen‹, könnte sofort zu Dir, wenn Du willst. Sie hat einen gültigen Stempel, dadurch die Erlaubnis, dem Ehemann zu folgen mit Kind und Kegel, wenn es denn sein muß. Aber uns brauchst Du auch – und wir: Bylle, Felix, Nina, Matti, Eva – Dich! Wir können Dich nicht allein lassen im kalten Westen, sind wir doch eine Familie im besten Sinne des Wortes.

Wolf, laß mich wissen, was Du planst. Gefährde nicht Dein Leben durch irgendeinen tollkühnen Eulenspiegelstreich. (!) Denk dran: Es hat in der Geschichte des Kommunismus nicht nur Unfälle gegeben: Die Liquidierung von massenhaft eigenen Leuten, nach denen kein Hahn je mehr gekräht hat – wie ausnahmsweise bei Trotzkis spektakulärer Gangster-Story – das sind einfach Tatsachen.

Bleib wach, mein Lieber, sammle Kraft. Ich sende Dir das Beste vom Besten aus den Vorratskammern meines Herzens. Leb schön lebendig. Nun gerade und nichtsdestotrotz. Sicher hat das Leben noch was vor mit Dir. Darauf erheb ich mein Glas. Kling-Klang! Auf Dich! Auf mich! Auf uns! Eva.

NACHTRAG: Das ND vom 20./21. Nov. 1976 hast Du sicher in die Hände gekriegt, diese Ergebenheitsadressen, sprich Fußfälle der alten Kämpfer vom Dienst: Fritz Cremer und Ernst Busch; sie müssen teuer bezahlen für das Privileg, preisgekrönte Staatskünstler zu sein. Sie, die einstigen von Mut und Überzeugung durchglühten Widerstandskämpfer, hätten einen achtbareren Lebensabend verdient, als vor'n Mistkarren gespannt zu werden. Der Erschaffer vom ›Aufsteigenden‹ nennt die Petition ein unglückliches Schreiben über Biermann, erklärt, daß sein Name in dem Zusammenhang mißbraucht wurde, man ihn überfahren habe mit der Solidaritätsliste, im Krankenhaus. Die arme Krämer-Seele spuckt nun Galle zum Steinerweichen, gehört Töchterlein Trini bitterlicherweise mit zu den Aufständischen. Schwiegersohn Schwarzbach-Grzimek zählte bei den ›Achtundsechzigern‹ schon zu den ›Einsitzenden‹. Und der Alte selbst, als Mensch und Bildhauer, war er nicht ständig hin- und hergerissen zwischen Unten und Oben, Auf- und Absteigenden, seit es unsere einmalige Republik gibt? Ich erinnere mich noch an seine Brüll-Arien im Haus auf Usedom ...
Und unser anbetungswürdiger Feldkoch-Galileo-Azdak. Weißt Du noch, es war an seinem 70. Geburtstag – als wir bei ihm waren, im Prominenten-Viertel von Pankow, unter all den offiziellen Abgesandten, Gratulanten, Vertretern vom ›Oktober-Club‹, dem ›auslaufenden‹ Intendanten mit österreichischem Paß, Wolfgang Heinz, Nachfolger Anselm Perten aus Rostock; wie die Dich schnitten oder demonstrativ begrüßten; diese groteske Handreich-Szene. Und wie Ernst Busch verklärt alten Aufnahmen nachhorchte, seiner einst einmaligen Stimme, der kämpferischen Zeit von ›Kuhle Wampe‹, Eislers

Musik von damals, auf so 'nem Wunderding von technischem Spielzeug, neuestes Tonbandgerät, sich dabei auf Deine Schulter stützend – wie ein erfolgreicher Feldherr auf'm Siegerhügel. – Nun muß er mit dem Meister persönlich gegen Dich herhalten und dem schwerwiegenden Argument: ›Der Regen fließt von oben nach unten und du bist mein Klassenfeind.‹ – Ach ja: ›Ausgebrannt sind die Öfen der Revolution. Kalter Feuer Asche liegt uns auf den Lippen – kälter, immer kältere Kälten sinken in uns ...‹ Auch Noten-Tüftler Dessau ist mit von der Gegen-Partie; hat sich jedoch nur allgemein gegen ›dreckige Methoden des Klassenfeindes‹ ausgelassen, die zu durchschaun unsere Pflicht ist. Statement aus den gesammelten Kalendersprüchen der Prominenz, für alle (un)passenden Gelegenheiten zu verwenden.
Dann dieser Kant, Hermann, ein besonders pfiffiges Kerlchen. Wie der das hindoktert, macht ihm keiner so schnell nach. Solche Typen wittern sofort, wie der Hase läuft und gesellen sich zu den Treibern. Schon bei dem ›Aula‹-Roman damals und seinem Abbild Robert Iswall hat es gestunken nach kaltschmierigem Schwitzfett durch alle artistischen Klimmzüge und scheinbaren Direktheiten hindurch. Und gerade der! reißt sich den Brecht untern Nagel, die ranzige Nuß, ernennt ihn, anbiedernd und großkotzig zugleich zu einem von ›unserer Zunft‹ – spricht er da ›majestätisch‹ von sich in Plural oder stellvertretend für die Gilde der Schreiberlinge seiner Sorte? – und läßt ihn mit folgendem Zitat gegen Dich Beweis antreten: ›Mein Athi im Gefangenenlager hat einen Fisch und Butter nicht genommen, weil ich's bei der Gutsherrin gebettelt hab, und er nimmt nichts von denen.‹ Jeder mißversteht so gut er kann. Die Nazis sollen den Landsern Hölderlin in' Tornister gesteckt haben als Durchhaltestoff. Mir haben die Zensierer der Bezirks-KGD's Brecht ausm Programm gestrichen zu Zeiten des Einmarschs der Truppen in Prag, weil es da heißt: ›Es wechseln die Zeiten – die riesigen Pläne der Mächtigen kommen am Ende zum Halt‹. Ich sollte denen das Lied ›An alle die verzagen wollen‹ als Flugblatt zusenden, aber dann hätt ich selber bald die Gelegenheit, es ›Im Gefängnis zu singen‹.
Was hätten wir noch für Bücklinge: mein erster Filmregisseur, Günther Reisch, läßt Lenin, sogar Rosa Luxemburg gegen Dich anmarschieren. Aber ihr Gesamtwerk kann man nur im Westen erwerben, rüberschmuggeln lassen mußt du sie dir, will man ihre wahre Größe erfassen; hier sind ihre Schriften fein säuberlich gereinigt. – Und Präsident Willi Sitte, die einst asketische Malsau aus Halle, wie er sich einen

abquält und den Oberen nachm Munde redet; unappetitlich wie seine letzten Schinken. – Wolf Kaiser hat sich ebenfalls nicht drücken können, armer Macky, ein so liebenswerter Sternkucker, völlig unpolitisch eigentlich unser beliebter ›Meister Falk‹. Ihm ist zu verdanken, daß ich im von Bunge erarbeiteten Brecht-Programm, begleitet von den Berliner Symphonikern auftreten durfte, mit ihm die Zuhälterballade singen, Tango tanzen, an Zeiten erinnern, wo ›Marie Sanders‹ zur ›Judenhure‹ gemacht wurde: ›Aber eines Tages war das nicht mehr so. Und zu Ende waren tausend Jahre Not. Aus der Jammer: Über der Getreidekammer hob sich hoh – eine wunderbare Fahne, die war rot.‹ Dieses Zitat war für Wolf Kaiser ausgewählt worden als Rechtfertigung Deiner Ausbürgerung. Das ist doch Schizophrenie! Auf dem Plakat der Parteihochschulen und anderer Kaderschmieden stand nicht mal mein Name damals, nur der Kaiser-Darsteller, Mittelbauer aus Strittmatters ›Katzgraben‹, den Brecht mir noch persönlich zum Spielvater gab, der hinter den Kulissen Inzest-Gefühle kriegte, nach mir grabschte und dafür von der Weigel verbal eine Abreibung bekam, stellvertretend für alle potentiellen Grabscher – der prangte in großen Lettern auf dem Plakat, ich hieß: ›Und andere‹.
Neben obigem Manne steht Lothar Bellag: Eine Pappsemmel kann nichts dafür, daß so was ohne Rückgrat auf die Welt kommt und weder Gewissen noch Können besitzt. Trotzdem hat das Wichtelchen so manchen Viel-Teiler verbrochen. Daß sich letzterer bei der Wahl zwischen Biermann und Staat gegen den Künstler entscheidet, also für den goldspeienden Drachen stimmt, lag auf der Hand. – Auch Irma Münch, Ehefrau von Hans-Peter-Minetti, steht bei der Mittelmaßstaffel. Начальник Fietje – so hieß Peterle bei Teddy Thälmann (was war das mal fürn plietschen Tschjung, schmiß mir Blitzäuglein zu) hat gesondert seinen Senf abgegeben, gemeinsam im Pulk mit einer etwa gleichgestellten Riege, was Reputation, Privilegien, Sagenhaben anbetrifft: Oelschlegel, Vera und Mäde-Hans-Dieter – (mein erster Theater-Regisseur, gab mir die Nadja in Gorki's ›Feinde‹, Sandra in ›Rummelplatz‹, machte Karriere als Politnik) die Truppe nennt die Maßnahme einen nützlichen Beschluß. Und als hätten sich alle abgesprochen, muß wieder Bertolt für die Schweinerei herhalten mit einer seiner berühmtesten Liedzeilen, die bei uns ausgemerzt schienen, ungeeignet zum Zitieren im sozialistischen Alltag. Nun trauen sie sich damit an die Öffentlichkeit, um Deinen ›Fall‹ ins rechte Licht zu rücken,

dazu ist ihnen nichts zu schade noch abwegig, nämlich: ›In Erwägung, daß‹ ... Sind sie so blöd oder tun die nur so! Zum Erinnern, Damen u. Herrn: ›In Erwägung unsrer Schwäche machtet ihr Gesetze, die uns knechten solln ... In Erwägung, daß ihr uns dann eben mit Gewehren und Kanonen droht – haben wir beschlossen nunmehr schlechtes Leben mehr zu fürchten als den Tod.‹ So wird das gehandhabt.
Dann Otto Gotsche, peinlich, wie der einstmalige Rot-Front-Kämpfer unter sich wegmacht im ›Neuen Deutschland‹: ›Die DDR ist aus unserem (!) Schweiß, dem Schweiß der Arbeiter und Bauern entstanden. Liedermacher, die sich aushalten ließen, haben daran keinen Anteil‹. – Ich sollte dem Deine Adaption von Villons ›Wunschballade‹ schicken: ›Im Sabber von verlognen Bruderküssen – in Krokodilen ihrem Tränenwasser – im bittren Gallensaft der feisten Prasser – im Geifer, den ein böser Greis verloren – im Auswurf eingefleischter Menschenhasser – soll man die Zungen der Verleumder schmoren!‹
Dann Ekkehard Schalls Umfall unter den Fettgedruckten! Den haben Nina und Eva auf'm Gewissen. Er empfing uns im Morgenrock, gut aufgelegt, bot uns Platz an, was zu trinken. Wir trugen unser Anliegen vor, drückten ihm die Liste in die Hand. Dummerweise hat er das Teufelswerk dann gelesen mit all den angesehenen Namen drunter. Ein leichtes Zögern – schon hatten wir sein Autogramm. Er tat es mehr, glaub ich, als Kavalier, in so kindlicher Männermanier, seine Knie als Unterlage benutzend. Und obwohl er rumgemäkelt hatte an Deinem Geltungsdrang, bescheinigte er Dir Talent, Originalität; meinte: schade, daß Barbara im Krankenhaus ist, sie würde ... Mein Untertext: schon in ihrer Funktion als schwerreiche Erbin von geistigem Eigentum der Sache Gewicht verleihen. Ganz geheuer schien ihm nicht. Sowas Eigenständiges war ihm noch nicht vors Schmiesett gekommen. Die beiden Frauen aber nun, Mutter und Tochter, (sieh an! sieh an!) sollten nicht denken, er sei ein Drückeberger, das war er seiner Stellung als Schwiegersohn von Brecht schuldig. Eine bravourös erarbeitete Rolle, die Lebensposition: in Habitus, Physiognomie, Stimmlage – einem echten Abkömmling zum Verwechseln ähnlich. (Mich kannte er aus meiner Anfängerzeit, als ich eine wildwüchsige Blüte war.) Er hatte sowas wie Hochachtung und Herablassung in seiner Haltung, milde Bewunderung für eine, die es geschafft hatte, aus dem Dickicht der aufgepflanzten Bajonette, sprich: geilen Schwänze von damals herauszuwachsen, sich nicht in' Vorgarten von 'nem feinen Stinker verpflan-

Norbert Christian, Ekkehard Schall, Hans W. Hamacher und Peter Kalisch (von links) in ›Die Häuser des Herrn Sartorius‹ von G. B. Shaw

zen ließ, in die Gute Stube des abonnierten Preisträgers, Einflußausübenden, Ost-West-Schieber vom Außenhandel; schlafwandlerisch sicher fiel ihre Wahl meistens auf einen, den sie bevorzugte wegen seiner Art – zu lachen, singen, einfach zu s e i n. Dann hatte ich als Krönung dieses Kindweib in die Welt gesetzt; wie die schon jetzt auftrat im Leben, auf der Bühne ... Der Star ›Arturo Ui‹ Schall, Ekkehard hatte einen lichten Moment auf seiner Umlaufbahn. Feuersteinfunken stoben im Hintergrund seiner wasserfarbnen Augen: Er war aus dem Stand über seinen Schatten gesprungen. Eine Entscheidung von ungeahnter Tragweite. Als Sternstunde hätte sie eingehn können in seine Biographie; er verpatzte den Anschluß, vertrat sich den Fuß, kam aus'm Tritt, rutschte aus. Eine Sternschnuppe verglühte in der Spree. Denn ehe der Hahn dreimal gekräht hatte, ward Ekkehard aufs Kreuz gelegt und wurde umgefickt ohne Pardon. Schwer angeschlagen torkelt er durchs Karree, säuft mehr als gewöhnlich, heult rum in der ›Moewe‹, schreit die Leute an, verkündet marktschreierisch, daß es kein Rückzieher war, kapiert doch, ihr Arschlöcher! Eine Korrektur, weil der Westen das ausgenutzt hat. In seiner Erklärung im ND heißt der Schlußsatz: ›Ich ziehe deshalb meine Unterschrift zurück.‹
Auch Gisela May haben wir heimgesucht, sie wohnt gleich um die Ecke, versteckt im Grünen, mitten im Zentrum. Sie hat uns mit wachen Augen angehört. Nina erklärte schlicht, daß, wenn Du nicht

zurückgelassen wirst, sie ›in diesem Staat auch nicht mehr leben will‹. (Sie war im Taxi aus Leipzig gekommen, einfach abgehauen von den ›Cabarett‹-Proben, lebensechte Konkurrentin der Sally!) Allein diesen Satz aussprechen war wie eine Todsünde begehen. Wir waren deshalb einen Moment alle steif und stumm über den ketzerischen Mut. Diseuse May meinte nach kurzer Überlegungspause, sie müsse das mit ihrer Parteigruppe besprechen, vorher wolle sie sich nicht äußern. An Ehemann Harich ließ sie uns nicht ran: er könne niemanden empfangen, wäre krank. Eine Haushälterin tauchte auf, hatte was zu besprechen. Überhaupt war es gediegen bei der Künstlerprominenz Schall-Berg-May-Harich, aufgepepptes Bürgertum mit antiken Versatzstücken, Sozialistisches Biedermeier.

Hier paar Äußerungen aus der ›Freien Presse‹. Kennst du eine Sonja Kehler, dünne Sängerin, kurvt im Ausland rum. Aus Österreich hat die privilegierte Dame ihren Senf abgegeben, flieht ebenfalls in die Literatur. Bertholdchen muß herhalten mit dem ›Lob des Kommunismus‹: ›Denn die Dummköpfe nennen ihn dumm, und die Schmutzigen nennen ihn schmutzig. Er ist gegen den Schmutz und gegen die Dummheit. Er ist nicht das Chaos, sondern die Ordnung. Er ist das Einfache, das schwer zu machen ist.‹ Gebongt! Aber was hat das mit Dir zu tun?! Du bist im kleinen Zeh mehr Kommunist, als die Pharisäer im ganzen Rumpf; vom Bewußtsein ganz zu schweigen.
Und das sind meine Schauspielerkollegen, die man an' Schandpfahl zerrte, damit sie mit Fingern auf Dich zeigen: Vater Erwin Geschonneck: Das tut weh! Ihm ist der Durchblick verschütt' worden nachm Krieg. Er spielte den Knecht (Matti), nach dem sein Sohn benannt wurde, später den Herrn (Puntila). Dann Horst Drinda, den ich in den Fünfzigern als Egmont bewunderte, mich reinsehnte in das Klärchen an seiner Brust, welches Antje Ruge sein durfte, die gegen Tyrannei ankämpfte, die zögernden Bürger beschwor, anflehte, um Solidarität bettelte, damit sie helfen, ihren Liebsten aus der Todeszelle zu befreien und welcher Anfang der Sechziger mein Partner in einem Film von Egon Günther wurde. Titel des Streifens: ›Das Kleid‹, welcher in Giftschrank wanderte, weil die Hauptrolle eine Mauer spielt, just in dem Moment, als der ›Schutzwall‹ aus'm Boden schoß. Dieser Schauspieler also, der Staatspreise einheimste, gibt dem Biermann Saures. Margit Schaumäker, Kabarettistin, Ansagerin, Umschulung auf Dramaturgie,

Leitungsbefugte der Konfliktkommission, hatte mit mir zwangsläufig zu tun, stand stets auf der Seite derer, die das Sagen haben. Otto und Eberhard Mellies, liebenswerte Brüder, ersterer mein Ehemann im Sechsteiler ›Doktor Schlüter‹, sonore Sprecher, glaubwürdige Interpreten ... die eigene Haut ist einem halt näher. Bruno Carstens: gradliniger Kommissar, hat Brechts letzte Kebse geehelicht, Yvon, die Füllige; ob er die Lücke ausfüllte, die das Genie hinterließ? Heinz Behrend: Operettenbonvivant, avanciert zum Darsteller schwacher Charaktere. Gerry Wolf, Eva's Professor Higgins. Karin Schroeder, Neubaubraut, wo der Berliner Machthaber Obersaufaus nach einer Sause klingeln kam, sich ausweinte. Du fragtest sie mal wie ein Meinungsforscher: Was hält dich in der DDR. Antwort: Die Mauer. Albert-Hetterle, Maxim-Gorki-Mann mit Sonderpathos hat 'n Absatz ergattert auf Seite 1. Günter Schubert Sanftbelegt lief den Werbern ins Garn. Helga Piur Niedlich, Stanke's angetraute Hauptdarstellerin, ließ das Käthe-Kruse-Köpfchen nicken, Alfred Struwe hob zwielichtig den Arm, Willy-Schwabe Rumpelkammer leuchtete Dir mit der Funzel heim, Norbert Christian Porzellanknochen schloß sich den Vorrednern an. Mathilde Danegger Oberschwester, Stefan Lisewski, Dauerheld mit Matrosenmütze, Dietmar Richter-Reinick Sympathicus: kriegten die Kurve zum Anschluß, alles ehrlich dreinblickende Typen ...

Bei den Regisseuren wurden Wolfgang Heinz, Anselm Perten, Ruth Berghaus, Wolfgang-E. Struck, Helmut Schiemann, Klaus Gendris, Manfred Petzold, Günter Stahnke, Peter Hagen, Rudi Kurz, Martin Eckermann, Hans Lucke, Konrad Wolf u. a. zu Jasagern ernannt.

Bei den Schriftstellern verewigten sich Erik Neutsch, Helmuth Sakowski, Anna Seghers, Paul Wiens, Rainer Kerndl, Walter Baumert, Peter Edel, Helmut Preißler, Annelie Thorndicke, Günther Deicke, Helmut Baierl, Herbert Otto, Claus Hammel, Egon Richter, Hans Albert Pederzani gegen dich. – Und Brigaden, Kollektive, Kampfgruppen, Armee-Einheiten, Betriebe, Kunsthochschulen, Kammersänger, der Komponistenverband, die Kleingartenanlage ›Grüner Pfad‹ und Nationale Front, Häuserblocks, Straßenzüge, Stadtteile, Provinzen, Genossenschaften, Kombinate, Bezirke, die halbe Republik, schließlich die andere Hälfte. Neunundneunzigkommaneun Prozent unserer Bevölkerung hat für die Maßnahme der Regierung gestimmt, wird es heißen; das würden sie Dir ohne Skrupel schriftlich geben; es kostet sie nichts – nur dem Volk auf Dauer den Stolz, die Würde und Identität.

Wolf, ich war bei Abel. Er beschreib Stimmungen in der Charité; war auch ›bestellt‹ worden. Auf die Frage, was er von Dir hielte, antwortete er: ›Biermann ist mein Freund.‹ Er hatte sich bei uns eingetragen. Ich rate jetzt allen, ihren Protest direkt ans Politbüro zu senden, damit man ihnen nicht vorwerfen werden kann, ›dem Klassenfeind zu dienen, den Kapitalisten in die Hände zu arbeiten‹. Abel besorgte mir von Drüben einen Farbfernseher; Programme müssen noch eingestellt werden. – Heut brachte ich das Auto zur Werkstatt. Ich kann mein Innerstes nicht verleugnen, jeder kann mir meine Trauer vom Gesicht ablesen; aber auch die Entschlossenheit. Die Mechaniker in der Krausnickstraße gaben mir aufmunternde Zeichen, schüttelten den Kopf, schnitten Grimassen zum Staats-Chef an der Wand. ›Nicht den Mut verlieren‹, raunten sie mir zu. Alle kennen Dich jetzt und wissen, was sie von den offiziellen Machenschaften zu halten haben.
Bylle macht sich rar seit Tagen. Sie scheint ihren eignen Weg gehen zu wollen und wird sicher bald bei Dir sein. Du singst grad irgendwo im Westen. Paß auf, daß Dir kein Fanatiker was antut oder die Kämpfer an der Unsichtbaren Front den Stromkreis unterbrechen, 'ne Falltür entriegeln, Kurzschluß verursachen, sich auf freundschaftliche Tour an Dich ranmachen, Dir eine Sondergeschulte auf'n Bettvorleger packen, so daß Du nicht anders kannst, als über sie stolpern und ihr in' Schoß fallen. Die haben überallhin Zugang – hinter den Kulissen. Bestimmt ist ein bestens aufeinander eingespieltes Darsteller-Ensemble unter Vertrag, weltweit ihr selbstgesponnenes Spinnennetz ausgelegt.
Scheumann war auf Bitte von Lamberts bei mir, sollte sich einen Eindruck verschaffen, welche Rolle Ich im sogenannten ›Zentrum‹ spiele. Sie hätten Oben den Eindruck, sagt Sch., ich würde die Ehefrau Biermanns zu einer Märtyrerin aufbauen, sie massiv beeinflussen, moralisch unter Druck setzen, hätte sie veranlaßt, die Scheidungsklage zurückzuziehen. Ich sagte: Wir sind Freundinnen im besten Sinne, lieben beide – ich bereits paar Jahresringe länger – denselben Menschen, stehen uns bei und sind nicht die einzigen im Bunde.
So war es abgelaufen: Nach der öffentlichen Bekanntgabe durch die Sender kam Tine zu uns gerannt, schluchzend: Die haben Wolf, Wolf haben sie ... Wir waren starr. Matti schrie: umgebracht?! Er meinte die drüben, faschistische Schläger, bei einem Auftritt, ein Attentat. Dann haben wir uns bruchstückweise Deine ›Ausbürgerung‹ aus Tines springenden Tränen rausgefischt. Eine Verbannung wie im feudalistischen

1976 in Jena. Sibylle (Bylle) Havemann mit ihrem Sohn Felix

Rußland, unter Stalin, schlimmer: Ein hinterrücks verübter Gaunertrick im Namen von Recht und Ordnung eines sozialistischen Staates. Anfangs waren wir geschockt, begriffen dann sehr schnell, daß Tine die Scheidungsklage zurückziehn muß, wenn wir was ›Rechtliches‹ bewirken wollten. Wir haben telefoniert, Götz Berger verständigt, Freunde – und kaum waren wir in Deiner Wohnung, waren die Nachlaß-Besichtiger schon zur Stelle, um Dein Eigentum zu numerieren zwecks Verladen. Und haben nicht wenig gestaunt über unsere Versammlung: Eine lebende Mauer, dem Rachechor der griechischen Tragödie verwandt. Ich als Vorrednerin verlangte ihre Durchsuchungspapiere, erklärte, daß sie wieder abzittern könnten, die Dinge lägen inzwischen anders, ihre Informationen seien Schnee von gestern. Tine erklärte, daß sie die Scheidungsklage zurückgezogen habe. Die wollten es nicht glauben, versuchten sich als gute Onkel einzuschmieren, müßten Herrn Biermanns Rechte wahren in seiner Abwesenheit, ob Tine aus freien Stücken den Entschluß gefaßt habe. Ich sagte: Lassen sie sich darüber keine grauen Haare wachsen, der Anwalt wird gleich da sein. Und endlich erschien Götz Berger – die Haustür war immer wieder verschlossen worden von der ›Fußtruppe‹ – und machte die Sache amtlich. Die Beamten mußten unverrichteter Sache abziehn. Als Himmelfahrtsnasen waren sie reinmarschiert, als Schlappohren zogen sie ab. Wir lachten und weinten vor Freude.

Ich hab Scheumann gesagt, wie mir ums Herz ist, daß wir wie entwurzelt seien und über alle Maßen traurig. Er murmelte halb neidisch, halb bewundernd was von Großfamilie, war menschlich angerührt –

und bot mir seine freundschaftliche Hilfe an. Ich fragte ihn, ob er nicht wüßte, wer diese Verleumdungen in Umlauf brächte, ob es ein internes, auf den Osten zugeschnittenes ›Springer-Blatt‹ gäbe, denn Umgangston und Niveau sind zum Verwechseln ähnlich; gibts Richtlinien für Agitierer, FDJ-Leitung, Parteigruppen, Klassenlehrer; merkwürdigerweise werden an solchen ›Schaltstellen‹ ganze Jaucheladungen über Biermanns ›unmoralisches‹ Leben entladen: Vier uneheliche Kinder rechnet man Dir an, für die Du Schuft keine Alimente zahlst. Ein asoziales Element bist Du, gehst keiner geregelten Arbeit nach, Pornograph, Wüstling, der sich aushalten ließ; (im ND nachzulesen!) in Scheidung lebend, Weibergeschichten. Beinahe wie Villon, den er in einer obszönen Ballade als seinen großen Bruder preist, Jugendverderber, Rattenfänger; Staatsfeind ist schon ein alter Hut.
Oder die Lehrerin sagt zu den Jüngsten: Da gibt's einen Mann, der hat'n Schnauzbart. Sein Vorname ist ein böses Tier. Der Nachname hat was mit Schnaps zu tun. Wer von euch weiß es? Wolf Biermann heißt er und das ist ein Bandit. – Ich hab Scheumann allerlei erzählt, wovon die Oben angeblich keine Ahnung haben, sogar verurteilen, wenn es solche Formen annimmt. Doch wer gibt die Marschrichtung an. Auf der Ebene wird sogar in Kunsthochschulen und an der Universität agitiert. Erinnerst Du Dich an einen Abi? Architekt und Dozent. Man hat ihn gezwungen, gegen Dich zu stimmen, mit Unterschrift, Schwarz auf Weiß die Seele verkauft. ›Sonst wär er als Lehrer untragbar.‹ Er hat getrunken bis zur Alkoholvergiftung. Jetzt hat er Katzenjammer, ist untröstlich, denn er schätzt und verehrt Dich. Für mich wär das schlimmer als Zuchthaus. Lieber im Steinbruch schuften, als mit gebrochenem Rückgrat ›existieren‹. Aber ich bin auch besser ausgestattet durch die unterschiedlichen Schulen meines Lebens.
Jutta Lippmann, als zur Unterschrift angetreten werden mußte nach der Versammlung, mußte plötzlich dringend zur Toilette und hat ihnen was ge...pfiffen. Unser Freund Gert, inzwischen Chef seiner Abteilung, ließ sich krank schreiben; man will ihn zu Hause aufsuchen. Wie die fliegenden Händler gebärden sie sich. Trupps sind angetreten zur Mobilmachung, solche wie die, wenn was zur ›Wahl‹ stand, mit ihrer Urne zu Alten, Krüppeln und Unwilligen hintrabten. Diesmal werden sie keine neunundneunzigkommaneun Promille erreichen – und wenn sie den Druck noch so verschärfen und auf die Tube drücken. Die Menschen haben begriffen, daß sie sich ins eigene Fleisch schneiden,

wenn sie unterschreiben. Diesmal liegt es klar auf der Hand. Jeder fühlt sich getroffen von der Hinterhältigkeit. Schroeders wollen sagen, sie sind von jung an mit der Lebensgefährtin von B. befreundet, Gisela gilt als meine Schwester. Gert tut's nicht und wenn er rausfliegt.
Man ist übrigens Herrn Strauß dankbar, daß er Dich aus den Spitzenmeldungen rausgedrängt hat mit seinem Husarenstreich. So und so ist der Führung damit gedient. Apropos CDU: Der Seelenschluchzer Udo Jürgens tritt Samstag gemeinsam mit Nina im Friedrich-Stadt-Palast auf, kassiert dafür Devisen. Das ist doch der, welcher mit Herrn Kiesinger vierhändig Klavier gespielt hat, ein Wahlhelfer des Klassenfeinds. Aber dieser Sänger schadet unserm System nicht die Bohne, seine Liedchen lullen so schön ein, lenken ab, regen an und nicht auf. Das ist es, was wir brauchen: Ruhigsteller!
Peter Schwarzbach ist auf freiem Fuß. Im Museum erhielt er einen Verweis, darf vorerst weiterarbeiten, will am Wochenende nach Dresden.
Mit Jetti telefoniert: Graf hat bereits Schwierigkeiten. Sein Brief an Honakow ist bitte nur für Dich, bittet er.
Lieber Wolf, ich hab Benjamin zu mir geholt. Er ist eine warme Sonne. Grüß Emma, alle lieben Menschen, die um Dich rum sind und ich leider nicht. Das wär aber doch gut. In Liebe – Eva.
Ich schick Dir das schöne Foto von Tine und Benjamin mit, das Du mir zum Geburtstag geschenkt hattest ...

Freitag, 26. 11. 76

Ich fahre mit Eulenspiegel-Stengel und Musikanten nach Roßlau, soll auch russische Lieder singen für die dort stationierten Sowjetsoldaten, fragte Ilja wegen der Wörter mit weichem/hartem L (›Liedchen vom blauen Luftballon‹, ›Erste Liebe‹. Dann sing ich das ›Von den Fürsten‹, wobei mir mulmig ist wegen der Reaktion der sicher anwesenden Grauen Kampfgenossen. Die ›Unrat‹-Lieder nicht zu vergessen. Aber nur die anständigen Knallschoten bringe ich dort zu Gehör. – ›Vom Ei das Gelbe‹ lasse ich weg.

Wolf, es fällt mir nicht leicht, zum offiziell so titulierten bzw. verordneten ›normalen Leben‹ überzugehen. Ich muß aufpassen, nicht in Traurigkeit oder Passivität abzusacken. Jeder anbrechende Tag verlangt neue Anstrengung. Will aber nicht klagen, bin ich doch in der glücklichen Lage, Dir mit Sonderkurier Nahrhaftes für Herz und Seele zu schicken, wobei Dein geübter Blick schnell die Spreu vom Weizen unterscheidet. Was gäb ich drum, könnten wir uns einen Augenblick ansehen. Weißt Du noch, unser Abendspaziergang am Müggelsee im üppigen Sommer Anno 1968, als Du untergetaucht warst nach dem Einmarsch der Warschauer Pakt-Staaten, unsere Verbundenheit, die Angst und Unruhe in Deinem ›Kindergesicht‹, meine Zuversicht. Ich war die geborene Beschützerin, Muttertier mit Abwehrflügeln. Und Du ein Wolfjunges mit mädchenhaftem Einschlag – so ohne Bart. Ich werde Dich nie aus meinem Herzen verlieren, was auch geschieht.

Wenn es so was wie eine ausgleichende Gerechtigkeit gibt – auch ohne die – werden die Beschließer, resp. Vollstrecker des Schandurteils eines Tages so auf'n Arsch fallen durch den Ansturm der Protestierenden, daß sie nie mehr auf die Beine kommen – und sich wie Kafkas Käfer abstrampeln für'n Rest ihrer Tage; konserviert als ›Insekt im Bernstein der Balladen‹ sind einige Stechbremsen ja bereits. Warum muß son morsches Knochenpack, Altmännerlust, warum dürfen abgelaufene Uhren den Geist der Zeit bestimmen, bis ans Ende ihrer Tage das Zepter führen, das Ruder unseres einst hoffnungsvollen Schulschiffs ›Sozialistika‹ bedienen, bis es zuschanden gekreuzt ist, auf Sand gelaufen. – Der Gedanke, daß sie irgendwann eins auf'n Deckel kriegen, tröstet nicht. Wir leben heute und haben ein Recht auf Menschenwürde.

Matti hält immer 'nen drolligen Spruch bereit für den Notfall. Und singt: ›Nachmittags weiht man sich noch 'ner Idee.‹

›Wir lassen uns die Laune nicht und auch kein Leid verderben!‹ Eva

P. S. Die Eintrittskarten liegen im Küchenbord in der Chausseestraße. Am 1. Dezember ist das Konzert von Bulat Okudshava im Palast der Republik. Bis dahin wolltest Du zurück sein. Wir werden Dir den Platz freihalten. Aber mach ja nichts Leichtsinniges, gefährde nicht Dein Leben. Bestimmt hat es auch sein Gutes für die sozialistische Menschengemeinde, daß es so gekommen ist.
Manuel war da, hat die Schlüssel gebracht. Brigitt und ihr Mann haben sich der Stimme enthalten bei der Abstimmung gegen Dich. Die Fragestellung lautet etwa so: Wer für den Aufbau des Sozialismus in der DDR und die Verteidigung ihrer Errungenschaften ist, für die Entfernung von Schädlingen in der Landwirtschaft sowie des gesamten Systems, den bitten wir um das Handzeichen. Gegenprobe: Ist jemand für Antastung vom Status Quo – (den Sturz der Regierung) – der wage es, sich zu melden!

NOTIZEN: Beim ›Fettklößchen‹ – das hab ich auch mal gespielt in Adlershof – Marianne Wünscher gewesen. Sie ist hin und her gerissen, verhandelt mit ihrer Parteigruppe. Das Paar Hilmar Thate / Angelika Domröse gehören mit zu den Mutigen. Ich freu mich über die starke Frauenriege, die mit zur 1. Garnitur gehörenden Schauspielerinnen wie Jutta Wachowiak, Barbara Dittus, Margit Bendokat, Else Grube-Deister, Kati Thalbach (sie aus Liebe zu Thomas Brasch) Jutta Hoffmann, Käthe Reichel; alle ›nebenbei‹ großartige Künstlerinnen. Eberhard Esche kam kurz nach dem Knall in die Chausseestraße mit künstlich zerknirschtem und echt zerknittertem Gesicht. Cox Habbema, seine Angetraute aus Holland, hier inzwischen beliebte Schauspielerin, war sofort auf unsrer Seite. Er ist ein Zausel, Zögerling, weiß nicht, wie sich drehn und wenden, interpretiert Heines Wintermärchen in den ›Kammerspielen‹ (ein Stück wie aus unsern Tagen) betont scharf, daß es historisch sei, dieses: ›Im traurigen Monat November wars, die Tage wurden trüber ...‹
Manfred Krug ist ein Michael Kohlhaas, während sein Namensvetter, mein einstiger Freund, Drehbuchautor-Nationalpreisträger Wolfgang Kohlhaase eher eine Memme, sprich: gehorsamer Diener der Mächtigen ist. Das hat mich enttäuscht, so was wie Verachtung für ihn empfinden lassen. Ich hatte seine Angetraute Emöke, die ungarische Solotänzerin vom Fernsehballett, am Telefon erwischt, ihr von der Unterschriftenaktion erzählt. Kohlhaase rief zurück, lehnte es aber ab, zum

Solidar-Trupp zu gehören, wollte sich mit mir treffen. Das lehnte ich ab: Keine Zeit für Plauderstündchen. Christine Gloger angerufen, die Petition vorgelesen. Sie sagte ohne weiteres Ja. Mit Thomas Langhoff telefoniert. Da sein Bruder Matthias und all die Berühmtheiten vorangegangen waren, sagte er mit seiner von Haus aus belegten Stimme: Jaja, na klar. Er wird massiv bearbeitet von der Fernsehleitung z. Zt. Dieter Schubert großartig. Horst Hiemer immer dabei.
Und Peter Hacks. Ihn hab ich aus der Telefonzelle Schönhauser Ecke Dimitroff angerufen, den Text vorgelesen, Namen, dachte, wünschte, hoffte, der alte Streit wäre damit begraben, die Eifersüchteleien, gehässigen Sticheleien von einst – angesichts dieses Gewaltaktes null und nichtig und er würde sich für Wolf einsetzen. Er sagte aber: Bist du immer noch nicht fertig mit dem Kerl?! Ich ging nicht auf den Tonfall ein, sprach leise, sanft: Ist das nicht eine Schweinerei, was man sich geleistet hat! – Er erwiderte, daß er ganz meiner Meinung sei. Eine Schweinerei wär das, was Biermann sich geleistet habe. Über die Schriftstellerkollegen, nachdem ich ihm die Liste vorgelesen hatte, sagte er: Die Namen sprächen für sich. Mit denen zusammen würde er rein gar nichts unterschreiben. Bei zweien, glaub ich, fand er es schade, daß sie sich haben rumkriegen lassen, zum abtrünnigen Pack gehörten.
Ich war deprimiert und traurig über seine Haltung, sagte zum Schluß: Wie böse du geworden bist. Er knurrte grimmig, mir würden noch die Augen aufgehn. – Und war mir doch einst von Herzen zugetan, ach nein, von anderer Stelle aus wohl eher.

Letzter Sonntag im November – 1. Advent

Lieber Wolf! Nun bist Du einfach weg aus unserm Land. Ich denke, schreib, lese es, spreche es aus, sinne dem Inhalt der Worte hinterher; begreifen aber ... Jetzt fangen sie an, uns die Seele zu häuten, die Aussicht zu verätzen. Ein anfangs schwerfälliger, inzwischen auf Hochleistung getrimmter Apparat hat sich in Gang gesetzt, technisch und psychologisch von undurchschaubarer Logik; die legendären Drachen von einst sind ein Pappenstiel gegen die Fangarme der Gegenwart. Die Regierungsmannschaft führt sich auf, als könne sie das Rad der Geschichte zurückdrehn in die einst von Hinterhalt und Intrigen gespickte Epoche von dem mit der niedrigen Stirn und Eisenknute.
Die mausgraue Wimmelei ist zur Landplage geworden. Etlichen Exemplaren haben wir Namen gegeben, die sich hervortun durch Übereifer:

Mehlhose, Leutnant Stechapfel, Zischzahn; Major Krüger ist sowieso allgegenwärtig. Auf dem Parkplatz gegenüber sind zwei Polizei-Autos stationiert in voller Besetzung. Im Hauseingang nebenan sah ich eine Uniform und den Geheimen Rötli. Matti sagt, den hättet ihr Rötli getauft. Der ist übriggeblieben aus der alten Beschattungsgarde.
Vor paar Tagen kam ein gutaussehender Mann die Treppe hochgestürzt, hatte auf sämtliche Klingeln gedrückt und durch das schmale Türfenster gefleht: ›Lassen Sie mich rein! Sie sind hinter mir her‹; ein Korrespondent von REUTER. Nachdem er um einen ›Schluck‹ gebeten und ein volles Glas Schnaps in sich reingekippt hatte, gestand er uns, er hätte Todesangst gehabt. Im dämmrigen Flur wären hautnah zwei Gestalten aufgeblitzt, kurz vor der Hoftür ein Klicken zu vernehmen gewesen, er habe Assoziationen gehabt aus den ›Greuel-Märchen‹ der ungehorsamen Genossen unter Stalin, der Trotzki wurde auch mit dem Eispickel. Mein Besucher verfiel in ein irre klingendes Lachen.
Ich sagte, daß es bei uns keine Mafia gäbe – und nach Marx ›keinen individuellen Terror‹, wie ich von dem sich z. Zt. unfreiwillig außer Landes befindlichen Dichter B., aus der ›Stasi-Ballade‹ in Erinnerung habe. Der Typ kam noch mal, brachte einen Flachmann schottischen Whisky mit ... weil er ein Schotte ist, fragte, ob er was schreiben soll über uns. Wir meinten, besser nicht; d. h. ich hätt nichts dagegen, denn je ängstlicher wir uns verhalten, um so dreister wird Druck ausgeübt. Aber Tine hat einen Horror vor öffentlicher Stellungnahme, Kontakten mit dem Klassenfeind: Als Junger Pionier bist du geprägt – und der Gehorsam zu den ›Vätern‹ ist in Fleisch und Blut übergegangen. Dann wollte der Journalist das berühmte Biermann-Zimmer sehen mit den Sesseln, Bildern, erkundigte sich, wer das auf dem Foto sei, er hätte einen Mann auf der Hülle nicht erkannt; er meinte Deinen Vater.
Was wird nun aus Deiner Wohnung. Wenn die Verfüger schlau wären, könnten sie die gegen harte Währung zur Besichtigung freigeben. Nächste Variante: Das Ganze auf Eis legen bis Tauwetter einsetzt. Warum nicht mal einen ›Berliner Frühling‹ ins Leben rufen – in dem Du zurück darfst. Oder aufbewahren für die ›Nachgeborenen‹, welche in die Gedenktafel einmeißeln: Hier wirkte einer unserer Größten, zu Lebzeiten heiß umstrittener Dichter, ein Meter neunundsechzig hoch nur, aber mit aufrechtem Gang, der sich was traute und geleistet hat, wovon andere nur träumen können. Ein Genius und musikalischer Draufgänger, Revolutionär, wie er im Buche steht.

Und als Fußnote in Zwergschrift: Die damals reaktionäre Clique aber, welche sich als Diktatur des Proletariats verstand, schmiß ihn hinterrücks über den ›Schutzwall‹ und verhängte den Bannfluch. (Hatte er doch gewagt, ihre herrschaftlichen Manieren und ausbeuterischen Machenschaften zur Sprache zu bringen, um sie an die große Glocke zu hängen, beim verhaßten Bruder, Nestbeschmutzer der, statt es brav für sich zu behalten, wie die Mehrheit der Untertanen, bis das Gras des Vergessens ins Kraut schießt und die Greuel überwuchert.)
Ewig wird sein Lied in unseren Herzen klingen ...
Heut habe ich endlich Bylle wiedergesehn. Und Felix. Ach, wie zärtlich er ›der Papa‹ sagt! Er saß auf'm Topf, hatte Mattis und Dein Foto in den Händen, betrachtete sie abwechselnd – dann küßte er Dir mitten ins Gesicht rein. Nicht für uns Rumsitzende bestimmt, ganz für sich. Das ging mir aber froh ins Gemüt. – Eva

Information der Abteilung 26 vom 1. 12. 1976

Gespräche von der Wohnung Jurek Becker
Nina Hagen teilt dem Jurek Becker mit, daß sie mit der Tine und Eva mit dem Auto bei ›Schilkin‹ steht und sie wissen nicht, wie sie zu Jurek kommen. Jurek versprach, daß er sie abholen kommt.

20.06 Eva-Maria Hagen unterhielt sich mit dem Matti in Moskau. Matti erzählt, daß er heut 4 Stunden dort war (...) im Mittelpunkt stand seine Haltung als junger Genosse. Am Dienstag findet eine Besprechung statt, Matti nimmt an, daß er dann gefeuert wird. Bis vor wenigen Minuten war eine Parteigruppenversammlung und da haben sich alle dafür ausgesprochen. Er war als Einzigster dagegen. Matti gab dann zu verstehen, daß man ihm heute gesagt hat, daß er nicht haltbar ist, wenn er als junger Regisseur ein Verfechter der Ideologie sein will und werde und jetzt die Linie der Partei nicht vertreten wird. Heute wurde von dem Parteisekretär ganz klar gesagt, daß sie es nicht dulden können, daß ein junger Regisseur gegen die Linie der Partei verstößt.
Eva ist erschüttert. Gestern versuchte sie, Herrn Scheumann zu sprechen, das war nicht möglich. Eva gab zu verstehen, daß alles finster ist. Dem kann Matti nur zustimmen und er bezeichnet es als großes Totenfinale. Seine Erfolge beim Institut helfen ihm in dieser Sache gar nicht. Eva wollte wissen, ob Matti nicht eine Formulierung finden kann, die akzeptiert wird. Matti verneint das, denn die Frage ist konkret gestellt. Als junger Genosse muß er eine klare Haltung haben. Die hat er nicht, weil Biermann sein Freund ist. Er kann daraufhin keine Erklärung geben. Wenn er es machen würde, dann würde seine Arbeit als Regisseur darunter leiden und besonders sein Gewissen. Er würde sich dann das Leben nehmen oder Alkoholiker werden. Eva betonte, daß er das den Leuten sagen soll. In der heutigen Besprechung der Parteigruppe hat man ihm gesagt, daß er bedenken soll, was auf dem Spiel steht und er soll an seine Zukunft denken. Matti hat ihnen entgegnet, daß er das besser sieht als alle zusammen, aber er kann es nicht. Wenn dann am Schluß die Frage steht, ob er für oder gegen die Partei ist, kann er diese blöde Frage nicht beantworten. Er ist für die Partei und die DDR, aber er kann sich nicht gegen seinen Freund entscheiden. Eva warf ein, daß sie doch auch alle für die DDR sind. Matti versicherte dann, daß er die Eva sehr lieb hat. Wenn sie ihn feuern, werden sie schon was finden. Eva hört das gern und sie hat ihn auch lieb.

Dezember 76

Klägliches Hallo, ich bin arbeitslos – und das kam so: 2 Stunden vor Vorstellungsbeginn war ich in Frankfurt, hatte mich gut vorbereitet; sah toll aus als ›Rosa‹ – und dann war alles für die Katz. Ich weiß nicht, ob es klug war; müßig, drüber nachzusinnen, es ist passiert.
Der Intendant ließ mir ausrichten, ich sollte bei ihm im Büro erscheinen. Wenn er was will, sagte ich, soll er doch kommen. Bald hörte man ihn sich im Stechschritt nähern samt Beistand. Die Garderobiere wurde durch einen Blick hinauszitiert. An mich wandte er sich in der Haltung: Wenn die Diva es nicht für nötig hält ihr Hinterteil zu lüpfen, um sich zum Oberhirten des Tempels zu begeben, dann – in Gottes Namen, vielmehr der Partei – müßte er sich hinabbegeben. Und sagte, nachdem ich ihm in Rosa-Fröhlich-Robe und Jargon ›wat jibts denn so Eiliges‹ Platz angeboten hatte, etwa folgendes: Er möchte die Kollegin Hagen darauf aufmerksam machen, das zu spielen, was inszeniert wurde,

keinerlei Andeutungen ... Wie bitte? – Sie wissen schon, was ich meine! – Und ich mit greller Lache: Sagen Se ma Männeken (Originaltext der Rosa Fröhlich) Sie sind woll vom wilden Affen jebissen, Mann! Hamse etwa Manschetten, det ick hier politische Propaganda betreib, wat Uffrührerischet aus de Verfassung zitiere. – Mein Gegenpart stur an mir vorbei: Keinerlei Gespräche mit den Kollegen! – Man will mir den Mund verbieten! Er war irritiert durch die Mischung bei mir aus Bühnenfigur und Privatperson, suchte den Faden: Was zu sagen war, sei gesagt, man erwarte, daß die Hinweise befolgt werden, andernfalls ... Verschwinde ich in der Versenkung?! Ich sagte noch, daß ich keinen Nachhilfe-Unterricht benötige, was Verantwortung angehe, sei politisch mündig, wir sind hier nicht im Kindergarten ... Der ideologische Mitläufer des Hauses hatte keinen Mucks von sich gegeben und leisetreterisch wie Blindschleichen verschwanden sie, also nicht so krachig, wie sie gekommen waren.

Ich knallte die Tür hinter ihnen ins Schloß, daß die Perückenköpfe vom Regal trudelten. Jetzt begann es in mir zu kochen. Mein Kopf war eine Gefängniszelle, ich lief in ihr herum und schrie nach Befreiung bzw. Rache, plante den Ausbruch, wußte nicht, wohin mit mir, band die Schnürstiefel auf, schmiß sie in die Ecke.

Inzwischen war auch meine Maskenbildnerin da, um mir den letzten Schliff zu geben. Ich saß vorm Spiegel, ein Schmuckstück von Spelunkenweib. Das Gehirn arbeitete auf Hochtouren: Muß ich mir das gefallen lassen, sollte man denen nicht ’n Denkzettel verpassen. Und sah meine Augen ansteigende Seen werden. Noch war runterschlucken möglich, die ersten Tropfen wären abzufangen gewesen mit übern Rand springen lassen ... Aber diese Beleidigung, Wolf! Nicht mal Dein Name wurde ausgesprochen. Als kriegten sie davon die Maul- und Klauenseuche, wenn sie ihn in den Mund nähmen, als würden sie infiziert von den Ideen dieses Hochverräters. Und so berechnend, wie es sich beim Rekonstruieren anhört, ist es nicht gewesen; Sekunden nur lagen zwischen Weichenstellung von Kunst und Leben. Begriffe wie Ehre, Stolz, wenn mir da einer an den Karren fährt, geh ich auf die Barrikaden – und entschied mich für den Gegenschlag. Unaufhaltsam lief der Glimmer durch die angeklebten Wimpern. – Du kennst meinen Hang zum Übertreiben, weniger schmeichelhaft ausgedrückt: zur Hysterie. Aber hier war sie angebracht bzw. ist gar keine gewesen. Im Verhältnis zum Vorkommnis war es eine normale Reaktion. Ich zitterte, bebte, weinte bis auf'n Grund, daß ein Kranz von Frauen sich um mich bemühte. Die Männer im Hintergrund waren stumm wegen dem ›Skandal‹, den sich die Leitung geleistet hatte. Solche Instinktlosigkeit, Verletzung aller Regeln menschlichen Anstands; von künstlerischer Sensibilität ganz zu schweigen. Eine Ärztin kam, ließ sich von den Schauspielern den Vorfall schildern, war sofort auf meiner Seite, solidarisierte sich mit mir bzw. Dir, stellte die Diagnose: es sei unzumutbar, gab mir eine harmlose Spritze ›intramuskulär‹ – aber den Vormittag über war ich noch so was wie eine hundertjährige Eiche auf dem Betongelände des Chemie-Kombinats Richtung Bitterfelder Weg.

Inzwischen grünt es wieder – dank der Heilkraft eines Kräuterbads und der Milch einer lustigen Kuh – mal ich mir aus, welche die Hinterbeine beim Rumtoben leichtfüßig in die Luft schmeißt.

Nachdem das ausverkaufte Haus eine halbe Stunde gewartet hatte, wurde über Lautsprecher verkündet, die Hauptdarstellerin sei erkrankt, das Geld werde an der Kasse zurückerstattet. Frau Meier hatte dafür gesorgt, daß sich der Vorgang wie ein Lauffeuer verbreitet.

Das Ensemble war empört und es wurde eine Abordnung, zwei Genossen, zum Chef gesandt, die um Stellungnahme baten. Wenn schon ein ›Gespräch‹, warum dann kurz vorm 1. Klingelzeichen. Das wird ein Nachspiel haben für den Wicht. – Der Inspizient fuhr mich nach Haus in meinem Auto, mit dem Bummelzug zurück. Heut gibt es statt ›Unrat‹: ›Alabama‹. So spielt das Leben einem mit.

Alles wäre anders verlaufen, wenn ich nicht schon wegen anderm Scheiß geladen gewesen wär: Der Scheumann wird ständig als Laufbursche eingesetzt, Verbindungsoffizier von Oben nach Unten, Kontaktperson zwischen den Fronten. Er hatte mich überall gesucht, weil mein Großer Chef, das Fernsehheinzelmännchen, mich zu sprechen wünschte. Ich sollte aber mit Eulenspiegel-Stengel nach Roßlau ...

Es geht zu wie im Hinterland eines Kriegsschauplatzes. Nachts versammeln sich die Strategen im Sandkasten, proben die Varianten des Manövers ›Maßnahme B‹, denn mit dieser Auswucherung und den Verlusten in den eigenen Reihen hat wohl kein noch so skeptisches Politbüro-Mitglied gerechnet. – Adameck hat mir also dringend geraten, ›da‹ nicht mehr rüberzugehn. Das war's gewesen, was so mich auf die Palme gebracht hatte. Das ist menschenverachtend, ein Eingriff ins Herz. Jetzt haben sie Dich schon hinterhältig ausgetrickst – nun sollen auch Deine Kinder gemieden werden.

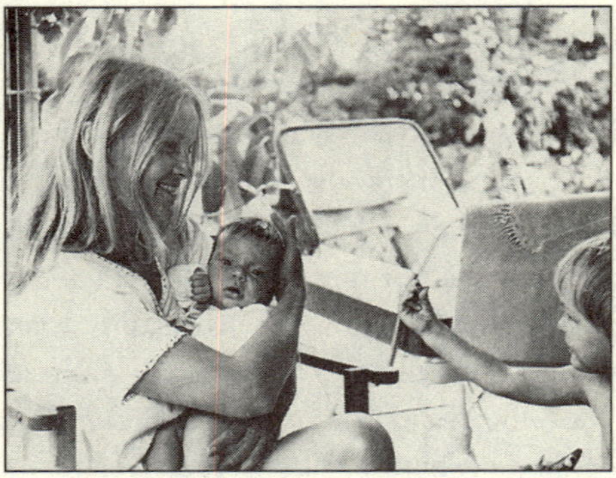

Eva mit Felix und Franzi Havemann 1975 in Grünheide

Wolf, ich möcht Dir lieber was Lustiges erzählen: Die beiden Brüder Felix und Benjamin haben sich wieder begrüßt. Benjamin mit heftigen Ran-Robb-Versuchen und Tatscheleien, doch Felix saß majestätisch da und schob die Bruderhand lässig, aber bestimmt beiseit. Pliemie hat das nicht verdrossen – und Felix wurde langsam zugänglicher.
Bylle hat vier Ständige Begleiter. Autos stehn verkehrtrum in Einbahnstraßen. Einer der ›Beschützer‹ spurtete wie ein 100-m-Läufer aus der Telefonzelle zum Bus, sie hätte ja einsteigen können!
Robert und die Seinen machen Ulk auf dem Grundstück, mit Verkleidungs-Arien und Signal-Setzen mit dem Horn. Robert trinkt nur noch Wein, kein hartes Zeug mehr, bemüht sich sehr um Katja; es stand schlimm um die beiden vor der ›Maßnahme‹. Bei meinem letzten Besuch, Katja wohnte bereits in der Stadt, hatte sie am Telefon erklärt, sie käm nicht zu ihm zurück. Robert flehte, beschwor sie mit all seiner Autorität. Katja blieb fest. Er kam mir danach vor wie ein geknicktes Rohr, ein gebrochener Mann. Und Du in Scheidung lebend. Da glaubten die Machthaber, ihr seid grad so schön schwach: die Frauen, der eigentliche Halt, die Verkörperung des Lebendigen, das Glück an sich, wendet sich ab von den maulaufreißerischen Helden, da setzen wir noch hübsch eins drauf. Und so brüteten sie dieses faule Ei aus.
In Jena sollen an dreißig Leute verhaftet sein. Und Panach, Kuno, Fuchs. – Aber wenn man versucht, diese Bewegungen im größeren Zusammenhang zu sehen, dann ist es d a s Ereignis für den Fortschritt des Sozialismus in unserm Land seit X von Jahren, wenn nicht seit Anbeginn überhaupt. Was gabs sonst in die Richtung, daß sich Menschen spontan solidarisch verhielten, empörten, in Einzelaktionen ... Auf längere Sicht kann sich das nur positiv für die SACHE auswirken.

Das Volk besinnt sich darauf, daß es aus Einzelwesen besteht und keine knetbare Masse ist – so hoffe ich und daß meine Briefe Dich erreichen und Dir Mut machen. Deswegen auch, weil Deine ›Saat‹ aufgegangen ist – und nicht ein Feld von tauben Ähren sein wird.
Wolf, mein Lieber, ich bin immer Deine Eva ...

Dezember 76

Wolf, eine Farce nach der anderen spielt sich ab: Scheumann wurde erneut als Suchhund eingesetzt, um mich unbeschadet, wenn nötig mit Genick in der Schnauze, zum Vorsitzenden zu befördern: Adam Meckerkopp verlangte es wieder mal dringend nach mir.
Zunächst wurde anerkennend vermerkt, daß ich nicht mehr mit dem ›Schmierblatt‹ rumlaufe, wie man die Liste abfällig nennt. Kunststück – bei der Mobilmachung. Nun kam die nächste Auflage: Nicht mehr ›sein‹ Haus betreten bzw. mich um Tine und Benjamin zu kümmern. Ich sagte: Ihr seid nicht auf dem laufenden. Inzwischen bemüht man sich offiziell um Tine, ein ›positives‹ Gespräch fand statt in der Universität, man bietet ihr Platz an in der ›menschlichen Ecke‹. Und von mir wird verlangt, ich soll mich in Wohlgefallen auflösen, meine Freunde dem Apparat überlassen, den Organen zum Fraß!
Es wurde der Vorschlag gemacht, sie könne ja zu mir kommen, bis die Wogen sich glätten. Ich soll an mich denken, meinem Beruf nachgehen. Und Matti ist auch noch da, hat sein Leben vor sich, eine Laufbahn. Sei doch klug, Mädel! Oder bist du so naiv zu glauben, daß ...
Nein! Ich vertraue aber darauf, daß es so was wie grundelementare Werte gibt, die jeder für sich ausmachen muß, trotz Beeinflussung und Entscheidungsabnahme. Seid froh, daß ich mir nicht ins Hemd mache vor Angst, wie manch andere. Die teuer erworbnen Erfahrungen der letzten Jahre haben meine Widerstandskräfte gestärkt.
Sag mal, was steht denn in diesem STERN-Artikel. Scheumann war ziemlich angewidert über Äußerungen wie ›meine Weiber da drüben‹. Vielleicht sind es Zitate, aus dem Zusammenhang gerissen. Die Zeitungsschreiber drehn einem oft das Wort im Munde um, meinte ich. Denn selbst, wenn Du einen Harem hättest, warum solltest Du damit prahlen wie wer, der zu kurz gekommen ist in der Hinsicht. Das hättest Du nicht nötig, ich müsse es schließlich wissen ...
Dann wieder abrupter Wechsel zur Hohen Politik. Dieser Dialog zwischen den ›Parteien‹ ist eine Posse für sich. Wenn mir unheimlich wird,

weil am Horizont Gitterstäbe ins Bild fahren, schüttle ich meine Mähne, führe mich auf wie ein abgehobenes Wesen, als wären wir nebenan im Studio IV und ich spielte eine Bombenrolle.
Und zu Heinzelmännchen sag ich, weil er tut, als gäbe er die Richtlinien fürs Jagdfest persönlich raus – (ich kann es mir leisten, er hat mal versucht, durch einen Überraschungsangriff, verkleidet als Poltergeist mit aufgepflanztem Bajonett, meine Burg zu stürmen in jüngeren Jahren, 'n regelrechten Ringkampf angezettelt, mich aufs Bett geschmissen, in die Goldne Kutsche, dachte, wie alle Poltergeister, so kommt man bei blonden Hexen zum Zuge. Doch ich hab einen Lachanfall gekriegt, ihn mit Blumenwasser bespritzt und Bums! war er wieder auf'm Teppich. Denn wenn ich nicht will, legt mich kein noch so krachiger Kerl aufs Kreuz; was er mir im nachhinein wohl hoch angerechnet hat mit einer Träne im Knopfloch. Auch daß ich seiner Gattin, meiner damaligen Busenfreundin nichts verriet, obwohl die nichts dagegen gehabt hätte, war ich doch so was wie Heilige und Sünderin in einer Person für sie. Jetzt, wo ich den Film zurückspule, kommt's mir vor, als hätt sie ihn dazu angestiftet, egal: Es war 'ne leichtlebige Periode, locker flockige Jährchen auf'm Weg hin zur Begegnung mit dem l i e b e n Wolf). – Ich sag also zum Vorsitzenden: ›Das wage ich zu bezweifeln, lieber Heinz, pardon, verehrter Genosse, Tschuldigung Kollege Intendant, du bist nicht Zwerg Allwissend.‹ Er ist amüsiert; Humor hat der Kleine bis zum gewissen Grad, das muß man ihm lassen, eine Mischung aus Masochismus und huldvoller Herrschermanier. Doch dann wird er böse, weil mir nicht zu helfen ist und er nur seine Zeit verplempert. Denn dies ist nicht der Ort für Possenspiele wie gehabt. Die Situation verbietet Späße. Hier geht es um die nackte Existenz. Denn wenn er versagt, seine Autorität keine mehr ist ... Dabei fällt mir eine Szene ein, wo er in Schlafanzughose, Dienstpistole in der Hand, einen Einbrecher durch den Grünauer Forst jagte, ihn attackierte und zerschunden heimhumpelte, der wild entschlossene Patron.
Fünfzehn Jahre gehöre ich nun bereits seinem Stall an. Man ist nicht bis zum äußersten gegangen, hat mich nicht auf die Straße gesetzt, bzw. nicht können, weil ich mich querlegte. Nun entscheiden andere Kriterien, auf allerhöchster Ebene. – Habe ich Dir erzählt, Wolf, daß ich dem Kleinen beim ersten Vorgeführtwerden, in Mattis und Scheumanns Gegenwart, die ›Liste‹ auf'n Schreibtisch legte mit der Aufforderung, zu unterschreiben, sich anzuschließen bei den coura-

gierten Zeitgenossen, um gegen Deine Ausbürgerung zu protestieren? Da hab ich ihn das erste Mal – mit leichter Verzögerung, ich merkte, wie es in ihm arbeitete – echt aufgebracht erlebt. Er fegte das Blatt mit einer Heftigkeit vom Tisch, daß seine Unterlagen durch die Luft wirbelten: als hätte ich ihm einen Teufelspakt angeboten.
Ich hab eine Wut auf den Bark. Er ist der treibende Keil, will mich weghaben aus Tines Nähe, sie sich selbst vorknöpfen, zurechtrücken, den liebenden Vater rauskehren und ausschöpfend einsetzen. Wie er da sitzt in Deinem Zimmer, Parteigestanzel runterbetend. Erst fand ich ihn sympathisch, ist er ja auch, aber jetzt wohl ›gezwungenermaßen‹ ein Hebelchen am langen Arm. Er hatte gehofft, zetert der ›Palast‹-Bauleiter, daß Du aus Liebe zu seiner Tochter, als ihr geheiratet hattet, zurücksteckst, vernünftiger wirst. Was bildet der Mann sich ein: Aus Liebe ein Wurm werden, ein Dichter mit feuchter Hand, was glaubt er, wer Du bist. Es wär gut, wenn ihr euch aussprächt: Tine und Du.
Wo ist Bylle. Im Radio hörte ich was von Robert, Verhaftung, Fürstenwalde. Ich glaub nicht, daß die sich das trauen: Leidensgefährte Honeckers im Zuchthaus Brandenburg, Hitlers Todeszelle, Verdienter Wissenschaftler der DDR, Nationalpreisträger; sie werden auch die Röntgenbilder seiner Lunge kennen. Vielleicht schieben sie ihn auch ab. Bleib Du nur gut und laß Dich nicht von Zeitungen einwickeln und von Wegelagerern ausziehn. Wir haben es dann noch schwerer hier.
In Sorge, Liebe und voll Zuversicht beschließt Eva ihren Zeitbericht. Und Benjamin kuckt, wo Du bleibst. Was machst Du? Kringelst Du Dich? Sanfte, rebellische, leidenschaftliche Frauen gibts überall.
Gute Männer sind Mangelware. Hilfe! Wir brauchen Dich!

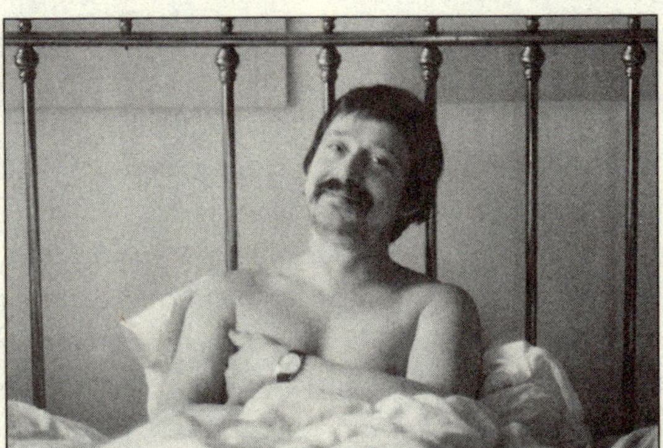

›... gute Männer sind Mangelware ...‹

Dezember 1976

Mein liebster Wolf, mein lieber Genosse! Dieses Wort schreibe ich ernsthaft wohl zum ersten Mal an Dich, es klang mir sonst zu hochtrabend und abgenutzt. Jetzt empfinde ich es, wie es ursprünglich gemeint ist – und das muß mal gesagt werden.

Gestern, bevor wir zu Jurek fuhren, haben wir telefoniert. Es war gut, daß wir bei ihm waren. Ich hab jetzt bessere Übersicht und mach mir keine großen Illusionen. Das derzeitige Konzept lautet: Übergehen zur Tagesordnung. Doch da wir keine Öffentlichkeit haben, ja, eine einseitige, administrative, diktierte: ›Sie haben Zeitungen und Druckereien – um uns zu beschimpfen und mundtot zu machen, ihre Staatsmänner zählen wir nicht‹ – wird ihr Konzept ihnen vordergründig Recht geben. Unterm Strich aber kommt über kurz oder lang das böse Erwachen.

Hab dann mit Matti telefoniert: 8 Stunden hat man mit ihm diskutiert. Erst die FDJ, danach die Partei: Entweder er distanziert sich von Biermann – oder Exmatrikulation und Ausschluß aus der Partei. – Matti sagt: Ich bin für die Partei, ich bin für die Regierung, aber Wolf Biermann ist mein Freund. Und wenn ich etwas anderes sagen würde, müßte ich mir das Leben nehmen – oder Alkoholiker werden.

Matti ist der wunderbarste Mensch. Und Du! Heute früh hab ich Scheumann benachrichtigt: Was die deutschen Genossen da in Moskau mit dem ›Jungen‹ veranstalten, kann nicht im Sinne des Erfinders sein. Sollen wir ein Volk von Heuchlern und Kriechern werden! Auch Adameck hab ich benachrichtigt: Man will mit der Botschaft telefonieren und Scheumann wird höchstwahrscheinlich hinfliegen.

Der größte Hammer ist allerdings Ninas ›Antrag auf Aberkennung der DDR-Staatsbürgerschaft und Ausreise aus der DDR in die BRD‹. Z. Zt. befindet sie sich beim Unterhaltungs-Chef des Fernsehens, Herrn Sauer. Eben war die Sekretärin und der Chauffeur von Herrn Czerny hier: Czerny bittet Nina inständig um ein ›Gespräch unter vier Augen‹. Als Köder ließen seine Laufboten schon mal durchblicken, daß er ihr ein eigenes Programm anbieten will.

Die Seelenaufkäufer haben Groß-Einsatz, Märchen werden feilgeboten, ein Haus im Grünen ist nicht aus der Welt; kleiner Schrieb oder besser mündlicher Hinweis an die zuständige Vergabestelle – und schon ist das Leben ein Traum, weil: Träume werden Wirklichkeit unter gewissen Umständen.

Nina und Eva

(von Nina)

Kuckuck Bieri! Ich bin gerade von Sauer zurückgekommen. Die wolln mich so gerne hierbehalten und ich finde immer mehr, daß der Schritt richtig ist und war, mit dem Antrag. Denn da sehn sie wenigstens, daß sie irgendwie Scheiße macht ham. Und wenn Du wieder herkannst, ich doch auchi. Wär bloß Kacke, wenn ich jetzt 10 Jahre rumklucke und nichts mache. – ABER: für den Fall hab ich mir was ganz Tolles ausgedacht: ich werde politisch. Und ich lasse mir einen Seehundsbart wachsen, wie Du Bieri.
Aber jetzt mal im Ernst thählmann: ich habe keine Angst nich. Ich habe dich so lieb Wolf. Bis bald, deine Schlagersängerin NINAHAGEN

Nun bin ich raus. Nina macht Faxen, wirft mit Nüssen, gibt Tierlaute von sich. Womöglich fangen sie das Kind noch ein u. bringen's nach Herzberge. – Ich hatte vor, Dir ganz viel zu schreiben. Inzwischen hab ich Frühlingssuppe gekocht, Wäsche gewaschen, Telephonate geführt – und wir wollen abends zu Bulat Okudschawa in' Palast der Ripablik. Hoffentlich schnappt man uns nicht weg wegen Gruppenbildung; die halten das für eine der größten Provokationen, wenn wir da an die 30 Mann auf'n Haufen klucken, womöglich noch lachen, fröhlich sind. Du liebes Herzjesulein! Ich hatte einen Teller für Dich mit auf'n Tisch gestellt in Gedanken. Wolflein, genieße dieses wahnsinnige Leben, damit es sich auch lohnt. – Deine Eva.

Übrigens: dieser Ecke Pfarrerssohn ist mächtig rührig und geht mir auf die Nerven. Der hat so dolldreiste Ideen. Entweder ist er naiv und weiß nicht, wo Gott wohnt oder er will stellvertretend für Dich in den Knast. Er macht uns richtiggehend an, ein Stürmer und Dränger aus Schillers ›Räuber‹, will uns auf Barrikaden treiben, 19. Jahrhundert; hoffentlich ist er wirklich nur ein Hitzkopf. Und Antjegold soll was organisiert haben mit Bulat. Ihr würde ich auch nicht grad mein Herz auf'n Tisch legen. Womöglich drapiert sie es unbehandelt, noch frisch blutend in ihre Collagen rein – zwischen der mumifizierten Balkanratte oder 'nen Fischkopf aus Heringsdorf. Denn für die Kunst ist ihr nichts zu abwegig. Außerdem ist unser sowjetischer Dichter offizieller Gast unsres Kulturbetriebes, wird begleitet von der neuen Frau des Statthalters Konrad Naumann: Vera Ölschlegel ist der Name, den man sich nicht merken sollte. Doch dafür wird die Dame schon selber sorgen. Sie liest seine Texte auf deutsch in ihrer Funktion als Hausherrin im »Gläsernen Palast«.
Mit Tine sehe ich klarer. Sie ist ein aufrichtiges Menschenkind, lebenshungrig, schön, hat eine singende Seele. Sie würde Dir folgen, stehenden Fußes – aus Liebe. Aber diese Unsicherheiten zwischen euch, die speziellen Schwierigkeiten; würden sie in einer anderen Landschaft kleiner werden? Ich konnte Tines Zögern anfangs nicht nachvollziehn, ging von mir aus, wie ich gehandelt hätte in ihrer Situation, in der Zeit unserer ersten Jahre. Aber so was läßt sich nicht übertragen. Es gab

Tine und Benjamin

keine Unsicherheit in lebenswichtigen Fragen. Auch heute nicht. Vielleicht ist es ja doch besser, wenn Tine in der DDR bleibt. Sie hat keine politischen Leidenschaften. Zwar hat sie sich Dein Vokabular angeeignet, Haltungen, aber sie verschwimmen, wenn Du weg bist. Tine ist noch so jung – und kommt aus geordneten Verhältnissen; einer gutbürgerlich-sozialistischen Küche. Wenn Du mehr Zeit investiert hättest, nicht so hin- und hergerissen worden wärst zwischen Grünheide und Hauptstadt. Vielleicht ist diese gewaltsame Trennung auch eine Chance für euch. Wie auch immer: Deine Rosine hat sich verhalten, wie es keine hätte besser machen können. Ich werde ihr beistehn, unabhängig von Wetterstimmungen der im Eheknast geschädigten Parteien. – Benjamin hat gestern so gebrüllt, daß er bestimmt vier Zähne auf einmal gekriegt hat.
Eben kam Bylle. Wir haben rumgetollt vor Freude. Robert sitzt unten im Auto. Mit Eskorte. Wir wollen in die Berolinastraße, ich fahr später nach. Freudige Überraschung: Sein Hausarrest ist aufgehoben.
Wir waren bei Okudshava. Ein guter Abend. Bylles Stasi-Truppe war mit unter den Zuschauern. Auch sonst wimmelte es von den Auffällig-Unauffälligen. Ganze Nester von ... grauen Mäusen hätt ich fast gesagt, aber das wär geschmeichelt. Selbst die braunen Wanderratten sind possierliche Tierchen dagegen. Am Schluß warteten wir, bis die Autogrammjäger befriedigt waren. Ala, die Frau von Rolf Schälicke, machte uns unaufdringlich mit ihm bekannt. Wir waren in seine Nähe geraten, ohne daß die Abschirmer es hatten verhindern können, unterhielten uns mit ihm, sagten: Du hättst noch die Karten besorgt.
Morgen fährt Tine zu Robert in die Burgwallstraße. Es ist wichtig, daß sie sich da sehen läßt. Robert meint, es wär nicht gut, wenn Tine zu Dir rüberfährt: Es würde ein öffentliches Drama werden. Das klingt überzeugend, denn ganz zu Dir will sie ... oder soll sie nicht? Sie muß sagen, sagt er, sie will hierbleiben in der DDR und du sollst zurück. – Die Variante ist zwar nicht neu, seit dem Tag Deiner Ausbürgerung ist das der Grundtenor im täglichen Gebet, aber unser Freund Robert ist ja nicht nur uneigennützig. Er hat verständlicherweise ein ganz persönliches Interesse daran, daß die privaten Verstrickungen sich zu Gunsten seines ›Clans‹ auflösen. Ich will, daß kein Krieg ist und wir uns alle liebbehalten als große Familie. Gutnacht, lieber Wolf. Eva
Mein Herz klopft. Geräusche wie vorsichtiges Schließen: Ach, die Briketts im Ofen knistern nur ...

Eva, meine liebe liebe Liebe, ich hab Dein gutes Gesicht im TV gesehn, Deinen verlegenen Mund ohne alle Schauspielerkeckheit und Deine leidvollen großen Augen, ach Du mit Deinem lieben Gesicht, ich hab solche Sehnsucht nach uns. Ich schreibe Dir zwischen Tür und Angel, ich habe gerade eine Erklärung geschrieben, die ich nach Paris durchtelefonieren will, weil dort heute nachmittag eine Pressekonferenz stattfindet, dort hat sich ein Komitee gebildet zur Solidarität mit mir und mit Euch, und es sind lauter gute und sogar berühmte Leute dabei. Und unser lieber alter Jean Pierre hat viel dafür getan.
Eva, meine liebe, ich hab jeden Abend versucht, Dein Telefon zu erreichen, es scheint aber so, als ob es technisch blockiert ist für Auslandsgespräche ... Was soll ich Dir, was Euch bloß raten?! Ich möcht am liebsten, daß ihr schnell zu mir kommt – und möchte am liebsten, daß ihr in unserem Land bleibt ... beides am liebsten. Aber wenn beides das Beste wäre, sollt ihr, sollst Du das tun, was nach Abwägung aller privaten + politischen Elemente für Dich das bessere ist. Falls Du Dich entscheidest und auch die Möglichkeit hast, zu kommen, zu gehen, dann komme und wir werden hier auch leben und für unsere gute Sache gut arbeiten können. Denk mal an unseren alten Plan, eine Penja aufzumachen, wo wir selbst singen können und gute Leute aus der ganzen Welt kommen und singen können. Aber es gibt auch andere Möglichkeiten. Nur: wenn Ihr alle hier rüberkommt, dann werde ich wohl noch viel weniger Chance haben, in die DDR zurückzukommen, dann richten sich die Bonzen gemütlich ein, dann ist Ruhe im Karton – ich weiß nicht. Überlege gut und berate Dich mit Robert und anderen – ich will Dir nur sagen, daß ich Dich liebhab und Dir beistehe mit allem, was ich kann, so oder so, dort oder hier. (Und – steck den Zettel weg! ich hab auch Sehnsucht nach unseren Schachspielen und zusammen paar Lieder singen!) Heute abend singe ich vor Mitgliedern der Jugendorganisation der PCI in Rom, morgen gehts noch mal nach Florenz und dann zu Luigi Nono nach Venedig. Dann fliege ich nach Köln und bleib erst mal bei Wallraff (Tel. 513410). Über Weihnachten will Wallraff mich in ein Haus auf einer kleinen Insel in Dänemark bringen, nahe bei Brechts Exil-Haus, dort will ich zu neuer Ruhe kommen, es war hart die letzten Wochen, aber auch gut. Das donnernde Leben. – Gestern abend bin ich auf dem Platz spazierengegangen, wo ›früher‹ die antiken Wagenrennen stattfanden, dort ist eine Art

Weihnachtsmarkt aufgebaut mit Zuckerzeug und Touristen-Talmi. Ich fand auf dem Bauchladen von ein paar sympathischen, sehr armen Ägyptern Firlefanz-Schmuck aus Somalia, geschnitzt aus irgendeinem schönen Steinzeug – wir haben viel geredet und gelacht und ich habe mir ihre kleinen Anhängsel gern aufschwatzen lassen und die schönsten ausgesucht. Was soll ich für Dich bestimmen? Den Fisch? Die Schildkröte? Den alten Mann? – Nun sitz ich im Zug nach Florenz, ich soll dort singen in einer großen Veranstaltung. Das Konzert in Rom heute abend mußte ausfallen: die letzten Morde an 4 Polizisten haben Schuld. Die Leute von der PCI-Jugend müssen viel tun, um den Schaden dieser Attentate gering zu halten: von überlinken Linken verübt, treiben sie das Land nach rechts.
Ach Mensch, ich hab soviel gesehen und hatte sowenig Zeit, das zu sehn, was ich sah, Rom. Heute mittag aß ich in einem Restaurant (Trattoria consolato D'abruzzo), das war ein Schock für mich – ich erschrak darüber, daß ich schon ein Leben gelebt habe und vielleicht ... nie gesehen hätte, wenn nicht alles so schlimm gekommen wäre. Die Menschen, wie sie da sitzen, wie sie die tausend verschiedenen Saläte essen und trinken sachte und gelassen und reden – ach, meine Liebe, ich mußte weinen vor Schreck und Freude und Schmerz beim Gedanken an Gerulf und Jürgen und alle, die jetzt im Knast sitzen und an Euch alle, die das alles doch auch sehen und riechen und schmecken und anfassen solln! Grade du mit deinem guten Sinn fürs Essen und Essen-machen! Und Liebe machen!

Dezember 76

Wolf, ich weiß: Du bist mit dem Flugzeug unterwegs nach Hamburg. Und Nina sitzt im Zug Berlin-Hamburg hoffentlich. Ich versuchte zu schlafen, doch die Schattenrisse der Vereinsbrüder verfolgen mich bis in die Träume. Zusätzlich bekam ich einen Anruf von der ›Moewe‹: Die Revisions-Kommission tagt länger als erwartet – und so müßten sie leider auf den kulturellen Teil verzichten. Ich sagte: Überweisen Sie die Gage aufs Konto. Geht sofort ab, sprach der Direktor. Er kann nichts dafür, schätzt Dich sogar (un)heimlich, doch die Verhältnisse ... So war gestern mein letzter Auftritt in der Technischen Hochschule Magdeburg. Ich hatte einen, in dieser Art, nie erlebten Erfolg. ›Die kleinen Fürsten‹ waren ein Volltreffer. Die Leute haben mich empfangen, als wärst Du erschienen, leibhaftig anwesend. Das warst Du auch:

Nina 1975

Ich bin von Dir durchglüht, durchwachsen, hab Dich ... verinnerlicht. Für DDR-Verhältnisse hab ich viel gewagt! Ein Knistern lag in der Luft. Man fieberte nach einer Botschaft. Ich sang wie um Dein Leben. Und sie haben ihre Begeisterung für Dich auf mich übertragen.
Hier hört es sich an wie in einer Telefonzentrale. Ich erhalte Anrufe, fremde Leute wollen zu mir kommen, mit mir sprechen. Viele Menschen sind durch die ›Maßnahme‹ in Schwierigkeiten geraten, wollen einen Rat, ihrer Empörung Luft machen über den neuerlichen Coup, der sich wie ein Lauffeuer verbreitete. Mir wurde zwar kein Berufsverbot ausgesprochen, dieser Begriff wird nur in bezug auf die kapitalistische Gesellschaft angewandt, aber was ist diese ›Fristlose Entlassung‹ sonst, die Absagen sämtlicher Auftritte, Ausladungen.
Vorhin brachten wir Nina zum TRÄNENPALAST. Tine, Axel, ich. Es war noch eine Hektik kurz vorm Start. Sie hatte das ›Papierchen‹, die Urkunde über Aberkennung der DDR-Staatsbürgerschaft zu Haus liegengelassen. Ein panisches Gesuche schmiß uns rum, als ginge es um was Unwiederbringliches wie Leben oder Tod. Ich hatte Beklemmungen und Stiche in der Brust. Dann schnappte die Tür am Übergang zur Welt raus zu hinter meinem Kind. Jetzt ist sie in die Unendlichkeit des Universums hinein entlassen; so fühlt es sich an in mir.
Ich bin todtraurig und heilfroh, daß sie den menschenunwürdigen Verhältnissen und unzumutbaren Zuständen entronnen ist. Wieder mal war ich so gutgläubig gewesen, die offizielle Verlautbarung, in der es geheißen hatte, man gehe zur Tagesordnung über nach dieser Beschimpfungswelle nie dagewesenen Ausmaßes – für bare Münze zu halten. Denn ob im ›Zentralorgan‹ bis runter ins hinterletzte Käseblättchen oder anderer, für die Schlüsselpositions-Besitzer jederzeit verfügbarer

Medien wie: Radiosender, Television, Betriebsfunk, Walkie-Talkie, kochte es und brodelt noch vor inszeniertem Volkszorn gegen Dich und die Unterzeichner – während die echte Empörung keine lebensfähige Chance hat gegen die Staatsmaschinerie. Ich unbelehrbare Butterblume hatte geglaubt, es würde wieder mit vernünftigem Maß gemessen, weil die geistige Blüte der Kultur ihr Veto eingelegt hatte. Nichts in Richtung humanen Umgangs, keine Spur von Toleranz. Statt dessen richten die Schreibtischtäter sich häuslich ein in ihren Bunkern, als wollten sie Wurzeln schlagen. Anbei das Kündigungsschreiben.

STAATLICHES KOMITEE FÜR FERNSEHEN
BEIM MINISTERRAT DER DDR

STELLVERTRETER DES VORSITZENDEN

Frau
Eva-Maria Hagen

B e r l i n

Berlin, den 7. Dezember 1976

Betr.: Beendigung des Arbeitsverhältnisses beim DDR-Fernsehen

Hiermit spreche ich Ihnen im Auftrag des Vorsitzenden des Staatlichen Komitees für Fernsehen aufgrund § 32 des Gesetzbuches der Arbeit die fristlose Entlassung aus. Sie haben Ihre Pflichten nach § 1, § 2 und § 7 der Arbeitsordnung für das DDR-Fernsehen gröblich verletzt.
Sie sind gegen Maßnahmen und Beschlüsse der Regierung, die zur Abwehr von Angriffen aus dem Ausland getroffen wurden, aktiv vorgegangen, um diese Beschlüsse wirkungslos zu machen.
Entsprechend § 36 des Gesetzbuches der Arbeit können Sie gegen diesen Entscheid innerhalb von 14 Tagen bei der Konfliktkommission bzw. bei der Kammer für Arbeitsrecht des Stadtbezirksgerichts Einspruch einlegen.

Engelhardt

E n g e l h a r d t
Stellvertreter d. Vorsitzenden
des Staatlichen Komitees

Das sind Anschuldigungen, die mir laut Strafgesetzbuch, fünf bis zehn Jährchen einbringen könnten; vielleicht kommen sie noch drauf. Denn was mir in vorangegangenen Gesprächen vorgeworfen wurde, wo man erbittert um meine Seele rang, hat die Handschrift der Inquisition; nur daß die Scheiterhaufen abgeschafft und Frauen gleichberechtigt zu behandeln sind. Die psychologische Folter allerdings ist raffinierter und primitiver zugleich, auf Weltniveau und eingefleischter Kollektivbasis. Begriffe wie Zentrum fielen, Gruppenbildung; Aufwiegelung hatte ich auf'm Kerbholz. ›Staatshetze‹ war der absolute Hammer und dann schlug das ›Beil von Wandlitz‹ zu mit ›Konterrevolution‹. Ich verbat mir die Beleidigungen des Bevollmächtigten; der Vorsitzende selbst hatte sich vorm Richterspruch gedrückt, ließ seine Untergebenen die Schmutzarbeit machen, Anleiter zukünftiger Leitungskader, auch ein weibliches Wesen, die Genossin Sander mit Weizenhaar gehört dazu: Tun Sie's aus Liebe, Eva-Maria, raunte sie mir zwischen Tür und Angel mit lauwarmem Atem in solcher Von-Frau-zu-Frau-Manier ins Ohr, in dem schmalen Handtuch von Vorzimmer, wo ich eingeklemmt auf einem Schwitzstuhl zwischen Aktenordnern im 1. Stock der Verwaltungsbaracke, auf'm Gelände Johannisthal, auf die Aushändigung meiner Verurteilung wartete, wo mein ›Fall‹, nach Ablauf von Stille vorm Sturm entschieden worden war – und das Schreiben nebenan in die Maschine diktiert wurde: Noch könnten wir alles in' Papierkorb werfen, die Entscheidung zerreißen und Schwamm drüber. Diese Unnachgiebigkeit und Trotzhaltung hat doch keinen Sinn. Ich würde mir nur selbst schaden. Und diesem wunderbaren Menschen – Ihrem Matti! Wir mögen Sie doch alle, Eva-Maria! Warum müssen Sie die Heldin spielen, wo Sie nur verlieren können ... Es war der Führungsspitzenkraft unbegreiflich, denn ich schwieg bloß noch – aus Stolz und Trauer. Auch, damit nicht Tränen alles verdarben, Haß die Stimme verzerrt, dachte stur: Das wollen wir erst mal sehn! Und sang mir innerlich zum Trost die Zeile: ›Eines Tages und das wird bald sein.‹ Hätte nicht das schwarzrotgoldne Banner in der Dekorationsecke geprangt und die listige Maske von Erich dem Quäker als Zierde der Gegenwart draus hervorgestochen, die Situation wär austauschbar gewesen in Zeit und Raum verflossener Ruderclubs. Nein, unser Fürstentum hat einen eigenen Stil entwickelt im Laufe seines Bestehens. Ein gutes Viertel-Jahrhundert auf'm Buckel erst – und so was von selbstgefällig, herablassend, plump und mit der Keule.

Sie wollten meinen Namen, ganz simpel, ein Autogramm unter irgendwas: Ich bin ein Mensch, wie stolz das klingt, sagte Gorki. – Die DDR ist das Land, wo die Kornblumen blühn – sich die Füchse Gutnacht sagen, heißt es; doch mitnichten! Unser ist die Zukunft. Ein Schnörkel auf'n Stück Papier, das sie beliebig zur Sau machen können. – Es ging

ihnen nicht mehr um den ›Fall Biermann‹, auch nicht um die persönliche Freundschaft, nur noch um ein Ja zum System, ein Nicken, der Anflug von Reue hätt sie glücklich gemacht, ein Zipfelchen guten Willens. Sie müssen ihr Gesicht wahren, um vermelden zu können: Operation vollzogen, Patient erledigt, Unterschrift geleistet – wenn auch nur im übertragenen Sinn; ging es bei der Initiative auch nur um die mündliche Zustimmung – aus organisatorischen Gründen, obwohl der ›Apparat‹ bei eigenen Aktionen vorzieht, auf Nummer Sicher zu gehen; ein Beweis mit Fingerabdruck ist was Reelles. Jedenfalls suggerierten sie mir, stark zu sein und Schwäche zu zeigen. Sie hätten mich verhätschelt. Die Schlaumeier haben so manches Schaf aufs Kreuz gelegt und genüßlich zerbrochen. Es war eine lehrreiche Farce.
Nun bin ich ausgestoßen aus meiner Gesellschaft. So einfach geht das – ganz legal. Mir spukt das Lied im Kopf rum: ›Und als wir ans Ufer kamen: Ich möchte am liebsten weg sein und bleibe am liebsten ... hier.‹ Die letzte Zeile ist wichtig für das Lied, aber wo ist jetzt dieses Hier – wenn Du weg bist ... Ich muß mit Matti sprechen und warte so auf die Nachricht, daß Nina unbeschadet im Westen angekommen ist.
Was sagst Du zu meinem einstmals Ein-und-alles-Knacks, Dr. Peter H. in der ›Weltbühne‹?! Ist ihm also auch ein Schweinerüssel gewachsen; einen Riecher für Trüffel hatte er immer schon. Schade um ihn. Wenn ich an die Zeit denke, wo er seine frechen Federstriche machte für ›Sorgen und Macht‹, als er der Staatsfeind war, Anfang der Sechziger, mit Argwohn beäugt ... Du hast ihm die Schau geklaut und mich dazu; kleine Scherziade am Rand.
Hurra! Nina sitzt auf Emma Biermanns Hamburger Küchenbank. Mariechen weinend vor Gefühlsüberschwang in der Pieck-Straße und geht auf'n Hugenottenfriedhof Luft schnappen. Denkt an mich! E.

Eva-Maria Hagen *Berlin, den 10. 12. 1976*

An den Staatsratsvorsitzenden der DDR – Erich Honecker

Sehr geehrter Herr Honecker! (...) In meinem heutigen Schreiben geht es um mehr, als nur meine Person. Es geht um Freunde, Kollegen, Menschen, die ich nicht persönlich kenne, und um das Vertrauen, das wir Ihnen entgegenbringen (...). Wolf Biermann ist, als wir nicht mehr Mann und Frau waren, mein bester Freund geblieben und wird es sein mein Leben lang; was nicht bedeutet, daß es keine Meinungsverschiedenheiten gab und geben kann. Sie können sich vielleicht vorstellen, daß die Maßnahme über die Aberkennung seiner Staatsbürgerschaft mich in tiefe Verzweiflung und Trauer versetzte. Ich schloß mich dem Brief der 12 Schriftsteller an, in dem die Bitte geäußert wird, ›die Maßnahme zu überdenken‹.

Es wird erzählt, Sie Erich Honecker, hätten gesagt, man sollte nie NIE sagen und die Unterzeichner würden keinen Repressalien ausgesetzt werden, jetzt gehe man wieder zur Tagesordnung über. In den Zeitungen, im Radio und Fernsehen geschah das auch von einem Tag zum anderen. Aber wissen Sie, wie die Tagesordnung hinter den gepolsterten Türen der jeweiligen Leiter der Kulturinstitute aussieht? Jeder einzelne der Unterzeichner wird stundenlang, ja tage- und inzwischen wochenlang bearbeitet. Es wird erst in sanfter, dann massiverer Form Druck ausgeübt und eine Distanzierung bzw. Rücknahme der Unterschrift verlangt! Die Argumente sind: Der Klassenfeind benutze unsere Namen. Aber warum wurde die Liste nicht im ND abgedruckt, warum waren da nur Stellungnahmen von Personen, die die Maßnahme begrüßten? Das geht nicht in meinen Kopf hinein. Es fallen inzwischen Vokabeln wie Konspiration, Gruppenbildung, Konterrevolution. – Wo steht, daß es keine Meinungsverschiedenheit geben darf oder Kritik? Sollen wir ein Volk von Heuchlern und Kriechern werden! Ich setze mich entschieden zur Wehr, wenn man versucht, meine Würde als Mensch und Frau und Kommunist mit Füßen zu treten. (...)

Meine Tochter, Nina Hagen, hat die Verzweiflungstat begangen, einen Antrag auf Ausreise (...) zu stellen, denn sie hat von Kindheit an meine beruflichen Behinderungen miterlebt. (...) Sie wollte nicht mein Schicksal an sich wiederholen lassen. Und Wolf Biermann war für sie Vater, Freund, Lehrer. Nach den ersten Aussprachen in diesen Tagen wurde klar, daß sie ihren Beruf mit 21 Jahren hätte an den Nagel hängen müssen. So sehr mich das kaputt macht, daß sie weg ist: Ich möchte hier leben, in der DDR, ich bin hier aufgewachsen, hier bin ich zu einem aufrechten Menschen herangereift, hier hatte sich mein Weltbild geformt – und hier bemühe ich mich um Verständigung der Menschen untereinander, um Ehrlichkeit, Furchtlosigkeit. Ich versuche hier, den Sinn und Zweck meines Lebens zu finden.

Da wird mir von Herrn Schmotz vom Fernsehen gesagt: ›Ja, glaubt ihr, in einem kapitalistischen Kulturbetrieb würden über politische Meinungsverschiedenheiten auch nur drei Worte gewechselt? Zack und schon lägt ihr auf der Straße.‹ Ich erinnerte ihn daran, daß wir in einem sozialistischen Land leben und daß Sie, Erich Honecker, gesagt haben sollen, es würde keine Repressalien geben. Herr Schmotz belehrte mich: ›Wir haben im Fernsehen unsere eignen Gesetze, da brauchen wir nicht erst den Genossen Honecker zu fragen, was wir mit solchen Leuten machen müssen.‹ Dann wurde mir mein Kündigungsschreiben überreicht.

Ich finde die darin enthaltenen Anschuldigungen so ungeheuerlich, daß ich mich sofort mündlich dagegen verwahrt habe. Inhalt und Ausdrucksweise dieses Schreibens sind in so bedrohlicher Form gehalten, daß ein uneigeweihter Leser daraus schließen müßte, ich käme unweigerlich hinter Schloß und Riegel. Aber für mich bedeutet es nur Berufsverbot.

Ich hoffe noch immer, daß Wolf Biermann wieder in die DDR zurückkehren darf.

Sie, Erich Honecker, müssen doch wissen oder fühlen, daß er Kommunist ist. Wenn Sie wirklich glauben, daß er ein Feind der DDR ist, weiß ich nicht mehr, was ich machen soll.

Wie soll ich dann überhaupt noch leben? – Ich grüße Sie! *(gekürzt)*

20. Dezember 76

Eva, liebe, ich bin wieder in Köln und in Eile, weil Wallraff gleich losfliegt nach Berlin. Hoffentlich erreicht euch mein Zuckerkram und meine Briefe. Wir haben vorhin so schön telefoniert, und Du in der Badewanne, meine Schöne. Ich liege seit dem 10. Nov. allein in vielen Betten, und mein Zentralorgan ist phantastisch weise, es regt sich kaum noch, getreu dem Brechtsatz: Keinen Gedanken verschwende auf das Unabänderbare ... ich bin ja lange genug nicht alleine gewesen. Ach Du liebe liebe Schöne, und jetzt noch die Garotte mit Matti. Laß Dich nicht ... ach laß ... Deinen Brief an H. würde ich gerne kennen. Ich werde versuchen, daß sämtliche Briefe an Tine + Bylle + Robert an Dich gehen, damit Tineliebe nicht Bylles Brief in den Händen wenden muß und vielleicht weinen mit ihren Springbrunnen. Sag der Tine, daß ich sie so liebhabe, aber es ist alles so schwer mit der Moral in all der Politik. Mit Nina war alles gut und ich kümmere mich auch um ihre Angelegenheiten.

Eva, liebe, ich finde es gut, wenn Du dort bleiben willst. Aber Du sollst auch wissen, daß die Welt runder ist als ich dachte und daß wir noch was machen wollen, das und das. – Kuss Wolf

Die Anhängsel, gib jedem was er mag, Bylle will vielleicht den Buddha, und Tine soll den kleinen Tonkrug haben. In Eile – Wolf

Dezember 76

Wolf, Emma rief an, weinte furchtbar: Man hat sie nicht durchgelassen. Die alte Genossin darf nicht zu den Enkelkindern, weil sie die Mutter ihres Sohnes ist. Das trauen die sich. Sippenhaft bis ins dritte Glied. Dafür haben wir Louis Corvalan freigekämpft; das hört man, wenn du das Radio anmachst. Und wer für Biermann ist, macht gemeinsame Sache mit dem Mörder Weinhold, sagen die amtlichen Hausierer.

Matti telegrafierte: Er trifft heut mit dem Zug in Berlin ein. Ich soll Andy mitbringen. Das bedeutet, er kommt mit Sack & Pack. Ich seh uns noch Abschied nehmen, den halben Bahnsteig voll Gepäck, Sekt trinkend. Demnach wird er nicht nach Moskau zurückkehren. Gerhardchen hat die Genossen in Moskau nicht überzeugen können, daß es sich bei dem ›Jungen‹ n u r um ein verirrtes Schaf handelt.

Wolf, wann sehen wir uns. Wohin treibt unser Schiff. Weißt Du noch, unser Überlebenskampf auf Mathias' Seifenkiste im Achterwasser vor 10 Jahren gegen Naturgewalten, wo Himmel und Erde eins waren,

Seelen in Not. Uns hing die Haut in Fetzen, aber wir hatten es geschafft – wieder Land zu gewinnen. Diesmal sind es andere Mächte, von noch unberechenbarerer Natur.
Erneutes Wechselbad: Matti darf die Sowjetunion nicht verlassen, nicht Moskau, den Bezirk, das Wohnheim, er muß bleiben bis er Order bekommt. Erst wenn die Genossen den Startschuß geben, hat er den gerechten Lohn verdient. – Scheumann war da und sie gingen brüllend auseinander. Für nächste Woche ist das Parteiverfahren anberaumt. Matti hat ihnen gesagt, daß er mit der Linie der Partei nicht einverstanden ist, der Lümmel! Und daß er selbst austreten will, aus eigenem Antrieb. Doch so was ist nicht vorgesehn in den Statuten. Er möchte von sich aus das Studium beenden. Nicht erlaubt. Sie fragten, wenn ich einen Ausreiseantrag stelle, ob er dann auch. Seine Antwort war: Ja. – Glashart werden die Fronten abgesteckt: Hast du eine abweichende Meinung, ist sofort Stalins Besen zur Hand: Raus den Unrat aus unserm sauberen Land. ›Reinen-Tisch-machen‹, hat Adameck schon in unserm ersten Gespräch als Marschrichtung angegeben.
Tine hatte ein $3^1/_2$-Std.-Gespräch mit dem 2. Sekr. der Bezirksleitung. Die Nachbarin (aus Flörchingers Wohnung) hat einen Teller mit verschiedenen Sorten Weihnachtsgebäck gebracht. Bylle war da, Felix thronte auf'm Topf, spielte mit Autos. Benjamin ist begeistert von seinem großen Bruder, lacht und juchzt. Sein Opa war mit ihm draußen. Er kämpft um seine Familie. Es geht ihm an die Nieren. Wenn wenigstens Matti hier wäre. Im Radio wird das Weihnachtsoratorium übertragen. Tine malt. Dies Jahr werden wir nicht zusammen in die Kirche gehen. Es war immer so ein Ewigkeitsgefühl in mir, wenn Du kleiner Heidenmensch mit uns im BACH schwammst.
Es gab eine Heine-Sendung. Da hast Du ›enfant perdu‹ gesungen, eine hohe Frauenstimme (!) umrankte Dich sirenengleich. Wir freuten uns, daß Du in dem ganzen Politrummel mal hauptsächlich als Dichter vorgestellt wurdest. Möchtegern Hacks (s. letzte Weltbühne) stand weit abgeschlagen im Rund. Manchmal denke ich, er ist ein Masochist, verhält sich absichtlich so, daß man ihn abstoßend finden muß.

Montag. Grad telefoniert. Mach Dich nicht kaputt. Sei egoistischer. Verbring die Nächte nicht in Schall und Rauch. Nach Mitternacht kommt nicht mehr viel Gescheites raus, nur Ratlosigkeit, Kopfweh. 22.12. Matti ist vogelfrei, wir fahren in die weiße Winterwelt. – E.

Eva und Matti an der Ostsee. Sommer 75

Tagebuch, Berlin-Altenberg – Weihnachten/Neujahr 76/77

Einfach losgefahren. Immer weiter weg von der ›Front‹, in tiefe Provinz, auf der Suche nach einem Stück heile Welt. Die Abfahrt hinter der Biege wird es sein, kurz vorm Ende der Ewigkeit, am Schluß des Weges, es ging nicht weiter, lag ein Gebäude, Herberge zur Heimat, verschlossen wie bisher; aber siehe da – im ersten Stock flackert es feierlich gegen die Gardine. Ich fasse mir ein Herz und ziehe an der Schelle. Das Fenster über uns geht auf, ein menschliches Wesen steckt den Kopf ins Freie, ich will unsere Situation schildern, da verschwindet das Gesicht, wir hören die Stimme ins Zimmer rufen: Unten steht Eva-Maria Hagen. Wir wurden empfangen wie Mutter Maria und das liebe Herzjesulein, als wären die beiden zurückgekommen auf die Erde.

Es begab sich, daß der große Küchenherd angeschmissen ward, Silberzeug und Tafeltuch vorgeholt aus der Anrichte, einheimische Spezialitäten aufgetragen. Wir stellten unsre Getränke dazu – und tranken auf das Glück. Ich hatte die Gitarre mit, Weihnachtslieder wurden gesungen, das Lied ›Traum von der Blaublümeleinwelt‹, irische Balladen: ›Sie bat mich, nimm leichter das Leben, denn es wuchert wie das Gras dort am Wehr. Aber ich, ich war jung und war störrisch – und jetzt wein' ich mich tränenleer.‹ Russische Romanzen, mein deutsch-sowjetischer Minnesänger war groß in Form – und gar nicht zaghaft mischten wir Kostproben der Gegenwart, Verse eines kapitalen Ketzers ins Menü. Großmutter, Enkeltöchter, drei Generationen, ein Stall voll Verwandter war reingeschneit – wir gehörten bald dazu.

Dann verliebten sich alle ineinander. Es wurde eins der ausgefallensten

Feste, die auf Erden stattgefunden haben. (...) Die Staatssicherheit hat dem Wirt was gesteckt: Plötzlich sind alle Zimmer belegt. Wir müssen ausziehen, finden außerhalb ein Quartier. (...)
Am Grenzübergang zur ČSR spielte sich eine hochgefährliche, zugleich chaplineske Szene ab: Erst wurden unsere Personalausweise einkassiert. In der Zwischenzeit, in der Auskunft über uns eingeholt wurde, wollte ein Kontrolleur den Wagen durchsuchen. Ich fiel aus allen Wolken, wieso das, wir fuhren in Freundesland, was sollten wir da schmuggeln, so behämmert wären wir nicht, wollten nur kurz eine Grenze überschreiten. Da durchfuhr mich ein greller Blitz, als hätt ich einen elektrischen Schlag bekommen. Ich sah mich schon eingelocht: denn zwischen Reise-Utensilien und harmloser Lektüre befanden sich sämtliche Biermannplatten, Bücher und mein Blaues Buch im Kofferraum. Die Uniform war dabei Landkarten etc. im Innenraum des Wagens durchzublättern, als suchte er Goldstaub, Kassiber. (Matti meint Devisen.) Mir war klar, was uns bevorstand, wenn kein Wunder geschieht, der Erdboden mich nicht verschluckte, der Bote des Königs auftaucht, ein Witz alles rausreißt. Nichts dergleichen trat ein, da legte ich los!
Der arme Matti wußte nicht, wie ihm geschah; er hatte keine Ahnung ... Ich hab ihm eine Szene gemacht: Alles müßte ich selber machen, den Herrn bei Lust und Laune halten, einen richtigen Mann braucht eine Frau, keinen Traumtänzer, der sich durch die Gegend kutschieren läßt. Matti kuckte stur gradeaus. Ich schmiß ihm seine Sachen um die Ohren, schrie, daß ich mir das nicht bieten ließe von 'nem jungen Spunt. Der Grenzpolizist war lila angelaufen vor Pein, weil der Junge so fertiggemacht wurde von der Xanthippe. Es bildeten sich Schweißperlen unter seinem Mützenrand, als bekäme er die Abreibung der strengen Mutter, dem vollbusigen Weib: Und hier im Kofferraum die Schlamperei – das hört mir auf! Alles flog durcheinander. Ich gab dem Durchsucher etwas in die Hand, sagte, halten sie das, wolln Sie die Schwarte auch noch durchblättern, nahm es weg, gab ihm ›Die Drahtharfe‹ und ›Warte nicht auf bessere Zeiten‹. Ich muß den Beamten sehr durcheinandergebracht haben, denn er nahm weder die ›staatsfeindlichen‹ Druckerzeugnisse, noch die ›Staatshetze‹ in den konterrevolutionären Gesängen wahr. Die schwarzen Scheiben hielt er wohl für Karlsbader Oblaten mit Schokoladen-Überzug. Ich hab aber auch eine Geschicklichkeit an den Tag gelegt. Hut ab vor mir! Und Matti saß geduckt, traute sich nicht zu mucksen, geschweige ein Wort zu sagen, weil er annehmen mußte: Nun

Eva mit Matti Geschonneck

hat es sie total erwischt, jetzt ist sie durchgeknallt von dem seit Wochen anhaltenden Nervenkrieg. Endlich kriegten wir Grünes Licht. Nur weg, dachte ich. Doch mitten auf der Brücke, im Niemandsland, zu bereits vorgerückter Stunde, machte unser Auto ein gewagtes Wendemanöver. Es hatte keine Lust, sich noch mal der Prozedur zu unterwerfen, diesmal bei den tschechischen Freunden vorn, einen Steinwurf weiter; ich schummelte unsern PKW in die Schlange der LKW's aus entgegengesetzter Richtung. Und das Ganze begann von vorn: dieselben Formalitäten, Fragebögen ausfüllen, Zollerklärung, wann waren Sie zuletzt mit wem wo und warum, zu welchem Zweck. – Matti, der nun wußte, welche Munition wir geladen hatten, war blaß geworden, hatte übergroße Pupillen, nahm einen Schluck vom Kräuterschnaps, mit dem wir reichlich eingedeckt worden waren vom Hersteller persönlich, in dessen Keller wir die Neujahrsnacht verbracht hatten ... Obendrein hatte er Angst, daß wir auf der glatten Fahrbahn von Lastern zerquetscht werden. Die Rückreise war also nicht minder riskant. Wieder wurde telefoniert, die Identität überprüft, angefragt in der Zentrale, ob was vorläge. Obwohl ich mit Engelsgeduld erklärt hatte, wir hätten nur eine Schleife gezogen, wären nicht dazu gekommen, unsern Fuß ins Freundschaftsland zu setzen, weil Dunkelheit reingebrochen war, die Zeit fortgeschritten in der Warteschlange – ging die Bürokratie ihren sozialisti-

schen Gang. Wieder warteten wir – diesmal gemeinsam in Ohnmachtsnähe – ewig und drei Tage. Statt uns im tiefverschneiten Tannenwald zu erholen von den Auspuffgasen der Mauerstadt, fetzten uns grenzüberschreitende Winde ins Gemüt. Trotzdem konnte man von Glück reden; waren wir doch noch mal davongekommen ohne größeren Schaden an Leib und Seele, ohne Beschlagnahme der hochbrisanten Ladung, die ich jetzt schnellstens unters Volk verteilen werde. Solche Blödheit müßte von Rechts wegen bestraft werden. Dank dir Fortuna!

NGANG TELEGRAMM (Nichtzutreffendes streichen) AUSGANG

glichkeit AUSNAHME GKS GVS VVS Fu/FS-Nr.

ender: MfS Berlin - Der Minister

fänger: Minister des Innern der CSSR - Genossen Dr. OBZINA - P r a g

Berlin, den 4.1. 1977

Werter Genosse Minister!

Gestatten Sie, Ihnen unter Bezugnahme auf das Telegramm Nr. 1191/76 mitzuteilen, daß im Rahmen der operativen Bearbeitung der DDR-Bürger HAGEN, Eva-Maria und GESCHONNEK, Mathias auf inoffiziellem Wege festgestellt wurde, daß die Genannten aus bisher nicht bekannten Gründen von ihrem Vorhaben, in die CSSR zu reisen, Abstand genommen haben. Aus diesem Grunde ist die Einleitung der mit o.a. Telegramm erbetenen Maßnahmen zur Zeit nicht erforderlich.

Erlauben Sie, Ihnen, werter Genosse Minister, für Ihre Bemühungen und Unterstützung in dieser Angelegenheit auf diesem Wege recht herzlich zu danken.

Mit sozialistischem Gruß
gez. Mielke

F.d.R.
D a m m
Oberst

Nr. 5/77

Разрешите, уважаемый товарищ министр, поблагодарить Вас за Ваши усилия и за помощь в этом деле таким образом.

С социалистическим приветом
М и л ь к е

5/77

1. Kurze Darstellung der beruflichen und politischen Entwicklung
Eva-Maria HAGEN wurde als Tochter einer Landarbeiterfamilie geboren. Sie besuchte bis zum 15. Lebensjahr die Volksschule. 1949 nahm sie eine Lehre als Maschinenschlosser im RAW Wittenberge auf, die sie aber ohne Abschluß 1950 beendete. Sie ging dann keiner beruflichen Tätigkeit nach und begann 1951 ein Studium an der Schauspielschule Berlin. Ihre Ausbildung unterbrach sie von 1953 – 1956. Sie schloß in diesem Zeitraum die Ehe mit dem Schriftsteller Hans Oliva Hagen. 1955 wurde die Tochter Catharina (Nina) geboren. Anschließend setzte sie ihre Ausbildung als Schauspielerin fort und bestand 1957 die Abschlußprüfung der Schauspielschule Berlin.
1958 erhielt sie nach zwei kurzfristigen Verträgen dann einen Jahresvertrag am ›Maxim Gorki Theater‹ in Berlin, der bis Juli 1960 verlängert wurde. Nach ihrem Ausscheiden aus dem ›Maxim Gorki Theater‹ wurde sie als Schauspielerin im DFF eingestellt. Neben der Theaterarbeit und ihrer Tätigkeit im Fernsehen spielte sie in mehreren Filmen, synchronisierte und trat als Sängerin auf. Die Ehe mit Hans Oliva Hagen wurde 1959 geschieden.
Politisch war die HAGEN von 1948 bis 1954 in der FDJ, 1948 bis 1953 im DTSB und seit 1954 im FDGB organisiert. Die HAGEN hat eine negative politische Grundeinstellung zur gesellschaftlichen Entwicklung in der DDR.

2. Operative Aufklärungsergebnisse
Seit 1965 unterhält die HAGEN engen persönlichen Kontakt mit Wolf BIERMANN. Sie gab ihm durch Aufnahme in ihrer Wohnung die Möglichkeit, fortgesetzt sein feindliches Ideengut zu produzieren und propagieren sowie sich mit anderen negativen und feindlichen Personen zu treffen. Sie selbst nahm an derartigen Zusammenkünften in ihrer Wohnung und an anderen Orten teil, wo sich Anhänger BIERMANNS trafen, um ihre negativen und feindlichen Auffassungen auszutauschen. Sie identifiziert sich mit den politisch-ideologisch negativen Werken BIERMANNS und unterstützt ihn in seiner negativen politischen Grundhaltung. Die HAGEN studiert alle feindlichen Lieder ein, singt sie gemeinsam mit ihm im internen Kreis mit dem Ziel, sie in der Öffentlichkeit vorzutragen. So versuchte sie z. B. bei Auftritten im Auftrag der Konzert und Gastspieldirektion im Oktober 1966 und Februar 1967 Biermann-Lieder ohne Nennung seines Namens vorzutragen.
Sie nahm auch B. zu Auftritten in den Bezirken der DDR mit und zeigte sich mit ihm bewußt in der Öffentlichkeit, um ihn populär zu machen. Dadurch verschaffte die HAGEN dem BIERMANN die Möglichkeit, zahlreiche Kontakte in der DDR herzustellen und diese feindlich zu beeinflussen. Die Unterstützung BIERMANNS durch die HAGEN erfolgt nicht nur infolge ihrer intimen Verbindung, sondern auf Grund gleicher feindlicher Positionen.
Unmittelbar nach Verbreitung der ADN-Meldung über die Aberkennung der Staatsbürgerschaft BIERMANNS am 16. 11. 1976 begab sich die HAGEN in die Wohnung von BIERMANN, um dessen Ehefrau, Christine, Hilfe und Unterstützung anzubieten. (...) entwickelte sie Aktivitäten zur Aufrechterhaltung der Verbindung zwischen Christine BIERMANN, Wolf BIERMANN und Personen aus der DDR und der BRD, die zu dem Umgangskreis von Wolf BIERMANN gehören. Die HAGEN organisierte eine durchgehende Besetzung der Wohnung, organisierte und quartierte sich selbst dort ein mit dem Ziel, einen ständigen Informationsfluß zu BIERMANN aufrechtzuerhalten. Sie tritt als Hauptperson in Erscheinung und entscheidet, was gemacht wird. Durch fortlaufende Diskussionen mit Christine B. übt sie politisch-ideologisch negativen Einfluß auf diese aus. Die HAGEN beriet sich mit ihrer Tochter Nina, inwieweit die ›Solidaritätserklärung‹ einiger Schriftsteller, der sie zustimmen, durch eine eigene Unterschriftensammlung unterstützt werden könne.
Am 8. 12. 1976 erfolgte durch den Leiter des Bereiches Kunst und Kulturpolitik, Gen. Engelhard und dem Kaderleiter, Gen. Schiller, eine Kaderaussprache mit Eva-Maria Hagen. Ihr wurde geraten, ihre Stellung zu Biermann zu überdenken, da sie sonst aus dem Fernsehen der DDR ausscheiden müsse. Sie erklärte, daß sie ihre Meinung zu Biermann nicht ändere und daraufhin am 8.12.1976 aus dem DDR-Fernsehen entlassen wurde. – In einer Aussprache am 6.1.1977 im MfK erklärte die Hagen, daß es ihr darum gehe, daß die Kündigung zurückgenommen wird. Sie habe deshalb eine Eingabe an den Staatsrat gemacht und sich an das Arbeitsgericht gewandt.

Wolf, endlich hatte ich mich an den Gedanken gewöhnt, das Gewohnte aufzugeben – nun will Matti nicht mehr: Er bringt's nicht übers Herz, wir quälen uns dahin. Für mich ist hier der Ofen aus. Ich hab Matti von Herzen lieb, stünde ihm aber im Wege bei der ›Bewährung‹, die ihm bevorsteht. Schade, daß Du nicht mit ihm sprechen kannst, ihm klarmachen, daß aufrechte Menschen überall was ausrichten können. Als er frisch exmatrikuliert, mit Schimpf und Schande zurückgejagt wurde aus Moskau, den Parteirausschmiß in der Tasche, die Faust erhoben zum Sturm auf den Winterpalast, vielmehr der Pförtnerloge der Abteilung Inneres, wäre er am liebsten gleich durchgestartet, wenn ich bereit gewesen wär, nicht derart beschäftigt mit Sortieren, Lockern und Rausreißen der Wurzeln auf den verfahrenen, festgetretenen Wegen. Nun aber, der Alltag, Gespräche, vertraute Gesichter, Kneipen, Saufkumpane; das Leben dreht unbeeindruckt seine Runden.

Ich möchte es noch mal wagen. Soll eine dahinmampfen, bis das Rentenalter sie heimsucht, welches ihr gnädig erlaubt, das Ränzel zu schnüren, um sich umzukucken in der Welt – mit Almosen ausgestattet. Und bei der Gelegenheit, einen Paradiesapfel hochhaltend als Erkennungszeichen, steht Eva an der Pforte vom Bau, dem Gehege von Wolf.

Doch welch peinliche Situation: Er kennt sie nicht wieder, weder am Duft, noch der Wellenlänge. Sein Spürsinn ist abgestumpft im Westen. Zwar ist er freundlich zu der Alten: Tut mir leid, Mütterchen, wie denn, wo, wann soll das gewesen, helf sie mir auf die Sprünge. Dann fang ich an zu singen, das ›Lied von der Sehnsucht, die müde macht‹. Aber es ist nur ein Krächzen – mit paar schwachen Obertönen der einstigen Nachtigall. Da dämmert es dem Wolf langsam – aber zu spät.

Nein, dazu werd ich es nicht kommen lassen.

Ich rede dauernd mit Tine, sie möchte, aber dann wieder die Quälerei: Wer ist heut die Favoritin; das Hin-und-Hergerissensein verkraftet sie schwer, sagt sie wehmütig. Nun ist Bylle bald bei Dir und Felix, dann ist vieles vielleicht leichter. Aber wenn Du Pliemie sehen würdest, tätst Du Augen machen: Der robbt in einem Affenzahn querfeldein. Immer auf Entdeckung aus, lacht herzinniglich, singt mit, wenn wir singen, die dritte Stimme, horcht, staunt. Tine sagt, sie gibt ihn mir mit – dann ist sie spätestens in zwei Wochen auch da, wo sie hingehört; im Spaß, mit traurig lächelndem Gesicht. Mann, das Leben spielt einem mit. – Grußkuß von Eva.

20. 1. 77

Wolflein, eben haben wir telefoniert. Ich komm so schnell ich kann. Gleich such ich die Clowns-Szenen; wär das toll, wenn Du an dem Stück weiterarbeitest. Aber was wird aus Matti. Ich bin wie benommen von unserer ... Trennung kann man es nicht nennen, wir lieben uns ja – aber er will es halt noch mal versuchen, ob nicht doch ...
Er wird niemals heucheln, denen zum Munde reden. Aber sollte er es schaffen hier Filme zu machen, müßte er eine Stellungnahme abgeben, sich in irgendeiner Form distanzieren. Das würde er nie tun, sagt er, sonst wird er Alkoholiker (von dem er sowieso nicht weit entfernt ist). Schade, es wär gut gewesen für mich – auch für ihn, davon bin ich überzeugt – wenn er die Karawane mit anführte.
Wolf, könnten wir nicht noch einen Versuch machen? Was gibts im Westen an Möglichkeiten. Könntest Du Dich umsehen und Matti schreiben. Er ist von Haus aus eine ängstliche Natur, ein ›extremer Nesthocker‹, hört die Nachrichten vom Arbeitslosenheer, der ständig wachsenden Inflation – sieht nicht, daß es bei uns ähnlich ist. Hier wird dir dann eine Arbeit zugeteilt, auch wenn ein ehemaliger Lehrer für den Hilfsarbeiterposten ›überqualifiziert‹ ist. Jedenfalls ist der ›notgedrungen‹ nicht arbeitslos, weil es das im Sozialismus nicht gibt – und er nirgendwoher einen Pfennig bekäme. Wenn Du dem weibischen Kerl 'n Rippenstoß geben könntest. Für mich stand gleich fest: lassen

sie Dich nicht zurück – und Du willst, daß wir kommen, gibts keine Alternative. Auch Ninas wegen. Ich brauchte Zeit, die Erde ringsum zu lockern. Für Bylle war es gut, daß ich noch hier bin. Für Tine. Karolinenhof! Im Herbst haben wir an hundert Bäume gepflanzt, alle möglichen Sorten, vorm großen Fenster ein Tulpenbaum, drei Meter hoch schon! Flieder in der Landschaft verstreut, Birken, Tannen, zwei Eichen weiter weg wegen der Wildschweine, Ebereschen, Kirschen; vielleicht liegen unsre Kinder einst dort im Schatten.
Ich versuche, die DDR-Staatsbürgerschaft zu behalten; vielleicht lassen sie mich nicht raus, aber ich glaub schon, weil ich eine Schande bin, eine Fristlose. Wegen der Tatsache liegen den Oberen viele Neutrale in den Ohren – und sind auf einmal keine Neutralen mehr.
Soll ich Möbel mitbringen? Würd ich gern. Du müßtest Dich um Lagerraum kümmern. Schön wär ein Haus weiter nördlich. Da ist bessere Luft als im Ruhrpott. Wir würden uns zusammen ein Zuhause schaffen. Von dort aus fliegst Du in die Welt. Und da sind die lieben Kinderlein, eine Handvoll Ausgewachsener ... Jeder kriegt ein Zimmer. Ein Garten ist da, mit Wiese, Baumkronen im Himmel; bißchen hat's was von der Uckermark. Wir werden zusammen Theater machen. Du schreibst den UNRAT weiter, machst die Regie, spielst den Klavierspieler. Ich stell mir das zum Kringeln vor: ›Aber von den einmal!‹ Und die Kneipen-Lieder! Was glaubst Du, wie die ankommen!
Eben war ich bei Tine, hab ihr in den Ohren gelegen wegen der maßlosen Ungerechtigkeit, eurer beider Traurigkeit. Sie ist zu ihrem Vater, mit ihm reden, damit er es nicht hintenrum erfährt, daß sie (fifty-fifty) mit Pliemie zu Dir will. Mit vollem Bewußtsein über die Schwierigkeiten zwischen Euch, weil Du nicht ohne Benjamin aufwachsen sollst und er nicht ohne Dich! Schreib ihr einen guten Brief. Und erkundige Dich nach einem Studienplatz. Werden hiesige Prüfungen anerkannt? Sie hat wieder 'ne Eins bekommen, verdächtig!
Dein Auto ist verkauft. Heut waren beim Käufer welche von der ›Firma‹; Mölkow sagte, es handelte sich darum, daß ein Auto wie Deins an einem Unfall mit tödlichem Ausgang beteiligt gewesen sein soll. Sie hatten eine Nachfrage, wollten sich überzeugen, ob alles in Ordnung ist. Vielleicht haben sie ihre Wanze sichergestellt, welche hinter einer Schutzleiste vor sich hinlungerte, ohne gefüttert zu werden vom sonst pikanten Wortsalat, das arme Vieh oder mit ›Leipziger Allerlei‹ des neuen Eigentümers.

23. Januar 77

Lieber Wolf, Du warst so leise in Deiner Seele. Plötzlich bin ich unsicher. Was soll ich tun, ich denk, ich wär keine Belastung für Dich. Auch wenn sich auf einmal eine scheinbar traumhafte Konstellation abzeichnet, betreffs der Erfüllung Deiner Wünsche mit Tine und Bylle. Aber wir beide hatten stets eine eigenständige, unabhängige Beziehung. Natürlich bin ich abhängig davon, daß Du mich liebhast, schätzt, brauchst. Ich jedenfalls brauch die Verbundenheit mit Dir wie die Luft zum Atmen. Schreib schnell, ob ich lieber die Festung halten soll. Aber ich wär abgeschnitten und einsam, weil's aussieht, daß Matti nach Moskau zurückkann. Und dann müßte es in Bälde geschehn. Mittlerweile sieht man in uns keine konterrevolutionäre Gefahr mehr. Sie werden uns unauffälliger schikanieren; durch Verleumdungen, anonyme Belästigungen: Telefonische Sauereien oder auf'm Postweg, per Nachnahme 'ne Packung Präservative, die Jahresration einer Kompanie – wenn die fleißig wär auf dem Gebiet, statt bei Kriegsübungen rumzuballern. Auch die Postbotin war empört. Das Paket war ohne Absender, mit dem Vermerk ›laut Bestellung ...‹ versehen. Ich zögerte. Vielleicht hat mir unsere Leipziger Buchhändlerin Lizenzausgaben geschickt. Ich stiftete die Frau an, die ›Büchse‹ zu öffnen. Sie tat es und schimpfte auf die ›Schweine‹ – als hätte ihr der ›Schimpf‹ gegolten. – Welch krankes Hirn denkt sich das aus. Sicher kam die Sendung aus dem General-Versandhaus, Unterabteilung Sudelkiste.

Der Antrag von Bylle ist eine Woche weg. Mir fiel eine gewagte Formulierung auf: ›Falls es nicht möglich ist (Beibehaltung der Staatsbürgerschaft) bin ich auch gegen meinen erklärten Willen für die Aberkennung.‹ Wahrscheinlich hat Robert diktiert. Er sieht die Dinge in größeren politischen Zusammenhängen. – Machs gut, Du Lieber. Eva

24. Januar 77

Im Osten nichts Neues. Deinen schönen Brief an Tine, diesen Vernunftsbrief, hab ich gelesen – der schnitt nicht nur mir ins Herz ... Nächste Woche will ich nach Markneukirchen, die Gitarre reparieren lassen. Bestimmt hat Apfelböck noch eine Schöne für Dich – ist mein Vorsatz. Tine hat drei Wochen keine Vorlesungen, fährt vielleicht mit. Mit Matti hat sich nichts verändert, das macht mir zu schaffen.

Und Karolinenhof! Es steckt ein Haufen Geld drin inzwischen, an sechzigtausend; der ausgebaute Stall, Dein Zeug nicht mitgerechnet. Bäume, Sträucher, Aufräumaktionen, Abfallbeseitigung von Generationen, die das ausrangierte Werkzeug für Ackerbau und Viehzucht einfach in die Landschaft schmissen, eine regelrechte Land-Urbarmachung war das. Was haben Matti und ich, Revierförster Langner, Bernhard Söhler: Mäher, Baggerkranführer und Drainageleger in einer Person – da geschuftet und immer ein Lied auf'n Lippen und zur Belohnung abends paar Schnäpse drauf gekippt. Die Erinnerungen unter der vom Sturm halb entwurzelten Silberpappel am Pfuhl, die schräg weiterwuchs, grünte, auf der Du als weißer Affe, splitterfasernackt, bis in' Himmel geklettert bist – und tief unterm Gestrüpp das Nest vom scheuen Eisvogel. Die Wildgänse, wenn sie Rast machten im Frühjahr und Herbst. Bilder in Bleiumrandungen. Soll ich warten, bis ein Wunder geschieht ... Vorhin hab ich Matti gefragt, ob ich den Antrag abschicken soll. Er sagte: Worauf wartest du noch. Er weiß nicht, wie es ist, wenn er ohne mich sein wird, mich sich nicht einverleiben kann vorm Einschlafen, an meine Rückseite geschmiegt. Ich muß weg – und wenn mir der Schritt eine ewige Wunde ins Herz reißt. Ich kann mir mein Leben nicht vorstellen ohne Dich, Wolf ...

Gestern hat mich son mieser Stasi, steht meist allein, Kastenformmantel, Plattfüße, angequatscht: Wollen wir nich spaziergehn? – Und ich wie eine Rasierklinge: Halten Sie sich an Ihre Anweisungen! Er rief mir nach: Was heißt Anweisungen. Sie sind doch sonst nicht so. – Halts Maul, zischte ich, mußte an den ›blöden Hammel‹ denken, der mich fast in' Knast brachte. Die Kralle sitzt mir noch im Nacken.

In Dresden sind die Hunde los: Peter I und II und Göschel wurden vernommen wegen Zerstörung der Plastiken. Reiner Medlin hat man abgefangen, ins Newa-Hotel geschafft, ihm das Angebot unterbreitet, mit ihnen gemeinsam ... Gemeinheiten zu begehn. Noch ließe ihr breiter Rücken kein Ungemach durch. Aber wenn einer nicht kooperativ

ist, bekäme er bald zu spüren, wie rauh die Winde in Elbflorenz wehen können. Und das übliche Schlußwort: ›Zu niemandem ein Wort!‹ – Die meisten sind so verschreckt nach einer Begegnung mit der ›Gemeinen Art‹, daß sie sich lieber die Zunge abbissen, als 'n Piep von sich zu geben. Ich hab Reiner aufgehetzt, geraten: Jedem jedes Wort erzählen. Nichts vergessen. Briefe schreiben, wo alle Repressalien aufgeführt sind. – Sein Schreibtisch sah wüst aus. Das ist Methode, diese brutale ›Offenheit‹, wer kann ihnen was: Die Polizei sind sie selber, der Staat persönlich; nein, kein Polizeistaat, ich werd mich hüten ...
Ich geh zu Tine & Ben. Der hat Rhythmus im Blut. Zu ›Mein Liebchen ist noch halb ein Kind‹ macht er diese halsbrecherischen Kniebeugen. Du kannst Dich freuen über Deine zwei unterschiedlichen Söhne.
Dienstag. Bylle kommt! Der Spiegelmann war eben da. Pliemie schläft im Goldbett. Die Wolkenstores vorm Hinterhof malen Kringel auf seine Bäckchen. Tine ist bei Jurek, Matti zu Böttcher, Du fliegst nach Italien; ich sitze da und schreib mir die Zunge aus'm Hals. Eva

26./27. Jan. 77

Eva, meine Liebe, heute kam das Schachspiel und im Kasten lag Dein lieber Brief, und beides passte sehr gut zusammen. Wie gern möchte ich wieder gegen Dich gewinnen und wieviel lieber zehnmal verlieren!
Meine Liebe, was Matti betrifft, so lädt man eine nicht zu verantwortende Schuld auf sich, ihn zu bereden, so oder so. Nur eines soll er wissen: Arbeitsmöglichkeiten für einen jungen begabten und tatkräftigen Regisseur gibt es hier sicher mehr als jetzt in der DDR. Aber das wird er sich selbst denken können, deshalb wird das auch nicht das eigentliche Problem sein. – Was Dich betrifft, so habe ich schon mit dem Intendanten von Köln gesprochen, es ist Heyme, der Regisseur meiner Dra-Dra-Uraufführung in München. Er würde sehr gern mit Dir arbeiten, auch im WDR-Fernsehen gibt es bestimmt Arbeit für Dich genug und bestimmt mehr als im DDR-TV und bessere Arbeit als am Theater in Frankfurt an der Oder. Und außerdem hab ich Dich lieb, und selbst wenn Du gar nichts hier arbeiten würdest, könnten wir auch leben. Wir sollten uns dann alles so gut und praktisch einrichten, und wenn Tine noch kommt, daß wir uns genügend nah sind, um uns zu helfen und genügend selbständig, daß es keine Dramulette gibt.
Falls Du kommen darfst, nimm alles an Möbeln und Zeug mit, hier werden wir alles gut brauchen können, und Geld kannst Du sowieso

nichts mitnehmen. Ja, vielleicht sollten wir uns eine Art Bauernhaus kaufen. Aber das kostet hier zwischen 100 Tausend und 500 Tausend Mark. Die Mieten sind hier um etwa soviel zu hoch, wie sie bei uns zu niedrig sind. Nina will jetzt in Hamburg eine schöne 4-Zimmerwohnung für 800.– DM im Monat mieten.
Sicher bin ich froh, wenn Tine und Benjamin auch mit mir, mit uns leben werden, ich hoffe nur, daß die liebe Tine sich alles genügend langfristig überlegt hat. Da Tine mein Eheweib ist, wird es auch für sie wahrscheinlich am relativ einfachsten sein, wegzukommen, wenn sie es will. Ich werde froh sein, wenn sie schon morgen kommt, aber sie soll sich gut überlegen, ob sie 1. überhaupt kommen will – 2. jetzt gleich – vielleicht will sie auch lieber noch das Studienjahr beenden. Aber wie soll ich wissen, ob die Studienbedingungen jetzt überhaupt noch zumutbar sind, seit ihre einzige Freundin unter den Kommilitonen sich auf Stasi-Druck von ihr abwenden soll. Und wie soll ich wissen, wie es in ihrer schönen Seele aussieht, ob sie mit Henning eine feste und große Liebe hat und die sie vielleicht eigentlich gar nicht eintauschen will gegen die Kompliziertheiten und Unsicherheiten ihrer Liebe mit mir. Sag ihr, daß ich mit jeder Lösung einverstanden bin, Hauptsache sie ist keine panische Ersatzkonstruktion. Sag Tine, aber das weiß sie auch, sie wird hier sicher ihr Studium vollenden können, wie wohl auch Bylle. Ich sprach deswegen in Frankfurt mit Prof. Alexander Mitscherlich.
Eva, meine Duftpflanze, Du hast mir so lieb und anschaulich geschrieben, ich freu mich auf Dich und auf uns, und wir wollen uns gut sein. Allein sein ist nicht gut, und wenn wir beide uns nicht haben, egal, was sonst ist, sind wir ja allein. Und pass auf Dich auf, daß sie Dir nicht aus lauter Wut noch ein Leids tun. Sorgen macht mir nur: Was wird aus Robert und Katja, wenn ihr alle weg seid? Und was wird aus Warthe? Wem kann man das übergeben? Moelke? Jurek? Robert? Böttcher? Manuel? Jonas? Antje-Gold? (oder will die auch rüber? Sie machte so ’ne Andeutung.) Und was wird aus Karoline? Ach Mensch! Was die Schweine uns alles kaputtmachen! Aber besser drauf scheißen als selber kaputtgehn. Und wie es jetzt aussieht, werden die Schweine alle zermürben, die sich jetzt vorgewagt hatten. Oder hast Du den Eindruck, daß die Welle der Empörung ansteigt? Mir kommt es so vor, als ob der Terror noch größer und vor allem langandauernder ist als der geringste Zorn im November. – Nun kann es wieder 10 Jahre dau-

Eva und Tine in Karolinenhof
Sommer 1976

ern, aber wer von euch dauert bis zum nächsten und wahrscheinlich größeren Schub? Oder was? Oder ist alles, was ich jetzt sage, dumm, feige und kleinmütig? Vielleicht! und sogar: Hoffentlich! aber ich hab für die nächsten Jahre keine Hoffnung. Die Kräfte sind erschöpft; und wenn nicht?! Haben wir das Recht, den sicheren Vorteil, wenn wir hier zusammensein können, höher zu bewerten als die unsichere Chance, daß es weitergeht und daß gerade Eure Kräfte, Bylles, Tines, Deine gebraucht werden? So sehr gebraucht, daß Ihr am Ende Euch die Schuld geben müßtet, daß der Krieg, der ›Freiheitskrieg der Menschheit‹ verloren ging, weil Ihr desertiert seid? Ist das überhaupt ein Krieg, worin wir kämpfen und verbluten? – Ich weiß all das nicht und rede das alles nur, damit Ihr Euer Weggehn oder Euer Dableiben bedenkt und aus eigener guter und überlegter Haltung Euch so oder so entscheidet. Denn so lieb und richtig ich es finde, daß z. B. Tine will, daß wir unser Kind auch zusammen machen können, so finde ich diesen Grund eben gleichermaßen menschlich und nicht hinreichend.
Es ist spät, gegen 3 Uhr morgens. Unser Telefongespräch war unterbrochen worden, und ich bin dann nicht mehr durchgekommen. Habe noch Schach mit Wallraff gespielt, zweimal Patt – tja, da gibts andere Spiele, oder etwa nicht?! Eva liebe, morgen bevor ich nach Turin fliege, steck ich Deinen Brief ein, sprich mit Tine und grüße sie lieb von mir. Und Du sei umarmt, wirklich um-armt von deinem Wolf.

Hat Böll Dich telefonisch erreicht? Er hat es zwei Abende lang versucht, er fährt jetzt für einen Monat in die Schweiz zur Kur. Hoffentlich stirbt er nicht bald, er ist sehr klapprig, zuckerkrank und nikotinzerfressen. Ich hoffe, Du kannst Bylle nicht mehr von mir grüßen, ich warte schon sehr auf sie, und wenn sie da ist, auf Dich, auf Euch, aber kommt bitte nicht nur meinetwegen, kommt aber zu mir.
Kuss, Wolf

4. Februar 77

Wolf – Du bist in der andern Hälfte der Stadt – wenige Autominuten trennen uns – und doch können wir nicht zusammenkommen.
Eben war Schwarz da und ich nicht zu Haus. Zwar kommt er noch mal, fliegt dann nach Hamburg; auch Bylle kommt her, doch ›zwangsläufig‹ hängen, stehen, liegen die Verfolger im Anschnitt, deshalb kann ich dem Postillon nichts ›Schwerwiegendes‹ in die Tasche stecken.
Das Plakat finde ich wunderbar. Du kuckst traurig und hoffnungsvoll zugleich. Das ist kein gebrochener Mann – von dem hat man noch was zu erwarten.
Das Vorwort zu Deinem ›Nachlaß‹: Ich versuchte, es objektiv zu lesen. Trotzdem find ich es zu privat – oder nicht privat genug. Natürlich bist Du inzwischen bekannt wie ein bunter Hund, Dein spektakulärer Rausschmiß aus der DDR hat Dir zu einer Popularität verholfen, wie sie kaum einem Dichter zu Lebzeiten widerfährt – aber: Ich merke, daß es für die Öffentlichkeit geschrieben ist und der Freund, Robert, nur vorgeschoben. Die Italienreise zu beschreiben ist eine gute Idee. Auch gegen die Briefform ist nichts einzuwenden, nur, es fällt auseinander. Außerdem enthält es Details, Behauptungen, Vermutungen, die teils überholt oder nicht bewiesen sind – (Kerstin im Knast, schwanger.) Selbst wenn es zuträfe, fänd ich es in fehl am Platze, auf die Tränendrüsen gedrückt. Vielleicht ist es mein Stolz; ich will nicht, daß die Springer-Zeitungen was zum Auswringen haben. Allerdings kann ich die Lage nur aus einer Richtung einschätzen: der Blick von West nach Ost ist ›Eingeborenen‹ mit Brettern vernagelt – vielmehr durch den ›Schutzwall‹ verstellt. Mein drittes Auge sagt mir aber, Du solltest den Vorgarten ein bißchen durchjäten. Laß Bylle noch was schreiben, sie kennt Dich, hat einen klaren, unumwundenen Stil. Ansonsten ist es ein schöner Brief. Du bist eben, nebenbei bemerkt, ein Dichter; das sollte man bei diesem Spektakel nicht ganz aus den Augen verlieren.

Vorhin war ich bei Götz Berger: Niemand zu Haus. Vielleicht sind sie raus gefahren bei der Wintersonne. Ich wollte ihn fragen, wie man ein Haus mit Grundstück verschenkt. Verkaufen dauert ewig. Da kommt ein Schätzer, man muß aufs Katasteramt, es gibt Laufereien, Schriftverkehr. Am Montag, spätestens Dienstag, will ich den Antrag abgeben. Wenn der Akt vollzogen ist, mein Beschluß aktenkundig, werde ich kaum noch irgendwelche geschäftlichen Dinge abwickeln können.

Gestern hat sich die Stasi eine Show geleistet: Ich wollte zu Abel. Es verfolgten mich zwei Autos mit je einem Mann Besatzung. Als ich in die Tucholsky einbiege, fährt ein drittes an. Alle machen mir Zeichen. Denk nicht, ich spinne: Es drängelt sich die Nummer Vier ins Bild.

Ich treffe Petra Grothe, die große Blonde, Regieassistentin beim Fernsehen, ebenfalls eine ›Fristlose‹; trinkt sich Mut an, ihr Verfolgungswahn nimmt paranoide Züge an: In der Wohnung bei mir dreht sie so laut die Musik auf, daß die Möbel vibrieren, kriecht mir beim Sprechen ins Ohr. Sie läuft mir übern Weg mit panisch geweiteten Augen. Ich sag: Du siehst nicht doppelt, es sind vier! Jetzt verfolgen sie uns verkehrtrum durch Einbahnstraßen! – Ein Typ steigt aus. So'n Schönling mit flacher Stirn, enge Jacke, spricht uns an. Ich frage, ob er nicht zu weit ginge. Ob sein Auftrag laute, auf so billige Tour hochgeschätzte Favoritinnen der Firma anzuquatschen oder ob das sein eigner blöder Einfall sei. Er reagierte nicht beleidigt oder sonstwie logisch: Stellte sich auf die andere Straßenseite wie ein abgedrehter Komparse und der nächste ›Kavalier‹ ist dran. Was bezwecken die damit!? Vor circa zehn Tagen hat mich schon mal son Wellblechbubi – der steht seit Wochen an der Ecke – gefragt, ob ich mit ihm spazierengeh. Nächstens sag ich: Arschloch – aber leise, damit es kein Zeuge beeiden kann. Obwohl, die lassen sich an jeder Straßenecke kaufen, stehn Gewehr bei Fuß; du kommst nicht gegen an. Sie sind unangreifbar. Haben keine Namen, heißen alle Müller, Hinz & Kunz; tun mir andrerseits leid, führen ein Hundeleben.

Spitzel Winfried Schütze in Helga Novaks ›Reisender Anna‹ hat sich aufgehängt im Spitzboden, nein, an der Teppichstange. Schweinearbeit dieser Job. Die Schlußzeile lautet: Der schlechteste Staat auf dieser Welt – ist der, der sich die Spitzel hält. – Für die Ballade sollst Du mir eine Musik machen, damit ich sie singen kann im stillen Kämmerlein; das kriegen die garantiert mit. Wie sagt der Volksmund: Der Lauscher an der Wand – hört seine eigene Schand. – Sei gut! Ave Maria.

4. Februar 77

Eva, liebe Eva, ich war gestern abend wie gelähmt vor Angst, Du könntest recht haben mit Deiner Meinung zum Robert-Brief-Vorwort. Und Bylle auch. Das muß mich ja fertigmachen, denn es würde bedeuten, daß ich keine Urteilskraft mehr hab und aufhören muß, zu schreiben. Ich habe mir die größte Mühe gegeben, ich wollte was Lebendiges gegen den schwarzen Titel setzen und ich wollte meine Freundschaft mit Robert endlich auch mal, jetzt, wo wir auseinandergerissen sind, fixieren und bei der Gelegenheit mal eine Portraitskizze von ihm geben.
Ja Du, und ich hab Dich lieb und gebe zu, daß ich Dich lieber hier hätte als dort, wo Du hingehörst und ich hingehöre. Wenn ihr alle rüberkommt, können wir ja eine kleine DDR gründen, aber nicht so, wie die Spanier im Dresdener Exil. Du wirst sicher hier arbeiten können, und gute liebe einzelne Menschen gibt es auch. Nur die Gesellschaft ist mir so fremd, und Dir wirds nicht anders gehn.
Was machst Du, was mache ich mit dem Geld, mit all dem, was wir nicht mitnehmen können und was doch aber unsere Arbeit war und was wir auch brauchen. Vielleicht kannst Du noch für mich zwei sehr gute Gitarren kaufen, vielleicht noch ein paar schöne alte kleine Möbel, die mit in die große Fuhre müssen. Ich spiele mit dem Gedanken, daß wir uns hier mal ein Bauernhaus kaufen, das eingerichtet werden muß, und hier ist alles sehr teuer und jedes Stück Holz kostet ein Schweinegeld. Kaufe mal noch Daunendecken und so was, was wir hier brauchen. Ich würd ja am liebsten haben, daß wir alle unter einem Dach leben, aber da sagt jeder schon die Katastrophe voraus – also brauchen wir vielleicht mehrere kleine Wohnungen, die genügend nah beieinander sind, damit wir uns nah sind und uns helfen können.
Und wir müssen uns noch nicht festlegen, vielleicht bleiben wir auch nicht in Köln – was mich dort hält, ist Wallraff, erstens bis zehntens. Aber auch Böll, der sich als guter Freund erweist und der Dich auch gern leiden mag, das weißt du. Und dort ist der größte Fernseh- und Rundfunksender, und die Leute dort kenne ich gut, den Intendanten des Theaters. Und mein Verlag ist dort und der wirklich freundliche Neven Du Mont. Und mein Schachspiel. Und der Rhein. Und es ist schön im Zentrum, man ist schnell in Holland, in Frankreich, wenn wir schon im Exil sind, wollen wir wenigstens die Welt bißchen sehen.
Ich hab wieder Angst gekriegt, auch deshalb meine Beklommenheit gestern, daß Bylle doch nicht rausgelassen wird.

Wolf auf dem Dach vom Hinterhaus Chausseestraße 131

Hast Du den Antrag schon abgegeben?
Sieh wirklich zu, wie Du noch paar ›Sachwerte‹ für Dein vieles gespartes Geld besorgen kannst und, wie gesagt, ein paar sehr gute Gitarren von Weißgerber vielleicht und falls von einem anderen, achte auf einen nicht zu breiten Hals der Gitarre, ich mag am liebsten einen 49er bis 51er Hals, d. h. schmaler als die klassische Gitarrennorm ist, so, wie die Gitarren von Jakob Apfelböck. Und gib dem Schwarz paar Sätze Super-Solo-Saiten mit rüber, die liegen im Glasschrank. Die 200-Mark-Gitarren, die bei mir am Bücherbord hängen, können, wenn dafür genügend erstklassige Instrumente da sind, im Osten bleiben. Freunden schenken! Vielleicht will Jürgen eine ... Jürgen kann auch meine Bessie-Smith-Platten haben und Billie Holiday. Ach – Jürgen, ich habe schlimme Gedanken. Sprich mal mit ihm und sage ihm, daß ich oft in der letzten Zeit denke: was für eine Affenschande, was für eine Menschensünde, daß Jürgen, dieser geniale Film-Mensch, sich auf ewig mit den Widrigkeiten und primitivsten Dummheiten der Filmfirma rumschlagen muß. Hier kennen ihn viele der besten Leute und er könnte hier frei arbeiten wie wohl nie in seinem Leben. Aber natürlich auch nur in

einer für ihn fremden und vielleicht uninteressanten Gesellschaft, so daß sich die großen Vorteile nicht auszahlen und er doch wieder mit Händen dasteht, die voll sind mit nichts. Aber er soll zumindest wissen, daß ihn viele gute Leute hier verehren und gern mit ihm arbeiten würden und von ihm lernen. Und falls sie ihm den Hahn vollends zudrehn, sollte er sich das überlegen. Ich muß unterbrechen, der Postbote geht gleich ab, und ich will Tine noch schreiben. Kuss Wolf
(Sag Bylle, ich kann nicht mehr an sie schreiben, ich warte schon zu sehr auf sie und will keine Briefe mehr zwischen uns schieben.)

Februar 77

Wolf, ich hab einen alten Teppich gekauft für dreitausendachthundert Mark, nicht so ein abgelaufener, wie Dein schön runtergekommener. Sollte er für Dich zu nobel sein, nehme ich ihn. Oder Bylle, Tine ... Wer weiß, wer alles noch in Frage kommt im Laufe der Zeit, dem Flußbett des Lebens. Dazu alte Gläser, um das Fest der Freude zu feiern: unser Wiedersehn. Auch welche für Wasser sind dabei, dicke, abgerissene. Von draußen holen wir die Truhen, den bemalten Küchenschrank; was ist mit dem Harmonium, drei gibts insgesamt: Chausseestraße, Warthe, Karoline. Morgen fährt Horst und Tine für einen Tag nach Usedom und Pliemie Siebenzahn bleibt bei mir. Wir können uns sehr gut leiden, Dein drittgeborener Sohn und ich. Tine will zur Fotoausstellung, war bei der AWA, hat die Vollmacht hingebracht. Der Chef sei im Urlaub, hieß es, sie bekäme Bescheid. Brigitt hat sich nicht gemeldet. Vielleicht hat es der Grashüpfer verboten. Hab an Manu geschrieben. Agnes ist hier. Kade schreibt in der Küche an Dich. Axel ist eingeschlafen vor Erschöpfung. Bettina ißt Chicoree-Salat, wartet auf Bylle, trinkt einen Wodka, hat die ganze Nacht von Lenz die Telefonnummer gesucht im Traum. Zu Lenz hab ich gesagt, er soll für das Gerät, welches er bereits hat, zehntausend zahlen, vier hab ich schon, die geb ich Moelke. Lenz möcht das Revox-Gerät noch haben. Ich meine, Du brauchst es selber. Was solln wir mit dem ganzen Ostgeld. Mann! so was wurde mir nicht an der Wiege gesungen, daß ich mal solcherart Geldprobleme am Hals hätte und rumgeschleudert werden würde im Politischen Zirkus. – Kuß von Eva.
Die Meume-Bänder sind in Hamburg bei Blacky, alle Deine Ausgaben in Fremdsprachen: Englisch, Japanisch, Schwedisch, Franzoski, Husselsch ... Hurra! Deine Platte ist da! Schön! Erst mal außen.

Es ist wie Weihnachten. Ein Trubel: Unten steht Robert, Katja ist da, Franzi, Felix, Bylle, Horst. Das Telefon ist tot. Du kannst nicht anrufen, Ich hab Deinen Brief gelesen, freu mich wie eine Schneekönigin: Deine Gedanken sind meine. Nächste Woche fahr ich nach Markneukirchen. Momentan ist wieder ein Amt in der Leitung. Ruf an!

Samstag, 5. 2. 77

Lieber Wolf! Pliemie hat sich in' Schlaf gesungen, Tine ist noch nicht zurück von Warthe, Matti seit Tagen bei Andy. Ich bin allein und ergreife sofort den Stift, damit die Verbindungslinie nicht abreißt.
Die Berichterstattung vom Tage ist eine Art Gottesdienst geworden, die Gelegenheit zur Sammlung, Konzentration in der Druckkammer Ost. Wir waren in Biesenthal bei der Strickfrau mit den Sommersprossen und blitzblanken Augen. Die mit den vier Kindern, dem übermütigen Mann, der, wenn er einen Hut aufsetzt, wie ein kleiner Belmondo aussieht. Der kuckt seine Frau so draufgängerisch an mitunter, daß sie zur Pfingstrose erblüht. Er ist Arbeiter, gelernter Elektriker. Und hat sich mal alles von der Seele geredet, gibt dir ja so recht betreffs Deiner ›unverschämten Behauptung‹: die Arbeiter klauen. Er meint, es verschwände mehr, als man sich vorstellen könne. Er geht nicht zur Wahl, nimmt auch in Gewerkschaftsversammlungen kein Blatt vor'n Mund. Der Gewerkschaftschef hat zu ihm gesagt: stell doch'n Antrag, wenn's dir hier nicht paßt. Das könnt euch so passen! – war seine Antwort. Ich hab mir nicht unter schwierigsten Bedingungen ein Zuhause geschaffen, um es denen in' Rachen zu schmeißen. – Er hat das Haus selbst gebaut, sie haben Viehzeug, Gemüse im Garten, Blumen, brauen Wein, Kirschlikör und in 20 Minuten hatte seine Frau uns zwei verschiedene Kuchen gebacken. – Vor zwei Jahren bei einem Ausflug, hatte ich Dich mitgenommen zur Familie Woltmann. Als die Dich nun im Fernsehen sahen, sagten sie wie aus einem Munde: ›Den kennen wir!‹ Und haben alles verfolgt. Sie finden Dich ›schwer in Ordnung‹. Der Mann sagte, wir könnten uns nicht vorstellen, was los ist in den Betrieben. Es wimmelt von Funktionären, alles voller Spitzel. Und die Reservisten bis fünfundfünfzig müssen sich bereithalten für eine eventuelle Mobilmachung. Es gibt eine Sorte, die muß innerhalb einer Stunde auf'm Marktplatz sein, am ›Stellplatz‹, andere in zwei Stunden; er selbst hat innerhalb von sechs Stunden gestiefelt und gespornt Gewehr bei Fuß zu stehn. Demnächst findet erst mal eine Übung statt.

Bettina Hindemith, Sibylle (Bylle) Havemann, Eva-Maria

Wußtest Du, daß jeder Reservist ist? Du kannst den Befehl erhalten: Ohne Tritt Marsch! Stillgestanden! An die Geschütze! Feuer frei! – Nach Deinem ›Raußschmiß‹, den darauf folgenden Protesten, war die Armee in höchste Alarmbereitschaft versetzt worden. Ich hatte gedacht, es beruhigt sich – das Gegenteil ist der Fall. Jetzt hab ich Bedenken: Sollte ich nicht doch lieber bleiben. Für Deine Sache wär es nützlich. Aber wenn sich die Lage verschärft, werden sie mich einsperren, ein Anlaß findet sich schnell: Hab alle Deine Bücher verteilt. Eben rief Bylle an, sagte, daß Bettina noch spät kommt. Sie soll mir erzählen, wie es ihr ergangen ist in Roberts Sperrzone. Die hatten für sie beim Pastor ein Zimmer bestellt; bin gespannt.
Gestern Abend wollte ich erst zu Katrin R., ihr die ›Neue‹ bringen. Ich wurde verfolgt. So ging ich ohne was zu ihr hoch, sagte ihr den Grund meines kurzen Besuchs – sie küßte mir liebevoll die Hand. Dann fuhr ich zu Jürgen – und hatte keine Verfolger mehr. Aber ein vollbesetztes Polizeiauto stoppte mich, weil ich am Bahnhof Rummelsburg falsch abgebogen war. Und ich mit ›scharfer Munition‹ unterwegs: den Platten. Ich hatt keine Fahrerlaubnis dabei, keinen Ausweis, was allein schon und für sich ein Verbrechen ist – aber immerhin Wagenpapiere. Und die waren ungültig, weil sie am Zerfallen sind. Da bin ich ausgestiegen, hab all meinen Charme aufgeboten, gefragt: ›Hab ich was falsch gemacht.‹ – ›Sonst hätten wir Sie nicht angehalten‹. Jedenfalls ging alles gut. Keine Mark mußt ich zahlen. Es steckt manchmal doch ein Mensch in der Uniform. Hier waren es sogar vier an der Zahl.

Jürgen und Dobsi freuten sich. J. hat schöne neue Bilder gemalt. Insofern ist es gut, daß er beim Dokumentarfilm nichts zu tun hat. Man legt ihm nahe, lieber selber zu kündigen. Ich riet ihm dringend ab: wovon soll er leben. Wenn DIE einen erstklassigen Mann nicht beschäftigen, soll er wenigstens das nötige Kleingeld zum Leben haben, malen können, was für die Kunst tun. Sonst bleibt nicht viel aus dieser Mauer-Stein-Zeit.
Was machst Du in Westberlin? Du riefst von Günter Grass aus an. Sympathische Erscheinung, kluge Augen, politischer Kopf mit Durchblick. An sein umfangreiches Werk hab ich mich immer wieder rangewagt mit Lust und Laune und bin irgendwann steckengeblieben zwischen den Klumpen masurischer Ackerfurchen; hatte mich überfressen an der derben Hausmannskost. Bei Böll geht es mir anders. Ich lese das Buch durch in einem Atemzug. Seine Sprache ist meiner Seele verwandter. Er selbst dazu richtig zum Liebhaben. Der saß einst bei mir auf'm Sofa und hat meinen Tee gelobt. Zu jener anderen und anders finsteren Zeit traute selbst er sich nicht zu Dir in die Chausseestraße, sonst hätten sie ihm den Zutritt ins gesamte DDR-Ländle verwehrt. Versuche noch Platten zu schicken, was allerdings riskant ist für Schwarz. Deshalb sollst Du am Telefon nichts fragen in die Richtung. Die Genossen Entschlüssler sind auch nich auf'n Kopp gefallen ...
Ein Tirili von Eva.

Februar 77

Mein Lieber! Vorhin, als wir telefonierten, hingen Wolkenschleier über Berlin und der gesamten Aussicht. Inzwischen hat Herr Müller angerufen und mich wie eine Vertraute gebeten, Axel und Bylle – er nannte sie ganz familiär beim Vornamen, aber immerhin ›Sybille‹ – Bescheid zu sagen, daß sie ins Berolina-Haus kommen soll: Zimmer 201.
Ich hatte nicht die Nummer von der Nachbarin in Grünheide, da rief wie gerufen Mölke an. Jetzt ist Bylle aufm Weg her. Axel hat einen Schrieb, worin steht, daß sein Antrag genehmigt ist. Freitag muß er die Identitätskarte abholen und bis Mitternacht die DDR verlassen haben. Nina hatte eine Frist von fünf Tagen, nachdem sie für ›staatenlos‹ erklärt worden war, um sich zu verabschieden. Die bürokratische Abwicklung verlief fast privatkundenmäßig bei ihr. Die Richtlinien waren noch nicht ausgearbeitet. Die Genossen sind konfus, wissen nicht, wie derlei Belange zu handhaben sind, sind sich uneins in der Methode.

Es kam ein Briefbote der Sozialistischen Einheitspartei Deutschlands. Da wird Matti mit Werter Genosse Geschonneck angeredet, obwohl er gestrichen ist: Zur Klärung Deiner Angelegenheit laden wir Dich ... Sie werden das Kind schon schaukeln.
Käthe Reichel erzählte ein ›wahres‹ Schauermärchen: Da ist eine Hexe, heißt Kati Eichel. Ein idealistisches Paar, die Namen: Anke und Mann. (Domröse/Thate) – ein Krug spielt eine Schlüsselrolle. Gift und Galle: Die Hexe hat bereits einen großen deutschen Dichter (Brecht) auf'm Gewissen – und noch immer gibt das Weib keine Ruh. Von einer edlen Jungfrau (Jutta Hoffmann) ist die Rede, ob sie die auch noch vergiftet. Käthe war zum Intendanten Wolfram bestellt, der dies Pamphlet erhalten hatte. Ebenfalls waren der Dramaturgie und BGL ein Exemplar zugespielt worden. Käthchen bebte vor Angst. Sie ist überhaupt schrecklich ängstlich und erschreckend mutig. Gestern war sie hier, als Du anriefst und schrieb für Dich die Zeilen zum Durchsagen auf: ›Wo bist du itzt, mein unvergeßlich Mädchen‹, glaubte, Du würdest Dich erinnern, daß sie Dir dies Lied beibrachte. Sie lächelte selig. Ist dieses Land nicht eine Horror-Vision? Diese große Schauspielerin traut sich nicht, Dir guten Tag zu sagen. Die Horcher könnten ja ihre Stimme ›identifizieren‹. Traurig war sie, daß Du ihr Buch nicht erhalten hast zu Weihnachten: LENZ. Weißt Du noch im Foyer der KAMMERSPIELE, sie hat die Erzählung ›gelesen‹, ohne aufs Blatt zu kucken.
Wolf, ich hab mir das ›Lied von den großen Fürsten mit den großen Fressen‹ von e-moll nach h-moll transponiert. Meine Ohren haben

Eva, Wolf und Käthe Reichel

dazugelernt. Beim allerletzten Auftritt in der Technischen Hochschule Magdeburg, am 9. Dezember hab ich die aufrührerischen Verse (der Clairon) gesungen. Da hat Helmut Plischke Klavier gespielt. Der kommt gleich, bringt die Noten von meinem Programm: ›Und lieb sein kann ich auch‹, die er ordentlich aufgeschrieben hat. Ich werd mir wieder ein Programm aufbauen, endlich öffentlich Deine Lieder singen dürfen, ohne Zittern und Zagen.
Tine hat ihren Flickenteppich fertig. Moelke sagt: Antje will Warthe übernehmen. Aber Ulla macht keinen Vertrag mehr, es ginge nur ein Blutsverwandter: Jonas. Antje will den großen Tisch haben; es gäbe drüben genug Zeug! Kommt nicht in Frage, sage ich.
Eben rief Bylle an. Auch sie muß Freitag bis 24 Uhr die DDR verlassen. Morgen früh (Dienstag) kommt sie her. Wir gehn zum Binnen-Zoll, gemeinsam mit Axel, auch wegen Ninas Sachen. Praktisch ist es gar nicht machbar, bis dahin alles zu regeln; muß ich hinterher die Formalitäten erledigen. Puh! Nun ruf an, Kerl – damit ich Dir die Glücksbotschaft durch die Muschel flüstern kann: Kulla und Bylle sind abflugbereit und kommen Freitag bei Dir an. Nur noch vier Tage freudiges Bangen.

7. 2. 77

Tine ist wieder zerknirschter. Obwohl sie heut zum ersten Mal Post bekam seit der Sperre. Von Grafs Jetti. Donnerstag will sie zum Fasching nach Dresden und hat wieder diese heiß-springenden Perlen geweint ...
Den Antrag geb ich die Woche noch nicht ab, muß noch Geld ausgeben. Wer hätte gedacht, daß es so schwierig wird. Die ausbezahlte Lebensversicherung soll unter die Leute, Karolinenhof; dies Fleckchen festen Untergrund muß Eva loswerden! Ihr irdisches Paradies den Raben zum Fraß überlassen. Das ist ein Trauerfall für sich. Die Formalitäten sind voller Fußangeln. Wieso muß ich mein durch eigene Arbeit erworbenes Eigentum in' Wind schreiben. Es ist eine auf krumme Tour verfaßte staatliche Verfügung.
Nun fliegst Du doch! Ich kuck nachher in' Himmel, winke. Mein Brief ist dann alt, wenn Du ihn kriegst. Eva ist leicht am Flattern. – Ahoi!

Februar 77

Du bist in Köln. Wir warten auf unsern ›Verbindungsmann‹. Die Platte konnte ich nicht hören: das Radio ist seit Tagen zur Reparatur. Morgen fahr ich nach K. mit Herrn Schneemann und Herrn Stiebel von

Bau-Mitte, sie interessieren sich für das Anwesen, wollen es kaufen, wenn die Behörden uns keinen Strich durch die Rechnung machen.
Katjas Schwester war hier wegen der Schlüssel von der Goisenstraße. Habe mit Jürgen T. in Templin telefoniert – ob von ›Amts wegen‹ alles in Ordnung ist mit der Wohnung. Strawalde will sie als Atelier nutzen, Bylle meint, es gäb Schwierigkeiten: Man müßte sich anmelden als Untermieter.
Grüße von Götz und Leonie. Ich war dort. Ein Artikel aus einer spanisch-kommunistischen Zeitung wurde vorgelesen, Stellungnahme und leidenschaftlicher Protest gegen die Ausbürgerung, Besprechung der neuen LP. Bin gespannt auf die Kinderplatte; die Lieder auf der LP: ›Das geht seinen sozialistischen Gang‹ haben alle, die sich für Deine Sachen interessieren, von der Veranstaltung aus Köln mitgeschnitten. Ich warte sehnsüchtig auf den ›Friedensclown‹.
Götz Berger hat detailierter von den Machenschaften im Zusammenhang mit seinem Parteiausschluß erzählt, über die Entlassung aus der Anwaltskammer. Es ist ein Dreckhaufen zusammengetragen worden ... Am wütendsten war der Apparat darüber, daß er die Scheidungsklage von Frau Biermann zurückgezogen hat. Er habe sich damit demonstrativ auf die Seite der Feinde gestellt, hätte Tine beeinflussen müssen, nicht diesen politischen Fehler zu begehen. Statt dessen hat er, soll Tine ausgesagt haben, sie zur Zurücknahme der Scheidungsklage überredet, hätte moralisch Druck ausgeübt, gegen ihren Willen die Sache in Bewegung gesetzt. Aus dem Rechtsanwaltskollegium wurde er ausgeschlossen wegen ›Treuepflichtverletzung gegenüber dem Staat‹ sowie ›Unfähigkeit‹. Tine war rumgelaufen von Pontius zu Pilatus, bei Kaul gewesen, wollte sich informieren: was man tun kann gegen die neuerliche Willkür; nichts hat sie erreicht. Es gibt keine Stelle, wo so was vorgebracht werden kann, wenn das Urteil von höchster Instanz ausgesprochen wurde. – Wenn Du Götz erlebt hättest am Tag Deiner Ausbürgerung, souverän, mutig, wie er den staatlichen Herrn eröffnete, was Sache ist. Und wie die dastanden, auf der Stelle traten – nichts anzufangen wußten mit sich und der Situation. Das war schon eine Spitzenleistung – fachlich wie menschlich. Leonie kommt Anfang März als Rentnerin nach Köln, wird Dir berichten.
Abend. Die Postkutsche ist wohl von ›Räubern‹ aufgehalten worden. Hurra! In dem Moment erschien der Götterbote, wir tauschen die Staffeln im fliegenden Wechsel. So viele Fragen: Wo Du sein wirst,

komme ich hin. Hamburg ist mir vom Gedanken her sympathischer. Der Dom zu Köln klingt auch nicht schlecht. Das Wichtigste aber sind die Mänschän, meine herzverwandten Seelen und wenn es in Buxtehude wäre; gibt's den Ort überhaupt? Ist das nicht da, wo die Hunde mit dem Schwanz bellen und die Füchse sich Gute Nacht sagen ... Schick noch Platten, so viele wie möglich. – Kuß von Eva.

West-Berlin, 7. Februar 77

Eva, liebe, ich fliege heute zurück nach Köln, weg aus dieser allzu irritierenden Nähe mit Euch. – Du, rede mal mit Tine und Bylle, überlegt mal, beredet mal, am besten zu dritt, wie wir es machen sollen, wenn wir dann hier im Westen zusammen sind. Wo sollen wir leben? In Köln? In Hamburg? In einem Bauernhaus nah der Stadt? In einer großen Stadtwohnung? In drei kleinen Stadtwohnungen, die so nah beieinander liegen, daß wir uns helfen und haben können wie etwa jetzt die Wohnungen (Deine, Tines) beieinanderliegen? Oder für Tine eine kleine Wohnung – und für Bylle, Dich und mich eine größere? Oder wie? Wir haben in Hamburg den Vorteil, daß es die größte Stadt in Westdeutschland ist, Weltstadt, Hafen, große Universität (Bylle und Tine müssen studieren) und mehrere Theater (Engagement für Dich) und NDR-Rundfunk und Fernsehen. Und Oma Emma, auch wichtig für die beiden Kinder. Köln hat den Vorteil: Wallraff, Böll, WDR, der größte Fernsehsender und Freund Heyme, Intendant eines mittelmäßigen Theaters. Der Verlag Kiepenheuer ist dort. Die Universitäten Köln-Bonn-Düsseldorf in Reichweite. Holland ist nah bei. Köln ist gemessen an Hamburg ein Kaff, aber es liegt zentral. Der Rhein ist auch schön, aber die Elbe ist auch schön schmutzig. In Hamburg sind die Redaktionen von Konkret, Spiegel, Stern, die Stadt soll reich kalt schnell glitzernd sein, Köln dagegen schnuckelig schmuddelig. Wallraff ist mir der liebste hier in Westdeutschland. Aber es ist auch ein Chaos. Günter Grass wird auch viel bei Hamburg in seinem Bauernhaus sein und möchte gern nah mit uns sein. Von Hamburg aus ist es nah nach England und Skandinavien, von Köln ist es nah nach Holland, Frankreich und näher nach Italy.

Und ich bin sehr allein. Und habe große Sorge, daß Bylle noch lange hingehalten wird, länger als sie denkt und als sie vielleicht aushalten kann, nachdem sie sich nun so fest darauf eingerichtet hat, daß es sich nur noch um paar Tage handeln kann.

Wolf in Köln

Ich werde, sage das den beiden Mädchen, noch weitere Verhandlungen über Studienmöglichkeiten in Köln und Hamburg führen. Sage Bylle, daß ich deswegen auch Alexander Mitscherlich besucht habe, er will Bylle gerne helfen. Tines Studium ist wohl einfacher fortzusetzen hier, Bylles Studium ist mehr geisteswissenschaftlich und weniger naturwissenschaftlich, klar, wir werden das schon alles gut hinkriegen, auch für Dich gute Arbeitsmöglichkeiten finden. Das kompliziertere Problem scheint mir die Lebensweise zu sein. Wenn's nach mir ginge, würden wir alle zusammen in einer großen schönen Wohnung, in einem Haus wohnen, aber die sagen alle: bloß nicht! Das gibt Mord und Totschlag! – und ich finde das nicht, aber vielleicht bin ich blöd. Denkt doch mal drüber nach. Denn falls wir uns für diesen oder jenen Ort entscheiden, sollen ja dorthin die vielen Möbel Bücher und Kram!
Heute ist der 7. Febr. 77, ein dreckiger nasser dunkler Himmel über der Dreckstadt. Westberlin ist dem Osten noch am ähnlichsten, viele Leute aus der DDR sind hier hängengeblieben, hier ist der Übergang in die andere Welt leichter. Aber ich mag diese trügerische Nähe nicht. Praktisch war: Ich fand hier unseren alten, guten Zahnarzt, Dr. Raue. Er hat mich gestern gleich repariert, das war höchste Zeit und außerdem bequem und kostenlos – ich bin ja noch immer nicht krankenversichert. – Meine Haare sind schon viel zu lang. Aber ich will, daß jemand von Euch sie mir schneidet. – Ich sah den Film, den ein Team über mich bei der Tournee gedreht hat ...

Eva, liebe, ob wir mal wieder so schön heiter und erschöpft ausgeruht aufwachen und ich sitze im Bett und schreibe ein Lied für Dich?
Ich fahre schnell bei unserem Postillon vorbei – soll ich ihm noch Platten mitgeben? Oder ist es für euch zu gefährlich?
Kuss und alles von Wolf

Februar 77

Wolf, meine Zeitzeichen kommen aus Dräsdn. Wir haben eine Marathonstrecke hinter uns. Gestern waren wir in Markneukirchen, Andy, Matti, ich. Es hat sich seit Freitag viel verändert, aber erst mal ärgere ich mich, daß die Schnüffler Bylles Büchlein in die Finger kriegten. – Ich war gleich skeptisch; so was lassen sie sich nicht durch die Lappen gehn. Hoffentlich ist niemand gefährdet. Ich weiß zwar nicht, was drinsteht, kanns mir aber lebhaft vorstelln.
Matti war Freitag früh im Ministerium für Hochschulwesen. Man hat ihm mitgeteilt, daß seine Delegierung zum Auslandsstudium zurückgezogen wurde – und er sich zwecks Weiterverwendung beim Fernsehen melden soll. Nachmittags war er bei der Zentralen Parteikontrollkommission. Es läuft darauf hinaus, daß er eine ›klare Position‹ beziehen muß. Will er HIER im HEUTE auch nur ein Bein auf die Erde kriegen, hat er sich zu distanzieren. Damit nicht genug: seine Verbindung zu mir müßte er abbrechen, seine Liebe abwürgen, den Freundeskreis meiden, den verordneten Kurs befolgen. Matti hatte geglaubt, als er sich entschied zu bleiben, er käm an der Gretchenfrage vorbei, hat an die Macht seines Scheumann-Vaters geglaubt, auf dessen Beziehungen gebaut, sich was versprochen vom Einfluß Konrad Wolfs, der sich für ihn einsetzte. Danelija, sein Lehrer in Moskau schickte einen Brief: Was macht ihr deutschen Genossen für einen kleinkarierten Scheiß. Dieser begabte Mensch soll studieren, lernen, wie man Filme macht, nicht Kurse in Disziplin absolvieren. – Nichts hatte gefruchtet. Die Partei hat ihm fünf Fragen gestellt, die bis Freitag zu beantworten sind. Matti hat erkannt, daß, wenn er das leiseste Zugeständnis macht, man nicht eher Ruhe gibt, bis er sich von der ›Großfamilie‹, wie wir von den Führenden intern genannt werden, lossagt. ›Wie stellst du dir deine Zukunft vor‹, ist eine der Fragen. ›Du sollst eine Familie gründen, Kinder in die Welt setzen‹, sagten sie ihm ins Gesicht. Ist die Parteiführung nicht rührend in ihrer Sorge um Nachwuchskader! Schweine die, Fettsäcke, verkleidete Bourgeois.

Jetzt was Schönes: Weißgerber macht eine Gitarre fertig. Ich hab raufgeklopft: Sie hört sich vielversprechend an. Steg und Bünde müssen noch ran. Jacob wollte erst nicht, daraufhin hab ich ihm zusätzlich noch zwei kleinere Schönheiten abgeliebäugelt, daß er nicht anders konnte, als Dir 'ne neue Gespielin zu fertigen. Für Nina fingert er eine kleine Spanische zurecht. Bei mir repariert er den Sprung gleich mit – beim Instrument – andernfalls wäre er überfordert. Dann waren wir beim Meinel A. Der ist jetzt Rentner und ›macht nicht mehr viel Wind‹: vier im Jahr für Japan. Dann kehrten wir beim Kroil Eberhard ein, blätterten eintausendneunhundert für eine Normale hin. Mir wird mulmig von dem vielen Papier, das in meinen Taschen raschelt; als hätten wir's am Fließband verdient – und könnten es deshalb so leichtlebig rausschmeißen. Dir würden Wutadern rausquellen bei Deiner Erziehung zur Sparsamkeit: In Dresden haben wir alte Gläser gekauft für drei Riesen. Matti will übermorgen der Partei die Meinung sagen; danach werden wir kaum noch zum Geldausgeben kommen: Unsere ›Schatten‹ werden sich verlängern, in die Breite gehn, sich vervielfältigen.

Wolf, ich fände Hamburg schön. Am Stadtrand, in Elbnähe, etwas ländlich. Ich kann ein Zuhause schaffen, wo auch immer, wenn wir nur zusammen sind. Gut, daß Matti doch einer von UNS ist. – Eva

Montag, 14. 2. 77

Lieber Wolf, wir sind zurück von Markneukirchen. Gleich kommt unser persönlicher Postillon. Es kracht im Gebälk, wenn die Laster unten langdonnern. Auch im übertragnen Sinne riecht es verdächtig nach Umbruch: Matti geht mit mir zu Dir, zu uns. Bleibt sich treu.

Die Genossen haben verbissen um ihn gekämpft, klotzten wie die Bauernfänger, forderten Gehorsam gegenüber den Vorgesetzten, haben nicht geschnallt, daß eine nicht unmaßgebliche Veränderung stattfand im Denken und Fühlen der Untertanen – seit der Maßnahme. Matti hätte sein Gewissen begraben müssen bei Unterzeichnung einer Erklärung, welchen Inhalts auch immer: Ich bin für den Weltfrieden! Nieder mit den imperialistischen Kriegstreibern! Es lebe der antifaschistische Schutzwall! Stets wär es übersetzt worden mit: Biermann ist nicht mein Freund, sondern Verräter an der sozialistischen Idee, der Sache des Proletariats, der Basis, vor allem am Überbau!

Peter Schwarzbach war hier. Sie hatten ihn zur Musterung bestellt, weil er noch nicht gedient hat. Er hat ihnen aber gesagt, daß er es nicht verantworten könne, falls wiedermal ein Einmarsch ins Nachbarland, wie 68 in die Tschechoslowakei ins Haus stünde. Und daß er wegen seines Protests vier Monate gesessen hat, servierte er der Kommission gleich mit. Ich soll Dich innig grüßen. Er möcht noch alle vorhandenen Bänder überspielen.

Tine ist zurück von Dresden, näht an einer ›Wunschtraum-Landschaft‹. Ich hatte ihr empfohlen, zu Agathé Böttcher zu gehn, sie ist begeistert von deren Applikationen, erzählte auch Erschreckendes: die Polizei besuchte den Fasching in der Hochschule nachts um halb zwei – mit Hunden. Es gab Zusammenstöße; unsere Freunde waren nicht dort, man hatte ihnen die Laune verdorben: Sie sollten eine eigens dafür gemachte Wandbemalung überstreichen. Daraufhin veranstalteten sie bei Medlin einen Anti-Fasching.

Was macht ihr alle? Bylle, Kulla, Ihr seid wirklich und wahrhaftig bei unserm lieben Wolf? Nicht zu fassen! Jetzt ist Tine hier. Wir haben zusammen gegessen: den derben Suppen-Eintopf von Frau Köbler mit dünnen Silberlöffeln, die gut zu Deinen Teelöffeln passen; Aufstockung der Aussteuer, Bereicherung des ›Familienschatzes‹. Tine stöhnt eben: ›Ach Eva.‹ – Wir haben einen passenden Rahmen für das ›Lumpenbild‹ gefunden. Schön! Helga, Freundin von Babu Honigmann, war da mit Grüßen aus Moskau, von Mischka, Naum. Babu ist ganz und gar mit ihrem Kind beschäftigt, Sanda bereits in Westberlin; wenn das so weitergeht, sind die Obersten Zehntausend bald unter sich. Eben fragte Tine: Wo ziehn wir denn nun hin, Köln, Hamburg ... – Ich möcht Hamburg, sagte ich. Tine sagt: Ick ooch.

Ihr müßt Euch langsam umsehen. Sind Axel und Nina schon bei Euch? Sie wollten die Woche mit'm Auto von Hamburg zu Euch nach Köln. Paßt bloß auf wegen der Blechlawinen auf West-Autobahnen. Tine sagt jetzt das vierte Mal: ›Ach Ewa.‹ Wenn das keine Bedeutung hat!

Später. Eben kam Manuel, brachte einen Brief von Brigitt. Ich leg ihn bei. Wir sollten für Jonas ein Sparbuch einrichten. Manu will kein Geld, es käme ihm wie Erbschaft vor, ihm wäre nicht wohl dabei. Wegen Warthe sollte er mit Brigitt sprechen, ich werde mich mit ihr in Verbindung setzen.

Wolflein Menschenkind, wir haben telefoniert. Traurig, daß Manu keine Anzeichen machte ... Wie muß ihm zumute sein. Sein Studium für Politökonomie ist abgelehnt. Er liebt Dich, hängt an Dir, ist aber so ein Angsthase, tief geprägt in seiner Haltung, zusammengesunken

wie ein junger Greis. Was soll aus ihm werden. Ich mag ihn, seinen stillen Humor, sein leises Lächeln, seine Gefräßigkeit. Und wie er immer die Nase in meinen Kochtopf steckte, mir Honig ums Maul schmierte als Dank für die Leckerbissen; ein so lieber Kerl. Schade, daß er uns nun los wird und umgekehrt. – Doch wer weiß, wie die ›Winde noch lachen und losbrüllen mit Macht ...‹
Wie gut, daß Bylle und Kulla bei Dir sind. Tschüß, mein Lieber. Eva.

Antrag auf Ausreise aus der DDR in die BRD

Nach reiflicher Überlegung bin ich zu dem Entschluß gekommen, einen Antrag auf Ausreise aus der DDR zu stellen, weil es für mich auf unabsehbare Zeit hier keine Existenzmöglichkeit gibt. Die Gründe für meinen Entschluß sind folgende:
Mein langjähriger Lebensgefährte und bester Freund, Wolf Biermann, darf nicht in die DDR zurückkehren. – Meine Tochter, Nina Hagen, mein einziges Kind, ist am 9. Dezember 1976 ausgereist, nachdem ihr auf eigenen Wunsch hin in diesem Zusammenhang die DDR-Staatsbürgerschaft aberkannt wurde.
Am 8. 12. 76 wurde mir von meiner Arbeitsstelle, dem Fernsehen der DDR, die fristlose Kündigung überreicht. Es folgte die Absage sämtlicher Veranstaltungen meiner Liederprogramme.
Der Einspruch gegen meine fristlose Kündigung wurde abgelehnt.
Mein jetziger Lebensgefährte, Matti Geschonneck, wurde, weil er ein Freund Wolf Biermanns ist und sich nicht von ihm distanzierte, als Mitglied der SED gestrichen, von seinem Regiestudium in Moskau abberufen. Seine Berufung wurde abgelehnt. Auch für ihn gibt es auf unabsehbare Zeit keine ihm gemäße berufliche Weiterentwicklung. Ich wurde systematisch isoliert und zum Außenseiter der Gesellschaft gestempelt.
Über meine Probleme schrieb ich vor über zwei Monaten einen Brief an den Staatsratsvorsitzenden Erich Honecker, den ich als Abschrift beifüge. Ich erhielt bis heute keine Antwort.
Ich bin maßlos traurig über die Entwicklung dieser Ereignisse und möchte, da außerdem meine Mutter in Hamburg lebt, in der Nähe meiner mir nahstehenden Menschen leben.
Der Schritt, hier wegzugehen, fällt mir schwer. Und wenn ich die Möglichkeit bekäme, daß ich trozdem meine Staatsbürgerschaft behalte, wäre ich erleichtert und froh – weil ich dann eines Tages, wenn sich wieder alles normalisiert hat, hierher zurückkehren könnte.
Wenn diese Möglichkeit nicht besteht, bin ich auch mit der Aberkennung meiner DDR-Staatsbürgerschaft einverstanden.
Zum Schluß möchte ich darum bitten – falls mein Antrag genehmigt wird – daß mir die Zeit gelassen wird, die ich benötige, um meine Umzugsangelegenheiten selbst in die Wege zu leiten – und nicht Hals über Kopf mein Land verlassen muß. – Eva-Maria Hagen

15. 2. 77

Für Wolf die neusten Neuigkeiten: Matti hat seinen Antrag abgegeben. (Abschrift anbei!) Ich noch nicht. Erst muß ich nach Templin zum Katasteramt. Mit dem Verkauf von K. wird es nicht mehr klappen, vielleicht verschenken. Heut war Sprechtag, doch mir ging's nicht gut. Ich war bei Tsoulou. Er fragte mit seinem verquält georgischen Augenaufschlag: ›Kann man denn hier noch bleiben.‹ Unterwegs traf ich

Dieter Schubert. Er ist, wie alle andern Unterzeichner, raus aus dem Vorstand des Schriftstellerverbandes – und Repressalien ausgesetzt. Er war einer mit von denen, die mit den nachfolgenden Unterschriften der Petion zu ›Reuter‹ und zum ›Neuen Deutschland‹ gingen.
Bei Tsoulou wartete Bettina auf mich. Es geht ihr miserabel. Sie trennt sich außerdem grad von ihrem Thomas. Mit Lenz die Geschichte hat sich als Flop, um nicht zu sagen, Katastrophe rausgestellt; sie fließt aber auch immer gleich dermaßen über vor Gefühl, das können die Kerle meist schwer verkraften. Sag Bylle, sie soll ihr schreiben. Geldprobleme hat Bettina auch. An Robert, wie Bylle ihr empfahl, mag sie sich nicht wenden. Ich hab ihr erst mal von unserm ›Überfluß‹ abgegeben. – Sie kommt öfter nach der Uni vorbei, wir essen zusammen.
Robert rief an. Er wartet sehr auf ein Zeichen von Bylle, sie wüßte schon. Und es geht ihm wieder bestens, sagt er. Ich bin die Woche meist zu Hause, organisiert also was.
Wolf, Du klangst so verschlossen vorhin. Du bist in Frankfurt am Main! Laß es Dir gutgehn, damit es allen besser geht. Ist Kulla nicht wunderbar. Er war immer lieb und hat mir gnädig seine Schnute hingehalten, wenn ich um ein Küßchen bat. Ich hab Sehnsucht nach Euch. Unser Kommen ist nun nicht mehr aufzuhalten. Schreib bald, wo wir die Sachen hinschicken sollen, eine Adresse, damit sie nicht in der Weltgeschichte rumjuckeln. Uns ist unheimlich zumute, hier ›freiwillig‹ weggetrieben zu werden.
Bald kommt der Frühling. Auf unserm ›Landsitz‹ stecken die Schneeglöckchen bereits ihre Fühler vor, alle Bäume der Herbstpflanzung sind angewachsen. Die nächsten Tage fährt ein Auto hin, einige von den schönen Sachen abholen: Truhen, Harmonium, Bauernschrank usw. Alles andere stellen wir solang in Deine Garage, bis der ›Große Möbelwagen die Chausseestraße heruntergeschwommen kommt‹.
Morgen wäre wieder ›Unrat‹ in Frankfurt auf dem Spielplan: Ich hab abgesagt: Es geht mir noch wacklig. Ende des Monats werde ich das letzte Mal die Ehre haben. Aber dann ... Glücksklee von Eva.

16. Februar 77

Manuel war hier, sagte, es käme für Brigitt nicht in Frage mit Warthe. Sie hat es ihm erklärt für mich – Dir also um drei Ecken zu verstehn gegeben, daß man Verständnis dafür haben kann. Sie will anrufen nächste Woche, sich mit mir treffen; ist doch schon mal was. Manuel ist sehr traurig und träumt fast jede Nacht, daß Du wieder hier bist. Er hat Deine Lieder erst jetzt richtig verstanden, sagt er, will Dir schreiben. Das will was heißen bei seiner Veranlagung. Es ist für mich ein Phänomen, dieses Angsthaben vor einem System. Wie mögen die Machtinhaber sich das zurechtbiegen, wenn sie sich erinnern, daß sie einst antraten, die Menschheit vom Joch der Unterdrückung zu befreien, statt sich erfolgreich mit Züchtungsversuchen von rückgratlosen Artgenossen zu befassen. – Nach der Berufsausbildung muß Manuel zur Armee. Obwohl er, wie er ironisch anmerkte, nur ein Krüppel ist wegen seiner Allergien. Nächstes Jahr will er sich erneut um einen Studienplatz bewerben. – Eben hast Du angerufen und die Salz-Nummer von Felix erzählt. Nun bin ich wieder froh. Eva

Februar 77

Wolflein! Es ist Sonntag. Ich hörte, gegen neun kommt der Postabholer. Da will ich noch paar Worte auffädeln: Die Schreiberei ist nebenbei eine Art Aufräumungsaktion, Verarbeitung der Ereignisse, Festhalten und Loslassen zugleich, so daß Platz frei wird ...

Zuerst ein Klagelied: Ich bin von unserer Trennung, Deinem Wegsein, richtig krank. Wenn das Dienstag mit der Schenkung klappt, gebe ich Mittwoch den Ausreiseantrag ab. Dann ist Mattis seit einer Woche unterwegs. Mittwoch kommt der Möbelwagen für Ninas Umzug, so daß ich leichtfüßiger werde in der ›Pflicht‹.

Bettina war hier mit Krischan, ein Stehaufmännchen: Bis der eingeschlafen war, kam er x-mal rausgekrabbelt, spielte leise mit den Autos und hatte seine Sensoren ausgefahren, will nicht isoliert sein, spürt die Anspannung und Unruhe. Bettina ist sehr allein, kommt öfter zu uns. Ich glaub, daß sie uns eines Tages folgen wird. Sie hat mir von ihrem Hermlin-Vater erzählt. Vermutlich hat er einen schweren Stand. Seine Freundschaft mit dem Oberhäuptling ist lädiert, wenn nicht zerbrochen; er selbst aber nicht gebeugt, im Gegenteil, wird unbequemer. Gerüchte wuchern, der Aufruhr gewinnt Oberwasser ... aber nicht doch, keine falschen Hoffnungen verbreiten: Unsere Ordnungskräfte kriegen das sicher wieder in den Würgegriff.

Gestern trafen wir Katja und Robert vor der Tür in der Wilhelm-Pieck-Str. Robert glaubte, daß was schiefgelaufen war mit dem Treff. Ich konnt ihm sagen, daß Sch. gesagt hätte, es bliebe dabei. Also fuhr Robert und Katja sofort in die Berolinastraße. Und wie die Kakerlaken

Katja und Robert Havemann

krochen vier Blechhauben ans Tageslicht: Ein Exemplar kam aus der Seitenstraße, das zweite aus der Garageneinfahrt, eins von der Stelle am weggebombten Haus, das vierte schoß kreischend und ohne Rücksicht auf Verluste übern doppelten Mittelstrich. Abends kam Katjas Schwester das Buch holen, ›20 Jahre nach dem 20. Parteitag‹ mit Roberts Beitrag drin, sagte, alles hätte ganz prima geklappt. Schwarz war gekommen, als Robert zu mir fuhr; so konnte unser Kurier ungehindert ins Haus.

Noch mal wegen Katjas Schwester: Der Mietvertrag von der Goisenstraße, der Schlüssel. Überleg! Sonst geht die Wohnung auch noch flöten!

Habe an Nina geschrieben; wir hatten telefoniert, aber Telefonieren macht mich zu einer ›hilflosen Person‹, meine sowieso oft unbeendeten Sätze werden verstümmelt, sind Katzen ohne Schwänze, aus Jux von Mannsvolk gekappt, verlieren die Balance, ihr Steuerungssystem im Hirn zum Handeln: Ich hab das laufende Tonband im Blick, tropfend von meinen Lebenssäften, Schweiß, Herzblut, Tränen ...

Matti ist vor einer Stunde mit Andy und Uli auf'n Bier in die Bärenschenke runter. Der Liebe hilft mir, ißt und trinkt für sein Leben gern, sorgt sich wegen der Fleischpreise in der BRD. Ich hab versprochen, ihn nicht hungern zu lassen. Nebenbei übt er auf der Kroil-Gitarre; Lesja war entzückt über seine Russenlieder. Vielleicht muß Matti früher raus als ich. Ich muß mich ranhalten, sonst setzt Honakow schnell noch seine neueste Forderung durch und die BRD erkennt unsere Staatsbürgerschaft an. Aber dann dürfte man ja reisen laut Erklärung,

könnte hin- und herfahren, brauchte nicht zu bitten und betteln, Karolinenhof verschenken zu dürfen. Ja, wenn ich es Väterchen Staat in den Rachen schmisse, wär die Chose über Nacht vom Tisch.
Ihr fahrt wirklich nach Holland? Einfach so? Ich krieg das nicht in' Grips. Vielleicht gut, sonst gäb's einen Kurzschluß wegen Überlastung der Fassungskapazität. Tine ist aufn Swutsch. Du sollst ihr nicht die Ohren vollseufzen, damit jagst Du sie ja nur so ins Chambre séparée vom Grafen sein Dresdner Künstler-Atelier. Wenn das mit Peter I. gut ginge, kannst Du nicht meckern. Es müßte Dir ein Stein vom Herzen fallen – und kein Zacken aus der Krone brechen. Aber ich sage Dir, das geht vorüber, denn wie Du ist keiner ... Na, wie hab ich das gesagt?
Morgen nachmittag holen wir Pliemie Siebenzahn; z. Zt. ist er bei den Großeltern. Ein richtiger Sonnenkobold ist das, liebreizend, frech: Stets versucht er seinen Willen durchzusetzen, diskutiert. Wenn das nicht fruchtet, setzt er seinen umwerfendem Charme ein mit Augenblinzeln, Kußmäulchen, theatralischen Gebärden. – Wolf, ich hab Dich lieb und küsse euch abwechselnd: Kulla, Bylle, Dich. – Eva.

18. 2. 77

Wolf, hier hast Du die Solo-Super-Saiten, mein Liederbuch und das von Hussel bemalte Marx- und Engelszungen-Exemplar; heb alles schön auf für mich.

Hab den Antrag immer noch bei mir. Will versuchen, Mölkow unsern Hof zu schenken. Dazu müssen wir Montag nach Templin zum Staatlichen Notariat. Er kann es nicht nutzen, weil seine Reni was Nähergelegenes hat, wo sie sind am Wochenende. Mir fällt aber niemand sonst ein, dem wir das ›Objekt‹ aufbürden könnten. Wer traut sich schon von einer staatlich anerkannten Staatsfeindin so ein Geschenk anzunehmen. Ideal wäre, das Ganze zu verpachten. Und später, wenn wir zurückdürfen, hätten wir ein vertrautes Stückchen Land. Kannst Du 'n Hinweis geben, wo Tine die Schecks eintauschen kann. Tine ist traurig, weil sie wegen dem Geld, welches irgendwann eintreffen soll, den Antrag noch nicht stellen kann. – Heut früh holte ich aus'm Kühlschrank drüben zwei Eier, die brauchte ich für die Gallendurchleuchtung und da war Pliemie Siebenzahn, er hat übrigens bereits 8 Beißerchen, schon munter und äußerst erfreut über meinen Besuch.
Weißgerber fragt, ob er einen Teil des Geldes in West haben kann. Ich hab ihm gesagt, daß es darum geht, Dein hiesiges Geld auszugeben und daß Du drüben erst anfängst. Aber ich denke, wir sollten ihm den Gefallen tun: schick Entsprechendes! Vielleicht klappt aber auch das, was ich Dir neulich andeutete. Beschreibe mal, wie sie aussieht, an die ich mich wenden könnte. Aber das Geld von der AWA, sagt Tine, kommt erst Ende März – und da wollte ich nicht mehr hier sein ... Sag, was Du meinst. Und die Schlüssel für Lichtenberg! Ich fahr beim Teske vorbei und laß mir einen Schrieb für Katjas Schwester geben, der sie bevollmächtigt, dort zur Untermiete zu wohnen. Und einen neuen Kaufvertrag für den Hänger von Horst.
Würde ich gern einen Blick auf Euch werfen! Bylle, wie kommst du zurecht mit dem kapitalistischen Klima. Schreib paar Worte an den Rand nächstens. Ich umarme Euch alle Drei, heb Euch hoch im Bündel, lasse Euch fallen ins Moos – und wir kullern rum mit Wolf seinem Ei, ich meine mit Kulla, Eurem Sohn Felix. – Grüße und Küsse von Eva.

21. 2. 77

Wolf. Wir waren in der ›Camera‹. Es gab den tollen Film von Fellini: ›Amarcord‹. Wie der Filme machen kann! So ein Regisseur müßte mir übern Weg laufen und meine verborgene Einmaligkeit ausmachen!
Ich hoffe, der Gute Mensch von Jenseits des Flusses bringt die Platten. Es wird Zeit, wenn die sich noch unters Volk verrollen solln. Manuel spricht mit mir über Dich, öffnet sich im Zeitraffer-Tempo. Es ist

unfaßbar für ihn, daß Du weg bist, er wird damit nicht fertig. Morgen Vormittag kommt er wieder, will viele Fotos von Dir haben.
Matti und Andy fahren mit dem Gütertaxi raus Sachen holen, die wir mit Deinem Transport mitschicken. Vorläufig stellen wir alles in die Garage. Den Hänger gaben wir Moelke, Dein Auto, das Boot.
Tine sitzt in der Badewanne, war in Dräsdn an der Elbe. Und Sohn Ben schläft und grunzt wohlig. Matti hab ich die Haare geschnitten, ganz kurz, individuell seiner Kopfform angepaßt, die ›Schwachstelln‹ ausgeglichen. Hat Bylle Dir schon die Wolle geschoren, schwarzes Schaf im Wolfspelz. Siehst Du nun schön brav aus?
Ihr seid jetzt in Holland. Das erinnert mich an ein Kinderlied: ›Jetzt fahren wir nach Holland, Holland. Was wollt ihr denn in Holland ...‹
Schreib wieder an uns – Du vom Kollektiv abgetriebener Wolf.

Dienstag. Das Tagwerk beginnt. Siebenzahn ist bei der Kinderfrau. Tine hat Vorlesung in Kinderheilkunde. Bettina spült Gläser, wartet auf Katja, ich fahr nach Temlin mutterseelenallein, but never mind: Ich denk an Euch und freu mich auf unser weiteres Leben. Matti und sein Trompeter sind mit dem Robuhr unterwegs, einem Kleinlaster. Und gestern in der Nachmittagssonne sind wir Hand in Hand mit Kuschi paar Schritte auf der Übungsstrecke Monbijou-Platz gegangen.

Eva mit Benjamin Biermann, auch Plumpsbacke, Pliemi, Siebenzahn, Kuschi, Piepe und Ben genannt

Matti hat ihm eine Premiere nach der anderen beschert: Da ist das Kind mit dem Russenbär die Rutschbahn runtergesaust, auf der Wippschaukel zwischen Affenliebe der Ersatzeltern und Freudengejuchze selig gewesen, die Zirkusnummer mit Schleuderakt zwischen Unter-Mann und Frau hat ihm besonders zugesagt und der Aufzug mit dem Känguruh, als Matti ihn zwischen seinem Unterzeug an väterlichwarmer Brust durch die Gegend trug, fand vollauf seine Zustimmung. Die jungen Schwäne auf der Spree fangen an sich zu mausern und Pliemie kuckt sie an, wie das Selbstverständlichste von der Welt. Dein kleiner Sohn ist ganz schön groß für seine zehn Monate und eine Woche Lebendgewicht. Küsse für Kulla, Bylle und Wolf von Eva.

23. 2. 77

Lieber Wolf, heut früh waren die Möbelträger für Nina da und zwei Beamte vom Zoll, die kaum kontrolliert haben. Einer ging gleich wieder weg, vielmehr blieb er auf der Straße und paßte auf die runtergetragenen Sachen auf, damit sie keiner klaut. Der andere lief indessen im Flur auf und ab, schielte auf Dich, d. h. aufs Plakat. Ich tat, als merkte ich nicht wie er zu lesen versuchte: ›Die deutsche Einheit kommt! doch nur im Geiste des Propheten Karl Marx und nur im Klassenkampf der Bauern und Proleten.‹ Es hat ihn verwundert, wie es schien, er war nachdenklich geworden, fragte nach Bylle, ob ihre Sachen nicht bald abgeschickt werden. Ich antwortete, daß Katja noch Koffer besorgt. Er fragte dann, was er eigentlich fragen wollte, vielmehr sollte: Ob der Professor nicht auch bald ... Ich lachte: Nein, den werden sie nicht los. Er hakte nach, meinte: So günstig stehn die Aktien so schnell nicht wieder, man wäre doch sehr großzügig mit uns ... Und peilte ›auftragsgemäß‹ durch Türritzen und Spalten in die andern Zimmer, ob vielleicht ein Zeichen von Aufbruch der Eva-Maria Hagen zu erkennen sei. War aber nicht. Der Zollmann war übrigens sympathisch, Mecklenburger – und hatte nichts an sich von dieser schmeißfliegenhaften Aufdringlichkeit der Auffällig-Unauffälligen.
Momentan bin ich aufgeregt, sitze beim Frisör, lasse mich aufhellen. Vorhin hab ich mit Nina gesprochen, bei Kai in Westberlin und schlug ihr vor, doch einfach mal rüberzukommen. Sie war sofort Feuer und Flamme, wollte aber mit mir wetten, daß sie nicht reingelassen wird. Ich versuchte den ›Lauschohren‹ klar zu machen, daß damit ein Exempel statuiert würde, sollten sie einer legal Ausgereisten den Besuch bei

ihrer einzigen Mutter verbieten. Ein Vierteljahr ist um, seit sie weg ist. Nun linse ich ständig zur Tür, ob sie nicht auftaucht. Seit 40 Minuten ist sie unterwegs – und weiß, daß ich im ›Clivia-Salon‹ ihrer harre. Das gibt einen Freudentanz. Ich mal mir aus, wie die Trockenhauben gegeneinander scheppern vor Freude.
Wolf, Du mußt die Schlüssel vom großen Bund abgemacht haben ...
Teske war da: Miete ist nur bis Ende letzten Jahres bezahlt, sagte der Templiner Dichter: die Stasi hat seine Druckpresse beschlagnahmt, Haussuchung gemacht, ihm Berufsverbot erteilt durch Streichung der freiberuflichen Steuernummer. Er wurde als Biermann-Sympathisant tituliert. Man wies ihm eine Arbeit als Nachtwächter zu für 280 Mark im Monat. Inzwischen ist er aufgestiegen zum Leiter der Kohlenausgabe und verdient 800. Nun weiß man auch, wie der Junge spinnt; das ist seine Hauptnummer. Er möchte besonders sein, Künstler, berühmt, Robin Hood oder Chodscha Nasredin der Uckermark. Aber die Musen zeigen ihm die kalte Schulter. Und ich durchschaue seine Tricks und Finten. – Ich hätt mich nicht mehr an ihn gewandt, fänds aber schade, wenn die Wohnung – in die viel investiert wurde von Dir, außerdem hast Du ihm die Schulden erlassen, ich bezahle sein Minus bei Moelke, Miete, Renovierung – verloren ginge; Katjas Schwester muß raus bei Robert, es ist nicht mehr gut so – für alle.
Ein Trauerspiel: Nina durfte nicht durch die Grenze. Der sich in unzähligen Varianten abspielende ostdeutsche Alptraum! Sie hat angerufen, vorgeschlagen, ich sollte mich bei der ›Moewe‹ hinstellen. Wenn sie mit der S-Bahn vorbeifährt, könnten wir uns wenigstens kurz sehen und zuwinken. Ich würde staunen, wie lang ihr Haar inzwischen ist.
Ich muß weinen, weil auch Matti ... ja, falls er doch studieren darf, hierbleibt. Vorhin hat der Direktor der Filmhochschule Babelsberg angerufen, ihn zu einem Gespräch eingeladen für Freitag. Und wenn sie keine Distanzierung verlangen ... Es wird kaum was bei rauskommen, aber enttäuscht bin ich doch, weil, wenn die nur Hüh sagen oder Hott, Matti es für menschlichen Sozialismus hält. Mir könnten sie anbieten was sie wollten. Der Apparat ist derart korrumpiert und verdorben, ich mag hier nicht mehr sein, habe Sehnsucht nach Dir, Wolf, Deiner Menschenstimme. Und wenn Du auch nur Piep sagst oder Pap, ist es mir lieber, als ganze Arien der verschissenen Inszenierung unsrer deutsch-demokratischen Ordnung. Ich hasse das System zutiefst.
Tirili für Wolf von Eva.

25. 2. 77

Meine Lieben! Blühen in Holland schon die Tulpen? Hier ist es frühlingshaft. Gestern bin ich mit Moelke nach Templin gefahren, zum Staatlichen Notariat; wir hatten einen Termin zu einer Vertragsbeurkundung. Wußtet Ihr, daß Verschenken Geld kostet? Grunderwerbs- und Schenkungssteuer zusammen 20% des Gesamtwertes, so daß ich, falls der Vertrag vom Liegenschaftsdienst genehmigt wird, noch 'n Bündel Scheine draufpacken darf als Dank dafür, daß mir jemand die Traumlandschaft abnimmt. Bin erstaunt über die Kassier-Methode in unserer Gesetzgebung, glaube kaum, daß sich die verfeindeten Systeme da was nehmen; nur, daß es auf manchem Gebiet hier individuell schäbiger zugeht als im goldenen Westen. Wenn ich nicht das Geld hätte, das ich dem Staatsapparat zusätzlich in' Rachen schmeißen muß, wie wär denn dann der Gang der Dinge verlaufen? Die können beim letzten Stempel immer noch Nein sagen. Wenn bekannt wird, daß ich den ›Antrag‹ gestellt hab, bin ich vogelfrei. Als Begründung für die Schenkung gab ich ›gesundheitliche Gründe‹ an. Übrigens bekam Moelke den Hinweis von der ›Firma‹, daß er den Kontakt zu Frau Biermann und Familie Havemann einschränken möge im eignen Interesse. Ich scheine in gewisser Weise noch zum Volk zu gehören, genieße die Narrenfreiheit der Gaukler; sentimentale Erinnerung an früher, als ich das süße Biest war, die Traudl aus'm Erziehungsheim, die zu zähmende Eliza, überhaupt ein Weib, das ein erotisches Flair ins sozialistische Biedermeier brachte. Dieses Zurückschauen schiebt einen Weichzeichner vor ihre Optik und läßt Evas Sündenfall in milderem Licht erscheinen; mich jedenfalls haben sie ihm noch nicht verboten.

Gestern war ich bei ›unsern lieben Dokter‹, wie Oma Meume ihn nannte. Krankes ist nicht zu sehen auf den Röntgenbildern. Hab aber Schmerzen. Die sind ›psychisch bedingt‹, heißt es. Wenn sich die Anspannung löst, werden auch meine Beschwerden verschwinden. Unser Doktor! Wir haben uns leise unterhalten. Bei ihm waren zwei ›wirklich vornehme, psychologisch gut ausgewählte Mitarbeiter‹. Er mußte versprechen, über das Gespräch Stillschweigen zu bewahren. Dreimal waren sie da: Warum er Dich behandelte, wollten sie wissen. Überhaupt interessierte sie Deine Krankheitsgeschichte und Tsoulou erklärte ihnen, daß er Dein Freund wär. Warum er Bylle krank geschrieben hat. Antwort: Er bekäme auch Magenbeschwerden, wenn man seine Frau ausweisen würde. Und er setzte, wie sich entschuldigend hinzu: Sie haben doch ein Kind zusammen. Und Nina? Nina kennt er schon, da war sie noch so klein: ›Die hab ich ranwachsen sehen.‹ – Wolf kennt er bereits 18 Jahre. Die Familie Havemann auch sehr lange. Alle sind meine Freunde, betont er immer wieder, als würde ihm das mildernde Umstände einbringen. Ja – und die Eva-Maria ... war doch eine anerkannte Schauspielerin hier. Nina wurde vergöttert von jung und alt. Plötzlich sollen sie alle Feinde sein? Unvorstellbar. Und warum er Fuchs im Betriebs-Laboratorium behandelt hat und Faust, alle diese ›Dissidenten‹. Tsoulou erklärte in seiner sanftmütigen Art, daß es seine Patienten waren, er wollte sie unter Kontrolle haben. Alle Kollegen von ihm sind stolz darauf, daß er Dich behandelt hat, mit Dir befreundet ist, plinkern ihm zu. Er ist nicht mehr so ängstlich, hat noch eine Röntgenaufnahme Deines Kopfes, die er Dir zukommen lassen will. Und wenn ein Witz durch seine Gehirnwindungen schleicht, platzt er fast vor Lachen. Kennen Sie den: Ein Biermann und siebzehn Millionen Flaschen. Ich soll Dich grüßen von ganzem Herzen. Und Dir darf ich das erzählen von den ›wirklich-ungewöhnlich-dezenten, klug ausgewählten Herrn der unsichtbaren Front‹. Und von Abel ebenfalls Grüße. Er brachte eine Riesenflasche Whisky. Unser sonniglicher Mohren-Doktor schafft demnächst drei Päckchen mit Büchern rüber, die beim offiziellen Transport kaum eine Chance hätten.

Gestern kam Reiner Medlin. Er war unbeschwerter, als letztes Mal: da hatte ihn die Stasi massiv in der Mache mit Angeboten zur Mitarbeit, Erpressungsversuchen. Medlin hat ihnen nun gesagt – obwohl sie ihm abverlangten: ›zu keinem ein Wort‹ – er hätte mit seinen Freunden über die Zusammenkünfte gesprochen. Jetzt haben sie eingelenkt: sie hätten nie ernsthaft angenommen, er betreibe feindliche Propaganda oder gehöre einer konterrevolutionären Gruppe an. Eine Zusammenarbeit mit ihnen sei zudem eine Auszeichnung, ehrenvolle Aufgabe für die Sache des Sozialismus, keine Schande.

R. M. hat noch mal die Szene, die makabere Austreibung der Masken mit Hunden aus der Kunsthochschule beschrieben: Bis zwei nachts war der Fasching genehmigt gewesen. Danach waren noch ein paar Unermüdliche anwesend. Einige wurden, weil sie nicht schnell genug waren, von Hunden in den Hintern gebissen. Ein ungeheures Happening! Es war bekannt geworden, daß Frau Biermann beabsichtigt am Fasching teilzunehmen. Die Ausstattung stand unter dem Motto: ›Pst! Schnauze halten‹. Riesige Ohren und Augen waren hinge-

malt, Sprüche an den Wänden; wenn einer nicht ganz doof war, konnte er ahnen, daß es ein Protest gegen Deine Ausbürgerung war. Dies Ereignis ist in Dresden Stadtgespräch. Beim traditionellen Fasching in Geising, Ost-Erzgebirge, beide Peter waren hingefahren, Medlin ... trugen Narren beim Umzug Spruchbänder, Grafik. Eine Gruppe Ziegen wagte zu verkünden: ›Wir meckern weiter‹. Ein ›Hammer‹ die folgende Losung: 1. Weltkrieg – 2. Weltkrieg – Wir sind wieder die Größten. – Was sagst Du dazu, Wolf? Und das in unserm Leisetreterland!
Und Honeckers Interview, was der sich da aus den Fingern saugt: Du hättest Dein Versprechen gebrochen, die DDR auszuklammern. Fast alle Deine Texte handeln direkt oder indirekt von diesem deutsch-demokratischen Hoffnungsträger. Der erste Sekretär macht sich doch lächerlich. Und keiner sagt ihm das.
Peter hat für Tine ein Bild mitgeschickt: Er auf ’nem vorsündflutlichen Traktor. Wirst es demnächst begutachten können. Den Grafen hat ein Grippevirus erwischt, deshalb kam er nicht mit. Und Tine ist ganz schön verknallt. Ich finds gut, daß sie das kann. Ich war genauso, hatte in Krisensituationen meistens das Glück – obwohl es dieserart Probleme nicht gab, zumindest nicht in der Konstellation – daß mir die Götter stets ein sanftes Abbild ihrer selbst kopfüber in’ Schoß schmissen. Deine Vorliebe galt auch nicht den Mauerblümchen, sondern meist sinnlich duftenden Frühlings-Sommer-Herbst-Blüten. Auch den glitzernden Kristallsternen, den in Deiner Nähe schnell hinschmelzenden Eisblumen. Sonst wär der hinter Dir liegende Weg von Trauerflor und Tränendherz bestückt. Freu Dich! Im Frühling sind wir alle bei Dir, legen Dich auf’n Fangetuch, schmeißen Dich in die Luft unter Kreischen und Gejohle. – Küsse von Eva.

Sonntag, 27. 2. 77

Wolf, alles sieht schon wieder sehr anders aus. Matti hatte Freitag ein Gespräch – garantiert auf höhere Weisung – mit dem Direktor der Filmhochschule. Als erstes hat der Sonderbeauftragte abgewinkt, die ›praparierten‹ Hände gehoben, ausgerufen: ›Ich will nichts hören über die Biermann-Geschichte. Hier gehts um dich, deine Weiterentwicklung, dein Studium.‹ Und hat ihm mehrere Vorschläge gemacht: Erst Regieassistenz, dann Studium in Lotsch, Moskau, Babelsberg. Kein einziges Wort mehr von Distanzierung oder Rechenschaftsbericht. Also bleibt Freund Matti wohl dem Lande erhalten. Das war ja seine

Matti als Schauspieler in der »Maske«, für Probeaufnahmen zu einem russischen Film

Begründung gewesen im Ausreiseantrag, der nun inzwischen fast 14 Tage unterwegs ist.
Ich krieg noch einen Knall von dem Hin und Her; fühl mich wie ein Lumpenbündel, zusammengesunken ... Manchmal verspür ich den kaum bezähmbaren Drang, in die Bäume rein zu springen, die noch kahl sind und mich nicht aufhalten könnten vorm Pflaster unten. Vorher möchte ich mich in großes weißes Tuch wickeln, in eins unserer zerschlissenen Doppelbettlaken, damit die Leute nicht sehen, wie zerbrochen ich bin. Noch bin ich ansehnlich, was meine körperliche Hülle betrifft und meine Seele ist auch nicht verbittert – nur die Augen weinen einfach los und ich kann die Schrift kaum lesen beim Schreiben. Wolf, wenn Du ...
So. Nun hast Du eine schwarze Träne durch die getuschten Wimpern serviert bekommen als Beweis; das find ich nun schon wieder komisch. Gleich fahr ich nach Frankfurt und hab das unwiederbringliche Vergnügen, der Rosa Fröhlich, nebst Prof. Unrat zum allerletzten Male die Ehre zu geben und die schönen ›selbstgemachten‹ Lieder zu trällern. Bitte, schreib das Stück weiter. Du hast es so gut angefangen. Ich weiß, Du hast jetzt anderes zu tun, aber die Vorlage ist da, Du brauchst ›nur‹ eine eigene Idee einbringen und das kannst Du doch im Schlaf. Für mich wär das ein Glück, eine einzige Freude. Bitte, ja? Wolf, gib mir ein handgeschriebenes Zeichen. – Deine Eva.

29. 2. 77, gegen Abend.

Ich trau mich nicht weg, hoffe, daß Sch. aufkreuzt. Es liegt eine Postladung hier für Dich. Wir brauchen Platten; die Nachfrage ist enorm. Vorhin war Peter Schwarzbach da, sieht aus wie ein spanischer Zigeuner. Ihm wurde eröffnet, daß sein Strafverfahren eingestellt ist. Trotzdem ist dreimal betont worden, daß er sich gegen die Gesetze verging; das sollte er wissen und sich gut merken. Nicht schlecht, einen einflußreichen Schwiegervater zu haben. Er läßt Dich herzlich grüßen, wartet sehr auf die Platte; nicht mal ich hab mehr eine. Reiner Medlin hat heut eine mitgenommen nach Dresden, die sollte Jürgen schon vor 14 Tagen abgeben, hat aber niemanden erreicht, sagt er. Neun waren es ingesamt, die Du geschickt hattest: Die erste hat Robert, die zweite Jürgen B., drittens Käthe R., die Nummer vier hat Antjegold, fünftens Bettina, die sechste ging nach Dresden, das siebte Negerlein belebt Markneukirchen, achtens: Inge Heym war hier, die hat eine dem Jurek gegeben, der sollte sie Manne Krug zum Geburtstag schenken. Wo die hängengeblieben ist, weiß ich also nicht. Der Stefan Heym hat auch bald Geburtstag – und sine Fru möcht gern eine für den Alten haben. Und die neunte, wo ist die untertaucht – Freund Moelke war hier, als die Sendung ankam. Nu hab ich keine, Tine auch nicht. Vorhin riefst Du aus Rotterdam an, klangst weltweit herumgekommen. Holland gefällt Dir? Von mir aus; bin zu jeder Schandtat bereit. Jetzt schick ich die 3. Fassung meines Antrags, hab beschlossen, ihn am 1. März abzuschicken. Ich ruf an, wenn ich ihn zur Post gebracht hab. – Eva.

Amsterdam, Ende Februar 77

Eva, liebste meine, ich hab Dich lieb und hab Sehnsucht nach Dir und will Dich festhalten. Felix und Bylle haben das Blatt verziert (Bylle hat nur einen Stift ausprobiert.) Eva, Du, pass übertrieben gut auf jetzt, ich hab bißchen zuviel Angst um Dich und die Hoffnung, daß meine Sorgen übertrieben sein werden. Lies den Brief an Tine, er ist auch für Dich geschrieben: Amsterdam. Wir legen die zwei Biermann-Cassetten bei, wenn Du abgereist bist, kannst Du sie ja Horst Moelkow geben. Du, was machst Du, was ich bloß mit dem vielen Geld, das wir im Osten gespart haben? Kaufe, falls das noch geht, antike Möbel oder anderes – das Zeug können wir brauchen zum Wohnen, und wenn ich ein Haus gekauft haben werde in Amsterdam, brauchen wir ja auch dringend alles – und hier kostet das alles mindestens zwei- bis dreimal

soviel. Bylle sagt, es wird nicht leicht sein, die Sachen rüberzubringen, da gibt es Bestimmungen – vielleicht ist es auch richtig, Du fragst direkt, schließlich ist das Geld ordentlich erarbeitet – ansonsten kann man sie ja fragen, ob sie es Dir lieber 1:1 in Westgeld geben wollen! Genauso das Haus in Karoline. Erkundige Dich, ob Du nicht Eigentümer bleiben kannst, egal, welche Staatsbürgerschaft Du hast ... Und wenn das alles nicht geht, dann sollen sie uns am Arsch lecken! Wenn Du nur gesund und bald zu uns kommst und hier auch was arbeiten kannst in Deinem Beruf, dann ist es auch gut. Man verliert eben manchmal alles und das hat den Vorteil eines besseren Anfangs, und wir haben uns ja und haben uns lieb und stehn uns bei, und diese Schweinebande kriegt uns nicht klein.
Als ich mit Bylle durch die viel zu schöne Stadt Amsterdam strolchte, durch das Nutten- und Hafenviertel, wo die schönsten und häßlichsten Weiber in kleinen Schaufenstern halbnackt sitzen wie Kasslerkotelett, als wir die vielen kleinen Läden sahn mit Schnickschnack von Übersee und hübschen alten Kleidern und Klimbim und geflochtenen Körben und exotischem Knuddelkram, da dachten wir: Das würde der Eva dermaßen gefallen, daß wir sie gar nicht wieder wegkriegen würden – wir haben uns selbst kaum wieder weggekriegt. Und im April singe ich in Schweden und am 1. Mai auf der großen Mai-Kundgebung im größten Hafen der Welt: Rotterdam. Groß – größer – am größten. Der kleine Biermann. Wir wollen auch ganz klein sein in unserer Höhle irgendwo, und Bylle hat Dich auch lieb, wie ich.
Pass auf Dich auf, das ist das Wichtigste. Komme bald und ohne Eile, aber doch lieber bald. Kuss – Wolf

(von Sibylle)

Eva, Eva, ich werd froh sein, wenn Du hier bist – wir alle – auch Felix, der Dich auf Fotos immer erkennt und der neulich, als eine Frau mit hoher Stimme im Radio sang, an Dich dachte. Wolfs Gemälde auf Tines Brief ist sehr treffend. Siehst Du die Haken an den Giebeln der Häuser? Die Treppen sind zu schmal und steil, als daß man dort Möbel hochtransportieren kann. Ich habs gesehen, wie sie Tische Kisten Waschmaschinen in ein Seil wickeln und hochbalancieren. Eva, was wird alles werden? Aber wenn Du hier bist, sind wir wieder schön zusammen. Essen machen und Essen essen. Wir haben große Sehnsucht nach Dir, meine liebe. Sind Ninas Sachen weg?
Eva, wir küssen Dich. Bylle & Felix

Wolf, Ihr seid zurück aus Holland. Ich bin nicht fähig am Telefon normal zu reden. Jedenfalls weißt Du jetzt, daß mein Ausreiseantrag weg ist und Matti seinen vor Tagen zurückzog. Schneidende Abschiedsstimmung hüllt uns ein, als wär das Leichentuch für unsere Liebe ausgebreitet.

Gestern war ich im Polizeipräsidium in der Keibelstraße, bei der Inspektion Berlin-Mitte, Abt. Kriminalpolizei, Zi. 4244. Ich hatte 2 x die Aufforderung bekommen, mich zu melden. Wegen Falschparken, dachte ich, rief an, erfuhr, es gehe um Ankauf von Altmöbeln: Vor etlicher Zeit hab ich zwei Korbstühle, einen dazu passenden Tisch, ein Bord von einer gewissen Schwester Maria gekauft, die sich angeblich auf Kosten der alten Leutchen bereichert hat. Im Altersheim in der Koppenstraße. Durch Tine lernte ich die kennen, sie hat dort öfter Zeug für ihre Stoffbilder hergekriegt. – Ach, ich würd Dich mit solchem Kram nicht behelligen, wenn Die nicht dieses ›Delikt‹ einer geschäftstüchtigen Altenbetreuerin zu einem politischen Fall aufblasen würden. Ich bin mit Matti erschienen, weil er beim Kauf dabei war. Aber es hieß: es könne immer nur einer gehört werden. So mußte Matti über eine Stunde auf dem Flur warten. Ein Zeugenprotokoll wurde aufgenommen, Gesetze verlesen, mir die Eröffnung gemacht, daß ich vor Gericht als Zeuge aussagen müßte und für Falschaussagen bis zu drei Jahren Bau drin sind. Es war noch zusätzlich ein ›Stechauge‹ dabei, so ein ›Geschniegelter‹; Bylle, das muß ein Zwillingsbruder von Deinem einst ständigen Begleiter gewesen sein – der hat gestichelt, versucht Seitenhiebe auszuteilen, mich fixiert und Fragen gestellt, die aber auch gar nichts mit diesen Korbstühlen zu tun hatten. Ich war aber auch nicht aufs Maul gefallen. Als der mich grinsend von oben bis unten betrachtet hatte, guckte ich mir mit entsprechendem Untertext im Blick seine fade Erscheinung an. Er nannte den einstigen Parteigenossen Matti Geschonneck, meinen Freund und Lebensgefährten, kumpelhaft Matti und verkündete triumphierend, daß der junge Mensch das einzig Richtige getan habe, als er den ›Antrag‹ zurückzog. – Sie sind ja bestens informiert, sagte ich. Und er mich nachäffend: Das gehört zu meinem Beruf. – Ich hatte in einem Wortgefecht, Schlagabtausch, wie er es nannte, gesagt: es gehöre zu meinem Beruf – eine scharfe Menschenbeobachtung. Und sagte: Hurra, es kommen rosige Zeiten: Die Stasi kümmert sich neuerdings um totes Mobiliar, das

irgendwer wo verkauft bzw. erstanden hat. – Nun wollt der mit mir nach Karolinenhof fahren. Dort stehn in der Scheune reparaturbedürftige Sachen, darunter diese verflixten Stühle. Ich hab keine Lust zum Autofahren, sagte ich. Und mit Ihnen schon gar nicht. Außerdem bin ich krank. – Der: Das sind die Nerven. Ich: Die Galle. Er bissig: Sollen wir Sie einem Arzt zuführen. – Danke, hab grad einen konsultiert. Sie sind scheinbar doch nicht bestens informiert. – Der echte Kriminale war von mir enttäuscht, weil ich ein ›respektloses, unkultiviertes Auftreten hatte und ein freches Mundwerk‹, wie er fand. Wenn er gewußt hätte, wie ich in Wirklichkeit bin, hätte er den Traudel-Film nicht noch mal angesehn. Da wär ich ein hoffnungsvolles Talent, liebenswürdig, charmant, vom Publikum verehrt und ... Dann bin ich auf die schiefe Bahn gekommen, unterbrach ich ihn.
Mir fiel ein, daß ich falsche Angaben gemacht hatte: Karolinenhof war verschenkt, nicht mehr mein Eigentum; wie nebenbei knallte ich denen die Mitteilung vor'n Bug. Da wurden sie stutzig. Überhaupt blieb ihnen öfter die Spucke weg, weil meine ›Art‹ sie schockierte. Ich sagte, sie seien wohl gewöhnt, daß die Leute mit Zittern und Zähneklappern dasitzen beim Verhör. Man könnt nie wissen, was man aufm Kerbholz hat: Vielleicht hat wer wo einen Witz erzählt bekommen und darüber gelacht. Der Geschniegelte versicherte jovial, treuherzig-stolz geradezu, daß die Zeiten vorbei seien, wo einer für'n Witz belangt würde.
Ich widersprach: Es kommt darauf an, wer den Witz reißt oder darüber lacht ... Und ich bekam eine Lektion in ›Anständig-Benehmen‹. Der Schmiertyp wies mich drauf hin, daß er nichts gesagt habe, obwohl ich mit übergeschlagnen Beinen und Hände in den Taschen dasitzen täte. Und als ich Matti meinen Mann nannte, kam er bedrohlich dicht heran, wie in schlechten Spionagefilmen ein überzogener Schurke, daß ich seine Ausdünstung samt Schuppenfall über mich ergehen lassen mußte und tönte mit sich-überschlagender Stimme: Das ist doch gar nicht Ihr Mann, haha. Ich sagte lapidar: Sie spinnen. – Dann war er rausgestürmt, in der Haltung: Muß ich mir so was von so einer gefalln lassen! Als er zurückkam, sagte er fröhlich: ›Jawohl, ich spinne‹. Entweder hatte er sich Eitzes vom Vorsitzenden geholt, was geschluckt oder sich sonstwie abreagiert; jedenfalls sagte er demonstrativ ›okay‹, weil ich manchmal okay gesagt hatte. ›Westjargon‹ macht diese Typen fuchsteufelswild; als benutze man gemeine Ausdrücke. Sein Drauf-Einsteigen war provokant und anbiedernd zu-

gleich. Ich hatte vorgeschlagen: Wenn sie die Stühle unbedingt besichtigen wollten, könnte Matti mit ihnen rausfahren. ›Holen Sie ihn ab, Wilhelm-Pieck-Straße 220.‹ ›Wie sich das anhört: Abholen‹, meinte Leutnant Berg, ›treffen wir uns woanders wegen der Leute.‹ – ›Ach was, die Leute sind bei uns dran gewöhnt, daß die staatlichen Angestellten bei uns ein- und ausgehen.‹ Nun war nachmittags der Vernehmer persönlich reingeschneit. Matti hatte angerufen, daß er ein Kadergespräch hat, erst später kann. – Und der Kriminale und Bote in einer Person überbrachte die schriftliche Nachricht eigenhändig, in der stand, daß die Verabredung von ihrer Seite aus nicht eingehalten werden kann. Sie erhalten einen neuen Termin. Unterschrift Berg. Und übergab mir das Papier – besagter Leutnant Berg. Jetzt holen wir deretwegen extra die verkorksten Korbmöbel in die Stadt, weil die sich wahrscheinlich umkucken wollten, was das fürn Wespennest ist.

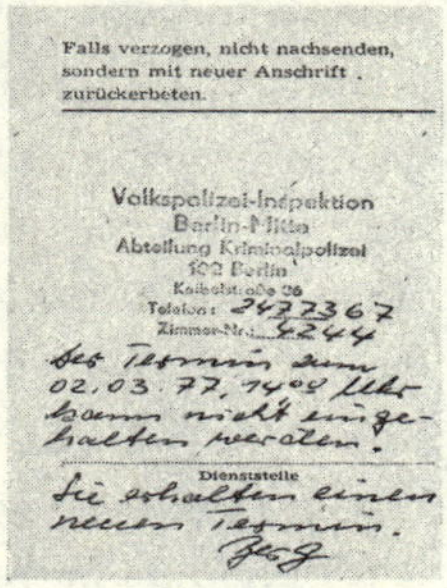
Falls verzogen, nicht nachsenden, sondern mit neuer Anschrift zurückerbeten.

Volkspolizei-Inspektion
Berlin-Mitte
Abteilung Kriminalpolizei
102 Berlin
Keibelstraße 36
Telefon: 2477367
Zimmer-Nr.: 4244

Der Termin am 02.03.77, 14^{00} Uhr kann nicht eingehalten werden!

Dienststelle

Sie erhalten einen neuen Termin.
Berg

Ja, die Stasi hat sich gewundert über das Verschenken eines Grundstücks: ›Wenn ich in solcher Lage bin, verschenk ich nicht son Wert, sondern versuch Mücken rauszuholen.‹ – Alles haben sie ins Protokoll aufgenommen! Nun werden die wohl beim Staatlichen Notariat vorsprechen. Es sei denn, die Weisung von einer Etage höher lautet: Nicht dran rühren! Manchmal kommt es mir vor, als wüßte die linke nicht was die rechte Pranke grad in der Mache hat. Die Firma besteht aus großen Tieren, Kleinvieh, Gekräuch. Möge das Schicksal mich davor bewahren, diesen Schw...arten ausgeliefert zu sein, wenn sie eine echte Handhabe besitzen mich in' Schwitzkasten zu nehmen. Die würden ihr Mütchen an mir kühlen mit wahrem Mannesmut.

Eva und Jetti Graf in Karolinenhof

... Ich hab den Antrag abgeschickt. Das Geld, die 65.000 Mark, abgehoben vom Sparbuch. Mehr hatte die Bank nicht. Die restlichen 15 sind aufs Giro-Konto überwiesen; Matti hat Vollmacht. Jetzt liegt das Geld hier rum – wie in der Nachkriegszeit, als die deutsche Reichsmark durch Pommersche Weizenfelder flatterte. Die Leute hatten Angst, was bei sich zu haben, wo ein Hakenkreuz drauf ist, schmissen es in' Graben. Wir Kinder hatten Säcke voll, Kisten mit Klimpergeld, vermischt mit leeren Patronenhülsen, spielten Kaufmannsladen. Aber jetzt ist Frieden. Vater unser, gib mir einen Wink: wohin mit dem Zaster. Meine geronnene Arbeit, warum ist sie wertlos. Am liebsten würde ich mich auf'n Balkon stellen und ein Blättertreiben veranstalten. Mitrübernehmen wär zu riskant und das Papier ist nix wert im Westen. Ich fahr noch mal los. Dann kommen noch 15.000 fürs Auto; die mit Verlust ausgezahlten 12.000 der Lebensversicherung kriegt Ingrid. Karolinenhof, die Baufirma Mitte hätte sofort 50.000 auf die Hand gezahlt, wäre nicht der lange Marsch durch die Instanzen. Bis da was aktenkundig ist, wird eine alt und grau ...

Bezirksverwaltung für Staatssicherheit Groß-Berlin – Abteilung XVIII

Über eine zuverlässige Quelle in der Sparkasse der Stadt Berlin wurde bekannt: Die Eva-Maria Hagen hat am 1. 3. 77 in der Zweigstelle Frankfurter Allee / Magdalenenstr. das gesamte auf dem Sparbuch 6692-65-602727 stehende Guthaben abgehoben. Davon wurden bar 65.000.- Mark ausgezahlt. 15.000 wurden auf das Girokonto 6692-47-61164 überwiesen. Gleichzeitig wurde die Verfügungsvollmacht für dieses Konto erweitert. Sie hat die Eintragung eines 2. Verfügungsberechtigten veranlaßt. Es handelt sich dabei um Matti Geschonneck – *Fissel*

2. 3. 77

Matti ist nach Adlershof. Zum Kadergespräch. Morgen fährt er nach Babelsberg zur Filmhochschule. Wie die um seine erneute Zugehörigkeit zum Kollektiv bemüht sind, ihn locken mit Versprechungen, vorgetäuschter Toleranz, welch Befriedigtsein sie ausstrahlen übern Sieg, ihn aus den Fängen der Schülerin des großen Menschenfischers, dem gefährlichen Wolf, gerissen zu haben. Eins ist sicher: Er wird bluten. Ich könnt auch um ihn kämpfen, ihn verführen, kenne seine Schwachstellen, das Lindenblatt ... Er muß diese Erfahrung machen – und eines Tages, wenn er erkannt hat, was er sich einhandelte: eine trostlose Karriere gegen eine tiefe Menschenliebe eintauschte, wird er versuchen, die Mauer zu überwinden. Selbst wenn er heil ankommt

am anderen Ufer, ist es vielleicht zu spät. Ich kann keine Genugtuung empfinden bei der Vorstellung, wie er frieren wird ohne mich; mir selbst ist kalt bei dem Gedanken und traurig bin ich. Tine auch – aber auf andre Weise. Sie braucht ein definitives Zeichen, daß Du Dir wünschst, daß sie kommt. Sie ist hin und her gerissen. Wolf, Du bist auch schwierig. Was willst Du. Sag es klipp und klar. Sonst nagt der Zahn der Zeit Eure einmalige Beziehung gänzlich zu Bruch.
Es bahnen sich außerdem neue Dramolette an: Tine war in Dresden, Jetti hat ihr Vorwürfe gemacht, sie zur Rede gestellt wegen Graf. Nächste Katastrophenmeldung: Herrmanns Heidi hat Tabletten geschluckt, ziemliche Hammer, liegt im Krankenhaus. Ringsrum Auflösung. Die zwischenmenschlichen Beziehungen sind kipplig, schmerzüberladen; alles zerfleischt sich. Ich hab das in dem Maße nie erlebt.
– Eben rief Matti an. Sie haben ihn nach Halle verfrachtet (Wolf und Evas ›Treff-Punkt‹) als Regie-Assistent. Weg von Berlin, von mir, Einflüssen, die den ungefestigten DDR-Genossen schaden könnten. Ich wünschte, eine Eischale wächst um mich, ich ruhe aus, werde heil – und alle schmutzigen Geschichten verschwinden in der Versenkung. Dann schlüpf ich aus, hab Flügel, mache das Fenster auf, nichts liegt mir mehr an Gut und Geld, ich fliege los. Mein Spürsinn läßt mich auf dem Fenstersims vor Deiner Dichterkammer landen. Dann singen wir ohne die russische Birke, ohne die deutschdemokratische Weizenkorn-Ähre Matti. Nein, ich weine nicht ...
Ein Eckensteher vom ›Außendienst‹, als ich sagte: ›Na, stehn Sie sich wieder die Beine in' Bauch‹, hat mich ›Anarchistenweib‹ genannt. Ich fragte: Soll das 'n Kompliment sein oder 'ne Beleidigung?
Bylle, was machst Du, wirst Du studieren, weißt Du schon wo, was. Oder gehst Du erst auf die Universitäten der Westlichen Welt.
Ich bin bei Euch durch meine Sehnsucht und die Vorstellung von unserm zukünftigen Leben, einem neuen Zuhause. Wie sollt ich sonst den Mut aufbringen, mich hier rauszureißen. Streichelein und Küsse. Besonders für Kulla. Und besonders für Bylle. Und besonders für meinen lieben Wolf von – Eva.

3. 3. 77

Anfrage beim Sender Eriwan: Warum kommt kein Zeit-Zeichen bei uns an? Die Absenderin hat sogar im ›Spiegel-Kabinett‹ angerufen mit Zitterhand, wo sie erfuhr, daß Sch. viel zu tun hat. Also Geduld.
Wir wollten Matti in meinen Mietvertrag reinkriegen; geht nicht, raus-

setzen auch nicht; entweder er kriegt Mitbewohner – oder eine ihm angemesse Wohnung.
Klaus Brasch rief an, kommt vorbei. Sein Bruder Peter, der Jüngste der drei Brasch-Brüder, wurde verhört von zwei Herren in einem kahlen Zimmer. Die hätten sich fast ausschließlich nach mir erkundigt. Peter Brasch war einige Male in der Zeit hier, hatte ebenfalls einen Ausreise-Antrag gestellt, der abgelehnt wurde. Er hatte Knatsch am Wahltag, wurde angebrüllt, weil er mit seiner Freundin die Wahlkabine betrat. Außerdem wurde er öffentlich gerügt, seine Freundin als Betthäschen abqualifiziert; die abgegebenen Stimmen waren ungültig. Klaus Brasch ist ein ausgezeichneter Schauspieler, hat aber Spielverbot, ist für Film-Fernsehen auf unbestimmte Zeit gesperrt. Und darf nicht, obwohl er nur eine kleine Absteige hat, eine der drei intakten Wohnungen übernehmen, die er, nach der Übersiedlung von Thomas Brasch, Kati und Sanda in den Westen, mit ausräumte. Eine vom Rat des Stadtbezirks hat die Schlüssel von Axels Verließ unter der Treppe geholt. Jetzt wissen alle Stellen, daß ich den Ausreise-Antrag abgegeben habe.
Matti und der Kaderleiter des Fernsehens der DDR persönlich fahren Freitag nach Halle. Welch Aufwand und zweifelhafte Ehre. Matti rief dort an, bat, erst anfangen zu dürfen, wenn ich weg bin, er wolle mir beistehn beim bevorstehenden Trubel. Ich hab ihm meinen vorigen Brief an Dich zu lesen gegeben und Matti bat mich inständig, Dir zu versichern, daß sich nichts geändert habe an seiner Haltung. Tatsächlich erwähnt man die Zusammenhänge seiner Exmatrikulation nicht mehr. Klaus Brasch hat draufgängerisch um mich gefreit, Matti abfällig einen tumben Wurzen genannt, unter meinem Niveau, ihn angegriffen, auflaufen lassen, beschimpft, er sei eine Nachtmütze; wie könnte er sonst eine Frau wie mich einfach aufgeben. Wenn er an seiner Stelle wär, sähe die Welt anders aus. Matti war vor Wut dem Weinen nah. Fast wär es zur Schlägerei gekommen.
Vorhin zwei Daunenbetten erstanden, Güteklasse Eins A, damit Du nicht frierst im kommenden Sommer; praktische Geldausgabe, als Aufstockung der Bettstatt, für Zuwachs, ein gastfreundliches Haus – und plötzlich, im dicksten Verkehr, kriege ich einen Messerstich ins Herz. Der Schmerz dauerte fünf Minuten. Ich hatte Angst. Nun fühlt es sich wieder nach nichts an. Was war das? Und Tine war hier, hat genäht, wir haben zusammen gegessen. Sie klagt, weil Du Dich rar machst, nicht schreibst. – Seid umschlungen, meine Lieben – Eva-Marie

3. März. 77

Es ist Donnerstag. Ich fahr mit Moelke nach Leipzig. Tine hab ich nicht erreicht, zwar die Nachbarn angerufen, aber Tine schlief schon. Nun werd ich ihr heut von Deinem selbstgemalten Bild erzählen, wenn ich zurück bin. Wird die sich freuen! Ich soll für Tine auch noch was finden. Für Dich will ich einen Bauernschrank besorgen, weil bereits Möbel in dem Stil da sind: Truhen, Regale, Stühle, Werkzeugspind, einiges aus der Chausseestraße für unsere zukünftige Land-Idylle.
Es ist noch früh. Du liegst eingerollt in Deiner Kammer. Ich stell mir die Mansarde von Wallraff vor wie die bei Peter Huchel, als wir in seinem Waldhaus zwischen Katzen und Hexen unterm Dach kampierten, flitterten, flirrten. Ich fuhr oft weiter Richtung Dessau. Du schriebst die ›Preußische Romanze‹, ›Ermutigung‹, ›Moritat auf Biermann seine Oma Meume in Hamburg‹ ... Und was schreibt Du jetzt?
Muß los, Moelke wartet, er hat was von dem im Gedicht von Schiller, in der ›Bürgschaft‹. Auf mich kann man aber auch bauen in Notzeiten. Sonst bin ich mehr ein Irrwisch. – Ich eile. Kuß. – Eva.

7. März 77

Wolf! Es ist Montag früh. Um 10 Uhr muß ich bei Herrn Müller sein. Im Berolinahaus, Abteilung Inneres. So schnell, wie die mir die Genehmigung zur Ausreise zusagten, gings bei keinem von uns gezwungenermaßen ›Freiwilligen‹. Ich schrieb Dir ja: Dienstag nachmittag, hab ich den ewig und drei Tage mit mir rumgeschleppten Brief weggebracht. Freitag drauf, um 16.30, knappe drei Tage später, rief Herr Müller an, sagte: ›Ihr Antrag ist geprüft und genehmigt. Kommen Sie Montag um zehn mit allen nötigen Papieren ins Zimmer Nr. ...‹ Es haute mir die Beine weg. So Hals über Kopf hatte ich nicht damit gerechnet.
Dann stand Robert plötzlich vor der Tür. Oben! Zuerst dacht ich, es wär sein Geist, eine Halluzination, aber Katja lachte so heiter und vergnügt – und er erst mal! Seit fünf oder sechs Jahren war er nicht mehr die vier Treppen hochgestiegen. Sch. hatte mich den Tag davor noch gefragt, unten auf der Straße (ich war grad mit Moelke von Leipzig zurück, wo ich Dir einen schönen Bauernschrank und Stühle kaufte, für Pliemie und kommende Kinder einen Korbwagen auf drei großen Rädern), ob es stimme, daß Prof. Havemann im Krankenhaus in Buch liegt. Nein, er ist gesund und munter. Nun das sogar! Ein Jüngling mit schütterem Haar. Wir waren ausgelassen wie lange nicht. Das frische

Liebespaar berichtete von einer Freizeitbeschäftigung, ein ›Gesellschaftsspiel‹, das sie betrieben: Sie schreiben Briefe, die Inhalte sind ›undurchschaubar‹ und gespickt mit Ungereimtheiten, Tarnkappen, Geheim-Codes. Dann fahren sie in der Stadt herum, Katja steckt die Couverts einzeln in die Briefkästen. Ein Stasi-Genosse bleibt zurück als Wache, die Post wird benachrichtigt, der gesamte Inhalt abgeholt.

Ich muß zu Frau Dr. Tsouloukidse, die Krankschreibung verlängern: Von heut auf morgen lass ich mich nicht rausschmeißen. Ich war gestern, den ganzen Tag, ziemlich runter. Plötzlich sackte der Kreislauf zusammen, so daß ich wie ein sterbender Schwan übern Küchentisch hing. Es war, als drehe wer an besagtem Rädchen den Docht runter. Und die Flamme, die mein Leben ist, wurde schwächer, flackerte ... Da kam unsere gute Freundin Dr. Litschewa, Kais Mutter, herbeigeeilt, behorchte den Motor und der gesamte Apparat lief unregelmäßig, weil der Blutdruck verrückt spielte. Aber dagegen gibts Mittel in der Apotheke. Zwar lieg ich noch blaß darnieder, doch sobald ich das Blatt umwende, steig ich wieder ins volle Menschenleben ein.

Wir haben nach meinem Treffen mit Herrn Müller ja telefoniert: Die waren ganz menschlich, haben mir gestattet, meine Angelegenheiten in Ruhe zu regeln. Seine Mitarbeiterin schenkte mir anteilnahmsvolle Blicke, als ich erläuterte, daß es ein schwerer Schritt für mich wäre, die DDR zu verlassen. Nun wollen sie behilflich sein, daß die Schenkung genehmigt wird von den ›Liegenschaften‹. Kisten wollen sie besorgen, sich um Dein Geld bei der AWA kümmern. Und ich brauche von Dir eine Vollmacht wegen der Zoll-Kiste!

Tine ist hin und her geschüttelt, reist nach Dresden, hat mir bestellen lassen, daß sie alles später regelt. Ich bin dagegen. Wofür sie sich immer entschließt: hier oder dort, Ost, West, sie kann im Handumdrehn ihre Siebensachen greifen. Wenn wir den großen Treck zusammenstellen, sollen Deine Sachen mit. Ich hab alle erdenkliche Hilfe: Andy, Moelke, Matti, Kade, Frau Köbler ... Sicher, Tine würde das später auch hinkriegen, aber rüber muß es nun mal Dein buntkariertes, von Emma Biermann liebevoll gezeichnetes ›Hab und Gut‹.

Du bist übrigens derjenige, welcher Tine verunsichert. Die verflixte Telefoniererei: Ach Tine. Ach Wolf. Sie erwartet von Dir ein Zeichen, woran sie erkennt, du meinst s i e . Willst Du nun, daß sie kommt oder was! Allerdings möchte Tine auch das Verliebtsein mit Graf auskosten. Ich kann es ihr nachfühlen. Aber ich möchte an erster Stelle

das tun (solange ich dazu noch in der Lage bin, auf gut deutschdemokratisch: mich in der DDR aufhalte; Gott, wie sich das anhört, wenn es hingeschrieben ist) was Dir nützt, also Deine Interessen vertreten.
Am Sonntag waren wir bei Grünau, haben im Waldrestaurant ›Hanf's Ruh‹ gespeist: Forelle. Und obwohl das Fischlein eine hübsche Spanne Zeit auf den Schuppen haben mußte, schmeckte es jungfischhaft. Da dachte ich an die Autobahnraststätte bei Niemeck, an unser erstes gemeinsames Mittagsmahl, wie Du die Kaumuskeln aus den Kiemen raustrenntest, sie mir als Delikatesse offeriert hast ... Wir sind querfeldein gelaufen: Matti, Andy, Malde, Eva. Waren dann bei Inge und Stefan Heym. Während die sich vom Nachmittagsschlaf erhoben, lasen wir seinen Artikel im ›Stern‹ über vierwöchige Betrachtung der ›Aktuellen Kamera‹. Zum Lachen. Der Bericht sollte im November erscheinen, aber da war wohl was Brisanteres los in den Medien.
Ich hab Heym gefragt, ob sie was wegen Jürgen Fuchs unternehmen, die Kollegen Schriftsteller. Alle könnten an seiner Stelle im Gefängnis sein, was hat er anderes getan, als sich solidarisch verhalten. – Heym verhielt sich erst wie ein Taubstummer. Später war er zugänglicher. Ich hatte ihm von Robert erzählt, den Späßen, die er treibt, dem Wanzendetektor – und Heym, der sich langsam zu einem weisen Uhu entwickelt (auch von außen betrachtet) war äußerst interessiert. Bei mir ist übrigens scheinbar alles verwanzt. Die Wand zum Nebenhaus hat eine Stelle, zwischen Böttchers und Grafs Ölbildern, da kreischt das Gerät, daß es wehtut. Das Telefon, Robert hat es auseinandergenommen, war ohne erkennbare Manipulation. Wir waren wie die Kinder mit unserm ›Geigerzähler‹, der Professor richtig in seinem Element. Jedem, der hinzukam, wurde das Experiment vorgeführt. – Heym also, draußen vor der Tür, nahm mich beiseite, ging mit mir in den Garten,

Grünheide, Sommer 76. Jürgen Fuchs mit seiner Frau Lilo und Tochter Lili

flüsterte, sich nach allen Seiten umdrehend, ob nicht ein Lauscher im Busch hockt: wenn ich drüben sei, könnte ich was unternehmen wegen Fuchs, mich an ›Amnesty International‹ wenden; das wär die einzige Möglichkeit. Was meinst Du, Wolf. Was unternimmst Du? Und das Hilfskommitee? Man hört nichts mehr ...

11. 3. 77

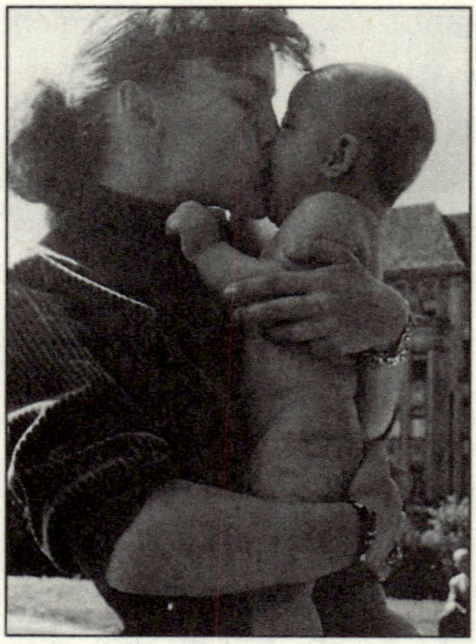

Heut ist ein Glückstag von besonderer Art: Vor 22 Jahren brachte Mutter Maria, gemeinsam mit dem Weib Eva, ein Kindelein fein, das liebreizend achtpfündige Menschlein, ein schön klarblickendes Mädchen dazu als Krönung, nämlich ihre Tochter Catharina, genannt Nina von Geburt an, unter unvorstellbarer Schwerarbeit, erdbebenartigen Wehen, Qual und Mühe, tierischem Gebrüll und wieder Verstummen, doch hell durchflutet von Liebe und Freude, gesund zur Welt. Darauf ein Glas vom Besten. Und eins auf die auf den Tag gleichalte Bylle und Väterchen Robert. Sie sollen leben! Und wir nicht zu vergessen.

Wolf, wenn ich wüßte, wie es gut ist: Tine Ost – Tine West. Sie ist labil zur Zeit, hat Dich lieb, keine Frage, will auch zu Dir, ist sogar bereit, wenn ich meine Abreise rauszögere, mit mir zusammen rüberzugehn. Aber ist das gut? Du bist so unentschieden! Ach, sie kommt mit und fertig. Das Gejammer nachher, wenn sie von uns abgeschnitten ist. Tine bekommt schnell Kontakt, ist offen für alles, will nicht unbedingt mit Dir in einer Wohnung leben. Daß es für euch beide z. Zt. nicht das Ideale ist, weiß sie selber. Aber wenn, wollen wir nach Hamburg. Kümmere Dich um eine Unterstellmöglichkeit für unsere Kisten und Kasten. Tine könnte vorerst bei Emma sein. Vielleicht zieh ich mit ihr zusammen. Oder wir leben alle gemeinsam auf einem Bauernhof – wär auch so ein Traum von mir. Ich werde hoffentlich bald arbeiten, Geld verdienen, so daß Du mich, zumindest in der Beziehung, nicht auf'm Hals hast. Du kennst meinen ausgeprägten Unabhängigkeitsdrang. Ich freu mich unbeschreiblich auf unser Wiedersehen. Wolf, lieber Wolf, Du fehlst mir so in meinem Leben.

Und jetzt geh ich vielleicht zum letzten Mal auf 'n Hugenottenfriedhof, grüße die Plätze, wo wir verweilten, Du mir die Welt verklartest und wir bei Sonne oder Regen von einer traumhaften Zukunft träumten. Nachher schreib ich Dir noch eine heiße Neuigkeit. – Eva

P. S. Manfred Krug arbeitet schwer an dem Gedanken, den Stier bei den Hörnern zu packen bzw. die Gelegenheit beim Schopfe und selbst die Mauer zu durchbrechen mit Sack und Pack. Er bat mich vor einer Woche nicht drüber zu sprechen, doch wenn ich den Nachklang richtig deute, bist Du davon ausgenommen: In 3 Wochen, nein, von jetzt ab in 14 Tagen, wird er das Schriftstück an die ›Abteilung‹ schicken. Auch Jurek!!! Also, wenn das so weitergeht ...

12. März 77

Wolf, gestern, als ihr anriefst, schienst Du wieder hoffnungsvoller, geradezu jungpionierhaft bereit, das auf Dich Zukommende spielend zu verkraften, es auf die Schultern zu laden – und Dich durch die Weltgeschichte tragen zu lassen. Weil ich schrieb, daß es gut ist, wie es ist. Schwankungen sind normal, die Ängste, Zweifel. Ach, wir werden das Kind schon schaukeln ...
Bei Robert vorm Haus lungerten, linsten, trippelten, schlenderten und zischelten mausgraue Männlein im Blickfeld rum. Eine ganze Marschtruppe war ›sichtbar‹ im Einsatz. Mit flinken Luchsaugen verfolgten sie unser Manöver, in eine Parklücke zu gelangen. Ich war skeptisch, ob wir ins Haus gelassen würden: Einer vom Pulk war bei unserm Erscheinen wie ein Wiesel im Eingang verschwunden und zwei Wettermäntel in entgegengesetzte Richtung davongestakst. Ich hielt demonstrativ die Geburtstagsblumen wie einen Schutzschild ausgestreckt. Der Summer ertönte, wir fuhren hoch im luftleeren Zwinger, alles funktionierte – doch als wir aus dem Fahrstuhl stiegen, verstellte mir mit gedämpfter Stimme ein Schatten den Weg, sagte: ›Moment mal‹, sah mir ins Gesicht – so unverschämt nah, als wäre er kurzsichtig oder wie für eine Groß-Einstellung in einem Actionfilm, hatte einen Sprecheinsatz, sagte: ›Entschuldigung.‹ – Matti, der an meiner Seite war, wurde keinerlei Beachtung geschenkt. Er hat Schonzeit, ihm gibt man eine Galgenfrist bis ich weg bin, dann wird wieder ›deutsch‹ geredet mit dem Jungen, der verdammte Lümmel, diesem Burschen – wie Scheumann ihn vor Genossen nennt; immerhin bin ich seine erste

große Liebe, wie sich rumgesprochen hat. Silvester, auf einem Empfang der portugiesischen Botschaft, hat Gerhardchen in vorgerückter Stimmung Freunden sein Leid geklagt, daß sein ›Produkt‹, Herzensfreund und Saufkumpan, Hoffnungszweig der russischen Birke, daß dieses Kind das Land verlasse. Nun, bei der Eröffnung, dem Empfang der amerikanischen Botschaft, wo Manfred Krug, Heiner Müller, Jurek Becker auch waren, konnte Scheumann sich kaum einkriegen vor Genugtuung, als er verkündete, daß der Junge unserm Land nicht untreu würde, daß er – Scheumann meinte sich – es geschafft habe ... Aber frage ihn keiner, was er durchmachte in der Zeit. – Jurek erwiderte: ›Ja, glaubst du, der Matti hat nichts durchgemacht?‹
Du siehst, lieber Wolf, dieses Problem beschäftigt mich stets und ständig und kostet mich einiges Herzblut. Matti ist ein so liebenswerter Mensch. Er leidet an der Entscheidung, dem durch Gehirnwäsche ihm auferlegten Entschluß: Es selbst erleben, mit den Folgen klarkommen, das Opfer auf sich nehmen, den Beweis erbringen, daß die DDR die bessere Hälfte ist. Ich werde, wenn ich bei euch bin, heilfroh sein und neu anfangen: ›Will neue Liebe wagen – und neues Herzeleid‹, wie der Dichter tröstend anregt. Aber darum gehts mir nicht in erster Linie, will versuchen, auf einem andern, mir wichtigen Gebiet, meine Aufmerksamkeit und Kräfte zu konzentrieren: auf die Arbeit. Vielleicht gelingt's mir mit meiner Singerei was auf die Beine zu stellen, frei von allem Zwang. Lieder sind überall gefragt: Ich hab so kostbare Schätze im Gepäck; dann Theater spielen, sich umkucken ...
Noch mal zu Roberts Geburtstag, den wir ernst und ausgelassen feierten. Die Gästeliste: sein Vater, den ich das erste mal sah, die Frau dazu, Roberts Doktor, dessen fröhliche Gattin, Bettina hatte Uli Gumpert mitgebracht, den sie schon eine Zeitlang, nach dem Reinfall mit Lenz, innig liebt. Aber wieder unglücklich; der seufzt seiner Muschi nach, die sich wiederum einen bulgarischen Regisseur von der Volksbühne gekrallt hat. Bettina ist unglücklich. Bylle, sie vermißt Dich.

Wir waren im Wald bei Buch. Riesige Raubvögel haben wir beobachtet, wie sie ihren Horst anflogen, sich einzurichten schienen: Gekonnt verflochten sie mit ihrem Krummschnabel Fäden aus Binsen, Hanf, Leinenfetzen, in Sträuchern hängengebliebene Fellbüschel von Freiwild, Goldhaar der alle Jahre wieder lockend-fliehenden Jungfrauen. Bald brüten sie Junge aus.

Eva und Matti an einem ihrer Abschiedsfeste

Abend. Im Backofen bereiten sich zwei Rehblätter auf ihren ›Auftritt‹ vor und baden vorher in pikanter Tunke. Von Käthchen hab ich gelernt eine Soße zu machen! Olala, ihr werdet euch die Finger lecken. In der ›Camera‹ gibts ›Sommergäste‹, Verfilmung der Theater-Aufführung von Peter Stein. Antjegold hat hintenrum Karten besorgt. Nun will Matti doch nicht hingehn, möchte unser gemeinsames Zuhause noch mal in Ruhe genießen – vorm Fernseher; nachher läuft ein Western. Und mir Lieder, die russischen, aufs Band singen. Zum Mitnehmen als Erinnerung. Aber alles ist unnatürlich, verkehrt, Folter.
Bylle, ist das wahr? Dir wächst wieder ein Kullertier im Bauch? Hast Du ein Glück! Wie ich mich freue und sorge. Aber Du machst es bestimmt gut und richtig. Das Studium wirst Du bei den Vorkenntnissen – wie ›nebenbei‹ schaffen, da bin ich nicht bange. Du bist stark und heiter von Grund auf, kein Quälgeist oder Bleigewicht am Herzen von unserm einzigen Wolf, sondern eine sonnige Wolke, eine sanfte Blume mit tiefverzweigten Wurzeln bis in seine dicken Zehen rein. Aber bitte, Wolf, sag es Tine fairerweise, damit sie sich keine Illusionen macht. In unserm Breitengrad haben die Frauen (noch) nicht die Gelassenheit wie im Orient. Ich jedenfalls könnt es nicht aushalten, daß meine große Liebe zweigeteilt ist. Er würde zwar meine Liebe bleiben, aber ich gäbe ihn ›frei‹ aus Liebe und Stolz. Aber die Menscher sind verschieden. Jetzt werde ich ein Frühlingsbild malen. Es ist Sonnabendabend.

Ein Klang aus Schmerz und Tauwetter liegt in der Luft. Abschiedsstimmung. Ihr seid weit weg, aber ich hol Euch mir einfach wieder her.
Ach ja – die Westgäste durften nicht ins Hochhaus rein. Robert saß mit ihnen über eine Stunde im Auto. Katja brachte den Kaffee und Kuchen runter auf die Straße. Mitten in der Großstadt. Ist er nicht auch phantastisch – unser sozialistischer Realismus!? Liebgruß von Eva.

Mittwoch, 16. 3. 77

Guten Morgen. Die Sonne schmult übers Dach vom Hinterhof. Ein Arbeiter in der Werkstatt klopft in unterschiedlichen Abständen mit dem Hammer auf Metall, mal sind es sechs, dann neun Schläge, sogar vierzehn hintereinander schafft er: Pängpengpäng. Nun bin ich wach. Frau Köbler, die mir hilft beim Räumen und Ausmisten, schläft in der Mädchenkammer, will mit in' Westen, uns zu folgen, sagt sie.
Wir packen. In der Wilhelm-Pieck-Straße sieht es noch manierlich aus, aber drüben in der Chausseestraße stehn Kisten und Kasten kopfüber, wie reingeschmissen im Tiefflug, ein Chaos, auf der Flucht zwischen ›Krieg und Frieden‹; ausrangierte Munitionskisten mit Aufschriften in kyrillischen Buchstaben. Gott sei Dank mußt Du das nicht erleben, Wolf. ›Das geht seinen sozialistischen Gang‹ – hat ein Träger mit

Der Auszug.
Eva und Tine beim Verpacken ihrer Habe in russische Munitionskisten

Augenzukneifen gesagt. Der läßt Dich ja so sehr grüßen. Beim Rausgehen meinte er: ›Das kann doch nicht alles gewesen sein. Oder was?‹ Heut reicht Tine die Exmatrikulation ein, Montag gibt sie den Antrag ab. Anfang der Woche bin ich mit Herrn Schiebe verabredet. Die Kommunale Wohnungsverwaltung müßte noch Geld rausrücken für Deine neue Gasheizung, aber das wird zeitlich knapp. Herr Schiebe war überrascht, nannte Tine Frau Christine, sogar Christel; seine Anteilnahme war echt. Er fragte: Braucht sie denn nun eine andere Wohnung. Wieso auf einmal nicht mehr. Ich sagte: Sie folgt ihrem Mann, was ist daran verwunderlich. Schweigen im Walde. Herr Müller weiß es nun auch und Vater Bark ist betrübt. Seine Hoffnung, Pliemie mitformen zu können, schwindet dahin; er kann einem leid tun. Trotzdem: ›Wir lassen uns die Laune nicht – und auch kein Leid verderben.‹
Ein Besichtiger der Wohnung, Anästhesist, Biermann-Verehrer, kriegt mein ›Appartement‹, will auf die Bedingung eingehn, daß, wenn Matti nicht drin bleiben darf, ihm 4T zu zahlen für Teppichboden, Schallwände, Umbauten – denn 20T Reingestecktes kriegt der Zufällige geschenkt. Ich will mich nicht beklagen, nur festhalten, daß es kriminell ist, wenn der Lohn für geleistete Arbeit, das vermaledeite Kapital, Ersparnisse eines Arbeiter- und Bauernkindes, einstiger Publikums-Liebling der ›Jungen Welt‹, durch staatliche Verfügung (Geld hierlassen geht nicht, mitnehmen ist erst recht strafbar) – Hals über Kopf verschleudert werden muß. Es kommt einer Enteignung gleich; eine raffinierte Form von Kapitalismus – die sozialistische Variante. Ich will das bald vergessen. Aber bevor das hier ›ausblendet‹, veranstalten wir noch ein Sauf- und Freßgelage nach russischem Brauch mit Matti Birkenreis und allen übriggebliebenen Freunden: Sarah, Katthrin, die Braschbrüder, Gert, Gisela, Heidi, Pophi, Inge, Stefan, Graf, Jetti, Herrmann, Sylvester, Petra, Schlesinger, Katja, Robert, Hussel, Langhoffs, Uschi, Anne, Lenz, Bettina, Uli Gumpert spielt Klavier, Andy Trompete; mal sehen, wer sich noch traut. Kleine Vorläufer fanden bereits statt, eins, wo Strawalde die Hauptattraktion war und ich natürlich. Nach der Musik von Trotta – ein Zusammenschnitt aus Fellini-Filmen – haben wir 'n Tanz aufgeführt, Jürgen ist so schänijal: die Figuren, die er in Öl verewigte, ließ er lebendig werden, wurde selber der Artist, Clown, frecher Kerl, Idiot, Liebhaber, Träumer. Und ich: Venus, Hure, Jungfrau, Herrin, Dienstmagd, Fee, Anbeterin von ihm, dem Künstler – und er von mir nicht minder, die Gäste ebenfalls von ... Eva.

Einer der letzten Abende mit Freunden: (hintere Reihe von links:) Petra und Dietrich Grothe, Horst Hiemer, Sarah Kirsch, Klaus Schlesinger, Eva, Ulrich Schwarz (›Spiegel‹-Korrespondent), Matti Geschonneck, Bettina Hindemith, Uli Gumpert, Heiner Sylvester, (vorn)?, Käthe Reichel, Andreas Altenfelder

21. 3. 77

Wolf, es ist mitten in der Nacht. Hanna aus Dresden, die frühere Frau von Faust, war hier, wir haben alles Revue passieren lassen; ich hab sie nicht weggehn hören, ihr Zug fuhr null Uhr und noch was. Den vorigen hatte sie verpaßt. Gegen Mitternacht muß ich wohl eingeschlafen sein vor Erschöpfung. – Den Tag über war ich mit Moelke in der Uckermark, wo unsere Idylle vor sich hinträumt. Wir haben noch was geholt und bei der Gelegenheit habe ich Horst mit einem weinenden und einem lachenden Auge seinen neuen Besitz vorgeführt.
In K. war eine Fensterscheibe zerschlagen. Unser Nachbar Saenger verteilte Mist im Garten und richtete mir aus: ich sollte den Dorfpolizisten anrufen, dort lägen die gestohlenen Sachen, der Beamte will sie los sein. Haben sich die Einbrecher blöderweise erwischen lassen. Von mir aus hätten sie das Zeug behalten können. Saengers wünschten mir Glück aufn Weg. Und Leos Familie freut sich über meine ›bevorstehende Reise‹. Im Garten waren Blaublümchen aufgeblüht. Ich sang vor

mich hin: ›Durch Disteln und totes Gestein mußt du hetzen, mein Freund, mit zerfetztem Schuh ...‹ Ein mildverhangener Frühlingstag. In Deinem spartanischen ›Stall‹ roch es anheimelnd nach einst und wurde von Melancholie überdeckt: Ein vertrockneter Tine-Strauß vom letzten Herbst stand in der Mauernische, meine Nase fand Duftspuren jedes einzelnen von uns, besonders von Dir; Dich fänd ich unter Heerscharen raus. – Auf dem Berg lief der Betonmischer. Autos umlagerten das Gehöft. Man war am Bauen, Einrichten, Wurzelschlagen. Bei uns der krasse Gegensatz: Aufbruchstimmung, Abreißen der Zelte, Abschiedsschmerz; alles hat seine Zeit. Ich dachte, vielleicht kann Moelke die Scheune neu decken lassen. Schilfrohr gibts genug hier, auch Fachleute. Geld ist übrig – und wenn wir einst wiederkommen, ist sie nicht verfallen. Vielleicht schreib ich das alles in den Wind, weil ich eher bei Dir bin als diese dann überholte, für mich im Moment bittersüße Beschreibung vom Tage ...

Am Montag, heute in einer Woche, am 28. März 1977, muß ich raus aus der Deutschen Demokratischen Republik. Irgendwo schade, daß das Ganze nicht paar Jahre früher stattfand, denn ich merke, daß ich tiefer verwurzelt bin in diesem Stück Erde als gedacht. Nichts zu machen; die Zeit war nicht reif. Viele sind traurig, daß wir gehn, sagen, wenn ich weg bin, bist Du erst wirklich gegangen. Weil durch mich immer noch ein Kontakt zu Dir da war. Das stimmt. Ich bin ganz schön kaputt. Nun schlafe ich noch eine Runde; das Leben geht weiter in dieser wunderbaren und grausamen Welt. – Eva.

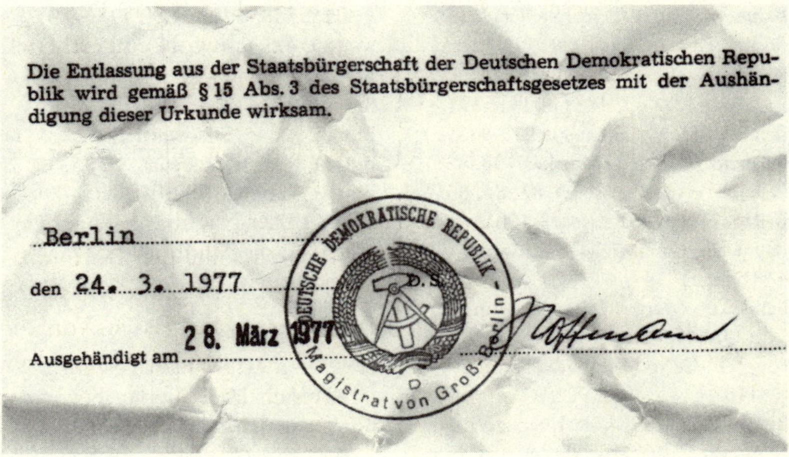
Die Entlassung aus der Staatsbürgerschaft der Deutschen Demokratischen Republik wird gemäß § 15 Abs. 3 des Staatsbürgerschaftsgesetzes mit der Aushändigung dieser Urkunde wirksam.

Berlin

den 24. 3. 1977

Ausgehändigt am 28. März 1977

PERSONENREGISTER

Fotonachweis:

Harry Hirschfeld S. 2, 27, 490; Roger Melis S. 6, 11, 20, 92, 93, 98, 141, 196, 208, 217, 233, 236, 238, 242, 257, 259, 283, 290, 300, 306, 314, 321, 328, 341, 382, 425, 452, 469, 494, 505 re; Günter Zint S. 6 im Rahmen, 544; DEFA-Wenzel S. 9, 16; DEFA-Kroiss S. 12 u. 13; Jochen Moll S. 15; Jaroslav Truneček S. 25, 366 li o; Ludwig Schirmer S. 31, 47; Christa Benjack S. 37; DFF S. 39, 40, 108, 127 o, u, 441; Jaroslav Bouska S. 61 re o; Stasi S. 63; Eberhard Daßdorf S. 66, 122; Martin Gebhardt S. 69, 81, 123 o, u; Biggy Quak S 83, 86, 222, 331; Heinz Krüger S. 87 re, 143 li u, 209; Rolf Heynemann S. 89; Reiner Müller S. 95, 193, 406; Gert Schroeder S. 100, 132, 194; DEFA-Pathenheimer S. 114, 143 re u, 323, 324; DEFA S. 143 re o, 220, 221; DEFA-Meister S. 146 li; Schmidt S. 156; Thomas Höpker S. 167, 173, 405, 412, 416; Wolfgang Hänsel S. 210, 275, 292, 293, 296; Jürgen Böttcher S. 235; Klaus-D. Schwarz S. 267, 365; Helga Paris S. 332; Tassilo Leher S. 349; Rudi Wolpert S. 350; Peter Graf S. 359, 424, 426, 473, 519; Klaus-Dieter Jänicke S. 377, 378, 379; Volker Begert S. 387; Wolfgang Schlage S. 392; Sibylle Bergemann S. 410, 459, 461, 462, 481; Wolf Biermann S. 414, 447, 485; DEFA-Zillmer S. 418, 419; Gerhard Scheumann S. 423; Barbara Klemm, S. 428; Ingo Döring S. 489; Monika Hörter S. 505 li; Gisela Uschkoreit S. 445, 525.
Die Fotos S. 143 (li o) wurden von Heinz Thiel; S. 334, 422 von Tine Biermann; S. 492 von Sibylle Havemann und alle anderen Fotos von Eva-Maria Hagen zur Verfügung gestellt.

Der Verlag hat sich bemüht, sämtliche Rechteinhaber der Fotos ausfindig zu machen. Sollten darüber hinaus Ansprüche bestehen, bitten wir um freundliche Nachricht.

INHALT

Frühjahr 1977, Wolf und Eva im Westen angekommen, aber trotz des schönen Apfels nicht im Paradies